U0901166

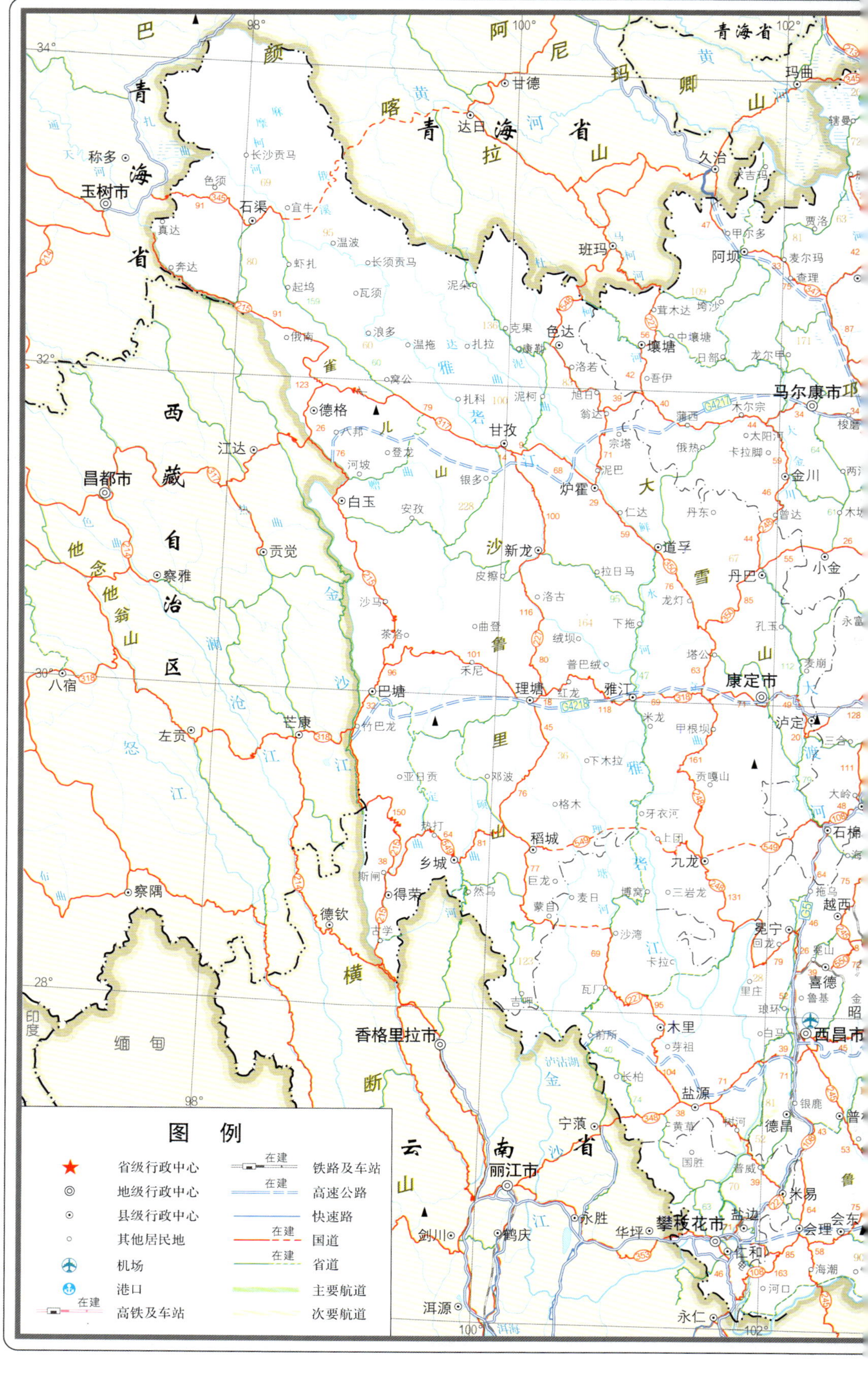
图　例
省级行政中心
地级行政中心
县级行政中心
其他居民地
机场
港口
高铁及车站
在建
铁路及车站
高速公路
快速路
国道
省道
主要航道
次要航道
青海省
西藏自治区
云南省
缅甸
印度
巴颜喀拉山
阿尼玛卿山
雀儿山
沙鲁里山
大雪山
他念他翁山
横断山
黄河
雅砻江
金沙江
澜沧江
怒江
大渡河
玉树市
称多
石渠
色达
甘德
达日
久治
班玛
阿坝
壤塘
马尔康市
德格
甘孜
炉霍
新龙
道孚
丹巴
小金
金川
江达
昌都市
白玉
贡觉
察雅
八宿
左贡
芒康
巴塘
理塘
雅江
康定市
泸定
石棉
乡城
稻城
九龙
得荣
德钦
香格里拉市
察隅
木里
冕宁
喜德
西昌市
盐源
宁蒗
丽江市
永胜
华坪
攀枝花市
盐边
米易
德昌
会理
剑川
鹤庆
洱源
永仁
越西

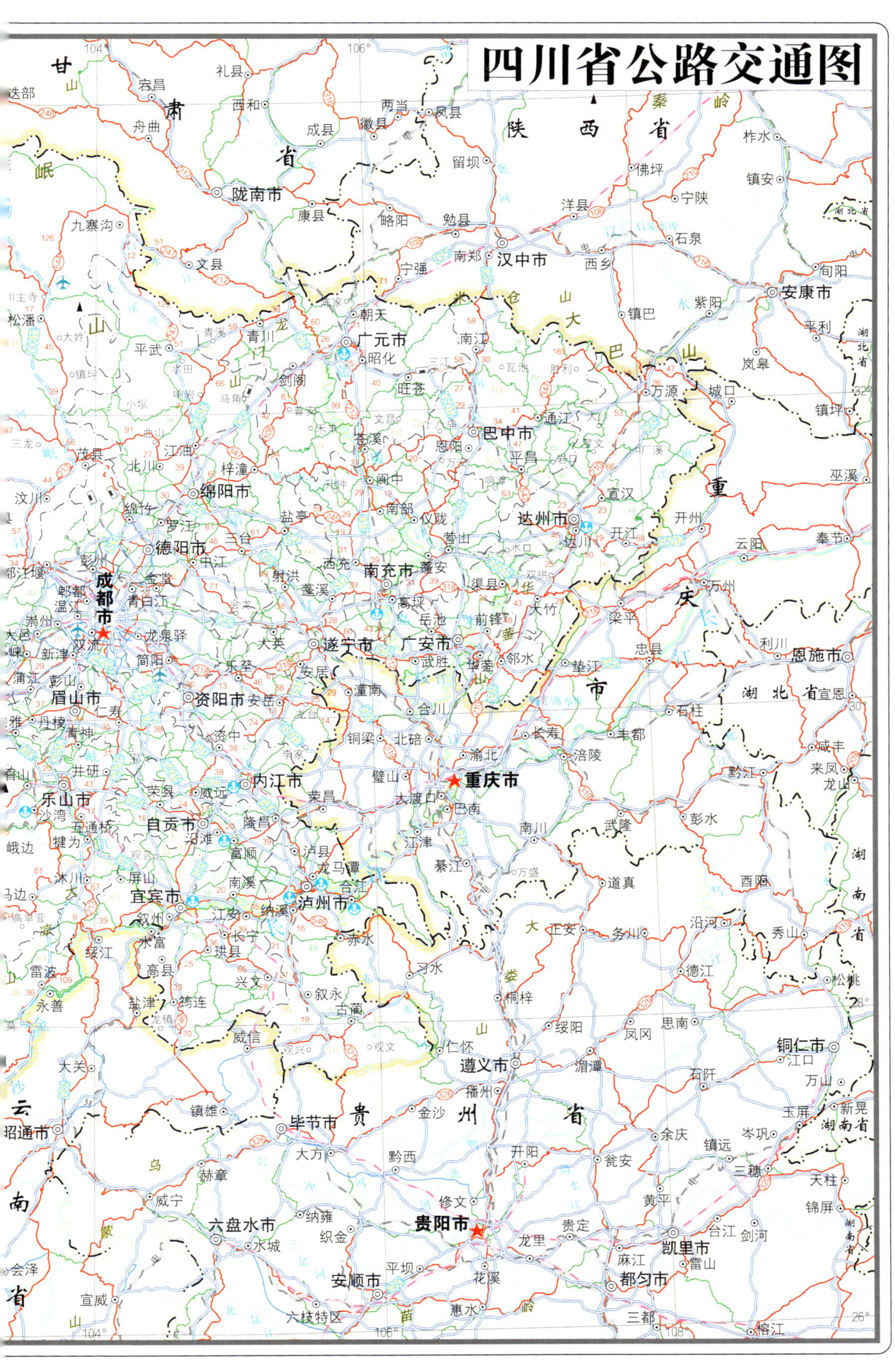
四川省公路交通图
甘肃省
陕西省
重庆市
湖北省
湖南省
贵州省
云南省
陇南市
汉中市
安康市
广元市
巴中市
达州市
绵阳市
德阳市
成都市
南充市
遂宁市
广安市
资阳市
眉山市
内江市
乐山市
自贡市
宜宾市
泸州市
重庆市
恩施市
遵义市
毕节市
铜仁市
昭通市
六盘水市
贵阳市
安顺市
凯里市
都匀市
九寨沟
松潘
平武
青川
剑阁
旺苍
南江
通江
平昌
万源
城口
宣汉
开州
云阳
奉节
巫溪
万州
梁平
忠县
垫江
丰都
涪陵
长寿
石柱
彭水
黔江
酉阳
秀山
江油
北川
茂县
汶川
梓潼
盐亭
三台
中江
罗江
绵竹
什邡
彭州
都江堰
郫都
温江
崇州
大邑
新津
双流
简阳
龙泉驿
金堂
青白江
射洪
蓬溪
西充
蓬安
营山
仪陇
南部
阆中
苍溪
渠县
大竹
邻水
岳池
武胜
合川
潼南
安岳
乐至
大英
仁寿
丹棱
青神
井研
荣县
威远
隆昌
富顺
泸县
合江
纳溪
江安
长宁
珙县
高县
兴文
叙永
古蔺
筠连
屏山
沐川
犍为
五通桥
沙湾
峨边
马边
雷波
绥江
水富
永善
大关
威信
镇雄
赤水
习水
桐梓
仁怀
绥阳
湄潭
凤冈
思南
德江
沿河
务川
正安
道真
南川
綦江
江津
巴南
璧山
铜梁
大足
荣昌
永川
北碚
渝北
金沙
黔西
大方
赫章
威宁
纳雍
织金
水城
平坝
修文
开阳
瓮安
余庆
镇远
三穗
黄平
龙里
贵定
麻江
雷山
三都
惠水
六枝特区
宣威
会泽
石阡
江口
万山
玉屏
岑巩
天柱
锦屏
剑河
台江
榕江
松桃
宕昌
礼县
西和
成县
徽县
两当
凤县
舟曲
文县
康县
略阳
勉县
宁强
南郑
留坝
佛坪
洋县
城固
西乡
宁陕
石泉
镇巴
紫阳
汉阴
旬阳
平利
岚皋
镇坪
镇安
柞水
利川
宣恩
咸丰
来凤
龙山
秦岭
大巴山
米仓山
岷山
龙门山
大娄山
乌蒙山
华蓥山

四川省“四向八廊”综合运输通道空间格局示意图
新亚欧大陆桥经济走廊
中国—中亚—西亚经济走廊
中巴经济走廊
⑤ 川甘青新走廊
⑥ 川藏走廊
南亚方向
② 川滇走廊
孟中印缅经济走廊
中国—中南半岛经济走廊
哈萨克斯坦
吉尔吉斯斯坦
塔吉克斯坦
阿富汗
巴基斯坦
印度
尼泊尔
不丹
孟加拉国
缅甸
泰国
老挝
蒙古
俄罗斯
新疆维吾尔自治区
西藏自治区
青海省
甘肃省
四川省
云南省
孟加拉湾
印度洋
乌鲁木齐
拉萨
西宁
兰州
成都
昆明
喀什
新德里
加德满都
达卡
内比都
图例
首都
外国首都
省级行政中心
地级市行政中心 外国主要城市
自治州行政中心 地区、盟行政公署驻地
其他居民地
国界
地区界
军事分界线
省级界
特别行政区界
本图来源于《四川省领导工作用图》

京津冀
⑦ 川陕京走廊
③ 长江北走廊
长三角
④ 长江南走廊
海西
粤港澳大湾区
走廊
南海诸岛
日本海
黄海
东海
太平洋
南海
北京
天津
石家庄
太原
济南
郑州
西安
武汉
南京
合肥
上海
杭州
南昌
长沙
福州
台北
广州
香港
澳门
海口
沈阳
长春
哈尔滨
呼和浩特
平壤
首尔
东京
大阪
北海道岛
本州
九州岛
四国岛
朝鲜
韩国
日本
菲律宾
台湾岛
海南岛

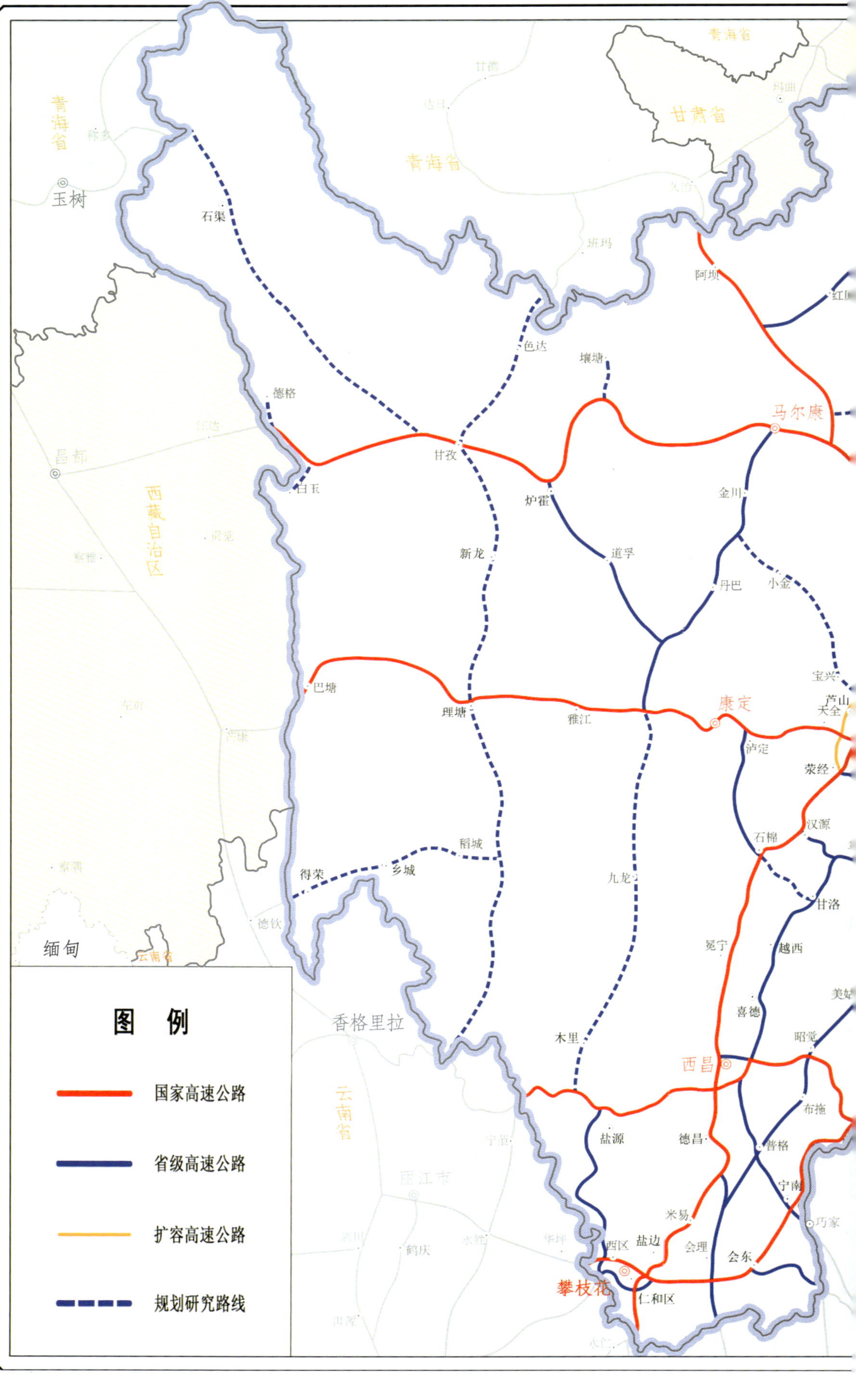

青海省
甘肃省
玉树
石渠
色达
壤塘
阿坝
德格
甘孜
马尔康
白玉
炉霍
金川
新龙
道孚
丹巴
小金
宝兴
巴塘
理塘
雅江
康定
芦山
天全
泸定
荥经
汉源
石棉
稻城
得荣
乡城
九龙
甘洛
冕宁
越西
喜德
昭觉
木里
西昌
布拖
盐源
德昌
普格
宁南
米易
盐边
会理
会东
巧家
西区
攀枝花
仁和区
西藏自治区
昌都
缅甸
香格里拉
云南省
丽江市
鹤庆
图 例
国家高速公路
省级高速公路
扩容高速公路
规划研究路线

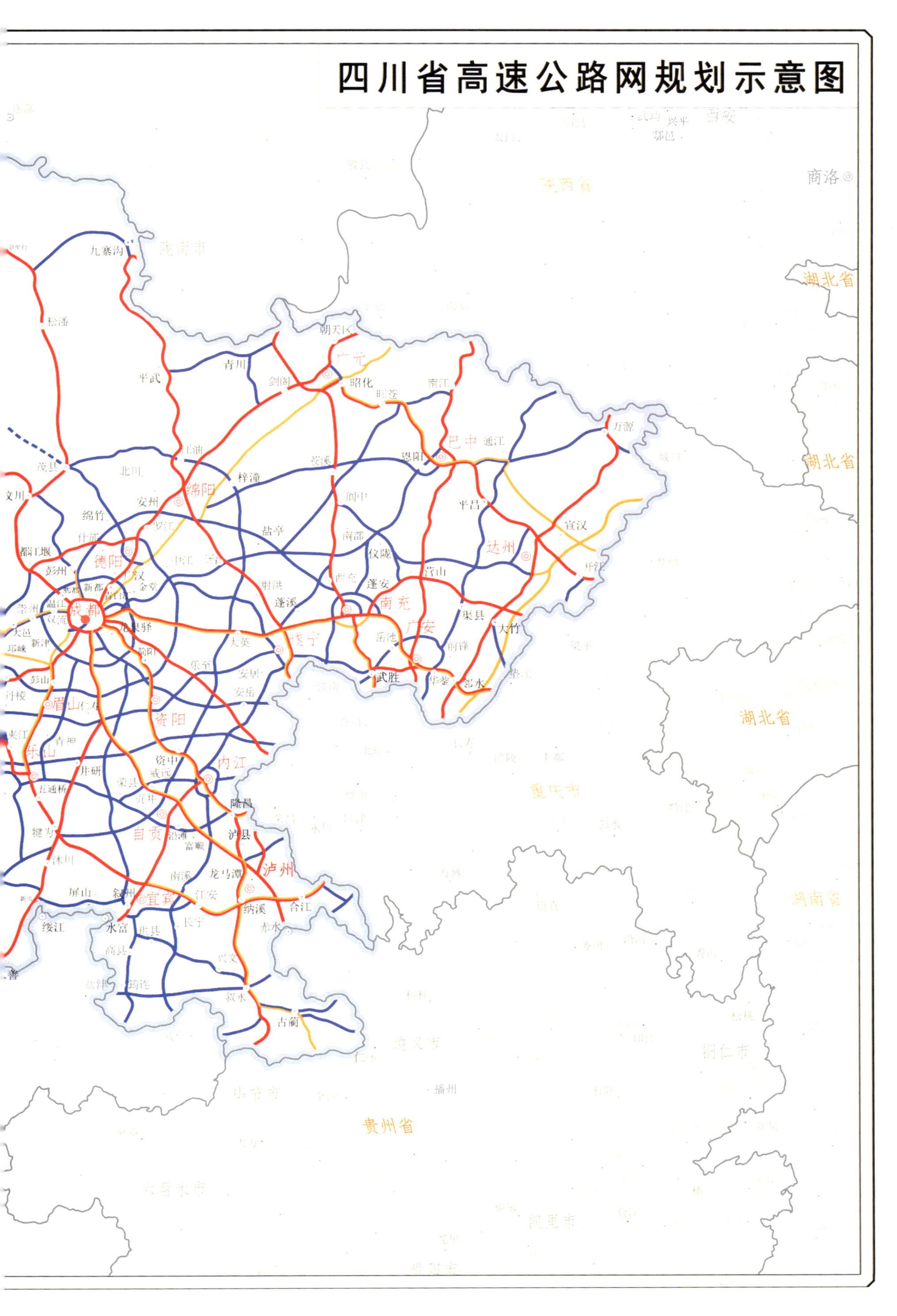

四川省高速公路网规划示意图
商洛
陕西省
陇南市
湖北省
湖北省
湖北省
重庆市
湖南省
贵州省
九寨沟
松潘
平武
青川
剑阁
朝天区
广元
昭化
旺苍
南江
巴中
通江
万源
恩阳
平昌
宣汉
达州
开江
茂县
北川
江油
梓潼
绵阳
安州
绵竹
什邡
罗江
德阳
都江堰
彭州
广汉
中江
盐亭
阆中
南部
仪陇
营山
西充
蓬安
南充
渠县
大竹
广安
岳池
前锋
武胜
华蓥
邻水
射洪
蓬溪
遂宁
大英
新都
金堂
成都
崇州
温江
双流
大邑
新津
邛崃
龙泉驿
简阳
乐至
安居
安岳
资阳
彭山
眉山
丹棱
青神
夹江
乐山
井研
资中
威远
内江
荣县
贡井
五通桥
隆昌
自贡
沿滩
富顺
泸县
犍为
沐川
南溪
龙马潭
泸州
屏山
宜宾
江安
纳溪
合江
绥江
水富
珙县
长宁
赤水
高县
兴文
筠连
叙永
古蔺

图 例
建成高速公路
在建高速公路
2020年开工高速
规划高速公路
青海省
甘肃省
西藏自治区
云南省
缅甸
玉树
昌都
香格里拉
丽江市
石渠
色达
壤塘
德格
甘孜
白玉
炉霍
金川
新龙
道孚
丹巴
小金
巴塘
理塘
雅江
新都桥
康定
泸定
马尔康
阿坝
红原
宝兴
芦山
天全
荣经
汉源
石棉
稻城
乡城
得荣
九龙
冕宁
越西
甘洛
喜德
美姑
昭觉
西昌
布拖
木里
盐源
德昌
普格
宁南
永郎
米易
会理
会东
巧家
西区
盐边
攀枝花
仁和

省2020年计划建成和新开工高速公路项目示意图

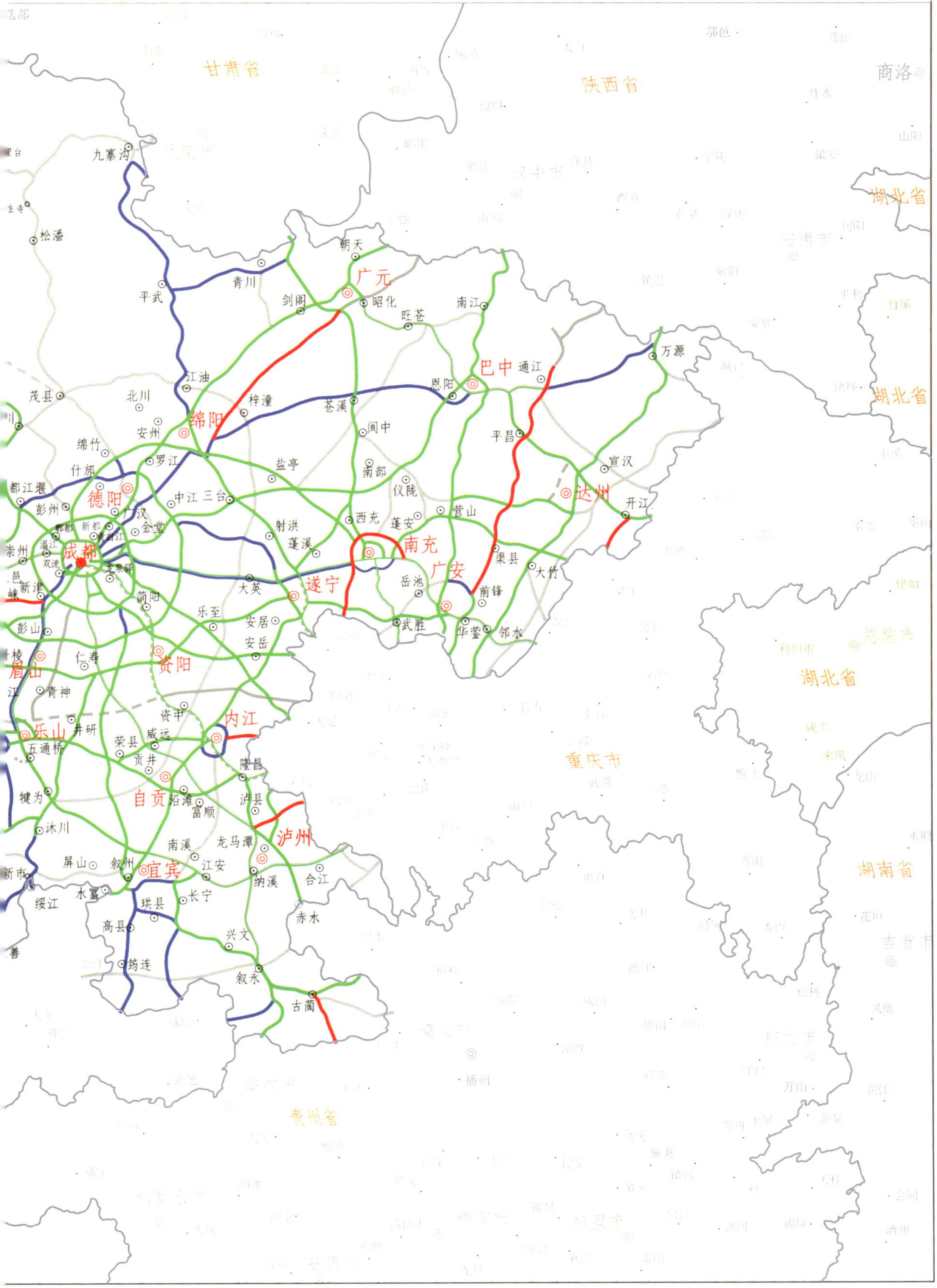

甘肃省
陕西省
湖北省
湖北省
湖北省
重庆市
湖南省
商洛
万源
九寨沟
松潘
平武
青川
朝天
广元
剑阁
昭化
旺苍
南江
巴中
通江
恩阳
江油
茂县
北川
梓潼
苍溪
绵阳
阆中
安州
平昌
绵竹
什邡
罗江
盐亭
南部
宣汉
仪陇
达州
都江堰
德阳
中江
三台
开江
彭州
广汉
西充
营山
射洪
蓬安
新都
金堂
蓬溪
南充
崇州
成都
渠县
大竹
广安
岳池
遂宁
大英
前锋
简阳
乐至
安居
武胜
华蓥
邻水
彭山
安岳
仁寿
资阳
眉山
青神
资中
内江
乐山
井研
五通桥
荣县
威远
贡井
隆昌
自贡
沿滩
犍为
富顺
泸县
沐川
泸州
南溪
龙马潭
屏山
叙州
宜宾
江安
合江
水富
纳溪
绥江
珙县
长宁
赤水
高县
兴文
筠连
叙永
古蔺
贵州省

四川交通年鉴
2021
SICHUAN
TRANSPORT YEARBOOK

四川交通年鉴

SICHUAN 2021 TRANSPORT YEARBOOK

四川省交通运输厅交通史志总编室　编

图书在版编目（CIP）数据

四川交通年鉴. 2021 / 四川省交通运输厅交通史志总编室编. -- 成都：成都地图出版社有限公司, 2021.12
ISBN 978-7-5557-1877-2

Ⅰ. ①四… Ⅱ. ①四… Ⅲ. ①交通运输业—四川—2021—年鉴 Ⅳ. ①F512.771-54

中国版本图书馆CIP数据核字（2021）第248818号

四川交通年鉴2021

SICHUAN JIAOTONG NIANJIAN 2021

编　　者　四川省交通厅交通史志总编室
责任编辑　吴朝香

装帧设计　四川胜翔数码印务设计有限公司
出版发行　成都地图出版社
电　　话　028-8488 4827（编辑部）
　　　　　028-8488 4826（营销部）
印　　刷　成都市金雅迪彩色印刷有限公司
开　　本　889mm×1194mm 1/16
印　　张　30.5
字　　数　982千
版　　次　2021年12月第1版
印　　次　2021年12月第1次印刷
书　　号　ISBN 978-7-5557-1877-2
审 图 号　川S（2021）00091号
定　　价　248.00元

《四川交通年鉴》编委会

《四川交通年鉴》编辑部

《四川交通年鉴·2021》分部主任、特约撰稿人

分部主任

李武强　厅公路局

易　骞　厅航务局（省地方海事局、省船舶检验局）

曹驰宇　厅运管局

邓　洪　省交通执法总队（厅高管局）

特约撰稿人

陈超超　厅办公室

徐荣耀　厅办公室

李　鑫　厅法规处

王世龙　厅规划处

吴佳沁　厅财务处

唐潇潇　厅人教处

江　凌　厅建管处

孙博文　厅公路处

吴　波　厅审批处

宋薇平　厅运输处

陈泓冰　厅安监处

罗雪飞　厅航务处

陈　博　厅安监处

夏　历　厅审计处

谢富刚　厅科信处

彭　焮　厅外经处

冯　畅　驻厅纪检监察组

马婧然　厅信访处

单　贝　厅离退休处

廖迎春　厅机关党委

王显智　厅机关党委

李鹏程　省交战办

唐开川　省交通工会

陈亮吉　省交通工会

刘友春　厅公路局

郝苑苑　厅公路局

杨钱梅　厅航务局（省地方海事局、省船舶检验局）

刘　松　厅运管局

蒋智力　厅运管局
李济杉　省交通执法总队（厅高管局）
谭　静　四川交职学院
鲜晓丽　厅质监局
陈　辉　省交科院
匡成刚　省公路设计院公司
何　芳　省交通设计院公司
何梦冉　路网中心
袁俊周　厅结算中心
谭举鸿　厅造价站
张浩庆　厅造价站
程　鸿　监理处
李　志　大件处
邓　蕾　交通宣传中心
郑　娜　厅信息中心
谢思斯　省港投集团
苏　震　川高公司
卢昱希　成渝公司
孟　玥　成渝分公司
黄怡昕　藏高公司
高建铭　成雅分公司
罗　珊　成仁分公司
田明静　成乐运营分公司
文凤玲　遂广遂西公司
胡庆晓　川西公司
雷　蕾　成南公司
罗林章　川北公司
黄　陶　川东公司
黄进舟　川南公司
郭高州　攀西公司
秦　璐　成绵公司
蔡昆良　雅西公司
廖一静　雅康公司
余春梅　汶马公司
郭玲梅　雅眉乐公司
吴　佩　成德南公司
马取贵　成都市交通运输局
余　茜　成都市交通运输局
戴慧琳　自贡市交通运输局
夏林秀　攀枝花市交通运输局
李思韵　泸州市交通运输局
郭青利　德阳市交通运输局
罗鹏程　绵阳市交通运输局
冯传斌　广元市交通运输局
鲁丕华　广元市交通运输局
何　亮　遂宁市交通运输局
彭高华　内江市交通运输局
彭　钢　乐山市交通运输局
王国平　南充市交通运输局
谢胜东　南充市交通运输局
胥思伟　宜宾市交通运输局
李自东　达州市交通运输局
柏守全　达州市交通运输局
文雪琨　广安市交通运输局
吴德权　广安市交通运输局
郭　亮　巴中市交通运输局
李艳梅　巴中市交通运输局
张　鑫　雅安市交通运输局
魏　平　眉山市交通运输局
张　建　资阳市交通运输局
高晓瑾　阿坝州交通运输局
辜英玲　甘孜州交通运输局
孟　松　凉山州交通运输局

SICHUAN
TRANSPORT YEARBOOK

2021 四川交通年鉴

一、《四川交通年鉴》是反映四川交通各方面发展情况的大型专业年鉴，是逐年编纂连续出版的资料性工具书。2021卷是继1987年创刊以来的第35部。全书90余万字、350余幅图片，反映2020年四川交通的基本面貌、发展状况和取得的新成就、新经验以及出现的新问题。由成都地图出版社出版，国内外公开发行。

二、本年鉴框架结构一般分三个层次：类目、分目、条目。全书设《特载》《概况》《大事记》《交通基础设施建设》《交通运输》《交通管理》《交通行政机关》《交通科技教育文化》《市州交通》《荣誉榜》《附录》11个类目。由于内容特点，《特载》《大事记》只设两个层次。条目为全书的主要表现形式。

三、本年鉴基本内容分为综合情况、动态信息和辅助资料三部分。主要记述上一年度信息资料，特殊资料、背景资料等适当上溯下延。全书注重体现专业特点、年度特色和时代特征，力求在充分反映成绩和经验的同时，如实反映存在的问题和不足。

四、本年鉴注重收录图片资料，分彩插和内文配图两种形式编录，力求全书图文并茂。彩插以专题化、系列化的形式，重点反映四川交通运输大事、要事和主要建设成就，为了突出年度特色，在卷首专题图片部分特设《四川交通要闻》《数字交通》《交通精准扶贫》《抗击新冠肺炎疫情》等板块；内文配图以文系图，形象直观补充反映相关内容。

五、本年鉴稿件和资料由四川省交通运输厅机关各处（室）、厅直有关单位和各市（州）交通运输局及四川省交通投资集团有限公司所属有关单位提供，并经各单位（部门）领导审核和保密审查。主要统计数据以省交通运输厅业务主管部门提供的统计资料为准。

六、本年鉴注重提高实用性，刊载有四川省公路交通图、四川省“四向八廊”综合运输通道空间格局示意图、四川省高速公路网规划示意图、四川省2020年计划建成和新开工高速公路项目示意图。

七、为行文简洁，在目录前特制《有关机构（单位）全称简称对照表》和《四川省高速公路全称简称对照表》，在《附录》类目刊载《常用缩略语注释》。

八、本年鉴具有双重检索功能，书前列有中英文目录，书后配有索引。

九、本年鉴网络版地址：https://scjtnj.org.cn，读者亦可通过“四川交通掌上年鉴”微信小程序查阅。

有关机构（单位）全称简称对照表

全　称	简　称	全　称	简　称
中华人民共和国国家发展和改革委员会	国家发展改革委	四川省交通运输厅道路运输管理局	厅运管局
中华人民共和国人力资源和社会保障部	人力资源社会保障部	四川省交通运输综合行政执法总队（四川省交通运输厅高速公路管理局）	厅高管局（厅高速执法总队）
中华人民共和国住房和城乡建设部	住房城乡建设部	四川交通职业技术学院	四川交职学院
中华人民共和国交通运输部	交通运输部	四川省交通运输厅工程质量监督局	厅质监局
纪律检查委员会	纪委	四川省交通运输发展战略和规划科学研究院	省交科院
国有资产监督管理委员会	国资委	四川省交通厅公路规划勘察设计研究院公司	省公路设计院公司
中国共产党四川省委员会	中共四川省委	四川省交通运输厅交通勘察设计研究院公司	省交通设计院公司
四川省（市、县）人民政府	省（市、县）政府	四川省路网监测与应急处置中心	路网中心
四川省人民代表大会常务委员会	省人大常委会	四川省交通运输厅高速公路监控结算中心	监控结算中心
中国人民政治协商会议四川省委员会	省政协	四川省交通运输厅交通建设工程造价管理站	厅造价站
中共四川省委直属机关工作委员会	省直机关工委	四川公路工程咨询监理有限公司	咨询监理公司
四川省市场监督管理局	省市场监督局	四川省大件公路管理处	大件处
亚洲开发银行	亚行	四川省交通宣传中心	交通宣传中心
国家开发银行	开行	四川省交通运输厅信息中心	厅信息中心
中国工商银行	工行	四川省交通运输厅交通史志总编室	厅史志总编室
四川省财政厅	省财政厅	四川兴蜀公路建设发展有限责任公司	兴蜀公司
四川省人力资源和社会保障厅	省人力资源社会保障厅	四川省交通运输厅办公室（精神文明建设办公室）	厅办公室（文明办）
四川省住房和城乡建设厅	省住房城乡建设厅	四川省交通运输厅政策法规处	厅法规处
四川省交通运输厅	省交通运输厅	四川省交通运输厅综合规划处	厅规划处
四川省交通运输工会委员会	省交通工会	四川省交通运输厅财务处	厅财务处
四川省交通运输厅公路局	厅公路局	四川省交通运输厅人事教育处	厅人教处
四川省交通运输厅航务管理局	厅航务局	四川省交通运输厅建设管理处	厅建管处

全　称	简　称
四川省交通运输厅公路管理处	厅公路处
四川省交通运输厅行政审批处	厅审批处
四川省交通运输厅运输管理处	厅运输处
四川省交通运输厅安全监督处（应急办公室）	厅安监处（应急办）
四川省交通运输厅审计处	厅审计处
四川省交通运输厅科技和信息化处	厅科信处
四川省交通运输厅外经外事处	厅外经处
四川省纪委监委驻交通运输厅纪检监察组	驻厅纪检监察组
四川省交通运输厅航务海事处	厅航务处
四川省交通运输厅信访处	厅信访处
四川省交通运输厅离退休人员工作处	厅离退休处
中共四川省交通运输厅直属机关委员会	厅机关党委
四川省国防动员委员会交通战备办公室	省交战办
四川省交通投资集团公司	省交投集团
四川高速公路建设开发总公司	川高公司
四川成渝高速公路股份有限公司	成渝公司
四川成渝高速公路股份有限公司成渝分公司	成渝公司成渝分公司
四川成渝高速公路股份有限公司成雅分公司	成渝公司成雅分公司
四川成渝高速公路股份有限公司成仁分公司	成渝公司成仁分公司
四川成渝高速公路股份有限公司成乐公司	成渝公司成乐公司
四川遂广遂西高速公路有限责任公司	遂广遂西公司
四川省港航投资集团有限责任公司	省港投集团
四川嘉陵江凤仪航电开发有限公司	凤仪公司
四川岷江港航电开发有限公司	岷江公司
四川港航嘉陵江金沙航电开发有限公司沙溪分公司	沙溪公司
四川港航嘉陵江金沙航电开发有限公司	金沙公司
四川泸州港务有限公司	泸州港务公司
四川广安承平港务有限公司	承平港务公司
四川长江水运有限公司	长运公司
四川南充都京港务有限公司	都京公司
四川汶马高速公路有限责任公司	汶马公司
四川雅康高速公路有限责任公司	雅康公司
四川川西高速公路有限责任公司	川西公司
四川成南高速公路有限责任公司	成南公司
四川省川北高速公路股份有限公司	川北公司
四川川东高速公路有限责任公司	川东公司
四川攀西高速公路开发股份有限公司	攀西公司
四川成绵高速公路有限公司	成绵公司
四川省川南高等级公路开发股份有限公司	川南公司
四川雅西高速公路有限责任公司	雅西公司
四川成德南高速公路有限责任公司	成德南公司
四川雅眉乐高速公路有限责任公司	雅眉乐公司
阿坝藏族羌族自治州交通运输局	阿坝州交通运输局
甘孜藏族自治州交通运输局	甘孜州交通运输局
凉山彝族自治州交通运输局	凉山州交通运输局

四川省已成、在建、规划高速公路全称简称对照表

全　称	简　称	全　称	简　称
成都至重庆高速公路	成渝高速公路	西昌至攀枝花高速公路	西攀高速公路
成都至绵阳高速公路	成绵高速公路	南充至重庆高速公路	南渝高速公路
成都城北出口高速公路	成都城北出口高速公路	邻水至垫江高速公路	邻垫高速公路
成都至乐山高速公路	成乐高速公路	攀枝花至田房高速公路	攀田高速公路
内江至宜宾高速公路	内宜高速公路	都江堰至映秀高速公路	都映高速公路
成都机场高速公路	成都机场高速公路	广元至巴中高速公路	广巴高速公路
成都至雅安高速公路	成雅高速公路	邛崃至名山高速公路	邛名高速公路
隆昌至纳溪高速公路	隆纳高速公路	乐山至宜宾高速公路	乐宜高速公路
泸沽至黄联关高速公路	泸黄高速公路	绵阳至遂宁高速公路	绵遂高速公路
西昌卫星基地高速公路	西昌卫星基地高速公路	雅安至西昌高速公路	雅西高速公路
广安至邻水高速公路	广邻高速公路	广元至陕西高速公路	广陕高速公路
达州至重庆高速公路	达渝高速公路	达州至陕西高速公路	达陕高速公路
成都至都江堰高速公路	成灌高速公路	成都至绵阳高速公路复线	成绵高速公路复线
广元至南充高速公路	广南高速公路	内江至遂宁高速公路	内遂高速公路
成都绕城高速公路	成都绕城高速公路	成都至自贡至泸州至赤水高速公路	成自泸赤高速公路
遂宁至回马高速公路	遂回高速公路	映秀至汶川高速公路	映汶高速公路
成都至南充高速公路	成南高速公路	纳溪至贵州高速公路	纳黔高速公路
绵阳至广元高速公路	绵广高速公路	达州至万州高速公路	达万高速公路
南充至广安高速公路	南广高速公路	广元至甘肃高速公路	广甘高速公路
成都至温江至邛崃高速公路	成温邛高速公路	乐山至雅安高速公路	乐雅高速公路
成都至彭州高速公路	成彭高速公路	巴中至南充高速公路	巴南高速公路
南充绕城高速公路	南充绕城高速公路	成都至德阳至南部高速公路	成德南高速公路
宜宾至水富高速公路	宜水高速公路	宜宾至重庆高速公路	宜渝高速公路
遂宁至重庆高速公路	遂渝高速公路	乐山至自贡高速公路	乐自高速公路

全　称	简　称	全　称	简　称
巴中至达州高速公路	巴达高速公路	南充至潼南高速公路	南潼高速公路
遂宁至资阳至眉山高速公路	遂资眉高速公路	乐山至汉源高速公路	乐汉高速公路
南充至大竹至梁平高速公路	南大梁高速公路	石棉至泸定高速公路	石泸高速公路
巴中至陕西高速公路	巴陕高速公路	宜宾至攀枝花高速公路	宜攀高速公路
丽江至攀枝花高速公路	丽攀高速公路	西昌至昭通高速公路	西昭高速公路
绵阳绕城高速公路	绵阳绕城高速公路	西昌至香格里拉高速公路	西香高速公路
成都第二绕城高速公路	成都二绕高速公路	永郎至会理高速公路	永会高速公路
遂宁至西充高速公路	遂西高速公路	华坪至丽江高速公路	华丽高速公路
遂宁至广安高速公路	遂广高速公路	银川至昆明高速公路	银昆高速公路
自贡至隆昌高速公路	自隆高速公路	绵阳至九寨沟高速公路	绵九高速公路
内江至威远至荣县高速公路	内威荣高速公路	北京至昆明高速公路	京昆高速公路
宜宾至叙永高速公路	宜叙高速公路	四川南充至重庆潼南高速公路	南潼高速公路
巴中至广安至重庆高速公路	巴广渝高速公路	巴中至万源高速公路	巴万高速公路
成都至安岳至重庆高速公路	成安渝高速公路	重庆至广安高速公路	渝广高速公路
叙永至古蔺高速公路	叙古高速公路	苍溪至巴中高速公路	苍巴高速公路
仁寿至沐川至新市镇高速公路	仁沐新高速公路	四川马尔康县至青海久治县高速公路	川青高速公路
雅安至康定高速公路	雅康高速公路	四川西昌至云南昭通高速公路	西昭高速公路
汶川至马尔康高速公路	汶马高速公路	德昌永郎至会理高速公路	永会高速公路
宜宾至彝良高速公路	宜彝高速公路	宜宾至叙永高速公路	宜叙高速公路
宜宾绕城高速公路	宜宾绕城高速公路	攀枝花至宁南段高速公路	攀宁高速公路
绵阳至西充高速公路	绵西高速公路	攀枝花至盐源高速公路	攀盐高速公路
成都第三绕城高速公路	成都三绕高速公路	宜宾至威信高速公路	宜威高速公路
攀枝花至大理高速公路	攀大高速公路	宜宾至新市高速公路	宜新高速公路
营山至达州高速公路	营达高速公路	泸州至古蔺至金沙高速公路	泸古金高速公路
苍溪至巴中高速公路	苍巴高速公路	遂宁至德阳高速公路	遂德高速公路
镇巴至广安高速公路	镇广高速公路	康定至新都桥高速公路	康新高速公路
泸州至重庆高速公路	泸渝高速公路	德昌至会理高速公路	德会高速公路
泸州至永川高速公路	泸永高速公路	简阳至蒲江高速公路	简蒲高速公路
峨眉至汉源高速公路	峨汉高速公路	德阳至都江堰高速公路	德都高速公路

Contents 目 录

港口建设

公路水路勘察设计

交通运输

道路运输

公路管理

航务管理

工程质量监督管理

造价管理

工程监理

路网监测与运行管理

大件公路管理

政务管理

体制改革　法治建设

纪检工作

机关党建

工会工作

交通科技教育文化

交通科技

交通教育

文明行业创建

智慧交通

交通宣传

交通史志年鉴

市州交通

成都市交通

自贡市交通

攀枝花市交通

泸州市交通

德阳市交通

遂宁市交通

内江市交通

乐山市交通

南充市交通

宜宾市交通

达州市交通

广安市交通

巴中市交通

雅安市交通

眉山市交通

资阳市交通

阿坝藏族羌族自治州交通

甘孜藏族自治州交通

凉山彝族自治州交通

荣誉榜

先进名录

优秀专家

人物选介

附录

工作报告

政策法规选编

统计资料

机构及领导名录

Main Contents

2020年春，新冠肺炎疫情发生以来，四川省交通运输系统坚决贯彻党中央、国务院、交通运输部和省委、省政府各项决策部署，迅速组织人力物力第一时间投入到抗疫工作中。“治疗一线在医院，防控一线在交通”，四川交通与医疗系统共战一线，取得疫情防控阶段性成果。

2020年，中共四川省委书记彭清华（左三）检查督导交通运输系统疫情防控工作

2020年，省交通运输厅厅长罗佳明（中）在成渝高速公路成都收费站督导交通疫情防控

1 2 3

1 2020年，在高速公路入口对复工复产车辆进行登记

2 2020年，在遂洪高速公路洪雅收费站出口开展防疫检查

3 2020年，四川高速公路加强路段运行服务，作好疫情防控

2020年，交通执法党员先锋队员在高速公路收费站执法

2020年，为来往车辆消毒

1
2
3

1 2020年，在成乐高速公路眉山收费站设置防控物资绿色通道

2 2020年2月4日，交通执法人员在成乐高速公路眉山服务区检疫站执勤

3 2020年2月3日，泸州市运管局执法人员对停运车辆安全情况进行检查

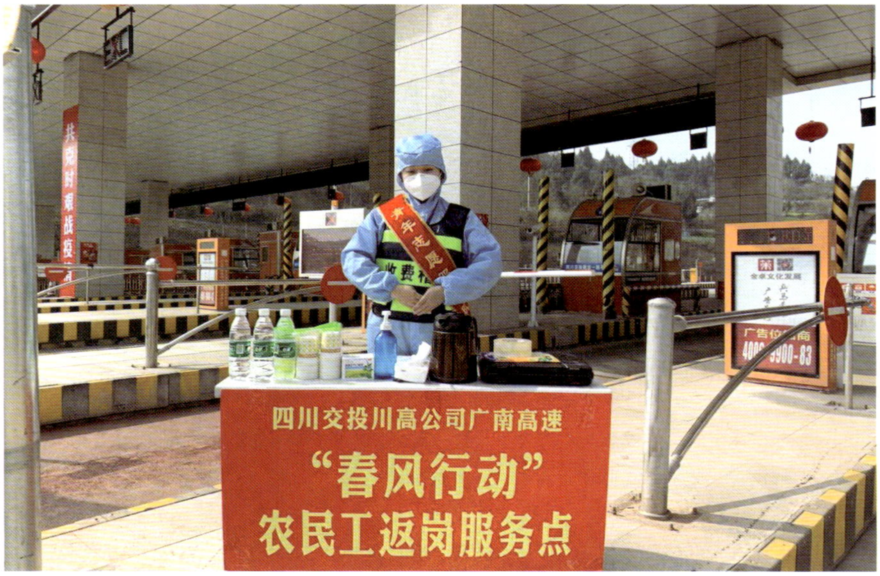

1
2
3

1 2020年，德阳绵竹“春风行动”返岗专车

2 2020年，成都运总“春风行动”专用客车

3 2020年，在广南高速公路设置“春风行动”农民工返岗服务点

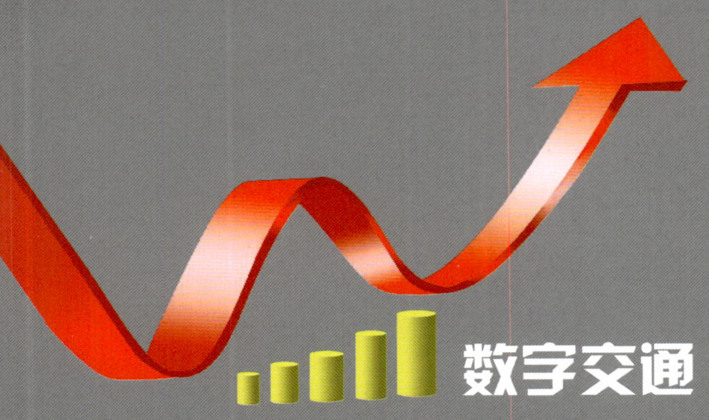

2020年四川农村公路建设情况

新改建农村公路：**16802**公里

建设完成投资：**197**亿元

通车总里程：**34.7**万公里

2020年四川普通国省干线公路建设情况

新改建普通国省干线公路：**2356**公里

建设完成投资：**570**亿元

通车总里程：**38927**公里

2020年四川高速公路建设情况

高速公路建设完成投资：**1045**亿元

通车总里程：**8140**公里

2020年四川公路里程年底到达数

公路总里程：**394369.6**公里

国道：**22678**公里　　省道：**24317**公里　　县道：**61915**公里

乡道：**103531**公里　　村道：**181928** 公里

2020年四川交通建设完成投资

1918亿元

其中：养护、智慧交通及其他专项建设完成投资

32亿元

2020年四川水路客货运输量

旅客运输量：954万人　旅客周转量：10415万人公里

货物运输量：6527万吨　货物周转量：2917551万吨公里

2020年四川公路客货运输量

旅客运输量：45258万人　旅客周转量：2898118万人公里

货物运输量：157598万吨　货物周转量：16177301万吨公里

2020年四川内河航运建设情况

内河水运完成投资：53亿元

通航总里程：10540公里

2020年四川客货站场建设情况

客货站场建设完成投资：22亿元

客运站总数：45859个　其中等级客运站：305个

便捷式车站及招呼站：45554个　货运站总数：14个

2013年来，四川交通运输始终坚持脱贫项目、资金、工作、举措优先，8年累计完成交通脱贫投资6600亿元，新（改）建贫困地区公路12.6万公里，新增346个乡（镇）和1.65万个建制村通硬化路，226个乡（镇）和1万个建制村通客车。2020年6月30日，全国最后一个不通公路的村——凉山州阿布洛哈村开通乡村客车，四川省“两通”兜底任务圆满完成。

2020年6月2日—6日，全国政协副主席、交通运输部党组书记杨传堂先后赴凉山州、甘孜州、阿坝州等地，就深度贫困地区交通扶贫特别是“两通”、交通扶贫与乡村振兴衔接、定点扶贫县巩固脱贫攻坚成果等工作开展调研和座谈。图为杨传堂（前排左）在小金县调研“金通工程”并赠送乡村客运车辆

2020年3月23日晚，省交通运输厅2020年第8次党组会在西昌市召开。厅党组书记、厅长、厅凉山州脱贫攻坚督战工作组组长罗佳明强调，一切围绕脱贫攻坚，一切服务脱贫攻坚，攻坚克难、冲刺决胜，坚决打赢交通扶贫脱贫攻坚战。图为开会当日罗佳明（前排左二）在布拖县阿布洛哈村调研督战交通扶贫脱贫工作

刘 凯 摄

实现高速公路贫困地区全覆盖

雅康高速公路结束甘孜州州府不通高速公路的历史。图为雅康高速公路泸定大渡河大桥

2020年11月16日，全国涉藏地区高原及高寒在建最长的高速公路超特长隧道——汶马高速公路狮子坪特长隧道全线顺利贯通；狮子坪特长隧道是汶马高速公路最后一个控制性重要节点。12月31日，狮子坪特长隧道通车，标志汶马高速公路全线通车。图为狮子坪特长隧道　　　　汶马公司　供图

2020年底，仁沐新高速公路沐川段和马边支线建成通车，小凉山腹地通了第一条高速公路。图为仁沐新高速公路马边支线　　　　高月谨　摄

完成“两通”兜底性目标

1 甘孜州色达县大则乡厚门村通村公路 泽基志玛 供图

2 硬化路让阿坝州黑水县知木林乡弼石村群众出行更畅通、舒适、便捷

3 巴中市通江县唱歌麻坝坪村道路

4 5 凉山州布拖县阿布洛哈村通村硬化路全线位于高山峡谷地带，地质结构复杂，岩层破碎，最后一公里修建需穿越险峻峡谷，为整个项目中难度最大路段。由于阿布洛哈村一端没有路，大型施工机械无法进入，只能采用米-26直升机吊装挖掘机、压路机等大型机械进去修路。2019年12月31日，阿布洛哈村全长3.8公里的通村硬化路主体工程建成、峡谷摆渡车正式投运；全省乃至全国最后一个不通公路的建制村对外通道打通，提前一年完成交通脱贫攻坚兜底性目标。图4为直升机吊装修路设备，图5为建成的阿布洛哈通村硬化路

1
2 3
4 5

“金通工程”打造乡村客运“四川品牌”

1 阿坝州“金通工程”

2 泸州市江阳区“金通工程” 左庭立 供图

3 宜宾市“金通工程”

高质量建设产业路、旅游路和“四好农村路”

1 阿坝州“四好农村路”示范路壤塘县上南天路 阿坝州交通运输局 供图

2 成都市都江堰“四好农村路”

3 凉山州金阳县桃坪乡溜堵村花椒产业致富路 张冰姿 供图

4 遂宁市蓬溪县“四好农村路”

巩固定点帮扶成果

1
2
3

1　省交通运输厅帮扶的金口河区同心村通组路

2　四川高速公路服务区交通扶贫专柜销售专区

3　交通运输部帮扶的阿坝州壤塘县中壤塘景区过境公路

1月1日 全省19个高速公路省界收费站全部取消。2020年1月1日0时，取消高速公路省界收费站并网切换圆满成功，标志着全省19处高速公路省界收费站全部取消，四川与全国高速公路全部实现无阻断通行，圆满完成省委省政府确定的目标任务。这将有效提高全省综合交通运输体系转换效率，缓解拥堵，改善人民群众出行体验，助力节能减排，降本增效。

1月20日 四川省十三届人大常委会第十五次会议第二次全体会议，表决通过了省人民政府省长尹力向省人大常委会提出的任免案，决定任命罗佳明为四川省交通运输厅厅长。

1月21日 鸡鸣三省大桥建成通车。大桥位于云贵川三省交界处，横跨赤水河上游支流倒流河，连接四川省叙永县水潦彝族乡岔河村和云南省镇雄县坡头镇德隆村。该桥由四川省公路规划勘察设计研究院有限公司设计，由四川铁投所属四川路桥负责施工。大桥采用二级公路等级，设计速度为每小时40公里。大桥建成后，有效带动沿岸经济产业发展，增加当地居民收入，进一步助推乌蒙山区脱贫奔康。同时，四川与云南的省际通道布局也得到进一步补充优化，促进区域经济社会一体化发展。

2月1日 四川省交通运输厅“春风行动”受到交通运输部肯定和推广。2月1日，交通运输部向各省厅印发四川省即将实施的“春风行动”主要做法，供全国交通运输系统学习借鉴。受疫情影响，全国多地停运了省际班线，农民工返岗出行困难是共同需要面对的难题。四川省交通运输厅高度重视，认真贯彻落实习近平总书记等中央领导同志关于疫情防控工作的重要指示批示，按照交通运输部相关工作的部署，在充分调研的基础上，经过认真分析论证，在全省实施了保障农民工安全有序返岗的“春风行动”，主要做法包括加强组织领导、集中统一组织、全程强化防控、实在惠企惠民、强化政治保障等。通过“春风行动”，统筹做好农民工出行中疫情防控和交通运输保障工作，及时解决了生产、生活中的现实问题，充分体现了以人民为中心的服务保障意识。

2月4日 省委书记、省委应对新型冠状病毒感染肺炎疫情工作领导小组组长彭清华，前往交通运输厅、中国铁路成都局集团公司、双流国际机场，检查督导交通运输系统疫情防控工作。他强调，全省交通运输系统要坚决贯彻落实习近平总书记2月3日在中共中央政治局常务委员会会议上的重要讲话精神，坚决执行党中央、国务院和省委、省政府各项决策部署，坚持严防控和保畅通两手抓，进一步完善措施、强化执行，切实提升疫情防控与道路通行效率，为打赢全省疫情防控阻击战贡献更大力量。交通运输是社会运转的血脉，也是疫情防控的关键环节。彭清华来到交通运输厅调度指挥大厅，通过实时视频察看了解高速公路、汽车客运站、水运码头、普通公路旅客体温检测、人员登记排查和清洁消毒等工作。他对全省交通运输系统建立纵向联动机制严格落实防控措施、针对农民工节后返岗实施“春风行动”等给予肯定。他说，昨天习近平总书记主持召开中共中央政治局常务委员会会议，对加强新型冠状病毒感染的肺炎疫情防控工作作出重大部署，强调要做好春节后返程疫情防控工作，落实人员流入地和流出地的防控责任，加强乘客健康监测和交通工具场站消毒通风，对进一步做好疫情防控工作提出了明确要求。全省交通运输系统要坚决落实党中央决策部署，扎实抓好春节后返程人流高峰的组织调动和疫情防控，严防死守每道关口，加强对汽车、火车、飞机、轮船、地铁、公交等交通工具和车站、机场、港口、客运站等重点场所的卫生防疫，严格落实健康监测各项措施，坚决遏制疫情通过交通工具、人流物流集散地传播。要建立完善交通运输体温检测“一检通认”机制，全力以赴保畅通。要科学调配运力，对学生返校、农民工返工等具有一定数量规模、流向相同的人群，积极组织集中运送直达目的地。在抓好疫情防控的同时，统筹抓好交通强省建设、重大项目推进、交通领域脱贫攻坚等重点工作，努力把疫情影响降到最低限度。

4月24日 西部首条跨省城际公交在川渝开通。23日，省交通运输厅与重庆市交通局携手合作，就开行成渝地区双城经济圈毗邻区县省际公交线路事宜达成一致意见，并在重庆潼南与四川遂宁之间试点开行首条跨省城际公交线路。该线路总长29公里，重庆潼南境内23公里，四川遂宁境内6公里，共设35个站点，其中重庆地区27个站点，四川地区8个站点，途经潼南双江镇、界桥（遂宁界）、遂宁杜家大院等地，单程运行时间60分钟左右。此次试点开行线路两地均采用交通运输部“交通联合”卡，可实现跨城市公交一卡通便捷出行，有效提升便捷支付与创新应用能力。票价上依照公共交通相关政策规定，对老年人、学生等群体实施减免票价等政策优惠，群众出行更加实惠。

5月15日 四川乡村客运“金通工程”纳入全省2020年30件民生实事推进。2020年四川省政府工作报告提出，将扎实抓好包括实施乡村客运“金通工程”在内的30件民生实事，进一步保障好基本民生，让群众共享发展成果，确保兜住民生底线和持续加强公共服务。“金通工程”是乡镇及建制村通客车的提质升级版，以统一乡村客运标识、统一招呼站（牌）、统一车辆外观、统一从业人员标识为抓手，以建设美丽清新、安全绿色、便捷优质、精细管理乡村客运为主要任务，建人民满意乡村客运服务体系。按照“试点先行、全面实施”的思路，2020年启动“金通工程”试点（示范）创建工作，总结形成可复制、可推广的做法和经验。目前，全省54个县（市、区）已正式启动“金通工程”试点工作，各项工作有序推进。2021年至2025年全面实施，逐年分批实施“金通工程”创建工作，最终实现“金通工程”全覆盖。

6月30日 四川交通提前完成“两通”目标任务。30日，凉山州布拖县阿布洛哈村通村公路全面完工，该村至拖觉镇“金通工程”乡村客运班线正式开通，标志着全省全面实现具备条件的乡镇、建制村100%通客车，提前完成“两通”目标任务。全长3.8公里的阿布洛哈村通村公路于2019年正式动工，2019年12月31日通过“硬化路+缆车摆渡”永临结合的方案，打通了阿布洛哈村的对外通道，全省提前一年完成交通脱贫攻坚兜底性目标。本次开通的阿布洛哈村至拖觉镇客运班线是凉山州首条按“金通工程”标准实施并开行的乡村客运班线，全长35公里，每日往返1班，遇拖觉镇赶集日增加至往返2班。阿布洛哈村村民出行从过去步行近4小时缩短到如今乘坐客车40分钟就能到达拖觉镇，不仅解决了生产生活出行难题，打开了当地脱贫致富的大门，更是依托“金通工程”全面提升了乡村客运服务品质，切实增强了当地群众的获得感和幸福感。

12月22日 四川省交通运输综合行政执法总队揭牌仪式在厅运行调度中心举行。省政府副省长杨洪波，省政府副秘书长、省铁路和机场建设办公室主任代永波，厅党组书记、厅长罗佳明，省委编办副主任钟建发共同揭牌。根据《中共四川省委编制委员会关于整合组建省交通运输综合行政执法总队的批复》，同意在省交通运输厅高速公路管理局基础上整合组建四川省交通运输综合行政执法总队，保留省交通运输厅高速公路管理局牌子。

12月31日 四川省高速公路运营里程突破8000公里。2020年，全省高速公路项目累计建成通车10个、620公里。“十三五”期间，全省新开工高速公路4400公里，建成和在建总里程近1.2万公里，新增通车里程超过2100公里（2124公里），通车里程数比“十二五”期末增加35%，全省高速公路通车总里程达到8140公里，迈上8000公里台阶，位居全国第三，比“十二五”期间提升了2位。目前，全省在建高速公路项目有国道8513线九寨沟（川甘界）至绵阳高速公路、国道4216线新市至金阳段高速公路、国道4216线金阳至宁南段高速公路、国道4216线宁南至攀枝花段高速公路、国道0615线久治（川青界）至马尔康段高速公路、国道7611线昭通至西昌段高速公路、国道4218线康定至新都桥高速公路康定过境试验段等36个项目、3520公里。“十四五”期间，全省交通运输系统将紧紧围绕加快建设交通强省，全力推动交通运输高质量发展，力争完成公路水运建设投资8000亿元以上，新开工高速公路2500公里，高速公路通车里程达到1.1万公里，基本建成安全、便捷、高效、绿色、经济的现代化综合交通运输体系，为全面建设社会主义现代化四川当好先行。

（本栏目撰稿人：徐荣耀）

特载

TE ZAI

部省领导关怀四川交通运输

2020年4月29日，交通运输部党组书记杨传堂、部长李小鹏批示：

清华同志、尹力同志、洪波同志：

近年来，四川省委、省政府深入贯彻习近平总书记关于脱贫攻坚重要论述和党中央、国务院决策部署，脱贫攻坚工作取得了重大决定性成就。在交通运输领域，四川省聚焦“两通”兜底任务，实现了具备条件的乡镇和建制村通硬化路，具备条件的乡镇通客车，为农村特别是贫困地区带去了人气、财气，也为党在基层凝聚了民心。在此，我们谨代表交通运输部表示衷心感谢。

全面完成交通运输脱贫攻坚任务对决战决胜脱贫攻坚、全面建成小康社会具有重要意义。其中，“两通”（具备条件的乡镇和建制村通硬化路、通客车）是交通运输脱贫攻坚的兜底性任务，是党中央向全社会作出的庄严承诺。今年以来，四川省委、省政府切实加强组织领导，统筹各方资源，强化政策扶持，推动乡镇和建制村通客车工作，克服新冠肺炎疫情不利影响，新增13个乡镇和361个建制村通客车，但目前仍有130个具备条件的建制村未通客车，要在9月底前完成通客车任务还面临不少困难。恳请省委、省政府一如既往高度重视交通运输脱贫攻坚工作，部省合力，督促落实属地责任，加快推进剩余具备条件的建制村通客车，进一步巩固已通客车成果，确保如期高质量完成交通运输脱贫攻坚目标任务，并持续推进农村客运高质量发展，为农村居民开启新生活、新奋斗提供坚实的交通运输保障。

感谢你们一直以来对交通运输事业的关心和支持！

2020年6月16日，交通运输部党组书记杨传堂、部长李小鹏批示：近年来，在四川省委、省政府正确领导下，四川省交通运输部门深入学习贯彻习近平总书记重要讲话精神，大力弘扬劳模精神、“两路”精神，深化群众性精神文明创建，加强先进人物示范引领，取得积极成效。宜宾市交通运输局局长雷涛同志在全国交通运输系统先进集体劳动模范和先进工作者表彰大会上的发言，务实担当，令人振奋，展现了新时代四川交通人的风采。向同志们致以崇高敬意！今年是决战决胜脱贫攻坚、全面建成小康社会收官之年，是加快建设交通强国紧要之年，希望在下一阶段工作中，继续发扬劳模精神，学先进、当先进，团结拼搏化危为机，统筹做好常态化疫情防控和经济社会发展交通运输工作，坚决完成交通运输全年目标任务，推动交通运输高质量发展，谱写交通强国建设四川篇章，为实现“两个一百年”奋斗目标、实现中华民族伟大复兴的中国梦不懈奋斗。请部党组同志阅并呈清华、尹力、洪波同志阅。

2020年10月23日，交通运输部党组书记杨传堂、部长李小鹏批示： 近年来，在省委、省政府的坚强领导下，四川省交通运输系统认真贯彻落实习近平总书记关于“四好农村路”的重要指示精神，强化示范创建，深化管养体制改革，完善绩效考核，实施乡村客运“金通工程”，“四好农村路”发展取得显著成效。在2020年全国推动完善“四好农村路”高质量发展体系现场会上，四川省交通运输厅围绕建人民满意乡村客运“金通工程”作了经验交流，为推进“四好农村路”高质量发展提供了有益借鉴。希望在下一步工作中，部省合力、砥砺奋进，加快健全完善“四好农村路”高质量发展体系，奋力在脱贫攻坚与乡村振兴有效衔接中当好先行。请部党组同志阅并呈清华、尹力、洪波同志阅。

2020年12月24日，交通运输部党组书记杨传堂、部长李小鹏批示： 近年来，在省委、省政府的正确领导下，四川省交通运输厅积极推动川渝交通一体化工作，建设外畅内联通道集群，促进毗邻地区融合发展，为决战决胜脱贫攻坚和全面建成小康社会当好先行。2021年是中国共产党建党100周年，是我国现代化建设进程中具有特殊重要性的一年。希望你们以习近平新时代中国特色社会主义思想为指导，聚焦“一极两中心两地”的目标定位，构建现代化综合交通运输体系，建好西部陆海新通道，加快建设交通强国，助力成渝地区双城经济圈发展！请党组同志阅并呈清华、黄强、洪波同志阅。

2020年2月29日，中共四川省委书记彭清华在省交通运输厅《关于开展“春风行动”为农民工返岗提供运输服务保障有关情况的报告》上批示： “春风行动”对解决农民工节后返工出行难问题发挥了积极作用，为抗击疫情和复工复产作出了重要贡献，受到交通部肯定并在全国推广。要继续总结经验、完善措施，作为每年春运一项常态化措施来抓。

2020年4月28日，中共四川省委书记彭清华在省交通运输厅《关于决战决胜凉山交通脱贫攻坚情况的报告》上批示： 这项工作很有必要，是凉山州全面脱贫的重要支持和保障。

2020年10月14日，中共四川省委书记彭清华就加快建设交通强省作出批示： 建设交通强国是以习近平同志为核心的党中央立足国情、着眼全局、面向未来作出的重大战略决策，是新时代做好交通工作的总抓手。四川省被纳入交通强国建设试点，意义重大、机遇难得。要坚持以习近平新时代中国特色社会主义思想为指导，牢牢把握交通“先行官”定位，对接落实国家有关政策，加快推进重大交通基础设施建设，推进铁、公、水、空各种运输方式协调发展，分级打造一批国际性、全国性、区域性的交通枢纽，补齐科技研发、产业培育、行业治理、环境保护等领域短板，构建安全、便捷、高效、绿色、经济的现代化综合交通体系，强化交通运输对四川融入国内国际双循环的战略支撑作用，努力建设人民满意、保障有力、全国一流的交通强省。

2020年12月24日，中共四川省委书记彭清华对汶马高速公路、成宜高速公路建设工作作出批示：近期，汶川至马尔康、成都至宜宾高速公路全线建成通车，标志着四川21个市（州）政府驻地全部实现高速公路通达，全省高速公路运营总里程迈上8000公里台阶。在此表示祝贺，并向全体建设者致以亲切慰问。“十四五”是加快建设交通强省的重要机遇期。希望全省交通运输战线在新起点上再接再厉，强化对接争取和统筹谋划，加大各类资源整合力度，创新投融资方式，新开工建设一批重大交通基础设施项目，加快在建项目工程进度、提升建成项目运营水平，为四川省融入新发展格局、实现高质量发展提供更有力的支撑和保障。

2020年3月1日，中共四川省委副书记邓小刚在省交通运输厅《关于全力做好涉农物资运输服务保障工作情况的报告》上批示：工作抓得紧，助力“三农”成效明显。

2020年3月23日，中共四川省委副书记邓小刚在省交通运输厅《关于川西北生态示范区交通运输复工复产工作情况报告》上批示：交通厅工作主动扎实，成效明显。

2020年3月12日，中共四川省委常委曲木史哈在省交通运输厅《关于全力做好涉农物资运输服务保障工作情况的报告》上批示：全省情况看，总体情况基本正常。希望交通系统在前期工作卓有成效的基础上，进一步促进鲜活农产品和农用物资流通。

2020年10月18日，中共四川省委常委曲木史哈在省交通运输厅《关于省领导牵头省级重点推进项目工作落实情况的报告》上批示：很好，望抓好全年攻坚工作。

2020年12月21日，中共四川省委常委曲木史哈在省交通运输厅《关于凉山州交通脱贫攻坚有关情况的报告》上批示：谢谢省交通运输厅和全省交通战线同志们在脱贫攻坚中的贡献，特别是为彝区和涉藏地区交通面貌的彻底改变作出了历史性贡献。希望在“十四五”巩固好成果，实现更宏大的规划目标。

2020年1月13日，四川省人民政府副省长杨洪波副省长在省交通运输厅《关于报送2019年工作总结和2020年工作打算的报告》上批示：过去一年，交通运输系统讲政治、顾大局、勇担当、善作为，圆满完成各项目标任务，成效显著。同意所作工作安排，望不断进取，再创佳绩。

2020年3月2日，四川省人民政府副省长杨洪波在省交通运输厅《关于开展“春风行动”为农民工返岗提供运输服务保障有关情况的报告》上批示：交通运输厅要再接再厉，按照清华书记批示精神，不断完善举措，形成常态化机制，把“春风行动”做得更好。

2020年3月3日，四川省人民政府副省长杨洪波对全省交通运输系统积极服务疫情抗击、群众出行和企业复工复产等工作作出批示： 全省交通运输系统认真贯彻落实省委、省政府决策部署，坚持严防控和保畅通“两手抓”，积极服务疫情抗击、群众出行和企业复工复产，成绩值得肯定。希望你们再接再厉，进一步抓好疫情防控和运输保障工作，为打赢疫情防控阻击战和全省经济社会发展作出更大贡献。

2020年4月9日，四川省人民政府副省长杨洪波在国务院办公厅政务情况交流第29期《四川省深入推进“春风行动”持续稳定和拓展农民工就业空间》上批示： 请交通运输厅再接再厉，持续深入做好“春风行动”各项工作。

2020年8月10日，四川省人民政府副省长曹立军在省交通运输厅《关于交通运输领域落实迎接国务院农民工工资支付保障考核工作情况的报告》上批示： 很好！请转人力资源社会保障厅阅。

2020年8月31日，四川省政协副主席王正荣在省交通运输厅《关于省领导牵头省级重点推进项目工作落实情况的报告》上批示： 四川省交通运输厅对巴中诺水河至光雾山公路和S204线两个工作项目高度重视，积极支持并不断跟进督促工作进度。在工作中及时分析了解存在的问题和困难，积极协调解决，并制定出相应的计划措施。省交通运输厅的工作作风和真抓实干的精神值得表扬，望再接再厉。

2020年9月25日，四川省人大常委会副主任叶壮在省交通运输厅《关于支持甘孜州德格县俄南乡绒加村和俄南村第二通道建设情况的报告》上批示： 省交通运输厅认真办理省人大代表建议，及时回应高海拔边远山区群众所急所盼，体现了支持涉藏州县改善交通基础设施的行动自觉。请继续指导当地做好项目前期相关工作，切实加大支持力度，力争早日建成第二通道，惠及群众。抄送成鸣、友才同志。

（陈超超）

2020年6月5日，交通运输部党组书记杨传堂（右）深入昭觉县三岔河乡三河村调研，与村民吉木子洛亲切交谈

交通宣传中心　供图

抢抓机遇　开拓创新
奋力夺取“十四五”交通运输发展开门红

◎ 四川省交通运输厅党组书记、厅长　罗佳明

省交通运输厅党组书记、厅长罗佳明作工作报告　交通宣传中心　供图

召开2021年全省交通运输工作会议，主要是以习近平新时代中国特色社会主义思想为指导，深入贯彻落实党中央国务院、省委省政府和交通运输部系列决策部署，总结2020年及“十三五”交通运输工作，分析部署“十四五”时期交通运输发展形势和主要任务。

2020年及“十三五”交通运输工作

2020年，是四川交通运输应对重大挑战、抢抓重大机遇、取得重大成果的极不平凡一年。在中共四川省委省政府的坚强领导和市县党委政府的重视支持以及相关部门大力推动下，全省交通运输系统众志成城、砥砺前行，在大战大考中担当作为，夺取疫情防控和交通运输事业发展的双胜利，为全面建成小康社会和治蜀兴川再上新台阶作出积极贡献。

（一）坚持防控一线当先锋、运输一线保畅通，扎紧筑牢疫情防控交通防线

省交通运输厅作为省应急指挥部交通运输组组长单位，牵头会同海关、民航、铁路、公安等部门，建立“铁、公、水、航”立体大交通联防联控机制，率先提出交通运输应对疫情的“八项举措”和客运“七不出站”，率先提出保障公路畅通“七条措施”和“一检通认”，有效阻断病毒通过交通工具传播，保障防疫物资和生产生活物资运输。创新实施农民工返岗“春风行动”“零事故”开行专车专列专机3.4万趟次，有力保障80余万农民工安全有序返岗，受到交通运输部通报表扬并在全国推广。同时，坚持“两线作战”，复工复产争先行，一手抓疫情防控、一手抓复工复产，及时提出转段翻篇，率先全面复工。推动省政府出台缓解疫情期间交通运输企业生产经营困难十条措施，减免收费公路车辆通行费63亿元。

（二）聚焦“两通”，挂牌督战、蹲点攻坚，高质量全面完成交通脱贫任务，接续推进乡村振兴发展

2020年6月30日，全国最后一个通公路的村——阿布洛哈村开通乡村客运，标志着全省提前3个月全面

完成“两通”目标。2020年底，仁沐新高速公路沐川段和马边支线建成通车，小凉山腹地通了第一条高速公路；汶马高速公路全线通车，彻底结束三州州府不通高速公路的历史。全年新（改）建农村公路1.68万公里。省政府印发《深化农村公路管理养护体制改革实施方案》《“四好农村路”示范市示范县评选办法》，“四好农村路”高质量发展体系加快构建。扎实抓好定点帮扶，省厅被省委省政府表彰为定点扶贫先进集体。高速公路服务区“交通扶贫专柜”获评2020年全国消费扶贫优秀典型案例。

（三）落实“投资唱主角”，携手省直部门破解要素制约，严格“红黑榜”看板管理加快建设

全年完成公路水路建设投资1918亿元，连续10年投资超千亿元。高速公路成功招商9个项目、609公里，新开工10个项目、597公里，建成10个项目、620公里，通车总里程达8140公里。国省干线新（改）建2355公里，实施大中修工程1824公里，圆满完成“十三五”干线公路迎部检工作，路面使用性能指数（PQI）接近90，达到历史最高水平。内河水运新增高等级航道116公里，四级以上高等级航道达1648公里。岷江犍为枢纽完成一期蓄水并网发电，龙溪口枢纽等项目加快建设，老木孔和渠江风洞子枢纽开工建设。综合枢纽建设提速，建成攀枝花客运南站等4个综合客运枢纽，全省建成和在建综合客运枢纽达52个，覆盖95%的高铁站。建成宜宾传化公路港等3个公路货运枢纽，实现70%以上市（州）均建有公路货运枢纽（物流园区）。

（四）系统谋划扎实推动，交通强省建设进入全面加速期

省委省政府印发《加快建设交通强省的实施意见》，省政府召开推进会动员部署，全省交通强省建设进入全面加速期。成功申报成渝地区双城经济圈交通一体化发展、高原山区公路建设创新等6项交通强国建设试点任务。系统谋划2035年远景目标和“十四五”交通发展，全省综合立体交通网规划纲要、“十四五”交通运输“1+1+12”规划等形成初步成果。围绕都市圈交通“同城同网”，编制完成《成德眉资同城化综合交通发展专项规划（2020—2025年）》。围绕重点区域重点任务，印发实施《川陕革命根据地红军烈士陵园交通专项改善工程》《长征干部学院交通基础设施实施方案》等专项规划。

（五）贯彻成渝地区双城经济圈建设战略部署，推动川渝交通一体化发展先行突破

与重庆对接签订“1+6”合作协议。川渝交通部门建立定期磋商和常态化对接机制，召开川渝毗邻地区交通融合发展推进会等7次联席会议。建成通车成资渝、广安绕城高速，新开工开江至梁平等4条高速公路，川渝间建成及在建高速公路通道达17条。深化港口合作联动，泸州、宜宾港至重庆“水水中转”班轮实现常态化运行，嘉陵江广元—重庆集装箱班轮成功首航，集装箱班轮航线达到12条。实现成渝公交、轨道“一码”通乘，开通8条省际公交线路。两地数据中心开通通信专线，实现监控视频互通和数据交换共享。试点跨区域组建联合执法队伍，开启两地交通运输“跨界+联合”执法新模式。

（六）持续推动客运服务提质转型、货运物流降本增效

创新打造“金通工程”等一批运输服务亮点品牌，在全国率先实施建人民满意乡村客运“金通工程”，推动农村客运站（牌）、车身标识、驾驶员着装、监管系统“四统一”，推进农村客运与乡村旅游、电商物流、邮政快递等融合发展，得到部省高度肯定和群众广泛点赞，在全国“四好农村路”现场会上作交流发言。县级以上城市定制客运实现全覆盖。全省城市公共交通覆盖率达99%，绵阳市涪城区通过全国城乡交通运输一体化示范创建验收。试点建设“司机之家”6个。累计新改建行业厕所1155座，圆满完成“厕所革命”三年行动任务。全省70%的营运高速成功创建“五好高速公路”。深入推进大宗货物“公转铁”“公转水”，完成运输结构调整三年目标任务，全省铁水联运班列达11条，集装箱铁水联运量达到4.3万标箱。

颁发首张网络平台道路货运经营许可证。全年完成公路水路货物周转量1909亿吨公里，比上年增长4.2%，超额完成省政府下达的经济调度目标。深化“交邮合作”，全省乡镇和建制村邮政网点覆盖率均达100%。攀枝花盐边“聚优购”、成都金堂“金乡运”成功创建全国首批农村物流服务品牌。

（七）坚持创新驱动，绿色发展，智慧绿色交通动能持续增强

新立项《高速公路景观及绿化设计指南》等地方标准12项。获得省部级科技进步奖等奖项14项，自动化作业技术和卫星技术应用2个行业研发中心在全国评选中脱颖而出，获部批准授牌。圆满完成“两院”院士四川行专题活动，签约项目数量位居全省第二位。高速公路监控结算及灾备中心提前建成投运，为统一调度指挥打下基础。四川交投都汶高速龙池连接线车路协同试验场基本建成。四川铁投成都二绕西段等平安智慧高速建设取得初步成果。全面完成长江经济带船舶和港口污染突出问题整治，全省经营性港口码头船舶垃圾、生活污水、油污水接收设施实现全覆盖，经营性集装箱码头全面建成港口岸电。成都、泸州城市绿色货运共同配送项目通过国家初审验收。新增和更新公交车辆中新能源车比重超过90%。

（八）着力依法治理，深化改革，行业治理能力和治理体系现代化水平不断提升

省交通运输综合行政执法总队挂牌成立，攀枝花、泸州等15个市（州）和127个县（市、区）明确组建综合执法管理机构。《四川省道路旅客运输管理办法》修订实施，在全国率先将定制客运纳入政府规章。出台《四川省高速公路车辆通行费定价办法》，完成高速公路货车收费标准优化调整工作。内遂高速公路率先试点REITS。深化“放管服”改革，被省政府表彰为先进集体，实现省市县交通运输行政许可办理“一张网”全覆盖，全年办件118万件，好评率100%。制订《四川省交通运输严重违法失信行为联合惩戒实施办法》，高速公路等重点领域实现多部门信用联合惩戒。完成扫黑除恶专项斗争三年行动目标任务，道路运输等5大重点领域乱象治理成效明显。共建共治共享的行业治理新格局加快形成。

（九）坚守安全底线，全力防灾救灾，平安交通建设扎实推进

全省交通运输安全生产事故起数（123起）和死亡人数（153人），比上年下降28.5%、26.4%，全年未发生重特大事故。针对性出台安全管理硬措施，深入开展各类安全专项整治行动。新建农村公路生命安全防护工程8433公里，完成渡改桥31座、危桥改造188座。全省3.13万辆“两客一危”车辆实现主动安全智能防控系统安装全覆盖。有力应对“8·10”暴雨洪灾等重大自然灾害。圆满完成“9·20”雅西高速公路姚河坝大桥高位塌方抢通保通和恢复重建。组建省级常备应急抢险队伍。

（十）全面从严治党，为建设交通强省提供坚强政治保障

坚持把党的政治建设摆在首位，持续巩固深化“不忘初心、牢记使命”主题教育成果，省交通运输厅党组被省直机关工委评为“四好一强”先进领导班子。认真落实党风廉政、全面从严治党“两个责任”，一体推进不敢腐不能腐不想腐，持续正风肃纪。培育推荐百千万人才工程国家级人选等高端人才46人次。四川交职学院在国家第一届职业技能大赛获得1金2银2铜5个优胜奖的好成绩。弘扬新时代“两路”精神，积极培育先进典型，宜宾市交通运输局等单位获评全国交通运输系统先进集体。讲好交通故事，四川交通56次登上《人民日报》、央视《新闻联播》等中央主流媒体，推出《蜀道向天开》《大道兴川》等系列交通文艺作品。交通史书、志书、年鉴三部成果同时荣获四川省地方志优秀成果一等奖。

2020年也是“十三五”的收官之年。五年来，全省交通运输系统紧紧围绕全面建成小康社会目标和省委省政府重大战略部署，努力克服重大自然灾害、宏观经济下行、复杂外部环境等多重考验，全力推动交

通建设大踏步前进，实现交通基础设施由“补欠账”到“促发展”、服务水平由“保基本”到“上档次”的重大转变，“四向八廊”战略性综合交通走廊建设全面提速，现代综合交通运输体系不断完善，交通发展水平继续在西部领先。

交通基础网络更加畅通。年度公路水路建设投资从2015年的1300亿元跃上2020年的1900亿元，五年累计完成8122亿元，较“十二五”增长29%，为“六稳”“六保”作出积极贡献。公路总里程达39.4万公里，居全国第一。新建成高速公路2124公里，高速公路通车总里程居全国第三；建成和在建总里程1.15万公里，覆盖136个县（市、区）；新增出川大通道7个，达到24个。国省干线规划里程4.1万公里，农村公路总里程34.7万公里，均居全国第一。五年累计新改建农村公路11.8万公里，新增181个乡镇和6844个建制村通硬化路，新增198个乡镇和10087个建制村通客车，新建渡改桥251座、溜索改桥77座，彻底结束“溜索时代”。建成公路安保工程4.7万公里。成功创建“四好农村路”省级示范县45个、全国示范县10个，与河南省、山东省并列全国第一。

运输服务保障更加高效。全省公交车辆、公交营运里程、年客运量分别较“十二五”提高27%、22%、17%。多式联运、甩挂运输、江海直达运输等加快发展，货运车型标准化、经营方式集约化、运输装备低碳化深入推进，全社会物流总费用占地区生产总值比重较“十二五”下降3.5%，铁路、水路货运周转量持续增长。全面取消高速公路省界收费站，ETC用户总量突破1000万户，系统运行及客服主要指标进入全国第一方阵。全省交通运输生产安全事故总量和死亡人数较“十二五”大幅下降，未发生重特大事故。

创新驱动发展更加强劲。获国家科技进步一等奖1项、二等奖2项，省部级科技奖励48项。成功创建4个部级行业研发中心、3个省级中心，科技创新平台由3个发展至10个。获批发布地方标准29项。建成省级数据中心，形成支撑全行业业务应用的数据枢纽。建成雅康高速泸定大渡河特大桥、雀儿山隧道、新川九路等一批享誉国内外的超级工程和示范工程。

行业治理体系更加完善。优化大件运输审批服务入选全省法治政府建设创新实践案例。出台《四川省农村公路条例》等6部地方性法规规章和50余项规范性文件，行业法规制度体系不断完善。投融资改革进一步深化。信用交通建设初见成效。公路建设、养护营运、道路运输、行政执法、信息化建设等改革推进实施，创造了一大批四川经验、四川模式。交通文化建设取得新成效，涌现出川航英雄机组、其美多吉等新时代交通楷模。

“十四五”时期交通运输发展形势和主要任务

“十四五”是开启全面建设社会主义现代化国家新征程、向第二个百年奋斗目标进军的第一个五年。成渝地区双城经济圈建设、新时代西部大开发、西部陆海新通道等国家重大战略在四川叠加，交通强国建设加速推进，交通运输领域新技术、新业态、新模式加快成势，给交通运输发展带来千载难逢的历史机遇。综合考虑全省交通发展现状和经济社会发展需要，“十四五”时期仍然是四川交通大建设、大发展的关键期、黄金期，必须抓住机遇，奋力开启交通强省建设新局面。看到机遇的同时，也要清醒认识到，对标交通强省建设和高质量发展要求，全省交通运输发展还有不少短板和薄弱环节，面临巨大挑战。

从区域角度看，区域发展重点向城市群、都市区聚集，但城际间互联互通有待加强，区域之间、城际之间快速通道建设还需加快。涉藏涉彝等贫困地区虽然完成脱贫任务，但总体发展水平仍然不高；非贫困地区受政策影响，“十三五”发展速度有所放缓。以公路密度为例，川南、川东北经济区路网密度都在每百平方公里150公里以上，成都平原经济区（除雅安外）路网密度也有每百平方公里139公里，远超全国平均水平（每百平方公里52公里）；但川西北生态示范区路网密度只有每百平方公里21公里，攀西经济区也只有每百平方公里47公里，低于全国平均水平。从路网结构看，高速公路实现跨越发展，“十三五”时期新增11个县通高速，但全省还有47个县不通高速，包括7个内地县；而全国31个省（区、市）已经有16个实现县县通高速（包括西部的贵州、宁夏、陕西）。干线公路短板明显，特别是普通省道的整体通行能力还不高、高等级公路比例偏低。农村公路规模加速扩大，但覆盖深度和广度均有待进一步提高。全省内河航道总里程居全国第四，但四级及以上高等级航道占比仅15%，不到重庆的一半。从行业发展看，“十三五”期间主要任务是完善交通基础设施网络，重点解决“有没有”的问题。“十四五”期间既要“补短板”“强弱项”，进一步优化完善交通基础设施网络，还要“优服务”“提品质”，进一步提高运输服务水平，提升行业整体治理能力，着力解决“好不好”的问题。发展任务更重。主要体现在资金、用地、环保、审批等方面，特别是资金和用地的制约更为突出。资金方面，受宏观经济等因素影响，加之政府债务管控、融资渠道收窄等原因，各级政府财政压力加大，对交通建设投入有限。而与之对应的是，由于工程建设难度加大、征拆费用和地材价格上涨等因素，项目成本增加，经济效益降低，招商难度增大，资金压力进一步凸显。用地方面，《土地管理法》修订实施后，受“三区三线”刚性管控影响，在用地预审、用地组卷报批等方面的要求更严、程序更多，征拆成本更高。

要素制约更强

从群众立场看，以前是“有没有”路、“有没有”车，现在是路“好不好”、车“快不快”。从社会立场看，以前是货物“能不能”运出去，现在是既要能快速地运出去，还要能以较低的成本运出去。从行业角度看，以前的要求是加快发展，追求的是速度和规模；现在的要求是既要加快发展，还要高质量发展，既要速度和规模，更要质量和效率。发展要求更高。

面对新形势新任务，全省交通运输发展要坚持以习近平新时代中国特色社会主义思想为指导，把握新发展阶段，贯彻新发展理念，构建新发展格局，以推动高质量发展为主题，深化供给侧结构性改革，围绕建设交通强省的总目标，加快推进四川由“蜀道通”向“蜀道畅”转变、由交通大省向交通强省转变、由西部综合交通枢纽向国际门户枢纽转变。

在发展定位上，要紧紧围绕“四个当好”要求，积极主动融入四川现代化建设新征程，为治蜀兴川再上新台阶切实当好先行。一是当好现代产业体系协调发展的坚实支撑。围绕做优做强“5+1”现代工业体系、“10+3”现代农业体系、“4+6”现代服务业体系，打通流通堵点，加快调整运输结构，提高货运效率，降低物流成本。二是当好内外经济循环相互促进的重要纽带。围绕推进“一带一路”建设、长江经济带发展、新时代西部大开发形成新格局、成渝地区双城经济圈建设，畅通多向出川通道、提升国际门户枢纽能级，增强四川交通的辐射力、带动力。三是当好产业链供应链安全稳定的保障基石。围绕全面塑造发展新优势，转变以要素驱动为主的发展模式，坚持科技创新引领，推动交通与新技术、关联产业深度融合，提高全要素生产率。四是当好改善人民生活品质促进共同富裕的开路先锋。围绕改善人民生活品质，引导人口有序转移，加密城市群和成都都市圈交通网络，提高农村地区交通通达深度；顺应公众消费升级趋势，提供个性化、多样化、无龄感的出行服务，让大家共享改革发展成果。

在发展思路上，要完整、准确、全面贯彻新发展理念，做到“四个坚持”，实现质量、结构、规模、速度、效益和安全相统一，推进交通运输事业高质量发展。一要坚持人民至上。就是要增强宗旨意识，始终从实现好、维护好、发展好最广大人民群众根本利益出发，坚持全省一盘棋，平衡好优势区域和欠发达区域的关系，支持成德眉资、川渝毗邻地区提升枢纽能级、交通承载力，形成高质量发展样板；支持三州地区、农村地区继续补齐短板，提高通达深度。二要坚持系统观念。就是要整体把握创新、协调、绿色、开放、共享的发展理念，强化科技创新和机制创新“双轮驱动”，推动交通运输转型升级；强化各种运输方式融合发展，推动交通运输与关联产业深度融合；强化生态优先绿色发展，推动形成绿色的人员出行方式、货物流通方式和交通建设模式；强化对外开放通道建设，支撑四川建设内陆开放战略高地；强化交通基础设施和公共服务有效供给，让交通运输发展成果更多更公平惠及全省人民。三要坚持问题导向。就是要聚焦薄弱环节和问题短板，实施更加精准务实的举措，抓住成渝战略位势提升的历史机遇，继续保持交通投资高位运行态势；抓住新一轮科技革命和产业变革深入发展的契机，充分利用新技术为交通运输赋能增效；抓住重点领域和关键环节改革，以制度创新为手段，提升行业治理效能。四要坚持守住底线。就是要增强忧患意识，正确处理改革发展稳定的关系，把安全理念贯彻到交通运输全领域全过程全系统，健全完善交通应急体系，坚决守住交通运输工作的“桶底”和“底线”。

在发展重点上，要坚持基础设施和管理服务共建并重，推动交通强省建设迈上新台阶，为构建新发展格局提供有力支撑。一方面，围绕加强交通基础设施建设，实施好高速公路外畅内联、国省干线全域升级、农村公路完善延伸、黄金水道干支衔接、枢纽场站功能提升、交通产业融合发展、抗灾能力夯实提升、数智信息赋能融合等“八大工程”，建设全域畅达、安全可靠的公路网，干支衔接、通江达海的航运网，功能完善、覆盖广泛的枢纽网，智慧高效、先进适用的新基建。力争到2025年，公路水路交通建设完成投资超过8000亿元：一是新建成高速公路3000公里，高速公路通车里程达到1.1万公里，连通151个县（市、区），内地实现“县县通高速”。新建成进出川高速公路通道11个，总数达到35个；二是新改建普通国省道9000公里，普通国道二级（三州三级）及以上比例达到95%，普通省道三级及以上比例达到65%；三是新改建农村公路8.4万公里，30户以上自然村通硬化路比例达到65%；四是全省四级及以上航道里程达到1700公里，港口货物吞吐能力达到1亿吨，港口集装箱吞吐能力达到280万标箱；五是实现所有市（州）均建有综合客运枢纽，除阿坝州外均建成多式联运货运枢纽（物流园区），港口重要港区二级及以上公路100%连通；六是建成一批智慧高速公路、智慧普通公路、智慧航道和智慧港口。另一方面，围绕提升行业管理服务水平，实施好客运出行人民满意、货运服务降本增效、绿色交通和谐共生、行业管理共治共享等“四大行动”，建设城乡一体、便捷舒适的客运体系，畅达全球、经济高效的物流体系，低碳循环、环境友好的绿色交通体系，系统完备、科学规范的现代化治理体系。力争到2025年：初步形成客货“123”交通圈（“123”出行圈：都市圈1小时通勤，成渝地区2小时互通，毗邻省会3小时到达；“123”物流圈：国内1天送达，周边国家2天送达，全球主要城市3天送达），城乡客运一体化水平显著提升，物流货运费用明显下降。运输结构不断优化，新能源清洁能源装备全面推广。安全应急保障更加有力。法治政府部门建设深入推进。

确保“十四五”开好局起好步

2021年是开启全面建设社会主义现代化国家新征程和“十四五”规划的开局之年，也是全面加快建设交通强省的重要一年。2021年交通运输工作的总体思路是：坚持以习近平新时代中国特色社会主义思想为指导，全面落实党中央、国务院和省委省政府、交通运输部决策部署，坚定不移贯彻新发展理念，坚持稳中求进工作总基调，坚持高质量发展主题和深化供给侧结构性改革工作主线，紧紧围绕加快建设交通强省，统筹推进基础设施补短板、运输服务提质效、改革创新谋突破、行业治理上台阶、党的建设创特色，奋力夺取“十四五”交通运输发展开门红，以优异成绩迎接建党100周年。

努力实现四大目标

（一）保持投资稳中有升。启动实施综合交通建设万亿工程，确保2021年公路水路建设完成投资1700亿元以上。其中，高速公路1000亿元，国省干线430亿元，农村公路150亿元，内河水运35亿元，运输场站30亿元，智慧交通、养护及专项工程55亿元。工作按力争完成2000亿元安排。

（二）交通建设持续加快。高速公路确保建成500公里以上，通车总里程突破8600公里；确保新开工里程600公里以上，建成和在建里程超过1.2万公里；新增出川通道2个，总数达26个。国省干线新改建1300公里，农村公路新改建1万公里以上。

（三）管理服务提质增效。行业法规制度和综合行政执法完善加强，公路管养、投融资、“放管服”等重点领域改革深入推进，安全应急管理水平显著提升，常态化疫情防控守住底线，行业治理体系和治理能力现代化建设迈上新台阶。

（四）科技赋能创新突破。行业科技创新实力明显增强，科研平台建设、科技人才培养、重大科研成果实现突破，对行业高质量发展的支撑作用显著提升。大力推广应用新技术，积极培育发展新业态，勇于实践推行新模式，行业发展新动能显著提升。加快交通“新基建”建设，引领智慧交通发展迈上新台阶。

重点抓好十二项工作

（一）完善综合交通运输战略规划体系。制定全省综合立体交通网规划纲要，推动出台成渝地区双城经济圈综合交通运输发展等规划。完成省级高速公路网、普通省道网规划修编，指导市县全面完成农村公路网规划。出台全省“十四五”综合交通运输发展规划，制定公路水路专项规划及12个子规划。制定完成国道318线扩能提质、长征国家文化公园交通改善等重点专项方案。

（二）全面推进交通强省建设。印发交通强国建设试点责任分工方案和实施方案，推进成渝地区双城经济圈交通一体化、高原山区公路建设创新、公园城市绿色交通建设、交通防灾减灾体系、车路协同技术发展、交通与旅游文化融合发展试点等6项交通强国建设试点任务落地见效。研究出台交通强市、交通强县建设指导意见和评定办法，明确激励政策、评价细则。启动交通强县候选县评选工作。

（三）加快成渝地区双城经济圈交通发展。落实“1+6”川渝交通合作协议，与重庆市交通局联合出台2021年重点工作任务。举办成渝地区双城经济圈交通运输一体化发展高峰论坛。支持达州、遂宁、广安加快万达开川渝统筹发展示范区、遂潼川渝毗邻地区一体化发展先行区和川渝高竹新区建设。加快建设泸州至永川等4条省际高速公路，力争开工建设成渝扩容、资中至铜梁等高速公路，建成及在建川渝高速公路省际通道达18条。加快推动G210线邻水高滩至渝北茨竹段等毗邻地区普通国省干线和农村公路建设，进一步消除瓶颈路、断头路。推进邻水、华蓥等“5+5”毗邻县区建设成渝地区双城经济圈“四好农村路”示范区。推进长江干支流航道、枢纽、港口及集疏运体系建设，开通南充港至重庆港集装箱班轮，共建长江上游航运中心。开通达州至梁平等10条跨省城际公交线路。试行开通川渝定制客运班线。研究成渝公交“一卡通”优惠共享。建设成渝地区双城经济圈交通运输大数据共享中心。强化毗邻地区“跨界+联合”执法。

（四）着力推进交通重点项目建设。加快高速公路建设。加快推进宜攀沿江、马尔康至久治等总里程3537公里、总投资6431亿元的37个续建项目建设，确保建成成都天府国际机场高速南线、国道0511线德阳至都江堰段等10个项目（路段）500公里以上，力争建成王坪至通江、成乐扩容等项目（路段）。加快项目前期工作，确保新开工镇巴高速川陕界至王坪段、康定至新都桥、西昌至香格里拉、资中至铜梁、国道5川陕界至广元段扩容、天府新区至眉山至乐山等6个项目600公里以上。加快内河水运建设。建成岷江犍为、汤坝航电枢纽。推进岷江龙溪口、老木孔等项目建设。协同重庆加快利泽枢纽建设。加快岷江东风岩航电枢纽等项目前期工作。加快普通公路建设。加快普通国道待贯通路段建设，实施普通省道提档升级。新改建国省干线1300公里、农村公路1万公里以上。全面推进川藏铁路配套公路建设，加快绵阳广元山区公路、川陕革命根据地王坪红军烈士陵园专项改善提升、长征干部学院配套公路、“8·10”洪灾灾后重建等专项工程实施。牵头实施好森林草原防灭火通道和航空灭火设施建设。加快枢纽站场建设。建成天府国际机场客运站等4个客运枢纽站，实现所有通高铁的市均建有枢纽站。加快成都国际铁路港多式联运项目等货运枢纽建设。建设500个乡村综合运输服务站。新改建4.1万个村级招呼站牌。加快交通“新基建”建设。推进成宜数字高速、宜宾港智慧港口等交通新型基础设施建设。建成投用川九路智慧公路、交通运输行政执法综合管理信息系统等5个项目，加快平安智慧高速公路等2个项目建设。

（五）有效支撑乡村振兴战略实施。做好“两项改革”交通后半篇文章。实施撤并建制村畅通工程、乡村振兴产业路旅游路工程，建设直连道路4500公里，建成产业路旅游路900公里，基本解决群众反映最迫切的撤并村直连问题。因地制宜推进30户以上自然村（组）通硬化路，建成5000公里。推动“四好农村路”高质量发展。全面深化农村公路管养体制改革，推动市、县建立健全公共财政长效保障机制，扎实推进改革试点工作。全面推行县、乡、村三级路长制。组织开展好“四好农村路”省级示范市、示范县评定，再创建一批全国示范县，争创首批全国示范市。打造“金通工程”品牌。2021年6月底前全面实现乡村客运车身外观、招呼站牌、乡村客运标识、驾驶人员管理“四统一”。推广客货两用车型，推进客运网、邮快网、物流网、商业网、旅游网“五张网络”融合发展。建成10个“金通工程”样板县。

（六）提升建设养护管理能力。加快项目前期工作。印发实施高速公路项目前期工作管理办法，“十四五”拟开工项目基本完成工可研究并储备到初步设计。提升普通国省道审查批复工作效率，保障项目储备。优化特许经营管理的营商环境，力争高速公路项目招商1000公里以上。加强项目建设管理。深入推进项目管理、项目设计、工程施工、作业人员四个标准化，打造平安百年品质工程。用好红黑榜通报、省级部门常态化协调对接等工作机制，保障重点项目顺利推进。开展建设市场突出问题专项整治。建设重点项目监管信息化平台。加强公路航道养护管理。研究实行养护资质管理，培育养护市场，倒逼养护从业单位转型升级。实施公路养护工程和强基能力建设，完成养护工程1500公里，力争国道PQI保持优等水平。开展危旧桥梁改造行动，提升桥梁安全耐久水平。逐步理顺沱江、岷江航道养护管理体制。探索航道管养综合保护改革，研究推进疏浚砂石综合利用。建立嘉陵江通航建筑物联合调度机制。加强路网运行管理。进一步完善高速公路收费定价管理，全面完成高速公路试收费转正工作。优化完善高速公路联网收费系统技术保障、投诉处理、保通保畅、清分结算和网络安全等机制，开展ETC服务专项提升行动。打造一批特色服务区、主题服务区、超级服务区。

（七）开创运输服务发展新局面。推动客运提质升级。大力发展机场快线、高铁快线等运输业务，丰富道路客运接驳方式。加快发展定制客运，力争实现三类以上班线定制客运全覆盖。符合条件的二级以上客运站实现电子客票应用。全力做好第21届世界大学生运动会服务保障工作。推动物流降本增效。加快推进西部汽车城国家多式联运示范工程建设。完善省交通运输物流公共信息平台功能，实现与铁路、航空运输信息对接。加强与国际道路运输联盟（IRU）合作，推动开通四川经新疆、中亚至欧洲等国际道路跨境货运线路。积极推进农村物流体系建设，加强交通邮政快递融合发展。深化推进运输结构调整，集装箱铁水联运量同比增长10%以上。激发运输发展新动能。规范推进网络货运发展。推进网约车合规化。规范共享单车发展。大力发展枢纽经济、路衍经济。

（八）强化科技创新和绿色发展。提升科技创新能力。依托行业成果编制发布地方标准10项以上。开展公路防灾抗灾能力提升等重点项目研究，启动“钢管混凝土桥梁工程技术研究中心”升级创建国家中心工作。筹备举办智慧高速产业大会。大力发展绿色交通。启动绿水绿航专项行动。巩固港口和船舶污染防治成果并完善长效机制。抓好长江“十年禁渔”。强化黄河流域生态保护。落实好琼江河长牵头单位责任。强化交通建设生态修复，建设一批绿色公路、绿色航道、绿色港口。深化汽车维修企业、柴油货车等重难点领域污染治理。实施绿色出行“续航工程”，加快充电设施网络建设。

（九）健全行业现代化治理体系。建设法治政府部门。力争《四川省交通运输行政执法条例》制定出台。健全完善交通运输综合行政执法体制机制，深化高速公路“一路四方”联勤联动。持续深化执法“四基四化”建设。组织实施“八五”普法工作。深化重点领域改革。推动高速公路市场化改革，探索高速公路与普通公路打捆招商，推进交通基础设施REITs试点。开展好交通运输财政事权与支出责任划分改革。推动交通运输领域全面实施预算绩效管理。优化改进营商环境。取消道路危险货物运输以外的道路运输驾驶员从业资格考试。实现全省道路运输“人车户”三证电子化和全国互认。持续深化“一网通办”前提下的“最多跑一次”改革，加快向群众办事“零跑腿”转变，着力推进“川渝通办”“跨省通办”。持续深化“信用交通省”建设。落实支持民营企业、中小企业发展政策措施。积极拓展与“一带一路”沿线国家合作。

（十）建设更高水平的平安交通。全面推行安全

2020年6月5日，交通运输部党组书记杨传堂（前左）在省交通运输厅厅长罗佳明（二排中）的陪同下调研小金县脱贫攻坚和交通扶贫情况　　吴　丹　毛　剑　刘涛声　刘　凯　供图

生产清单制管理和企业安全生产标准化建设，完善安全责任体系，坚决将安全责任落实到最小工作单元。深入推进公路水运行业安全专项整治三年行动，强化风险防控和隐患治理，全力压减事故总量，坚决遏制重特大事故。大力推进“平安工地”建设，强化建设施工安全监管。着力推进渡改桥、农村公路安全生命防护工程、老旧闸坝整治等专项行动，全面实施“平安渡运”“平安运输”工程。推动农村客运车辆安装主动安全智能防控装置、营运客运车辆加装安全带报警装置，强化危化品运输专项整治，提升安全保障水平。进一步健全完善应急指挥和预案体系，加快交通抢险专业能力建设。推进自然灾害风险公路水路承灾体普查。切实做好森林草原防灭火和消防工作。依法依规集中治理重复信访，化解信访积案。加强反恐防范基础性工作。推动“扫黑除恶”常态化、乱象治理机制化，维护行业和谐稳定。

（十一）毫不放松抓好常态化疫情防控。履行好交通运输组牵头部门职责，落实好定期会议、信息报送等工作制度，完善常态化防控工作机制，坚决落实旅客体温检测等防控措施，统筹做好“外防输入、内防反弹”工作。强化冷链食品运输疫情防控。充分考虑疫情多点散发、一级响应启动等情况，分别制定应急预案，完善应急措施，及时开展应急演练。

（十二）加强党的领导和党的建设。深入学习贯彻习近平新时代中国特色社会主义思想，开展好党史学习教育，抓好中央和省委全会精神等宣传贯彻。扎实做好庆祝建党100周年系列活动。落实全面从严治党政治责任，一体推进不敢腐不能腐不想腐。加强廉政风险防控体系建设，研究出台清廉交通建设指导意见。着力打造“忠诚、干净、担当”的交通干部队伍。优化人才队伍结构，加大技能人才培养力度，支持开展好行业技能竞赛。围绕交通强省建设，做好重大主题宣传。建设通江至王坪高速红色文化项目示范，打造一批交通文化地标。鼓励交通题材文艺创作，讲好新时代交通故事。大力弘扬以“两路”精神为代表的新时代交通精神。

（该文为省交通运输厅党组书记、厅长罗佳明在2021年2月25日全省交通运输工作会议上的讲话摘要）

概况

GAI KUANG

2021

四川交通年鉴

四川概况
SICHUAN GAIKUANG

区　位　**地理区位**　四川古称巴蜀，简称蜀。地理位置东经97°21′~108°31′，北纬26°03′~34°19′，东西长1075公里，南北宽921公里，东邻重庆，南连贵州、云南，西靠西藏，北接陕西、青海、甘肃。辖区面积48.6万平方公里，占全国土地总面积的5.05%，居新疆、西藏、青海、内蒙古之后，列全国第五位。四川以其独特的地理环境、丰富的自然资源以及开发较早的农耕经济而享有“天府之国”的美誉。

甘孜藏族自治州理塘县风光　　厅史志总编室　供图

经济区位　四川四面环山，气候多样，资源和物产富足，历来是中国西部地区具有重要经济地位的省份。四川虽然存在不沿边、不靠海的先天不足，但亦有其独特条件和巨大潜力：从地理位置来看，四川作为西部10个省（自治区、直辖市）之一，与除新疆、宁夏外的其他7个省（自治区、直辖市）接壤，是中国西部地区人流、物流、信息流的重要通衢，是云、贵、藏、青、甘等省（自治区）经济发展的重要依托，是西南、西北和中部地区的重要连接点；从区域市场来看，四川是西部特别是西南地区各种经济要素和商品的重要集散地；从交通条件来看，四川是承接华南、华中，连接西南、西北，沟通中亚、东南亚的重要交通交会点和交通走廊。四川特有的区位优势，使四川有条件成为辐射国内市场和“一带一路”国际经济格局的西部经济高地。

地貌特征　四川境内有青藏高原、云贵高原、横断山脉、秦巴山地和四川盆地五大地貌单元，地势西高东低，高差悬殊。以龙门山、邛崃山和大凉山主脊线为界，四川地貌可分为两大区域：东部是盆地，西部是大幅隆起的高原和山地。东部盆地周边山地海拔1000~3000米，盆底海拔200~750米，属中国地势划分的第二阶梯上相对凹陷部分；西部山地海拔多在4000米以上，属中国地势划分的第一阶梯。四川山脉连绵，江河纵横。其盆地东南缘，长江两岸海拔在250米左右。

地貌类型复杂多样是四川地貌的另一大特征。平原、丘陵、山地和高原4种内陆地貌类型齐全。平原分布于盆地西部及河流两岸；丘陵分布于盆地中部及盆东平行岭谷底部；山地主要分布于凉山州、甘孜州、阿坝州的东南部，高原分布于川西北的甘孜州和阿坝州境内。

气候特征　四川地处亚热带地区，东、西部地貌差异显著，气候复杂多样，尤以气候垂直特征明显，为中国气候带最多的省区之一。其中，川西高山峡谷地区以亚热带气候为基带，从下至上依次呈现暖温带、温带、寒温带和永冻带气候特征。这种复杂多样的气候为四川农业的发展提供得天独厚的优越条件。

四川气温差异显著。根据热量、降水、日照的差异，大致可分为东部盆地、川西高原和川西南山地三大区域。东部盆地年平均气温在14℃～19℃之间，春季气温回暖早，夏季长但少酷热，秋季低温来得早，冬季温暖而少霜雪；川西高原地区年平均气温低于8℃，气候垂直变化明显，气温低，多霜雪，雨量小，日照丰富；川西南山地谷地年平均气温在15℃～20℃之间，山地年平均气温在5℃～15℃之间，冬暖夏凉，四季不分明。

资　源　土地资源　四川辖区面积48.6万平方公里。四川土壤类型丰富，垂直分布特征明显。平原、丘陵主要为水稻土、冲击土、紫色土等，是农作物的主要产区。高原、山地依海拔高度分别分布不同土壤，其中多数有利于多种作物的生长。占比重较大的紫色土富含钾、磷、钙、镁、铁、锰等元素，土质风化度低、土壤发育浅、肥力高，极利于农业生产。四川湿地资源极其丰富，主要类型有河流湿地、湖泊湿地、沼泽和沼泽化草甸湿地及库塘湿地四大类。九寨沟高山湖泊群湿地、若尔盖高原泥炭湿地、黄龙钙化湿地群、泸沽湖湿地等湿地景观闻名全球。

水资源　四川大部分地区位于亚热带季风气候区，雨量充沛，河流水系发育良好，地表水、地下水和重复水储量巨大，其中以河川径流量最为丰富。境内流域面积50平方公里及以上河流共有2816条，号称“千河之省”。水资源总量约2616亿立方米（其中地下水资源量616亿立方米），为长江径流三大补给区之一。其中，岷江年径流量900亿立方米，为长江各大支流之冠。四川充足的水资源所蕴藏的水能，占全国四分之一。

生物资源　四川复杂的地形结构、气候类型和充裕的雨水为多种生物的生长繁衍提供了良好的自然条件，成为连缀华中、西南和青藏高原三大动植物区的走廊地带，古今动植物同存，数量种类繁多，素有“中国植物缩影”和“物种富乡”之誉，为全球25个生物多样性热点地区之一。仅高级植物就有1万余种，占中国植物总类的三分之一，居全国第二位，其中国家重点保护植物达63种。四川还是药用植物的主要产地和油料植物的生产基地，经济林木的栽培历史悠久。四川境内的野生动物种类占全国的46.4%，居全国第二位。其中有脊椎动物近1300余种，占全国的45%以上。全省有国家一级保护动物32种、二级保护动物113种，分别占全国的34.3%和40.1%。举世闻名、被誉为“国宝”的大熊猫就主要生活在四川。四川毛皮用动物和药用动物种类繁多。全省雉类资源亦极为丰富，雉科鸟类达20种，占全国雉科总数的40%，其中有许多珍稀濒危雉类，如雉鹑、四川山鹧鸪、绿尾虹雉等。

矿产资源　四川地质构造复杂，地层发育完整，成矿条件有利，是中国少数矿藏资源极为丰富的省份之一。全省矿产种类齐全，储量丰富，已查明资源储量的矿种、矿区分别为101种和1906处，其中有43种矿产的保有资源储量位居全国前五位。全省矿产资源分布相对集中，区域特征明显，地域组合较好，伴生矿种多，易于开采冶炼，为西部乃至全国的矿物原材料生产和加工大省。

旅游资源　四川拥有秀美的山川和独特的人文景观，是中国旅游资源种类繁多、门类齐全的省区之一。有世界自然与文化遗产5处。其中，自然遗产3处（九寨沟、黄龙、四川大熊猫栖息地），自然和文化双重遗产1处（峨眉山—乐山大佛），文化遗产1处（青城山—都江堰）。列入联合国“世界生物圈保护区”的有4处（九寨沟、卧龙、黄龙、稻城亚丁）。国家级风景名胜区15处，省级风景名胜区79处，国家5A级旅游景区12个，中国优秀旅游城市21座，国家历史文化名城8座，自然保护区166个，其中，国家级自然保护区31个。卧龙、蜂桶寨、喇叭河、草坡、鞍子河、黑水河6个大熊猫自然保护区作为大熊猫世界自然遗产地最精华区域进入《世界自然遗产名录》。森林公园137处，其中，国家级森林公园44处。已发现地质遗迹220余处，有世界级地质公园3处，国家级地质公园18处，其数量居全国前列。

人口民族宗教　四川是中国人口大省。2020年全省常住人口共8367.5万人，与2010年第六次全国人口普查8041.8万人相比，常住人口增加325.7万人，增长4.05%，年平均增长率为0.40%。四川常住人口总量位居全国第五位，占全国总人口比重5.93%。依经济发展水平和自然条件差异，人口分布呈东多西少特征。

四川民族众多。除汉族外，还有55个少数民族，其中世居少数民族有彝族、藏族、羌族、苗族、回族、土家族、纳西族等14个。四川拥有中国最大的彝族聚居区、第二大藏族聚居区、唯一的羌族聚居区，为全国第五大少数民族聚居的省份。

四川有佛教、道教、伊斯兰教、天主教、基督教5种宗教。佛教、道教分布较广；川西高原上的甘孜州、阿坝州和凉山州木里县是藏族聚居地，居民信仰藏传佛教；信仰伊斯兰教的回族群众主要分布在川西北和川西南的阿坝州、凉山州等地区；天主教、基督教的信众多分布在长江沿线的大中城市及农村。

历史沿革　四川是中国古人类文化发源地之一，也是

甘孜藏族自治州理塘县风光　　厅史志总编室　供图

中国经济开发较早的地区之一。旧石器时代晚期，中国境内最早原始人类之一的资阳人就生活在四川，并使用旧石器从事生产。古史传说的“蚕丛时代”即指四川古人类以养蚕著称的时代，“蜀”之得名亦与之有关。从新石器时代晚期到青铜器时代，两个较大的奴隶制国家——巴国和蜀国的人民就在今四川盆地东部和西部辛勤垦殖，创造了灿烂的“巴蜀文化”。20世纪80年代后期，广汉三星堆、新津宝墩、都江堰芒城、郫县古城、温江鱼凫城、成都金沙等一系列考古发掘证实，早在距今4800—4000年左右的成都平原，已逐渐形成分布密集、规模庞大的古城群。

公元前316年，秦并巴、蜀，分置巴郡和蜀郡。战国秦昭王时，蜀守李冰父子兴建都江堰，灌溉成都平原，农业迅速发展，四川至今仍受其惠。秦末，刘邦以巴蜀为战略后方，出兵关中，建立汉朝。汉武帝元封五年（公元前106年），以今四川地域为中心，置益州，故四川又有“益州”之称。两汉时期，四川经济进一步发展，文翁兴学，开创西汉一代官学制度；牛耕、铁农具普遍使用，蜀酒已有特色；工矿业、手工业、商业相当发达。成都与洛阳、邯郸、临淄、宛城同为五都之一，世称“西都”。221年，刘备建立蜀汉政权，定都成都。263年，蜀汉为魏所灭。两晋南北朝期间，四川多次卷入战祸，经济一度衰落，但战乱较北方为轻，其间先后出现较为安定的时期，故时有“天下多乱，惟蜀得免”之说，不断有人入蜀避乱，并带来技术和资财，为四川经济的再次发展提供有利条件。隋炀帝大业三年（607年），废州置郡，实行郡县二级制，设蜀、巴等24郡。唐太宗贞观元年（627年），分全国为十道，巴蜀地区属剑南道、山南道和江南道。其时四川经济再次进入发展的高潮，成都平原成为全国最发达的地区之一，时称“扬一益二”。907年，王建建立前蜀；934年，孟知祥建立后蜀。965年，北宋平蜀。宋真宗咸平四年（1001年），改川峡路为益州路（后改为成都府路）、梓州路（后改为潼川府路）、利州路和夔州路，合称“川峡四路”，“四川”之名即由此而得。宋代是四川经济文化又一个大发展时期，确立都江堰岁修制度并沿袭至今，设置“茶马司”以茶易马，其蜀锦、麻纸、印刷和刻书均居当时先进行列，深井钻凿技术更是领先世界，交通运输和商业也较发达，世界上最早的纸币——交子始现成都，成都地位仅次于汴京和临安，被誉为“名都乐园”。元朝在各地置行中书省。至元二十三年（1286年），合并川峡四路置“四川等处行中书省”，简称“四川行省”，此为四川建省之始。1363年，红巾军将领明玉珍在重庆称帝，国号大夏。1371年，明军灭大夏，统一四川。1644年，明末农民起义军首领张献忠由湖广溯江而上，在成都建立大西政权。1646年，大西政权灭亡。清朝对四川采取一系列休生养民政策，使四川经济得以迅速恢复并发展，其中“湖广填四川”和“改土归流”政策影响尤为深远。其时红苕、玉米等新型粮食作物普遍种植，烟叶、蚕丝业继续发展，糖、酒业逐步兴盛，特别是以自贡为中心的盐场具有相当规模。

民国初年，四川出现长达近20年的军阀混战局面。第二次国内革命战争期间，中共四川省委先后组织领导20次武装起义。1932年，红四方面军主力入川，建立川陕革命根据地。抗日战争时期，四川成为抗日大后方和中国抗日的兵源、财源、粮食和物资基地。1949年12月，四川解放。1950年，四川划分为川西、川东、川北、川南4个行署和重庆直辖市。1952年，四川恢复省制，重庆由直辖市改为省辖市。1955年，西康省撤销，金沙江以东各县并入四川。1997年，重庆又改设为直辖市。至2020年，四川省共有地级行政区划21个，其中副省级市1个、地级市17个、民族自治州3个；有县级行政区划183个，其中市辖区55个、县级市18个、县106个、民族自治县4个。

经济建设　四川经济开发较早，历史上就以畜牧农耕、凿井煮盐、养蚕织锦著称。近年来，四川遭受“5·12”汶川特大地震、“4·20”芦山强烈地震、“8·8”九寨沟强烈地震、“6·17”长宁地震、特大山洪泥石流以及暴雨洪涝灾害等重大自然灾害，又经历国际金融危机和国内经济下行，面对复杂经济形势、多重矛盾交织、自然灾害频发的严峻考验，以及新冠肺炎疫情的严重冲击，中共四川省委、省政府带领全省人民坚持以习近平新时代中国特色社会主义思想为指导，深入学习贯彻党的十九届五中全会精神和习近平总书记对四川工作系列重要指示精神，认真贯彻落实省委十一届七次、八次全会决策部署，统筹推进“五位一体”总体布局，协调推进“四个全面”战略布局，沉着应对多重困难挑战，牢牢把握稳中求进工作总基调，始终保持专注发展定力，统筹做好稳增长、促改革、调结构、惠民生、防风险各项工作，强力推动成渝地区双城经济圈建设，打造“一极两中心两地”，深入实施“一干多支、五区协同”“四项拓展、全域开放”重大战略部署，全省经济持续回升、稳步向好，全年主要目标任务顺利完成，为“十三五”划上圆满句号，开启全面建设社会主义现代化四川新征程。2020年，全省实现地区生产总值48598.8亿元，比上年增长3.8%。全年地方一般公共预算收入4258.0亿元，比上年增长4.6%，其中税收收入2967.7亿元，增长2.7%。一般公共预算支出11200.7亿元，增长8.2%。全年全社会固定资产投资比上年增长9.9%。社会消费品零售总额20824.9亿元，比上年下降2.4%。城镇居民人均可支配收入38253元，比上年增加2099元，比上年增长5.8%。农村居民人均可支配收入15929元，比上年增加1259元，比上年增长8.6%。居民消费价格比上年上涨3.2%。

四川工业门类齐全，发电量、天然气等产品产量均居西部各省（直辖市、自治区）第一位，机械、电子等行业在全国占有重要地位。2020年，全省工业增加值13428.7亿元，比上年增长3.9%，对经济增长的贡献率为36.3%。年末规模以上工业企业14843户，全年规模以上工业增加值增长4.5%。在规模以上工业中，分轻重工业看，轻工业增加值比上年增长1.1%，重工业增加值增长6.2%，轻重工业增加值之比为1:2.0。分经济类型看，国有企业增长2.4%，集体企业下降17.9%，股份制企业增长4.3%，外商及港澳台商投资企业增长7.7%。分行业看，规模以上工业41个行业大类中有25个行业增加值增长。其中，计算机、通信和其他电子设备制造业增加值比上年增长17.9%，石油和天然气开采业增长12.2%，非金属矿物制品业增长6.3%，电力、热力生产和供应业增长6.3%，黑色金属冶炼和压延加工业增长4.9%，化学原料和化学制品制造业增长4.5%，汽车制造业增长3.5%，酒、饮料和精制茶制造业增长2.9%，医药制造业下降2.1%，金属制品业下降3.9%。高技术制造业增加值增长11.7%，占规模以上工业增加值比重为15.5%；五大现代产业增加值增长5.1%；六大高耗能行业增加值增长5.9%。全年规模以上工业企业实现营业收入45250.1亿元，比上年增长5.5%。盈亏相抵后实现利润总额3197.7亿元，增长13.4%。其中，国有控股工业企业实现利润1075.4亿元，增长20.7%；股份制企业2785.0亿元，增长11.8%；外商及港澳台商投资企业333.0亿元，增长30.1%。

四川现代农业体系初步形成。2020年，召开全省现代农业园区建设现场会，加快构建现代农业“10+3”产业体系，推进农业农村现代化，擦亮四川农业大省金字招牌，加快由农业大省向农业强省跨越，第一产业增加值增长5.2%。继续抓好现代农业园区建设，考核评定59个省星级现代农业园区。其中，省三星级现代农业园区41个，省四星级现代农业园区11个，省五星级现代农业园区7个。全年粮食作物播种面积631.3万公顷，比上年增长0.5%；油料作物播种面积158.4万公顷，增长5.9%；中草药材播种面积14.4万公顷，增长5.9%；蔬菜及食用菌播种面积144.4万公顷，增长2.2%。全年粮食产量3527.4

九红草地风光路——红原县麦洼乡路段 厅史志总编室 供图

万吨，比上年增长0.8%。经济作物中，油料产量392.9万吨，增长7.0%；烟叶产量16.2万吨，增长0.7%；蔬菜及食用菌产量4813.4万吨，增长3.8%；茶叶产量34.4万吨，增长5.8%；园林水果产量1083.6万吨，增长8.3%；中草药材产量52.7万吨，增长7.5%。全年肉猪出栏5614.4万头，比上年增长15.7%；牛出栏296.4万头，增长1.6%；羊出栏1792.1万只，增长0.7%；家禽出栏77444.5万只，比上年减少1.7%。猪肉产量增长11.7%，牛肉产量增长1.6%，羊肉产量增长0.8%，禽蛋产量增长3.8%，牛奶产量增长1.9%。全省有湿地公园54个，其中国家湿地公园（含试点）29个。森林覆盖率达到40%，比上年末提高0.4个百分点。全年水产养殖面积19.3万公顷，水产品产量160.4万吨，增长1.7%。全年新增有效灌溉面积5.5万公顷，年末有效灌溉面积296.2万公顷。全年新增综合治理水土流失面积51.2万公顷，累计1094万公顷。年末农业机械总动力4753.6万千瓦。全年农村用电量205.9亿千瓦小时。

四川是西部最大的市场和物资集散中心，商业机构门类齐、网点覆盖面广，为全国贸易大省。2020年，全省社会消费品零售总额20824.9亿元，比上年下降2.4%。按经营地分，城镇消费品零售额16791.9亿元，比上年下降2.5%；乡村消费品零售额4032.9亿元，下降2.1%。按消费类型分，商品零售额18342.4亿元，下降1.5%；餐饮收入2482.5亿元，下降9.0%。在限额以上企业（单位）中，通过互联网实现的商品零售额1226.5亿元，增长16.9%。从限额以上企业（单位）主要商品零售额看，粮油、食品、饮料、烟酒类比上年增长13.5%，日用品类增长6.5%，体育娱乐用品类增长11.6%，家用电器和音像器材类增长2.5%，中西药品类增长7.5%，文化办公用品类增长21.1%，家具类增长4.1%，通讯器材类增长4.6%。

四川招商引资和经贸合作取得重大成果。2020年，继续开展“外贸促进三年行动”，全省新设外商投资企业（机构）842家，比上年增长24.6%，累计设立13826家；全年实际利用外资100.6亿美元，比上年下降19.4%，其中外商直接投资25.5亿美元，增长2.9%，规模居中西部第1位。在川落户世界500强达到364家。其中，境外世界500强累计达到250家。已获批准在川设立领事机构的国家已达20个，已开馆的领事机构13家。全年对外承包工程新签合同金额62.4亿美元，比上年下降66.5%；完成营业额51.8亿美元，下降18.6%。新增境外投资企业64家，境外投资企业累计1219家。全年实际到位国内省外资金1.1万亿元，增长1.2%。全年进出口总额8081.9亿元，比上年增长19.0%。其中，出口额4654.3亿元，增长19.2%；进口额3427.5亿元，增长18.8%。全年以加工贸易方式进出口5130.2亿元，比上年增长24.8%，占全省进出口总额的63.5%；以一般贸易方式进出口1682.8亿元，下降6.0%，占全省进出口总额的20.8。

四川立足省情，坚持疫情防控为先，强化市场综合监管，严守安全底线，全力做好全省旅游行业疫情防控和景区安全有序开放管理工作。2020年，接待国内游客4.5亿人次，下降39.9%；实现国内旅游收入7170.1亿元，

雅西高速公路　　厅史志总编室　供图

下降37.4%。接待入境游客24.6万人次，下降94.1%；实现旅游外汇收入4679.1万美元，下降97.7%。旅行社组织出境游客人数为8.9万人次，下降95.2%。 全年实现旅游总收入7173.3亿元，比上年下降38.1%。

四川作为西部陆海新通道腹地一端，加快建设西部陆海新通道。2020年，统筹各种运输方式发展，完善物流设施功能，增强交通物流设施保障能力。全年通过公路、铁路、民航和水路等运输方式完成货物周转量2735.4亿吨公里，比上年增长6.3%；完成旅客周转量1203.0亿人公里，下降38.3%。高速公路建成里程8140公里；内河港口年集装箱吞吐能力250万标箱。完成公路水路建设投资1918亿元，连续10年投资超千亿元。国省干线新（改）建2355公里，实施大中修工程1824公里，路面使用性能指数（PQI）接近90，达到历史最高水平。内河水运新增高等级航道116公里，四级以上高等级航道达到1648公里。全省建成和在建综合客运枢纽达52个，覆盖95%的高铁站。建成宜宾传化公路港等3个公路货运枢纽，实现70%以上市（州）均建有公路货运枢纽（物流园区）。实现成渝公交、轨道“一码”通乘，开通8条省际公交线路。

四川形成以微波、光纤、卫星、程控电话、无线寻呼、图文传真等组成的现代通信体系。2020年，邮电业务总量8063.6亿元，比上年增长43.9%。其中，邮政业务总量537.7亿元，增长20.1%；电信业务总量7525.9亿元，增长46.0%。年末固定电话用户1885.0万户，移动电话用户9124.6万户。固定电话普及率22.5部/百人，移动电话普及率109.0部/百人。固定互联网用户2975.5万户，移动互联网用户7521.4万户，长途光缆线路长度12.5万公里，本地网中继光缆线路长度155.5万公里。

科技文化教育　全年高新技术产业实现营业收入2.0万亿元。年末省级工程技术研究中心305个。PCT专利申请530件；专利授权108386件，其中发明专利授权14187件；拥有有效发明专利70421件，商标申请351668件，商标注册202200件，新增地理标志产品核准使用专用标志企业52家；行政机关立案处理专利案件5593件，审理结案5557件，结案率99.4%；专利新增实施项目13406项，新增产值2198.9亿元；专利质押融资金额41.0亿元。有高新技术企业8154家，国家级高新技术产业开发区8个，省级高新技术产业园区18个；国家级农业科技园区11个；国家级科技企业孵化器41个、省级科技企业孵化器130个；国家级大学科技园5个，省级大学科技园14个；国家级众创空间76个（其中专业化示范众创空间2个），省级众创空间153个；国家级星创天地96个；国家级国际科技合作基地22个，省级国际科技合作基地64个。全年共登记技术合同20456项，技术合同认定登记额1248.8亿元。完成省级科技成果登记2148项。

悠久的历史赋予四川兼容并蓄、追求和谐的文化传统，灿烂夺目的古蜀文明为四川先进文化建设积淀了丰厚底蕴。2020年，全省有文化系统内艺术表演团体47个，艺术表演场所36个，公共图书馆207个，文化馆207个，美术馆54个，综合文化站4154个。国家级文化产业示范（试验）园区1个，国家级文化和科技融合示范基地2个，国家文化消费试点城市2个，国家级动漫游戏基地1个，国家级文化产业示范基地15个，省级文化产业示范园区11个，省级文化产业试验园区5个，省级文化产业示范基地59个。有博物馆251个，文物保护管理机构174个，全国重点文物保护单位262处，省级文物保护单位1215处；世界文化遗产1处，世界文化和自然遗产1处。国家级非物质文化遗产名录139项，省级非物质文化遗产名录611项。全省广播综合人口覆盖率98.9%，电视综合人口覆盖率99.3%。全年出版地方报纸77种，出版期数15621期；出版期刊357种，出版量5149.5万册；出版图书14368种，出版量23686.1万册；录像制品72种，电子出版物593种。纳入统计的档案馆243个，其中国家综合档案馆204个。国家综合档案馆全年向社会开放各类档案658.6万卷，409.7万件。

四川已形成初等教育、中等教育、高等教育相互衔接，普通教育、职业教育、特殊教育协调发展的教育体系。2020年，全省有各级各类学校2.5万所，在校生1611.5万人（不含非学历教育注册学生及电大开放教育学生），教职工118.1万人，其中专任教师95.8万人。有普通小学5679所，招生88.1万人，在校生552.9万人。普通初中3677所，招生93.2万人，在校生279.8万人。普通高中792所，招生47.4万人，在校生140.9万人。特殊教育学校132所，招生0.3万人，在校生（含附设特教班）1.7万人。中等职业教育学校（含技工学校）493所，招生40.0万人，在校生94.7万人。职业技术培训机构4029个，职业技术培训注册学员165.3万人次。有普通高校132所。全年普通本（专）科招生58.9万人，在校生180.1万人，毕业生43.3万人。研究生培养单位36个，招收研究生4.8万人，在校生14.5万人，毕业生3.4万人。成人高等学校15所，成人本（专）科在校生36.1万人；参加学历教育自学考试52.0万人次。

（本栏目撰稿人：交　鉴　岑　松）

（本栏目资料和数据主要参考《2020年四川省国民经济和社会发展统计公报》及相关部门官方网站）

四川交通历史与现状

SICHUAN JIAOTONG LISHI YU XIANZHUANG

古代交通 陆路交通 商周时期，巴蜀地区陆路交通就有所开拓。“武王伐纣，蜀亦从行”（《华阳国志·序志》），“武王伐纣，实得巴蜀之师”（《华阳国志·巴志》）。在广汉三星堆和成都金沙遗址，出土了与中原地区玉器形制完全相同的玉璧、玉璋、玉琮等。证明四川盆地与外界已有密切的联系。在《蜀王本纪》和《华阳国志·蜀志》中保存的五丁开山、石牛开道、武都担土、山分五岭等神话传说，正是巴蜀先民辟山开道的有力说明。

广元凉水乡先秦古道拦马墙遗址 厅史志总编室 供图

古代巴蜀与中原地区的联系要翻越秦岭和大巴山，故交通道路的开辟多选择在河谷，并修栈道以克服艰险。穿越秦岭的古道有4条：陈仓道、褒斜道、傥骆道、子午道；穿越大巴山的古道有3条：剑阁道、米仓道、洋巴道；从渭水上游翻越秦岭西段和岷山的通道有2条：仇池道和阴平道。

秦汉三国时期，是古代巴蜀交通大发展并形成基本格局的时期。陆路交通最大的变化是，相当一部分道路，由过去只能供人、畜行走的窄道，转为可通马车的大道。两汉时期，蜀中较为重视修治道路。官府或征调民力大规模治路，或私人捐款修路建桥，并勒碑石记其事，一时蔚为风气。

巴蜀地区的交通，在前代奠定的基础上，经过南北朝和隋唐时期的发展，有了较大改善。州县之间，道路相通，往来便捷，北经关中，可以直入长安，达于中原。

宋代，成都到长安的川陕干道，仍是四川主要的陆路交通干线。该路经汉州（今四川广汉）、绵州（今四川绵阳）、剑州（今四川剑阁）、过剑门关而达利州（今四川广元），再经金牛道而达兴元府（今陕西汉中）。此外，由阆州、巴州而到汉中的米仓道，是四川通往陕西的另一条重要陆路干线。

元朝十分重视交通建设，在全国广阔的领域建立“站赤”制度，首次在西南边疆省区设置站赤。“元制站赤者，驿传之译名也。”（《元史·兵志》）陆站以成都辐射全川，有的达于外省，历史形成的几条主要交通干线基本沿用，个别有所调整。明代四川陆路交通在元代基础上进一步改善和发展，特别是藏族地区的交通发展，从此改变历史上由甘肃、青海入藏为主要通道的格局。

清代四川驿站，沿袭明制。驿站分东南西北四路，驿站管理以驿丞专司和地方州县管理两种形式进行。清代四川交通的一项突出成就，是康熙四十五年（1706年）建成川藏交通的大渡河上第一桥——泸定铁索桥。

在技术方面，巴蜀先民最突出的创造，就是在高山峡谷地带发明栈道建设技术。栈道有石栈和木栈两种，《四川通志》载："考此特殊工程，有木栈与石栈之分。木栈施于森林茂盛山地，系斩伐原始森林，铺木为路，或杂以土石。石栈则施于悬崖绝壁，无径可通之处，或缘岩凿孔，插木为桥。"蜀人在交通技术方面的另一贡献就是发明索桥。川西山区河流湍急、峡谷深陷，建桥相当困难，当地人民因地制宜发明索桥，其制虽艰，但往来迅速，行旅方便。由于四川古代造索桥系用竹索，所以也称笮桥，其后演进，有溜筒等形制。

四川古道交通的嬗变与演进，绵延3000余年。至20世纪初引进欧美汽车和筑路新技术为标志的公路交通出现，始有质的变化。古代道路交通与近代公路交通，是历史发展过程中的两个不同阶段，四川古道交通，对促进区域内外经济和文化交流，社会发展作出巨大贡献，也为近现代四川公路、铁路交通建设，提供有益的借鉴。

水路交通　四川内河航运历史悠久。据《尚书·禹贡》记载，蜀国运往夏王朝的贡品，即沿嘉陵江转汉水、渭水、黄河而达夏都。战国时期，长江逐步发展成为进出川的重要交通路线。《史记·张仪列传》记载："秦西有巴蜀，方船积粟，起于汶山，浮江已下至楚三千余里。"西汉以来，巴蜀造船技术发展迅速。唐宋时期，商品运输繁盛，万斛之舟来往于成都、维扬（今扬州）之间。清代，四川航运又有发展。重庆开埠以后，西方列强带来轮船和治河技术，四川内河航运开始变革，轮船运输业兴起。总体而言，四川内河航运仍依赖自然河道通航，天然港口靠船，航道缺乏整治，港口疏于建设，船舶修造工业薄弱，四川内河航运业仍十分落后。

现代交通　公路交通　四川公路交通始于1913年，川督兼民政长胡景伊倡修成都至灌县（今都江堰市）马路，至1925年冬建成，长55公里，次年开行汽车。1925—1949年，为四川公路交通初创阶段。20余年间，川、康两省建成公路8742公里，但不少公路晴通雨阻。全省仅有汽车4000余辆，由于公路和汽车数量少，全省陆路交通大部分地区仍依靠人力和畜力运输。

20世纪50年代，四川集中力量修建成阿、沐石、宜西、东巴、川藏等干线公路，少数民族地区交通状况大为改观。1958—1965年，国家对公路建设实行"依靠地方、依靠群众、普及为主"的方针，四川出现全民修路的热潮。各地新（改）建一批国防、经济干线，修通一批支农和调运"死角粮"的公路，新（改）建一批支援"三线"建设的重点公路和林业专用公路，公路数量大幅度增长。全省新建公路17900公里，是"一五"时期总和的3倍还多；新增通汽车的县城40个；新建大中型桥梁34座，改渡为桥28处，基本形成以国省干线公路为骨架，以县乡公路、机耕道、架车路、驮运路为纵横经络的道路网。

1966—1976年，四川除白玉、得荣两县外，各县均通汽车。通车的人民公社达全省人民公社总数的75.5%；全省新建各种大桥295座44072米，并建成第一座混凝土斜拉桥和主孔跨径116米的九溪沟石拱桥。

20世纪80年代，中共四川省委、省政府提出要像抓农业那样抓交通，并要求"全省动员、各方出力、艰苦奋斗，支援交通建设"。由眉山倡导并推广到全省的公路加宽改造，拉开公路技术改造的序幕，四川公路建设开始从"数量型"到"质量型"的转变。这一时期，四川公路建设的特点是既重视公路建设的数量，又强调公路的质量，尤其重视高等级公路的发展。通过多渠道筹集建设资金，在加宽干线公路，改造大中城市进出口公路，兴建高等级公路，修建大型公路桥梁，加快老、边、少地区的公路建设，加强已成公路的养护，建设"标美路"等方面做出显著成绩。1988年，全省实现县县通公路。

至1990年底，全省公路总里程达9.7万公里，居全国第一位，其中建成二级以上高等级公路717公里。5年新建和改造山区公路1万公里，新建桥梁1820座6.9万米。重点整治干线油路700公里，建成标美路1700公里、整形路4100公里，公路好路率由1985年的37%提高到56.8%。公路运输站点进一步向农村延伸，全省1万多个公路运输站点的85%均分布在县城和县以下广大农村。

"八五"期间，通过采取"以工代赈""公路建设大包干"和开展"交通发展年"等活动，全省新（改）建公路10458公里，公路总里程达100724公里。其中，等级路59707公里、二级以上高等级公路2876公里。公路好路率从"七五"期末的56.8%提高到74.2%。全省新（改）建县级以上汽车站111个。"八五"期间四川公路建设最突出的成果，是1995年9月建成通车的全长340.2公里的成渝高速公路。该路的建成结束四川没有高速公路的历史，对四川及整个西南地区经济社会的发展具有重大意义。内宜高速公路、二郎山隧道、万县长江大桥、涪陵长江大桥等重点建设项目的相继开工，成绵高速公路的部分通车，都是"八五"期间公路建设取得的重大成就。

"九五"期间，四川交通抓住国家实施西部大开发战略的契机，以空前的建设规模和超常规的发展速度，取得瞩目成就。全省以高速公路为主骨架的三级路网建设取得突破性进展，除建成成绵、成都城北出口、成都机场、内宜、成乐、成灌、国道108线西昌泸沽至黄联关段、隆纳、成雅、达渝罗江至大竹段、广邻等11条高速公路外，还有在建高速公路500公里。至2000年底，行政区划调整后的四川，公路总里程达108529公里，居全国第二位，其中高速公路通车里程1000公里，居西部第一、全国第六；二级以上公路9000公里，比1995年净增6617公里；高级、次高级路面铺装率33%，比1995年提高14%。全省99%的乡和86%的村通公路，基本形成以成都为中心、以国省干线公路为骨架，连接城乡、沟通山区、贯通相邻省（自治区、直辖市）的公路交通网络。

“十五”期间，四川交通发展任务重，投资规模大，增长速度快，建设质量好。主要表现为：全省交通基础设施建设完成投资751.6亿元，比“九五”期间增长59%，超过新中国成立至“九五”期末完成投资的总和；建成成南、绵广、南广、达渝、成都绕城、成彭、成温邛等759公里高速公路，高速公路通达17个市（州）；全面完成47个项目、4276公里三州通县油路建设任务，使三州州府所在地与各县城间全部以油路相连，行车时速平均提高1倍以上，实现三州交通事业一步跨越20年。至2005年底，全省公路总里程达11.5万公里，比“九五”期末增加2.4万公里。其中，高速公路通车里程1759公里，新增759公里；二级以上公路1.3万公里，新增4000公里；公路密度为每百平方公里23.5公里，增加5公里；高级、次高级路面铺装率42%，提高7.6个百分点。

“十一五”期间，按照中共四川省委九届四次全会确定的建设西部经济发展高地的战略定位和构建西部综合交通枢纽的战略部署，四川交通发展的主要任务是构建枢纽、打开通道、完善路网、支撑高地，变“蜀道难”为“蜀道通”。其具体目标：一是确保到2012年全省高速公路通车里程达到3500公里，力争超过3800公里；建成12条出川高速公路通道，初步形成贯通南北、连接东西、通江达海的西部公路交通枢纽，实现成都与周边多数省市中心城市朝发夕至，形成北抵环渤海、东达长三角、南至珠三角和北部湾等经济区及出海港口的22小时公路交通圈。二是到2012年基本完成7个干线公路出川通道和九寨、川东北、川南、川中、川西5条经济环线的改建任务，并改造国省干线公路8348公里，力争实现全省国省干线公路中二级以上公路达到1.6万公里，占国省干线公路总里程的80%。三是加快实施“十一五”农村公路规划内剩余5万公里的农村公路建设任务，并到2011年改建农村断头公路17355.8公里，使内江、眉山、攀枝花、遂宁、资阳、自贡、宜宾、广安等8个市提前实现“油路到乡、公路到村”，眉山、自贡、遂宁、内江等平原微丘地区实现60%的村通水泥（油）路。四是加快实施国家公路运输枢纽总体规划和市县两级公路运输站场布局规划，力争超额完成建成1700个农村客运站的“十一五”规划目标。

“十二五”时期，全省交通运输系统紧紧围绕构建畅通安全高效的现代综合交通运输体系总体目标，努力克服重大自然灾害和宏观经济下行等多重考验，开拓创新，砥砺奋进，迎来历史上发展速度最快、发展质量最好、发展成效最佳的时期，实现基础设施由“补欠账”到“促发展”，服务水平由“保基本”到“上档次”的重大转变，取得投资总量（6081亿元）、BOT招商融资总量（1774亿元）、高速公路新增通车里程（3335公里）、公路网总里程（31.5万公里）、农村公路总里程（26.8万公里）和新（改）建里程（11.6万公里）、安保工程建设规模（2.44万公里）、争取交通运输部补助资金（949亿元）等多项指标在全国领先的优异成绩，为全省实施“三大发展战略”、实现“两个跨越”提供有力保障。

2015年是“十二五”规划收官之年，全省交通运输系统认真贯彻中共四川省委、省政府的决策部署，圆满完成各项任务。一是完成投资再创新高。全年完成投资1305亿元，超过上年水平，继续位居全国第一。二是脱贫攻坚开局良好。研究制订总投资2450亿元的精准扶贫专项方案和《大小凉山地区交通建设推进方案》等3个攻坚方案，为打好交通脱贫攻坚战奠定了良好基础。三是重大项目有力推进。绵西、营达等4条高速公路、长江宜宾至重庆航道“三升二”单滩整治、岷江港航电综合开发犍为枢纽等项目开工建设，成都二绕东段等9个高速公路项目506公里建成通车，全省高速公路通车里程突破6000公里。四是普通公路加快发展。新（改）建国省干线公路2400公里、农村公路2.6万公里，全面超额完成中共四川省委、省政府确定的民生工程目标任务。国省干线公路路况和管理养护水平不断提升，路面使用性能指数（PQI）提升到87.5，迎接交通运输部检查工作实现排名升位。五是灾后重建快速推进。国道108线雅安至荥经段、国道318线雅安至二郎山段和3条经济干线公路基本完成重建，国道351线多功至芦山县城段建成通车，农村公路累计建成1390公里，为规划目标的96%，汽车客运站和水运项目全部完工。国道213线映秀至汶川段全面开工建设，省道303线巴朗山隧道全线贯通，绵茂路汉旺至清平段基本建成。六是服务能力明显提高。高速公路ETC用户突破110万，日均通行超过26万辆次。改造高速公路收费站26处，4对高速公路服务区被评为全国百佳示范服务区，19对服务区被评为全国优秀服务区。泸州市入选交通运输部综合运输服务示范城市建设。港口集装箱吞吐能力较上年新增33万标箱，完成集装箱吞吐量62万标箱，比上年增长40%，其中铁水联运集装箱吞吐量2.5万标箱，比上年增长125%。七是安全形势稳中向好。大力开展道路交通安全综合整治深化巩固年行动，超限5吨以上货车违规进入高速公路数量大幅下降，普通公路超限率控制在4%以下，行业重大以上生产安全事故“零发生”。八是改革创新不断深化。积极推进9个方面30项改革工作，通过政府购买服务方式筹措交通建设资金，交通运输部PPP试点项目国道0511线德阳至都江堰段已签订投资协议及特许权协议。九是依法行政持续推进。推动出台《四川省高速公路条例》和《四川省港口管理条例实施办法》，研究完善7个方面32项管理制度。清理公布部门权力事项，启动行政审批网上服务平台建设。

2016年，省市合力推进138个交通重点项目建设，雅康、汶马等高速公路项目进展顺利，成安渝高速公路重启建设并实现二绕至省界段建成通车，全年建成高速公路项目6个、503公里，高速公路通车总里程达到6519公里，提升三个位次跃居全国第二；绵九、峨汉等群众期盼已久的11个高速公路项目开工建设，新开工里程1013公里，总投资1490亿元，成功招商项目9个、1055公里，引进社会投资1500亿元，均超过2012年来4年总和；全省高速公路建成和在建里程超过8600公里。加快推进普通国省道提档升级和大中修工程，完成新（改）建2200公里、大中修2000公里，全省普通国道二级及以上比重达到57%。汶川地震灾后发展振兴重点项目映秀至卧龙公路、巴朗山隧道及绵茂路汉旺至黑滩隧道段建成通车，雅安乐英至夹金山等芦山地震灾后重建“3+5”干线公路项目全部建成通车。

2017年，全省高速公路实现市（州）全通达。雅康高速公路雅泸段等7个项目（路段）、301公里建成通车，全省高速公路通车总里程达6820公里，甘孜结束不通高速的历史。成都至宜宾等12个项目、1396公里开工建设，总投资2391亿元，年度新开工项目里程和投资规模均创历史之最。宜攀高速公路单体投资（886亿元）创全国之最。全省高速公路建成和在建总里程达到9785公里。普通国省干线公路建设成就超级工程。世界海拔最高的特长公路隧道国道317线雀儿山隧道建成通车，打通川藏北线的最大瓶颈，央视以“超级工程”向世界展示。新（改）建普通国省干线公路1996公里，实施大中修工程1537公里。国省干线公路服务保障水平持续提升。

2018年，全省建成雅康、汶马（部分路段）、巴陕、绵西、成彭扩容等高速公路436公里，高速公路建成总里程达7238公里，实现所有市（州）政府所在地通高速公路，新增3个贫困县通高速公路，全省134个县（市、区）通高速公路，出川高速通道达到19条。新开工成南扩容、德昌至会理等高速公路，全省高速公路建成和在建总里程超过1万公里。建成全国第二长高速公路隧道米仓山隧道和雅康高速公路泸定大渡河大桥等一批超级工程。国省干线公路新（改）建2112公里，实施养护工程1713公里，基本实现市（州）至县通二级（三州三级）及以上公路目标。川九路灾后恢复重建新示范工程、成雅和成资快速通道等一批重点项目启动建设。

2019年，全省高速公路建成总里程突破7500公里，新增出川通道2个、达到21个。新开工马久等9个项目、1066公里，高速公路建成和在建总里程突破1.1万公里。完成国省干线公路提档升级1868公里，九寨沟地震、白格堰塞湖等交通恢复重建全面推进；普通国道PQI达到88.6，路况水平总体良好。

2020年，是“十三五”规划收官之年。全省高速公路建成总里程8140公里。建成通车成资渝、广安绕城高速公路，新开工开江至梁平等4条高速公路，川渝间建成及在建高速公路通道达17条。国省干线新改建2355公里，实施大中修工程1824公里，路面使用性能指数（PQI）接近90，达到历史最高水平。全年新改建农村公路1.68万公里，新建农村公路生命安全防护工程8433公里，完成渡改桥31座、危桥改造188座。全国最后一个通公路的村阿布洛哈村开通乡村客运。“9·20”雅西高速公路姚河坝大桥高位塌方抢通保通和恢复重建工作完成。

公路运输 20世纪50年代，全省60%的县不通汽车，大部分地区依靠人力和畜力运输。全省仅有4000余辆汽车，且大多是拼凑起来的“万国牌”，车辆性能差，运效低。

20世纪50年代后期，四川公路客货运输迅速发展。1960年，全省民用汽车拥有量达1.52万辆，完成社会客、货运量分别为1503万人次和1644万吨，比1949年分别增长2.1倍、77.3倍和42.8倍。

20世纪70年代，全省公路运输业有了更快的发展。1970年，全省民用机动车已达2.65万辆。其中，汽车2.59万辆，完成社会客、货运量2283万人次和2466万吨。到1978年，民用机动车发展到12.8万辆，其中汽车拥有量6.05万辆，比1949年分别增长25倍和11.3倍，社会客、货运量分别为7185万人次和4824万吨。

1997年初，全省民用机动车拥有量122.1万辆，其中汽车54.2万辆，比1978年分别增长8.5倍和8倍；完成社会客货运量11.83亿人次和4.3亿吨，比1978年分别增长15.4倍和8倍；全行业拥有经营业户31.3万户，从业人员达88.2万人。公路运输在全省综合运输体系中居主导地位，客运、货运、维修、搬运装卸、运输服务五大市场突飞猛进地发展，1996年驾驶员培训也纳入交通行业管理。

“八五”期间，四川实施“一长一短一点”（超长客运、出租汽车客运、汽车站点建设）发展战略，取得显著成效。“九五”期间，为进一步培育、发展、规范客运市场，又提出并实施“三大系统”（跨省超长客运系统、直达快速客运系统、农村客运系统）发展战略。“南下、北上、东进、西出”，建立以民工疏运为主的跨省超长客运系统。1993—1997年，跨省超长客运创营业收入10亿余元，其中，企业纯利润1亿元以上。截至1998年底，全省已开通20个省（自治区、直辖市）的跨省客运班车，省际客运班线发展到297条、1584班，最长的班线成都—伊宁单程达3445公里，全省民工年疏运量近200万人次。1998年以后发展以高速公路为龙头的直达快速客运系统。直达快速客运以成都—重庆、成都—绵阳、内江—自贡高速公路为载体，实行高速公路客运经营权有偿使用和客运线路专营，并将一流的车辆，一流的服务，一流的管理以及“航空式”优质文明服务引入公路运输。拓展以县城为中心，乡镇为结点，站场为依托，干支相连，乡村相通的农村客运系统。

2000年，四川道路运输能力明显增长，全省道路客运量增长逾20倍，旅客周转量增长近22倍，道路货运量增长逾15倍，货物周转量增长逾36倍。道路运输在四川综合运输体系中独占鳌头，承担社会新增客、货运量中的95%和55%。

2005年，迎来道路运输业发展的新时期，客运市场的内涵不断丰富，以高速公路为依托的全省快速客运网络辐射到18个市（州）；以旅游包车为主、旅游班车为辅的旅游客运网络形成，旅游客运车辆发展到2563辆；跨省超长客运线路延伸到全国24个省（自治区、直辖市）；出租汽车发展到21个市（州）政府所在地和142个县级城市，车辆达3.18万辆；农村客运车辆发展到2.62万辆，乡村客车通达率分别达99%和88%。

2013年，全省客运车辆达5.2万辆，城市公交车、出租汽车发展到2.69万辆和4.29万辆。发展省际市际客运班线118条，新开通32条高速直达客运班线。通公路的乡（镇）、建制村客车通达率分别达到95%和77%，比上年分别提高2.5%和1%。全省营运货车58.5万辆，总吨位262万吨、比上年增长4.7%。集装箱车辆达到1535辆，比上年增长5.2%。全省公路客、货运量分别完成27.69亿人次和17.33亿吨，比上年分别增长4%和9.4%。

国道108线明月峡老虎嘴　　李建勇　摄

2014年，全省公路客运量、货运量分别完成12.6亿人次和14.2亿吨，分别比上年增长2.1%和下降6.3%，旅客周转量、货物周转量分别完成630亿人公里和1510.5亿吨公里，分别比上年增长5.2%和18.6%；道路货运加快转型升级，发展城际货运专线班车、集装箱等专业运输，推进甩挂运输试点。全省新增集装箱车辆111辆，总数达1651辆。

2015年，四川道路运输客运量、旅客周转量、货运量、货物周转量、高速公路货运量分别完成12.34亿人次、632.82亿人公里、15.04亿吨、1693.26亿吨公里、11.22亿吨，比上年分别增长-2.6%、0.4%、5.8%、12.1%、7.2%。

2016年，四川道路运输客运量、旅客周转量、货运量、货物周转量、高速公路货运量分别完成10.97亿人次、597.84亿人公里、14.60亿吨、1565.31亿吨公里、12.25亿吨，比上年分别增长-11.53%、-10.99%、5.36%、5.72%、9.1%。

2017年，综合客运枢纽建成和在建项目达到39个，覆盖90%的高铁站。纳入部规划的9个货运枢纽（物流园区）已建成3个，其余6个全部开工建设。

2018年，货运结构不断优化。制订运输结构调整三年行动计划实施方案。成立以网络节点为支撑、以业

成都传化物流基地　　厅史志总编室　供图

长13.3%。成都国际铁路港集装箱铁公水多式联运示范工程上升到国家示范。公路货运枢纽（物流园区）覆盖70%以上市（州），综合客运枢纽覆盖95%的高铁站。规范推进新业态发展，新增定制客运试点线路72条，整合网络货运车辆8.6万辆。成德眉资毗邻城市间客运班线公交化进程加快。新改建交通厕所336座。建成“司机之家”3个、“五好”高速公路15条。

2020年，建成攀枝花客运南站等4个综合客运枢纽，全省建成和在建综合客运枢纽达52个，覆盖95%的高铁站。建成宜宾传化公路港等3个公路货运枢纽，实现70%以上市（州）均建有公路货运枢纽（物流园区）。实现成渝公交、轨道“一码”通乘，开通8条省际公交线路。实施建人民满意乡村客运“金通工程”，推动农村客运站（牌）、车身标识、驾驶员着装、监管系统“四统一”，推进农村客运与乡村旅游、电商物流、邮政快递等融合发展。县级以上城市定制客运实现全覆盖。全省城市公共交通覆盖率达99%，绵阳市涪城区通过全国城乡交通运输一体化示范创建验收。试点建设“司机之家”6个。新改建行业厕所1155座，圆满完成“厕所革命”三年行动任务。全省70%的营运高速成功创建“五好高速公路”。颁发首张网络平台道路货运经营许可证。深化“交邮合作”，全省乡镇和建制村邮政网点覆盖率均达100%。攀枝花盐边“聚优购”、成都金堂“金乡运”成功创建全国首批农村物流服务品牌。

务合作为纽带的区域甩挂运输联盟。扎实推进无车承运人试点，单车运输成本降低10%。成功入选国家多式联运示范工程3个。推动泸州、宜宾港开通至广州港、钦州港铁水联运班列。全年运输200吨以上特殊大件货物223件，有力支持全省重装产业发展。累计完成公路货运量17.3亿吨、货物周转量1813亿吨公里，分别比上年增长9.5%、8.1%。客运服务提档升级。大力推动预约、定制、响应式等个性化客运服务，在16条市际县际班线开展定制客运试点，涌现出顺庆区“全域公交”，犍为县、江安县“便民小客车”等农村客运服务新模式。成都、眉山、泸州、自贡等四个国家级“公交都市”创建取得积极进展。2018年全国绿色出行宣传月暨公交出行宣传周启动仪式在成都举行。开通全省第一条跨市城际公交线路天府新区视高至兴隆湖公交。开通西南地区第一条有轨电车线路蓉2号线。有序推进网约车新政落地实施，网约车与传统出租汽车加快融合发展。广安市创新建设特色集镇“综合运输服务中心”。

2019年，成功举办全国取消高速公路省界收费站工作推进会，全面取消剩余9个省界收费站，圆满完成车道改造、门架系统和入口治超安装联调。全省ETC用户数达930万，安装率80%、居全国第三。完成货车收费政策调整，清理规范地方性通行费减免政策，全年优惠减免通行费53亿元。省政府印发《四川省推进运输结构调整三年行动计划实施方案》，厅与中国铁路成都局公司签订《共同推进多式联运、联程运输发展合作协议》，推动大宗货物运输“公转铁、公转水”。全年完成铁路货运量7410万吨、同比增长7%，集装箱铁水联运量4万TEU、同比增长14%，水路货物周转量305亿吨公里、同比增

内河航运　1950年，四川初建重庆港九龙坡码头。从1953年起，交通部和各级政府先后组织对长江干流和运输任务重的中小河流进行重点建设。由交通部投资整治长江“日航困难，夜航危险”的航段，配置“锁链”式航标，重庆至宜昌的轮船实现分段夜航，适应每年100多万吨粮食外调和大批工业品进川运输的需要；由省投资将金沙江屏山至新市镇、乌江涪陵至彭水、岷江乐山至宜宾开辟为轮船航道，同时大力开辟和整治小河支流，使其与干流衔接。从1952年至1957年，全省开辟与整治26条小河1385公里。

1958—1960年，交通部长江航务局和四川省交通厅先后对长江干流航道进行大规模整治，并增加绞滩、航标、信号台等助航设施，同时还分别整治嘉陵江南充至

重庆航段及渠江航道、乌江航道，并试点开辟金沙江航道，使重庆至宜宾段航标实现电气化、乌江绞滩实现机械化。1961年，四川航道里程17181公里，比1957年净增5073公里。此期，四川加快长江宜宾港、重庆港、涪陵港和万县港四大港口建设。扩大港口规模，增设泊位和锚地，增加缆车、浮吊、岸吊等设备，使其码头装卸条件大大改善，基本能适应运输需要。

1966—1976年，四川对长江大渡口至江津蓝家沱航道进行全面整治，将嘉陵江南充至广元木船航道开辟为轮船航道。交通部长江航务局在重庆蓝家沱、猫儿沱新建两个大型装卸作业区，四川省投资建成乐山王浩儿大件码头、四川维尼纶厂黄磏中转站码头、泸州天然气化工厂尿素码头。同时，各地集体航运企业自力更生发展机动船舶，全省70%的木船实现机械化，由此带动水运制造业的迅速发展。20世纪80年代，四川逐步建成由60多家大、中、小企业组成的协作配套的水运制造业体系，实现船舶的自造自修。

20世纪80年代，随着改革开放的深入，四川内河航运发展迅速。至1996年，四川内河航运的发展变化主要表现为：轮船通航里程大幅度增加。1950年全省仅有长江干流和嘉陵江等约10%的航道能通行轮船。通过不断整治和渠化航道，到1996年全省轮船通航里程达4724公里，比1950年增长近3倍。长江航道经过综合治理后，1500吨～3000吨级的大型船队可由上海直达重庆，长江川境段全面实现夜航。部分港口装卸实现机械化。机械化的装卸码头分别与铁路、公路相衔接，实行水陆联运。运输实现机动化。20世纪50年代初期，四川省地方航运部门仅有小轮船6艘（172吨、853客座、4865千瓦），省内水路运输主要靠木船。1956年开始木船机动化改造，1996年，全省地方航运部门共有各种机动船1127艘（24515吨、109654客座、221035千瓦），运输驳船2102艘（546962吨），当年完成客运量和旅客周转量分别比1950年增长31.58倍和669倍，货运量和货物周转量分别比1950年增长14.72倍和33.07倍。客货轮加快更新换代。20世纪80年代船舶更新换代更为迅速。客轮船型愈加美观，机型愈发先进，设施日趋齐全；货轮全部使用大功率内燃机，拖带能力成倍提高。川江船舶动力装置实现内燃机化，机型实现系列化，船体实现钢质化，蒸气机、杂牌柴油机和木质轮船被淘汰，高速气垫船、水翼船发展迅速。水上旅游运输兴起。20世纪70年代末，长江水上旅游运输逐步兴起。其后大宁河、岷江、嘉陵江和乌江水上旅游运输发展迅速。至20世纪90年代中期，全省仅进出川旅游客运企业就发展到27家，旅游客船发展到122艘、5.24万客座。1996年，全省水上客运量达5310万人次、旅客周转量达35.9亿人公里。水运制造业有长足发展。全省有大中小型造船厂60多个，既能建造适合行驶中小河流的拖轮、客轮、驳船，又能建造行驶长江等大河的大型客货轮、高档豪华旅游船舶和高速气垫船舶，实现船舶建造不出省。采用的“双尾”和“平头涡尾”新船型，船舶时速由27公里提高到32公里，达到国内先进水平。

1997年，重庆市划归中央直辖，四川及时调整水运发展规划，一方面实施“以陆补水”政策，一方面加快水运基础设施建设，并积极探索水资源综合利用，走出一条“以电养航、滚动开发”“水陆并举、以副补航”的新路子。

“九五”期间，全省建成航电枢纽工程2个，渠化航道108公里，整治航道491公里、险滩73个，使全省3～7级航道达2383公里，占航道总里程6089公里的39.14%。2000年6月竣工的乐山大件码头，码头岸线长115米，设计750吨泊位1个。其直立式桥吊跨度39米、高28.5米，起重最大单件550吨，是当时国内内河起重和跨度最大的桥吊，被誉为“岷江大力神”。

广元港　　厅史志总编室　供图

“十五”期间，四川内河航运基础设施建设的重点是嘉陵江航道梯级开发，渠江渠化，二滩库区港口、南充港和宜宾菜园沱码头建设，并充分借用长江“黄金大通道”建成与高速公路衔接的水运主通道，以形成港航配套、干支相通、通江达海的水陆联运网络。2005年底，嘉陵江渠化开发初见成效，规划建设的13个航电枢纽已建成4个、在建7个，渠化四级航道112公里；建成渠江金盘子航电枢纽；完成岷江大件航道续建工程和岷江成都至乐山段航道整治工程，整治航道348公里；建成泸州集装箱码头、二滩库区港口、广安港、南充港一期工程等重点项目，新增港口泊位19个，全年港口新增吞吐能力318万吨、200万人次、集装箱2.5万标箱。建成农村渡口1307个。

2008年，泸州港多用途码头二期工程进展顺利，泸州港二期续建工程及进港铁路、宜宾港志城作业区一期工程实现开工。长江干线宜宾以下全线实现千吨级船舶昼夜通航。嘉陵江航道渠化整治工程进展顺利，渠化四级航道216公里，建成新政等航电枢纽。

2009年，根据《泸州—宜宾—乐山港口群布局规划》《宜宾港总体规划》《乐山港总体规划》等规划，加快推进泸州港二期续建工程和宜宾港志城作业区一期工程建设，泸州港多用途码头二期工程形成生产能力，全省港口集装箱吞吐能力从2007年的5万标箱提升到50万标箱；长江宜宾至泸州段整治工程完工，宜宾以下实现千吨级船舶昼夜通航；嘉陵江川境段13级航电枢纽已建成8级、在建5级；《岷江（乐山—宜宾段）航电开发规划》经省政府批准实施，岷江航电综合开发和作为成都经济区水运口岸的乐山港项目前期工作全面启动。

2010年，水运港口建设迈上新台阶。宜宾港用两年时间建成并开港试运营，全省港口集装箱吞吐能力由3年前的5万标箱提升到100万标箱。广安港及渠江广安段航运工程实现当年制订规划和提出项目、当年开工建设，提前2年实现全省港口集装箱吞吐能力建成和在建规模达到200万标箱的目标。岷江航电和港口综合开发确定建设、养护、运营一体化模式和业主组建原则，前期工作加快推进。嘉陵江沙溪、凤仪场枢纽实现设计蓄水，嘉陵江川境段规划的13级航电枢纽累计建成11级，在建2级。

2011年，“四江六港”（详见《附录》）水运主通道和重要港口建设加快推进。全年完成投资25亿元。岷江港航电综合开发前期工作全面加快。宜宾港后方陆域及港区配套设施工程完工。泸州港进港铁路建成投运。泸州港二期续建工程、广安港一期工程加快建设。南充港、广元港开工建设，全省港口集装箱吞吐能力建成和在建规模达到233万标箱。嘉陵江渠化工程和渠江广安段航运工程等水运主通道加快建设。积极推进长江川境段航道等级提升工程，水富至宜宾段三级航道整治工程完成工程可行性研究编制。组织开展岷江（成都—乐山段）、渠江（达州—广安段）、沱江、涪江、金沙江等5条重要河流水运资源调查工作。

2012年，省政府出台《关于加快长江等内河水运发展的实施意见》，泸州港建成全省首个百万标箱大港，嘉陵江渠化工程、渠江广安段航运工程、南充港、广元港等水运重点项目加快推进，岷江港航电综合开发前期工作取得实质性进展。

2013年，广安港新东门作业区、南充港都京作业区一期工程投入试运营，全省港口集装箱年吞吐能力达193万标箱。嘉陵江苍溪航电枢纽工程全面建成。岷江港航电综合开发前期工作积极推进。渠江广安段航道整治工程加快推进。

2014年，内河水运建设加快推进。广元港红岩作业区一期工程、宜宾港志城作业区重件泊位、南充港化工园区专用码头建成投运。渠江四九滩至丹溪口航道整治工程基本完成。眉山市岷江汉阳航电枢纽建成投运。积极推进岷江港航电综合开发和嘉陵江川境段航运配套工程建设。全省新增三级高等级航道里程71公里，四级及以上高等级航道里程达到1015公里；新增港口集装箱吞吐能力25万标箱，港口集装箱年吞吐能力达218万标箱。

2015年，南充港都京作业区一期工程总投资完成投资2.5亿元，为年度计划的100%。广元港红岩作业区一期工程主体全部完成，港务大楼装修、智能生产设备安装、控制系统施工处于收尾工作。广安港新东门作业区一期工程完成投资0.58亿元。南充港河西作业区化工园区专用码头工程完成投资4亿元，为年度计划的100%，12月30日开港试运行。

2016年，全省新增四级航道190公里，四级及以上高等级航道超过1500公里；岷江犍为枢纽加快推进，嘉陵江航运配套二期工程等4个项目开工建设。

2017年，岷江港航电犍为枢纽实现右岸截流，龙溪口等4个航电枢纽开工建设。嘉陵江亭子口枢纽以下达到四级航道标准。

2018年，岷江龙溪口航电枢纽开工建设。岷江犍为航电枢纽、长江川境段航道整治等项目加快推进。嘉陵江航道川境段实现全江畅通，利泽枢纽初步设计取得批复。泸州、宜宾、乐山三港整合启动实施。

2019年，岷江港航电综合开发工程有序推进，犍为航电枢纽船闸试运行，尖子山航电枢纽开工建设；嘉陵江川境段全线通航。

2020年，内河水运新增高等级航道116公里，四级以上高等级航道达到1648公里。岷江犍为枢纽完成一期蓄水并网发电，龙溪口枢纽等项目加快建设，老木孔和渠江风洞子枢纽开工建设。泸州、宜宾港至重庆“水水中转”班轮实现常态化运行，嘉陵江广元—重庆集装箱班轮成功首航，集装箱班轮航线达到12条。

铁路交通 四川修建铁路酝酿于清光绪二十九年（1903年）。时任四川总督的锡良奏准由四川自行集资修建成都经重庆至宜昌达汉口的川汉铁路，并于1904年1月在成都设立川汉铁路公司。1911年，辛亥革命爆发，川汉铁路停建。抗日战争时期，动工修建成渝铁路，但因财力物力困难未能铺设轨道。至1949年底，四川仅有一条全长67公里的准轨铁路——綦江铁路，专门为重庆钢铁厂运输煤焦和铁矿石，附带承担少量旅客和其他民用物资运输业务。

成贵铁路金沙江大桥合龙　曹宁 摄

1952年7月，新中国第一条铁路成渝铁路全线建成通车，实现四川人民40年的愿望。1958年11月，第一条出川铁路宝成铁路建成通车。1959年11月，内昆铁路内江至安边段建成通车。1964年，中共中央制订加快西南“大三线”（战略后方基地）建设的重大决策，国务院把成昆、川黔、贵昆和襄渝铁路作为西南“大三线”建设的重点工程，组建西南铁路建设指挥部，调集铁道兵和铁路职工31万人参建。1965年7月，川黔铁路建成通车；1970年7月，成昆铁路建成通车；1973年10月，经陕西通往湖北的襄渝铁路全线通车。同时，配套建成一批铁路支线和专用线。

1975—1990年，四川铁路建设的重点为干线电气化改造。1975年7月，中国第一条电气化铁路宝成铁路实现全线电气化，襄渝铁路（达县以北）和成渝铁路也先后完成电气化改造。1990年，四川准轨铁路营运里程2795公里，比中华人民共和国成立初期增长40倍，初步构成全省的铁路骨架，其中有4条干线出川，从东、南、北3个方向与全国铁路网连通。省内各类型牵引机车597辆，其中内燃、电力机车比重达73%，宝成、成渝、成昆、川黔线（四川境内段）的牵引动力全部实现电气化或内燃化。在成都铁路局所属的川铁路线中，50千克以上的重型钢轨占正线的90.4%；各类旅客列车1349辆，品类齐全，乘坐舒适，部分卧车还装有空调设备；四川开行直达北京、上海、广州、合肥、浦口、西安、太原、郑州、武汉、兰州、乌鲁木齐、贵阳、昆明等大城市和省内沿线市县之间的特快、直快或其他旅客列车。1990年与1953年相比，客运量由359万人次增加到4094万人次，增长10.4倍；货运量由240.7万吨增加到6022万吨，增长24倍。1990年，铁路运输所承担的客、货周转量分别占四川综合运输体系客、货周转量的31.9%和75.2%。

1991年12月，川黔铁路实现全线电气化；1992年6月，达成铁路开工建设；1992年12月，宝成铁路（四川境内）复线开工建设；1993年，成昆铁路（四川境内）电气化改造开工；1997年，达万铁路（四川境内72公里）开工建设；1998年，内昆铁路新建水富至梅花山段（川境内25公里）开工建设；1999年，内宜铁路电气化建设开工。

至2001年底，达成铁路和成昆铁路电气化改造工程、宝成铁路复线工程、成都铁路枢纽工程相继竣工投入营运，内昆铁路、达万铁路、筠连铁路和泸叙铁路正加紧建设，全省铁路营运里程达4000多公里。2002年，四川境内的宝成、成渝、内昆、襄渝等干线铁路全部实现电气化；总投资5亿元，历时近8年的成都铁路西环线通过验收投入试营运，成都成为中国率先拥有中心城市铁路环线的省会城市。渝怀、遂渝、万宜3条新线开工。

2012年，四川铁路客运量、旅客周转量分别为7997万人次、303亿人公里，货运量、货物周转量分别为8867万吨、818亿吨公里。

2013年，四川加快成绵乐城际铁路、兰渝铁路等在建铁路项目。西成客专于3月实现开工建设；成蒲铁路于8月底完成招标实现开工建设；成兰铁路取得环保部变更环评批复，于9月份恢复施工，全面开工建设；成贵铁路、成昆铁路扩能改造成峨段和米攀段3个项目于12月底实现开工建设。川藏铁路成都（朝阳湖）至雅安段可行性研究报告审批前置要件齐备，初步设计完成审查；川藏铁路雅安至康定（新都桥）段及成都枢纽接轨方案的可行性研究报告完成初审，国土、环保等要件编制工作加快推进；成昆铁路扩能改造峨眉至米易段项目建设书获批复。

2014年，四川铁路客运量、旅客周转量分别为8778万人次、272亿人公里，货运量、货物周转量分别为7192万吨、690亿吨公里。

2015年，四川铁路客运量、旅客周转量分别为9078万人次、272亿人公里，货运量、货物周转量分别为5893万吨、614亿吨公里。

2016年，四川铁路客运量、旅客周转量分别为11321万人次、302亿人公里，货运量、货物周转量分别为5452万吨、605亿吨公里。

2017年，四川铁路客运量、旅客周转量分别为12499万人次、318亿人公里，货运量、货物周转量分别为5397万吨、637亿吨公里。

2018年，四川铁路客运量、旅客周转量分别为14982万人次、380亿人公里，货运量、货物周转量分别为5223万吨、721亿吨公里。

2019年，成贵高铁建成投运，成自宜高铁、渝昆高铁、汉巴南铁路南巴段开工建设，川藏铁路雅林段、成南达万高铁、西成铁路、西渝高铁前期工作取得重大进展。全省铁路运营里程超过5200公里，其中高速铁路1250公里。

2020年，四川铁路完成旅客发送量1.1亿人，旅客周转量254.3亿人公里，完成货物总发送量0.6亿吨，货物总周转量811.1亿吨公里。成兰铁路松潘隧道顺利贯通。全省铁路营业里程5312公里，高速铁路运营里程1261公里。

航空交通　1931年8月，中国航空公司重庆办事处成立，为四川最早的民用航空机构。同年10月21日，沪蓉航线汉口至重庆航段通航。1933年6月4日，重庆至成都航段通航，全长1981公里的沪蓉航线贯通。1935年，中国航空公司先后开辟重庆至贵阳、重庆至昆明航线；欧亚航空公司开辟西安至成都航线。同时，中国航空公司在重庆珊瑚坝建设机场。成都、南充、内江等地修建简易机场。1938年10月，四川航线由战前的8条增至17条。抗战胜利后，四川开通飞往越南河内、缅甸仰光等国际航线。1946年7月，四川有简易机场28个。

1949年底，中国人民革命军事委员会民航局驻渝办事处在重庆成立。1950年8月1日，开通天津经北京、汉口到重庆的航线。陆续开通重庆至成都、昆明、贵阳等地的航线。至1954年，四川先后开通12条国内航线，分别以重庆或成都为起点，通达北京、天津、上海等12个大中城市。

1956年，民航重庆管理处迁至成都，1957年1月，更名为民航成都管理处。至1978年，四川拥有各型民航飞机31架。同时，四川从1955年开始组建民航飞行队伍，到1978年共有各类空勤人员469名。1959年、1966年，成都双流机场和重庆白市驿机场先后改（扩）建，“三线”建设时期又新建西昌青山机场。1955—1978年，四川开辟新航线72条，分别通往省外各主要大中城市和省内的成都、重庆、西昌、南充、达县、泸州等；共飞行86242个班次，完成运输总周转量20399.11万吨公里、旅客运输量198.1万人次、货邮运输量111785.6吨。1956年5月29日，四川使用CV-240型飞机飞越号称“世界屋脊”的喜马拉雅山脉，试航北京经成都至拉萨航线成功；1965年3月1日，四川使用伊尔-18型飞机正式开航该航

机场高速高新段　　王定全　摄

线。成都双流国际机场1978年发运旅客第一次突破10万大关，达112655人次。

1979—1998年，民航管理体制由军队领导为主的政企合一体制逐步改为企业体制。1986年9月19日，四川省航空公司（1992年更名为四川航空公司）成立。1987年10月15日，成都双流机场进行体制改革，独立经营核算。1998年，四川拥有波音、图-154、运-7、空客A321等各型运输和通用航空飞机59架。空勤人员总数增多，人员结构发生变化，飞行领航员、机械员、通信员较1978年前大为减少。1998年与1978年相比，空勤人员总数增加3.3倍，其中驾驶员增加2.6倍、乘务员增加15.2倍。同时，新建和改（扩）建一大批机场。成都双流国际机场改（扩）建后，3600米的主跑道可供波音747-400型飞机起降；西昌青山机场改造后，成为可适应各类大型飞机起降的国家一级机场。此外，南充都尉坝、达川、宜宾、泸州机场均进行扩建；绵阳、广元和阆中机场新建工程进展顺利。四川共开辟新航线323条，其中国内干线303条、地方航线13条、国际和地区航线7条，还开通成都至新加坡、泰国曼谷等国际航线以及成都至日本广岛、马来西亚吉隆坡等国际客货包机航线。1998年，四川经营飞行的航线达200余条，通达国内外70余个大中城市，仅成都飞往各地的航线就有53条。

1999年，泰国安琪尔航空公司开通曼谷至成都定期航线，成都双流国际机场首次接纳外航定期航班。2000年，中国西南航空公司引进波音737-800客机2架，新开辟成都—武汉—温州、成都—泰国普吉等国内、国际航线8条，至当年底，该公司已拥有以波音、空中客车为主体的飞机40架，开通飞行国际、地区和国内航线190多条，通航城市60余个，其航线总里程达21万公里，实现安全飞行10余万小时，并创造成都—拉萨航线安全飞行35年的纪录。2000年，四川航空公司在国内率先引进5架国产"新舟60"和5架巴西EMB145飞机，投入以中国西部地区为重点的支线航空运输，当年，该公司开通飞行国内航线130多条，形成以成都、重庆为基地，辐射全国各主要城市的干支线航空运输网络。此期，四川机场建设取得突破性进展。新建广元机场、绵阳机场、攀枝花机场、九寨黄龙机场、南充机场；成都双流国际机场扩建工程完工，成为中国五大航空港之一。2007年，四川民用航空完成的全社会客运量、货运量分别达1713万人次、32万吨。2008年，20个国内航空公司和外国的航空公司开通飞行四川地区的航线，基本形成以成都双流机场为枢纽、涵盖省内和西藏的轮辐式航线网络。2009年，四川民用航空完成全社会客运量、货运量分别达1947万人次、32万吨。2010年6月30日，四川与中国民用航空局在成都签订《关于加快推进四川民航发展的会谈纪要》。民航局与四川省政府承诺在四川省民用机场体系的完善、成都双流国际机场航空枢纽建设、支线机场建设和运营、基地航空公司发展、通用航空业务发展等方面，加大政策、资金的支持力度，共同协调解决四川民航建设、改革与发展等重大问题，积极推进四川省民航重大项目建设与发展。

2013年，民航方面围绕建设"一个枢纽，三个网络"的工作目标，进一步巩固和强化现有双流机场区域性枢纽机场优势地位，积极推进成都国家级国际航空枢纽和西部地区门户枢纽建设，加快成都新机场前期工作，推进支线机场项目建设。

南充机场扩建工程、阿坝红原机场、稻城亚丁机场建设推进顺利，其中稻城亚丁机场9月16日正式通航，阿坝红原机场于9月进行校飞，南充机场民航扩建工程完工。开展成都新机场前期工作，项目选址报告已获得国家民航局批复，项目预可行性研究报告、立项申报相关要件专题报告已编制完成，并经过中咨公司预评审，立项请示于12月底报国务院、中央军委审批。巴中机场、乐山机场、甘孜机场、达州机场迁建选址报告已获国家民航局选址批复，并已编制完成预可行性研究报告，其中巴中、甘孜机场预可行性研究报告已报国务院、中央军委。

2014—2018年，四川民用航空完成全社会客运量、货运量分别为3752万人、45万吨；4204万人、67万吨；4609万人、60万吨；4976万人、61万吨；5484万人、64万吨。

2019年，成都国际航空枢纽加快建设，双流国际机场年旅客吞吐量达5585万人次，国际（地区）通航航线达126条、居中西部第一。巴中恩阳、甘孜格萨尔、宜宾五粮液机场建成通航，全省民用运输机场达15个。

2020年，四川民航完成旅客运输量0.4亿人，旅客周转量657.8亿人公里；完成货物运量52.9万吨，货物周转量12.8亿吨公里。民航运输机场完成旅客吞吐量0.5亿人，完成货物吞吐量64.6万吨。成都持续保障10条国际全货机"不停航"稳定运行，完善"全货机+客机腹舱"等多元化航空物流综合解决方案，开通34条通达五大洲的"客改货"航线，新开通雅加达等6条国际定期直飞客货运航线。成都双流国际机场全年旅客吞吐量达4074万人次，位居全国第二。

（本栏目撰稿人：岑　松）

大事记

DA SHI JI

2021

四川交通年鉴

2020年四川交通大事记

1月

1日　零时，取消高速公路省界收费站并网切换圆满成功，标志着全省19处高速公路省界收费站全部取消，四川与全国高速公路全部实现无阻断通行，完成省委省政府确定的目标任务。这将有效提高全省综合交通运输体系转换效率，缓解拥堵，改善人民群众出行体验，助力节能减排，降本增效。

3日　全省高速公路行业完成元旦假期高速公路出行服务保障任务。2020年元旦假期，全省高速公路行业深入分析研究取消省界收费站后路网运行变化趋势及特点，扎实做好高速公路出行服务保障工作，全力满足公众平安、舒适、畅通出行需求。

3至6日　2020年四川省中职学校"金指南杯"汽车运用与维修技能大赛在四川交通运输职业学校举行。大赛由省教育厅、人力资源和社会保障厅联合主办，成都市教育局、自贡市教育和体育局等协办。比赛结合全省产业发展需求和专业教学需要，设置工程测量等30个学生赛项，6个教师赛项。经过4天激烈角逐，交职学校获教师组一等奖1个、学生组一等奖3个。

6日　全省完成2019年水污染防治行动计划相关工作。2019年，泸州、宜宾、乐山、广元、南充、广安、遂宁、绵阳、攀枝花、达州10个市完成《港口和船舶污染物接收、转运及处置设施建设方案》编制工作并由当地市政府印发，且完成"建设方案"建设任务的75%以上。

10日　2020年春运首日，团省委、省交通运输厅、省文明办、经济和信息化厅、公安厅、人力资源社会保障厅、应急管理厅等11个单位，在成都东站汽车客运站联合举行2020年春运"情满旅途"暨"暖冬行动"启动仪式。

△　国家科学技术奖励大会在北京召开，省公路设计院公司作为参研单位完成的《复杂艰险山区高速公路大规模隧道群建设及营运安全关键技术》喜获2019年度国家科技进步一等奖，这是该公司第三次获得国家科技进步一等奖。该项目在复杂地形地质环境隧道群失稳灾变防控技术、高速公路大规模隧道群通风照明环境保障技术、高速公路大规模隧道群防灾救援联动控制技术等方面取得系列重大创新性成果，形成隧道群建设与营运安全的关键技术体系，实现了隧道群建设与营运的安全、高效与节能目标。

16日　2019年，全省交通运输服务监督电话系统共受理业务110万余件（含"12122"高速公路领域业务），其中，投诉举报、信息咨询、意见建议三类业务分别为9万余件、99万余件和1万余件，城市客运、道路运输、高速公路、普通公路和其他领域，业务量分别为186445件、38450件、838347件、7396件和32284件。在全省"12328"电话系统受理有效投诉工单92789件中，城市客运类68142件、道路运输类17529件、高速公路类4555件、普通公路类1349件、其他投诉1214件。

17日　省交通运输厅党组书记、厅长罗佳明在厅主持召开高速公路项目建设推进工作会，强调，要把高速公路放在交通基础设施建设的重中之重来抓，立足"十四五"，盯紧近三年，抓实2020年，全力推动高速公路建设持续快速健康发展。

18日　2020年春运从1月10日开始至2月18日结束，共计40天。全省道路客运量为8000万人次，共4.5万辆客运班车投入运力保障。

20日　四川省十三届人大常委会第十五次会议第二次全体会议，表决通过省人民政府省长尹力向省人大常委会提出的任免案，决定任命罗佳明为四川省交通运输厅厅长。

21日　鸡鸣三省大桥建成通车。大桥位于云贵川三省交界处，横跨赤水河上游支流倒流河，连接四川省叙永县水潦彝族乡岔河村和云南省镇雄县坡头镇德隆村。该桥由四川省公路规划勘察设计研究院有限公司设计，由四川铁投所属四川路桥负责施工。大桥采用二级公路等级，设计时速40公里。

24日　全省道路水路春运平稳有序。自春运以来，截至23日，全省道路客运日均投入营运客车4.5万辆，共完成客运量3039.1万人次，比上年下降5.09%。全省水路客运日均投放客（渡）船2340艘、58109客位，完成客运量163.5686万人次，比上年下降19.3%。全省高速公路路网车流量3402.07万辆次，比上年增长2.49%；ETC通道通行车流量2328.03万辆次，比上年增长67.98%。

△　即日起，成都暂停部分假日旅游公交线路，同时取消部分假日旅游公交线路及常规公交线路延时服务。与此同时，成都公交集团还对春节期间打好疫情防控主动仗进行再动员再部署，发布疫情防控六项新举措。

25日　省应对新型冠状病毒感染的肺炎疫情联防联控机制领导小组交通运输组紧急下发通知，就交通运输行业进一步督促落实防控新型冠状病毒肺炎疫情工作，提出八项举措（设置隔离室，做好交通场所防控工作；明确应急流程，做好交通工具防控工作；强化重点监管，做好疫情联防联控工作；落实通风消毒，做好行业卫生防疫工作；开展宣传培训，做好防疫知识教育工作；实施动态监控，严防客车擅自进出高危地区；开展专项督查，构建群防群治工作格局；加强值班值守，做好信息报送工作）。

26日　全省水路交通进一步细化新冠疫情升级防控措施。

△　厅高管局印发紧急通知，全省高速公路行业认真贯彻落实全省交通运输行业防控新型冠状病毒感染的肺炎疫情工作八项举措，细化完善全省高速公路疫情防控措施，坚决打赢高速公路疫情防控阻击战。

27日　四川省发出第一张抗疫车辆免费优先通行证。按照交通运输部“疫情防治应急物资、医患等人员运输车辆实行免费优先通行”的要求，26日，省交通运输厅根据部和国家中医药管理局指令，主动与四川新绿色药业科技发展有限公司联系，及时为其开往武汉的流动药房车辆办理免费优先通行证，并通知相关高速公路营运公司做好全程运输保障工作。

△　全省所有旅游船舶、旅游码头暂停经营，旅游船舶按海事机构指定位置停靠，恢复经营时间另行通知。短途客运船舶、渡船，由各地根据疫情情况自行决定，未停止运行的短途客船、渡船，要按要求做好船舶消毒、乘客体温检测等工作，有条件的客（渡）码头应设置留验室，主动与卫健部门衔接，并配合做好防疫各项工作；船员、码头工作人员要认真做好自身防护措施，并开展必要的卫生防疫知识、措施的宣传。

29日　四川省作为全国第一批果断暂停省际包车和武汉客运班线的省份之一，1月21日省交通运输厅第一时间印发紧急通知，对疫情防控工作进行扎实安排。25日根据疫情防控形势的发展，进一步研究提出交通运输行业督促落实防控工作的八项重大举措。在全国交通运输系统疫情联防联控视频会上，四川省交通运输厅疫情防控工作被交通运输部部长李小鹏点名肯定。

30日　为加强疫情防控期间交通运输安全生产工作，省交通运输厅印发《关于进一步加强疫情期间交通运输安全生产工作的通知》，要求各地、各单位（部门）要统筹做好疫情应对和安全风险防控，切实做到“两手抓，两手硬”，坚决遏制群死群伤安全事故发生，为坚决打赢疫情防控阻击战营造良好安全环境。

△　6时，省交通运输厅对口支援湖北省交通运输部门的一批防疫物资，由3辆货车组成的防疫物资运送车队在国道42沪蓉高速公路淮口服务区集结出发，跨越川、渝、鄂三省，单边行程655公里，经过近10小时的长途跋涉，于当天下午16时运达湖北省恩施州G42沪蓉高速沿渡河收费站，并完成交接。两省交通运输部门手拉手、心连心，共同抗击新型冠状病毒肺炎。为全力协助湖北省交通运输厅做好疫情防控工作，连日来，四川交通运输厅紧急筹集防疫物资，筹得消毒液10000瓶、双氧水1000公斤、口罩500个及蔬菜、水果、泡菜各100件。

31日　四川省新型冠状病毒肺炎疫情防控工作新闻发布会（第二场）举行。

2月

1日　四川省交通运输厅“春风行动”受到交通运输部肯定和推广。交通运输部向各省厅印发四川省即将实施的“春风行动”主要做法，供全国交通运输系统学习借鉴。实施保障农民工安全有序返岗的“春风行动”，主要做法包括加强组织领导、集中统一组织、全程强化防控、实在惠企惠民、强化政治保障等。通过“春风行动”，统筹做好农民工出行中疫情防控和交通运输保障工作，及时解决生产、生活中的现实问题，充分体现以人民为中心的服务保障意识。

3日　零时5分，成都市青白江区发生5.1级地震。全省高速公路行业立即响应、迅速落实，扎实做好高速公路应急保障工作。

4日　中共四川省委书记、省委应对新型冠状病毒感染肺炎疫情工作领导小组组长彭清华，前往省交通运输厅、中国铁路成都局集团公司、双流国际机场，检查督导交通运输系统疫情防控工作。他强调，全省交通运输系统要坚决贯彻落实习近平总书记2月3日在中共中央政治局常务委员会会议上的重要讲话精神，坚决执行党中央、国务院和省委、省政府各项决策部署，坚持严防控和保畅通两手抓，进一步完善措施、强化执行，切实提升疫情防控与道路通行效率，为打赢全省疫情防控阻击战贡献更大力量。

△　为全力保障疫情防控一线医护人员城市交通出行，全省各级道路运输管理机构主动与当地卫生健康部门和医院联系，通过组建出租汽车党员突击队、“医护人员爱心接送小分队”和开通城区医护公交专线车等各种方式，为医务人员上下班通勤提供免费服务。全省泸州、自贡、遂宁、达州、德阳、巴中、宜宾、内江、康定等地均开展“向逆行者致敬，你救人，我送你”医护人员免费出行活动，日免费接送医护人员1000余人次。

△　春节期间（1月24日至2月2日），全省高速公路管理及交通执法系统累计出动交通执法人员4189人次，投入执法车辆1495辆次，巡逻里程175846公里，开展联合检查执法活动236次；设置农民工服务点352处，累计投入服务人员4941人次，服务农民工专车224车次，服务农民工5581人次。开展道路安全隐患排查31次，督促营运公司整改安全隐患59处；检查客运车辆756辆次，检查货运车辆30辆次，查处违法违规车辆12辆次。其中，查处危险化学品运输车辆2辆次，查处“非法营运”车辆2辆次，查处超限运输车辆2辆次。

6日　省交通运输厅航务局印发《关于重点水运建设项目复工及防疫工作的通知》，全面部署全省重点水运建设项目复工及防疫工作，从“加强复工前防疫准备、落实复工后防疫措施、强化疫情报送和监督管理、抓好防疫情和稳投资促发展工作”四大方面制订15条具体措施，从细节入手指导帮助复工。

8日　为贯彻落实国务院、交通运输部和省疫情应急指挥部有关做好春运返程高峰运输服务保障工作要求，省交通运输厅制定下发恢复道路运输服务“六条要求”，在坚持做好当前疫情防控工作前提下，原则上从2月9日起，全省各地恢复暂停的道路运输服务，支撑复工复产。

9日　交通运输部联合四川省交通运输厅召开进一步做好交通运输疫情防控和交通运输组织保障电视电话会议。

13日　省交通运输厅、省纪委监委驻交通运输厅纪检监察组联合印发《加强农民工安全有序返岗“春风行动”纪律监督保障方案》，要求全省交通运输部门要按照省疫情应急指挥部的要求，在当地党委政府领导下，加强与相关部门的协同配合，全力抓好“春风行动”工作的组织落实，确保疫情防控有效、车辆运行安全，保证四川省农民工安全有序返岗。

15日　在国新办召开的国务院联防联控机制新闻发布会上，交通运输部副部长刘小明介绍春运返程疫情防控的有关情况，并推广四川省农民工返岗“春风行动”经验做法，开展“点对点、一站式”直达运输服务，降低乘客在途交叉传染风险。

17日　中共四川省委副书记、省长、省应对新冠肺炎疫情应急指挥部指挥长尹力到省交通运输厅调研疫情防控和交通运输保障工作，看望慰问交通运输战线干部职工，强调要深入贯彻落实党中央国务院和省委省政府决策部署，坚持全国一盘棋，全省工作统筹协调，实事求是、细致深入做好严防控和保畅通“两手抓”各项工作，坚决遏制疫情蔓延扩散，更好服务健康人员和生产生活物资安全有序流动，有力保障全省疫情防控和企业复工复产、重大项目建设等重点工作推进。

19日　全省交通建设项目复工复产工作会召开。

25日　全省高速公路全面恢复正常交通秩序。截至23日24时，全省高速公路因疫情防控临时关闭的58处收费站全部恢复正常通行，设置绿色通道919条。

26日　全省普通国省干线公路项目有序复工开工。截至25日，成都、乐山、广元、雅安等16个市（州）的122个项目（含20个渡改桥项目）有序复工，当前工地总人数7827人，节后返回工地人员7267人。厅公路局要求各地，每个项目制订具体复工方案推进返岗复工；加快推进项目前期工作，创新项目审查审批形式，协调公共资源交易中心，及时恢复招投标工作。

27日　全省疫情防控农村公路管制点位全部撤除。

28日　全省高速公路、水运项目复工率达100%。截至27日12时，全省35个高速公路项目复工率100%；5个重点水运项目复工率100%；218个国省干线项目，复工129个，项目复工率59%。全省公路水运项目返岗施工管理和一线施工人员3.8万人。

△　省政府发布《关于2019年度四川省科学技术奖励的决定》，省交通运输厅4项科技成果获2019年度省科学技术奖励。厅公路设计院公司等单位承担的“震灾环境下公路支挡防护关键技术及工程应用”项目成果获省科技进步二等奖，“基于承载能力量化分析的公路隧道结构设计理论及应用”“雅西高速公路桥隧路面铺装技术开发与应用”“山区波形钢腹板组合梁桥主梁悬浇技术开发和抗震机理研究”等3项成果获省科技进步三等奖。

4日　全省道路运输服务分类有序恢复。厅运管局指导各地分区分类恢复道路运输服务，进一步统筹做好疫情防控和运输服务工作，满足复工复产返岗出行需求。截至3日，成都、自贡、攀枝花、泸州、德阳、广元、遂宁、内江、乐山、眉山、宜宾、广安、巴中、资阳14个市（州）全面恢复道路客运；全省恢复营运客车车辆2.23万辆，客运线路5593条；全省三级及以上客运站正常运行298个，占客运站总数的97.7%。

6日　全省路网运行正常，车辆流量显著回升。截至5日，全省高速公路网出口日均车流量持续一周稳定在179.4万辆次，ETC日均车流量122.0万辆次，普通国省干线断面日均流量4884辆以上，全省路网运行车辆流量基本接近正常日均流量水平。全省除道孚县为高风险区域封闭境内道路外，高速公路、国省干线、农村公路均无断道，路网运行畅通。

△　交通运输部发布《关于公布北京市等14个城市综合运输服务示范城市验收结果的通知》，北京、唐山、沈阳、泸州等14个城市通过综合运输服务示范城市验收。其中，泸州市是这次西部地区唯一获此殊荣的城市。

10日　《四川省普通国省干线公路服务设施（含公共厕所）建设管理运营服务标准（试行）》印发。指导各地规范建设、管理服务设施，建立服务设施运营服务标准体系，依据建设、管理、运营、服务相关具体指标划分服务设施等级，由高到低分为一级、二级、三级，并明确新建服务设施应不低于二级标准，改造服务设施宜按二级标准执行，新改建公共厕所宜按三级标准执行。

11日　全省一、二类汽车维修企业复工率达85%，日维修量达到非疫情期间的93%。

△　省交通运输厅党组书记、厅长罗佳明与重庆市交通局党委书记、局长许仁安共同主持召开川渝两省市深化交通运输合作视频会，进一步研究推动成渝地区双城经济圈交通一体化发展，深入对接综合交通规划、交通强国试点、重点项目建设、运输组织管理、毗邻地区发展等事项。

17日　全省开行首趟赴湖北农民工“春风行动”专车，从雅安市芦山县出发，开往湖北省黄冈市红安县。至此，四川省“春风行动”实现全国31个省市自治区全覆盖。此次共发车4辆，疏送农民工98人。截至16日，全省“春风行动”开行26759辆次，运送返岗农民工50余万人。

18日　“春风行动”接援鄂医疗队回家。根据四川省援湖北医疗队返川集中疗养休整实施方案，四川省第一批援鄂医疗队303人于17日17时30分乘专机抵达双流国际机场。

△　省交通运输厅印发《关于持续用力攻坚克难高质量打赢交通脱贫攻坚战的通知》。

20日　世界上最大的碱回收锅炉部件（安德里茨Bracell Star&Klabin Puma II项目）在宜宾港志城作业区集港装船，随后运至上海港，报关后通过海运运往巴西目的港。该批货物单件最长31米、宽5.4米、重量44吨。

22日　截至22日，除了到湖北、北京的客运班线以外，全省省际客运班线全面恢复，省内除阿坝州、甘孜州部分恢复道路客运外，全省其他19个市（州）全面恢复道路客运；除甘孜州道孚县外，全省其他182个县（市、区）均恢复省际、市际、县际、县内班线客运和出租汽车客运。截至20日，全省农民工跨省外出务工返岗率96.8%，大规模返岗运输基本结束，“春风行动”于21日零时起转为常态化运输。“春风行动”开展以来共开行28897辆，运送返岗农民工552530人。

25日　省交通运输厅印发《四川省农村公路质量监督办法（试行）》。明确农村公路工程质量监督统一管理、分级负责的原则，规范农村公路监督能力保障、监督工作程序、监督手段和流程、监督主要内容及工程验收等内容。

26日　2020年一季度，46个公路交通项目集中开工，总投资508亿元。

1日　2020年全省交通运输工作会议召开。

2日　省政府办公厅印发《关于表扬2019年度全省深化“放管服”改革优化营商环境等工作先进集体的通报》，省交通运输厅被省政府表彰为“2019年度全省深化‘放管服’改革优化营商环境工作先进集体”“2019年度省政务服务大厅先进窗口单位”。

△　四川交通投资基金一期投资项目眉山市丹棱县省道401线丹蒲路（一级路）及省道104线丹名路（二级路）城区至幸福古村段7公里实现通车，为项目全线36.55公里贯通打下坚实基础。

8日　岷江犍为航电枢纽工程泄水闸最后10个闸墩施工封顶，成功转入上部结构施工，标志着该项目的水下建设部分完工，为工程安全防洪度汛提供可靠保障。

14日　省交通运输厅协助交通运输部定点扶贫四县综合帮扶组办公室在阿坝州小金县政府大楼挂牌。综合帮扶组及阿坝州脱贫攻坚挂牌督战组成员聚焦部省扶贫共建协议、交通扶贫任务清单和厅定点扶贫工作方案项目，全力做好小金、壤塘、黑水、色达四县的定点帮扶工作，确保年底全面完成部省扶贫建设任务，高质量巩固四县摘帽成果。

22日　川陕交通运输主管部门共商加快大通道建设，提速交通互联互通协同打造“共赢通道”。20至21日，厅党组书记、厅长罗佳明率队赴西安，与陕西省交通运输厅党组书记、厅长杨育生共商川陕两省高速公路建设事宜，就国道5线京昆高速公路汉中至广元段扩容、镇巴至广安高速公路项目接线方案达成共识。

23日　省交通运输厅与重庆市交通局携手合作，就开行成渝地区双城经济圈毗邻区县省际公交线路事宜达成一致意见，并在重庆潼南与四川遂宁之间试点开行首条跨省城际公交线路。该线路总长29公里，重庆潼南境内23公里，四川遂宁境内6公里，共设35个站点，其中重庆地区27个站点，四川地区8个站点，途经潼南双江镇、界桥（遂宁界）、遂宁杜家大院等地，单程运行时间60分钟左右。此次试点开行线路两地均采用交通运输部“交通联合”卡，实现跨城市公交一卡通便捷出行。

24日　省公路设计院公司牵头设计的雅安至泸沽高速公路获第十七届中国土木工程詹天佑奖，这是该公司第10次捧起詹天佑奖杯。该项目又称雅西高速，全长240公里，是国家勘察设计和科技双示范工程，形成技术指南4部，获得省部级科技进步奖8项，省部级工法3项、工程奖31项、国家专利12项。

28日　继四川遂宁至重庆潼南首条跨省城际公交开通后，遂潼两地首条跨省城际定制客运正式开行。下一步，遂潼两地还将开通遂潼旅游专线（串联两地的旅游景点和乡村旅游），适时开行两地毗邻县乡的城乡公交，同时，还将推进“遂州通”与“重庆宜居畅通卡”平台接入工作，实现两地交通运输互联互通。

△　川陕甘高铁快运物流产业合作联盟成立。顺丰、京东、德邦等全国60余家商贸物流、生产加工、包装运输、快递快运企业、行业协会等单位和机构负责人受邀出席联盟成立大会。

30日　全省高速公路完成收费系统优化升级。

9日　国务院办公厅印发通报，对2019年落实有关重大政策措施真抓实干成效明显地方予以督查激励。其中，四川省公路水路交通建设年度目标任务完成情况好、地方投资落实到位、促进社会资本进入交通建设领

域措施有力、交通债务风险防控工作落实有力。根据通报，2020年交通运输部、财政部将对四川省申报的具备条件的交通建设项目，优先列入三年滚动投资计划、优先安排中央交通建设资金；同时新增安排中央资金5000万元，用于交通项目建设。

9日　省交通运输厅制订《四川省特殊大件货物公路运输方案编制指南》，并印发各市（州）交通运输局、大件生产及运输企业。该指南从公路大件货物运输方案编制内容、格式、依据、验算校核、应急预案等8个方面进行规范，严把安全生产质量关，确保特殊大件货物运输万无一失。

10日　泸州造四川最大货船“吉祥919”正式启航。“吉祥919”货船采用双机双桨驱动，总长105米，型宽16.2米，型深5.3米，试航时速达18公里，续航力按全负荷航行为250小时。船舶类型为干散货船，船载重量达6000吨，主要用于装载铁矿石、煤炭，兼顾熟料、钢材及其他散货。

11日　省交通运输厅与菜鸟网络加速推进“农村智慧物流提质增效项目”助力脱贫攻坚。2020年以来，四川省“农村智慧物流提质增效项目”在遂宁蓬溪、泸州叙永、德阳什邡、宜宾长宁、南充仪陇、巴中恩阳等10个市（州）17个县（区）落地运营，5月底在凉山州布拖等10个县新增完成共配设备安装后启动运营。

15日　四川乡村客运“金通工程”纳入全省2020年30件民生实事推进。“金通工程”是乡镇及建制村通客车的提质升级版，以统一乡村客运标识、统一招呼站（牌）、统一车辆外观、统一从业人员标识为抓手，以建设美丽清新、安全绿色、便捷优质、精细管理乡村客运为主要任务，建人民满意乡村客运服务体系。按照“试点先行、全面实施”的思路，2020年启动“金通工程”试点（示范）创建工作，总结形成可复制、可推广的做法和经验。全省54个县（市、区）正式启动“金通工程”试点工作，各项工作有序推进。2021年至2025年全面实施，逐年分批实施“金通工程”创建工作，最终实现“金通工程”全覆盖。

△　零时起，全省正式启用四川省道路运输综合管理与服务信息平台，同步关闭运行近20年的四川省运政信息系统。

18日　11时许，世界上最大跨径飞燕式钢管混凝土系杆拱桥——合江长江公路大桥主梁主跨顺利合龙。大桥由省公路设计院公司勘察设计，大桥预算总投资5.1亿元。大桥建成后，为合江县江北片区5个乡镇和合江县城共40余万人口密切往来提供便捷通道。

20日　省交通运输厅印发《四川省交通运输厅深化“放管服”改革优化营商环境2020年工作要点》，明确持续深化行政审批制度改革等8个方面、37条推进交通运输行业“放管服”改革优化营商环境具体工作举措，进一步实化、细化改革工作，抓好各项举措落地见效。

21日　凉山州第一条按“金通工程”标准实施的农村客运班线——布拖县拖觉镇至阿布洛哈村班线正式开通。该班线全长35公里，由西运集团布拖分公司执运，执行票价10元。该班线严格按照四川省乡村客运“金通工程”标准，实现乡村客运LOGO、招呼站牌、营运车辆和从业人员标识“四统一”。

27日　交通运输部办公厅印发《关于表扬交通扶贫进展成效显著省份的通报》，对全国5个2019年交通扶贫进展成效显著的单位进行通报表扬，四川省交通运输厅位列其中。至此，省交通运输厅连续两年在交通扶贫工作方面受到部通报表扬。

△　由四川川交路桥有限责任公司承建的四川攀（枝花）大（理）高速公路LM分部无人驾驶压路机机群联动作业测试成功，标志着无人驾驶压路机已经能够满足沥青路面碾压施工规范，这在全球尚属首次。

29日　岷江犍为航电枢纽工程首台机组正式并网发电，圆满完成“通航、蓄水、发电”三大目标任务，岷江港航电综合开发进入新阶段。

△　科技战疫2020中国数字化转型成功案例揭晓，此次活动推选出医疗健康、教育服务、社会经济三类各十大成功案例，其中，四川省道路客运乘客信息登记系统成功入选。该系统由厅运管局联合腾讯云共同打造，于2月22日正式上线，打通了四川全省客运体系，提高了乘客信息登记效率，有效降低纸笔接触式信息填报带来的病毒感染风险，后续发现乘车乘客确诊病例后，可第一时间推送通知同乘旅客，能够有效筛查境外入境和来自重点地区人员信息，为全面助力疫情防控提供道路运输服务保障。

5日　交通运输部公布全国25个首批农村物流服务

品牌，四川省攀枝花市盐边县“聚优购”、成都市金堂县“金乡运”2个品牌创建成功。

10日　省交通运输厅印发《全省森林草原防灭火专项整治交通运输推进落实十项工作》。

12日　交通运输部召开全国交通运输系统先进集体劳动模范和先进工作者表彰大会。会上，人力资源社会保障部、交通运输部联合表彰厅建设管理处、厅高速公路管理局（交通执法总队）等10个单位为“全国交通运输系统先进集体”；范碧琨、朱树林等15人为“全国交通运输系统劳动模范”；黄丽、任启东等6人为“全国交通运输系统先进工作者”。

15日　省交通运输厅印发《关于进一步加强常态化疫情防控工作的通知》，采取四项措施进一步加强常态化疫情防控工作。

19日　“2019感动交通十大年度人物”线上视频报告会在学习强国、微博、快手等平台直播。会上揭晓“2019年感动交通十大年度人物”，厅高速公路交通执法第四支队七大队吴孝忠、杨柳工作组获此殊荣。

23日　世界第一高墩——196米高的金阳河特大桥6号主墩封顶。大桥由中国长江三峡集团有限公司援助和金阳县政府自筹建设，省公路设计院公司设计，铁投集团所属四川路桥承建，总投资3.39亿元。

30日　凉山州布拖县阿布洛哈村通村公路全面完工，该村至拖觉镇“金通工程”乡村客运班线正式开通，标志着四川省全面实现具备条件的乡镇、建制村100%通客车，提前完成“两通”目标任务。

3日　川渝毗邻地区交通运输融合发展推进会在达州召开，“1+6”开启川渝交通一体化发展新征程。

6日　厅航务局印发《四川省水上交通安全专项整治三年行动实施方案》，行动从即日起至2022年底，分“动员部署、排查整治、集中攻坚、巩固提升”四个阶段进行。

20日　省交通运输厅印发《四川省交通运输行业行政许可指导清单（2019年本）》，对全省交通运输行政许可事项进行细化梳理。目前省市县三级保留行政许可事项共59个大项、319个具体办理项，全部实行目录清单管理工作机制。

△　德阳至成都地铁3号线摆渡车开行启动仪式在德阳文庙广场举行。德阳市委副书记、市长何礼出席并宣布摆渡车正式开行。德阳至成都地铁3号线摆渡车共投入39客座中型高一级新能源车辆10辆，每辆车均安装主动安全智能防控系统并满足联网联控技术要求，实现车内视频监控全过程覆盖，并统一车辆外观及相关标识。

24日　宜宾港与中国外运合作开行的“宜宾—上海”集装箱直航班轮实现首航，为“宜宾造”产品出海再添新通道。这是四川自成立省港投集团后，推进港口资源整合，优化班轮航线，首次和国内大型航运物流企业合作开行的班轮航线。该航线经宜宾港可南接西部陆海新通道，北接中欧班列，形成“一带一路”与长江经济带十字相交的“江铁海”国际多式联运环线；同时，该航线汇聚川渝两地港航物流资源，有助于强化川渝合作，助推成渝地区双城经济圈建设。

28日　省公路设计院公司主编的《钢管混凝土加劲混合结构技术规程》正式发布。中国工程建设标准化协会印发《关于发布<钢管混凝土加劲混合结构技术规程>的公告》，省公路设计院公司与清华大学联合主编的《钢管混凝土加劲混合结构技术规程》通过行业审查，由中国建筑工业出版社正式出版发布。该规程自2020年8月1日起开始施行，适用于工业与民用建筑和桥梁等大型结构工程中钢管混凝土加劲混合结构的设计、施工与验收。此外，公司参编的《钢管再生混凝土结构技术规程》也正式获批发布。

30日　陕西镇巴至广安高速王通段全线控制性工程长胜特长隧道正式进洞施工，王通段通车后，将把全国最大、最早的大型红军烈士陵园——川陕革命根据地红军烈士陵园接入国家高速公路网。

5日　省铁投集团获批在成宜高速公路试验路段，使用车联网专用频段开展交通强国车路协同测试试验。

18日　省防汛抗旱指挥部于18日5时启动Ⅰ级防汛应急响应。按照相关要求，厅决定同步启动Ⅰ级防汛应急响应，要求各地、各单位，一要全力开展防汛救灾，立即进入战时状态，开展交通运输防汛救灾工作，坚决保障人民群众生命安全。二要全力以赴担当责任，发扬不怕疲劳、连续作战的优良作风，在防汛救灾一线体现交通人的负重前行、责任担当。三要全力强化应急值守，进一步严肃工作纪律，按照战时要求，以铁的纪律保障各项措施落地落实。

△ 全省航务海事部门齐心协力应战乐山最大洪峰。汛情发生后，厅航务局第一时间赶赴乐山市靠前指导，统筹调配防汛救灾物资，抽调全省水上应急救援专家，指导当地救援力量科学有效施救，做到及时、有序、高效救援。

△ 为提高读者使用年鉴的便捷性，厅史志总编室制作“四川交通掌上年鉴”小程序并对接厅官微，试运行后于即日正式推出。小程序具有整卷浏览、跨卷检索、镜看交通等功能。以手机端展示为主，提供多种查阅路径。可在微信直接搜索“四川交通掌上年鉴”或“川交掌鉴”点击进入，也可在厅公众号首页“微服务”里点击“四川交通掌上年鉴”，还可长按二维码识别后进入。

△ 重庆永川区副中心（朱沱）至泸州市高铁东站（云锦）省际公交开通，标志着川渝首条跨省双向对开“省际公交”正式首发。

20日　受连日强降雨影响，17日19时50分左右，都汶高速公路92.8公里处，汶川县绵虒镇簇头沟路段发生泥石流，导致道路双向中断。险情发生后，省交通运输厅第一时间启动应急预案，采取临时交通管制措施，协调交警做好现场道路交通管制工作，在确保安全的前提下快速疏散现场160余辆滞留车辆；加快开展抢险作业，协调营运公司和施工单位，立即组织18台挖掘机、14台铲车、10余台运输车，对现场进行抢险；做好路况信息服务工作，提前发布出行诱导信息，引导群众提前避险、安全出行；强化隐患整治，对临崖临水路段、重大桥梁隧道进行全面排查，保障道路安全畅通。经过近36小时的紧急抢险，20日上午9时，都汶高速泥石流灾毁路段顺利抢通，簇头沟路段实行单幅双向通行，其余路段恢复双幅双向通行。

25日　“四川‘交通扶贫专柜’助力消费扶贫”入选2020年全国消费扶贫典型案例。

26日　为进一步深化成渝地区双城经济圈交通执法管理协同发展框架协议，厅高管局联合重庆市交通行政执法总队开展高速公路“非法营运”专项整治行动，通过大数据分析筛查、信息动态共享、道路渠化布控、联合执法检查等方式，精准打击“非法营运”行为，持续巩固扫黑除恶专项斗争成果，维护川渝地区高速公路道路运输正常秩序。

7日　由中国公路学会举办的第22届中国高速公路信息化大会在重庆召开，会上颁发“中国高速公路信息化奖”奖杯及证书。省公路设计院公司“山区高速公路工程结构集群化安全监测预警技术及信息化系统应用”获得“中国高速公路信息化奖——创新技术奖”。

8日　全省乡村客运“金通工程”现场会在宜宾召开。

△ 位于仁寿县宝飞镇境内的成宜高速井眼湾大桥最后一片T梁顺利架设完成，标志着成宜高速全线双幅全部贯通。

△ 泸州至九江始发集装箱班轮航线开通首航仪式在江西省九江港举行。该航线由四川港投集团川南港务公司、中远海航运公司与上港集团九江港务公司共同打造，每周开行一班。

9日　国务院新闻办公室“牢记总书记关怀嘱托，打赢四川脱贫攻坚战”新闻发布会在成都市举行，这是目前唯一一场走出北京、走到省份的脱贫攻坚主题发布会。

9至10日　川渝两省市各级航务海事机构在渠江、嘉陵江交界水域开展水上联合巡航执法，落实《推动成渝地区双城经济圈交通运输行政执法管理协同发展合作备忘录》的各项任务。此次联合巡航执法主要针对渠江、嘉陵江流域的航道、渡口码头、客货船、通航环境等水上交通安全基本情况进行检查，对川渝两地水路交通行政执法管理协同机制、水上执法协同改革、交界水域联合巡查监管、嘉陵江水路畅通等问题进行交流探讨，并对发现的违法违规行为进行研究处置。

11日　四川大数据中心发布《四川省大数据战疫蓝皮书》，厅运管局《“一车一码”助力打赢疫情防控阻击战》入选，这是继入选科技战役2020中国数字化转型成功案例后，四川省乘客信息登记系统再入选国内第一本聚焦大数据助力抗疫复工的蓝皮书。

18日　由省交通运输厅牵头与西南交大、航空工业成都所、自贡市共同承办的四川省创新驱动发展两院院士四川行现代交通与航空航天专题对接会在成都举行。

19日　公路长大桥建设国家工程研究中心四川分中心（山区桥梁防灾减灾技术研究中心）成立。

20日　国道0512线成乐高速公路乐山北收费站及棉竹互通立交建成通车。棉竹互通立交连接乐山绕城、成乐、乐雅高速公路，实现线路高效转换，有效缓解交通压力。

28日　国务院新闻办公室举行脱贫攻坚专题新闻发布会，交通运输部副部长戴东昌，四川省交通运输厅党组书记、厅长罗佳明及云南省、甘肃省交通运输厅负责人介绍决战决胜脱贫攻坚，为全面建成小康社会提供坚实交通保障有关情况，并答记者问。党的十八大以来，四川累计投入6000亿元，在贫困地区新改建公路12.5万公里，2019年底实现所有乡镇和建制村通硬化路，2020年6月30日，随着凉山州布拖县阿布洛哈村开通“金通工程”客运班车，标志着四川已经全面完成交通脱贫“两通”目标。

△　广元港进港公路南马山隧道通车，标志着广元港进港公路全线建成通车。广元港进港公路南马山隧道工程西连进港公路一期，东与昭化区凉亭子隧道出口引道相接，全长5.35公里，是广元港连接陕西、甘肃的货运瓶颈工程，与国道108线、国道212线、京昆高速、兰海高速等公路衔接。建成通车后，相较经老宝红路通行缩短里程10公里，有效打通广元港港口进出货运通道，节约货物运输时间，节约运输成本，提升公路网整体运输效益。

30日　四川省交通运输集团有限责任公司（简称“四川交运集团”）在成都揭牌成立。厅党组成员、副厅长宁坚，省国资委党委委员、副主任游代丽，省政府口岸物流办主任吴舸，省港投集团党委书记、董事长贺晓春出席仪式并共同为四川交运集团揭牌。

△　营达高速公路正式通车试运营。成都到达州的高速公路通行时间，将从5小时左右缩短至3小时左右，营达高速公路成为达州往返成都最近的交通大通道。

12日　2019年全国“最美公交司机”先进事迹报告会在长沙市举行，四川省有5名公交司机入选100名“最美公交司机”。

△　省交通设计院公司编制的《成都港总体规划》获正式批复。《成都港总体规划》坚持以生态优先、绿色发展新理念为指导，深入研究分析成都市港口资源条件，结合“大都市慢生活”的成都特色和成都国际旅游名城的城市定位，以践行交通运输与旅游融合的新思路，研究成都港的定位和发展方向，明确港口空间布局，进而提出码头平面布置及相关配套设施规划，为成都平原区域协调发展、融入长江经济带提供重要支撑。

15日　交通运输部、财政部联合印发《关于组织开展深化农村公路管理养护体制改革试点工作的通知》，公布深化农村公路管理养护体制改革试点地区名单，共确定167个深化农村公路管理养护体制改革试点地区。其中，确定四川省为深化管养体制改革试点地区省级单位，成都市为改革试点地区市级单位，蒲江县、乐山市市中区、江安县、宣汉县、邻水县为改革试点地区县级单位。

△　四川省第一艘船舶污染物接收船“泸碧水1号”在合江县白米镇白塔坝投入试运行。该船由泸州市交投集团投资，于2020年8月在四川合江江海船务有限公司开工建造，总长32米，主要用于收集泸州港区及停泊锚地水域内船舶的生活垃圾、生活污水、油污水。该船甲板上设置固体垃圾舱，可装载固体垃圾20吨。同时，分别设置封闭生活污水舱和油污水舱，容量分别为30吨和23.5吨。

16日　全省召开交通强省建设推进会议。会上深入学习贯彻习近平总书记关于交通运输工作的系列重要论述，全面落实交通强国战略部署和省委省政府关于交通强省建设的实施意见，对全省交通运输发展再部署、再推动。省委书记彭清华就进一步做好全省交通运输工作作出批示。省委副书记、省长尹力在省政府主会场出席会议并讲话。

20日　由四川省交通宣传中心、省铁投集团、路桥集团联合出品的四川扶贫主题歌曲《蜀道向天开》正式上线。这也是国家扶贫日中宣部网站首推的MV版。歌曲由朱海作词、舒楠作曲，反映了新时代的蜀道巨变，尤其是交通脱贫攻坚这一项伟大历史工程。

22日　四川省公路设计院智通科技有限责任公司成立。智通公司是省公路设计院公司按照交通运输部、省交通运输厅关于“交通+大数据”“交通+新科技”融合发展的部署和要求，利用大数据、云计算、卫星定位、人工智能等技术为支撑，积极打造数字化网络货运平台的现代物流企业。公司将立足四川、对接成渝双城经济圈、辐射全国货运市场，为全省加快运输结构调整，推动物流业降本增效作出应有贡献。

△　汶马高速公路狮子坪特长隧道右线全线顺利贯通。狮子坪特长隧道是汶马高速公路项目控制性工程之一，全长13.15公里，属全国涉藏地区在建最长的高速公路特长隧道，隧道最大埋深1280米，地质条件也极其复杂。

27日　久马高速公路然木多2号隧道（进口端）安全顺利进洞，标志着久马高速公路阿坝段3座特长隧道均实现双向进洞。

28日　四川铁投数字交通产业学院成立揭牌仪式在四川交职院举行。省国资委党委书记、主任徐进，省交通运输厅党组书记、厅长罗佳明出席并共同揭牌。省铁投集团党委书记、董事长唐勇出席。四川铁投数字交通产业学院是四川交职院和省铁投集团联合申报的四川省数字交通产教融合示范项目建设的重要内容，是全省首个数字交通产业学院。

2日　四川交职院与丹麦职教联盟通过互联网签署合作备忘录。双方就高等职业与技术教育研究、合作办学、学生或教师短期学习与互访、创新创业相关的教学项目和服务、职业院校教师与管理人员培训等内容达成合作意向，并将通过互联网方式，积极开展物流、工业制造类专业的师资培训。

5日　省交通运输厅和省发改委联合印发《四川省绿色出行创建行动实施方案》，四川将在“十四五”期间分地级城市和县级城市两类开展绿色出行创建行动，倡导简约适度、绿色低碳、文明健康的生活方式，引导公众出行优先选择公共交通、步行和自行车等绿色出行方式，降低小汽车通行总量，整体提升全省绿色出行水平。

12日　雅安多营青衣江大桥全线贯通，初步具备通行条件。

13日　交通运输部批复四川省交通强国建设试点实施方案，同意四川在成渝地区双城经济圈交通一体化发展，高原山区公路建设创新，推动公园城市交通绿色发展，提升交通防灾减灾体系韧性，车路协同技术发展，推进交通与旅游、文化融合发展等6个方面开展试点。

16日　汶马高速公路最后一个控制性重要节点——汶马高速公路狮子坪隧道顺利贯通。

17日　泸州港获2019年度“中国港口海铁联运超4万标箱码头”称号。

19日　在四川交通与各有关部门通力协作下，车货总重667.7吨，总长93.3米的天明发电公司最后一台关键设备运输车组，经高速公路、省道、县道共187公里，于15时许抵达江油市项目建设基地。该项目是国家能源集团和四川省政府战略合作首个落地项目，共4批次大件运输路线需经过大件路、高速路、普通干线公路，按正常标准均无法通行。为确保重点项目关键大件运输，“变不可能为可能”，厅大件运输协调小组办公室组织进行科学论证、技术攻关，确保沿途道桥安全、运输安全，实现“造得出来就运得出去”。此前，已完成3件次大件运输，单次车货总重近700吨，创造了国内高速公路单件次车货总重最大的纪录。

23日　省道445线九若路全线路面顺利贯通。

25日—26日　全省加快构建“四好农村路”高质量发展体系现场会在广安市邻水县召开。会议以电视电话会议形式举行，21个市（州）设分会场。副省长杨洪波出席会议并讲话，省政府副秘书长、省铁路机场办主任代永波主持会议。

27日　向家坝升船机2020年通货量突破112万吨。

△　岷江航电老木孔枢纽开工活动在乐山市五通桥区冠英镇举行。岷江航电老木孔枢纽项目是岷江港航电综合开发项目4个梯级枢纽中的首个梯级枢纽，也是乐山打造成渝黄金水道、加快融入成渝地区双城经济圈的重要工程，概算总投资144亿元，总装机容量40.54万千瓦。建成后将与东风岩、犍为、龙溪口枢纽以及岷江航道整治工程衔接，使重大件出川水上航道从IV级提升到III级，通航保证率达到95%以上。

1日　泸州港成功获批中物联全国（第二批）数字化

仓库企业试点。获批后，泸州港将进一步促进企业管理现代化、智能化，带动各项工作创新突破和升级发展。

2日 交通运输部印发《关于公布2020年交通运输行业研发中心认定名单的通知》，四川省“山区交通基础设施自动化建造技术行业研发中心”和“卫星技术应用行业研发中心”均获认定。

6日 由四川铁投集团主导投建的攀枝花至大理高速公路（四川境）全面建成，并于18时试通车。该项目全长41公里，总投资70.24亿元，起于攀枝花市仁和区仁和镇，止于攀枝市仁和区太平乡，包括主线和丽攀高速公路支线。建成通车后，对改善川滇综合交通运输体系，助推中国与东盟国家互联互通将起到积极作用。

7日 四川开江至重庆梁平高速公路联合开工活动在达州市开江县川渝交界处举行，这是自重庆直辖以来、川渝首次联合开工的一条省际高速公路。

14日 在中华人民共和国第一届职业技能大赛中，四川交职院8名参赛选手代表四川省、交通运输部参赛，在全国2500多名选手中脱颖而出，分别获汽车技术项目金牌，轨道车辆技术、工业设计两个项目银牌，商品展示、汽车喷漆、汽车车身修理三个项目优胜奖。

17日 中国公路建设行业协会公布2020年度中国公路建设行业协会科学技术奖评选结果，省公路设计院公司承担的“高质化利用废轮胎的绿色环保沥青路面关键技术研究及应用”获二等奖，系公司首次获此殊荣。

18日 四川省“12328”管理中心揭牌仪式举行。

22日 四川省交通运输综合行政执法总队揭牌仪式在厅运行调度中心举行。省政府副省长杨洪波，省政府副秘书长、省铁路和机场建设办公室主任代永波，厅运输厅党组书记、厅长罗佳明，省委编办副主任钟建发共同揭牌。根据《中共四川省委编制委员会关于整合组建省交通运输综合行政执法总队的批复》，同意在省交通运输厅高速公路管理局基础上整合组建四川省交通运输综合行政执法总队，保留省交通运输厅高速公路管理局牌子。

23日 成都天府国际机场高速公路主线试跑成功，从成都市区出发，到三环路三圣乡白鹭湾上高速，抵达新机场仅需30分钟，2020年年底将正式通车。

25日 成都三绕蒲都段建成通车。

△ 广安市过境高速公路东环线及渝广高速支线前锋至小沔段高速公路联合通车活动在川渝交界处举行。该项目是重庆直辖以来、川渝首次联合通车的一条省际高速公路，标志着两地交通协同联动进入新阶段。

△ 国道549线桑然路重点控制性工程无名山隧道顺利贯通。作为四川省海拔最高隧道，无名山隧道全长4409米，出口海拔4396米，于2017年1月1日开工建设，于25日贯通，预计2021年5月底建成通车。

31日 成都至宜宾高速公路通车活动在成宜高速公路清风枢纽互通举行。

△ 四川省高速公路运营里程突破8000公里。2020年，全省高速公路项目累计建成通车10个、620公里。“十三五”期间，全省新开工高速公路4400公里，建成和在建总里程近1.2万公里，新增通车里程超过2100公里（2124公里），通车里程数比“十二五”期末增加35%，全省高速公路通车总里程达8140公里，迈上8000公里台阶，位居全国第三，比“十二五”提升2位。全省在建高速公路项目有国道8513线九寨沟（川甘界）至绵阳高速公路、国道4216线新市至金阳段高速公路、国道4216线金阳至宁南段高速公路、国道4216线宁南至攀枝花段高速公路、国道0615线久治（川青界）至马尔康段高速公路、国道7611线昭通至西昌段高速公路、国道4218线康定至新都桥高速公路康定过境试验段等36个项目、3520公里。“十四五”期间，全省交通运输系统将围绕加快建设交通强省，全力推动交通运输高质量发展，力争完成公路水运建设投资8000亿元以上，新开工高速公路2500公里，高速公路通车里程达到1.1万公里，基本建成安全、便捷、高效、绿色、经济的现代化综合交通运输体系，为全面建设社会主义现代化四川当好先行。

△ 由省交通运输厅办公室和交通宣传中心联合制作的H5《新纪录！四川高速公路突破8000公里》在新华网上推出，回顾1990年四川第一条高速——成渝高速开工建设，到2020年全省高速公路总里程突破8000公里的历程。

（本栏目撰稿人：徐荣耀）

交通基础设施建设

JIAOTONG JICHU SHESHI JIANSHE

2021

四川交通年鉴

综　述　2020年，全省公路水运交通建设完成投资1918亿元，连续10年超千亿元。其中，高速公路完成1044.5亿元，国省干线完成570.27亿元，农村公路完成196.95亿元，站点建设完成22.14亿元，水运建设完成52.66亿元，养护、智慧交通及其他专项工程完成126.75亿元。

高速公路建设　新建成汶川至马尔康剩余段（13公里）、德阳至简阳（40公里）、蒲江至都江堰（40公里）、成都至宜宾（156公里）、成资渝（110公里）、天府机场主线（70公里）、仁沐新孝姑至马边（76公里）、攀枝花至大理（38公里）、广安过境前锋互通至省界（45公里）、宜宾过境西段（32公里）等10个项目（路段），新增通车里程620公里，全省高速公路通车总里程达8140公里，通车总里程继续排名全国第三位，西部第二位。新开工镇巴至广安高速王坪至通江段、泸州至永川高速公路等10个项目597公里。新增沐川、马边2个贫困县通高速公路，新增3条出川高速大通道，出川高速通道达24条。

国省干线及农村公路建设　普通国省道新建改建里程2355.7公里，农村公路新建改建里程16798.3公里；普通国道PQI指数接近90，路况水平总体良好。

内河水运建设　新增高等级航道116公里，四级以上高等级航道达到1648公里。岷江犍为航电枢纽完成一期蓄水并网发电，龙溪口航电枢纽等项目加快建设，老木孔和渠江风洞子航电枢纽开工建设。

（本栏目供稿单位：厅建管处）

高速公路建设

GAOSU GONGLU JIANSHE

攀大高速公路通车　2020年12月6日，攀枝花至大理高速公路40公里建成通车。路线起于攀枝花市仁和区仁和镇，止于攀枝花市仁和区太平乡，包括主线和丽攀高速公路支线。路线全长约41公里，采用双向四车道高速公路标准建设，设计时速80公里，路基宽24.5米。全线设桥梁19座，隧道6座，桥隧比81%。项目总投资70.24亿元。

广安城市过境高速公路通车　2020年12月25日，广安城市过境高速公路前锋至川渝界45公里建成通车。路线起于广安市广安区悦来镇，与巴南广高速公路相交，沿前锋区、华蓥市，进入重庆市合川区，与渝广高速公路相接。路线全长79公里（其中四川段长度69公里），桥隧比约14%，采用双向四车道高速公路标准建设，设计时速80公里，路基宽24.5米。项目总投资66亿元。

蒲都高速公路通车　2020年12月31日，成都经济区环线高速公路蒲江至都江堰段剩余段40公里建成通车。路线起于蒲江县天华镇，接成都经济区环线高速公路简

蒲都高速公路　　交通宣传中心　供图

蒲段，经邛崃市、大邑县、崇州市，止于都江堰市玉堂镇，连接都汶高速公路和成都经济区环线高速公路德都段。路线全长101.4公里，采用双向六车道高速公路标准建设，设计时速120公里，路基宽33.5米。项目总投资168亿元。

资潼高速公路通车 2020年12月31日，资阳至潼南（川渝界）高速公路全线建成通车。路线起于简阳市江源镇，止于川渝界安岳县龙台镇，串起成渝、成遂渝、成安渝等其他3条成渝高速大通道，与多条高速公路相交。路线全长110公里，采用双向六车道高速公路标准建设，设计时速100公里，路基宽34米。项目总投资147.3亿元。

天府机场高速公路通车 2020年12月31日，成都天府机场高速公路北段70公里建成通车。路线起于成都市三环路，止于成都经济区环线高速公路，接资阳至潼南（川渝界）高速公路。路线全长89公里（南段19公里计划2021年建成通车），采用双向六车道高速公路标准建设，设计时速120公里，路基宽34.5米。项目总投资165.4亿元。

宜宾城市过境高速公路西段通车 2020年12月31日，宜宾城市过境高速西段建成通车。路线起于乐宜高速公路中峰寺互通，经翠屏区宗场镇、思坡镇、叙州区柏溪街道，利用现有的宜水高速公路柏溪至冠英段，接宜彝高速公路。路线全长32公里，采用双向四车道高速

成宜高速公路河口互通　　交通宣传中心　供图

公路标准建设，设计时速80公里，路基宽24.5米。项目总投资35亿元。

汶马高速公路通车 2020年12月31日，汶川至马尔康高速公路剩余段13公里建成通车。路线起于汶川县城以

汶马高速公路古尔沟西互通　　交通宣传中心　供图

南凤坪坝，接都汶高速公路，经理县至米亚罗，穿越鹧鸪山，沿梭磨河下行，止于马尔康卓克基。路线全长172公里，桥隧比86%，采用双向四车道高速公路标准建设，设计时速80公里，路基宽24.5米。项目总投资287亿元。

德简高速公路通车 2020年12月31日，成都经济区环线高速公路德阳至简阳段剩余段40公里建成通车。路线起于成绵高速公路，接成都经济区环线高速公路德都段，往南经中江、金堂到简阳，止于资潼高速公路，接

德简高速公路隆兴互通　　交通宣传中心　供图

成都经济区环线高速公路简蒲段。路线全长105.8公里，采用双向六车道高速公路标准建设，设计时速120公里，路基宽33.5米。项目总投资131.5亿元。

成宜高速公路通车 2020年12月31日，成都至宜宾高速公路全线建成通车。路线起于成都经济区环线高速公路，接成都天府国际机场高速公路南线，经简阳市、仁寿县、威远县、荣县、叙州区、翠屏区，止于乐宜高速公路中峰寺，接宜宾城市过境高速公路西段。路线全长156公里，采用双向六车道高速公路标准建设，设计时速

仁沐新高速公路井孝段　　交通宣传中心　供图

120公里，路基宽33.5米。项目总投资244.3亿元。

仁沐新高速公路通车　2020年12月31日，仁沐新高速公路沐川段及马边支线建成通车，通车里程76公里。项目主线起于仁寿满井镇，止于屏山新市镇，马边支线起于沐川新凡镇，止于马边县城北。路线全长200.5公里，桥隧比47%（其中主线全长156.6公里，桥隧比38.6%；马边支线全长43.8公里，桥隧比76.4%），采用双向四车道高速公路标准建设，设计时速80公里，路基宽25.5米。项目总投资244亿元。

（本栏目代稿单位：厅建管处）

国省干线重点公路建设

GUO SHENG GANXIAN ZHONGDIAN GONGLU JIANSHE

概　况　2020年，厅公路局抢抓成渝地区双城经济圈发展战略机遇，围绕交通强省决策部署，按照巩固、增强、提升、畅通“八字方针”，聚焦补短板、提品质、强管养、创示范、优服务、促发展“六个重点”，以“甘推”“凉推”“交通+旅游”、灾后重建等重点项目为抓手，持续推进品质工程、绿色公路建设，推动全省普通国省干线公路高质量发展。全省新建普通国省干线公路2355.7公里，为年度力争目标任务1700公里的139%；全年完成投资570.2亿元，为年度力争目标任务470亿元的121%。“十三五”规划主要目标全面完成，交通脱贫攻坚任务圆满收官。

（厅公路局）

公路建设管理　2020年，厅公路局扎实推进全省公路建设管理。①狠抓疫情防控推动复工复产。按照“两手抓，两不误”的要求，总结推广泸州白沙大桥“落实两个责任、强化四项措施”疫情防控经验，及时协调解决普通国省干线项目建设复工复产中遇到的困难问题，抓复工，抢开局，确保43个国省干线公路项目按计划开工建设。②高位推进重大项目配套工程建设。成立由厅主要领导任组长，分管领导任副组长，相关单位（部门）主要负责人为成员的重大项目公路建设保障工作领导小组，定人、定责、定时，高位推进重大项目配套工程建设。多次组织召开由雅安市、甘孜州和川藏铁路公司等相关部门参与的协调推进会，系统研究，统筹推进。③持续完善贫困地区公路网络。加快推进第四轮“甘推”、第三轮“凉推”和绵广山区公路建设。省道460线甘孜州乡城县城至然乌段、国道248线、国道350线道孚县八美过境段、国道247线胜利新桥至江油大康段整治工程及县道123线多个路段改建工程等项目相继建成通车。12月25日，国道549线甘孜州桑然路重点控制性工程无名山隧道贯通，标志着“十三五”期间市（州）政府所在地至县通二级（三州三级）及以上公路目标基本实现。④加快抢通保通及时开展灾后恢复重建。8月，全省多地出现强降雨天气，导致山洪、泥石流频发。国道247线九寨沟县双河镇团结新村至勿角镇卡子村段、国道247线平武县白马藏族乡至林家坝段受损严重，按照最快抢通保通工作要求，第一时间组织人员到现场蹲点督导，指导地方开展抢通保通工作，于8月底基本完成应急保通工程。及时开展受损道路恢复重建工作，至年底，“8·10”暴雨洪灾公路水路灾后修复整治工程正在加快推进。“6·24”茂县叠溪灾后恢复重建工程、国道213

2020年，川九路九寨隧道出口装配式挡墙 厅公路局 供图

线川汶路（含石大关隧道）、省道446线叠溪至松坪沟段等灾后恢复重建项目主体工程基本完工；白格堰塞湖、汶川特大泥石流、宜宾长宁地震等灾后恢复重建工程项目全部开工建设。⑤推进交旅融合打造示范工程。全面贯彻绿色发展理念，围绕“公路与自然和谐、交通与旅游融合”建设思路，提升国省干线公路发展品质。至年底，国道248/省道301线九黄机场至阿坝红原机场段、国道318线康定至雅江段等2个交旅融合发展示范项目完工；10个旅游公路试点项目中，国道248线、国道350线、国道317线东俄洛经炉霍至德格段和国道227线理塘至稻城亚丁段、国道547线宜宾段、国道244线广安至华蓥段等4个项目完工，其余6个项目加快推进。按照中共四川省委省政府“将川九路打造为‘新示范’工程和交通运输部高质量发展‘新标杆’工程”的要求，坚持“安全畅通、绿色生态、智慧协调、融合发展”的理念，通过召开工作推进会、现场督导检查等方式，着力推动项目建设。10月中旬，组织召开新川九路宣传推介会，进一步推广新川九路的建设理念。

（厅公路局）

公路质量和安全管理 2020年，厅公路局紧抓全省公路安全运营品质，制定行业安全生产管理标准，健全完善安全生产责任体系。①强化质量管理。落实分级监管体系，加强工程质量管控，强化质量通病治理；试点“智慧工地”建设，实时监测施工关键环节、检测指标等状况，推动项目施工由粗放型向精细化转变；推进桩基旋挖工艺、TBM掘进机等“四新”技术应用，在特长隧道和高风险隧道中推广安全施工先进装备技术，淘汰或限制使用35项落后工艺、设备、材料。②提升本质安全。按照《关于在普通国省干线公路工程可行性研究和勘察设计阶段进一步加强地质灾害防治工作的指导意见》，加强普通公路工可和勘察设计阶段地质灾害防治，科学确定防灾减灾技术指标；深入开展隧道提质升级、桥梁防护设施和长陡下坡路段隐患排查及评估整治等专项行动，实行“清单+责任”制管理；落实交通主管部门行业安全监管责任，建立安全生产明查暗访常态化工作机制，制定普通公路安全生产检查工作手册，建立安全风险隐患问题台账，完善结果运用制度和问题整改督办制度，确保普通公路安全监管全覆盖。③打造“平安工地”。把建设安全放在首位，不断强化安全意识，注重施工质量管控，督促市（州）各项目从严从紧落实安全生产管理各项制度，落实安全主体责任、监管责任，不定期开展明察暗访和安全专项检查，层层压实责任，切实绷紧安全之弦。全年全省国省干线公路建设项目未发生一起较大以上安全生产事故。

（厅公路局）

公路建设管理制度完善 2020年，厅公路局进一步完善全省公路建设管理制度。①强化项目监管。研发应用全省普通国省干线公路建设项目管理系统，强化工程项目建设过程监管，并针对省重点项目进度，建立“红黑榜”通报机制，确保在建项目顺利推进。②加强源头管控。贯彻落实《关于进一步加强普通国省干线公路工可和勘察设计工作的指导意见》《关于进一步做好普通国省道建设项目工程可行性研究报告和勘察设计审查审批工作的通知》，坚持生态优先科学确定路线方案，强化功能保障合理确定技术标准，加强方案比选严格控制工程造价，切实提高工可和勘察设计质量。③规范行政审批。深化“放管服”改革，优化审批平台审批事项，规范审批工作流程。规范技术咨询主体单位，明确审查要求，提高技术咨询工作质量。

（周光涛）

农村公路建设

NONGCUN GONGLU JIANSHE

概　况　2020年，四川省农村公路建设完成投资197亿元，新（改）建农村公路1.68万公里，全省农村公路总里程34.7万公里，规模居全国第一；农村公路等级以上比例达95.8%，“四好农村路”建设多点开花，助推交通脱贫攻坚质量和成效全面提升，取得全省以县为中心、乡镇为节点、建制村为网点的农村公路网络基本形成。农村公路管养体制改革继续落地落实，农村公路行业管理体系进一步健全。

（厅公路局）

交通脱贫攻坚　2020年，厅公路局配合制订交通脱贫攻坚挂牌督战工作方案和工作手册，开展督战工作专题培训。派出多名党员干部参与挂牌督战，逐项逐村核实“两通”成果，发现问题督促立行立改，实施“销号管理”，全力提升交通扶贫脱贫质量和成效。全省完成“畅返不畅”破损路面整治4765公里，排查发现问题全部整改完成，高质量通过全国、全省脱贫攻坚普查验收。其具体做法是：①强化组织领导。成立普通公路重点工作推进协调服务工作组，完善“领导带队、部门配合、分片开展”工作机制，明确责任分工和重点任务，强化督导服务组织保障。制订《2020年交通扶贫领域腐败和作风问题治理专项工作方案》《2020年定点扶贫和协助帮扶贫困县工作方案》等，压实工作责任，推进各项扶贫任务。召开普通公路脱贫攻坚领导小组会议，分析研判形势、研究解决问题、部署重点工作。组织召开甘孜、凉山等扶贫任务较重地区专题视频会，逐项研究解决问题，补齐扶贫工作短板。②精确锁定任务。按照部、省共建协议将年度普通公路扶贫目标细化分解至各县（市、区），利用卫星遥感对全省所有通乡通村公路进行全覆盖核查，组织市（州）公路局现场核实和省级复核，锁定“畅返不畅”目标任务，并督促按期完成整治任务。③明确工作标准。与省扶贫开发局、省铁路机场办等单位工作对接，联合印发《关于进一步明确交通脱贫攻坚“两通”工作标准的通知》，明确重点项目建设、地质灾害损坏、生态环境保护等影响通乡通村硬化路实施标准，统一“两通”工作思路和实施方式。④实施精细管理。以项目为单位建立清单，形成扶贫工作台账，明确项目各建设阶段责任单位及责任人，落实专人跟踪指导，实行“每月一专报、季度一通报”，实行扶贫项目全过程管理，保障所有扶贫项目有序推进。

（厅公路局）

2020年，凉山州布拖县阿布洛哈村通村公路　　厅公路局　供图

“四好农村路”建设　2020年，厅公路局率先启动“四好农村路”示范市创建，并成功创建1个省级示范

市、25个省级示范县，省级示范县累计总数达70个。在邻水县召开“四好农村路”高质量发展体系现场会、举办“行在乡村，游在路上”脱贫攻坚自驾主题活动，展现四川农村公路发展成就。美丽农村路评选再创佳绩，平昌县板青路获评全国“十大最美农村路”，邛崃市平临夹路入围“最具人气的路”。

建设“四好农村路”和示范县、示范市创建的主要做法是：①完善评定实施细则。在总结前三批次示范县创建经验的基础上，突出工作成效导向，加大实地考评权重分值，优化内、外业考评方式，保障考评结果公平公正，完善形成示范县和示范市评定实施细则并联合省财政厅、省农业农村厅和省扶贫开发局共同印发。②公开公正严把评定标准。坚持“优中选优、宁缺毋滥、公开公正”原则，严格考评程序，严把评定标准，扎实开展第四批省级示范县创建考评工作。③精心筹备现场会确保示范效果。结合中央深化农村公路管理养护体制改革要求，以农村公路管养体制改革为主题，遴选确定邻水县为“四好农村路”现场会承办地。组建筹备工作专班，制订筹备工作分工方案，认真进行现场踏勘，精心选择参观路线，确定参观点位主题和内容，细化点位提升方案，确保现场会议示范效果，2020年12月“四好农村路”高质量发展体系现场会在邻水县成功召开。④探索建设成渝地区双城经济圈“四好农村路”示范区。贯彻落实成渝双城经济圈战略部署，推动成渝双城经济圈“四好农村路”高质量发展，与重庆市公路事务中心进行深入对接，形成成渝双城经济圈“四好农村路”示范区建设工作方案，并就示范区共建范围、共建目标、共建任务达成共识，在重庆市签订共建协议，推动各项工作落地落实。

（厅公路局）

农村公路管养体制改革 2020年，厅公路局继续推进农村公路管养体制改革：①制订改革实施方案。全面落实国务院和交通运输部、财政部深化农村公路管养体制改革要求，2020年11月，省政府办公厅印发《四川省深化农村公路管理养护体制改革实施方案》，以完善农村公路管理养护体制、强化农村公路管理养护资金保障、建立农村公路管理养护长效机制等提出明确要求。②积极推进改革试点。组织开展改革试点推荐工作，综合评估分析申报单位工作基础、改革思路、政策保障、具体举措等要素，向交通运输部推荐工作基础较好、典型示范带动性强、特色亮点突出、推广价值高的改革试点区。交通部、财政部联合发文确定四川省和成都市及蒲江县、乐山市市中区、江安县、宣汉县、邻水县7个单位为省、市、县级深化农村公路管养体制改革试点区，四川为全国试点区最多的省份。③强力推进实施路长制。将推进农村公路路长制作为深化农村公路管养体制改革重点工作之一，推动将路长制纳入2020年省政府对各市（州）政府目标绩效考核，加强关于推进农村公路路长制的指导意见贯彻落实，切实强化农村公路管理政府主导作用。至2020年底，全省有14个市（州）、62个县（市、区）建立农村公路路长组织体系，路长制工作取得阶段性成效。④建立管理养护考核机制。按照每个县100公里的频率，委托第三方机构开展农村公路路面技术状况现场抽检，切实检验农村公路管养成效。研究起草四川省农村公路管理养护绩效考核办法，将路况评定、资金使用、应急保障、管养能力建设等纳入考核指标体系，建立省、市、县、乡、村五级绩效考核机制，将考核结果与交通投资计划、管养经费、评先评优等挂钩，全力推动改革各项任务落地落实。

（厅公路局）

农村公路行业管理体系健全 2020年，厅公路局推进农村公路行业管理体系进一步健全：①细化重点专项工程管理。印发推进涉藏地区通寺庙硬化路建设的通知，明确建设任务、示范试点、技术标准、资金筹集等要求，组建督导协调工作组和现场计划帮扶组，多次赴甘孜、凉山等地进行现场考察，全力推进项目建设。加强与甘孜、雅安等交通主管部门及中铁二院等参建单位对接协商，明确川藏铁路配套农村公路设计原则和审查方式，组织专班赴天全、泸定、雅江、巴塘等地现场踏勘，逐个项目确定技术方案。②加强信息技术运用。总结推广蒲江县农村公路信息化管理工作经验，将蓬溪县、西充县、邻水县、华蓥市和乐山市市中区纳入全省普通公路综合管理与决策支持平台建设试点地区，指导开发各具特色的农村公路信息化应用模式。③挖掘传统管理手段潜能。坚持“点”“面”结合，持续用好农村公路建设项目管理平台，从“面”上掌握建设计划项目执行情况，坚持一季度一通报，整体推动项目实施；充分借力交通扶贫挂牌督办、日常督导调研、信访投诉处理等方式，从“点”上摸清情况、准确发力，推动“面”上项目实施。

（张礼虹）

汽车站场建设

QICHE ZHANCHANG JIANSHE

概 况 2020年作为“十三五”收官之年，全省道路运输完成投资额192.9亿元，建设综合客运枢纽47个（其中建成37个，在建10个），建设乡镇客运站697个，完成目标任务。截至2020年底，全省累计建设综合客运枢纽54个（含在建10个）。除资阳外，所有开通高铁（含客运专线）的市级铁路客运站均有配套的客运枢纽站；累计建设货运枢纽21个（含在建6个），在所有国际级和国家级枢纽城市、五大经济片区均有货运枢纽；累计建设县级客运站226个，乡镇客运站697个，村级招呼站（牌）24026个，实现扶贫地区通客车建制村客运站全覆盖（含招呼牌）。

甘孜州得荣县客运站 甘孜州得荣县客运站于2018年5月20日开工，2020年5月29日完工。该项目工程按《四川省汽车客运站建设标准（试行）》要求设计为三级客运站，项目投资890万元，总占地面积1678.87平方米，总建筑面积2074.58平方米，停车场面积740平方米（含地下室停车场）。设计班线5条，设计日发班车10班次。主要设施设备：候车厅、售票厅、行包托运提取处、公共卫生间、站务用房、旅客服务设施、公共信息标志系统、信息化管理系统等。得荣客运站采用现代与藏式相结合的建筑风格，总体上采用藏式风格，同时结合现代手法，整体效果明快大方，外观形象也呼应平面布局“简洁、明快、大方”的设计原则，与周边建筑协调统一。

甘孜州德格县客运站 甘孜州德格县客运站位于德格县更庆镇老十二道班（普果同），2018年6月开工，2019年12月主体竣工，2020年1月全部完工。汽车站用地4800平方米，建筑面积3100平方米，项目总投资1293余万元(其中省级补助600万元，企业自筹693万元）。综合楼为钢筋混凝土框剪结构，站级为三级；日均发送旅客量500人次。主要设施设备：候车厅、售票厅、行包托运提取处、公共卫生间、站务用房、旅客服务设施、公共信息标志系统、信息化管理系统等。德格县客运站外观风貌按照德格县整体规划色调，风貌设计时尚大气，站房内部装修简单、美观、大方。作为“康巴文化中心”核心区位，凸显藏文化元素与建筑设施和外观风貌的有机统一，做到地域特色文化和时代风貌相结合。

2020年1月完工的德格县客运站外景 厅运管局 供图

夹江县城市综合枢纽站 夹江县城市综合枢纽站于2017年7月开工，2020年7月竣工。该项目工程按交通枢纽+城市地标的要求设计，项目投资8044.76万元。总用地面积16906.73平方米，建筑面积4183.57平方米，建筑密度12.73%，容积率0.246，绿地率11.97%，机动车位75个。站房建筑为二层，建筑主体高11.3米。结构采用钢筋混凝土框架结构体系。设计班线11条，设计日发班车360班次，日均发送旅客量5000人次。主要设施设备：候车大厅、售票厅、服务中心、公共卫生间、检车棚、洗车台、维修工间、停车场、站前广场及绿化。夹江县城市综合枢纽站在设计上充分融入夹江元素（两山夹一江），注重设计的整体性，总体上简洁明快，局部设计在遵循整体风格统一基础上求变化。在选址上结合现有交通路线，合理选择地理位置，为乘客出行、换乘提供高效、便捷的条件基础，同时对交通运输起到一定的整合作用，缓解市内交通压力。

犍为寿保汽车客运站 犍为寿保汽车客运站于2019年6月开工，2020年12月完工。该项目工程按交通枢纽要求设计，项目投资8000万元。该站按照一级客运站标准建设，占地面积40000平方米。主体部分站房建筑为三层，建筑面积7694.25平方米，建筑主体高15米；设计班线27条，设计日发班车1500班次、日均发送旅客量8000人次。主要设施设备：候车大厅、售票厅、行包托运处、公共卫生间、检车棚、洗车台、维修工间、停车场、站前广场及绿化。车站主体设计“以人为本”，主题以犍为古郡作为造型主题。综合考虑功能性、前瞻性、文化性和经济性，将现代交通建筑与古郡文化特色邮寄结合。为犍为县人民群众出行提供更加舒适便捷的条件，对提高成贵高铁运输能力将起到积极的促进作用。

攀枝花南站综合客运枢纽 攀枝花南站综合客运枢纽于2017年12月开工，2020年1月完工。该项目与成昆铁路扩能改造（复线）工程攀枝花南站相衔接，形成集铁路、公路、城市公交、社会车辆等一体的公铁衔接型综合客运枢纽。项目与铁路站采用立体布局形式，利用换乘大厅、电梯等实现立体便捷换乘。项目投资6.26亿元，占地面积4.37万平方米（其中：一级客运站占地1.89万平方米），总建筑面积2.62万平方米（其中：一级客运站建筑面积0.5万平方米）。设计班线55线/条，设计日发班车200班次、日均发送旅客量1600人次。车站秉承“高起点、便换乘、畅交通、显特色、重生态”的设计理念，借鉴新城市主义思想，抓住攀枝花仁和区发展，成为攀枝花南部门户。通过攀枝花南站及枢纽站建设，带动攀枝花南部的发展。提升城市活力，强化办公、商业、商务、居住、休闲、会展等功能，打造新攀南。设计体现“以人为本”理念，综合设计、资源共享，处理好各种交通方式的换乘关系，实现内部“零距离换乘”“人车分流”的综合客运枢纽，满足城市发展要求，促进城乡交通一体化系统的建设。

开江客运总站 开江客运总站位于开江县普安镇迎宾大道22号，临国道542线和国道5012线恩广高速公路开江交汇处，与开江县公交车首末站相邻，于2017年12月开工，2020年12月完工。该站按交通枢纽+城市地标的要求及交通运输部《汽车客运站级别划分和建设要求》和四川省《汽车客运站建设规程》中一级汽车客运站建设标准规划、设计和建设。项目总投资6000万元，占地面积34746.7平方米。主体部分站房建筑为三层，建筑面积4150.90平方米，建筑主体高17.40米；附属配套设施：检车棚、洗车台、出站验查室、配电房、停车场、站前广场及绿化。设计发车位16个，售票窗口5个，日发班次300余班次，日均发送旅客量5000余人次。主要设施设备：场地设施（站前广场、停车场、发车位）、建筑设施（站务用候车厅、售票厅、服务台、总控制室、行包寄存快运、广播、盥洗、厕所等和办公用房及车辆安全例检、清洗、配电等辅助用房）、基本设备（微机售票、自助售票、候车休息、行包安检、安全消防、保洁卫生、广播通讯、宣告告示等）、智能系统设备。开江客运总站采用现代生态化相结合的建筑风格，总体上采用现代简约建筑风格，同时结合现代手法，整体效果明快大方，外观形象

2020年，攀枝花南站综合客运枢纽外景厅 厅运管局 供图

也呼应平面布局“简洁、明快、大方”的设计原则，与周边建筑协调统一。

宜宾县客运中心站 宜宾县客运中心站于2018年10月开工，2020年12月完工。该项目工程按《四川省汽车客运站建设标准（试行）》二级客运站建设标准建设；设计能力为可供139辆客运车辆停放；功能定位主要满足区内城乡客运班线并辐射邻近区（县）乡镇以及少量超长班线运输需求，与城市公交综合站毗邻，实现与城市公交零距离换乘。建设规模：占地面积2万平方米，包括主站房、车辆维修及车辆清洗间、安检地沟室及设备用房、道路与铺装工程、园林绿化工程、安装工程等。设计班线100条，设计日发班车200班次、日均发送旅客量3000人次。主要设施设备：候车厅、售票厅、行包托运提取处、公共卫生间、站务用房、旅客服务设施、公共信息标志系统、信息化管理系统等。宜宾县客运中心站设计绿色生态+结构与形式相统一，建筑主体结构设计与方案设计主题完美结合，建设生态公园式停车场。

（本栏目撰稿人：张晓川）

公路养护

GONGLU YANGHU

概　况 2020年，全省普通国省干线公路养护工程完成1824公里，建成养护中心（站）85个、服务设施37个、公路公共厕所62个，均超额完成年度目标任务。高质量完成迎部评工作，全省公路治理能力、公路系统服务品质持续提升，公路抢通保通工作科学有序开展。

（厅公路局）

迎部评工作 2020年，厅公路局按照厅党组“保位争进”迎评目标，强化迎评分析研判，以“路况PQI值不低于90、治理能力尽量不失分”为原则，以“升路况、抓规范、强整改”三项行动为主要抓手，压紧压实迎评责任，狠抓迎评短板和薄弱点位，夯实夯牢工作基础，精细组织，展示四川普通国省道养护管理工作成效，高质量完成迎评工作，得到部评价组的高度评价。

（厅公路局）

公路治理能力提升 2020年，厅公路局以部迎评为契机，强弱项、补短板，推动养护管理水平不断提升。①桥隧养护管理进一步增强。完成部年度路网重点桥隧监测的配合和省级年度桥隧抽检巡查工作。推进隧道提质升级等7个专项行动，整治危病桥29座，桥隧安全通行能力持续提升。加快推进桥隧健康监测体系建设，印发《进一步加快桥梁健康监测系统建设指导意见》，并召开专题座谈会，指导全省各地加快推进桥梁健康监测系统建设。②信息化普及程度进一步提升。实现日常养护巡查“线上”报送、公路灾毁“线上”审核，2020年采集日常养护巡查信息2.8万条，向厅报送公路灾毁报告4次，为厅科学合理分配公路抢通保通资金提供决策依据。③防灾减灾工作更加规范。印发《四川省普通国省干线公路灾害排查及管控治理工作指南》，统一风险判定标准和分级管控等级，规范灾害排查与治理。开展自然灾害综合风险普通公路承灾体普查试点工作，指导金堂等三个试点县（市）完成灾害现场排查和数据采集工作。提升路网本质安全，牵头编制普通国道公路防灾减灾能力提升工程专项方案，为下一步开展普通国道抗灾能力提升工作奠定基础。④行政审批效率不断提升。出台“整合项目打捆实施、设计与咨询同步开展”等7项措施，指导各地前期工作“提速”，并在2020年6月底前完成全年大中修项目批复总量的95%，为后续项目加快实施创造条件。⑤科学决策能力不断增强。做好养护工程项目储备，超前谋划，推动项目提前启动。2020年6月，将养护工程项目库内3100公里具备实施养护工程条件的路段及时反馈并指导各地提前改善路况（部路况抽检路段均在其中），为路况评价取得良好成绩奠定基础。

（厅公路局）

公路服务品质提升 2020年，厅公路局坚持“以人为本”，对标公众出行新趋势、新要求，扎实抓好服务能力建设，实现服务提质。①完善公路设施网络布局。至2020年底，建成服务设施227个、养护设施403个，普

2020年，安全畅通的雪后川（主寺）九（寨沟）公路　　厅公路局　供图

通国省道服务和管养设施网络基本建成，初步实现养护生产和公路服务资源有效配置与衔接。②规范服务设施营运管理。印发普通国省干线公路服务设施建设管理运营服务标准，提出完善提升普通国省道服务设施五项工作措施，指导各地服务设施建设提速、服务提质，实现为社会公众服务的“引流”效应和服务设施创收盈利的“截流”效果。③助力交通脱贫攻坚。至2020年底，累计完成贫困地区公路服务设施建设17个，同步开展国道544线川主寺水晶服务区和国道318线康定服务区2个“示范服务区”建设前期工作，并在具备条件的普通公路服务区增设扶贫销售专柜，为当地贫困人员提供创收渠道，发挥公路服务带动作用。④推进交通旅游深度融合。开展普通公路路域环境整治专项行动，并根据公众出行需求和热门自驾游路线，在国道318线康定段、国道248线红原段等路段开展绿化美化品质提升工程，打造旅游“网红路”，实现路景完美融合。

（厅公路局）

抢通保通科学推进　2020年，厅公路局切实落实公路抢通保通职责，增添有效措施，全力保障普通国省干线公路安全畅通。①强化安排部署。提前布置，主动应对，汛期先后下发8份文件，指导各地落实责任，突出重点区域，抓好汛期保通保畅各项工作。同时，结合低温雨雪冰冻灾害防范要求，指导各地提前做好国道318线折多山段、国道108线泥巴山段等十条易堵冰雪隐患路段和23条278处约1800公里的雨雪冰冻灾害风险路段应急应对。②强化跟踪督办。重点对阿坝、凉山、甘孜、绵阳、雅安等灾害易发频发的5个市（州）共897处安全隐患，下发督办通知，实行跟踪督办。③加强技术指导。建立抢通保通专项技术帮扶机制，组织联合技术帮扶工作组，对阿坝州等自然灾害易发、频发，技术力量较为薄弱的地区开展抢通保通技术帮扶工作。高效应对绵阳平武特大暴雨、“6·17”丹巴泥石流、国道317线理县古尔沟山体滑坡、国道108线石棉山体高位崩塌等灾害，有力保障普通国省干线公路安全畅通。

（王海涛）

航道建设

HANGDAO JIANSHE

概　况　2020年，全省有通航河流176条，通航水库湖泊147个，通航里程10540公里；七级以上等级航道4220公里，占40%；四级以上高等级航道1532公里，占13%；已建通航建筑物95座，在建通航建筑物8座，形成以长江为干流，以岷江、嘉陵江、金沙江、渠江为主要骨干，以沱江、涪江为重要补充的航道体系。全省主要实施岷江犍为、龙溪口、虎渡溪、汤坝、尖子山等5个航电枢纽项目建设。

（厅航务局）

重点航道养护　2020年，全省航道养护机构认真履职尽责，严格贯彻落实《中华人民共和国航道法》《航道管理条例》《四川省航道条例》等法律法规和《航道养护管理规定》等行业规章，依法依规开展例行养护、专项养护，通航建筑物管理和航道通航条件影响评价等工作，航道养护质量达标，计划执行效果基本满足要求。

（厅航务局）

航道例行养护　2020年，岷江、嘉陵江等重要航道的航道养护管理机构，制订年度养护计划并开展航道养护，定期对辖区内航道进行巡查，对浅滩河段采取航道疏浚，开展航标、整治建筑物检查和问题整改。航道维护与观测、航标维护、整治建筑物维护、船闸维护、船艇维护等工作方面开展效果较好，保障省内高等级航道正常畅通运行。其他航道开展航道巡查、航标设置及维护等基本养护工作，基本保证航道正常运行。

（厅航务局）

航道专项养护　自2016年起，全省每年投入2400万元结合地方配套资金用于岷江、嘉陵江、渠江、金沙江等重要航道的设施监测、修复、疏浚、清障等专项养护。截至2020年底，实施专项养护计划总数55个，累计完成总投资1.07亿元。其中，2020年完成专项养护项目15个，完成投资2112万元。

（厅航务局）

通航建筑物管理　2020年，厅航务局主动对接重庆市交通局，在广泛征求南充、广元、广安三市交通运输局、梯级通航建筑物运行管理单位和航运企业意见后，四川交通运输厅和重庆市交通运输厅联合印发《关于实行嘉陵江通航建筑物联合调度的通知》，明确将采取成立联合调度运行管理单位的方式，将船闸所有权和运营调度权分离，由联合调度运行管理单位对嘉陵江16个梯级进行统一调度管理，为实现嘉陵江航道由“通”到“畅”，充分发挥航道的作用打下基础。

（厅航务局）

航道通航条件影响评价　2020年，厅航务局严格在投资项目审批平台依法对航道通航条件影响评价审核依据、条件、程序、内容等予以公示，实现航道通航条件影响评价审核服务全网络平台办理，按照“只跑一次”要求提高办事效率，为办事单位和个人提供更优质服务。依法组织开展航道通航条件影响评价工作，全年办理航道通航条件影响评价审核34件，同时组织开展航评审核意见执行情况监督检查，督促整改相关问题，有效规范涉航工程建设。

（厅航务局）

岷江犍为航电枢纽　2020年，岷江犍为航电枢纽项目建设三级级船闸一座，船闸尺度为220×34×4.5米，渠化Ⅲ级航道20.2公里，建设标准为2.4×60×500米，电站装机容量50万千瓦，概算总投资104亿元。全年完成投资

2020年，犍为航电枢纽主体工程基本完工 厅航务局 供图

9.69亿元，为年计划的121%，基本完成大坝、厂房、船闸和库区防护工程等主体工程，船闸临时通航，完成一期蓄水至330米高程并实现1号至9号机组并网发电，开展主体剩余部分及相关建设收尾工作。

（厅航务局）

岷江龙溪口航电枢纽 2020年，岷江龙溪口航电枢纽工程项目建设三级船闸一座，船闸尺度为220×34×4.5米，渠化三级航道31.8公里，建设标准为2.4×60×500米，电站装机容量48万千瓦，概算总投资155.29亿元。全年完成投资12.6亿元，为年计划105%，完成混凝土导墙基础开挖、马边河机场坝1.85千米共建段防护堤建设，实施泄洪闸基础、临时航道、库区防护工程建设以及左岸进场公路建设。

（厅航务局）

岷江汤坝航电枢纽 2020年，岷江汤坝航电枢纽工程项目建设四级船闸一座，渠化四级航道13.8公里，装机容量6.9万千瓦，概算投资23.05亿元。全年完成投资5.45亿元，占计划130%，进入枢纽主体大坝、厂房、船闸及防洪堤等附属设施建设。

（厅航务局）

岷江尖子山航电枢纽 2020年，岷江尖子山航电枢纽工程项目建设四级船闸一座，渠化四航道7.21公里（岷江干流）、渠化南河六级航道7.69公里、渠化府河六级航道4.89公里，装机容量6.9万千瓦，概算投资17.04亿元。全年完成投资3.6亿元，为计划103%，完成冲沙闸水下部分、船闸上引航道基础部分施工，进入厂房和船闸混凝土施工，以及左岸5.3公里防洪堤施工。

（厅航务局）

岷江虎渡溪航电枢纽 2020年，岷江虎渡溪航电枢纽工程项目建设四级船闸一座，渠化四级航道11公里，装机容量6.3万千瓦，概算投资14.25亿元。全年完成投资4.18亿元，为年计划209%，完成右岸堤防工程建设，进入一枯围堰主体工程施工和瓮家坝、青竹街道征地移民搬迁安置。

（厅航务局）

岷江犍为航电枢纽工程首台机组正式并网发电 2020年5月29日，岷江犍为航电枢纽工程首台机组正式并网发电，完成“通航、蓄水、发电”三大目标任务，岷江港航电综合开发进入新阶段。岷江犍为航电枢纽工程是岷江（乐山至宜宾）162公里河段航电梯级规划的第3级，是以航运为主、结合发电，兼顾供水、灌溉的水资源综合利用工程，于2015年底率先开工建设。犍为航电枢纽渠化三级航道20.2公里，建设三级船闸和装机容量500兆瓦电站各一座，安装9台灯泡贯流式机组，是国内最大、世界第二的灯泡贯流式电站，机组单机容量55.6兆

2020年5月29日，岷江犍为航电枢纽工程首台机组并网发电 省港投集团 供图

瓦，为中国同类型机组第三位。

（厅航务局）

主流媒体报道岷江犍为航电枢纽率先复工 岷江犍为航电枢纽作为长江经济带综合立体交通走廊规划项目和四川省重点水运工程项目，项目公司自2020年1月27日起，围绕项目复工加紧制定疫情防控管理手册、储备防疫物资、汇报协调复工验收备案等。2月4日，经犍为县应对疫情应急指挥部备案同意，犍为航电枢纽项目率先复工。2月18日下午，由中央电视台四川记者站、人民日报社四川分社、人民日报社人民数字、人民网四川频道、四川日报社、四川电视台等多家中央、省级主流媒体记者团，到现场采访报道项目疫情防控和复工建设情况。

2020年2月18日，中央、省级主流媒体报道岷江犍为航电枢纽率先复工 省港投集团 供图

（丁 文）

王雁飞调研岷江港航电综合开发项目 2020年4月2日，中共四川省委常委、纪委书记、监委主任王雁飞调研岷江港航电综合开发项目。王雁飞实地踏勘岷江犍为航电枢纽，详细了解工程建设进度、征地移民以及项目推进过程中存在的困难问题等方面的情况。他要求：一要严格按照省委省政府安排部署，统筹规划、合理安排，切实推动各个项目有序发展；二要积极发挥国有企业的示范引领作用，持续做好疫情防控工作，全力保障一线职工生命健康安全；三要深入推进安全风险防控和隐患排查治理，提前做好防护度汛准备工作，针对隐患易发领域、易发时段，提前部署、细化排查，确保安全事故“零发生”。

（丁 文）

杨洪波调研岷江港航电综合开发项目复工复产情况 2020年3月18日，省政府副省长杨洪波到犍为调研岷江港航电综合开发项目复工复产情况。杨洪波先后实地查看犍为、龙溪口航电枢纽，听取工程建设进度、征地移民情况等方面的汇报，询问了解疫情防控措施落实、防护物资储备、工人到岗等情况。他提出，在疫情防控关键时期，省港投集团、岷江公司要深入学习贯彻习近平总书记重要指示精神和党中央重大决策，严格按照中共四川省委、省政府部署要求，充分发挥国有企业担当引领作用，聚焦主业、强化防控，全力推进岷江港航电综合开发项目安全有序建设，为积极构建长江经济带综合立体交通走廊作出贡献。

（丁 文）

岷江犍为航电枢纽主体工程水下部分完工 2020年4月13日，岷江犍为航电枢纽工程左岸10孔泄水闸闸墩全部浇筑完成，开始坝顶首片T梁架设，转入上部结构施工。至此，枢纽主体工程水下部分全面完工，为枢纽汛期安全度汛提供可靠保障。自2月4日枢纽复工以来，为全力追赶工程建设进度，岷江港航电公司通过实施三期工程进度节点目标考核，督促参建各单位加大人力及设备投入；多方协调对接交通运输管理及供货方，解决封城封路难题，确保材料设备按时供应；现场视频连线、远程办公开展工程管理，加快推进项目建设，在岷江港航电公司及参建各方的共同努力下，犍为航电枢纽工程按照施工计划紧张有序推进，努力实现5月三期围堰拆除和主体工程挡水发电。

（丁 文）

岷江犍为航电枢纽工程通过一期蓄水验收 2020年4月22日，岷江犍为航电枢纽工程一期蓄水验收工作会在成都召开。会议审议通过岷江犍为航电枢纽工程一期蓄水鉴定书，认为枢纽工程具备一期下闸蓄水条件，同

2020年4月22日，岷江犍为航电枢纽工程通过一期蓄水验收　　省港投集团　供图

意通过一期蓄水验收。此次验收工作通过，标志着岷江犍为航电枢纽挡泄水设施及库区防护工程建成并可投入使用，为枢纽工程正式蓄水和首台机组发电奠定坚实的基础，同时为后续航电枢纽工程的有关验收工作提供样本和经验。

（丁　文）

岷江犍为航电枢纽工程实现一期下闸蓄水　2020年5月15日，岷江犍为航电枢纽工程开始一期下闸蓄水，是继通航后实现又一重大节点目标，一期蓄水目标的实现，为月底首台机组正式发电投产创造条件。为保障蓄水工作顺利开展，岷江公司多次组织参建各方召开蓄水工作会议，对蓄水工作进行专门部署安排。公司协调地方政府发布蓄水公告，对接航务海事部门发布航道通告，库区巡查组、应急救援组、水工建筑物安全检查组等蓄水期间随时待命，以保障蓄水安全。2019年7月—2020年4月底，岷江犍为航电枢纽工程相继完成一期蓄水大坝安全鉴定、一期蓄水阶段移民安置验收和工程一期蓄水验收，具备一期下闸蓄水的条件。

（丁　文）

岷江老木孔航电枢纽工程规划环评　2020年7月16日，生态环境部会同水利部主持召开《岷江流域综合规划环境影响报告书》审查视频会议，会议同意通过《岷江流域综合规划环境影响报告书》，对老木孔航电枢纽提出肯定性意见，老木孔航电枢纽规划环评工作取得重大突破，岷江港航电综合开发迈出关键一步。

岷江流域综合规划涉及乐山大佛世界遗产及风景名胜区、青衣江湿地等，环境影响因素复杂、敏感，规划环评工作长期制约老木孔项目前期工作推进进程。为破解规划环评难题，港投集团、岷江公司高度重视，集中力量配合乐山市开展规划环评攻坚解套工作。岷江公司多次会同《岷江流域综合规划环境影响报告书》编制单位等召开规划环评推进会和专题协调会，研究部署规划环评解套工作；前期工作组安排专人全力配合开展《岷江流域综合规划环境影响报告书》的资料收集、完善等工作，确保《岷江流域综合规划环境影响报告书》顺利通过审查。

（丁　文）

岷江犍为航电枢纽工程4号5号发电机组消防工程通过验收　2020年8月12日，岷江犍为航电枢纽工程4号5号发电机组消防工程通过犍为县住房和城乡建设局组织的验收。住建局相关领导和消防专家对4号5号发电机组消防设施进行现场抽样检查、功能测试，结合现场检查情况，经研究讨论原则同意两台机组消防工程投入试运行。此前4号、5号机组消防设施已经过岷江公司及各相关责任主体消防验收，认为符合机组整套启动调试条件。岷江公司将尽快协调取得犍为县住建局关于机组消防工程试运行的同意函，为机组顺利投产发电做好准备。

（丁　文）

水政监察总队检查组到岷江犍为航电枢纽工程开展取水许可检查　2020年8月21日，水利部长江水利委员会水政监察总队检查组到岷江犍为航电枢纽工程开展取水许可（双随机）现场检查。检查组一行现场查看枢纽船闸、施工生产用水取水点等，就项目建设过程中落实长江委取水许可批准文件的相关资料进行核查，并对水环境治理、水资源保护相关政策进行宣传贯彻。督查组认为岷江公司较好地贯彻落实取水许可证批复相关工作要求，取用水行为规范，资料齐备完整，后续要进一步加强计划用水、高效合理利用水资源，同时做好水资源保护工作。

（丁　文）

岷江犍为航电枢纽工程第二批机组启动验收会　2020年8月27日，按照交通运输部《航道建设管理规定》要求，岷江公司在成都组织召开岷江犍为航电枢纽工程第二批（4号、5号）机组启动验收会议。会上，参建单位汇报工程建设情况，犍为县住建局、省地方电力工程质量监督分站、各专业组等汇报工程检查意见，国网四川省电力公司汇报启动投产方案，验收委员会一致认为犍为航电枢纽工程具备第二批（4号、5号）机组启动试运行条件，并形成《岷江犍为航电枢纽工程第二批（4号、5号）机组启动验收会议纪要》。

岷江犍为航电枢纽工程9台机组通过启动验收3台，其中3号机组于2020年5月并网发电，本批机组启动验收进行，为实现项目机组全面安装完成投产发电更向前迈进一步。

（丁 文）

岷江老木孔航电枢纽工程初步设计通过审查 2020年8月28—29日，省交通运输厅在成都组织召开岷江老木孔航电枢纽工程初步设计审查会。与会领导和特邀专家听取报告编制单位中电建成勘院和省交通设计院对初步设计方案的介绍，来自工程、环保、移民、概算等领域专家分5个小组对各专业内容进行充分审查，并从优化设计、降低工程造价等角度，对设计中存在问题进行充分讨论并提出建设性意见。经集体研究讨论，会议认为初步设计方案合理可行，满足现阶段编制规范要求，原则予以通过。

（丁 文）

2020年8月28日，岷江老木孔航电枢纽工程初步设计通过审查　　省港投集团　供图

岷江犍为航电枢纽第二批机组并网发电 岷江犍为航电枢纽第二批机组（4号、5号）分别于2020年9月1日21时6分和8月30日0时15分并网成功，并于9月3日完成甩负荷等相关试验，实现发电任务，这是枢纽继完成“蓄水、通航、发电”三大目标后又一重大进展。机组投运过程中枢纽遭遇每秒20900立方米的洪灾险情，面对严峻的防汛形势投运流程一度被迫中断，岷江公司立即组织生产运行人员全力投入防洪抢险工作，并积极与省电网公司协调沟通争取其全力支持，在洪水消退后的第一时间完成机组投运的相关试验流程，成功并网发电。

（丁 文）

岷江犍为航电枢纽第三批机组并网发电 2020年10月29日11时32分和10月30日19时21分，犍为航电枢纽第三批机组（7F、6F）成功并网发电，实现5台机组并网发电。犍为分公司陆续完成两台机组新设备投运操作的相关检测，并进行机组甩负荷、一次调频、励磁参数实测及建模等相关试验，转入72小时试运行。

（丁 文）

岷江犍为航电枢纽完成7台机组并网发电 2020年12月30日7时36分至19时59分，犍为航电枢纽9号和1号机组相继实现首次并网发电。自5月底首台机组并网发电以来，枢纽完成7台机组并网发电目标。面对新冠疫情及特大洪涝灾害等多重困难和挑战，岷江公司及犍为分公司细化目标、增添措施、做实支撑，及时摸清项目建设中存在的困难和问题，采取针对性措施扫除障碍，确保各项工作目标如期达成。特别是在枢纽机电设备和金属结构安装过程中，公司千方百计加大设备人员投入，积极抢工，创造一年完成7台大型贯流式机组相继投运的国内新纪录。

（丁 文）

岷江龙溪口航电枢纽工程业主营地建设开工 2020年9月16日，岷江龙溪口航电枢纽工程业主营地项目举行开工仪式。该项目建成后，将为龙溪口航电枢纽工程建设提供工作与生活保障。此外，“航电+旅游”开发模式的应用，实现永临结合，有助于持续发挥营地建筑功能，符合水电建设和旅游开发融合发展的政策精神，也有利于促进区域经济发展。

（丁 文）

岷江犍为航电枢纽累计发电量突破1亿千瓦时 截至2020年10月11日，犍为航电枢纽累计发电10186万千瓦时，为四川地区注入源源不断的绿色动能。岷江港航电综合开发是国家实施“一带一路”建设和长江经济带发展战略重要举措，是国家重点项目、省属重点工程。作为岷江港航电综合开发首个开工建设项目，犍为航电枢纽装机9台55.56兆瓦灯泡贯流水轮发电机组，有3台机组投产发电。自5月底首台机组投运以来，岷江公司犍为分公司面对边建设、边运行的复杂环境，克服首次蓄水水头不足、新设备运行不稳定、生产人员不足等困难，组织生产运行人员加强现场管理，做好设备隔离，认真落实两票三制，密切监视设备运行工况，开展设备运行趋势分析；加强巡视检查，排除潜在隐患和风险，及时组织设备消缺，为设备安全稳定运行提供保障。

（丁　文）

岷江犍为航电枢纽BIM设计优化与项目管理综合应用获奖 2020年10月，岷江犍为航电枢纽BIM设计优化与项目管理综合应用获得中国勘察设计协会2020年第十一届“创新杯”建筑信息模型（BIM）应用大赛工程建设综合BIM应用类二等奖。为推动犍为航电枢纽工程标准化管理水平和数字化建设，进一步实现技术创新助力岷江航电精细化和系统性管理，从而降本增效。2017年10月，岷江公司启动犍为航电枢纽工程BIM技术应用工作，属国内大型水利工程项目率先系统实施BIM技术应用，分为实施准备、设计勘探、施工建设、交付运维4个阶段。全过程采用精确定量信息技术手段，搭建智能、精细工程数据协同共享中心。2018年8月，BIM协同平台搭建完成并正式投入使用，实施准备阶段工作完成，设计勘探相关工作基本完成，施工建设相关工作有序开展。

（丁　文）

岷江龙溪口航电枢纽工程完成10kV大跨越岷江架空线路建设 2020年10月29日，岷江龙溪口航电枢纽工程顺利完成大跨越岷江1207米的10kV架空线路放线，标志着岷江龙溪口航电枢纽工程右岸具备施工用电条件。该跨江线路铁塔高52米，两岸铁塔最大高差69米，架空导线放线作业施工难度极大，且易对地面水面交通造成影响。放线施工作业合理利用创新模式和科技智能手段，采用无人机携带牵引绳跨越岷江，再利用牵引绳牵引导线过江。

（丁　文）

交通运输部督查组到岷江犍为航电枢纽开展水运建设市场督查 2020年11月4—5日，交通运输部督查组一行对岷江犍为航电枢纽开展水运建设市场督查。督查组到工程建设现场，对工程进度、质量安全等进行实地检查，并观看枢纽船闸运行情况。督查组重点对项目基本建设程序、招标工作、合同履约、信用评价、农民工工资支付等方面内容进行检查，并就检查中发现的问题进行反馈并提出指导性意见建议。督查组指出岷江犍为航电枢纽BIM技术应用、胶凝砂砾石筑堤技术等为航电枢纽建设提供好的经验做法，希望借助督查，查漏补缺，为创建更为规范有序的水运建设市场贡献力量。

（丁　文）

岷江龙溪口航电枢纽工程“二期一枯”围堰合龙截流 2020年11月11日，岷江龙溪口航电枢纽工程“二期一枯”围堰合龙截流。“二期一枯”围堰合龙截流是枢纽工程建设过程中重要的里程碑，为右岸船闸、泄洪闸等主体混凝土工程开工打下基础。岷江龙溪口航电枢纽工程是岷江（乐山至宜宾段）162公里河段航电规划的第四个梯级，与老木孔、东风岩、犍为3个梯级航电枢纽，以及龙溪口至宜宾合江门航道整治和乐山港建设一起，共同构筑起四川省大件出川的“黄金水道”。该工程功能主要以开发航道资源为主，同时兼顾发电、防洪、供水、环保和水资源综合利用。项目建成后，航道

2020年11月11日，岷江龙溪口航电枢纽工程“二期一枯”围堰顺利合龙截流　　省港投集团　供图

整体运输能力将大幅提升，对构建长江经济带综合立体交通走廊和促进区域经济社会发展等具有重要作用。

（丁　文）

岷江犍为航电枢纽船闸实船试航完成　2020年11月17日，岷江公司犍为分公司协同乐山市海事局积极配合重庆西南水运工程科学研究院，对枢纽船闸水位、水流速度、船舶横倾和纵倾以及船舶航行的漂角等数据进行完整测量，并完成330米水位实船试航。

（丁　文）

岷江犍为航电枢纽单月上网电量突破“亿度”大关　截至2020年11月24日，岷江犍为航电枢纽单月上网电量首次突破“亿度”大关，达1.002亿千瓦时，累计上网电量已达2.352亿千瓦时。自枢纽首台机组投运以来机组运行稳定，发电量保持在良好水平。随着发电机组投运台数逐步增加，枢纽巨大的社会效益正日趋凸显，源源不断的清洁能源将助推地方经济社会高质量发展，并为四川电网的安全稳定运行作出更大的贡献。

（丁　文）

岷江老木孔航电枢纽工程初步设计获批复　2020年11月25日，四川省交通运输厅以《关于岷江老木孔航电枢纽工程初步设计的批复》正式批复岷江老木孔航电枢纽初步设计。项目概算总投资143.5亿元，装机40.54万千瓦，渠化航道里程27.6公里，建设总工期61个月。项目实施对完善国家高等级航道网络，尽早打通四川省重大装备进出川的水运大通道，促进四川内陆开放型经济快速发展具有极其重要的战略意义。

（丁　文）

嘉陵江利泽航运枢纽船闸工程　2020年12月25日，重庆市合川区钱塘镇嘉陵江利泽航运枢纽左岸连接坝段1到3号坝块达到设计高程，泄洪冲沙闸1号闸墩正在滑升；船闸闸室有序建设中，预计明年内建成通航，届时500吨级船舶可全年畅行至江海。

嘉陵江利泽航运枢纽船闸工程位于嘉陵江干流中游合川区钱塘镇与大石街道交汇处利泽场河段，距上游四川桐子壕枢纽坝址29.7公里，距下游重庆草街枢纽坝址70公里，是嘉陵江梯级开发规划的关键控制性工程。2024年枢纽工程全面完工后，可有效渠化嘉陵江航道29.7公里，将水深从过去的1.5米提高至1.9米。船闸按内河四级航道标准建设，可通过500吨级船舶，远期能通行1000吨级船舶，年通行设计能力988万吨；此外，电站装机容量7.4万千瓦，多年平均发电量3.2亿千瓦时。

（田玉平）

嘉陵江利泽航运枢纽船闸工程（预计2021年建成通航）　　省港投集团　供图

港口建设

GANGKOU JIANSHE

概　况　2020年，全省有港口17个（规模以上港口6个），港口码头泊位1830个（千吨级泊位47个），港口货物吞吐能力7940万吨，集装箱吞吐能力233万标箱，初步构建起以泸州、宜宾、乐山—广元、南充、广安两大港口群为主，其他一般港口为辅的“6+6”枢纽互通港口体系。2020年全省主要港口建设为广元港张家坝作业区一期项目。

（厅航务局）

广元港张家坝作业区一期项目　2020年，广元港张家坝作业区一期项目设计建设4个500吨级多用途泊位及相应配套设施，占用岸线长度338米，设计通过能力228万吨/年，其中，件杂货147万吨/年，集装箱8.1万标箱/年，概算投资6.96亿元。全年完成投资1.03亿元，占计划103%。已完成前沿框架和陆域回填，进港公路路基完成90%，陆域堆场正在施工。

（厅航务局）

2020年4月16日，副省长罗文（前排右三）调研泸州港　　省港投集团　供图

房爱卿和姜明调研泸州港　2020年1月10日，十三届全国政协经济委员会副主任房爱卿、中国商业联合会会长姜明到泸州港调研。房爱卿和姜明实地查看进港铁路专用线和码头前沿平台，听取泸州港关于四向通道建设、交通区位优势、港区规划建设、口岸功能以及水污染防治工作等情况的汇报，并详细询问泸州港地方扶持政策、水运价格时效等情况。房爱卿表示，泸州港地处川滇黔渝四省交界，一定要充分利用得天独厚的交通区位优势，要紧抓住西部陆海新通道建设的契机，和当地党委政府一起，进一步完善通道建设，培育物流产业生态，优化营商环境，推动泸州和四川外向型经济发展。

（吴　浩）

罗文调研泸州港　2020年4月16日，中共四川省委常委、常务副省长罗文到泸州港调研。罗文实地查看港区进港铁路专用线和码头前沿平台，听取泸州港关于港区规划建设、交通区位优势、四向通道及口岸功能建设等情况汇报。他指出，泸州港要进一步发挥好区位优势，紧紧抓住西部陆海新通道建设、成渝地区双城经济圈建设及“一带一路”建设等历史契机，进一步完善口岸功能，加快通道建设步伐，逐步培育健全物流产业生态，为四川打造立体全面开放新格局贡献力量。

（吴　浩）

杨洪波到泸州港调研生态环境问题整改情况 2020年3月13日，四川省人民政府副省长杨洪波到泸州港调研长江经济带突出生态环境问题整改情况。杨洪波一行实地查看码头前沿作业平台，听取泸州港基本情况，以及泸州港对标国家水污染防治法进行环保整改工作的情况汇报，并详细询问泸州港环保建设工程验收和运营收费情况、港区周边市政污水管网配套情况以及码头岸电建设使用等情况，对泸州港开展水污染防治工作投入及港区环保整改工程的成果表示充分肯定。

（吴　浩）

2020年3月13日，副省长杨洪波（前排左二）到泸州港调研生态环境问题整改情况　　省港投集团　供图

南充港都京作业区冷链仓库建设完成 2020年7月，南充港都京作业区冷链仓库建设完成。南充港都京作业区冷链仓库作为冷冻物流供应链中的重要组成部分，都京港务公司围绕南充及川东北冷链物流市场开展货源摸底和市场调研，同盐田港、广元港、西充县川东北冷链物流中心等建立工作联系，吸引各类发展要素集聚，为后续港口发展储备优势合作资源，为形成港产城良性互动规划具体路径，将其打造成为南充港发展现代物流、打造现代化港口的重要支撑，不断凸显港口在川东北对区域经济发展的辐射带动功能。

（孙　地）

成都跨境电商保税物流基地投运 2020年8月4日，承平港务公司的成都跨境电商保税物流基地正式投运。该基地是承平港务公司在成都运营的首个跨境电商保税物流基地，也是首个综合保税仓承平跨境保税物流成都双流澳亚仓。在成都双流免租签约综合保税仓500平方米，锁定预留2500平方米；在青白江综合保税区免租签约保税仓2200平方米，锁定预留800平方米；在高新区成都市跨境电商大厦免租签约综合运营调度中心600平方米。以之为基础在成都打造跨境电商保税物流基地。以保税仓储为依托的“1210”保税备货模式为进口跨境电商的主营模式，具备发货迅速、物流效率高、产品正宗、客户体验好的优势。

（孙　地）

上港集团最新版集装箱生产作业系统在宜宾港试运行 2020年8月17日，上港集团最新版集装箱生产作业系统TOPS5.0在川南港务公司所属宜宾港集装箱码头上线试运行。该系统主要针对宜宾港作为内河港口的特点进行专门本地化定制开发，能有效地实现宜宾港与上海国际航运中心生产业务信息对接。该系统在长江沿线内河港口投入使用尚属首次，将极大提升宜宾港集装箱生产作业体系的信息化水平。

（陈佳郡）

泸州港再创单班集装箱吞吐量新高 2020年10月14日，泸州港生产作业部第二班组人员，在确保安全生产的前提下，完成船舶和火车装卸作业492箱/654标箱，再创单班集装箱吞吐量新高，刷新2019年1月14日单班装卸作业453箱/631标箱的记录，实现疫情防控以来单班集装箱吞吐量的新突破。

（吴　浩）

泸州港获2019年“中国港口海铁联运超4万标箱码头”称号 2020年10月25日，泸州港获2019年“中国港口海铁联运超4万标箱码头”称号，位列中国港口铁海联运集装箱码头前10名。2019年，泸州港通过“提升东向、突出南向、深化西向、扩大北向”，不断优化物流开放通道，推动铁水联运快速发展。其中泸州港—广州（黄埔港）和泸州港—钦州港铁海联运班列双向对开60列；“泸蓉欧”快铁稳定运营；“卡拉斯诺亚尔斯克—二连浩特—成都—泸州—贵州赤水和江苏太仓”多式联运货物到港并连续发运分拨配送。

（吴　浩）

宜宾港集团公司荣获“全国物流行业抗疫先进企业”称号　2020年11月21日，中物联公布《关于表彰“全国物流行业抗疫先进企业”的决定》，宜宾港公司获“全国物流行业抗疫先进企业”称号。自新冠肺炎疫情发生后，宜宾港公司将抗疫保供作为最核心工作，全面安排部署，坚持一手抓生产一手抓抗疫，将抗疫工作逐级落实到各部门、各子公司、各现场岗位，确保经营、抗疫两不误。全面落实抗疫措施，港区生产现场、进出卡口、办公楼、宿舍楼、食堂等关键场所消毒率达100%，所有进入港区人员体温监测率达100%，确保公司安全平稳运行。加强抗疫宣传，提高员工防护意识，营造防疫抗疫氛围，全员抗疫知识覆盖率达100%。疫情期间，宜宾港公司严格做到24小时不间断生产作业，及时为客户做好装卸运输服务；同时还主动免费为港区入驻企业提供防护口罩、免费为政府机构运输抗疫物资。

（陈佳郡）

泸州港获批中物联全国（第二批）数字化仓库企业试点　2020年11月26日，由企业自主申报及地方物流行业协会组织推荐，经中物联全国数字化仓库试点推广领导小组秘书处专家委员会评审通过，泸州港成功获批中物联全国（第二批）数字化仓库企业试点。

2020年，获批中物联全国数字化仓库企业试点的泸州港　　交通宣传中心　供图

（吴　浩）

交通运输部联合检查组检查泸州港和宜宾港船舶和港口污染突出问题整治情况　2020年12月22—23日，交通运输部水运局带队，会同国家发展改革委、生态环境部、住房城乡建设部、交通运输部相关司局组成联合检查组，到省港投集团所属泸州港和宜宾港开展船舶和港口污染突出问题整治专项检查工作。检查组一行实地查看泸州港码头前沿平台，详细检查民叙号船舶上生活垃圾、污废水储存、4号泊位船舶污废水收集处理装置运行情况，以及岸电设备和各类台账资料。检查组通过现场查验、询问等方式，详细查看宜宾港港口船舶生活和污水收集处置装置建设及运行、船舶污染物接收转运以及处置设施建设运行、港口自身环保设施建设和使用等多方面情况。

检查组对泸州港和宜宾港港口船舶污染防治工作给予充分肯定，同时也对港口的环保工作提出要求。一是要落实主体责任，港口要加强与船舶污染物转运处置单位的联运合作，严格执行船舶污染物接收、储存、转运、处置等各项工作措施。二是要强化运营管理，港口要安排专人负责，规范装卸、储存作业的操作规程，健全港口码头污染防治基础台账。三是要加强教育培训，定期开展港口、船舶从业人员环境保护宣传教育和专业知识技能培训，提高污染防治能力和水平，共同促进长江航运绿色发展。

（吴　浩）

南充港都京作业区一期工程通过竣工验收　2020年12月29日，南充市交通运输局组织召开南充港都京作业区一期工程竣工验收会，南充市发展改革委、住建、水务、应急管理、海事、航道等行业主管部门，高坪区有关单位和建设、设计、施工、监理、质监等单位参加验收。会议成立竣工验收现场核查组，核查组查看工程现场、听取参建各单位汇报，审阅竣工资料。现场核查组一致认为，该工程建设程序完善，已按审批的建设内容、标准和设计完成土建、安装工程，工程质量经质量监督部门鉴定为合格，水保、环保、消防、安全等通过专项验收工作，归档资料齐全。建议完善审计、档案验收后，能达到竣工验收条件，初步同意通过竣工验收。

（孙　地）

公路水路勘察设计

GONGLU SHUILU KANCHA SHEJI

省公路设计院公司概况 2020年，省公路设计院公司全年新增合同额24亿元（其中工程总承包5.25亿元、子公司3.56亿元），公司本部实现营收13亿元，利润7600万元，各项经济指标稳中有升。

高质量服务四川交通建设。完成泸古金、天邛、成绵扩容、镇广高速公路通广段等8个项目工程可行性报告编制，完成峨眉山至荥经等5条高速公路方案研究。完成泸石高速公路等11个重点项目754公里初步设计，久马高速公路等9个项目612公里施工图设计，保障省交通运输厅确保开工项目和计划通车项目顺利推进，实现安全生产零事故。全年派出常驻与非常驻设计代表186人，组织公司级工地回访及专项设计技术交底42次，为25个在建重点项目及大批地方、市政项目提供后期服务技术保障，为成资渝、汶马、巴万、天府国际机场高速公路等年底通车项目做好技术支撑，顾客满意度升至96%。全力投入应急抢险，先后派出150余人次投入雅西、汶马、映汶等10余条高速公路以及汶川、九寨沟、平武、北川等地方受损道路一线参与抢险，为道路抢通保通提供有力技术支持。在雅西高速公路姚河坝大桥抢险救灾中运用智能监测新技术对边坡、桥梁进行全天候自动化监测，保障应急抢险和恢复重建工作，得到交通运输部部长李小鹏肯定，业主送来锦旗和感谢信。

市场营销与转型发展再创佳绩。坚持转型不转行、传统业务与新兴业务同步发展，从产业链、区域和行业三个维度大力拓展新业务、新产品、新市场，推动“长板更长、短板不短、新板成势”。取得成渝高速公路扩容等10余个省内外大型项目，其中省外项目占合同总额15.9%，为“十三五”期间占比最高一年。在甘孜、凉山、雅安等多个市（州）取得一批中大型地方项目，在成都、泸州、资阳、宜宾等市（州）取得一批市政项目。与交通运输部部公路科学研究院、中建长江、广西大学、四川铁塔等签订战略合作协议，建立广泛合作关系。和成都交投联合收购成都勘察设计院，进一步开拓成都市场；紧跟交通运输物联网发展动向，出资成立网络货运平台公司，进入网络平台道路货物运输领域；作为出资人参与镇广高速公路投建一体项目。启动数字化转型规划，测绘、BIM、环保、智慧交通、智能监测等新兴业务持续发展，取得陈桥坝大桥结构安全监测、全省平安智慧高速总体设计等一批新项目。启动通用地理信息系统基础框架1.0；BIM+GIS基础平台、建设管理平台和养护管理平台持续迭代升级，深度参与“全省一张图”建设；水土保持监测水平评价证书成功升为三星，环水保管家业务拓展持续推进；智能监测形成安全风险监测、预警及评估成套技术，提供面向云计算的山区高速公路工程结构全寿命周期服务。获2020全国优秀测绘工程金奖、中国公路学会交通BIM工程创新奖一等奖、2020中国高速公路信息化奖等多个奖项，部分新专业达国内先进、省内领先水平。新增2项甲级测绘资质及风景园林设计、工程造价咨询2项乙级资质。取得2019年度省交通运输厅和交通运输部AA级信用评价。

做好技术质量管理与服务。严格质量管理，加强前期方案论证，对沿江、乐西、独库高速公路等重大项目开展技术会审和方案论证比选30余次。产品出手质量100%合格。升级管理体系，持续改进优化体系文件，发布实施新版本并完成培训和内审。深化技术总结，开展隧道工程占比控制、山区公路互通式立交及连接线工程等专题技术剖析，系统总结雅康、汶马高速公路等典型项目，做好川藏、西香高速公路等复杂项目技术储备。创新管理模式，尝试开展从工程可行性到初步施工设计三阶段连贯性技术质量管理模式，即从工程可行性开始介入，贯穿初步施工设计，提前谋化解决影响工程技术方案中总体、地质、特殊桥隧结构、立交等技术问题。

着力解决目前存在工程方案技术最优、各阶段规模造价可控等难题。强化技术交流，协办承办或参加行业高水平学会、年会和创新论坛等20余次、200余人次，30余人次在交流会上作学术报告。开展讲座与技术交流10余次，参训240多人次。

科技研发取得丰硕成果。围绕省交通运输厅重大项目关键建设难题和现代技术发展方向，开展新材料、新结构、新工艺和新理论研究，并将研究成果应用于项目建设，服务行业技术进步。依托新川九路、久马高速公路等示范项目开展绿色交通、智慧交通、“交通+旅游”融合发展等技术攻关。世界最大跨飞燕式钢管混凝土系杆拱桥合江长江三桥、世界第一高墩金阳河特大桥等超级工程建设进展顺利。TBM技术成功应用于乐西高速公路大凉山隧道。和张喜刚院士团队联合成立山区桥梁防灾减灾技术研究中心，同步开展三个桥梁防灾减灾科研项目联合攻关；完成四川省钢管混凝土桥梁工程技术研究中心组建运行和揭牌；组织申报四川省公路结构监测与加固工程技术研究中心。公司形成“国家工程研究中心、行业研发中心、博士后科研工作站、省工程技术研究中心、省工程实验室”三个梯次多种类别科研平台。全年获国家科技进步一等奖、詹天佑土木工程大奖、省部级科技进步奖等各类奖项50项。多跨梁桥变刚度支座技术研究成果受到工程力学专家、中国工程院院士陈政清高度认可，获国家专利及软件著作权授权15项。高性能混凝土制备技术、隧道全自动计算软件等科研成果转化公司带来直接经济效益190万元。公司获成都市高新区“高质量发展专项奖”。

建设高层次人才队伍。推进人才引进多元化。通过校招、社招、高端人才引进等灵活多样渠道引进人才29人。推动建立分级培养机制，按照专业技术人才、经营管理人才、技能型人才三支队伍，实施四梯次人才培养。强化职业发展管理和后备人才库建设，持续开展阶段性“人才盘点”，增强内部统筹调配反应能力。继续实施“151”精英工程，2020年，18人分别获中国公路优秀科技工作者、四川省杰出青年工程勘察设计师、四川省优秀青年工程勘察设计师等称号，17人获正高级工程师职务任职资格，44人获高级工程师任职资格，全年新增各类注册工程师88人。完成6名干部选任工作。

加快构建现代企业治理体系。稳步推进内控制度建设，逐步完善法人治理，发布董事会、总经理办公会议事规则，党委、董事会和经理层运转有章可依、有序运行，三重一大事项均经会议研究决定。74项内控制度建设因时因势，推进有序。探索管理模式变革，试点测试新的《生产经营管理办法》，试行项目管理制；改进财务资产管理，加快构建全过程成本管控体系，推进主体分院综合化建设和生产分院由成本中心向利润中心转变。抓紧完善激励机制，探索薪酬分配制度改革，强化考核，推进建立企业年金。启动“十四五”规划。围绕“做精传统业务、做优新兴业务、做强科技实力、提升治理能力”加紧谋划，将形成“1+N+N”规划体系，指导未来高质量发展。

推动党的建设品牌化发展。坚持将党的领导贯穿公司治理全过程，发挥中共省公路设计院公司党委把方向管大局保落实作用。抓紧构建党建工作体系，深度融合党建与业务，公司到省直机关工委、厅直机关党委作交流，2次在公司召开现场会，国管局汽车服务中心等6家单位到公司调研交流。抓实理论学习研讨，围绕学习贯彻党的十九届五中全会精神、交通强国强省建设战略部署等开展专题研讨，谋划公司“十四五”发展。抓深思想教育引领，开展“不忘初心、不负韶华”主题教育，深化“崇尚技术”价值观引领和“川院精神”传承，与省直机关工委组织部等多家单位联合开展活动。抓好纪检审计监督。深入整改巡视巡察等反馈问题，开展备用金等五个专项清理工作，持续开展内部审计，全年批评教育50人，解除劳动合同2人，解决一批历史遗留问题。持续开展内部巡查，反馈4类13项57个具体问题，推动问题整改到位。抓细群团建设与精准扶贫，开展“职工大课堂”、系列球类比赛、节日庆祝、“创青春”等活动。派出6人参加省交通脱贫攻坚现场蹲点督战，完成2项扶贫工程设计，建成同心村食堂专供蔬菜基地，公司扶贫工作连续两年获厅直单位考核第一。

（匡成刚）

四川省公路网规模与等级结构研究 2020年，为促进公路交通可持续发展，支撑交通强省建设，为《四川省公路水路交通运输“十四五”发展规划》《四川省农村公路网规划》《四川省综合立体交通网规划》等提供基础支撑，省交通运输厅委托省公路设计院公司完成“四川省公路网规模与等级结构研究”。该研究结合经济社会发展、地理地形特征和交通需求增长，通过历史数据分析总结发展规律，多方法、多角度测算和论证，提出未来30年全省公路网发展设想、各层次路网规模及技术等级结构的合理区间值，结合全省公路网等级现状，综合考虑公路功能、区域建设条件、区域经济发展水平、交通需求等因素，提出普通公路建设标准以及未来30年公路网主要建设任务。

（张静晶）

四川省交通运输与旅游融合发展模式创新研究 2020年，为全面推进交通与旅游融合发展，立足四川交旅融合全省统筹，创新发展，省交通运输厅委托交通运输部规划研究院与省公路设计院公司共同完成“四川省交通运输与旅游融合发展模式创新研究”，旨在为交通高质量发展和旅游新跨越提供推动力。该研究从四川实际出发，聚焦交旅融合创新模式与机制，从交通设施融合、旅游交通服务融合、产品融合等三方面提出创新发展模式，并给出政策机制创新与保障发展措施建议，根据四川具体实际，对模式创新应用进行展望，指出公路型景区项目、特色旅游公路产品以及依托交通设施的游线产品设计等三类应用领域，并提出近期示范建设具体项目。

（张静晶）

成都平原经济区快速通道主干线布局及建设方案研究（2019—2035） 2020年，为深入贯彻国家推动成渝地区双城经济圈建设和省委“一干多支”发展战略，强化交通对加快推进川渝互动、极核带动、干支联动的支撑作用，省交通运输厅委托省公路设计院公司完成“成都平原经济区快速通道主干线布局及建设方案研究（2019—2035）”。该研究通过剖析成都平原经济快速通道发展基础和存在问题，提出依托成都平原经济区存量快速通道，推进有条件路线向邻接地市延伸，按照“强化内圈同城化、支撑八市一体化、促进五区协同化、推动成渝高效化”思路布局快速通道，整合形成经济区快速通道“一张网”，实现“内圈四市成网、八市直连直通、主干多区辐射、成渝高效直达”，并提出快速通道实施安排。

（张静晶）

四川省城市绿色出行水平监测评价报告 2020年，根据交通运输部和国家发展改革委《关于印发〈绿色出行创建行动方案〉的通知》，省交通运输厅组织省公路设计院公司等对2019年全省地级城市公共交通发展水平进行综合评价。评价报告通过优化构建新评价体系，选取相应指标，对全省各地级城市公共交通进行全面、深入、准确分析评估，全面掌握全省公共交通发展现状，加强对公交都市创建城市动态管理与考核评价，为战略规划、政策制定等提供科学决策依据。

（张静晶）

镇广高速公路通江至广安段初步设计 2020年，省公路设计院公司牵头完成镇广高速公路通江至广安段初步设计。项目分为A1（通江—平昌—石桥）、A2（石桥—岩峰—渠县—广安）段，初步设计昌县涵水镇与达州市永进乡交界处幸福村附近与A1设计合同段路线止点对接，在贵福镇设贵福枢纽立交与营达高速公路相连，板桥镇设板桥枢纽立交与南大梁高速公路相连，止于广安市前锋区与广安绕城高速公路相连，路线长94.78公里。镇广高速公路全线主线采用双向四车道高速公路标准，路基宽26米，设计时速100公里，全线设枢纽互通4处、一般互通12处、服务区3处、停车区2处。

（刘　峰）

乐西高速公路马边至昭觉段施工图设计 2020年，省公路设计院公司完成乐西高速公路马边至昭觉段施工图设计。项目起于乐山市马边彝族自治县东侧民建镇，顺接仁沐新高速公路马边支线止点，经马边县建设乡、苏坝镇、袁家溪乡、高卓营乡、永红乡（连接线）及雷波县罗山溪乡（连接线）、谷堆乡，美姑县井叶特西乡、巴普镇、巴古乡、佐戈依达乡、九口乡，昭觉县拉一木乡、庆恒乡、竹核乡、阿并洛古乡、城北乡、谷曲乡，止于昭觉县以南的新城镇，与国道7611线昭通（川滇界）至西昌段高速公路相接，沿线（含连接线）经4县20乡镇3林场（大渡河造林局马边分局东风林场、雷波林业局国营214及212林场）。项目位于乐山市、凉山州境内，全线151.75公里，主线桥梁总长87座23948.8米，占路线长度15.78%，其中特大桥4座3003.5米、大桥66座19980.1米、中小桥17座965.2米，涵洞及通道67道；隧道全长36座100508.27米，占路线长度66.23%，其中特长隧道11座65154.27米、长隧道15座29164.5米、中短隧道10座6189.5米。桥隧比82.01%，总造价335.3亿元。全线设置互通式立体交叉9处、服务区3处、停车区2处，互通式立交连接线10条45.78公里。项目是《四川省高速公路网规划（2014—2030）》8条纵线中第7纵，是成都平原经济区与攀西经济区又一联系通道，路线纵贯乌蒙山集中连片特困地区和大小凉山彝族主要聚居区，是重要扶贫通道，其建设对完善全省高速公路网，形成多通道连接西昌、攀枝花及云南，强化成都经济区对攀西经济区辐射带动，促进大小凉山地区巩固脱贫攻坚成果具有重要意义。

（刘　峰）

国道7611线昭通（川滇界）至西昌段高速公路初步设计 2020年，省公路设计院公司完成国道7611线昭通（川滇界）至西昌段高速公路初步设计。项目起于凉山州金阳县春江乡牛栏江口，利用国道4216线沿江高速公路至芦稿镇，设金阳特长隧道（12.07公里）穿越马鞍山，出隧后沿西溪河北上经派来镇、地洛乡、联补乡、委只洛乡、达洛乡、昭觉县、大坝乡、四开乡、洒拉地坡乡，设贡觉高山特长隧道（11.98公里），进入西昌市，经普诗乡、东河乡、四合乡，沿西昌市北缘至小庙乡，设枢纽互通与京昆高速公路衔接。路线全长182.38公里，新建里程166.15公里，概算投资314.17亿元，平均每公里造价1.89亿元。项目采用全封闭、全立交、全部控制出入的四车道高速公路标准，设计时速80公里，路基宽25.5米，桥梁设计荷载公路I级，沥青混凝土路面。全线设置桥梁103座46.3公里，隧道23座74.3公里，桥隧比72.6%，设置10座互通式立交，其中枢纽互通式立交4座，下地互通式6座。项目设置两座12公里特长隧道，3处螺旋展线克服高差，是四川省横向穿越川南横断山区第一条高速公路。项目建成后，向东与渝昆高速公路相接，并与云南、贵州、广西等省在建和规划高速公路形成出海大通道，在昭觉县与乐西高速公路衔接，将与乐西、成乐高速公路构建成都—西昌第二通道，疏导京昆高速公路雅西段交通量，解决雅西高速公路在节假日和冬季积雪期拥堵问题，进一步加强成都经济区、川南经济区与攀西经济区联系。

（何云勇）

泸石高速公路施工图设计 2020年，省公路设计院公司牵头完成泸石高速公路施工图设计。项目分为A标（主体工程）、B标（交通工程及沿线设施）、C标（房屋建筑工程），路线全长96.511公里，桥隧比86.5%。路线起于泸定县咱里村伞岗坪附近，设伞岗坪综合体接雅康高速公路，经泸定南、杵坭、冷碛、德威、海螺沟景区东、得妥、挖角乡、安顺、石棉西，止于石棉大杉树附近，设置大杉树枢纽互通连接雅西高速公路。全线主线采用双向四车道高速公路技术标准，设计时速80公里，路基宽25.5米。全线设置互通式立交7处，其中枢纽互通立交2处；设置桥梁35座16829.71米（包含互通区主线桥），其中特大桥8座8028.54米；设置隧道18座66637.5米，其中特长隧道11座53852.5米。

（倪小军）

开梁高速公路（四川境）施工图设计 2020年，省公路设计院公司完成开梁高速公路（四川境）施工图设计。项目起于达州市开江县桥亭村，设开江东枢纽互通立交与达万高速公路相接，南下经甘棠、响水滩、任市，止于任市镇三清庙村川渝界，全长30.37公里，全线采用双向四车道高速公路标准，设计时速100公里。全线设置桥梁24座6690米，其中特大桥1座1396米，大、中桥23座5294米；设置隧道1座1873米，桥隧比28.2%。全线设开江东枢纽互通立交一处，设开江甘棠、开江任市落地互通立交两处，设开江任市服务区1处。项目沟通恩广高速公路，南下张南高速公路和沪蓉高速公路，是省高网完善区域高速公路网布局重要联络线。项目总体位于川东北经济区内，强化川渝合作高速公路通道，对改善达州市和重庆东北部区域沿线居民出行条件，服务沿线产业，促进优势资源开发具有重要作用。

（吴 璨）

成南高速公路扩容工程设计 2020年，省公路设计院公司牵头完成成南高速公路扩容工程初步设计和成都入城复线段施工图设计。成南高速公路主线全长215.70公里，桥隧比18.2%；成都入城复线段全长24.52公里，桥隧比50.0%。省公路设计院公司承担A4标段主体设计和全线B标段（机电工程）设计。A4标段主线起于南充市高坪区东观镇白鹤桥，设东观枢纽立交与南大梁高速公路对接成十字枢纽，经嘉陵区、蓬溪县，止于与绵遂高速公路交叉吉祥枢纽，全长71.3公里，南充新建段采用双向六车道高速公路标准，老路改建段采用双向八车道高速公路标准，设计时速均为100公里。成都入城复线段起于成都第二绕城高速公路成德南枢纽互通立交，止于成都第一绕城高速公路，接成华区龙潭街道龙港路，全长24.53公里，采用双向六车道高速公路标准，设计时速120公里。

（李光颖）

南充过境高速公路广（元）南（充）至南（充）广（安）段初步设计 2020年，省公路设计院公司完成南充过境高速公路广（元）南（充）至南（充）广（安）段初步设计。该项目是南充过境高速公路东北段，是《四川省高速公路网布局规划》（2011年调整方案）增加15个地级城市过境高速公路之一。项目路线起于南充市顺庆区同仁乡黄地坝，对接南潼高速公路，与已通车广南高速公路形成十字枢纽互通立交，止于沪蓉高速公路南广段辜家沟附近，路线全长41.92公里。项目通行以小客车为主，全线采用双向四车道高速公路标准建设，设计时速100公里，路基宽26米。采用沥青混凝土路面，设置设互通式立体交叉9处。其中枢纽互通立交3

处，分别为黄地坝、新屋沟、辜家沟枢纽互通立交，全线设置特大桥1座1257米，大中小桥35座6042.5米（含互通区主线桥）。项目建设将进一步完善《四川省高速公路网规划》，构筑布局合理、运行高效、衔接顺畅、服务优质南充市高速公路枢纽体系，促进南充市城市及经济社会协调、可持续发展具有重要意义。

（江　杨）

川藏立交至成都第二绕城高速段施工图勘测设计　2020年，省公路设计院公司完成国道0512线成乐高速公路扩容建设项目三环路川藏立交至成都第二绕城高速段施工图勘察设计。项目路线起于成都市三环路川藏分离立交处，起点桩号K1+609.54，设置三环互通式立交与城市快速路网衔接，利用既有成双大道、新安大道向西南延伸布设高架桥，在新安大道东侧布设主线收费站，作为高速公路网与城市道路网分界点，向南上跨成都绕城高速公路及成绵乐客运专线，经双流机场东侧后利用既有物流大道、黄甲大道、西航港大道布设高架桥，先后跨越大件路、牧华路、正公路等多条市政道路后进入新津县境内，随后沿城市规划快速干道设置高架桥，止点接B1标成都第二绕城高速公路互通立交（K27+000），路线全长25.50公里。项目起点三环路—主线收费站段全长2.73公里，采用双向六车道高速公路设计标准，设计时速80公里，路基宽28.5米；主线收费站—终点成都第二绕城高速公路互通立交段采用双向八车道高速公路设计标准，设计时速120公里，路基宽42米。项目是《国家公路网规划（2013—2030）》《四川省高速公路网规划（2014—2030）》中一段，位于“成绵乐城市群发展带”，是区域路网骨干线，先后串联成都、双流机场、眉山、乐山、天府国际机场，沿线旅游交通出行旺盛、旅游经济发达，项目建设有利于培育壮大旅游产业，实现景区协同发展。

（江　杨）

2020年，成乐高速公路扩容绕城枢纽互通立交效果图　　省公路设计院公司　供图

泸古金高速公路施工图设计　2020年，省公路设计院有限公司完成泸州经古蔺至金沙高速公路（古蔺至川黔界段）施工图勘察设计。项目路线全长39公里，采用双向六车道高速公路设计标准，设计时速100公里，路基宽33.5米，是四川省第一条山区六车道高速公路。项目起于叙古高速公路古蔺东互通东侧2.5公里处（杜家坡附近），设置永乐枢纽互通立交，经龙山、观文、白泥、椒园等乡（镇），在古蔺县椒园镇西南方老鹰岩附近设赤水河特大桥跨越赤水河（川黔省界）后进入贵州境，接古金高速公路贵州段。全线设置桥梁34座13849.32米，隧道13座17203.5米，桥隧比80.4%；设置永乐枢纽互通立交1处，落地互通立交3处；设置服务区、养护工区、监控分中心各1处、匝道收费站3处。其中水落河特大桥主桥采用349.25米（计算跨径335米）上承式钢筋混凝土悬臂浇筑拱桥；赤水河特大桥主桥采用257+575+257米双塔双索面组合梁斜拉桥。项目是《四川省高速公路网规划（2019—2035）》中新增扩容通道“仁寿—泸州—贵州”重要组成部分。项目建设将畅通四川南向综合运输大通道，加强四川与北部湾港口、粤港澳大湾区陆路通道能力，提升泸州市交通区位优势，为川南融入“一带一路”建设和长江经济带，实现社会经济跨越式发展提供重要支撑。

（王育康）

2020年，泸古金高速公路永乐枢纽互通立交效果图　　省公路设计院公司　供图

鸡鸣三省大桥设计　鸡鸣三省大桥位于云贵川三省交界处，横跨赤水河，是连接川、滇、黔三省重要交通枢纽。主桥采用净跨180米钢筋混凝土箱形拱桥，采用挂篮悬臂浇筑法施工。大桥于2017年3月开工建设，2020年1月21日建成通车，该桥建安费5053.14万元。大桥桥位处地势险要，坡陡，高差大，河谷呈典型“U”型，两岸陡壁距河面有120多米，跨中桥面距离河面159米，具有桥高、谷深特点，拱桥犹如一道彩虹飞跨两岸，气势雄伟。根据该处运输条件差、地形陡峻、吊装困难等特点，设计中采用悬臂浇筑法在桥墩（扣塔）架设操作平台，循序渐进逐段浇筑混凝土主拱圈施工工艺，具有对起重装置需求小、不需要缆索吊装设备、不受桥下地形地势限制、已施工部分整体性良好、悬浇施工过程变形控制方便、对环境友好等特点。鸡鸣三省大桥建成通车，两岸通行时间从以前2个多小时缩短到两三分钟，两岸居民安全出行更加方便快捷，彻底消除两岸居民水上客渡出行安全隐患。同时帮助三省沿岸贫困居民脱贫致富，促进乌蒙山区经济发展。

2020年1月21日，鸡鸣三省大桥建成通车　　省公路设计院公司　供图

（郑旭峰）

盐源县雅砻江金河大桥设计　2020年7月，盐源县雅砻江金河大桥建成通车，雅中特高压直流换流站建设选址定于盐源，原省道307线跨雅砻江桥梁不能满足换流站大件运输需求，因此修建此桥。桥梁全宽11.5米，满足大件运输标准。大桥全桥长238.2米，主桥采用净跨径175米上承式钢筋混凝土箱拱（钢管混凝土劲性骨架），拱上设立柱，上部结构除西昌岸第一孔采用13.5米钢筋砼现浇箱梁外，其余采用13.5米预应力混凝土带翼小箱梁。引桥西昌岸采用1–18.5钢筋砼现浇箱梁，盐源岸采用2×13.5米钢筋砼现浇箱梁。该桥技术特按大件荷载标准（3纵列15轴线液压平板车，装载后车货总重570吨）进行设计，在已建拱桥中为通行大件荷载跨径最大钢筋混凝土拱桥。主拱圈采用强度和刚度较大、稳定性好单箱双室截面，以满足大件车辆通行重载要求。钢管砼劲性骨架和钢筋混凝土两者协同受力，使得结构具有更好承载潜力和延性性能。该桥采用C80超高强钢管砼劲性骨架

成拱技术，主拱外包混凝土分为两环完成；采用无吊扣塔施工体系，缆索吊装与斜拉扣挂系统均锚于两岸陡峭山体上，降低施工费用，且解决常规交界墩顶设置扣塔施工方案劲性骨架首节段吊装难题。

（郑旭峰）

仁新高速公路犍为岷江特大桥设计 2020年12月，犍为岷江特大桥通车。该桥是国家高速公路网仁新高速公路重要控制性工程，也是交通运输部绿色示范、品质示范工程中“亮点”。该桥连续跨越岷江、马边河和乐宜高速公路，桥梁全长4.5公里。其中跨越岷江主桥采用457.6米中承式钢管混凝土拱桥，该桥为岷江第一大跨，拱顶截面径向高7米、拱脚高13米，吊杆间距16米；主梁采用纵横相接“钢格子梁”体系；主拱、主梁均采用大吨位缆索吊装法施工；跨越马边河主桥采用87+160+87米连续刚构。在宽坦地形和生态保护区内修建特大跨有推力拱桥，属国内首创；连续刚构桥取消调平层、高精度控制和精细化施工为省内首次应用。仁寿岸拱座处基岩裸露、地势陡峭，抗推承载力高；沐川岸地势平坦、地质条件复杂，在宽坦地形中修建有推力拱并保证沐川岸拱座受力安全可靠。拱圈采用“大段悬拼精确成拱”技术，受力更简洁明确，同时能有效解决多扣索体系扣锚索索力调整频繁、操作复杂和拱肋节段线性标高控制精度低等难题。桥面梁采用钢格子梁体系，采用Q355NH耐候钢。由于桥区环保要求高，钢结构桥梁全方位采用水性环保涂料配套防腐体系。

（郑旭峰）

泸州市车辋大桥设计 2020年，泸州市车辋大桥建成。该桥为泸州市渡改桥项目其中一项，位于车辋境内，连接车辋镇县道006线及对岸法王寺镇现有道路，极大缩短赤水河两岸距离，降低交通事故频率；同时完善合江现状路网体系结构，拓宽泸赤高速公路辐射范围。桥梁总长257米，主桥为净跨径220米中承式钢管混凝土拱桥。主拱主管内灌注C70混凝土，系国内首次。项目团队研发含减水减缩型聚合物外加剂，胶凝材料总量不超560千克/立方米，工作性能优异，一次性灌注饱满的超高性能混凝土制备技术。主桥桥面板采用凹肋钢底板组合桥面板，该结构承载力比传统平底钢板组合桥面板承载力增加1.3倍，自重减少20%。而且凹肋钢底板组合桥面板无需在钢底板上焊接PBL键，施工更便捷。

（郑旭峰）

泸棉高速公路隧道工程勘察设计 2020年，省公路设计院公司牵头完成泸棉高速公路隧道工程勘察设计工作。泸棉高速公路是《四川省高速公路网规划（2019—2035）》规划重要组成部分，路线全长96.51公里，采用双向四车道高速公路技术标准，设计时速80公里。全线设置隧道18座66637.5米，其中特长隧道11座53852.5米（另有通风排烟井4座2420米），长隧道5座11177米，中短隧道2座1608米，隧道占比69.05%，是四川省已建、在建高速公路中隧线比最高的一个项目，其中得妥隧道至礼约隧道路段6座隧道构成隧道群，占比95.63%。项目地处青藏高原东南缘横断山脉，属于典型高中山峡谷地貌，位于大渡河中上游处。路线走向与鲜水河断裂近于平行，最近处仅约1公里，局部与安宁河断裂和鲜水河断裂相交，地质构造体系十分复杂。沿高烈度地震区平行断裂带走向修建如此大规模长大深埋隧道群，在国内乃至国际工程界尚属首次。项目顺利实施，将填补高地应力活动断裂带区域隧道建设技术领域空白，为中国平行近接大型活动断裂带长大深埋隧道建设提供重要借鉴。隧道建设还将面临岩爆、涌突水、大变形、强震等多项技术难题，在设计过程中加强地质资料收集、物探工作及大量钻孔勘察验证，强化隧道洞口早进晚出“零开挖”进洞理念，结合地勘成果合理评估不良地质施工风险，并进行针对性设计，同时加强监控量测和地质超前预报，遵循动态设计动态施工理念，确保隧道施工安全。

（张　博）

乐西高速公路马边至昭觉段隧道工程施工图勘测设计 2020年，省公路设计院公司完成乐西高速公路马边至昭觉段（S1、S2标段）隧道工程施工图勘察设计。该路段（不含大凉山1、2号隧道）设置隧道34座72741.5米，其中特长隧道9座37387.5米、长隧道15座29164.5米、中短隧道10座6189.5米，隧道占比66%。隧道设计时速80公里，建筑限界10.25×5.0米。其地质勘察及其设计主要具有以下四大特点：一是地质条件复杂，隧址区穿越峨边—金阳大断裂、汉源—甘洛大断裂以及小江大断裂，其中小江断裂分支竹核断层（昭觉台地）为全新世活动性断裂。隧道穿越巨厚覆盖层、岩溶、瓦斯、涌突水等多种不良地质。二是环境敏感，隧址区穿越大风顶及嘛咪泽等多个自然保护区，环保要求极高，勘察设计受制约因素极多。三是隧道断面结构型式多变，受地形限制，项目多处桥隧相接处，桥梁桥台伸入隧道、互通及停车区匝道伸入隧道，以及隧道穿越活动性断裂段落，隧道断面结构型式均根据需要进行针对性优化设计。四是隧道占比高、连续隧道群多，路段隧道占比极高，多处路段采用连续隧道群，设计方案统筹考虑通风、照明、防灾救援等诸多因素，对隧道群路段进行专项整体设计。

（张　博）

泸州经古蔺至金沙高速公路隧道工程勘察设计　2020年，省公路设计院公司完成泸州经古蔺至金沙高速公路（古蔺至川黔界）项目隧道工程两阶段初步施工图勘察设计。项目路线起于古蔺县城，与叙古高速公路相接，经龙山镇、观文镇、椒园镇跨赤水河大桥进入贵州境，路线全长38.6公里。项目采用双向六车道高速公路设计，设计时速100公里。主线隧道13座17.20公里，隧道建筑限界14.5～14.05米×5米。互通连接线隧道1座685米，建筑限界9×5米。隧址区位于川东南喀斯特地貌区，穿越砂泥岩、灰岩白云岩、岩溶角砾岩、碳质页岩和煤层等地层，地质条件复杂，岩溶溶洞和瓦斯问题尤其突出，其中2084米大梁子隧道为煤与瓦斯突出隧道，省公路设计院公司针对岩溶溶洞隧道加强超前地质预报设计，排水采用双中心水沟搭配防结晶排水盲管，同时设置泄水洞预案。煤与瓦斯突出地层针对性设计“四位一体”揭煤防突措施，全过程保障瓦斯隧道施工安全。

（张　博）

镇广高速公路通江至广安段A1标初步设计隧道工程　2020年，省公路设计院公司完成镇广高速公路通江至广安段A1标段初步勘察设计隧道工程全部工作。推荐线隧道14座，左右线长度合计57.85公里，占路线长度比例43.2%，其中特长隧道3座、长隧道8座、中隧道3座。项目隧道工程穿越瓦斯地层，推荐线有7座微瓦斯隧道、5座低瓦斯隧道、1座高瓦斯隧道。对隧道影响较大的地质问题主要有崩塌危岩、滑坡、涌突水、煤层瓦斯等。省公路设计院公司加强地质资料收集，强化监控量测和地质超前预报设计，合理评估不良地质，为应对瓦斯地层施工风险，对高瓦斯隧道进行针对性设计，确保隧道施工安全并有效缩短建设工期。

（张　博）

盐坪坝连拱隧道勘察设计　2020年，省公路设计院公司完成宜宾盐坪坝连拱隧道勘察设计。该隧道是宜宾市盐坪坝长江大桥及连接线工程控制性工程之一，全长445米，采用双向六车道城市快速路标准建设，隧道设计时速60公里，建筑限界13.75×5米。该隧道穿越原电厂粉煤灰堆积体，整体埋深25米，是全国首例穿越粉煤灰地层大断面浅埋双连拱隧道。由于粉煤灰堆积体结构松散，且遇水软化，围岩自稳性差，加之本隧道是三车道大断面双连拱复杂结构型式，隧道施工风险极高，为此在全国公路隧道中首次采用地表高压旋喷注浆对粉煤灰堆积体进行注浆加固，待粉煤灰固结后再采用中导洞+侧壁导坑+上下台阶预留核心土的方式暗挖隧道。该隧道实施减少原有路基开挖成粉煤灰外运，避免环境二次污染，节约大量处置费用。隧道建成后将有利于宜宾市快速路网格化，与内宜高速公路、中坝大道、南部快速路以及寨子山路组成宜宾市新内环，极大改善过江拥堵现状，缓解交通压力。

（张　博）

公路水土保持监测信息化关键技术应用研究　2020年，省公路设计院公司完成“公路水土保持监测信息化关键技术应用研究”。依据近年来水利部推行生产建设项目水土保持“天地一体化”监管要求，结合公路建设水土保持监测专业展需要，经过2年多理论分析、现场实验、平台研发和工程验证，主要取得以下成果：依托先进测绘技术及水土保持专业理论支撑，提出多源水保监测数据标准化集成处理技术方法，构建天空地多源空间数据一体化采集、判识、融合信息处理技术运用体系，有效解决多维度、多精度数据在公路水土保持监测数据应用基础支撑问题；运用GIS三维可视化和空间分析计算技术方法，实现公路水土保持重大变更动态识别、弃渣场安全防护区小流域分析计算、公路建设水土流失量动态测算、公路工程水土流失风险要素智能判识等，解决水土流失传统技术手段难以实现区域量化监测难题，对于指导现场施工、界定工程征拆范围和降低水土流失风险起到重要支撑作用；整合创新技术方法，集成面向公路设计、咨询、施工、管理全过程的水土保持服务公路水土保持监测信息平台，实现公路建设全过程水土保持关键因素远程监测监控、动态分析计算、实时监管决策与信息交互式管理。技术成果在四川多条公路工程项目中成功运用，取得显著社会效益、工程效益和经济效益，真正实现信息化技术在公路建设水土保持事中事后监测工作中落地应用。

（肖　莉）

成都天府国际机场高速公路景观绿化专项设计　2020年，省公路设计院公司完成成都天府国际机场高速公路景观绿化专项设计并积极开展后期服务工作。机场高速公路是成都天府国际机场重要配套交通工程，是四川省首条双向八车道高速公路，是进出四川门户与窗口，也是成都市“东进”战略重要交通通道。项目景观设计方案工作于2017年底启动，成都市相关部门、四川天府机场高速公路有限公司机场高速管理中心会同省公路设计院公司于2018年8月全面启动天府机场高速公路收费棚和景观绿化方案研究工作。2019年2月起，省公路设计院公司对方案进行多次优化。项目作为天府国际机场通往成都市区迎宾线路，景观设计以具有悠久历史蜀文化为依托，紧扣天府机场太阳神鸟主题和国际枢纽定位，融入蜀锦文化元素，以“大美蜀韵、天府锦廊”为景观设计理念，提取蜀锦多彩缤纷颜色、行云流水形态、多变美丽图案以及高级柔顺质感，经过演变，运用在项目植物色彩设计、地形设计以及景观线条设计，打造独具风貌、特色鲜明、展示天府形象高速公路路域景观。

（李红梅）

镇广高速公路通江至广安A1/A2标段地面、航测综合测绘 2020年，省公路设计院公司完成镇广高速公路通江至广安A1/A2标段地面、航测综合测绘。镇广高速公路由川陕界至王坪段、王坪至通江段和通江至广安段三段组成。项目前期地面控制测量和航飞测量工作快速推进，外业人员克服植被茂密、沟壑纵横地形地貌，在五一劳动节和川东北炎热夏季时段持续出外业，加紧完成A1标控制测量、A1/A2标段航飞测量和地图调绘工作，为勘察设计提供高精度地形图和后续测量保障工作。

（达乾龙）

开平（四川境）高速公路A标段初步勘察设计工程测绘 2020年，省公路设计院公司完成开平（四川境）高速公路A标段初步勘察设计控制测量和激光测绘工作。为保障设计用图需要，项目组多方协调，克服疫情影响，快速、优质完成控制测量和激光雷达扫描测量工作。高时效性、高精度数字线划图、数字高程模型、数字正射影像等多样化数字测绘成果为开梁路高速（四川境）选线、设计等提供有力支撑，为推进设计任务开展提供有效保障。

（达乾龙）

武隆至道真高速公路无人机航测 2020年，省公路设计院公司完成武隆至道真高速公路初步勘察设计无人机航测工作。该项目是公司首次以无人机航测方式完成大面积测图任务，项目实施过程中克服武隆地区冬季多雾、多雨恶劣气候影响，历时40余天完成105平方公里无人机数字航空影像数据采集工作。由内业人员经空三解算、立体测图、地形图数据编辑等流程，完成武隆至道真项目1：2000数字线划图的生产，满足公路设计需要，助力成渝双城经济圈交通发展。

（达乾龙）

铜梁至资中高速公路A2标段测量项目 2020年，省公路设计院公司完成铜梁至资中高速公路A2标段控制测量和激光测绘。该标段路线全长55公里，控制测量采用四等平面、四等高程精度施测。航测外业组克服秋季阴雨天气、空域协调复杂等不利因素影响，随时调整细化方案，耐心坚守，历时30余天完成线路走廊带全部数据采集工作。经内业对激光采集高精度、高点密度、高时效点云及影像数据处理，迅速生产数字线划图、数字高程模型、数字正射影像等数字测绘产品，较好满足资铜高速公路勘测设计工作对快速获取多种高精度测绘成果需求。

（达乾龙）

庙子坪岷江特大桥垂直度检测 2020年，省公路设计院公司在精密工程测量方向不断提升专业技能，引进先进设备和技术，完成庙子坪岷江特大桥垂直度检测项目，该桥全长1440米，桥梁采用2×50米（简支T梁）+125米+220米+125米（连续刚构）+17×50米（简支T梁）桥型。面对该特大桥总长达到公里级别、桥墩数量众多、且为变截面复杂桥墩，垂直度检测引入Trimble SX10影像全站仪，对该桥进行全息数字化扫描，获得高精检测原始数据，为桥梁结构分析提供可靠分析数据。该技术在桥梁检测方面应用，较于传统钢尺丈量、全站仪测量等手段，大幅提高测量效率、可靠性，同时避免水上作业安全隐患。

（达乾龙）

测绘地理信息云平台研发 2020年，省公路设计院公司积极推进测绘地理信息云平台研发。随着新型测绘技术发展，测绘生产能力不断提高，测绘成果种类繁多、数据量大、数据使用率低。通过研发，测绘地理信息云平台能有效、科学管理海量测绘成果数据，改变传统数据拷贝交互方式，提高数据共享能力，目前平台中涉及项目包括绵广高速公路、镇广高速公路、天邛高速公路等10多个项目数据，使用部门涉及21个，用户数量超200人，日均访问量超过10000余次。随着平台不断完善，测绘地理信息云平台将促使地理信息数据与各业务数据有机结合，支撑公路规划勘察设计生产需求，能有效提高数据资源使用，释放数据价值，推动新业务开展。

（达乾龙）

公路工程外业调查智能化作业系统一期开发 2020年，省公路设计院公司完成公路工程外业调查智能化作业系统一期开发。该系统安装在移动设备上，以高分辨数字正射影像、大比例尺地形图和高精度三维数字地形模型为调查底图，采用数字化、信息化手段辅助设计人员开展野外调查工作，推动公路工程各专业调查数据共享与协同作业，为实现“一张图方案会审”提供数据支持。

（达乾龙）

2020年9月25日，省公路设计院公司开展外业测绘　　省公路设计院公司　供图

四川省高速公路大件运输桥梁智能评估系统研发 2020年，受省交通运输厅委托，省公路设计院公司完成“四川省高速公路大件运输桥梁智能评估系统”软件研发及数据库一期建立工作。该系统是一款为实现高速公路大件运输沿线桥梁结构安全智能评估而开发的系统，改变传统桥梁验算模式，采用“大数据+云计算”技术，实现基于车、桥模型大数据库集成化、智能化、信息化“一键式”快速评估。同时依托该系统应用，整合形成一套成熟快速评估审批流程，将大件运输管理流程数字化，极大提高大件运输管理效率，相比传统大件运输评估方法及审批流程，评估速度提高6倍以上，审批周期缩短80%，评估费用节省70%以上，实现“一扇门办事、一站式服务”。省交通运输厅优化大件运输审批服务工作被四川省人民政府评为“法制政府建设创新实践案例”。2020年完成系统开发并建立四川省高速公路大件运输通道桥梁信息数据库（一期），实现四川省19段高速公路全覆盖，里程2000余公里、约2500座桥梁，建成四川省高速公路大件运输出川主通道。依托该系统，省公路设计院公司大件运输技术团队在2020年11月完成四川江油双河镇天明电厂大件设备运输技术保障任务，该项目实际运输最大车货总重680吨，行驶里程180公里，难度及特殊性在全省乃至全国均属罕见，成功创造国内高速公路大件运输单件次车货总重量最大记录。

（钟　杰）

川藏铁路四川段配套公路建设桥梁检测加固工程 2020年，省公路设计院公司完成川藏公路全线桥梁检测加固项目工程可行性报告编制、国道318线雅安至巴塘段234座桥梁特殊检测评估计算、荷载试验及加固设计施工图绘制工作。川藏铁路四川段配套公路建设桥梁检测加固工程实施对满足川藏铁路建设大宗物资运输、TBM大件设备运输、隧道弃渣等功能具有重要意义。项目线路总长571公里，项目沿线多处于高海拔地区，气候环境恶劣，桥梁状况复杂，原始资料缺失，工期要求紧张，桥梁特殊检测评估及施工图绘制难度极大，外业检测组经冬历春，在571公里国道318线上，克服高达4700米海拔带来的困难，45天完成234座桥梁特殊检测任务，内业设计组根据不同桥型特点采取数十种不同加固措施提高桥梁承载能力，按时完成全线桥梁加固设计工作。

（彭浪鸣）

雅西高速公路山体崩塌抢险处治工程桥梁和边坡结构安全风险监测 2020年9月20日中午12时，雅西高速公路成都至西昌方向K2084+600米处发生山体高位崩塌，导致雅西高速公路姚河坝1号特大桥右幅桥梁第1、2跨垮塌和石棉至栗子坪段高速公路双向交通中断，桥下国道108线也被塌方体阻断。受雅西公司委托，省公路设计院公司承担该项目桥梁及崩塌边坡结构安全风险监测。山体坍塌发生后，省公路设计院公司智能监测团队快速响应，立即组织技术人员和监测设备于当天深夜抵达现场，23日清晨，监测系统正式上线。23日下午，交通运输部部长李小鹏视察现场抢险工作时，省公路设计院公司汇报监测工作开展情况，并现场演示应急抢险智能监测预警系统，得到充分肯定和认可。在此次应急抢险工作中开展智能监测主要有两个目的，一是保障左幅桥开放单幅双向交通后左幅桥运营安全，二是保障现场边坡危岩体清除、右幅桥和国道108道路恢复重建，以及桥下塌方体清除等施工作业过程中现场施工安全。现场首先对姚河坝1号特大桥受塌方体正面冲击左幅桥桥跨进行智能监测，然后对边坡危岩体以及需拆除的右幅桥危险桥跨进行智能监测。桥梁结构方面，主要对桥墩倾斜度、梁体位移情况以及受损梁片裂缝宽度发展变化等进行监测。边坡方面，主要采用地质雷达对危岩体位移情况进行监测，并对表面边坡裂缝采用裂缝计进行监测，现场布设30余台（套）传感器。此次应急抢险工作中智能监测工作采用省公路设计院公司自主研发基于组态化系统架构和GIS+BIM+IOT底层数据平台工程结构安全智能监测云。监测云平台通过基于数据驱动AI分析子系统，实现基于结构特征指标风险阈值体系和基于专业规则链预警发布机制；通过电子流子系统，实现贯穿风险事件触发、预警状态管理、实时信息推送、报告报表发布、应急响应、养管决策技术支持全流程动态跟踪管理。监测云平台上述特色功能，使监测系统与现场交通管制、施工作业形成两个联动机制，即结构安全预警与应急响应联动机制、结构安全评估与决策技术支持联动机制。在智能监测预警助力下，姚河坝1号特大桥在断道6天多后于9月26日实现左幅桥单幅双向通行，12月24日下午，右幅桥垮塌桥跨恢复重建工程顺利通过交工验收，随后全桥恢复正常运营。相关监测指标一旦超过预警值，监测云平台就会自动通过短信、微信向现场人员发布预警消息，施工作业人员可提前撤离，现场交通可临时管制，为应急抢险工作保驾护航。智能监测预警系统在雅西高速公路K2084+600山体崩塌抢险处治工程中应用成果，充分展现实时在线监测预警和快速应急响应作用，有效弥补传统检（监）测手段不足，为类似应急抢险工程项目提供参考和借鉴。

成雅高速金鸡关互通及服务区项目特殊及重点路基监测　成雅高速金鸡关互通立交及服务区项目（雨名快速通道项目）位于四川省雅安市雨城区及名山区，高边坡防护高度97米，相当于33层楼高度，为目前四川省内最高公路边坡。2020年4月，省公路设计院公司在该高边坡上埋设100多个智能传感设备，包括GNSS、深部测斜绳、钢筋计、锚索计、雨量计、水压计、土压力盒等，对边坡地表位移、深部位移、锚杆锚索应力、降雨量、深部水压力、抗滑桩结构内力、抗滑桩后土压力等监测指标应用工程结构智能监测技术进行24小时全天候远程监测预警，有效保障施工期间人员、机械及后续长期运营中通行人员、车辆安全。

（彭　博）

李渡嘉陵江大桥运营安全健康监测系统建设　2020年，省公路设计院公司完成省道208线南充市嘉陵区李渡嘉陵江大桥运营安全健康监测系统建设。该系统100多个智能传感设备分布于李渡嘉陵江大桥主桥、引桥及路基路面，监测内容涵盖主桥结构安全监测、桥梁运营环境监测、基于动态称重系统的断面交通流量监测、可视化视屏监控，实现对该桥24小时全天候远程监测预警。省公路设计院公司应用成熟系统安装集成及联合调试技术确保系统可靠运行、基于BIM底层数字化平台为客户提供直观友好交互环境，自主研发工程结构安全智能监测云平台为项目监测业务开展搭建稳定软件平台环境。该系统是公司在省交通运输厅等主管部门要求国省干线新（改）建长大桥隧须同步建设健康（安全）监测系统行业背景下实施的首个同类型项目。

（王莹峰）

西部大跨度山区桥梁风场特性、抗风关键技术及工程应用项目获奖　2020年，省公路设计院公司科研项目“西部大跨度山区桥梁风场特性、抗风关键技术及工程应用”获四川省科技进步一等奖。西部山区抗风性能是大跨度山区桥梁最主要控制因素。大跨度山区桥梁抗风性能研究面临三大难点：桥位气象资料缺乏、风场研究手段局限；复杂地形、地貌、地温严重影响空气流动；桥梁绕流特性和流固耦合机理发生本质变化。项目主要依托雅康高速泸定大渡河大桥（1100米单跨钢桁梁悬索桥），突破大跨度山区桥梁抗风技术瓶颈，取得以下创新成果：创新研发复杂地形、地貌桥址区风场特性风洞实验、数值模拟及现场实测成套技术；揭示山区风场形成机理和时空分布特征，提出面向工程需求复合风速标准；建立山区桥梁静动力抗风分析模型，提出山区桥梁气动优化措施设计原则。项目获国家授权发明专利10项、实用新型专利4项；SCI收录论文40篇，EI收录论文50篇；研究成果被应用于44座大桥，近三年产生经济效益7.49亿元。

（孙　璐）

高烈度深切峡谷山区公路建设减灾关键技术及应用项目获奖　2020年，省公路设计院公司科研项目“高烈度深切峡谷山区公路建设减灾关键技术及应用”获四川省科技进步三等奖。四川涉藏地区公路通道峡谷深切、强震频发、气候复杂多变、生态环境脆弱，防灾减灾是进藏高速公路建设核心问题，项目组历时多年研究，突破高海拔高烈度深切峡谷区公路关于地质灾害评级及防治、路基经济抗震、桥梁减隔震、路面抗凝冰等技术瓶颈，取得一系列创新成果：建立考虑多因素高烈度深切峡谷区公路边坡地质灾害风险评价方法；建立高烈度深切峡谷区基于位移控制边坡支挡防护结构抗震设计方法；提出基于板式橡胶支座滑动及纵横向限位桥面连续简支梁桥减隔震技术体系；开发具有环保性新型融雪化冰剂。项目获授权国家专利20余项，获软件著作权6项，发表论文100余篇，主编标准2项，出版专著7本。成果成功应用于广甘、雅康、汶马、九绵等10余项省内外高速公路重大工程中，改善山区交通出行条件，综合效益显著。

（孙　璐）

复杂地质条件下深埋公路隧道电磁勘探关键技术及应用项目获奖　2020年，省公路设计院公司科研项目“复杂地质条件下深埋公路隧道电磁勘探关键技术及应用”获四川省科技进步三等奖。西部山区高寒艰险环境下进行隧道勘察需面临地形地质条件复杂等巨大挑战，高效准确勘察工作是深埋隧道科学设计、安全施工决定性因素。项目针对复杂地质条件下深埋隧道电磁勘探关键技术攻关，建立压制干扰、提升有效探测深度科学采集体系，研发相关设备；提出视电阻率比值法公式、构建提取深部有效微弱地质信息新型二维反演初始模型方法，有效解决公路隧道隐伏不良地质判识精度低重大技术难题；提出以电磁法为主导的高海拔复杂地形地质条件下公路隧道综合勘察新模式，有效解决深埋隧道岩体完整性评价、构造判识以及不良地质研判等关键技术难题，为复杂山区公路隧道电磁勘探提供科学依据，使隧道综合勘察更加经济、环保、高效。

（孙　璐）

川西高原复杂条件长大公路隧道建设支撑技术项目获奖　2020年，省公路设计院公司科研项目“川西高原复杂条件长大公路隧道建设支撑技术”获中国公路学会科学技术一等奖。川藏公路川西高原段，由四川盆地向青藏高原东缘快速爬升，在短距离大高差高山峡谷区建设通道需修筑大量长大隧道。针对川西高原公路隧道建设所处气象、构造、地质和地形等复杂条件，需要解决长大公路隧道面临寒冷缺氧、瓦斯灾害、强震频发、运营费用高等技术难题。项目研究成果形成“川西高海拔公路隧道通风、供氧技术标准”“公路瓦斯隧道分级安全防控与经济高效建设技术”“强震频发区隧道三区段抗震减震关键技术”“公路隧道清洁能源综合开发与应用”等多项创新性研究成果。项目获发明专利16项、软件著作权和国家工法8项，发布标准4部，出版专著7部，发表论文65篇。研究成果在四川、云南、青海、西藏等150座300公里隧道工程中推广应用，取得显著社会效益和经济效益。

（孙　璐）

四川涉藏地区高海拔高烈度条件下公路建设减灾关键技术项目获奖　2020年，省公路设计院公司科研项目“四川涉藏地区高海拔高烈度条件下公路建设减灾关键技术”获中国公路学会科学技术二等奖。项目针对四川涉藏地区公路高陡边坡地质灾害、路基边坡结构抗震、桥梁结构物安全、路面冰冻积雪等制约公路防灾减灾关键技术问题开展研究，建立高烈度深切峡谷山区公路边坡地质灾害风险评价方法，研发高陡边坡灾害防治新技术；创新发展高烈度山区公路路基边坡支挡加固结构地震响应分析及抗震设计方法，推进基于性能要求的抗震设计；研发高烈度深切峡谷区中小跨径桥梁抗震减灾综合技术，解决常规梁式桥减隔震与多联长桥防落梁技术难题；开发长效环保型层状双金属氢氧化物新型融雪化冰剂，突破传统融冰剂对环境污染大、融冰能力持续时间短的瓶颈。项目成果的应用有效提高四川涉藏地区高等级公路的防灾减灾能力及安全性，为公路建设从平原向青藏高原的成功跨越提供基础性技术保障。

（孙　璐）

模拟结构复杂受力条件的超大吨位六自由度加载系统及应用研究项目获奖　2020年，省公路设计院公司科研项目“模拟结构复杂受力条件超大吨位六自由度加载系统及应用研究”获中国公路学会科学技术二等奖。桥梁、建筑等工程构造物中主要承重构件、关键受力节点及核心子结构本构关系、力学行为、承载能力及破坏模式，一直是结构工程领域研究重点。然而其力学行为仅能通过理论模型或经验公式进行推算，极难通过模型试验进行真实模拟分析。项目针对上述难题，创新研发空间六自由度协调加载控制技术及配套软件，首次研制超大吨位六自由度加载试验系统装备，提出适用于大型桥梁结构复杂受力行为模拟试验方法及技术。研究成果填补中国结构工程领域中，针对主要承重构件、关键结构节点及子结构复杂力学试验需求，缺少具备拉、压、剪、弯、扭超大吨位六自由度加载控制试验系统技术空白。

（孙　璐）

钢管混凝土加劲桁梁桥设计理论及工程实践项目获奖 2020年，省公路设计院公司科研项目“钢管混凝土加劲桁梁桥设计理论及工程实践”获中国公路学会科学技术二等奖。随着西部大开发逐步推进，山区公路建设需求巨大，公路桥梁占路线总比40%，其中，中等跨径桥梁占比90%。山区桥梁建设面临地震烈度高、砂石材料匮乏、缺乏施工场地、地质灾害频发、施工条件恶劣、有效工期短等复杂建设环境，采用传统钢筋混凝土梁桥和钢结构梁桥具有很大局限性。项目组通过理论分析、试验研究、实桥试验等技术手段，提出全新钢管混凝土加劲桁梁桥构造形式；揭示钢管混凝土加劲桁梁节点与主梁受力机理，建立钢管混凝土加劲桁梁桥设计计算方法；研发与钢管混凝土加劲桁梁桥施工匹配“高适应性整跨架设专用架桥机”；研究成果形成新型钢管混凝土加劲桁梁桥设计与施工成套技术。项目研究成果获国家发明专利4项，制订地方规程4部、省级工法3部，发表学术论文10余篇。研究成果在雅西高速公路干海子大桥、汶马高速公路汶川克枯大桥、久马高速公路红原大桥等工程项目中应用，节省建设投资费用约5000万元。

（孙 璐）

川西深切峡谷区高等级公路边坡灾害防控关键技术项目获奖 2020年，省公路设计院公司科研项目“川西深切峡谷区高等级公路边坡灾害防控关键技术”获中国岩石力学与工程学会科学技术二等奖。边坡灾害防控难题是川西峡谷山区高等级公路建设瓶颈，制约着进藏高等级公路建设、运营安全和交通强国战略实施。项目组历时十余年研究，突破青藏高原东缘川西峡谷山区公路边坡灾害防控技术，取得包括“机理、算法、设计方法、工程技术”为核心的整套原创性成果。项目揭示深切峡谷区考虑反复冻融变温作用下边坡岩体损伤弱化机理，创建基于虚实分离法的深切峡谷区场地人工地震动合成方法及全面考虑地震动三要素参数地震响应时频变换分析算法，提出高烈度深切峡谷区边坡岩土体支挡防护结构位移控制标准及抗震设计方法，研发包括人字形碎屑流疏排结构、坡体压力自调式多级框架结构、快硬型固结灌浆材料等适用于深切峡谷区边坡灾害防治工程新材料、新技术。项目成果为川西峡谷山区高等级公路建设提供坚强技术支撑。

（孙 璐）

320米特大跨钢筋混凝土肋拱桥支撑技术研究项目获奖 2020年，省公路设计院公司科研项目“320米特大跨钢筋混凝土肋拱桥支撑技术研究”获华夏建设科学技术二等奖。钢筋混凝土拱桥以受压为主，耐久性好、抗震性能高、维护成本低，在中国得到大力发展。然而依据总体线路布设中下承式特大跨钢筋混凝土肋拱桥，横向间距大、主拱肋宽小、传统劲性骨架法外包钢筋混凝土分环次数过多，导致计算分析难度大、工艺复杂繁多、质量可控性低、安全风险大、外包工期长，制约特大跨钢筋混凝土肋拱桥进一步发展。针对以上应用现状和存在技术难题，该项目采用理论分析结合模型试验验证、现场试验实桥测试等研究手段，从结构构造研发、材料制备、高质量快速施工工艺三个方面进行系统研究，为特大跨肋拱桥建造提供支撑技术。

（孙 璐）

高质化利用废轮胎的绿色环保沥青路面关键技术研究及应用获奖 2020年，省公路设计院公司“高质化利用废轮胎的绿色环保沥青路面关键技术研究及应用”获2020年度中国公路建设行业协会科学技术进步二等奖。该项目针对高质化利用废轮胎绿色环保沥青路面关键技术问题开展系统理论研究及技术创新，提出高性能橡胶沥青及混合料“制备—检测—设计—评价”系列创新方法，采用该系列方法制备橡胶沥青指标得到提升，有效控制和保障使用性能，橡胶沥青混合料高低温性能相对传统橡胶沥青混合料分别提高40%和28%；提出橡胶沥青级配类型与工程需求匹配技术解决方案。基于交通荷载等级及路面结构层位橡胶沥青混合料级配类型选择方法，解决橡胶沥青级配类型与工程应用选择缺乏匹配依据难题，完善废旧轮胎橡胶粉改性沥青应用技术体系；建立一种新型绿色环保沥青路面成套技术，研发一种负离子橡胶复合改性沥青，基于等体积填充理论提出负离子橡胶复合改性沥青混合料配合比设计方法。该技术使沥青路面既可以消化黑色垃圾，又成为负离子持续释放载体，大大净化路域环境空气质量，提升传统橡胶沥青路面的经济社会效益，为绿色环保沥青路面建造提供新思路。相关成果在成都市武侯区领事馆路、成都生物城内多条道路路面工程中成功应用，实现废旧轮胎胶粉高质化利用，相对SBS改性沥青路面建设成本降低20.8%，负离子橡胶复合改性沥青路面技术显著净化路域空气环境，路面性能良好，具有广阔推广应用前景。项目获授权国家发明专利1项，发表科技论文6篇。

（张 蓉）

RAP高掺量高性能厂拌热再生关键技术研究及应用科研项目完成 2020年，省公路设计院公司完成RAP高掺量高性能厂拌热再生关键技术研究及应用科研项目。建立RAP“回收控制—老化评价—性能恢复”三阶段方法体系，提出高性能厂拌热再生沥青混合料配合比设计方法及三水平技术体系，建立厂拌热再生施工关键参数控制新体系。获得授权发明专利3项，发表论文4篇，四川省地方标准1项。项目成果在成温邛、达渝高速公路，以及省道206线安岳段等工程项目上示范应用，社会经济效益显著，应用前景广阔。该项目成果获四川省公路科技技术奖二等奖。

（张　蓉）

“高原山区复杂服役环境条件下沥青路面抗裂防治关键技术研究及应用”完成　2020年，省公路设计院公司完成“高原山区复杂服役环境条件下沥青路面抗裂防治关键技术研究及应用”项目。针对高原山区复杂服役环境条件下沥青路面开裂防治关键技术问题开展深入、系统理论研究与技术创新，取得创新成果：依托马尔康地区路域环境建立模拟“路面结构—气候环境—地理环境”的三维移动荷载数值仿真模型，提出一种适用于高原山区的桥隧路段复合式路面结构。研发适用于高原山区复杂服役环境条件抗裂型新材料技术体系。建立高原山区沥青路面材料性能评价新方法。项目研究成果在雅康、汶马高速公路，以及国道544线川主寺至九寨沟县城段国省干线示范应用，提升高原山区复杂服役环境条件下沥青路面抗开裂能力，经济社会效益显著，推广应用前景广阔。项目申请发明专利1项，授权实用新型专利2项，撰写技术指南1项，发表学术论文8篇。该项目成果获2020年度四川省公路科技技术奖三等奖。

（张　蓉）

“国道4216线屏山新市至金阳段高速公路工程综合测量项目”获全国优秀测绘工程金奖　省公路设计院公司“国道4216线屏山新市至金阳段高速公路工程综合测量项目”获2020年全国优秀测绘工程金奖。在该项目中省公路设计院公司测绘团队综合应用空、天、地一体化现代测绘手段，以遥感地质解译和InSAR形变分析技术排查地灾隐患，以机载激光为主要手段克服茂密植被和不良天气复合影响，采用倾斜摄影技术生产实景三维模型，提升工作精确性并显著减少外业工作量，为项目设计提供丰富、精确、直观的测绘成果和强有力三维交互融合应用支撑。

（胡栋才）

四川省钢管混凝土桥梁工程技术研究中心团队获“四川青年五四奖章”　省公路设计院公司四川省钢管混凝土桥梁工程技术研究中心团队获“四川青年五四奖章”（集体常规类）。该团队是世界钢管混凝土桥梁缔造者、创造者，是中国交通运输领域工程设计及科技研发领头羊，完成世界第一座全钢管混凝土桁架梁桥——雅西高速公路干海子特大桥、世界最大规模全钢管混凝土桁架梁桥——汶马高速公路克枯大桥与世界第一跨度钢管混凝土拱桥——合江长江一桥等多个全球首创的超级工程；获国内外大奖近40项，国家发明专利及实用新型专利50余项，为中国钢管混凝土桥梁建设技术迈入世界领先水平做出杰出贡献。该公司连续两届获此殊荣。

（刘　扬）

省公路设计院公司15个项目获2020年度公路交通优秀勘察设计奖　中国公路勘察设计协会公布2020年度全国公路交通优秀勘察设计奖获奖项目名单，省公路设计院公司15个项目获奖，其中，雅康高速公路雅安至泸定段、国道317线雀儿山隧道工程、国道85线米仓山隧道工程、雅康高速公路二郎山隧道工程地质勘察、银昆高速公路川陕界至巴中段工程地质勘察等5个项目获公路交通优秀设计（勘察）一等奖；成彭高速公路扩容改造工程、国道213线映秀至汶川段山洪泥石流灾害恢复重建工程、川藏公路北线马尔康至俄尔雅塘段改建公路工程、四川凉山州布施县冯家坪村溜索改桥工程、四川省绵阳至西充高速公路工程地质勘察、川黄公路雪山梁隧道工程地质勘察等6个项目获公路交通优秀设计（勘察）二等奖；国道351线乐英至夹金山垭口段灾后恢复重建工程、厦门至成都高速公路石坝（黔川界）至金竹坳段、成都经济区环线高速公路简阳至蒲江段交通工程、梧州至柳州高速公路等4个项目获公路交通优秀设计（勘察）三等奖。

（张俊锋）

四川省钢管混凝土桥梁工程技术研究中心揭牌　2020年11月，四川省钢管混凝土桥梁工程技术研究中心揭牌。该工程中心由省科学技术厅批准设立，依托单位为省公路设计院公司，共建单位包括交职院、路桥集团、武汉理工大学、西华大学等6家单位。工程中心致力于钢管混凝土桥梁结构、新型组合桥面板、高性能混凝土等新结构、新材料、新工艺的技术攻关和推广运用。

（胡栋才）

获评“2020年度交通运输行业重点科研平台十大创新平台”　2020年12月9日，交通运输部科技司在兰州召开2020年度交通运输行业重点科研平台主任联席会议，以省公路设计院公司为依托单位的“公路建设与养护技术材料及装备交通运输行业研发中心”被评为“2020年度交通运输行业重点科研平台十大创新平台”，这是该中心继上年“高海拔公路隧道建设与关键技术”被评为“2019年交通运输行业重点科研平台十大技术突破”、郑金龙被评为“2019年交通运输行业重点科研平台十大创新人物”后获得的又一荣誉。该中心以“复杂服役环境下公路建设与养护技术、材料及装备”为研发方向，重点开展路面工程、高寒高海拔隧道、公路地质与数字信息化技术等方面的技术攻关，并根据行业需求、专业特点和亟需攻克解决技术难题开展研究工作，取得一系列核心技术和丰硕的研究成果，并逐步实现工程化、产业化推广。

（张俊锋）

省公路设计院公司3篇论文入选2019年度交通运输重大科技创新成果库 2020年，交通运输部公布入选2019年度交通运输重大科技创新成果库98篇优秀论文名单，省公路设计院公司《泸定大渡河兴康特大桥抗震设计关键技术》《散粒体地层土压盾构掘进掌子面稳定性研究》《隧道正交穿越深厚滑坡体的相互影响分析与应对措施》3篇论文成功入选，其研究成果在相应专业领域具有较高的代表性和标志性，展示四川交通运输行业一流科技创新水平。

（胡栋才）

省公路设计院公司5人被认定为第三届四川省杰出青年工程勘察设计师或四川省优秀青年工程勘察设计师 2020年，四川省勘察设计协会公布第三届四川省杰出青年工程勘察设计师和四川省优秀青年工程勘察设计师认定名单，全省22人被认定为第三届四川省杰出青年工程勘察设计师，122人被认定为第三届四川省优秀青年工程勘察设计师。省公路设计院公司桥梁勘察设计分院郑旭峰被认定为第三届四川省杰出青年工程勘察设计师；勘察设计五分院文丽娜、隧道与地下工程分院田志宇、桥梁勘察设计分院林小军、曹发辉4人被认定为第三届四川省优秀青年工程勘察设计师。

（张俊锋）

15个项目获评2018年度四川省优秀工程勘察设计成果 2020年，四川省勘察设计协会公布2018年度四川省优秀工程勘察设计成果评定结果，省公路设计院公司15个项目获奖，其中，南宁市罗文大桥、巴朗山隧道工程、映秀至卧龙公路隧道群设计、遂广高速公路、广安市岳池（九龙）至华蓥（阳和）干线公路工程、成都第二绕城高速公路东段工程地质勘察、省道303线映秀至卧龙公路工程地质勘察、隧道全自动结构计算软件等8个项目获四川省优秀工程勘察设计一等奖；泸渝高速公路合江长江二桥、江油市涪江五桥、丽攀高速公路攀枝花段隧道群设计、映汶高速公路交通工程、甘孜至白玉公路改建工程、内威荣高速公路工程地质勘察、遂资眉高速公路眉山段建设项目工程地质勘察等7个项目获四川省优秀工程勘察设计二等奖。

（胡栋才）

6名技术人员获省公路学会表彰 2020年，省公路设计院公司6名技术人员获得表彰。其中何恩怀、谭昌明等2人获“第一届四川省公路优秀科技工作者”称号；王义鑫获“第一届四川省公路青年科技奖”；郑旭峰、郑金龙等2人获“第二届四川省公路十名优秀工程师”称号；田志宇获“第二届四川省公路青年科技奖”。

（胡栋才）

省公路设计院公司获批两项甲级测绘资质 2020年，省公路设计院公司获自然资源部批复，新增“测绘航空摄影无人飞行器”“摄影测量与遥感”两项甲级测绘资质。至此，该公司“工程测量”领域已获三项甲级资质，为进一步加快测绘地理信息业务拓展、推进公司转型升级奠定坚实基础。

（张俊锋）

首获中国公路建设行业协会科技进步奖 2020年，省公路设计院公司承担的“高质化利用废轮胎的绿色环保沥青路面关键技术研究及应用”获2020年度中国公路建设行业协会科学技术进步奖二等奖，系公司首次获此奖项。该项目组历时11年，针对高质化利用废轮胎的绿色环保沥青路面关键技术问题开展系统理论研究及技术创新，建立一种新型绿色环保沥青路面成套技术。项目研究成果成功运用于成都市武侯区领事馆路、成都生物城内多条道路路面工程中，相对SBS改性沥青路面建设成本降低20.8%，负离子橡胶复合改性沥青路面技术显著净化路域空气环境，路面性能良好，具有广阔推广应用前景。依托该研究项目获国家发明专利1项，撰写技术指南1项，发表科技论文6篇。

（胡栋才）

首获电子行业优秀工程设计奖 2020年，工业和信息化部工程建设管理中心发布2019年度电子行业优秀工程设计项目评选结果，全国评选出78项优秀项目。省公路设计院公司“四川省高速公路专用通信网改造项目”获电子行业优秀工程设计一等奖。这是该公司首次获电子行业奖项。

（张俊锋）

“竖井单层模筑砼衬砌及短段掘砌建设新法”获奖 2020年，省公路设计院公司隧道与地下工程分院研发的“竖井单层模筑砼衬砌及短段掘砌建设新法”获银奖。该项创新依托米仓山隧道，相对于传统复合式衬砌及长段单行掘砌作业法，具有衬砌紧跟、安全性提高、工序更少、施工效率翻倍等优点，经济和社会效益显著。依托该创新成果，省公路设计院公司还编制《公路隧道竖井设计与施工指南》，为今后众多竖井尤其是深大竖井安全绿色高效建设提供技术支撑。

（胡栋才）

获第十七届中国土木工程詹天佑奖 2020年，省公路设计院公司牵头设计的雅安至泸沽高速公路获第十七届中国土木工程詹天佑奖，这是该公司第10次捧起詹天佑奖杯。该项目又称雅西高速，全长240公里，是国家勘察设计和科技双示范工程。公司依托该项目攻克复杂地形地质条件下路线方案选择技术难题、边坡稳定技术难题、高烈度地震区桥梁隧道抗震技术难题、超长隧道建设和营运技术安全难题，牵头攻克长度55公里长大纵坡营运安全技术难题和冰雪雨雾条件下超前预报预测技术难题，建立大高差梯级山区高速公路行车运营安全的成套管控技术，开发山区高性能混凝土技术，攻克山区砂石材料匮乏的技术难题；形成技术指南4部，获得省部级科技进步奖8项，省部级工法3项、工程奖31项、国家专利12项。

（张俊锋）

“山区高速公路工程结构集群化安全监测预警技术及信息化系统应用”获奖 2020年，省公路设计院公司“山区高速公路工程结构集群化安全监测预警技术及信息化系统应用”获“中国高速公路信息化奖——创新技术奖”。近年来，该公司瞄准行业技术难点和需求，持续开展交通数字化智能化应用技术攻关，组建集精英人才、核心技术和先进设备于一体的交通数字化业务团队，构建起以GIS+BIM平台为支撑，贯穿公路工程设计、建造、运营、养护全寿命周期技术体系。该获奖项目基于自主研发的“工程结构安全智能监测云”，实现山区高速公路工程结构全天候、自动化监测，形成安全风险监测、预警及评估成套技术，探索面向云计算的山区高速公路工程结构全寿命周期服务新模式。

（胡栋才）

《考虑掘进过程的散体地层土压盾构隧道开挖面稳定性研究》获奖 2020年12月，首届川渝科技学术大会暨四川科技学术大会在蓉举行。省公路设计院公司隧道与地下工程分院王俊等人所发表的《考虑掘进过程的散体地层土压盾构隧道开挖面稳定性研究》（Face Stability Analysis of EPB Shield Tunnel in Dry Granular Soils Considering Dynamic Excavation Process）获优秀论文二等奖。该论文发表于全球最顶尖岩土工程类SCI期刊之一的《岩土工程与环境工程学报》（Journal of Geotechnical and Geoenvironmental Engineering）。论文采用先进的三维离散元算法，首次研究在考虑TBM/盾构动态掘进过程条件下隧道掌子面极限支护压力和失稳区形态。研究成果为乐西高速公路大凉山1号隧道TBM掘进过程中保证开挖面稳定提供丰富技术储备。

（张俊锋）

省公路设计院公司6项标准获2020年四川省地方标准制定立项 2020年，省公路设计院公司向四川省市场监督管理局申报的《高速公路新型中央分隔带SAm级混凝土护栏技术指南》《四川省公路隧道超前地质预报技术规程》《山区公路混凝土结构桥梁安全风险监测指标体系设计与预警技术指南》《沥青路面厂拌热再生技术指南》《公路隧道竖井技术规程》《四川省高速公路景观及绿化设计指南》等6项标准获批立项。该批标准涵盖桥梁、隧道、交通工程、环境与景观工程、智能监测等领域，行业发展前景广阔。

（胡栋才）

渝黔高速公路扩能项目大兴隧道双洞贯通 2020年，由省公路设计院公司监理的重庆渝黔高速公路扩能项目大兴隧道实现双洞贯通，标志着该项目建设取得突破性进展，为完成年度建设目标奠定坚实基础。大兴隧道是渝黔高速公路扩能项目唯一一座低瓦斯隧道，为分离式三车道隧道，左线长895米，右线长847米。隧道围岩自稳能力较差，裂隙水发育，隧道进口段浅埋偏压，出口段浅埋且为生烃地层。监理过程中，公司高度重视安全管理，始终把对施工工法与瓦斯监控的管理工作放在首位，为隧道安全贯通提供有力保障。

（胡栋才）

省交通设计院公司概况 2020年，省交通设计院公司开展工作如下。

疫情防控 面对突如其来的新冠肺炎疫情，公司上下团结一心，牢牢守住自身防疫阵地。在全国战“疫”紧要关头，主动向湖北随州主战场医护人员，以及奋战在凉山州、甘孜州脱贫攻坚和疫情防控一线的干部职工捐献防疫物资，缓解前线物资紧缺压力，切实践行国企社会担当。选派5名党员加入厅“疫情防控90后青年党员服务队”，在交通疫情防控一线“树党旗、亮身份”。

经营业绩 全年新增合同产值10.94亿元，为目标（9.48亿元）115%；完成产值8.63亿元，为目标（7亿元）123%；营业收入7.35亿元，为目标（7.3亿元）101%；利润总额4581万元，为目标（3187万元）144%；应收账款周转率6.54；净资产收益率10.37%；经济增加值5315万元，完成厅下达年度目标任务。

技术服务 一是提质增效抓前期。按照厅统一安排部署，倒排工期、挂图作战、打表推进，全力做好开江至梁平、内江至大足、通江至王坪等“9+3+3”重点挂牌督战高速公路项目和川藏铁路配套公路工程等29个公路勘察设计项目，以及沱江航道等级提升、渠江风洞子航运枢纽等11个“2+4+7”水运重点项目，均按期完成厅下达各项重点目标任务。二是优质服务促建设。全年派出320余人次，赴德会高速公路等13条高速公路，巴塘县竹巴笼至得荣县二龙桥等28个国省干线项目，嘉陵江航运配套二期工程等8个水运项目开展后期服务，为项目建设提供坚实技术保障。三是及时响应保畅通。第一时间组织精干技术力量，投入冕宁县“6·27”洪灾、国道248线和国道213线损毁道路应急抢险和抢通保通。完成全省洪涝灾害水运基础设施损毁调查，编制灾后修复实施方案，积极承担水毁重建项目，服务防汛减灾工作。

创新驱动 完成BIM三年行动计划收官，人才结构、核心技术、科研成果、知识产权等综合实力显著提升。组织“智能化航道整治工程BIM设计平台”正向设计软件培训，在岷江、嘉陵江等20多个航道整治项目中成功应用，切实提升航道设计质效。自主研发“BIM隧道平纵设计系统”正向设计软件，基本实现隧道地质纵断面参数化绘制和对应工程量自动更新，在西香高速公路、绵广高速公路扩容等项目中深入应用。自主研发“经天路图”设计软件，初具协同设计雏形。获四川省科技进步三等奖1项、科学技术奖共3项、咨询奖3项、勘察奖4项、设计奖7项、测绘奖2项。取得授权专利37项，其中发明专利3项。组织发表核心期刊学术论文34篇。

人才队伍 新增正高级专业技术人员14名、副高级专业技术人员24名、中级专业技术人员33名、各类注册工程师50名，考录20名应届硕士毕业生；新选拔聘任11名、调整12名、引进3名中层干部，进一步充实干部队伍。组织干部管理效能提升、员工综合素质提升、工程师匠心铸造等3期培训班，以及技术能力提升、执业资格和专家继续教育等培训，全年培训300余人次。

党的建设 持续压紧“一岗双责”，29项党建工作重点任务全面完成。11名党员在交通脱贫攻坚挂牌督战中获厅表扬，1名党员获“2019年省内对口帮扶藏族彝族贫困县先进个人”和“四川省民族团结进步模范个人”荣誉。召开“七一”表彰大会，表彰5个先进党支部、50名优秀共产党员和10名党务工作者，激励主动担当、干事创业。

文化建设 扩大对外宣传，公司职工向震宇与妻子共同抗疫故事获新华社等主流媒体报道，“巨龙如何爬上川西高原”登上“学习强国”，仁寿县“杏花桥”扶贫故事和水运项目“生态设计”理念登上《四川日报》，《成都港总体规划》引发媒体和大众对水上交旅融合关注热潮，BIM技术推广应用走进交通运输部“在线访谈”，BIM中心成功创建省级青年文明号。

（省交通设计院公司）

国道549线九龙县城至稻城县城公路工程可行性研究报告 2020年，省交通设计院公司完成国道549线九龙县城至稻城县城公路工程可行性研究报告。国道549线九龙县城至稻城县城公路位于四川省甘孜藏族自治州境内，是《国家公路网规划（2013—2030）》中国道549线（石棉至得荣）中一段。通道是国道227线和国道248线之间东西横向加密通道，是九龙县至稻城县联络线。路线起于九龙县呷尔镇，接国道549线石棉至九龙段终点，经上团乡、跨越雅砻江后至牙衣河乡、拉波乡、省母乡、稻城县城金珠镇，止于稻城县桑堆乡，接国道549线桑堆至乡城段起点。项目运营里程长265.07公里，建设里程长238.12公里，其中新建路段里程长163.64公里，改建路段长74.48公里。项目桥隧比28.68%，其中桥梁长25.91公里，隧道长42.39公里，总投资99.44亿元，平均每公里造价4175.58万元。

（边广波）

国道4216线屏山新市至金阳、金阳至宁南段高速公路施工图勘察设计 2020年3月，省交通设计院公司参与编制的国道4216线屏山新市至金阳段高速公路（德溪至金阳段）、国道4216线金阳至宁南段高速公路（金阳至对坪段）完成两阶段施工图设计送审稿。项目是《国家公路网规划（2013—2030）》中国道4216线成都至丽江高速公路重要组成部分，亦为《四川省高速公路网规划（2019—2035）》中“宜宾—雷波—金阳—宁南—攀枝花”高速公路重要路段，项目全长262公里，其中省交通设计院公司设计段路线长度56公里。项目全线按双向四车道高速公路技术标准设计，设计时速80公里，路基宽25.5米。

（边广波）

内江至大足高速公路（四川境）工程可行性研究报告 2020年7月3日，省交通设计院公司编制的内江至大足高速公路（四川境）工程可行性报告获省发展改革委项目核准批复。内江至大足高速公路（四川境）是《四川省高速公路网规划（2019—2035）》中省道56线内荣高速公路一段。项目对优化区域高速公路布局，提升路网转换效率，加强川渝毗邻地区互联互通，推进成渝地区双城经济圈建设，带动沿线经济社会发展具有积极作用。路线起于四川省内江市东兴区平坦镇水梨村（重庆市荣昌区吴家镇以南），四川省和重庆市交界处，经内江市平坦镇、顺河镇、止于内江绕城高速公路，对接内江市汉安大道，项目路线总里程19.24公里。全线采用双向四车道高速公路技术标准，设计时速120公里，路基宽26.5米，桥隧比24.8%，总投资估算25.07亿元，平均每公里造价13035万元。

（边广波）

内江至大足高速公路（四川境）两阶段初步设计 2020年11月，省交通设计院公司编制的《内江至大足高速公路（四川境）两阶段初步设计》获省交通运输厅批复。项目是《四川省高速公路网规划（2019—2035）》中省道56线重庆（大足）经内江至荣县高速公路重要组成部分，对加强成渝双城经济圈及川南城市群间连接起着至关重要作用。项目全长19.22公里，全线按双向四车道高速公路技术标准设计，设计时速120公里，路基宽26.5米。

（边广波）

资中至乐山高速公路工程可行性研究报告通过评估 2020年11月10日，省交通设计院公司编制的资中至乐山高速公路工程可行性报告通过省发展改革委及省交通运输厅联合咨询评估。资中至乐山高速公路是《四川省高速公路网规划（2019—2035）》中铜梁至荥经高速公路重要组成路段，连接资中、乐山等地。项目实施对完善区域路网、强化路网互联互通、加强成都平原经济区一体化发展等具有重要意义。项目起于内江市资中县，接规划资中至铜梁高速公路，经威远县，眉山市仁寿县，乐山市井研县，止于乐山市市中区，对接规划天府新区经眉山至乐山高速公路，路线全长94.40公里。全线采用双向六车道高速公路技术标准，设计时速100公里，路基宽34米，桥隧比41%，总投资估算190.13亿元，平均每公里造价20141万元。

（边广波）

德会高速公路工程两阶段施工图勘察设计 2020年6月29日，省交通设计院公司编制的德会高速公路两阶段施工图设计获省交通运输厅批复。项目是《四川省高速公路网规划（2014—2030）》20条联络线中一条，起于德昌县锦川乡，衔接京昆高速公路西攀段，经老碾镇、六华镇、下村乡、益门镇、外北乡、会理县城，在会理县城东南侧南阁乡衔接拟建国道4216线成丽高速公路宜攀段。路线全长78.42公里，主线采用双向四车道高速公路技术标准，设计时速80公里，路基宽25.5米。

（方 正）

国道0615线久治（川青界）至马尔康段高速公路工程施工图勘察设计 2020年6月，省交通设计院公司参与编制的“国道0615线久治（川青界）至马尔康段高速公路工程勘察设计文件”完成批复。项目是《国家高速公路网规划（2013—2030）》中德令哈至马尔康高速公路重要组成部分，是规划中首都放射线北京至拉萨高速公路重要联络线，也是四川省高速公路网规划39条出川通道之一，主要连接青海久治县、阿坝州阿坝县、红原县、马尔康县，并且与汶马高速公路、马尔康至川主寺高速公路相接，是涉藏地区公路路网规划重要组成部分。路线全长219.1公里，全线按双向四车道高速公路技术标准设计，设计时速80公里/100公里，路基宽26米/25.5米，概算总投资301.98亿元。

（黄进进）

省道216线李子坪至棉桠段公路工程交工验收 2020年，省交通设计院公司完成省道216线李子坪至棉桠段公路工程交工验收。省道216线（稻攀路）起于稻城桑堆，经稻城、蒙自、木里、梅雨、渔门，止于攀枝花河石坝，路线全长634公里。项目为省道216线中一段，项目路线起点位于凉山州木里县境内李子坪黄泥巴村，起点桩号K90+900，路线沿黄泥巴村蚂蝗沟省道216线布线顺流而下，经百草坪村、木里县松香厂、乔瓦镇锄头湾村到木里县城城郊，经红科桥左岸沿河岸线下行，穿红科坝子，沿山腰展线至达娃水电站西北侧垮过博瓦河，路线沿既有机耕道西侧爬坡，经县城东侧达瓦社开阔地前行，至中咪沟设木里大桥跨过中咪沟接上省道216线后，路线沿原有道路布设，完全利用老虎嘴隧道、锦屏电站赔建路（包括小金河特大桥）后，路线继续沿省道216线前行，经下麦地乡政府背后进入菜子沟隧道，以隧道绕避菜子沟滑坡后路线沿老路改建，在棉布村按老路线形展线采用回头曲线展线升坡，止于棉桠垭口（木里县和盐源县两县交界处）。路线全长67.85公里，是西昌市通往木里唯一公路，是木里对外经济、文化交流重要通道。项目全线采用三级公路标准。木里县城过境段K105+980—K111+500设计时速40公里，路基宽10米；其余段落设计时速30公里，路基宽7.5米。新建隧道采用二级公路标准，设计时速40公里，建筑界限为9×5米。K117+171—K117+460为既有老虎嘴隧道，全长289米，设计时速20公里，建筑界限为7.5×4.5米，完全利用该隧道。K117+950—K119+660段为锦屏电站赔建路，路线长度1710米，公路按三级公路标准设计，路基宽8.5米，设计时速30公里。项目于2014年4月开工建设，省交通设计院公司派驻常驻设代一名、非常驻设代一名，于2020年11月完成交工验收会议。

（白新华）

省道217线甘洛至石棉公路（甘洛境）改建工程 2020年1月，省交通设计院公司完成省道217线甘洛至石棉公路（甘洛境）改建工程交工验收。根据《四川省普通省道网布局规划（2014—2030）》，若尔盖经马尔康、石棉、甘洛至金阳公路升级为普通省道217线。甘洛至石棉公路（甘洛境）为新增省道一段，原编号为凉山州县道178线。项目路线起点位于甘洛县城附近原甘石路与国道245线交叉处，经田坝镇、新茶乡、海棠镇至终点竹马垭口附近，路线全长40.81公里（含短链1.87米）。施工图设计结合初设批复及项目在路网中功能、作用和沿线乡镇路网规划情况，分段采用不同技术标准，全线采用三级公路标准建设，其中K0+000—K11+262.93和K12+499.57—K33+400段设计时速30公里，路基宽7.5米。田坝镇段（K11+262.93—K11+262.93）设计时速40公里，路基宽8.5米。项目于2016年3月开工建设，省交通设计院公司派驻常驻设代一名、非常驻设代一名，于2021年1月完成交工验收。

（白新华）

国道227线巴亨垭口至桃巴段公路改建工程 2020年，省交通设计院公司完成国道227线巴亨垭口至桃巴段公路改建工程交工验收。巴亨垭口至桃巴段为国道227线中一段，路线起点位于巴亨垭口附近，与拟建的国道227线麦日至巴亨垭口段顺接，起点桩号K50+100，路线沿老路蜿蜒下山，在K67+300—K67+500处经过陇撒牧场后路线沿峡谷左岸老路布线，顺沟而下在K83+080处到达低点，随后路线沿老路上坡，于K87+000处到达垭口，之后路线转而下山，经23公里下坡后到达下固增（九一五林场），路线在经过下固增后继续沿老路前行，于K120+320处到达终点豹子坪，与国道227线桃巴至李子坪段顺接，同时与省道220线桃巴至泸沽湖段相交，全线路线长68.031公里。项目含国道227线（原省道216线）凉山州木里县桃巴至下固增桥段公路灾毁恢复工程路面工程和俄西大桥，其中下固增至终点段K110+400—K120+320，路线9.84公里为灾毁段，列入《G227（原216）线凉山州木里县桃巴至下固增桥段恢复工程》路基工程先期实施，灾毁段项目包含除俄西大桥及路面以外的所有工程。项目全线采用三级公路标准，设计时速30公里，路基宽7.5米。项目于2017年10月开工建设，省交通设计院公司派驻常驻设代一名，于2020年11月完成交工验收。

（白新华）

省道304线通江至洗脚溪段改建工程 2020年，省交通设计院公司完成省道304线通江至洗脚溪段改建工程交工验收。通江至洗脚溪段改建工程为省道304线中一段，全线位于巴中市通江县境内，路线起于通江县南门大桥附近，经九根渡、广纳镇、黄梁垭口、三溪乡，止于洗脚溪（通江县与平昌县交界处），路线全长35.44公里。项目是通江至平昌、南部以及成都重要通道。全线按二级公路标准设计，通江县城至长城驾校段（K0+000—K3+657.79）、广纳镇过境段（K19+210—K21+530）和三溪乡过境段（K31+234—K34+600）路基宽12米；长城驾校至春在大桥段（K3+657.79—K7+160）路基宽10米；高坑电站段至广纳镇段（K12+500—K19+210）路基宽15米；其余路段路基宽8.5米。设计时速40公里，项目总投资4.84亿元。项目于2017年9月1日通过省财政厅审核入库，当年10月开工建设，历时3年，项目工程全部完工。省交通设计院公司派驻常驻设代一名，项目主体工程（三溪中桥及其前后连接线约0.3公里除外），于2020年6月完成交工验收。

（马建辉）

京昆高速公路绵阳至成都段扩容工程A1标段初步设计 2020年12月25日，由省交通设计院公司编制的京昆高速公路绵阳至成都段扩容工程A1标段初步设计文件获交通运输部批复。项目是国家高速公路网中首都放射线京昆高速公路和成渝地区环线（成都—绵阳—遂宁—潼南—铜梁—江津—合江—泸州—宜宾—乐山—雅安—成都）共用路段，也是国家“十三五”现代综合交通运输体系发展规划中“十纵十横”综合运输大通道纵8线重要组成部分，是四川通往陕西进而通往中国中部、东部及京津冀地区主要通道，在国家和区域公路网中居重要地位。项目起于绵阳，止于成都，直接联系成都、德阳和绵阳，是三市政治、经济、贸易、文化沟通与交流重要联系纽带。项目路线起于绵阳游仙区魏城镇附近，路线止点接新中枢纽互通，全线采用双向八车道，设计时速120/100公里，路基宽42/41.5/40米，新建特大桥3座5224.5米，大、中桥梁45座16410.25米，隧道1座960米，互通10处，预算总投资128.1亿元。

（何家林）

国道317线友谊隧道至映秀段改建工程两阶段施工图设计 2020年4月30日，由省交通设计院公司编制的国道317线友谊隧道至映秀段改建工程两阶段施工图设计文件获阿坝州交通运输局批复。本项目是交通运输部规划的八条西部大通道之一的国道213线（兰州至磨憨）和国道317线（成都至那曲）的共用段，是进藏的主要通道之一，也是连接都江堰至九寨沟和黄龙旅游景区的重要旅游公路。项目位于映秀镇，跨越紫坪铺水库，地质情况特别复杂，环境敏感，设计难度大，且受2020年新型冠状病毒肺炎疫情影响，面临工期紧、任务重压力，公司发挥“吃苦耐劳，勇于奉献”精神，按照相关要求坚持疫情防控与项目生产齐头并进，最终获批复文件。项目路线起于都江堰市龙池镇黄泥坡，终点与国道350线相接，路线全长12.77公里，全线采用二级公路标准建设，设计时速40公里，路基宽8.5米，新建特长瓦斯隧道1座3274.5米，新建长瓦斯隧道2座2134.5米，新建悬索桥1座589.53米，新建大、中桥3座550.59米，预算总投资9.48亿元。

（韩宗良）

国道210线达州市过境段公路改造工程两阶段施工图设计 2020年9月15日，省交通设计院公司编制完成国道210线达州市过境段公路改造工程两阶段施工图设计文件。项目是《国家公路网规划（2013—2030年）》中新规划国道210线重要组成部分，也是达州市“五纵七横”次级干线公路网中一条重要纵向干线公路。项目区域城镇分布密集，极度受控于城镇规划，沿线交叉道路繁多、顺层边坡、弃土及行洪等问题突出，设计难度大。项目分南、北两段，北段路线起点位于既有国道210线下穿襄渝铁路处（接规划省道203线），止点位于东岳互通（接达州市过境公路二期工程），南段路线起点位于斌郎乡，止点位于达川区、大竹县界处（接国道210线大竹段）。路线总长38.47公里（新建段27.97公里，利用段10.50公里），新建段按双向四车道一级公路标准建设，设计时速60公里，路基宽23米，新建大中桥8座2474米，预算总投资19.43亿元。

（何家林）

西昌至香格里拉（川滇界）高速公路前期工作招标A1标段初步勘察设计 2018年12月，通过公开招投标，省交通设计院公司和省公路设计院公司联合体中标国道7611线西昌至香格里拉（四川境）高速公路工程可行性研究及相关专题、西昌绕城段和木里支线段初步勘察设计、施工图设计及后续服务工作。项目是《国家公路网规划（2013—2030）》中18条东西横线厦门至成都国道7611线都匀—香格里拉中一段、《四川省高速公路网规划（2019—2035）》“18、9、9”网中9条横线昭通经西昌至香格里拉中一段。项目为西昌市绕城过境，推荐方案起于喜德县东河乡附近，设东河枢纽互通立交与西昌至昭通高速公路交叉。采用隧道形式穿越山体，经东河乡进入西昌市，在川兴镇尔乌上跨国道348线（设川兴互通立交与国道348线相接），经帽帽山，而后沿大兴乡东侧山脚布线，在大兴乡附近设置大兴互通立交，在三道沟附近采用隧道形式穿越花果山后转向西，避让邛海泸山风景区规划用地等和高压输电铁塔，并跨越鹅掌河，在海南乡上跨国道248线（设海南互通立交与国道248线相接）后采用隧道形式穿越洛古波乡境内王家山，至西溪乡牛朗村转向南，而后与国道108线并行、沿山脚布线，两次上跨国道108线后设置西溪互通与之衔接，在新营村转向西，再次上跨国道108线，并经黄联关镇鹿马村后上跨成昆铁路，止于西攀高速公路西木互通立交南4公里处，以黄联关枢纽互通立交（不含）与西攀高速公路进行交通转换，路线全长36.9公里。项目完成61个GPS控制点，106公里四等三角高程，108平方公里1：2000地形图航空摄影。

（吴　军）

天府新区经眉山至乐山高速公路勘察设计天乐A标段测量项目 2020年8月，通过公开招投标，省交通设计院公司与苏交科集团股份有限公司组成联合体中标《天府新区经眉山至乐山高速勘察设计天乐A标段》的工程可行性研究、初步勘察设计、施工图设计及后续服务等任务，测绘分院负责整个项目的控制测量、地形图航测、施工图放样等工作。项目主线起于成都市第二绕城高速公路，途径天府新区、双流区、彭山区，在黄丰镇东南上跨成都经济区环线向南经眉山市东坡区继续向南至眉山仁寿县、青神县，乐山市市中区接入乐山绕城高速公路，路线总长94.1公里。主线采用双向八车道设计，设计时速120公里，路基宽42米，全线桥隧比13.5%。设置桥梁19座8792米，无特大桥；设置隧道3座3571米，其中长隧道1座2467米，互通式立交13座，枢纽互通立交6座，一般互通立交7座。天眉乐山高速公路建成通车后，可有效降低成乐高速公路交通压力，也为成都、眉山同城化发展提供便捷交通。项目完成121个GPS控制点，291公里四等三角高程，150平方公里1：2000地形图航空摄影测量。

（谢　勇）

省道469线木里县乔瓦镇至园坝子新（改）建工程（一期工程）两阶段施工图设计获批　2020年12月，省交通设计院公司参与编制的《S469线木里县乔瓦镇至园坝子新改建工程（一期工程）两阶段施工图设计》通过凉山州交通运输局审查并获批复。项目在省道网布局规划中定位为“联络线”，向南与国道227线相接，向北与国道248线相接。项目起于国道227线平交口，经后沿既有道路布线，途经寸冬海子、核桃坪、跑马坪、青青坪、宋家，在松坪子村附近新建雅砻江大桥横跨雅砻江，后路线延既有老路布设，终点与卡杨电站公路相接，项目路线全长60.20公里。施工图设计为一期工程，桩号范围为K19+940—K60+199.59，路线长度40.26公里，采用三级公路标准建设，设计时速30公里，路基宽7.5米，困难路段适当降低技术标准，工程总投资5.53亿元。

（孙　浩）

省道302线北川任茂路大修工程（二期）一阶段施工图设计　2020年8月，省交通设计院公司参与编制的《S302北川任（家坪）至茂（县）路大修工程（二期）一阶段施工图设计》通过厅公路局审查并获批复。项目位于北川羌族自治县，公路等级为三级公路，路基宽7.5米，路线全长18.16公里，9.51公里隧道路面修补刻纹，8.66公里路基、路面等进行大修，工程总投资2524.37万元。

（王正森）

成资快速道路、简三路、简仁路大修改造工程两阶段施工图设计　2020年3月，省交通设计院公司参与编制的《成资快速、简三路、简仁路道路大修改造工程两阶段施工图设计》通过成都高新区公园城市建设局审查并获批复。项目包含三条道路，分别为成资快速道路（丹景山1号隧道入口至马鞍山段）道路大修工程，公路等级为一级公路，路基宽24.5米，路线全长9.31公里；简三路道路大修工程，公路等级为三级公路，路基宽7.5米，路线全长16.44公里；简仁路道路大修工程，公路等级为三级公路，路基宽8.5米，路线全长7.76公里。工程总投资3.3亿元。

（王正森）

省道469线木里县乔瓦镇至园坝子新（改）建工程（一期工程）两阶段施工图设计外业调查

省交通设计院公司　供图

国道356线金阳界至布拖县城段公路改建工程监理　2020年，省交通设计院公司承担国道356线金阳界至布拖县城段公路改建工程SG标段项目监理任务，路线全长79.04公里，其中新建路线长56公里，利用旧有线路改建23公里。项目处于横断山脉与云贵高原结合部，工作区属凉山高原山地地貌过渡区域，海拔高度2500～3300米，平均海拔2900米以上。K30段海拔3100米，K21段海拔2100米，9公里范围内高差1000米。3月，根据习近平总书记指示，国家各层级部门下达关于国省干线实现路网畅通施工任务，即脱贫攻坚“9·30”任务。根据国家对2020年全国脱贫攻坚总体目标任务要求，项目属于凉山州五大脱贫攻坚基础工程，国道356线建设是布拖县脱贫攻坚目标任务如期实现重要考核指标之一。经省、州各部门领导经过多次现场调研，结合凉山州布拖县历年气候条件及现场脱贫攻坚安全住房及其他基础建设体量大，所有建设施工进场材料运输、沿线乡、村居民出行，国道356线是必经唯一道路等实际情况，为不影响脱贫攻坚其他基础施工推进，必须确保道路施工期间畅通，为此将项目施工工期作出分段调整。根据国家验收时间节点，验收所经过镇、村、社等必经路段，于9月30日前完成41公里路线主体工程，其余路段由省交通运输厅出资，采取“畅返不畅”临时保通措施，全线剩余主体工程于2020年12月30日前完成主体初通。

（刘　祥）

仁寿至屏山新市公路井研至新市段（含马边支线）路基土建工程施工监理　2020年12月31日，仁沐新高速公路马边支线建设完成，马边县告别无高速公路历史。马边县地处小凉山腹地，紧靠大凉山，其境内无高速公路，对外通道仅有国道348线（原省道103线）和马新路，从县城到乐山城区167公里，耗时超3小时。仁沐新高速公路是新增国高网展望线成都至丽江一段，是西南大通道重要连线，也是四川东南地区出省主要通道和贵州、云南两省彼此交往捷径。项目主线起于眉山仁寿县满井镇，由北向南，经乐山市井研、犍为、沐川，到宜宾市屏山县新市镇附近，与规划建设的宜攀高速公路相接，全长201.83公里。其中，主线全长158.03公里，马边支线全长43.80公里。道路为双向四车道，路基宽25.5米，设计时速80公里，总投资248.8亿元。马边支线起于主线沐川枢纽互通立交，经沐川境内富和乡、武圣乡、利店镇，马边石梁乡、劳动乡，民建镇，止于县城入城通道红牌坊大桥处。桥隧比78%，设置桥梁42座17296.8米，隧道10座16188.6米，分离式立交2处，匝道收费站3处，服务区1处，总投资51亿元（其中马边境内14.29公里，投资16亿元），预计建设工期30个月。其中，仁沐新高速公路马边支线JL7总监办所监理三个土建施工标段分别为LJ18、LJ19、LJ20标，全长22.42公里；工程采用双向四车道高速公路标准，设计时速80公里，整体式路基宽25.5米，沥青混凝土路面，桥梁与路基同宽。全线处于高山河谷地带，桥隧比例高，施工难度大。仁沐新马边支线建成后，成为连接大小凉山重要通道，打破马边对外交通瓶颈，使马边融入乐山“1小时”经济圈，促进少数民族地区经济社会发展和脱贫奔康有重要意义和决定性作用。

（彭晓丽）

组图：四川省仁寿至屏山新市公路井研至新市段（含马边支线）路基土建工程施工监理JL7总监办施工现场
省交通设计院公司　供图

成都天府国际机场高速公路施工监理　2020年，省交通设计院公司承担成都天府国际机场高速公路施工监理。成都天府国际机场高速公路是《四川省高速公路网规划（2019—2035）》中一条重要通道，四川省高速公路网规划18条成都放射线高速公路之一，是天府国际机场综合集疏运体系重要组成部分，是成都天府国际机场重要交通基础设施配套工程，是连接天府、双流两座国际机场、提升成都机场集疏运效率重要通道，是深入实施四向拓展、全域开放战略部署重要交通保障。其建设是进一步补充完善成渝经济区高速公路大通道，提高运输能力和服务水平需要，对于增强沿线城市间交通联系，加速推进区域一体化进程，推动“成渝经济圈”发展，培育第四经济增长极和动力源，唱响“成渝双城记”有着重要而又深远意义。成都天府国际机场高速公路总投资约195亿元，线路全长88公里，采用双向八车道和双向六车道标准建设，设计时速120公里和100公里，标段路基宽42米、37米、34.5米和33.5米，是省内设计标准最高高速公路项目之一。

（周孝刚）

成宜高速公路工程 2020年12月31日，成宜高速公路正式通车。成宜高速公路是《四川省高速公路网规划（2014—2030）》16条成都放射线高速公路之一，是成都平原经济区与川南经济区最便捷联系通道，对进一步完善四川高速公路路网布局，改善沿线交通条件，强化成都综合交通主枢纽对外辐射能力，加强成都平原经济区与川南经济区紧密联系，促进区域经济社会发展具有重要作用。2016年12月，成宜高速公路进行第二次环评公示，2017年3月15日开工（2018年6月，仁寿段开工建设），建设工期四年。2020年7月29日，随着仁寿段控制性工程富加北互通主线桥右幅最后一片T梁安装完成，成宜高速公路全线路基实现半幅贯通，为实现年底建成通车目标任务取得重大阶段性胜利。

（赵 彪）

天眉乐高速公路工程可行性研究 2020年，省交通设计院公司完成天眉乐高速公路工程可行性报告编制。天府新区经眉山至乐山高速公路是《四川省高速公路网规划》中成都—会理高速公路重要组成部分。2020年8月中旬，省交通设计院公司和苏交科集团股份有限公司联合体中标天府新区经眉山至乐山高速A标段三阶段勘察设计。项目起于国道108线，向南经成都第二绕城高速公路、成都市双流区、天府新区、眉山市仁寿县、彭山区、东坡区、青神县、乐山市市中区，止于乐山绕城高速公路，推荐路线方案全长94.12公里。项目主线按双向六/八车道高速公路标准建设，设计时速120公里，路基宽34.5米/42米。全线设互通式立体交叉15处，桥梁81座，桥隧比52%。

（吴 畏）

组图：2020年，成宜高速公路工程项目交工鸟瞰图

省交通设计院公司 供图

巴万高速公路新建工程 2020年，省公路设计院公司总监办巴万高速公路TJ3，TJ4，TJ5合同段。巴万高速公路为四川省高速公路网规划中新增7条东西横线之一，是又一条重要出川大通道，向东北与包茂高速公路连接经陕西安康通往中原和华东、华北，西北与广巴高速公路相接抵甘肃，西南和南面分别与成巴、巴广渝高速公路相连，直达成都、重庆。在川东北区域内，连接广元、巴中、达州三市，对完

2020年，巴万高速公路新建工程项目交工验收　　省交通设计院公司　供图

善四川省高速公路网、加快建设西部综合交通枢纽、推进秦巴山片区扶贫开发具有重要战略意义。巴万高速公路项目路线起于巴中市巴州区清江镇以南约2公里处，与巴达高速公路相接，途经通江县，止于万源市官渡镇南侧，与达陕高速公路相接，路线全长120公里；全线设置清江枢纽、清江、通江、通江东、芝苞、草坝、黄钟、长石、官渡枢纽9处互通式立交，连接线24公里，服务区3处，永久占地6.83平方公里。同线路总长26.08公里，路基工程总长度5.56公里，涵洞通道计44道，桥梁43座12704.50米。隧道总长4座222094.51米。

（莫兴权）

久马高速公路项目　2020年10月27日，久马高速公路神座隧道、查针梁子隧道等工地全面开工。久马高速公路是《国家高速公路网规划（2013—2030）》中北京—拉萨高速公路联络线国道0615线德令哈—马尔康重要组成部分，是联络国家高速公路网西北至西南大通道，是《四川省高速公路网（2014—2030）》中成都至马尔康至青海放射线重要组成路段。项目北连已建花久高速公路，南接在建汶马高速公路，是四川首条高原生态环保示范高速公路、四川首条高海拔高原高速公路和四川西北部首条高速公路出川大通道。项目起于四川青海省界，经阿坝州阿坝县、红原县至马尔康市王家寨，止于汶马高速公路王家寨互通立交。项目主线设置桥梁130座（特大桥11座）52公里、隧道20座（特长隧道6座）40公里，桥隧比42.1%。全线设互通立交7处，服务区4处，停车区3处，预留红原枢纽互通立交连接规划中川主寺至马尔康高速公路。全线有神座隧道5.5公里、海子山1号隧道5.3公里、查针梁子隧道3.1公里、马塘隧道3.2公里和王家寨互通立交5个控制性工程。项目全线采用双向四车道高速公路标准建设，分段采用技术标准。起点至吉灰、海子山至刷经寺段设计时速100公里，路基宽26.0米，里程长166.37公里；吉灰至海子山、刷经寺至终点段设计时速80公里，路基宽25.5米，里程长52.70公里。久马高速公路是连接成都平原经济区、阿坝州和青海省重要通道，建成后，将进一步完善路网结构，提高通行效率。

（陈文清）

川陕革命根据地红军烈士陵园道路提升工程项目勘察设计　2020年4月，省交通设计院公司承担并编制完成《川陕革命根据地红军烈士陵园交通专项改善实施方案（2020—2022年）》（以下简称“规划”），9月，省交通运输厅和省发展改革委联合印发。规划明确按照“2020初步改善、2021年显著提升、2022年整体完善”总体目标，到2022年将红军烈士陵园区域路网建设成“一主、四环、四联”格局。方案内需建设普通公路项目22个，其中干线公路11个、农村公路11个。省交通设计院公司承担六个项目，分别是省道204线山花顶隧道及引道工程工程可行性报告编制、景区内环道路一阶段施工图、景区外环道路一阶段施工图、省道203线洪口至长岭段改建工程工程可行性报告编制和勘察设计、省道203线至诚镇至芝苞段改建工程工程可行性报告编制和勘察设计、龙凤场镇（酒店垭）至唱歌镇（苦竹滩桥）红色旅游公路工程可行性报告编制和勘察设计。省道204线山花顶隧道及引道工程起于诺江镇千佛村，与省道204线通诺路起点平交，路线由西往东布线，经过小关梁（设置山花顶一号隧道），再经过溪东沟、城北村、陈家山（设置山花顶二号隧洞）、关家湾，止点位于城东村掘溪沟与省道204线相接，路线全长5.65公里。目前工程可行性报告编制完成，通过评审并修编完成，待专题批复后可报批。全线采用双向四车道一级公路技术标准，路基宽21.5米，路线长5.7公里，隧道长度2座4285米，投资10.2亿元。景区内环道路属于川陕苏区红军烈士陵园国家AAAA级旅游景区内道路，项目起于红军烈士陵园英烈墙，止点位于大城村纪红路接口处。按四级公路标准设计，路基宽6.5米，沥青混凝土路面，困难路段降低技术指标，采用小交通量农村公路设计标准，设计时速15公里，路基宽6.5米。路线全长5.89公里，总投资0.5亿元。景区外环道路起于沙溪镇，经文胜乡、啸口梁、苏坪、止于沙溪镇，路线长36.27公里。按四级公路标准设计，路基宽分段采用6.5米、5.5米、4.5米，沥青混凝土路面/混凝土路面，基本维持原路平纵指标，仅对局部路段截弯取直和改善个别大纵坡，加强交安设施，总投资1.00亿元。省道203线洪口至长岭段起于洪口隧道，经侯家院村、酒店垭、何家沟，止于长岭村四道班，路线长17.07公里。按二级公路标准设计，路基宽8.5米，沥青混凝土路面，困难路段降低技术指标，既有道路坡长超标路段，维持原路纵坡并加强交安措施。省道203至诚镇至芝苞段改建起于至诚镇李家坝，经至诚农场、金龙村、郑家梁，止于唱歌镇镇政府门口，路线长12公里。按二级公路标准设计，设计时速40公里，路基宽分段设置采用8.5米、7.5米，沥青混凝土路面，困难路段降低技术指标，既有道路坡长超标路段，维持原路纵坡并加强交安措施。龙凤场镇（酒店垭）至唱歌镇（苦竹滩桥）红色旅游公路起于龙凤场镇酒店垭村附近顺接省道203线，经石婆山、黄家河，再由西向东经犀牛滩，止于唱歌镇场镇路，路线全长19.54公里。其中新建段长8公里，改建段长5公里，利用段长6.54公里，总投资1.43亿元。

（吴　畏）

成南高速公路扩容工程两阶段勘察设计第A3标段初步设计　2020年11月，省交通设计院公司编制成南高速公路扩容项目第A3标初步设计获批复。成南高速公路又名国道42线沪蓉高速公路成南段，是沪蓉高速公路最末一段，是四川早期高速公路，建成于2002年12月，是四川盆地交通动脉、东出四川重要途径。项目纳入交通运输部《公路“十三五”发展规划》备选项目，为省交通运输厅拟开工建设重点推进高速公路项目。A3标起点（K1831+004.74）位于蓬溪县吉祥镇南侧，顺接第A4标段，经遂宁市船山区、大英县，德阳市中江县，止于成都第三绕城高速公路东侧（K1908+338.59），顺接第A2标，由中交公路规划设计院有限公司牵头与省交通设计院公司组成联合体单位中标，A3标路线全长77.56公里，其中起点至桂花枢纽为双向四车道扩建为双向八车道（原路宽24.5米，设计时速80公里），桂花枢纽至成都第三绕城高速公路为双向四车道扩建为双向八车道（原路宽24.5米，设计时速100公里），其中遂宁服务区至大英互通立交受大英县城市规划影响，采用完全新建八车道高速方式，该段路线长8.27公里。

（吴　畏）

国道4216线屏山新市至金阳段高速公路大河坝特大桥两阶段勘察设计完成　2020年，省交通设计院公司完成国道4216线屏山新市至金阳段高速公路大河坝特大桥两阶段勘察设计。大河坝特大桥跨径组合为1×360米中承式钢管砼拱桥，桥梁全长389.6米，桥梁采用整幅设计。桥梁平面大部分位于直线上，仅距离止点台尾46.2米范围内位于右偏缓和曲线上，大桥沿起点直线段按直线设计；由于桥梁末端局部位于右偏曲线上，桥面净宽适当加宽，以满足建筑限界需求。拱肋为变截面钢管混凝土桁架结构，净跨径为360米，计算矢跨比为1/4.5，拱轴系数为1.45，拱顶截面径向高6.5米，拱脚截面径向高12米，肋宽4米，拱肋中心距为33.0米。横撑竖向采用“I”型钢管桁架横撑，在吊杆处间隔设置；横撑上弦平面设置“△”形钢管横撑。吊杆采用GJ15-25环氧喷涂钢绞线整束挤压成型吊杆，单侧横向设置2根，极限抗拉强度为1860mPa；吊杆上端采用GJ15B-25型（张拉端）锚具；吊杆下端采用销接形式与桥面格子梁连接。桥面系采用钢格子梁的钢-混凝土组合梁。起点拱座位于莲峰断裂破碎带，设计采取适当扩大拱座尺寸降低基底应力，同时将左右侧拱座按整体设计，加强整体性，消除分修拱座差异沉降影响；结合止点地形地质条件，止点拱座设计采用“斜撑+竖撑”方案大量减少拱座基坑开挖，同时保证结构安全。

（刘　伟）

国道317线友谊隧道至映秀改建工程紫坪铺特大桥两阶段勘察设计　2020年，省交通设计院公司完成国道317线友谊隧道至映秀改建工程紫坪铺特大桥两阶段勘察设计。紫坪铺水库特大桥是国道317线友谊隧道至映秀改建工程在映秀镇群益村跨越紫坪铺水库控制性工程。主桥为485米双塔单跨简支钢板组合梁外张空间缆悬索桥，两岸边缆跨度125米。该桥设2根外张空间主缆，主缆采用1770mPa高强镀锌钢丝预制平行索股结构；全桥布置53对吊索，吊索采用1770mPa高强镀锌钢丝预制平行索股，吊索与索夹、加劲梁采用销接方式连接。主索鞍采用全铸式结构，鞍底设置座板作为滑动副；散索鞍采用摆轴式，鞍体采用铸焊结合结构形式。主缆采用高强钢拉杆锚固系统，两岸均采用隧道锚结构。加劲梁采用钢板组合梁，由钢格子梁通过剪力钉与预制混凝土桥面板结合而成。桥塔采用钢筋混凝土门形框架结构，两塔柱竖直布置，都江堰岸塔高90.55米，映秀岸塔高94.05米，基础为分离式承台+群桩基础。

（刘 伟）

金沙江航运综合开发项目项目建议书编制 2020年，省交通设计院公司完成金沙江航运综合开发项目项目建议书编制。项目位于金沙江（攀枝花段）乌东德库区，包括金沙江乌东德库区库尾航道整治、攀枝花港马店河作业区、攀枝花两江客运码头等三个部分。位于东经101° 47' ~ 101° 54'、北纬26° 11' ~ 26° 36'之间。路线起于雅砻江与金沙江汇合口，往下游经过金江镇、迤资乡、拉鲊乡、花棚子、糯鲊村。路线全长58公里。金沙江乌东德库区库尾航道整治河段全长58公里，按内河三级航道标准建设，建设内容包括航道整治工程、航标工程、航道工作站和支持保障系统及两江口至金江沿江环境整治，工程总投资约10亿元。攀枝花港马店河作业区建设件杂泊位3个，散货泊位3个，滚装泊位2个，码头占用岸线980米，匡算工程总投资约7亿元。攀枝花两江客运码头建设2个客运泊位，配套建筑及景观绿化工程，工程总投资约9000万元。项目完成50个GPS控制点，88公里四等三角高程，3.2平方公里1：1000地形图，23平方公里1：2000地形图。

（高 俊）

江安县古贤坝大桥两阶段勘察设计 2020年，省公路设计院公司完成县古贤坝大桥两阶段勘察设计。大桥为小石盘渡口渡改桥，位于江安县阳春镇革新村和双江村之间，该桥横跨长江古贤坝左汊副槽，是连接古贤坝与外界一条重要通道。项目建设将消除小石盘渡口安全隐患，改善两岸群众生产生活条件，为两岸农民交通出行带来便利。大桥主桥采用50+170+100米下承式提篮钢箱拱结合梁组合体系拱桥，矢跨比分别为1/4、1/5、1/5，拱轴线采用二次抛物线，桥宽15米；下部结构采用箱型空心墩，承台接桩基础。引桥采用4 × 25米现浇连续箱梁；下部结构采用圆柱墩桩基础，起点采用重力式桥台、扩大基础，止点采用桩柱式桥台，桩基础。钢拱桥主受力结构由拱肋、主梁（系梁）、中横梁组成，辅以横撑、吊杆连接。拱脚和桥面梁体刚接，吊杆上端锚固于拱肋，下端锚固于系梁顶部。拱肋吊杆垂直水平线布置，拱肋横撑对称布置，拱肋采用等截面钢箱拱。横撑采用一字型横撑，断面为矩形空箱断面。吊杆采用MGJ15-15、19钢绞线整束挤压成型吊杆。吊杆外套哈佛管保护，吊杆与人行道板间设置防水设施保护吊杆。

（李熊娟）

省道440线下长至宜宾道路建设项目 2020年，咨询监理公司（以下简称“咨询监理公司”）完成省道440线下长至宜宾（翠屏区段）道路建设项目两阶段施工图勘察设计工作。项目位于宜宾市翠屏区境内，起于宜宾李庄工业园区双塘村，经水碾沱、肖家坝、柏木溪、天元号、老鸭碛，止于马宋路独木桥附近，与规划的省道440线南溪段起点相接。路线全长9.22公里，采用二级公路技术标准兼具城市道路功能，设计时速60公里，路基宽16.5米，双向四车道，总投资4.40亿元，平均每公里造价4771万元。

（程 鸿）

省道432线宝兴县两河口至甘孜界段灾毁修复整治工程 2020年，咨询监理公司完成省道432线宝兴县两河口至甘孜界段灾毁修复整治工程可行性研究报告编制工作。项目起于雅安市宝兴县穆坪镇北国道351线西河大桥桥头平交处，止于宝兴县与康定市界线处，顺接省道432线康定段。路线全长68.04公里，K0+000—K29+150段采用三级公路技术标准，设计时速30公里，路基宽8.5米；K29+150—K68+026利用既有道路平纵线型对道路进行加宽改造，路基宽6.5米，估算投资7.34亿元。

（程 鸿）

国道321线纳溪至泸县一级公路改建工程 2020年，咨询监理公司完成国道321线纳溪至泸县一级公路改建工程（隆昌界至渠坝段）两阶段施工图设计。项目起于纳溪区渠坝镇，止于隆昌市山川镇。施工图设计包含纳溪区新（改）建段11.79公里和泸县改建段13.61公里，采用一级公路技术标准建设，设计时速60公里，路基分别宽23米和30米，总投资18.6亿元。

（程 鸿）

川藏铁路（西藏段）配套公路工程 2020年，咨询监理公司完成川藏铁路（西藏段）配套公路工程（省道303线卫通至油扎段）可行性研究报告并通过交通运输部审查。项目是川藏铁路TBM大件运输通道，起于昌都市贡觉县贡芒公路省道202线哈加乡油扎桥北侧桥头处，止于夏日村村尾处顺接既有道路。路线全长44.63公里，采用三级公路技术标准建设，设计时速30公里（部分路段时速20公里），路基宽7.5米，总投资4.52亿元。

（程 鸿）

专文

四川省公路设计院公司精心打造省内首条新建双向八车道高速公路

——记成都天府国际机场高速公路设计创新

匡成刚　王义鑫

四川省内首条新建双向八车道高速公路，四洞并行的龙泉山隧道，满足交通、商业、餐饮、物流综合功能的天府机场服务区，往来机场大交通量分流的天府机场T1T2互通，“大美蜀韵、天府锦廊”的沿线景观，地域特色与空港风格协调统一的建筑风格——省公路设计院公司设计的成都天府国际机场高速公路于2020年12月底建成通车，项目在设计中运用高标准、新理念、新技术，成功打造城市高速公路创新示范工程，实现最大限度节约集约通道与土地资源、集疏运综合交通运输体系等建设目标。省公路设计院公司在设计中充分考虑该项目兼具机场直达、长途过境、路网联通等多种功能，根据成都市规划“主城区”和“天府新区”双核格局，基于“以人为本、安全至上”设计理念，创新性开展路线总体方案研究。在合理选用路线走廊基础上，穷尽设计方案，多层次优选方案，提高总体设计质量，适当高标准运用技术指标以力求线形连续流畅，最大限度提高机场高速公路行车舒适性和便捷性，降低时间成本，处理好路线总体方案与城市规划发展之间关系，在适应城市发展布局基础上极大提高项目社会经济效益。

全线北起成都三环路，依次连接成都绕城高速公路、成自泸高速公路、成都第二绕城高速公路、成都第三绕城高速公路、成宜高速公路、资潼高速公路，并与周边路网（京昆、厦蓉、沪蓉等高速公路）相连，形成成都平原经济区北上、南下、东进、西行四通八达交通出行主动脉，同时与天府国际机场、双流机场、成渝客专、成自高铁、地铁18号线、地铁13号线、机场北线快速路、机场南线快速路等综合交通运输体系无缝衔接、转换，形成区域完善的航空、高铁、地铁、公路网综合交通运输体系。实现天府国际机场立足成都、服务四川、辐射西南、连接世界的发展目标，形成“有效衔接，快速疏解”集疏运综合交通体系。项目总长69.7公里，设计时速120公里，设置互通式立交10处，服务区1处，桥隧比47.7%，工程总造价165.34亿元。起点至天府国际机场42米宽八车道（局部49.5米宽十车道，T1T2互通最宽断面57米十二车道）。该项目不仅满足成都市区至天府国际机场30分钟直达交通需要，集散空港民航交通，还兼顾成渝第四通道和服务地方经济需要，对助力打造“成渝地区双城经济圈”，成为中国经济增长“第四极”具有重要作用。设计中最大限度节约集约城市通道与土地资源，起点段选线充分考虑与成渝客专并行采用共同走廊，并设置高架桥段。在满足与成渝客专并行的规范要求前提下，路线选线尽量靠近成渝客专，以集约土地资源、减小对土地的分割。天府新区核心区路段在设计中主动预留底层城市快速路通道，集约通道走廊，充分利用主线高架路段桥下空间，布置下层城市主干线和城市快速路，采用上下共走廊设计，为城市发展留下珍贵通道资源，有利于沿线城镇未来发展。有2段在设计阶段主动预留底层城市快速路17.33公里，节约占地约870000平方米，并为城市发展预留充足横向联系通道，充分体现城市高速公路设计新理念。省公路设计院公司通过深入研究，打破传统隧道设计思路，关键重大控制性工点龙泉山隧道在全国首次采用新建高速公路四洞双向十车道设计。隧道段采用大小车型分离的交通管理方式，中间双洞各三车道隧道为小客车专用车道，两侧双洞各两车道隧道为大车专用车道，互不干扰，有效提高隧道段通行能力。四洞断面的布置形式改变传统高速公路左右洞互为救援传统模式，2个同向车洞互为救援洞，4座平行的分离式隧道之间均布设有足够数量的车行横通道和人行横通道，洞内发生事故后，中间隧道可实现多方向救援和疏散，救援效率更高，并降低行车干扰。四洞分离，2+3+3+2双向十车道设计方案，有效避免了设置单向四车道超大跨度隧道，解决了施工难度大、工期长的问题，缩短工期约1年，节约造价3.4亿元，占隧道造价约20%。隧道救援能力显著提升，在火灾工况下仍能保证成都来往机场方向双向高速通行需求。

该项目有别于国内其他机场高速公路基本上均为城区至机场点对点衔接方式，而是兼顾机场高速公路大交通量进出机场与大交通量长途过境功能。T1T2互通在四川省内首次采用主线分合流设计，实现成都市区时速120公里高速公路进出机场+时速120公里畅联重庆。通过T1T2互通，实现主线双向八车道分流为双向八车道进出天府国际机场+双向六车道延伸至重庆方向，分流前主线最多为十二车道，路基宽57米，创造国内新建高速公路车道数、路基宽度之最。综合考虑机场规划、占地及工程造价等因素，优化设计方案，采用分开收费的T形互通方案，在机场红线外1公里分别设置成都侧收费站、资阳侧收费站，节省建安费用0.3亿元，减少占地120000平方米。设计以小客车为主的成都往来机场方向的交通从高速公路左侧分流，客货混行的成都往来重庆方向的交通从高速公路右侧分流，科学解决客货混行条件下大交通量的分流问题，减少交织，降低潜在安全风险。华龙互通的巧妙布设则有效解决公铁交叉难题，路线与成渝高铁桥梁交叉，在不上跨成渝高铁条件下，沿线仅有五环路（原麓山大道）下穿成渝高铁桥梁的位置高铁桥梁跨径较大，具备双向八车道高速公路主线下穿条件，此处下穿具备方案唯一性。成渝高铁、五环路和机场高速主线在平面上形成三角交叉，交叉点位处下有河道、上有高压走廊，地面上高铁、高速公路、城市快速路相互交叉，设置全互通立交难度极大。设计巧妙采用单环变形全苜蓿叶形立交，五环路主线下穿机场高速公路主线桥梁，机场高速公路主线、五环路主线、五环路辅道以及立交匝道共11条道路均下穿现状成渝高铁桥梁，减小立交建设对运营中的高铁线路的干扰。优化后的总体设计，保证立交道路下穿高铁桥梁的净

2020年，成都天府国际机场高速公路龙泉山隧道　　省公路设计院公司　供图

龙泉山隧道效果图　　省公路设计院公司　供图

空满足要求，且控制下穿位置道路挖填深度不超过1.5米，并采用桩板结构或U形槽的形式下穿，分散地基应力，确保高铁桥梁安全。

省公路设计院公司考虑到成都天府国际机场高速公路作为展示成都城市形象的窗口，景观设计以具有悠久历史的蜀文化为依托，紧扣天府国际机场太阳神鸟主题和国际枢纽定位，融入蜀锦文化元素，以“大美蜀韵、天府锦廊”为景观设计理念，通过“一路、三段、八节点”的模式构建神鸟浅湾—万木争荣—神鸟迎宾的景观序列，以高速公路为主轴线，形成“节点服务段落、段落讲述主题”，形成重点突出、主次分明、富有韵律感和节奏变化的路域景观，令人感受到逐段深入、层层递进的景观意境。方案设计以大面积草花、灌木为基底，点缀常绿、观叶观花乔木，呈现如蜀锦编织、多彩绚烂的大地艺术景观概念。龙泉山隧道段，为保护东部新区张家岩水库饮用水源，创新性设计路面径流收集处理和风险应急处置双系统方案，实现“清污分流”。在服务区、收费站等配套建筑设计上融合“交通+”理念，特别是机场服务区距天府国际机场15公里，一期总占地301亩，远期深度融合“交通+”理念，新增拓展用地200700平方米，开启服务区4.0时代，以满足机场值机、候客等待、交通、餐饮、商业、仓储、物流等多项功能。采用“流动的原野”设计方案，时尚现代风格的商业综合体依山而建，以半弧形包容形态，拥抱地形中已有自然丘陵，并将大地锦缎、风吹田野所形成层叠之感，融入建筑造型。整个场地设计因地制宜，将主楼与场地内部自然山体融为一体，在商业综合体中既可享受智慧化人性化服务，又可近观龙泉山自然风光，感受悠闲惬意生活。收费站等建筑设计力求历史与现代、闲适与高效之间的动态平衡，既表达地域特色，又不突破空港风格，并保持建筑风格一致。全线收费天棚“神鸟展翼”方案整体采用双拱结构，灵动舒展的造型与以太阳神鸟为灵感的天府机场形态相互呼应，微微波动的顶棚形态犹如神鸟展开的双翼，富有极强的动感，也象征着飞翼的筋骨与羽毛，充分融合天府传统文化特色。

省公路设计院公司在设计上着力构建智慧交通，从传统“可测、可视、可控、可服务”的信息化高速公路发展到“实时监测预警、业务协同共享、精准化决策支撑、精细化服务管理”的智慧高速公路，全面提升运营管理水平。应用云计算虚拟化技术，建设云数据中心，实现业务系统之间相互连通和信息资源共享，建立与系统信息化、智慧化、可持续发展相适应的新型体系架构。应用大数据和人工智能等技术进行大数据分析处理。在道路运行综合监测、应急处置、公众服务及可视化等方面，形成业务覆盖全面、重点突出、兼具分析广度和深度体系化、自动化、智能化分析应用体系，为管理者提供科学决策依据。采用基于深度学习及熵模型的交通事件视频检测技术，解决传统交通事件检测器准确率低、误检漏检多而导致实际应用价值不高问题，实现交通事件报警检测、交通运行参数采集、实时路况预测。项目配置数字集群系统，管理分中心、管理所、移动终端均能实现定位、状态显示、通话、图像上传等功能。

专 文

支撑交通强省建设的四川公路隧道创新与展望

李玉文 唐 协

20世纪80年代末是四川公路隧道建设的探索起步阶段。以成渝高速公路建设为代表，四川境内龙泉山隧道（780米）是中国大陆地区第一座高速公路隧道；现重庆境内中梁山隧道（3167米）为中国第一座高速公路特长隧道和第一座采用竖井分段纵向式通风的公路隧道；本路段还有缙云山隧道（2529米），采用全纵向射流通风。取得的主要成就一是探索基于以喷锚支护、发挥围岩自身承载作用和监控量测三大核心内容的新奥法原理设计与施工，二是探索公路隧道纵向式（全纵向分段送排式和全纵向射流）运营通风。

90年代是四川公路隧道建设的稳步发展阶段。广邻高速公路华蓥山隧道（4706米）为当时中国20世纪最长公路隧道，全纵向射流通风突破新长度；同时集“煤与瓦斯、岩溶、涌突水、断层、高地应力”等地质病害于一体，为当时地质最为复杂的公路隧道，取得岩溶地层注浆堵水技术与泄水洞等综合排堵技术、煤层瓦斯揭煤防突技术和全纵向通风技术等系列创新技术，引领当时国内公路隧道设计与施工最新水平。川藏公路二郎山隧道（4180米）为当时最长低等级公路隧道，采用“主洞+平导”模式，创新国内二级公路特长隧道运营通风和应急救援新模式，和在高地应力岩爆处治方面取得一定经验。

21世纪前10年是四川公路隧道建设快速发展阶段。四川高速公路向盆周延伸，打通出省通道，呈现南向雅西高速公路泥巴山隧道和纳黔高速公路叙岭关等隧道群，东向邻垫高速公路明月山隧道，北向达陕高速公路大巴山隧道和西向都汶高速公路紫坪铺隧道、国道318线海子山至竹巴龙段隧道群（7座11361米）等典型隧道。泥巴山隧道突破了长度10公里级隧道建设瓶颈，其基于构造分区的深埋隧道综合勘察技术和利用自然风辅助通风节能技术，为超长深埋隧道勘察和运营提供有力保障，为巴陕高速公路米仓山隧道、雅康高速公路二郎山隧道和汶马高速公路狮子坪隧道等超长隧道建设提供有力支撑。汶川地震灾后重建，公路隧道抗震研究和设计技术上新台阶。依托国道318线拉纳山隧道、国道318线波戈溪隧道（平均海拔3013米）、国道317线鹧鸪山隧道（海拔3400米）等高海拔隧道，测试研究提出超规范通风海拔修正系数，并在挤压性变质软岩大变形处治方面取得效果。

21世纪第二个10年是四川公路隧道建设的引领发展阶段。四川公路建设提档升级引领公路隧道上台阶，国道85线米仓山隧道（13851米）建成，保障四川北向出川通道畅通，雅康高速公路二郎山隧道和汶马高速公路新鹧鸪山隧道建成，保障甘孜和阿坝等进藏通高速公路，取得深大竖井建井新法、超长隧道洞内交通交换带、深埋隧道基于微震监测岩爆系统防护技术和利用斜井高差引水发电等系列创新成果，有力支撑交通行业规范《公路瓦斯隧道设计与施工技术规范》和四川省地方标准《公路隧道竖井技术规程》制定，确保超长隧道（隧道群）建设与运营安全。国道317线雀儿山隧道（7079米，海拔4380米）建成，川藏天险变通途，蜀道不再难，是四川高海拔隧道持续集成创新集中体现，川藏公路二郎山隧道平导压入通风与逃生救援技术、国道317线鹧鸪山隧道高寒隧道抗防冻技术，巴郎山隧道、雪山梁隧道、高尔寺隧道等系列高寒隧道设计施工技术创新应用，支撑雀儿山隧道包括施工通风、施工供氧等技术集成创新上台阶，总结形成四川省地方标准《川西高原公路隧道设计与施工技术规程》。天府国际机场八车道高速公路创新设计四洞十车道隧道，采用“2+3+3+2”车道布局，实现客货分行、安全快捷舒适运行，保障隧道通行能力不降低，与八车道道路基本一致，并取得大断面扁平天然气瓦斯隧道系统防护技术。

总之，四川公路隧道具有长度“长”、隧线比“大”、海拔“高”、埋深“深”的特点，积累丰富建设经验，探索长大隧道运维管理技术，具备建设更长公路隧道技术能力，引领超长隧道（隧道群）、复杂地质隧道和高海拔隧道技术进步。

公路隧道的机遇与挑战

对标建设交通强省战略，四川尚存在区域发展不平衡等突出问题，川西地区交通建设要补短板，要推动高原山区高速（化）公路建设，根据《四川省高速公路网规划》，未来将建设5000公里高速公路和1900公里高速（化）公路，主要布局在甘孜、阿坝、凉山三州地区，川西及高原山区地形起伏大、地震烈度高、地质条件差、气候恶劣，隧道是克服地形、躲避不良地质有力手段，必然会设置大规模隧道，为构建畅通安全公路网，规划彭州至汶川高速公路，其中穿越龙门山隧道长度超过20公里，总之，公路隧道占路线比例越来越大，如下表所示，给隧道发展带来良好机遇，也给新时期公路隧道建设提出更多新挑战，主要表现在如下几个方面。

四川近期公路项目隧道规模表

项目名称	路线长度（公里）	隧道长度（公里）	隧道占路线比例（%）
雅康高速公路	135	71.55	53.00
映汶高速公路	48.2	25.8	53.53
汶马高速公路	172	92.88	54.00
沿江高速公路	415	208	50.12
乐西高速公路	152.48	84.01	55.10
峨汉高速公路	122.88	74.02	60.24
泸石高速公路	95.82	65.16	68.00

公路隧道的建设约束条件越来越多，建设难度越来越大。隧道本身埋深越来越大，出现2000米级大埋深公路隧道，穿越地质条件越来越复杂，可能面临复杂的水、气和高地应力环境，伴随异常有毒有害气体涌出、高压涌突水（泥）、挤压性大变形和高地应力岩爆等现象。另外，受生态红线和环境保护区等因素限制，制约隧道位置选择和隧道轴线方案比选，给勘察、设计和施工带来较大困难。

公路隧道的建造品质亟待提升。虽然目前公路隧道施工三臂凿岩台车钻孔技术成熟，但受制于国家对炸药管控，不能采用散装炸药实现自动装药，同时超挖较多，制约钻爆法机械化施工的发展，仍然以

雅康高速公路二郎山隧道洞身 省公路设计院公司 供图

人工手持风钻打眼的钻爆法为主，施工机械化程度较低，掌子面作业人数较多，超欠挖等施工工艺控制困难，施工质量波动较大，施工进度较慢，而且当遭遇隧道坍方、涌水突泥和瓦斯灾害等事故时，安全风险损失极大。另外，隧道变形、开裂和渗漏水等质量通病尚在，甚至在隧道开通运营短期内存在衬砌掉块和反复维修情况，耐久性极差，严重威胁行车安全。最后，对于超长隧道（隧道群）如何缓解驾驶疲劳和提高行车舒适性技术和手段有待于改进和完善。

公路隧道的运营安全任重道远。据不完全统计，隧道交通事故率在0.01～0.04次/百万辆车之间，主要发生在隧道洞口段和下坡路段，尤其是小半径曲线与下坡的组合路段事故率最高，据走访调查广安至临水高速公路老山梁子隧道月最大交通事故超过30余起。交通事故形态主要为撞壁，占比约59.7%，其次是追尾和侧翻，分别占15.0%和13.4%，在川西及高原山区高海拔大高差长大纵坡或恶劣气候等不利条件下，会增加隧道运营交通事故甚至火灾事故概率。另外，由于川西及高原山区山高坡陡，构造复杂，地震烈度高，洞口面临难以治理高位崩塌落石等不良地质的威胁，如都汶和汶马高速公路等进藏公路，山区路网运行安全对公路隧道安全运行提出新要求。

省公路设计院公司隧道团队设计的雀儿山隧道洞口　　省公路设计院公司　供图

公路隧道“用不起”与“管不好”问题突出。隧道相对其他构造物运营能耗大、运营费用高和维修管理难度大，而且一直以来缺乏运营技术技能管理人才。对于偏远的川西高原高寒地区和高原山区低交通量隧道，传统运营模式会加剧运营费用缺口更大和运营管理缺失，隧道面临“建得起”但“用不起”和“管不好”难题。

公路隧道的创新展望

引进消化和吸收石油行业水平定向钻孔技术，解决大埋深隧道和地表不能钻探的难题。石油行业水平定向钻孔技术成熟，近年来已在个别隧道中应用，钻孔速度快，结合摄像和视频，效果较好，但取芯和深孔原位测试较困难，尤其是超长距离水平定向钻探连续取芯、深埋地质高精度钻进定位系统及导向控制等技术还需要进一步研究。因此应研究公路隧道现行规范勘察的要求与水平定向钻孔技术的相互适应性，对于一些困难较大且结果影响较小的技术要求，可选择性地突破勘察规范。

强化总体设计，研究高原山区公路隧道关键技术指标。把握区域交通流特征、四川盆周山区独特地形地质和气候特点，研究长度20公里级公路隧道新“主洞+平导”等级公路特长隧道建设模式，采用三洞六车道隧道布设，贯通平导既做逃生通道，又可兼做潮汐式交通通行，确保通行能力，降低建设难度，节省投资。随着新能源汽车、车路协同和自动驾驶技术的发展，未来汽车排污量越来越低，汽车交通流更加有序，应加强研判未来交通发展趋势，分析隧道合理纵坡、断面尺寸运营通风标准等指标。

推广隧道施工机械化，逐步实现隧道信息化和数字化智能建造。川西及高原山区面临高海拔、低气温、低气压和低含氧量“一高三低”建设条件，隧道施工机械化是降低劳动强度、保障施工安全与施工质量和提高施工效率的有力手段。对于软岩，在总结卓克基至小金公路梦笔山隧道铣挖机施工的基础上，推广应用在煤矿行业成熟的铣挖机开挖技术，电力驱动，同时配备多功能钻机、拱架安装台车、机械手湿喷机、仰拱栈桥台车和智能二次衬砌模板台车等钻爆法施工机械作业线，实现钻爆法机械化施工。对于硬岩，应联合各方克服目前三臂凿岩台车钻孔快但人工装药慢及超挖问题，研究局部破碎围岩段预先快速加固

汶马高速公路狮子坪隧道国内单跨最长临时民用索道桥　　省公路设计院公司　供图

后再开挖技术，实现隧道全断面开挖，再辅以拱架安装台车、机械手湿喷机、仰拱栈桥台车和智能二次衬砌模板台车等钻爆法施工机械作业线，实现钻爆法机械化施工。在乐西高速大凉山1号隧道平导采用TBM（全断面隧道掘进机）建造基础上，应联合制造厂商、设计与施工研究改进TBM对公路隧道较大断面和多样地质等方面的适应性。探索公路隧道基于BIM+GIS技术的融合与集成，从隧道建造的机械化，到全寿命周期成本建造、运维和管理信息化和数字化，逐步实现智能建造，确保公路隧道品质。

探索超长隧道（隧道群）运营安全控制与管理成套技术。国内在运营最长公路隧道为长约18公里的终南山隧道，与铁路隧道平行布设，本身布设为左右行分离的双洞，左右洞互为救援通道，其采取单独收费及运营模式，管理人员多达300余人，并配置专业消防救援队伍，在隧道内设置两处微型消防站，每处消防站每班配置3人及3辆消防摩托，能3分钟内到达着火点迅速扑灭15MW左右的火灾规模；另外，通过大力宣传，引导洞外到洞内再到洞外区段限速，让多个无规则的交通车流趋于规则，经调查，运营13年以来只发生过一起小型车事故，比相邻路段西汉高速公路隧道群运营安全性极大提高。因此，超长隧道运营安全，不仅仅与技术有关，而且与管理有较大关系，有必要开展运营安全控制与管理成套技术研究，制定公路隧道运维管理指南、人才培养模式和管养技术等。

因地制宜，开源节流隧道能耗。充分利用隧址区水和太阳光资源，开发和利用新能源辅助隧道通风照明，在泥巴山隧道、米仓山隧道和二郎山隧道研究基础上，总结推广自然风有效利用的通风技术；研究低交通量隧道通风照明标准及开发相应技术，如基于交通量动态匹配的智能运行通风照明，基于视线诱导低照度照明技术，基于位置感、距离感、方向感和速度感的多维无灯节能照明技术，基于交通流特征对通风照明的运行管控技术，如巴朗山隧道和雪山梁隧道明显特征旅游交通。

结论与建议

公路隧道经过30多年发展，具备埋深2000米级超深埋和长度20公里级超长公路隧道建设技术能力，地表难以实施传统垂直钻探的隧道，可引进消化和吸收石油行业水平定向钻探技术；超长隧道（隧道群）应分段管养，设置洞内交通转换带及微型消防站，长度20公里级公路隧道新“主洞+平导”等级公路特长隧道建设模式，采用三洞六车道隧道布设，贯通平导既做逃生通道，又可兼做潮汐式交通通行，确保通行能力，降低建设难度，节省投资；隧道施工机械化是隧道品质有力保障，公路隧道基于BIM+GIS技术融合与集成是未来智能建造与智慧管养基础；随着未来新能源汽车发展、车路协同和自动驾驶技术的推广，可能会颠覆公路隧道通风和照明现状，公路隧道能耗会有较大幅度降低；同时就地水电和光伏等新能源利用，可有效解决公路隧道“用不起”难题；公路隧道运营安全控制与管理成套技术是公路隧道运营安全有力保障，重在落实和演练，实现对公路隧道运营“管得好”。

交通运输

JIAOTONG YUNSHU

2021

四川交通年鉴

综　述　2020年，受到新型冠状病毒肺炎疫情影响，四川省道路运输客运量、旅客周转量、货运量、货物周转量分别完成4.5亿人次、289.8亿人公里、15.8亿吨、1617.7亿吨公里，比上年分别增长-37.5%、-33.8%、-3.1%、5.9%。水路运输客运量、旅客周转量和货运量、货物周转量、集装箱吞吐量分别完成954万人次、1亿人公里、6527万吨、292亿吨公里、27.4万标箱，分别增长-51%、-45%和-5.4%、-4.6%、-37.8%。

2020年，四川交通运输状况呈现以下特点：

道路水路运输基础设施建设成效显著。全省道路运输站场建设完成投资31亿元，建设道路运输站场5586个（含建成5558个），其中：建成客运枢纽全覆盖工程项目5个；精准扶贫地区建成县级客运站10个，乡镇客运站74个，村级招呼站1628个；建成3个公路货运枢纽。全年水路交通完成投资52.6亿元，为年度计划投资目标38亿元的138%，为力争投资目标45亿元的117%。推进岷江犍为枢纽等8个续建项目，犍为枢纽实现蓄水、通航、发电三大目标，广元港张家坝作业区一期工程泊位基本建成。按照二类标准维护高等级航道900公里，完成专项养护工程15个。建成渡改人行桥15座，沿江临河群众出行条件进一步改善。

运输服务能力明显提高。道路客运运力结构进一步优化。全年高级客车达15333辆，占比32.7%，比上年提高0.8个百分点；城市公交车总数发展到3.4万辆；“门到门”服务网络扩大，定制客运线路发展到168条，车辆发展到1746辆；基本出行服务保障增强，农村客运车辆发展到29258辆；超长客运车辆退出294台。提前3个月实现全省具备条件的乡镇和建制村100%通客车，完成乡镇和建制村通客车任务。创新实施乡村客运“金通工程”，巩固脱贫攻坚成果并“无缝衔接”乡村振兴发展战略，结构性调整交通财政专项资金1.2亿元。旅游包车信息平台建设加快推进，“交通+旅游”融合发展趋势明显。全省204个三级以上车站实现联网售票，38个车站开展电子客票试点。城市公共交通一卡通互联互通工程持续推进，21个市（州）实现公交“一卡通”互联互通。制订出台《四川省出租汽车服务质量信誉考核办法》。全省交通运输领域计划新改建行业厕所136座，其中新建69座、改建67座，完成省政府下达的年度目标任务。全省“12328”电话系统受理业务295006件，比上年上升5.8%；限时办结率为97.6%，抽查回访满意率97.8%。

道路水路货运物流体系建设加快推进。全省营运货车41.8万辆，比上年下降15.2%；总吨位539.2万吨，增长10.3%；集装箱车辆2532辆，增长6.5%。货运集约发展突破，发展网络平台道路货物运输经营者8家，整合货车9.9万辆，单车里程利用率70%以上，交易成本降低10%。全省水路运输企业从个体经营向公司化运营转变，新增运输企业149家，达到344家。港口企业60家，可为腹地提供各类专业化服务。船舶逐步大型化、专业化、标准化，从11982艘减少到8616艘，过三峡船闸船舶标准化率90%。水运多式联运发展成效明显，川南港口运营管理平台挂牌运行。深化川渝合作，泸州、宜宾港至重庆“水水中转”班轮常态化运行，新增泸州至九江、广元至重庆集装箱班轮航线。推进运输结构调整，开通集装箱班轮航线12条，铁水联运班列11条，全年完成铁水联运集装箱量4.29万标箱。

重大运输保障能力不断提升。完成春运、十一“黄金周”运输任务等重大道路运输保障任务。全省道路水路共计完成客运量4644.2万人次，比上年下降50.9%。其中，道路客运日均投入营运车辆2.4万辆，完成道路客运量4415.5万人次，比上年下降50.1%；水路客运日均投放客（渡）船1069艘（26951客位），完成水路客（渡）运量228.7万人次，比上年下降61.4%。全省高速公路路网车流量共计5604.7万辆次，较2019年（9492.5万辆次）下降41.0%。以强化监督管理、突出运输协调、有效提升服务为抓手，提升运输许可管理与服务水平，确保特殊大件运输万无一失。2020年，完成通过大件公路的超限运输审批1727件次，其中100～199.9吨248件次，200～289.9吨41件次，290～499.9吨9件次，500吨（含）以上2件次；其中车货总长40～49.9米11件次，50米（含）以上3件次，总宽5～5.99米371件次，6～6.99米241件次，7～7.99米24件次，8米（含）以上5件次，总高6～6.99米15件次，7～7.99米15件次；完成大件公路涉路施工审批5件次，其中准予许可3件次、不予以受理2件次；完成大件公路涉路施工项目监管4项。

（本栏目供稿单位：厅运输处）

道路运输

DAOLU YUNSHU

概　况　2020年，全省全年公路运输完成客运量50670万人次、旅客周转量3063610万人公里、货运量164294万吨、货物周转量16161448万吨公里，与上年同期相比，分别增长-30%、-30%、1.0%、5.8%。

疫情防控取得阶段性重要成效。4万余名道路运输抗疫大军发挥抗击疫情的“防火墙”“保障队”作用，为全省疫情防控取得重大战略成果提供坚强道路运输保障，厅运管局获“全国交通运输系统抗疫先进集体”荣誉称号。全力阻击，坚决筑牢道路运输“防火墙”。把汽车客运站“六不出站”升级为“七不出站”，落实交通运输应对疫情的“八项举措”和“三个100%”，无一病例通过道路运输工具和场站传播。联合腾讯云开发四川省道路客运乘客信息登记系统，入选科技战疫2020中国数字化转型成功案例。全力保畅，奋力当好复工复产“先行官”。制订下发恢复道路运输服务“六条要求”，指导各地从2月9日起恢复暂停的道路运输服务。建立省市两级交通运输物流保障协调机制，协调解决42次疫情防控物资和农资运输难题。在全国率先实施以“春风送暖、情满旅途”为主题的“春风行动”，将552530人次农民工“点对点、门到门、一站式”安全有序送达务工岗位，覆盖除港澳台地区之外的全国所有省份，支撑脱贫攻坚、推动复工复产走在各行业前列，得到交通运输部和省委省政府的充分肯定，央视《新闻联播》《人民日报》、新华社等中央和部省主流媒体报道“春风行动”300余次。

高质量打赢道路运输脱贫攻坚战。完成乡镇和建制村通客车任务。聚焦符合条件的乡镇和建制村100%通客车交通运输脱贫攻坚兜底性任务，发挥省级补助资金的扶持、激励和导向作用，通过厅全覆盖督战、局“分片包干”蹲点督导、市（州）交通运输部门全覆盖交叉检查三级联动强力推进，提前3个月实现全省具备条件的乡镇和建制村100%通客车，得到省委省政府主要领导多次肯定性批示，并高质量通过交通运输部乡镇和建制村通客车三方评估，乡镇和建制村通客车首次纳入省政府对各市（州）政务目标绩效考评体系。创新实施乡村客运“金通工程”。巩固脱贫攻坚成果并“无缝衔接”乡村振兴发展战略，结构性调整交通财政专项资金1.2亿元，分三批次在全省183个县（市、区）全覆盖启动实施“金通工程”，以车身外观、驾驶员工牌工装、乡村客运标识、监管投诉平台等“四个统一”为抓手，以做实“客运网”、融合“邮快网”、延伸“物流网”、拓展“商业网”等“四张网络”为核心，不断丰富“金通工程”建设内涵，推动乡村客运高质量发展。“金通工程”纳入四川省人民政府2020年重点工作任务推进。

综合运输服务体系进一步构建完善。推进区域道路运输一体化发展。在成渝城市公交实现卡码互通基础上实现城市轨道交通扫码互通，在实现成德眉资四市支付互联互通的基础上积极推进互认市民待遇的刷卡互惠，年内发行成资通卡、成德通卡实现互惠，眉山市给予3地部标卡同城优惠。协调推进川渝毗邻区域开行跨省公交线路4条，指导成德眉资开展4市跨区公交一体化工作统一研究，开通成眉公交4条、成德公交3条。分类精准发展道路客运。利用电子围栏加强包车异地经营整治，推动包车客运规范发展。引导超长客运转型升级，开展餐饮经营者勾结超长客运客车司机宰客乱象专项整治，全省超长客运车辆有序退出154台。指导甘孜州制订公空联程运输方案，以格萨尔机场为中心，开行旅游公交环线，推进旅游+公空联程运输试点。统筹推进货运健康稳定发展。开展道路货物运输市场运行季度监测，引导货运行业经营者根据市场需求及时调整运力结构。开展道路货运龙头骨干示范企业培育，引导港投集团成立四川省交通运输集团有限公司。在高速公路服务区、货运枢纽（物流园区）试点建设4个“司机之家”，改善从业人员生产经营条件。颁发首张网络平台道路货物运输经营许可证，规范网络平台道路货物运输经营。

行业治理能力不断增强。新修订的《四川省道路旅客运输管理办法》正式实施，进一步规范管理客运市场，在全国率先将“定制客运”纳入地方政府规章。全面实施机动车维修经营网上备案工作。印发《全省道路运输驾培市场监管突出问题专项整治工作方案》，在全省开展为期8个月的驾培市场监管突出问题专项整治，重点整治行政工作人员5类行为、驾培机构4种情形和从业资格培训机构3种情形，有9名干部职工受到党纪政纪处分，查处“黑驾校”1所、培训机构26所，降级驾培机构33所，责令整改198所，取缔非法招生培训点52个，处理违法违规教练36名、教练车105辆。完善道路运输行业信用体系评价指标，着重探索对“车”进行信用评价，加快道路运输信用信息平台建设工作。正式启用新版运政协同管理系统，数据管理和应用能力显著提升。

道路运输安全生产形势持续稳定。面对疫情防控、复工复运和严峻防汛形势三重压力，全行业坚持问题导向，强化红线意识和底线思维，守住安全生产“基本盘”。2020年，全省共发生道路运输行车事故116起、死亡141人，同比分别下降25.64%、24.6%，全省发生道路运输行车事故103起、死亡126人，比上年分别下降14.9%、15.4%，全年道路运输行业未发生重特大安全生产责任事故。岗位责任体系更加完善。每月对违法违规突出的道路运输车辆驾驶员、所属企业负责人、所在市（州）运管机构负责人实施月度集中约谈，制订全省道路运输领域重大安全风险清单，公布两批共20家“两客一危”风险企业名单。严管重罚态势更加明了。依托省级卫星定位监控平台、第三方监测平台对运行车辆进行全程监测监控，3413名违法违规驾驶员被记分，1355名驾驶员被纳入重点监控名单，113名严重违法驾驶员进入行业禁入名单。构建与公安交警部门数据交换共享机制，推动交警部门对监控平台发现的车辆违法违规驾驶行为进行处理，形成部门监管合力。专项整治工作更大力度。制定实施《道路运输安全生产专项整治三年行动实施方案》《危险货物运输企业防风险强责任筑防线百日安全专项行动方案》。会同省交警总队联合印发《全省重型货车安全专项整治实施方案》，坚决遏制重型货车事故多发频发态势。

（蒋智力）

“春风行动”专车与“金通工程”客车“一票制”运输服务　　张　宽　摄

春运工作　2020年春运工作面对新冠肺炎疫情，全省道路运输行业围绕“平安春运、便捷春运、温馨春运、诚信春运、绿色春运”主题，周密部署、精心组织，全力以赴投入春运工作，完成各项工作任务，有效保障春运旅客出行、重要物资疏运，全省道路春运工作平稳有序。

2020年春运总体特点：春运40天，全省道路客运形势总体平稳，未发生重大及以上安全生产事故，未发生旅客滞留现象，未发生重大服务质量投诉，在做好道路春运工作的同时，迎难而上、共克时艰，按照“一断三不断”要求，抓好新型疫情防控工作，有效保障安全、有序、有效疏运。①道路旅客运输总体平稳。春运40天，全省道路客运日均投入营运客车2.4万辆，完成客运量4415.5万人次，比上年下降50%。1月10日至1月26日（全省出台全面暂停省际包车客运前），全省道路客运日均投入营运客车4.5万辆，完成客运量3488.3万人次，比上年下降7.03%。1月27日开始，部分地市（州）根据疫情防控工作需要，在当地党委政府统一安排下，陆续出台道路班线客运停运政策，全省道路客运量直线下滑，单日客运量比上年下降80%。2月1日，全省完成道路旅客运输量27.2万人次，下降87.9%，为单日旅客运输量峰谷。②安全生产形势基本稳定。春运40天，发生致人死亡的道路运输行车事故3起、死亡4人，事故起数和死亡人数分别下降76.92%和78.95%，春运期间，全省道路运输安全生产形势持续稳定向好。③

运输服务质量不断提升。春运期间（疫情防控工作开始前），全省各地深入开展“农民工专列专车专项行动”和“情满旅途”温馨服务活动，全省组织开展农民工直达专（包）车3439趟次，运送农民工13.4万人次。2月1日开始，全省陆续启动农民工返岗“春风行动”，点对点，一站式直达运输，避免疫情通过交通运输工具传播。截至2月18日，全省18个市（州）组织开行“春风行动”长途客车104辆，运送农民工2588人次，有力支撑复工复产。四川省“春风行动”工作连续在央视《新闻联播》《人民日报》《四川日报》等重要媒体报刊进行报道，四川春风行动工作经验受到省委书记彭清华、交通运输部副部长刘晓明点赞，受到广大农民工、用工企业和社会广泛好评。

工作措施及成效：①加强运输组织，保障顺畅出行。各道路运输管理机构认真分析、提前预测，科学研判本地道路春运形势特点，研究制定道路春运工作方案，统筹安排运力资源，强化运力保障，提升运输效能，保障旅客春运期间走得了、走得好。一是强化运力组织。春运前，对全省现有4.5万辆营运客车进行全面技术检查和检测，将符合条件的全部投入春运；组织5000辆包车客车，采取加班车和农民工包车等方式投入春运高峰期，借调500辆外省支援运力，准备参与全省后春运省际超长途加班。二是强化运力调度。按照“先重点、后一般，先干线、后支线”的原则，加强全省运力统筹调度，针对春运期间客流流向、流时、流量的不均衡性，有序组织调度运力，节前重点保障成都至省内各地干线客运运力需求，节后重点保障川南、川东北省际长途客运运力需求。在春运高峰时段，对客运班线起讫点之间有多条高速公路或普通国省干道、快速通道联通的，采取客运车辆临时“多线运行”方式，选择通行速度最快的线路运行，大幅度提高运输效率。三是强化运力统筹。各级道路运输管理机构主动加强与铁路、民航等的信息互通，统筹组织运力调度，合理安排城市公交、轨道交通、出租汽车、道路客运班线运营时间和发车频次，做好道路运输与其他运输方式的有效衔接。全省准备接续接驳运力1.1万辆（包括客车3000辆、公共汽车3000辆、出租车5000辆），城市轨道班次2509班次；以及共享汽车、网约车等交通工具，满足旅客到站回家的“最先和最后一公里”出行需求。四是强化应急保障。各级道路运输管理机构主动加强与气象、公路和公安等部门的工作对接，夯实应急联动机制，形成工作合力，妥善处置各类突发情况。1月24日，在全省启动新冠疫情一级应急响应后，全省道路运输行业立即响应，储备省级应急运力3710辆（其中，客车2050辆、货车1660辆），保持常备应急运力130辆（客车100辆，货车30辆），截至2月18日，全省调用应急客车219辆；调用656辆货车运送农产品（蔬菜）、酒精、口罩、防护服、消毒液等应急物资，有效保障疫情防控期间医务人员、防护物资以及生产生活物资的有效疏运。②强化安全监管，保障平安出行。春运期间，全省各级道路运输管理机构认真履行安全监管主体责任，督促运输企业严格落实安全生产主体责任，强化源头监管、加强督促检查，警示规范驾驶员安全行为，确保春运安全形势总体稳定。一是强化安全检查。春运期间，各级道路运输管理机构严格按照“全覆盖、零容忍、严执法、重实效”的要求，广泛采取“四不两直”方式，开展安全生产暗访暗查，全面排查事故隐患，抓牢源头防范。厅运管局组成安全生产检查小组6个，开展督查和暗访检查12次，对重点运输企业重要领域进行全覆盖暗查和督查。二是强化安全监管。充分运用卫星定位动态监控系统、主动安全智能防控系统、第三方检测系统、网络舆情、“安全与服务”微信公众号等强化对营运驾驶员、“两客一危”重点营运车辆以及621辆超长客运车辆实行24小时全程动态监控，严查严惩超速超载、疲劳驾驶、非法载客等违法违规行为，实行春运期间“一周一通报”、春节假日“一日一通报”制度。春运期间，对省级监控平台监控并经调查核实的8个市（州）、11家企业、14辆车，因超速被责令停运；通过监控，调查核实“两客一危”重点营运车辆超速、疲劳驾驶、抽烟、接打电话、离线位移等违规报警500余次，处理37名违法违规驾驶员。三是加强执法检查。紧盯驾驶员从业资格、营运车辆安全例检、汽车客运站（场）安全检查等关键环节，结合疫情防控检查执法工作，出动执法人员15余万人次，开展安全生产暗访暗查和运政执法检查，严惩违法违规行为。四是严惩违法违规行为。采取最直接的停运措施，对泸州3辆超速超长客车和攀枝花1辆违规经营超长客车停运7天并在全省通报，春运期间，全省开出1张停运罚单（针对超长客运宰客问题）；通过电子围栏排查锁定长期在四川省运行外省籍非班线客车，实施精准打击，并分别通报高速执法、主要运行区域所在地运管机构和车籍地行管部门，形成联合监管执法态势，提高执法精准性和有效性。春运第6天，泸州运管部门就联合公安、交警等部门对违规进入的5台外省籍长途客车非法经营行为进行精准打击，有效净化全省道路春运环境。五是全力以赴做好疫情防控。第一时间停发进出湖北班车包车，第一时间梳理长途客车接驳点并加强防控管理，第一时间做好途经湖北返川客车联防联控工作。通过电子围栏对每日进出川长途客车进行监管，并实行途经湖北客车每日零报告制度，防止违规进出湖北境内。③提升运输服务，保障温馨出行。春运期间，各运管机构、运输企业、汽车客运站深入开展“情满旅途”温馨志愿主题服务活动，深化并开展“农民工专列专车专项行动”，从道路运输各个环节创新服务举措，优化服务内容，多措并举提升服务质量和服务水平，温暖旅客的回家路。一是大力开展农民工专列专车专项行动。按照省农劳办、人力资源社会保障厅以及省交通运输厅关于做好今冬明春农民工服务保障工作的安排部署，扎实做好道路运输行业农民工返乡（岗）安全优质服务工作。各级道路运输管理机构在当地党委政府领导下，主动加强与人力资源和社会保障、工会、当地政府驻外机构、乡镇政府等单位的衔接，收集掌握农民工返乡返岗信息，组织运输企业节前深入务工人员集中的园区、厂区、大型企业以及大型工程建设项目，根据农民工朋友出行需求，提供一站直达的专（包）车服务。广安、遂宁运管部门节前组织开行农民工爱心专车，将北京、深圳、上海等地务工的1800余名农民工免费运送回家过年；内江组织免费换乘大巴将1000余名内江籍在粤务工农民工安全运送回家；泸州开设6条农民工公交优质服务线路、南充开行5条农民工“暖心”公交车专线，运送农民工3.5万人次，成都、德阳、广安等地组织客车对接农民工专列，保障接驳换乘的农民工旅客零距离换乘。春节前，全省组织开展农民工直达专（包）车3439趟次，运送农民工13.4万人次（疫情防控期间，组织开展农民工返岗“春风行动”）。二是大力开展“情满旅途”温馨服务主题活动。全省各级道路运输管理机构精心组织，在各运输企业、汽车客运站大力开展“小红帽——青春志愿、爱在旅途”志愿服务、“温暖回家路”情满旅途温馨服务等主题活动。成都各汽车客运站开展免费为旅客送汤圆、送春联、送福字等活动；泸州运管局联合泸州电视台开展“温暖回家路”系列暖心服务，在各客运站、公交调度站为旅客免费提供奶茶3万余杯；甘孜州开展“诚信春运，情满旅途”“关爱农民工，温暖回家路”主题服务活动，为广大旅客发放新年挂历、对联、宣传手册等1万余张（套）；南充市为7581名返乡农民工提供客车车票费用补贴，补助车费达20万元，受到广大农民工和社会各界一致好评和点赞。三是大力开展便捷票务服务活动。依托联网售票系统，拓展电话购票、手机App客户端购票、网络购票、自助售票终端购票等多种售票渠道，提供多元化购票服务。在全省194个二级以上汽车客运站设立农民工专用购票窗口。成都东站汽车客运站将春运车票预售提前至20天，并为旅客提供电子车票。春运期间，全省联网售票系统售出汽车票2742345张，日均出售车票68559张，比上年同期总数和日均数下降47.26%。四是改善候车环境。全省21个市（州）重点汽车客运站实行高峰时段候车厅24小时开放、免费热水服务，设立母婴哺乳区、重点旅客候车区和医疗服务点。④强化诚信建设，保障绿色出行。春运期间，全省各级道路运输管理机构充分发挥信用监管作用，加强诚信体系建设，为群众提供文明、安全、诚信、绿色的道路出行服务，打造诚信春运品牌。一是扫黑除恶治乱工作纵深推进。全省各级运政机构坚决贯彻落实党中央、国务院及省委省政府关于防控新型冠状病毒肺炎疫情工作的决策部署，在全力做好行业疫情防控工作的同时，针对仍有“黑车”经营者心存侥幸、不顾疫情防控大局非法营运的乱象，多措并举，严厉打击“黑车”非法营运行为，竭力消除因乘客交叉感染导致疫情扩散蔓延的风险和群众安全出行的隐患。春运期间，全省出动执法人员17.32万人次、执法车辆1.1万台次，检查车辆101.15万台次，处罚非法违规行为827起（其中“黑车”515辆）。二是保障旅客合法权益。发挥网络舆情和“12328”交通运输服务监督电话、“四川运管安全与服务”微信公众号作用，及时受理各类投诉、咨询，新闻媒体曝光的问题，积极为广大旅客排忧解难，切实维护广大旅客的合法权益。为鼓励广大乘客实名举报违法违规行为和不文明行为，形成社会监督的信用环境，厅运管局继续在全省所有县际以上客运班线车辆和包车客运车辆上推广应用道路运输“安全与服务”微信公众管理平台，促进道路运输提升营运安全和服务质量。春运期间，“安全与服务”微信公众管理平台收到72条投诉，督促各级运管机构和企业查实处理投诉56条，不属实投诉14条；收到有效网络舆情信息50条，查实处理38条，1名驾驶员被责令停岗学习并纳入记分管理。三是强化警示教育。严格执行《四川省道路营运驾驶员记分管理办法》，规范驾驶员安全行为。春运期间，对562名驾驶员实行记分，记满15分以上153人，被列入重点监控名单并下岗学习；记满20分以上16人，被列入“黑名单”，并禁止进入本行业。四是新闻宣传工作进一步深入。春运期间，各级道路运输管理机构加强春运宣传和信息服务工作，积极营造浓厚的舆论氛围，弘扬正能量，同时加强对涌现的好人好事、基层一线干部职工和从业人员坚守岗位、无私奉献的精神，尤其是疫情防控期间，舍小家为大家、冲锋在前、勇于担当担责的广大一线从业人员和干部职工进行深入挖掘和报道，向社会和公众及时呈现道路运输行业诚信经营服务品牌、爱岗敬业先进模范，强化正面宣传引导。春节前，央视《新闻联播》以“公路接驳铁路，打通返乡最后一公里”为题，对全省道路春运无缝对

1月10日，2020年春运首日，团省委、交通运输厅、省文明办、经济和信息化厅、公安厅、人力资源社会保障厅、应急管理厅等11个单位，在成都东站汽车客运站联合举行2020年春运"情满旅途"暨"暖冬行动"启动仪式　　交通宣传中心　供图

接铁路部门，对返川农民工旅客零距离换乘进行报道；疫情防控期间，加强对全省道路运输行业勇于担当，坚守工作岗位，坚决贯彻落实党中央、国务院、省委省政府、交通运输部以及省交通运输厅关于疫情防控工作安排部署，第一时间提出并落实行业疫情防控"八项举措"，第一时间将客运"六不出站"升级为"七不出站"等重要工作举措进行宣传报道，省内主流媒体《四川观察》先后十多次对行业疫情防控工作进行报道，全省农民工安全有序返岗"春风行动"先后受到央视《新闻联播》、央视早间新闻直播间、四川新闻频道及四川观察等主流媒体关注报道。四川省"春风行动"经验被交通运输部在全国进行推广。

（李晓芬）

压实道路运输行业安全监管责任　2020年，全省道路运输行车事故总数和死亡人数（116起、141人）同比2019年分别减少40起、46人，分别下降25.64%、24.60%；较大事故起数和死亡人数（3起、14人）分别减少4起、死亡7人，同比分别下降57.14%、33.33%。行业安全发展能力和水平持续稳步提升。

安全生产责任落实不断增强。全面推进道路运输行业安全生产清单制管理。制定发布了《四川省道路客、货运输企业及汽车客运站安全生产管理责任清单参考模板（1.0版）》，并督促全省道路运输企业细化了主体责任、日常安全检查、重点岗位安全生产责任清单。持续强化风险企业整改督导。公开曝光三批次30家风险企业名单，并通过交叉督导检查和"三个一"专项行动跟踪督导整改落实效果。全面推进"两类人员"安全考核工作。全省21个市（州）全面启动企业主要负责人和安全管理人员安全考核，2027名企业主要负责人和7598名安全生产管理人员通过了安全考核。

双重预防体系更趋完善。建立完善排查整治机制。拟制并动态更新道路运输领域"重大风险、问题隐患和制度措施"三个清单。持续开展隐患排查治理。围绕冬季、春运、汛期、国庆和中秋等重要节假日道路运输安全工作特点，深入企业一线暗访检查督导，紧盯70余个较大隐患问题整改闭环消号。及时开展警示通报。针对吉林榆树"1·20"大客车侧翻事故、雅西高速"5·16"道路交通事故、浙江温岭"6·13"槽罐车爆炸事故、贵州安顺"7·7"公交车坠入水库事件等交通事故教训，及时进行警示通报，深挖事故根源，针对性开展隐患排查治理，严格落实整改闭环管理。

分级分类监管制度不断强化。紧盯营运驾驶员关键环节。严格落实记分管理刚性措施，对25名违法违规行为突出的驾驶员进行了集中约谈；严格落实记分管理刚性措施，27951名违法违规驾驶员被记分，6632名驾驶员被纳入重点监控名单，509名严重违法规驾驶员进入行业禁止进行名单。持续加强“两客一危”重点营运车辆动态监管。严格执行“两客一危”重点营运车辆“一月一通报”，跟踪核查闭环管理情况，督促市（州）对131运输家企业、280辆车、650辆次依法从严惩处。积极构建联勤联动协同体系。联合省交警总队、厅高管局对雅西高速公路违法违规行为进行通报，对危险路段道路运输安全进行了分析研判；会同省交警总队积极推进重点车辆和驾驶人安全管理信息平台建设，初步构建了与公安交警部门数据交换共享机制，积极推动交警部门对监控平台发现的“两客一危”车辆超速、疲劳驾驶等违法违规驾驶行为进行处理，形成部门监管合力。积极探索重型货运车辆安全监管措施。督促各级运管机构对重型货运车辆卫星定位监控设备进行全面清理排查，全面整改未安装使用、不符合标准规范、不能正常上传数据等情况；指导成都市引入第三方监测平台对重型货物运输车辆实施动态监测，督促运输企业落实安全生产主体责任，坚决遏制重型货车事故多发频发态势。

专项整治行动扎实推进。精心谋划扎实推进道路运输领域安全生产专项整治三年行动计划。制订了《四川省道路运输领域安全生产专项整治三年行动实施方案》，围绕“风险隐患见底、问题整治彻底、责任落实到底、运行管控筑底”目标任务，细化量化55项工作任务；科学统筹行业安全风险隐患排查整治，建立重大风险、问题隐患和制度措施“三个清单”，统筹“双随机一公开”检查调研，及时掌握发现工作推进问题，督促各地强化责任落实。持续开展危险化学品安全专项整治。制订印发《全省道路危险货物运输企业防风险强责任筑防线百日安全专项整治行动方案》，督促各地加大道路危险化学品货物运输市场监管力度，规范危险化学品货物运输市场秩序，最大限度消除安全隐患。扎实开展重型货车安全专项整治行动。会同省交警总队、厅高管局联合印发了《全省重型货车安全专项整治实施方案》，针对货运企业、车辆、驾驶员整治重点，制订了15条针对性措施办法。四是扎实开展道路运输安全专项督导行动。为深刻吸取雅西高速“5.16”客车侧翻事故教训，督促全省扎实开展了“5+1”专项督导行为（一次驾驶员事故警示教育行动、一次车辆安全技术再检查行动、一次违法违规行为集中处理行动、一次事故隐患“清零”行动、一次“安全带—生命带”宣传行动、一次道路运输安全专项督导行动），将安全生产责任压力层层传导到一线，落实到所有岗位和人员。

安全生产社会化治理加快推进。及时办理网络舆情和“12328”电话投诉。坚持“件件有回应、事事要核实”原则，对704条网络舆情信息和159条“12328”电话投诉工单进行了逐条分类督办，对35条涉安投诉举报信息进行了跟踪督办处理反馈。充分发挥“安全与服务”微信平台服务监督作用。受理群众投诉举报意见建议517条，跟踪督促企业及时对69条涉安投诉举报信息回复处理，鼓励社会大众参与行业监督和治理。积极探索实施安全生产责任保险制度。会同省保险协会、中国太平等保险公司研究对严重违法违规货运车辆实行保费浮动机制，积极推进危货运输车辆违法违规行为与保险费用定价因子关联的措施落实落地。

着力提升安全保障能力。严把“春风行动”运输保障安全关。坚持用最高标准、最严要求、最实措施，严把驾驶员安全培训教育、车辆安全技术状况、企业客运资质“三项准入关”，依托省级卫星定位监控系统、主动安全智能防控系统、第三方监测平台24小时全程监控并及时提醒驾驶员，坚持“当日事当日毕”从重从严从快处罚的原则，依法顶格处罚违法违规行为，实现了“春风行动”2.88万趟次，55.25万人次的农民工专车运输任务安全事故“零发生”。主动安全智能防控系统全面应用。制订印发了《四川省道路运输企业主动安全智能防控系统动态监控工作指南》和《四川省道路运输车辆主动安全智能防控系统服务商工作指南（试行）》。智能分段路网限速被交通运输部评选为“平安交通”创新优秀案例。3.13万辆“两客一危”车辆全部安装主动安全智能防控设备，实现对驾驶员抽烟、接打电话、生理疲劳驾驶、双手脱离方向盘等14种不安全行为进行自动识别、自动提醒、自动纠正；指导督促服务商将全省7598个道路地质灾害风险点数据植入主动安全智能防控系统终端路网电子地图，通过与“两客一危”运输企业监控平台对接，运用卫星定位监控系统进行随车和实时播报提醒，共随车发送道路地质灾害风险源预警提醒66.6万条，全面提升了道路运输安全生产预警预防智能化水平。2020年全省“两客一危”车辆发生道路运输行车事故起数和死亡人数同比实现了大幅下降，全年共发生行车事故19起、死亡28人，同比2019年（35起、死亡41人），分别下降了45.71%、31.71%。不断强化安全教育效果。疫情防控期间，鼓励运输企业选择远程教育培训机构以及腾讯、钉钉、微信群等互联网及移动终端等培训方式开展安全教育培训，确保了驾驶员安全教育培训全覆盖。

（黄立鸿）

道路客运体系优化升级 2020年，全省道路客运助力新冠肺炎疫情灾后复工复产，结合脱贫攻坚，大力开展

"金通工程"，推动乡村客运和城市客运结构进一步优化、转型升级。①打好疫情防控阻击战。落实疫情防控措施。在全国率先果断暂停进出武汉的省际班车和包车，率先把汽车客运站"六不出站"升级为"七不出站"，全面落实交通运输应对疫情的"八项举措"和"三个100%"，无一病例通过道路运输工具和场站传播。保障农民工返岗出行。在全国率先启动服务农民工返岗复工的"春风行动"，按照"省级统筹、属地负责"和"政府牵头、部门协同，统一组织、供需对接，全程管控、安全温馨"的原则，组织"点对点、一站式"直达运输服务，实现疫情"零感染"、安全"零事故"、服务"零投诉"，支撑脱贫攻坚、推动复工复产走在各行业前列，累计运送农民工73万人次到全国31个省（直辖市、自治区）的近300个地级市和省内用工目的地，得到交通运输部、省委省政府的高度肯定，受到群众和社会各界的广泛赞誉。有序恢复道路运输服务。制定下发恢复道路运输服务"六条要求"，按照"预约响应为主，班线运输为辅，应急保障兜底"的思路，督促采取全面停运的市、县，恢复或开通必要运输方式，保障群众应急出行需求。帮助企业纾困解难。安排省级补助资金5703万元，对省际"春风行动"车辆给予补助，弥补企业疫情防控及执行50%客座率的政策性亏损；制定延长道路客运经营期限政策，开辟业务办理绿色通道，推动落实财税金融优惠政策落地，减轻疫情对道路客运企业的影响，维护行业就业和社会稳定。②服务成渝双城经济圈建设。推进成渝地区跨城客运服务一体化。以四川乡村客运"金通工程"和重庆"金佛快巴"为载体，支持毗邻的广安、泸州、资阳、内江、遂宁、达州等6个县（市、区）按照金通工程"四统一"要求，对现有跨省农村客运班线进行改造，加快发展毗邻地区农村客运班线、响应式服务，截至2020年底已实施川渝毗邻地区跨省农村客运班线金通工程"四统一"改造线路5条。③服务成德眉资一体化发展。推进班线客运公交化改造。成都已实现"11+2"范围内以及三圈层建成区范围内公交化运营；德阳市已实施市内班线客运公交化改造37条；眉山市已实施市内班线客运公交化改造25条。④全力抓好2020年省、厅、局重点工作。全面完成通客车脱贫攻坚任务。聚焦各地通客车目标任务和厅督战组发现"通返不通"问题，制定乡镇和建制村通客车"五有"标准，落实5000万省补资金新改建招呼站（牌），推动完成4124个"通返不通"问题整改。以通客车质量第三方评估为契机，完善农村客运发展保障体系，推动市、县全覆盖制定出台支持农村客运发展的财政补贴制度，省政府将乡镇和建制村通客车工作纳入年度市（州）政务目标绩效考评体系。创新实施乡村客运"金通工程"。安排省级财政交通专项资金1.21亿元，分三批次在全省178个县（市、区）全覆盖启动实施"金通工程"，以车身外观、驾驶员工牌工装、乡村客运标识、监管投诉平台等"四个统一"为抓手，推动乡村客运高质量发展。"金通工程"得到交通运输部、省委省政府充分肯定，并纳入四川省人民政府2020年重点工作任务。加快推进定制客运发展。推动修订《四川省道路旅客运输管理办法》，在全国率先将定制客运纳入政府规章，指导各地规范有序发展定制客运。截至2020年底，全省定制客运线路发展到168条，基本实现县级以上城市定制客运全覆盖。推动包车客运规范发展。利用电子围栏加强包车异地经营整治，研究新《客规》包车管理贯彻意见。引导超长客运转型升级。按月对超速、疲劳驾驶和疲敝GPS等违法违规行为次数最多的5辆客车进行核查，定期通报接驳运输不规范的车辆，督促整改，开展餐饮经营者勾结客车司机宰客乱象专项整治并取得初步成效。全省超长客运车辆有序退出154台。开展联程运输试点。指导甘孜州制定公空联程运输方案，以格萨尔机场为中心，开行旅游公交环线，推进旅游+公空联程运输试点。

（李晓芬）

2020年9月，交通运输部部长李小鹏（前左）在阿坝州壤塘县调研四川乡村客运"金通工程"

厅运管局　供图

水路运输

SHUILU YUNSHU

概　况　2020年，全省水路运输稳步推进运输结构调整，水运市场有序健康发展。积极支持省港投集团发展，川南港口运营管理平台挂牌运行。深化川渝合作，泸州、宜宾港至重庆“水水中转”班轮常态化运行，新增泸州至九江、广元至重庆集装箱班轮航线。大力发展多式联运，全年完成铁水联运集装箱量4.29万标箱。2021年，全省完成水路货运量6527万吨、货物周转量292亿吨公里、港口货物吞吐量1360万吨、客运量954万人、旅客周转量1亿人公里。

（厅航务局）

水运市场监管　2020年，厅航务局继续加强水运市场监督管理，一是做好年度核查，开展国内水路运输及其辅助业核查，个体客船公司化经营和600总吨以上个体货运公司化经营全面完成。二是推进信用体系建设，聘请交通运输部水科所开展四川水路运输市场信用体系研究，探索以信用为基础的新型监管方式，鼓励水路运输市场主体规范诚信经营。

（厅航务局）

水路货物及旅客运输　2020年，全省完成水路货运量6527万吨、货物周转量292亿吨公里，分别比上年增长-5.36%和-4.52%。其中岷江大件运输完成42批次、1.12万吨。全省完成水路客运量954万人次、旅客周转量10415万人公里，比上年分别增长-50.58%和-42.75%。春运期间，全省日均投放客（渡）船1065艘、27055客位，完成水路客（渡）运量223万人次，比上年减少63%。

（厅航务局）

港口货物吞吐量　2020年，全省港口完成货物吞吐量1360万吨，完成港口集装箱吞吐量27.41万标箱，比上年增长-28.76%、-37.35%，其中泸州港、宜宾港集装箱吞吐量分别完成15.52万标箱、11.89万标箱。

（厅航务局）

水运企业及运力　2020年12月底，全省拥有水运企业344家，其中省际运输企业68家、万吨以上企业31家。其中，四川长江粮运有限公司有20艘运输船舶，运力规模达17万吨，为四川最大的省际水路运输企业。全省拥有运输船舶4024艘，其中客船1481艘、4.3万客位、货船2371艘、128.7万载重吨、拖轮543艘。省际运输船舶365艘、平均吨位2301吨，其中千吨级船舶259艘，平均吨位3161吨，单船最大载重9597吨。出川船舶三峡过闸船型标准化率达90%。

（厅航务局）

水路运输市场　2020年，厅航务局深化川渝合作，与重庆签署《推动成渝地区双城经济圈水运发展共建长江上游航运中心合作备忘录》，共建长江上游航运中心。鼓励省内港航企业做大做强，整合港口资源；鼓励川渝两地港航企业多层次开展合作，广元至重庆果园港集装箱班轮已于9月首航，宜宾与重庆联合打造的三江游项目正式开通，泸州、宜宾港至重庆“水水中转”班轮常态化运行。

（厅航务局）

多式联运　2020年，多式联运持续发展。一是持续优化东向运输，泸州港依托长江，推动多式联运，发展“天天直航快班（升船机）”。加密“天天直航快班”和“水水中转航班”，宜宾—水富公共集装箱班轮实现常态化运行，宜宾港新开通宜宾—上海“五定”集装箱班轮航线。二是积极融入南向开放，与南向港口合作，泸州到广州双向班列、宜宾至钦州班列、广西防城港—广安铁海联运班列顺利开行。成都市、宜宾市、泸州市与钦州签署合作协议，推动南向班列稳定运行。三是支持泸州港、宜宾港参与的多式联运示范工程建设，泸州港示范工程通过验收。全省开通泸州、宜宾至上海等集装箱班轮航线13条，每周发班3～4班。

（厅航务局）

嘉陵江广元至重庆集装箱班轮首航 2020年9月28日，嘉陵江广元至重庆集装箱班轮首航仪式在广元举行，厅党组成员、总工程师陈乐生出席仪式，他指出，希望航运企业充分发挥航运优势；货主企业积极推进运输结构调整；沿江交通运输部门主动提供优质、畅通、安全、高效的运输服务；地方政府积极引导，培育壮大水路运输市场。中共广元市委副书记、市长邹自景宣布嘉陵江广元至重庆集装箱班轮首航正式启航。开通的广元至重庆集装箱班轮，是嘉陵江航运有史以来的第一个集装箱班轮，也是西部第一条“干支衔接”集装箱班轮航线。

（厅航务局）

水运行业疫情防控 2020年，疫情一、二级响应期间，水路疫情防控实现水路交通疫情零感染。全省旅游船舶率先停运，渡口码头相继停运，有效阻断病毒水路传播途径。水路货运通道采取“七步防疫法”（设专用通道、实施联防联控、检测船员体温、船员不上岸、对进港船舶货物消毒、指定区域定点堆存、配送船员生活物资），水运大动脉未因疫情中断。全国疫情控制好后持续抓好常态化疫情防控工作，水路交通疫情感染和安全事故双双“零发生”。泸州港务有限公司卢思吉被评为全国交通运输系统抗击新冠肺炎先进个人。

（厅航务局）

宜宾港集装箱设备交接单无纸化运行 2020年3月9日，为贯彻交通运输部和国家口岸办要求，宜宾港第一单电子EIR（集装箱设备交接单）上线试运行成功。该项技术此前在全长江流域仅上海港和九江港使用，宜宾港在全省、长江上游乃至西部地区港口首次投入使用，标志着宜宾港率先西部地区港口开启集装箱设备交接单无纸化时代，将极大地提升宜宾市集装箱物流体系的信息化水平，促进宜宾港集装箱信息化管理提档升级。

（陈佳郡）

世界上最大碱回收锅炉在宜宾港装船运往巴西 2020年3月18日，安德里茨Bracell Star&Klabin Puma II项目（该项目是目前世界上最大的碱回收锅炉）的碱回收锅炉部件在宜宾港志城作业区集港装船，随后将运至上海港，报关后通过海运运往巴西目的港。本批次设备单件最长31米、宽达到5.4米，单件重量44吨，对于一般港口单钩式旋转门机而言，在装船时存在严重的定位安全，而宜宾港1000吨级重件泊位最大起吊尺寸40×10×10米（长×宽×高），通过重件泊位，采用双钩吊装，实现设备平稳、安全、顺利吊装上船。设备参与“中国制造”在国际项目上的物流“复工”，融入全球供应链。

（陈佳郡）

广安港推进防城港—广安冷链班列常态化运营 2020年4月30日，防城港—广安首趟直达冷链班列满载泰国椰青、越南火龙果等水果顺利抵达广安。这是广安港深度参与南向出川通道建设、推动全省对外开放、服务地方经济发展的过程中做大做强的最新实践成果。

这批泰国水果分别来自泰国林查班港、越南胡志明港，经海运转陆路到达广安。通过“铁海联运、冷链直达”的方式，节省运输时间，保障水果新鲜度，有效降低物流成本，运价比常规公路运输降低三分之一。

（孙 地）

中国外运“宜宾—上海”集装箱班轮首航仪式举行 2020年7月24日，中国外运“宜宾—上海”集装箱班轮首航仪式在宜宾港志城作业区举行。该航线的开通，标志着中国外运国际航运物流服务网络延伸到长江起点、西部内陆，将进一步提升四川的航运能力，发挥宜宾港的物流枢纽功能。

首航中国外运“宜宾—上海”集装箱直航班轮，装载运往沿海地区的内贸货物和运往国外的外贸货物。中国外运“宜宾—上海”直航班轮暂定为一周一班，根据市场需求，再逐步增加密度。直航班轮比公路、铁路运价优势明显，将进一步提升宜宾港外贸货物中转运输服务能力，并发挥宜宾水运口岸功能；该航线经宜宾港可南接西部陆海新通道，北接中欧班列，形成“一带一路”与长江经济带十字相交的“江铁海”国际多式联运

2020年7月24日，中国外运“宜宾—上海”集装箱班轮首航仪式在宜宾港志城作业区举行

厅航务局 供图

环线，将助力沿线发展；同时，该航线汇聚川渝两地港航物流资源，将有助于强化川渝合作，助推成渝地区双城经济圈建设。

（陈佳郡）

西部陆海新通道物流产业发展联盟成立 2020年7月28日，西部陆海新通道物流产业发展联盟成立大会在成都举行。十二届全国政协副主席刘晓峰宣布联盟成立，中共四川省委书记彭清华作出重要批示。四川省政府副省长王凤朝，省国资委党委书记、主任徐进出席大会并致辞，联盟理事长单位省港投集团党委书记、董事长贺晓春发布联盟宣言及倡议书。省港投集团党委副书记、副董事长、总经理曾崇勇担任联盟理事长。国内经济学家、行业专家学者、西部陆海新通道沿线省（区、市）政府代表、部分物流经贸企业负责人500余人参加会议。

（佘海波）

2020年7月28日，西部陆海新通道物流产业发展联盟成立大会在成都举行 省港投集团 供图

“九江—泸州”始发定点集装箱班轮首航 2020年9月8日上午，“九江—泸州”始发定点集装箱班轮顺利首航，填补了九江港至川渝地区航线的空白，泸州港与长江港口定点始发航线增加至6条。标志着泸州港与九江港战略合作取得阶段性突破，推动泸州打造长江上游航运贸易中心的工作，有利于加强西南与华中地区之间经贸合作。

（陈佳郡）

嘉陵江8级航电枢纽广元至重庆集装箱班轮首航 2020年9月，嘉陵江航运史首个集装箱班轮“腾胜2号”先后顺利通过省港航公司控股嘉陵江苍溪、沙溪、金银台、新政、金溪、凤仪、小龙门、桐子壕等8级航电枢纽。首航集装箱班轮装载700吨重晶石粉从广元港出发，经重庆果园港到辽宁营口港，最终至辽宁省盘锦市。

（田玉平）

西部陆海新通道物流枢纽联盟成立 2020年11月20日，西部陆海新通道物流枢纽联盟成立大会在达州市召开。该联盟由重庆市口岸物流办、成都市口岸物流办、省港投集团等29个单位共同发起，旨在增强信息互通、资源共享、枢纽共建，推动西部陆海新通道建设创新发展。

根据倡议，联盟将共谋区域物流协同发展，共同推进联盟枢纽全面融入国家“一带一路”总体布局。共建集疏运功能设施，加快推进货运铁路、港口、铁路集装箱站场建设和改造升级，加强区域内直通货运道路建设，增强枢纽衔接长江黄金水道、连通北部湾及东南亚通道承载能力。共同畅通西部陆海新通道信息网络，建立衔接西部陆海新通道的铁水、铁海多式联运组团机制；开展“一单制”服务，共享班列舱位、线路、平台等资源。共建特色产品交易中心，探索承接东南沿海地区劳动密集型产业新路径；构建枢纽发展基金，开展供应链金融创新，共同发展高铁物流、航空货运和跨境电商等枢纽经济新业态。

省港投集团于2020年7月28日牵头成立的西部陆海新通道物流产业发展联盟将发挥“13+1”省（市、区）水、铁、公、空、金融和信息等多个物流相关产业的优势，协同西部陆海新通道物流枢纽联盟平台，在建立多式联运、物流产业发展、通道经济发展、物流信息共享等方面交流合作，加强新通道沿线物流枢纽的投资建设，提升多式联运的质量和效率，促进通道与区域经济融合发展，共同推动西部物流产业高质量高效率发展。

（李 净）

“四川泸州—江西九江”集装箱班轮开通 2020年12月17日，“四川泸州—江西九江”集装箱班轮开通，标志着川赣两港充分发挥区位优势、携手建设泸州和九江现代区域航运中心、服务长江水运发展和繁荣地方经济迈出坚实步伐。该航线前期货源以两地纸浆和建材为主，后期将根据市场需求及货源变化，逐步增加发班密度，并打造泸州—九江—福建、厦门等地公水铁多式联运通道。

“四川泸州—江西九江”集装箱班轮航线的成功开行，将加速沿江沿线战略资源整合，进一步提升两港内外贸货源结构和“区港联动”及通关效率，发挥川赣两港区位优势和口岸功能，借力打造“东进西联”开放通道，服务“国内大循环为主、国内国际双循环相互促进”新格局。

（吴 浩）

交通管理

JIAOTONG GUANLI

2021

四川交通年鉴

交通规划

JIAOTONG GUIHUA

概　况　2020年，省交通运输厅编制形成《四川省综合立体交通网规划纲要（2021—2035）》“1+6+9+6”规划体系；统筹开展全省普通省道网规划布局调整，形成送审方案；编制印发农村公路网规划编制指南，指导各地开展农村公路网规划编制工作，形成全省农村公路公路网规划方案初步成果；编制完成全省综合交通“十四五”发展规划以及“十四五”公路水路“1+14”规划框架体系，形成初步成果；印发实施《绵阳广元山区公路改善工程》《川陕革命根据地红军烈士陵园交通专项改善工程》《川藏铁路配套公路建设工作方案》等专项方案；基本完成全省公路国土空间控制规划。

交通建设项目前期工作　2020年，泸永、泸古金、天邛、南潼、南充过境、镇广王坪至通江段、镇广通江至广安段、内大、开梁、绵广等10个高速公路项目共597公里举行开工动员；新增成南扩容等4个共901公里高速公路项目获得部资金安排意见，新增6个普通国省道项目获得部资金安排意见，实现纳入部“十三五”规划的所有高速公路、普通国省道项目均获得资金安排意见（或咨询评估意见）。“十四五”规划拟招商的30个共2900公里高速公路项目中，3个项目共1300公里编制完成工可报告，6个项目共650公里基本编制完成工可报告，11个项目共950公里编制完成方案研究报告。

交通建设计划执行　2020年，全省公路水路固定资产计划完成投资1380亿元，围绕年度中心工作，省交通运输厅及时分解下达年度投资目标、全省重点公路水路交通项目年度建设任务，开展2020年交通建设投资计划编报和下达工作。全年下达中央和省级补助资金507亿元，其中，中央补助资金357.7亿元、省级补助资金149.3亿元。全年公路水路固定资产完成投资1918亿元，为年度目标的138.9%。

“交通+旅游”工作　2020年，省交通运输厅加快畅通景点对外通道、强化景区互联互通，年底实现国家AAAAA级旅游景区、国家级旅游度假区和风景名胜区通二级以上公路，具备条件的国家AAAA级旅游景区、省级旅游度假区和风景名胜区通三级及以上公路，基本实现国家AAA级旅游景区通四级及以上公路。国道318线康定至雅江段、九黄机场至红原机场公路等2个示范项目全面完工。组织开展四川省交通运输与旅游融合发展模式创新、高速公路网服务区规划、普通国省道服务设施规划等课题研究，进一步摸清融合发展现状，厘清融合发展路径。成功申报“交通+旅游”“交通+文化”融合发展交通强国建设试点工程。

（本栏目供稿单位：厅规划处）

大雁岭旅游产业路　　交通宣传中心　供图

建设管理

JIANSHE GUANLI

概　况　2020年，省交通运输厅继续推进全省交通基础设施建设，加强建设管理工作。高速公路建设管理方面，加快推进续建项目，围绕年度目标细化分解任务，实现主动管理；严格项目计划管理，强化项目跟踪督导，建立省交通重点项目推进“红黑榜”推进机制；充分发挥厅领导联系指导重点项目、省级部门常态化协调对接等工作机制，实行重点项目挂图作战，“红黑榜”看板管理，厅每月调度、按月通报高速公路建设进展和问题清单，促进项目顺利推进。品质工程建设方面，以高速公路和重点水运建设为重点，以创建平安百年品质工程为核心，协同推进绿色公路、交通旅游融合和智慧工地建设。招标投标管理方面，推进公路工程建设项目全流程电子化交易工作，组织全省交通运输系统对招投标领域存在的突出问题进行治理，开展公路工程招投标管理制度评估和调研，探索建立建设管理制度体系运行后评估机制。从业单位信用管理方面，完成2020年度信用评价工作，对全省重点公路共计2105个合同段、577家从业单位完成评价工作。评定从业单位AA级54家、A级124家、C级6家、D级3家，高速公路机电设备不良信用信息1家、B级从业单位390家。

（厅建管处）

高速公路建设管理　2020年，省交通运输厅认真贯彻落实省委、省政府关于抓项目保投资工作部署，围绕“投资唱主角”抓实抓细项目投资工作，强化统筹，加快推动项目实施。围绕年度目标细化分解任务，采用与在建项目业主和投资人一对一座谈对接，明确目标、形成共识、共同推动，做到抓早、抓实，实现主动管理；严格项目计划管理，强化项目跟踪督导，建立省交通重点项目推进“红黑榜”推进机制；发挥厅领导联系指导重点项目、省级部门常态化协调对接等工作机制，实行重点项目挂图作战，“红黑榜”看板管理，厅每月调度，按月通报高速公路建设进展和问题清单，对重点项目建设全过程实施跟踪督导、实时调度，对特殊重点项目抽调专业力量实行驻点督导推进，确保通车目标任务实现。项目勘察设计工作推进有力，落实全过程审查管理，强化重大方案会商机制，督促并指导项目建设、设计及审查单位提高工作效率和质量，按计划完成勘察设计并及时上报审批，全年完成国道4216线宁南至攀枝花段、国道0615线久治（川青界）至马尔康段等24个项目初步设计或施工图设计审查审批工作；配合交通运输部开展全省国高网高速公路项目初步设计审查审批工作，主动沟通汇报、提前确定代部审查单位，及时邀请部开展现场调研，落实专人跟踪，尽快取得批复，全年获得国道0512线成都至乐山高速公路扩容入城段、国道42线南充至成都段扩容、国道5线绵阳至成都段扩容等项目初步设计批复，协助交通运输部完成国道7611线西昌至昭通段等项目初步设计审查工作；强化勘察设计质量管理，明确勘察设计在提升设计理念、全面应用GIS+BIM、强化总体设计和地勘工作质量，落实勘察设计精细化及品质工程、绿色公路、交通旅游融合各项管理要求，建立全过程安全性评价和环评、水保、压矿等要件照“超前安排、平行作业、无缝搭接、整体推进”前期工作推进机制，超前储备新一轮高速公路项目勘察设计，为项目建设尽快开工创造条件。

（厅建管处）

品质工程建设　2020年，省交通运输厅持续推动公路水运品质工程建设和全员班组规范化管理，以高速公路和重点水运项目建设为重点，明确“工程实体内实外美、功能服务尽善尽美”的建设目标，围绕质量优良、安全耐久、绿色环保、功能完善、服务优质五大主题，

开展品质工程建设的仁沐新高速公路　　厅史志总编室　供图

深入推进品质工程建设，通过“品质工程+”协同推进绿色公路、交通旅游融合和智慧工地建设。项目管理过程中创新使用各类新工艺、新管理手段，全省高速公路工程建设理念大幅提升，建设了成宜、天府机场、攀大、仁沐新、成资渝等一批优秀高速公路项目。在所有建设项目执行省交通运输厅公布的35项禁止、限制使用的落后工艺、设备、材料。全省高速公路项目班组化改造率达86%，小型构件预制、梁板预制、混凝土拌合等集中场地作业班组改造率均超过90%。厅推广的11项“四新技术”得到全面应用，并以点带面，在全省项目建设中引入100余项“四新技术”。隧道门禁系统、有毒有害气体连续监控广泛使用，多功能立拱台车应用率超过60%。攀大高速公路与徐工集团和清华大学合作研发，全球首次实践应用无人压路机技术；乐西高速公路在全国公路建设领域首次采用TBM盾构法施工，为后续项目积累经验。

（江　凌）

招标投标管理　2020年，省交通运输厅执行《四川省公路建设项目招标投标管理实施细则》，落实高速公路项目招投标活动事中事后监管。严格落实招标人规范招投标活动的主体责任，对涉及招标人和招标文件的异议投诉一律转其上级纪检部门实行一案双查，并明确严控总承包试点和招标人关联企业投标等监管措施，维护建设市场秩序。推进公路工程建设项目全流程电子化交易工作，配套编制完成适用于见面开标和“不见面”开标2类，公路工程8个专业的标准电子招标文件，形成公路工程电子招标标准文件体系；完成勘察设计、施工监理、施工电子招投标系统上线运行，通过信息化手段增强招投标活动透明度和规范度，保证招投标工作公平、公开和公正。开展招投标领域突出问题系统治理，制定印发《关于交通建设招投标领域突出问题系统治理有关工作的通知》，组织全省交通运输系统对招投标领域存在的规避招标、虚假招标、弄虚作假、串标围标、转包和违法分包等突出问题进行治理，实施建设单位自查、行业主管部门核查和抽查。全省累计对2019年以来的1524个公路、水运项目开展自查，交通主管部门核查1354个项目，省、市两级抽查6个市（州）、155个县（市、区），772个项目。共受理公路、水运项目异议投诉举报68件。系统治理过程中，累计取消27个项目中标候选人的中标资格，没收投标保证金24家1425万元，信用降级或扣分处理企业6家，行政罚款14家企业、5人次，罚款145万元，严肃查处一批招投标过程中暴露的突出问题，推动交通行业政风行风进一步向好发展。组织开展公路工程招投标管理制度评估和调研，结合工作中发现的经验做法以及招投标领域营商环境、突出问题等一系列专项整治活动中发现的共性问题、暴露出的薄弱环节，进行深入分析、思考，提出针对性改进措施。同时征求各方意见，多次召开专家研讨会进行深入研究，举一反三，启动《四川省公路工程建设项目招标投标管理实施细则》修订工作，切实回应社会关切。探索建立建设管理制度体系运行后评估机制，实时跟踪掌握、学习研究国家和省最新法律法规和政策变化，采取法律专家审查、管理服务对象评议、专家咨询论证等方式，组织开展对既有各项制度的合法性、适用性、有效性后评估，重新审议制度可能存在的监管漏洞和风险点，重新研究修改完善内容和风险防控措施，在全面评估和调研的基础上，不断完善四川省公路工程建设管理制度体系。

（江　凌）

从业单位信用管理　2020年，四川省公路水运建设市场信用信息管理服务系统，以“信用交通·四川”形式上线运行，对接交通运输部、四川省信用管理平台，实现项目信息、从业单位基本信息、业绩信息、信用信息及过程信用评价一网查询、一网通办。完成2020年度信用评价工作，对全省520家企业完成评价工作，评定A级从业单位54家、AA级从业单位32家、C级从业单位2家、D级从业单位1家、B级从业单位431家。完成2020年度信用评价工作，对全省重点公路共计2105个合同段、577家从业单位完成评价工作。评定从业单位AA级54家、A级124家、C级6家、D级3家，高速公路机电设备不良信用信息1家，B级从业单位390家。

（厅建管处）

运输管理

YUNSHU GUANLI

概　况　2020年，省交通运输厅运输管理处继续改进、提升交通运输服务工作。完成公铁水基础设施排查及区域规划方案研究，签订成渝双城经济圈运输服务一体化合作备忘录；完成春运等重大道路运输保障任务。道路客运量5454.1万人次，比上年下降49.1%。“春风行动”得到交通运输部肯定。推动与重庆市交通局签订《成渝地区双城经济圈运输服务一体化合作备忘录》《推动成渝地区双城经济圈水运发展共建长江上游航运中心合作备忘录》等，推进川渝两地交通运输主管部门在交通运输规划、基础设施、运输服务、行业管理等方面全方位的合作。会同成铁局公司持续推进多式联运和联程联运发展，务实推进《共同推进多式联运、联程运输发展合作协议》，优化运输组织模式，推进多式联运示范工程创建，推动和完善多式联运平台建设，争取长江沿岸码头水转铁、铁转水政府补贴政策，加强对铁路多式联运货物价格支持。继续加快推进“12328”交通运输服务监督电话系统建设和运行管理工作；2020年疫情发生以来，四川省交通运输系统众志成城抗击新型冠状病毒肺炎疫情，各地“12328”电话服务中心把“服务群众、服务交通”认真践行在具体行动上，在此次战役中充分发挥“连心桥”“好帮手”作用。开展“暖心行动”助力交通脱贫攻坚，将“12328”电话纳入“两通”任务公示内容，充分发挥“12328”电话服务、监督作用。新（改）建行业厕所136座，完成省政府下达的三年目标任务，实现“一管二改三建四满意”目标，中央及省主流媒体多次报道。全年全省交通运输领域完成新改建厕所136座。厅被评为推进“厕所革命”三年行动先进单位。推荐遂宁蓬溪县、成都蒲江县申报全国第二批农村物流服务创建品牌。联合省邮政管理局，联合制定《深化交邮融合“四统一”试点方案》。推进与杭州溪鸟科技有限公司签订的《农村智慧物流提质增效项目合作协议》落地落实，并在遂宁蓬溪、泸州叙永、德阳什邡、宜宾长宁、南充仪陇、巴中恩阳等10个市（州）17个县（区）落地运营，在凉山州布拖等10个县新增完成共配设备安装后启动运营；联合公安厅、省机关事务管理局、省总工会开展2020年绿色出行宣传月和公交出行宣传周活动，全省绿色出行宣传月和公交出行宣传周活动启动仪式在泸州举行。指导成都市、泸州市完成全国城市绿色货运配送示范工程实地验收；指导达州开展全国第二批绿色货运配送示范工程建设；指导绵阳市涪城区接受部城乡交通运输一体化示范县实地验收；配合省发展改革委制订《四川省物流降本增效综合改革试点年度工作要点》；配合省发展改革委完成国家物流枢纽建设城市评审和上报工作，遂宁市成功入选“陆港型国家物流枢纽城市”；承担中国（四川）自由贸易试验区建设日常协调。在南充、宜宾、广元、攀枝花市物流园区、成自泸高速汪洋服务区、成巴高速下八庙服务区建设6个“司机之家”。做好与省非洲猪瘟防控指挥部办公室的日常联络协调。组织举办全省运输管理干部业务培训班。继续推进四川省网络货运平台信息监测系统建设。

交通疫情防控　2020年新型冠状病毒肺炎疫情发生以后，按照党中央、国务院决策部署和省委应对新冠肺炎疫情工作领导小组及省应急指挥部工作安排，省交通运输厅牵头会同海关、民航、铁路、公安、大数据中心等交通运输组成员单位迅速响应、通力协作，构建“铁、公、水、航”立体大交通联防联控工作机制，共同织密交通运输领域全方位全覆盖联防联控网。同时，在全国率先提出并落实交通运输应对疫情的“八项举措”，全省交通运输行业没有一例感染，也没有病例通过交通

2020年，省交通运输厅创新实施“春风行动”，专车接抗疫英雄平安回家　　厅运输处　供图

运输工具和场站传播。率先提出保障公路畅通“七条措施”，创新实施高速公路防疫检测“一检通认”，保障“一断三不断”。创新实施“春风行动”，开行“点对点”专车专列专机3.4万趟次，运送农民工81万人次。推动省政府出台实施《缓解新型冠状病毒肺炎疫情期间交通运输企业生产经营困难十条措施》，着力稳企助企。

道路客运转型升级　2020年，全省交通道路客运转型升级。年内全面完成建制村通客车目标任务。截至2020年6月24日，全省具备条件的乡镇和建制村100%通客车，提前3个月完成脱贫攻坚目标任务。同时，着力巩固脱贫成果、服务乡村振兴，在全省推进乡村客运“金通工程”，推动“识别体系、服务体系、政策体系、监管体系”四个标准化建设。加快推进成德眉资同城化发展。赴眉山市就成德眉资运输服务同城化工作推进情况（含毗邻地区跨市公交开行运营情况、一卡通应用、站场建设、联程联运及客运一体化等）；对“十四五”运输服务、综合交通枢纽及集疏运建设规划需求进行实地调研。年内，成德眉资四市实现常规公交、轨道交通“一卡通”互联互通，成眉、成德间开行8条跨市域公交线路。

交铁合作持续推进运输结构调整　2020年，省交通运输厅会同成铁局公司持续推进多式联运和联程联运发展，务实推进《共同推进多式联运、联程运输发展合作协议》，开展公铁水基础设施排查及区域规划方案研究，优化运输组织模式，推进多式联运示范工程创建，推动和完善多式联运平台建设，积极争取长江沿岸码头水转铁、铁转水政府补贴政策，加强对铁路多式联运货物价格支持。2020年3月牵头成立四川省运输结构调整会商机制，并于3月31日、7月31日召开四川省运输结构调整会商机制会议。向各地市（州）交通运输局转发部办公厅文件，对工作组织协调、信息报送与共享等方面提出相关要求。8月11日，与成都铁路局集团公司联合印发《关于进一步做好运输结构调整工作的通知》，组织开展运输结构调整工作督导检查，全面梳理省内大宗货运单位情况，及时掌握运力需求和困难，综合施策，全力攻坚。8月12日，与中铁成都局集团公司召开工作对接会，确保完成三年行动计划目标任务。2020年，省完成铁路货运量7762万吨，完成水运货运量6527万吨，泸州港集装箱铁水联运量2.94万集装箱。

交通运输行业“厕所革命”　2020年，全省交通运输行业持续推进“厕所革命”。自2018年以来，全省交通运输行业坚持规划引领、标准引导、示范引路，累计新改建行业厕所914座，占三年行动目标的106.9%，圆满完成省政府下达任务，实现“一管二改三建四满意”目标，得到中央及省主流媒体多次报道。其中2020年，全省交通运输领域计划新改建厕所136座，完成136座。厅被评为推进“厕所革命”三年行动先进单位，厅运管局徐海涛、厅高管局蒋帅被评为省推进“厕所革命”三年行动先进个人。

交邮合作推动农村物流发展　2020年，省交通运输厅推广城乡物流集中共配、交农联盟、交邮合作、快商合作、客货同网等模式。创建国家农村物流服务品牌，不断完善县乡村物流配送体系，发展冷链运输，助力现代农业“10+3”产业体系建设。加强与邮政管理部门工作联动，抓好《四川省推进交通运输与邮政业融合发展的实施方案》的落地落实，开通“交邮、交快”合作线路，加快乡镇运输服务站建设，加强寄递物流以及客运车辆搭载小件快运的管理。2020年推荐遂宁蓬溪县、成都蒲江县申报全国第二批农村物流服务创建品牌。联合省邮政管理局，联合制定《深化交邮融合“四统一”试点方案》。推进与杭州溪鸟科技有限公司签订的《农村智慧物流提质增效项目合作协议》落地落实，年内在遂宁蓬溪、泸州叙永、德阳什邡、宜宾长宁、南充仪陇、巴中恩阳等10个市（州）17个县（区）落地运营，在凉山州布拖等10个县新增完成共配设备安装后启动运营。

成渝地区双城经济圈运输服务一体化 2020年，省交通运输厅推进成渝地区双城经济圈运输服务一体化。推动与重庆市签订《成渝地区双城经济圈运输服务一体化合作备忘录》《推动成渝地区双城经济圈水运发展共建长江上游航运中心合作备忘录》等，推进川渝两地交通运输主管部门在交通运输规划、基础设施、运输服务、行业管理等方面全方位合作。加强港口间合作，发展多式联运。加强与重庆等长江中下游港口合作，泸州港与重庆港签订合作协议，新开辟涪陵港至泸州“散改集”航线，宜宾港加强与中国外运合作，新开通“宜宾-上海”直航、泸州—九江、广元—重庆集装箱班轮航线，泸州、宜宾港至重庆“水水中转”班轮常态化运行。推动泸州、宜宾、乐山、西南（自贡）无水港协同发展，泸州到广州双向班列、宜宾至钦州班列、广西防城港—广安铁海联运班列常态化开行。2020年9月底，首次开行广元至重庆集装箱班轮航线，进一步落实双城经济圈建设。

2020年4月，省交通运输厅与重庆市交通运输局在遂宁市召开成渝双城经济圈运输服务一体化发展推进会

省交通宣传中心 供图

“12328”电话运行服务质量和水平提升 2020年，全省“12328”交通运输服务监督电话系统受理业务295006件，比上年增长5.8%，其中，信息咨询203472件，投诉举报82523件，意见建议9011件，占比分别为69%、28%、3%。2020年，四川省交通运输系统众志成城抗击新型冠状病毒肺炎疫情，各地“12328”电话服务中心把“服务群众、服务交通”认真践行在具体行动上，发挥“连心桥”“好帮手”作用。3月，印发《四川省交通运输厅关于加强12328电话宣传推广进一步服务好疫情防控和复工复产的通知》，要求各地加大“12328”电话宣传，全力服务保障好疫情防控和复工复产。4月，开展“暖心行动”助力交通脱贫攻坚，将“12328”电话纳入“两通”任务公示内容，发挥“12328”电话服务、监督作用。9月，开展“12328”助力交通脱贫攻坚宣传月活动，组织各市（州）积极开展“服务提升”行动，对交通脱贫相关业务投诉工单办理时限进行提速，对群众不满意、疑难工单明确专人办理；开展多形式、多渠道线上线下宣传活动，创新“交通+融媒体”“交通+乡村”“交邮合作”宣传形式，进一步提升“12328”社会知晓度。截至12月31日，全省“12328”电话共受理交通脱贫攻坚相关业务来电7075件。

（本栏目供稿单位：厅运输处）

安全管理

ANQUAN GUANLI

概　况　2020年，省交通运输厅在四川省委省政府的坚强领导下，面对疫情防控、复工复产、脱贫攻坚、防汛抢险等多重考验，全省交通运输行业深入贯彻落实习近平总书记关于安全生产的重要指示批示精神，按照国家部省安全工作部署要求，以安全生产专项整治三年行动为统领，以安全生产清单制管理为抓手，全面推进“排险除患”整治行动，全力打好安全生产攻坚战。全年行业事故起数（123起）、死亡人数（153人），分别比上年下降28.5%、26.4%，未发生重大及以上行业安全事故，交通运输安全形势持续稳定。

2020年5月20日，省交通运输厅召开“两会”及汛期交通运输安全工作视频会　厅安监处　供图

安全监管措施　2020年，省交通运输厅在行业安全监管方面，出台实施复工复产安全“八个不”、汛期安全生产“十个要”、国庆中秋假期安全“十项措施”、“冬安”六条措施以及危险货物运输“十严禁”“六不准”等安全硬措施。强化道路运输“双控”结果应用，公布三批次30家违法违规行为突出的道路运输重大风险企业，与公安交警初步构建“两客一危”违法违规数据交换和联合惩戒机制。严格落实营运驾驶员记分管理，8925名驾驶员被记分，3176名驾驶员被纳入重点监控名单，161名严重违法违规驾驶员被列入行业禁入名单。在“春风行动”中，实施超长客运独立动态监管和“一日一通报”等举措，“零事故”开行专车2.88万趟次，“点对点”运送农民工55万人次。

相关链接：

复工复产安全“八个不”：未召开安全生产专题会不复工复运、未进行安全生产培训不复工复运、未开展风险隐患排查不复工复运、重要岗位人员未到位不复工复运、交通建设项目安全施工无保障不复工、水上交通未经检查合格不复运、道路运输车辆技术状况不合格不复运、“春风行动”运输安全措施不完善不投运。

汛期安全生产“十个要”：一要压实汛期安全应急工作责任，二要召开会议专题部署，三要组织应急处置技能培训，四要开展隐患排查治理，五要加强一线安全管控，六要强化在线实时监控，七要严格重点船舶高洪水位停泊管理，八要保障施工驻地和设施设备安全，九要完善信息联动机制，十要做好防汛应急准备。

国庆中秋假期安全十项措施：

道路运输领域：1.各地交通运输部门要安排人员到二级客运站驻站监管，三级站要加强每日巡查。2.坚持主动智能安全防控和卫星定位联网联控“一日一通报”，对行业监管平台、第三方监测平台通报的问题及时处理、警示到位。水上交通领域：3.所有重点渡口要落实海事人员现场驻守，其他渡口要加大巡航巡查力度。公路管理领域：4.坚决落实“六不抢”要求（险情不明不

抢、降雨不停不抢、落石不止不抢、安全观察员不到位不抢、交通管控不到位不抢、防护措施不到位不抢），在确保抢险作业人员自身安全的前提下开展抢通保通工作。5.高速公路执法队伍全员上岗，坚决落实保安保通保畅工作任务。工程建设领域：6.在建重点项目业主要派出负责同志在项目现场督导，项目经理不得离开项目所在地。7.瓦斯隧道及其他高风险隧道要严格落实安全管控措施，进洞作业人员严格控制在9人以内。8.三州和山区在建项目要坚决落实“三个避让”“三个紧急撤离”刚性要求，切实做好夜间值班值守和预警监测工作。值班值守和工作检查：9.严格执行领导在岗带班和24小时专人值班以及突发事件信息零报告制度。各地各单位主要领导、分管领导和主要业务部门负责人要保持手机24小时畅通。10.厅将派出检查组开展暗访暗查，各市（州）交通运输局也要针对重点领域、重点部位组织开展暗访暗查和突击检查。厅直有关单位要加强对各领域安全防范措施落实情况的监督检查。

危险货物道路运输“十严禁”：严禁超出经营范围承揽危险货物运输业务，严禁运输外包装未设置相应标志或与车辆罐体不匹配的危险货物，严禁危险货物运输企业转让出租危险货物经营资质，严禁使用罐体未经检验合格或超出检验有效期的罐式专用车辆，严禁无危险货物运输电子运单承运危险货物，严禁超限、超载、超速、疲劳驾驶，严禁车辆技术状况不合格以及车辆卫星定位、主动安全系统不正常的车辆承运危险货物，严禁驾驶员和押运员无证、未经教育培训或考核不合格上岗，严禁招聘使用纳入行业“黑名单”的从业人员，严禁不按公安部门规定线路、时间行车和违反安全管理规定停车。

港口危险货物存储装卸作业“六不准”：不准未依法取得港口经营许可证及作业附证的港口企业从事危险货物装卸和储存作业，不准超经营许可范围、超仓库堆场设计容量存储，不准安全设施、防护用品、应急物资不齐从事港口危险货物装卸、存储作业，不准港口危险货物不分类堆存，不按性质和类别堆码，不准对包装不符和标志不清、破包散口的危险货物进行港口储存、装卸作业，不准在没有持证装卸管理人员现场管理下从事港口危险货物装卸作业。

安全清单管理 2020年，省交通运输厅出台实施道路客货运输、客运站、水上客运、公路营运等重点领域安全清单模板，分领域组织宣贯培训，培育建设示范企业，基本完成重点领域企业清单制定工作。出台《四川省公路水路交通行业重大安全风险及防控要点（1.0版）》，梳理辨识15项行业重大安全风险，逐一明确切实可行的防控措施。全面推进企业安全生产标准化建设，完成全省首批23家评价机构备案，委托管理维护单位现场参与15家企业标准化评价监督工作。

安全科技应用 2020年，全省交通运输厅行业继续强化安全科技应用。全省安装主动安全智能防控系统的“两客一危”车辆3.13万辆。创新将地质灾害风险源嵌入行车路网地图，随车实时播报，有效提醒驾驶员主动预防合理避让危险源。在眉山、乐山等地客运码头试点实施“客渡之眼”，精准识别船舶载客和救生衣穿戴情况，提高水上客运智能化监管水平。完成安全性能较高的第三代渡船标准船型研发。与公安交警共享全省高速公路2.3万路高清视频监控信息，初步实现监管信息深度对接、共享共用。雨雾天气行车诱导系统覆盖22条高速、150公里恶劣天气危险路段，降低交通事故率超60%。厅推荐的成都地铁运营公司应急视频调度系统、厅运管局智能分段路网限速等4个案例被交通运输部安委会评为“平安交通”重点推荐创新案例和优秀案例。

安全应急管理 2020年，省交通运输厅进一步健全应急体系，编制公路水路突发事件指挥部工作规则和公路水路交通运输突发事件应急预案。建成四川省国家区域性公路交通应急装备物资储备中心（彭山），编制《四川省公路交通应急装备物资储备体系规划》，引导交通应急物资储备工作向规范化集约化方向发展。启动省级常备应急队伍建设，对在建重点项目汛期应急装备配备提出具体要求。高效组织、成功应对中华人民共和国成立以来四川省汛情最严重、成灾面积最大的多轮区域性强降雨，主汛期抢通国省干线断道64条757处、高速公

2020年9月20日，姚河坝大桥应急处置现场　　厅安监处　供图

路40处，确保生命通道畅通。完成“9·20”京昆高速姚河坝大桥抢通保通和灾后重建工作。“8·18”特大洪灾中，在乐山凤洲岛、宜宾泥溪等地投入船艇1000艘次，安全及时转移受困群众3.8万人次。

安全专项整治 2020年，全省交通运输行业开展交通运输安全专项整治三年行动，细化具体任务，组建工作专班，初步完成风险隐患和制度措施“两个清单”制订工作。实施森林草原防灭火道路与航空灭火设施建设专项整治，干线公路、农村公路、通场部和林下经济节点道路、防灭火专用道路分别完成年度目标的107%、134%、282%、157%。启动实施“平安百年品质工程”建设，开展“坚守公路水运工程质量安全红线”行动，发现治理交通建设红线类问题287个，并对交通建设事故多发的3家单位进行集中约谈。开展危险化学品百日安全专项整治行动，检查道路危险货物运输企业385户次，整治问题隐患183处，进一步规范危货道路运输市场秩序。会同公安厅交警总队联合印发《全省重型货车安全专项整治实施方案》，制订15条强力措施，遏制货车事故多发态势。协调整治完成成南高速陈寿路大桥下花卉农贸市场重大安全隐患，同时举一反三，排查整治桥下空间隐患40处。开展“三无”船舶专项整治，清理“三无”船舶1950艘，拆解餐饮船舶29艘，规范航运秩序。

安全基础设施 2020年，省交通运输厅建成农村公路生命安全防护工程8433公里、渡改桥33座、危桥改造188座、防洪桩89套，超额完成农村公路平交路口“千灯万带”示范工程建设任务。推进航运枢纽大坝除险加固，交通部门管理的13座航运枢纽大坝完成注册登记和除险加固方案制定。汲取省内外桥梁突发事件教训，开展公路桥梁质量安全专项治理，排查整治桥梁风险隐患普通公路543处、高速公路101处，并对73座独柱墩桥梁进行分类处治。开展高速公路隧道机电提质升级专项行动，整改机电问题448个。

（本栏目供稿单位：厅安监处）

高速公路管理暨交通执法

GAOSU GONGLU GUANLI JI JIAOTONG ZHIFA

概　况 2020年，全省高速公路管理暨交通执法系统抢抓交通运输发展黄金机遇期把握交通执法和高速公路管理特点，通过健全机制、创新模式、强化监督、提升服务等措施，完成各项目标任务。省交通运输综合行政执法总队揭牌成立，地方执法改革稳步推进，交通运输执法效率和服务能力得到提升，高速公路安全平稳运行。高速公路交通执法方面，完成《四川省交通运输综合行政执法条例》立法调研并列入省人大、省政府2021年度立法计划，在全国率先探索以地方立法形式保障中央综合执法改革精神的贯彻落实；纵深推进行政执法流程化、规范化、标准化管理，强化交通运输综合行政执法；组织开展督查暗访，对全省21个市（州）、56个基层执法站所和7个高速执法支队的执法情况开展暗访督察。高速公路信息化建设方面，完成ETC门架系统升级及实车测试，推进ETC拓展应用；加快平安智慧高速建设，率先在成渝之间高速公路、成都放射线及盆地周边主要高速公路试点推广，实现实时监测和管控覆盖率100%。推广智慧高速试点经验，初步搭建路段级面向车路协同的数智平台；加强网络安全管理，开展重大节假日行业网络安全护网行动。高速公路综合治理方面，继续推进“一路四方”机制，实现省、市、县、乡四级覆盖；实施路面大中修700车道·公里，全面消除三、四类桥隧，路况水平持续保持优等；完善应急预案，健全高速公路应急制度体系及指挥体系。高速公路行业管理方面，开展基层执法队伍职业化建设，健全综合执法人员培训机制；推进基层管理制度规范化建设，实现全省

“一套制度管执法”；推动队伍建设高质量发展，深化基层执法站所标准化建设，巩固提升基层执法站所“四统一”成果。提升基层执法工作信息化水平，实现执法全程电子化、可视化、可回溯。

（厅高管局）

2020年，高速公路交通执法人员严格检查危化品运输车辆　　厅高管局　供图

高速公路综合执法体系建设　2020年12月22日，省交通运输综合行政执法总队挂牌成立，攀枝花、泸州等15个市（州）和127个县（市、区）明确组建综合执法管理机构。与重庆市签署“双城经济圈”执法管理协同发展框架协议，印发第一批协同发展事项清单，在广安、泸州开展联合执法专项整治行动。协助完成乡镇机构编制资源配置及乡镇综合行政执法体系调研，研究乡镇（街道）行使权力事项清单，推动乡镇（街道）赋权扩能、减负增效。加强重点领域执法，组织打击非法营运、违法超限等专项行动，全省交通运输行政执法机构累计办理行政处罚案32316件，罚款金额13434万元。开展行政执法社会满意度调查和“路政宣传月”“执法服务大走访”“禁毒宣传月”等宣传活动，增强法治宣传实效性、影响力和覆盖面。

（李济杉）

高速公路信息化建设　2020年，省交通执法总队（厅高管局）完成ETC门架系统升级及实车测试，系统运行和ETC使用率等多项主要指标名列全国前茅；开展ETC专项提升行动，优化联网收费系统技术保障、投诉处理、保通保畅等机制，推进ETC拓展应用；提前1年建成省交通运输厅运行调度中心，汇集共享3万余路视频数据。加快平安智慧高速建设，优化顶层规划，出台实施方案，率先在成渝之间高速公路、成都放射线及盆地周边主要高速公路试点推广，实现实时监测和管控覆盖率100%。推广智慧高速试点经验，推进都汶高速公路龙池试验场地、成宜高速公路开放式试验路段车路协同业务场景测试；推进成都绕城、成都第二绕城、成宜高速公路局部路段车路协同设施升级改造，初步搭建路段级面向车路协同的数智平台。加强网络安全管理，开展教育培训和网络安全抽检，做好关键信息基础设施和数据资源保护工作，开展重大节假日行业网络安全护网行动。

（李济杉）

高速公路交通执法　2020年，省交通执法总队（厅高管局）完成《四川省交通运输综合行政执法条例》立法调研并列入省人大、省政府2021年度立法计划，在全国率先探索以地方立法形式保障中央综合执法改革精神的贯彻落实。纵深推进行政执法流程化、规范化、标准化管理，强化交通运输综合行政执法。组织开展督查暗访，对全省21个市（州）、56个基层执法站所和7个高速执法支队执法情况开展暗访督察，抽考执法人员700人次，评查执法案卷140份，督查结果在全省交通系统通报，进一步强化执法监督。在交通运输部综合执法检查中获得考试第3名、综合第9名的成绩。加快推进全省交通运输综合行政执法管理信息系统建设，开展功能测试。依托信用信息平台进一步加大行政许可、行政处罚信息公开，公开许可及处罚信息307374条，位列全省“双公示”第一名。

（李济杉）

高速公路行业管理　2020年，省交通执法总队（厅高管局）开展基层执法队伍职业化建设，健全综合执法人员培训机制，优化完善干部队伍管理和组成结构，建立人才库和干部考核评价机制，把牢把严执法人员准入，培树先进典型，不断提升执法队伍职业化水平。推进基层管理制度规范化建设，编制执法队伍“准军事化”管理“9+2”（9项准军事化管理制度，2项装备配备及站所建设标准）制度标准，健全涵盖执法证件管理、岗位职责，站所、装备标准化建设、文书案卷管理、执法服装管理等在内的一揽子管理制度，形成上下贯通、统一规范、廉洁高效的执法管理体系，实现全省“一套制度管执法”，推动队伍建设高质量发展。深化基层执法站所标准化建设，巩固提升基层执法站所“四统一”成果，制定执法站所建设标准，优化基层执法站所布局，推动执法站所外观、证件、服装、标识“以旧换新”等工作。提升基层执法工作信息化水平，完成省级交通运输行政执法综合管理系统开发并投入使用，依托运行调度大数据平台，大力建设大数据智能应用新生态，汇集整合公安、交通行政执法等部门数据，实现数据跨层级、跨部门、跨业务互联互通，搭建智能执法监管平台，配备执法终端装备，实现执法全程电子化、可视化、可回溯；落实专项资金，对年内完成交通运输行政执法标准化及“四基四化”建设，并验收合格的市、县交通运输综合执法机构按照100万元、30万元标准实施省级奖励补助。

（李济杉）

高速公路公共服务 2020年，省交通执法总队（厅高管局）修订高速公路清分结算机制，完善收费软件路径、数据、清分查询和统计报表等功能，提升收费管理的透明度。完善高速公路收费定价管理，完成高速公路试收费转正工作，规范新开通高速公路收费相关业务申报流程；研究收费期限到期及改（扩）建高速公路收费相关问题。建立省级稽核平台、研究偷逃通行费模型和奖励规则，统筹推进全路网开展打逃专项行动。研究启动路产赔补偿和清排障服务收费标准修订工作；推进高速公路差异化收费工作；完成高速公路“纸改电”；优化行政审批流程，提升行政审批效率，强化事中事后监管。修订完善挂钩管理办法及其配套制度，研究制订《四川省高速公路主题服务区打造指南》，打造主题服务区2处，启动4对超级服务区和4对主题服务区建设，完成15对服务区“厕所革命”任务，新建自隆高速公路沿滩服务区“司机之家”，增设“脱贫地区特色农产品展示展销专区”100处；确保年内完成已开通高速公路的服务区建成投运和功能完善工作，提升高速公路服务区整体服务质量。组织开展“暖冬行动”“情满旅途”等志愿服务。2020年，全省高速公路服务品牌亮点突出，完成18对36处服务区“厕所革命”任务；成功创建2处“司机之家”；完成“十三五”迎国评工作；打造5个“中国最美路姐团队”、4名“中国最美路姐”，获奖数全国第一；“交通扶贫专柜”获评2020年全国消费扶贫优秀典型案例。

（李济杉）

高速公路综合治理 2020年，省交通执法总队（厅高管局）继续强化高速公路综合治理。“一路四方”机制纵深推进，实现省、市、县、乡四级覆盖。实施路面大中修700车道·公里，全面消除三、四类桥隧，路况水平持续保持优等。废旧材料循环利用率95%。完成桥梁质量安全风险隐患等十项重要排查工作，处置成南高速公路陈寿路高架桥下空间隐患历史“痼疾”，组织“8·18”特大洪灾抢通保通，完成雅西高速公路姚河坝山体崩塌应急抢通任务。完善应急预案，健全高速公路应急制度体系及指挥体系，常态化开展应急演练和人员培训，优化高速公路应急物资储备标准及点位设置，实行“一张图、一张表”清单式管理，提高应急反应和处置能力。加强节假日等重要时段出行预研预判，推进跨区域、跨部门以及高速公路与国省干道之间的信息共享，推行轻微交通事故快处快撤机制，

2020年，高速公路交通执法人员开展汛期高速公路桥梁安全大检查

厅高管局 供图

2020年，高速公路交通执法人员指挥清雪车清除高速公路积雪 厅高管局 供图

持续开展机关人员支援一线等工作。研究制定高速公路安全监管标准化工作指南，开展高速公路安全生产专项整治三年行动，健全完善风险防控和隐患治理双重预防机制，强化“清单制”管理。推广安装货车轴型自动识别设备。

（李济杉）

高速公路疫情防控 2020年，省交通执法总队（厅高管局）印发《关于规范疫情防控期间行政执法工作的通知》，严格落实交通运输应对疫情的“八项措施”和保障公路畅通“七条措施”，在高速公路设置检疫点634个，投入一线人员100万人次，检疫车辆2200万辆次、司乘人员4800万人次。创新实施高速公路“一检通认”体温检测机制，通行效率提升近90%。严格落实防疫期间通行费减免政策，累计减免通行费近63亿元。坚持“免费不免服务”，99个党员服务队为司乘人员提供免费服务26万余人次，局（总队）获全国交通运输系统先进集体、四川省抗击新冠肺炎疫情先进党组织等荣誉。

（李济杉）

川高公司营运管理 截至2020年底，川高公司全年完成建设投资326亿元；实现营业收入256亿元；完成利润总额-10.7亿元，较交投集团公司下达目标减亏2.4亿元；资产总额达2893亿元、净资产达903亿元，分别比上年增长8%和5%；公司荣登四川百强企业第29位、服务企业百强第10位，比上年分别提升8位和3位。

项目建设 建成成资渝高速公路、仁沐新高速公路孝姑至沐川南及马边支线、九绵高速公路张家坪至江油段3个项目209公里，为“十三五”期间建成通车里程最多的一年。仁沐新高速公路（马边段）、九绵高速公路、乐西高速公路、德会高速公路等在建项目进度总体良好，沿江、成绵苍巴高速公路等项目实现实质性开工。获取开江至梁平、绵广扩容、广陕扩容等高速公路项目，新增投资约490亿元，新增里程约220公里。跟踪天府新区至乐山、宜宾至屏山新市、乐山至铜梁等一批重点高速公路项目，做好项目储备工作。完成雅西、南渝、丽攀等高速公路项目验收工作，推进广巴、巴陕等高速公路项目验收准备。全年完成25个项目竣工验收，解决多年来通车项目历史遗留问题。建成通车成资渝高速公路项目，承接成安渝高速公路营运管理。成渝地区双城经济圈上升为国家战略后，川高公司管理已投运的成渝间高速大通道达3条，为双城经济圈国家战略实施提供了交通支撑。

收费管理 在免收通行费36.5亿元影响下，全年完成通行费收入109亿元。完成全国干线公路“迎部检”，为四川交通“十三五迎评”工作做出突出贡献。完成“改革撤站第十战役”。成功创建纳黔、达渝等7条“五好”高速公路。持续推进“厕所革命”“司机之家”“扫黑除恶”等服务区专项行动，拓展优化服务功能。

财务管理 抢抓融资环境较为宽松的有利时机，实现融资448亿元，为年度目标的121%。选择有利窗口期，以2.5%和1.55%的利率发行中期票据和超短融，创省属企业同期融资成本新低。成绵苍巴、沿江、成南扩容和德会4个高速公路项目，以“最低成团利率”方式，完成740亿元的银团组建，在集团内首次实现基准利率下浮20%的突破。通过延迟付息、下调存量贷款利率等政策，节约财务费用1.7亿元。内宜水高速公路ABS申报材料通过深交所审核，为省交投集团首单疫情防控ABS。积极申报成都绕城东段REITs纳入首批试点，完成前期工作并助推项目获取正式收费批文。坚决贯彻“过紧日子”的思想，在满足基本运行和保障安全前提下，严格按削减50%的标准，压降可控成本7.9亿元，把新冠肺炎疫情影响降到最低。

安全管理 全力推动安全清单制管理、双预防体系建设、安全整治三年行动等重点工作。快速处治乐雅高速公路张徐坝大桥安全隐患，有效防范重大安全事故发生。2020年汛期，四川启动史上首次I级防汛应急响应。川高公司第一时间启动应急响应程序，第一时间应对九绵、雅西、都汶等多条高速公路突发暴雨泥石流灾害，累计投入抢险资金1.9亿元、抢险人员1.3万人次、各类机械设备

“五好”高速——纳黔高速公路　　川高公司　供图

710台次，用最短时间全力抢通生命线、救援线。绵九公司成功转移“8·17”特大暴雨洪涝灾害受灾群众近4000人。雅西高速公路姚河坝特大桥仅用时6天恢复单幅双向通行，90天完成大桥恢复重建，比交通运输部要求时间提前一个半月。9月23日，交通运输部部长李小鹏到都汶、雅西高速公路调研，对抢险救灾工作给予充分肯定。

环保管理 强化环境敏感路段和重点区域的环保风险管控，做好水土保持、扬尘防治等工作。实施通车项目环保工程，制定川高系统污水处理设施运维方案，加强服务区、收费站污水处理设备的运行监测和维护。

资产经营 推进山湾宾馆土地和房屋收储工作，实施川高系统270个地块、622.73公顷土地的清理和测绘工作，为土地资源实现全数字管理提供有力支撑。助推高路信息、高路建筑、高路绿化、高路物业、川高咨询、川西投资等相关产业公司扩大业务范围，增强市场竞争力，全年相关产业实现营收24亿元、利润1.6亿元。交旅融合项目加速推进，恩阳示范服务区一期建成并投入试运营，竞得会理小镇首批次16.73公顷商住用地，增进交通路产和文旅地产有效联动。

智慧交通建设 完成智慧高速云控平台及相关系统设计，完成业务需求调研。都汶高速公路龙池段作为国内首例研究西南山区自动驾驶关键技术的测试场，被纳入“交通强国”建设试点项目，加快实施成都绕城高速公路“智慧眼”和成绵高速公路扩容“数字高速”等项目。智慧交通综合管控平台获首届数字四川创新大赛一等奖，“四川公路出行智能服务工程实验室”成为全省人工智能领域唯一获批建设的工程实验室。统筹推进平安智慧高速建设和“视频上云”。

内部管理 健全内部控制相关配套制度，印发新版《内部控制管理手册》，新增优化47个业务流程。继续深化路公司片区化改革，完成攀西、丽攀公司整合。针对收费模式转变、智慧高速建设、合资企业管理等新形势、新情况，努力探索组织机构管理新模式。完成部分直属企业董事会成员调整，规范公司董事会建设及运行，严格落实党委会前置讨论程序，梳理制订党委会前置研究和决定事项清单，提高经营决策效率。

党建工作 推进基层党建提质行动，提档升级“党建+”等创新试点项目，“智慧党建”App上线试运行，新时代支部标准化建设、“四有”党支部等7项党建创新试点课题全面开题研究。创新实施提醒函机制，督责实效持续提升。完善管控制度875项，惩防体系不断优化。研析出台纪检队伍建设“细则”“办法”。川高系统成功举办第二届青年创新创效大赛。参加“挂图作战稳投资，交通先行促发展”等劳动竞赛并取得优异成绩。关爱职工生产生活，开展送清凉、送温暖等系列慰问活动，创建职工小家34个。发挥国企优势和行业优势，持续在党建扶贫、交通扶贫、产业扶贫、教育扶贫等方面精准施策。选派优秀干部驻村开展帮扶和对口援建，协助当地实现脱贫攻坚目标任务。创新“交通+扶贫”模式，实现高速公路服务区扶贫产品专柜全覆盖。援建宜坡署觉村村委会，改善村容村貌，建成产业扶贫养殖基地，成功助推宜坡署觉村实现脱贫摘帽。

（川高公司）

成渝公司营运管理 2020年，成渝公司位列四川企业100强、服务业企业100强。成仁高速公路连续五年获全省营运服务质量评价第一名；成乐高速公路扩容建设项目在全省率先复工，绵竹互通、乐山北站、新彭山站建成通车；天邛高速公路实现控制性工程开工。截至年底，公司总资产规模404亿元，净资产165亿元，通过成都市总部企业资质认证，连续4年获“最佳企业管制奖”，连续8年获上交所信息披露“A”级评价，在全国高速公路上市企业中，资产质量、利润水平等多项关键经济指标表现优良，长期维持主体和债项AAA信用评级。在高速公路建设、收费管理、服务管理、疫情防控、安全管理、财务管理等方面主要做了以下工作：

2020年10月，成乐高速公路眉山站“毓秀班”获第七届“最美中国路姐团队”称号　成渝公司　供图

项目建设　成乐高速公路扩容项目在全省率先复工，完成入城段环评公参并取得初设批复，棉竹互通、乐山北收费站等关键节点建成通车；截至年底，累计完成投资额50.07亿元。天邛高速公路作为全省一季度重大项目集中开工主会场，顺利组建项目公司，按期签订特许权、全线征拆等协议，完成前期准备，实现控制性工程开工；截至年底，累计完成投资额8.34亿元。

收费管理　完成通行费收入30.2亿元。新形势下，持续强化机电运维制度建设和技术保障，完成“改革撤站”重大工程，单公里投入大幅低于全省平均水平，有效节约ETC升级改造成本。自主研发门架自动巡检软件，实现关键指标动态监测、故障实时报警，构建智能化数据系统。完成“第十战役”实车测试，累计行驶21万公里，测试路径4000余条。破获流窜川西南路网的团伙逃费专案，查获ETC异常降类典型案例，维护企业权益。

财务管理　进一步健全财务管理体系，发挥资金统筹效应，经过综合施策、均衡调控，减少闲置沉淀。与金融机构加强谈判沟通，流贷利率全部下调并完成10.6亿元高息资金置换，成仁高速公路存续期内、遂广遂西高速公路银团一个年度内建贷利率全面下浮并延迟结息付息，压降存量债务成本。发挥公司上市平台作用及AAA信用评级优势，利用新冠肺炎疫情期间政策支持，获取国开行发放的省内首笔复工复产低成本专项流贷3亿元，获准注册中票和超短融20亿元，完成天邛高速公路项目银团组建及合同签订，创公司建贷成本历史新低。

服务管理　启动所辖服务区广告业务整合，丰富自营业态与自有品牌，持续提高经营收益和服务质量。精确测算加油站营销活动收益平衡点，扩大市场化定价采购份额，毛利率逆势增长。科学规划工期工序，合理延缓养护工程，大幅压缩养护费用，预防性养护成效明显。结合防汛减灾工作需要，高质量低成本“迎国检”取得优异成绩。成仁高速公路服务质量评价连续五年排名全省第一。争取“免减缓返补”等社保、税收政策支持。全媒体融合共筑宣传矩阵，成乐高速公路复工、天邛高速公路开工、成雅熊猫高速公路受到广泛报道和各界关注。

安全管理　推进安全生产责任清单制管理，完善重点领域、关键环节责任体系，启动安全生产专项整治三年行动计划。加强汛期隐患排查治理，高效处置边坡塌方险情，第一时间抢险抢通交通要道。主动扛起环保责任，加强施工现场水土保持、生态保护和服务区、收费站排污处置，严格落实精准防污、科学治污工作要求，防范化解安全生产、生态环境风险。

疫情防控　新冠肺炎疫情期间，公司所属各营运路公司及服务区经营管理公司分别成立党员突击队、青年志愿服务队63支，组织党员干部职工坚守营运管理和项目建设一线、冲锋在前，汇聚成上下一心、攻坚克难打赢疫情防控阻击战的强大力量。科学应对疫情传播风险，强化常态化防疫措施，实现“零感染”防疫战果。积极履行运维保障职责，全力配合和支持联防联控、应急保供、复工复产，协力坚守交通关口，配合做好冷链食品运输车检查服务保障，组织开展疫情防控应急演练，对出入服务（停车）区餐厅超市等封闭场所人员进行体温检测、亮码通行，规范佩戴口罩，全面落实防控检查工作。利用高速公路服务（停车）区LED彩屏、路段可变情报板等开展疫情防控宣传，充分彰显国企担当。

（成渝公司）

成渝高速公路四川段营运管理　2020年，成渝分公司所辖成渝高速公路四川段在营运管理方面主要做了以下工作：

收费管理　实现营业收入6.99亿元，为年度目标112.34%。实现分段计（收）费模式切换，率先在全省高速公路网启动车道实车测试，获省交投集团深化收费公路制度改革取消高速公路省界收费站先进集体称号；科学研判稽查新形势，依托大数据网络，重点针对ETC降类、全网兜底计费等开展稽查，系统内增收46.54万元，专项稽查补收152万余元，其中包含一起涉及省内大型运

成渝高速公路　　成渝分公司　供图

输企业所属50辆车的逃费事件，补收通行费109万余元，打逃增收亮点突出；坚持“转岗不下岗”原则，调研形成收费人员转岗调研方案，并分期分批组织选拔考试，践行“幸福成渝”企业担当；结合平安智慧高速公路建设，有序完成信息化营运管理平台一期建设，实现成渝高速110路监控视频图像上云工作，推动基础设施数字化、运营管理智能化、行业管理协同化、出行服务便捷化等系列收费公路改革进程。

创新创效 依托新技术、新工艺、新理念，提升营运管理水平，进一步增强公司高效发展动力。推进桥梁老旧护栏与中分带开口活动护栏提升改造科研工作，连续4年获全省桥隧规范化管理抽检工作第一名；新型中分带开口护栏通过国家交通安全设施质量监督检验中心实车碰撞试验并取得试验报告，获省交投集团十大创新成果奖；系统总结成渝高速公路沥青路面就地热再生试验工程，科研成果——一种三轴联动切割机用夹具专利获得国家知识产权局批准授权；将路产管护队员零散个人装备用品集成至战术腰带，化繁为简，在强化个人安全防护能力及作业效率同时提升路产管护队伍整体形象；运用“钉钉”办公平台实现防疫物资数据化管理和自动统计，获省交投集团、成渝公司好评。

安全环保 做强防疫链，配合地方设置联防联控检疫点18个，做好防疫物资、员工保护、值班值守等常态化防控工作；联合内江市疾控中心开展成渝高速公路突发公共卫生事件（新冠肺炎疫情）应急演练，得到学习强国、四川在线等多家新闻媒体报道，公司疫情防控始终保持员工零感染；做深安全链，全面践行“安全作保障、安全创效益、安全促发展”的安全价值观，全年未发生重、特大安全责任事故和源头安全责任事故，获评省交投集团2020年度安全环保先进集体，获全国“安康杯”职工安全健康意识与应急技能知识普及竞赛先进单位，所辖内江收费站获评2020年度四川省“青年安全生产示范岗”；坚持未雨绸缪，开展31次应急演练，进一步增强协同应急处置能力；持续开展路产管护队伍建设，队伍精神面貌、纪律作风显著提升，在成渝公司安全生产与路产管护知识竞赛中获卓越团队奖和最佳风采奖；率先开展财产一切险试点工作，公司财产一切险于5月20日零时正式生效。做优环保链，严格执行环境保护政策法规，完成辖区8个点位共计12套污水处理设施设备的安装及验收，实现污水处理设备全覆盖。

（成渝分公司）

成乐高速公路营运管理 2020年，成乐公司、成乐运营分公司在成乐高速公路建设及营运管理等方面主要做了以下工作：

项目建设 成乐高速公路扩容建设完成投资24.08亿元，累计完成投资91.79亿元。面对新冠肺炎疫情影响，项目坚持“两手抓、三不减”，棉竹互通、青衣江大桥等工程在全省率先实现复工。棉竹互通及乐山站、彭山互通及新彭山站建成通车。眉山剩余段及乐山段主要工点全部开工建设，累计完成路基60%、桥涵50%、路面10%、交安绿化5%。成都第二绕城高速公路至青龙场段施工单位进场完成项目部驻地建设及部分临建工程，新津交付部分临时用地，岷江特大桥7号桥开始桩基施工，青龙场枢纽互通开始动工。起点至成都第二绕城高速公路段环评和初设获批；项目成功纳入财政部PPP项目管理库并纳入交通运输部补助计划。项目完成新津征拆协议、眉山天府新区管委会补充协议签订，新津段提交土地10.87公顷、青龙段提交土地22.67公顷；E2标段眉山段提交土地105.8公顷，占应交土地70%；乐山市提交土地184.6公顷，占应交土地89%；乐山市、眉山市用地报批至省自然资源厅。

成乐高速公路　　成乐公司　成乐运营分公司　供图

收费管理 实现营业收入3.99亿元（含税）。完成“改革撤站”工作，实现全国联网收费，收费秩序平稳。创新研究ETC门架供电设备运行远程自动监控系统并正式投入使用。建成综合性应急指挥平台，实现监控、管护、机电维修、服务区联合办公。堵漏增收成效明显，通过大数据筛查分析、强化联勤联动、做好道口现场管控等手段，全年增收75万余元。眉山站“毓秀班”组获第七届“最美中国路姐团队”称号，眉山站成功创建2018—2019年度“省级青年文明号”。

内部管理 通过严控成本费用支出审核、开展降本增效宣传、制定成本压降措施、细化降本增效奖励方案、争取政府专项奖励以及产业扶持资金等举措，降本增效见成效。“三项制度”改革完成阶段性目标任务，完成机关管理人员内部竞聘工作，修订完善薪酬及绩效考核相关的4个制度。制度流程不断完善，梳理招标文件项目专用条款编制流程、合同争议处理流程，推动合同管理规范化、标准化；制定并实施样板工程推广制，建立“事前、事中、事后”全流程管控体系。引进人才，严格干部选用，强化员工培训，全年推荐考察干部6人，招聘引进新员工16人，开展上挂下派，到期续聘路产管护大队分队长10人、收费班长31人，选拔收费班长16人，完成8对“师带徒”选拔和考核，被评为省交投集团2020年集团组织学习运营优秀单位。挖掘素材，做好宣传工作，《人民日报》等多家新闻媒体对疫情防控、复工复产、防汛救灾、工程进展等方面进行深度宣传报道。统筹安排银团贷款提取计划、专用监管账户资金计划及公司资金计划，督促各项目部设立农民工工资专用账户，及时跟进农民工工资拨付进度，促进相关政策贯彻落实和资金安全、规范、有效使用。

安全管理 严抓疫情防控常态化，全力配合支持疫情联防联控、切实做好防疫物资发放，实现“零感染”防疫成果。开展安全生产专项整治三年行动、隐患排查治理，完成道路安全保畅、扩容施工安全管理等工作；高效处置“8·18”“8·30”边坡塌方险情，第一时间抢通乐山抗洪救援通道；全年发生道路交通事故532起（比上年下降8.1%）、死亡6人（比上年下降50%），施工区域未发生安全生产责任事故和管理源头责任事故；被省交通运输厅评为2020年全省道路水路春运工作先进单位。坚持施工组织与交通组织融合，灵活采取“半幅通行，半幅封闭施工”及“短期全幅封闭”交通管制方式，高效快速进行桥梁拆除和高边坡开挖。重点推进安全生产清单制管理和“双重预防”信息化建设，研发安全生产风险管理系统并获国家计算机软件著作权登记证书和省科学技术厅科技成果证书。严格执行环境保护与水土保持“三同时”规定，各项要求在项目各阶段得到有效落实。做好道路日常养护和维修、路面病害集中调查处置、路面定期检测工作，PQI评定为“优”。

服务区管理 与成雅油料公司、中石化眉山分公司签订三方协议，解决眉山服务区加油（气）站扩容拆建及经营管理问题。全省首创货车“硬隔离渠化”停放，通过人防、物防、科技防，加大对偷盗燃油违法犯罪行为打击力度，杜绝偷盗货车燃油事件发生。进一步规范服务区扶贫专柜管理，提升“服务区+扶贫”工作实效，夹江天福服务区交通扶贫专柜在全国消费扶贫论坛被省交通运输厅作为典型进行汇报宣传。在夹江天福服务区合理规划修建环保应急卫生间，解决停车区渠化后如厕距离远的问题，初步建成“司机之家”并正式对外开放。

（成乐公司 成乐运营分公司）

成雅高速公路营运管理 2020年，成渝公司成雅分公司在成雅高速公路营运管理方面主要做了以下工作：

收费管理 ①开展需求分析调研，针对营运系统数据查询功能不全、预测分析精准性要求提高的状况，利用现有数据来源，搭建智能化管理平台，建立数据分析模块，为下一步数据分析及稽查打逃工作奠定基础。②

成雅高速公路 成雅分公司 供图

完成交通运输部视频云试点工作，成雅高速公路276路高清视频图像通过VPN上传至部阿里云平台。③加大堵漏增收工作力度，开展对内稽查26000余人次，查处违规450余人次。④收集兜底费率、顶卡换卡、屏蔽通行卡等手段的新型逃费方式，利用门架等现有设施设备和部省两级稽核平台，与结算中心等单位互联共享数据，制订打击偷逃费措施。全年成雅高速公路系统内小改大、免改正、集改正增收金额67万余元；系统外专项打逃，追缴通行费100万余元；累计堵漏增收167万余元。

服务管理 以服务区星级复审为契机，不断优化提升服务区硬件管理，深度融合环保理念，强化细节管理，夯实服务质量。深入推进“厕所革命”，开展服务区环境综合治理工作，每日对公共区域消毒并公示，保持公共厕所、广场等区域整洁。完成服务区委外单位政策性租金减免工作，对新津、蒲江服务区承租单位减免房租费用210万余元，缓解服务区经营方复工复产压力。完成服务区充电桩建设任务，主体建设工作已经完成。新津服务区、蒲江服务区分别通过厅高管局四星级服务区、五星级服务区复审。

养护管理 ①完成路面病害维修14车道·公里目标任务。维修过程中精心组织施工，降低过往车辆通行影响。②全面检测桥梁水中基础，完成岷江大桥水中基础处治；对江安河大桥、名山河大桥、西康大桥等桥梁水中基础持续观测，确保病害及时处治；根据岷江大桥桥面出现的纵向裂缝位置，初步判定为桥梁单板受力，采用聚氨酯填充式无缝试验，及时完成病害处治，确保岷江大桥安全。成雅高速公路全线无三、四、五类桥。③及时处治地质灾害。雨季期间，K1856+500雅成向边坡发生落石、K1915雅成向边坡护面墙垮塌、K1884+950河床被水冲毁等病害，第一时间启动应急预案，安排抢险队伍进场抢修，及时排除险情，保证道路安全畅通。④通过实施中分带防尘网工程、高架桥鲜花摆放和强化日常巡查检查，有效提升成都至青龙场六车道路段路容路貌。⑤协助地方政府合力推进新津东互通、雅安东互通改造提升，基本完成曙光匝道缓堵工程前期协调工作。⑥制定《施工统筹管理实施办法》《涉路穿（跨）越工程项目管理办法（试行）》，及时发现并纠正不规范作业，确保道路安全畅通。

安全管理 落实企业主体责任，印发2020年度安全、环保、社会治安综合治理工作要点，逐级签订2020目标责任书，将各类目标责任分解落实到基层；印发《成雅分公司安全生产管理责任清单（1.0试行版）》，持续全面推进安全生产责任清单运行工作和双重预防机制建设。组织开展安全生产专项整治三年行动、“排险除患”集中整治专项行动、“安全生产月”“消防安全月”等专项行动或活动；抓好重点时期安全管理，逐级制订工作方案，完成各项保畅维稳工作任务。持续提升应急管理水平，修订并印发《应急预案汇编（2020修订版）》；组织开展“防汛减灾灾害抢险”“交通事故救援处置”“消防安全实操演练”等应急演练和桌面推演19次，进一步提升应急处置能力。全年累计开展安全检查278余次，排查发现并处置公司级隐患49处，整改完成率100%，在四川省隐患排查治理系统中得分99.17，评级为A；组织开展安全生产培训62次，累计培训2110人次；组织召开安全生产会议155次，参会人员3900余人次；安全生产宣传咨询活动166次，参与人次2300余人次，发放安全生产宣传资料32000余份。全年巡查路段7255趟次，安全巡路里程73万公里，发现并清理路面障碍物1706次，清障救援4356次，完成各类交通保障和管制任务450余次，有效保障成雅高速公路安全畅通。

新冠肺炎疫情防控 印发《关于认真做好新冠肺炎疫情防控工作的紧急通知》《关于印发应对新冠肺炎疫情防控工作方案的通知》等文件30余份，编印《疫情防控工作手册》，及时响应上级单位和属地政府防控工作要求，认真做好疫情防控工作，定期不定期开展疫情防控工作专项检查，加强员工防护，做好内部防控。配合属地政府卫生健康、应急管理等部门开展疫情联防联控工作，认真落实“三不一优先”“一断三不断”（坚决阻断病毒传播渠道，保障公路交通网络不断、应急运输绿色通道不断、必要的群众生产生活物资运输通道不断；不停车、不检查、不收费、优先通行），有力配合全省路网联防联控工作。全年累计开展公共宣传4万余人次，发布宣传标语2000余次，发放各类宣传资料36000余份，累计发放口罩5万余个。

2020年，成雅高速公路通过四川省文明单位复审，在全省高速公路营运服务质量年终考评中位列第三，同时被评为全省道路水路春运工作先进单位、省交投集团深化收费公路制度改革取消高速公路省界收费站先进集体、省交投集团2020年经营管理先进集体。

（成雅分公司）

成仁高速公路营运管理 2020年，成渝公司成仁分公司在成仁高速公路营运管理方面主要做了以下工作：

收费管理 继续夯实收费基础，加强收费新政贯彻执行，10月取得成仁高速正式收费批复，全年各项经济指标达到预期。针对收费政策调整，按计划组织新系统操作、入口联网治超软件等培训，全年举办线上线下岗位练兵、知识竞赛等10次，开展收费软硬件设施设备维护，全线系统技术状况总体稳定，运行良好，按期高质量实现“改革撤站”系统切换，被省交投集团评为“改革撤站先进集体”。加强优质文明服务，持续开展“树榜样、争红旗”活动，全年奖励服务明星118人次，多渠道开展培训，收费队伍业务技能、职业素质持续提升；印发宣传手册8万余份，开展收费政策宣传、ETC问题解读、“集优服务”等便民服务活动，展示良好收费窗口形象。抓好通行效率提升，组织业务部门开展调研，发挥超大车流量资源优势，利用新冠肺炎疫情期间免费通行窗口期，集中安排各类道路施工，减少恢复收费后施工对车流量的影响；加强与联勤单位配合沟通，优化各类交通管制措施，封道次数比上年下降17%（30次），缩短时长1241小时，尽量减少通行费流失。持续开展内外稽查，推进内部常态化业务检查，有效防范内部风险，对外加强与相邻路网之间的信息沟通，组织召开打逃联勤会议5次，积极探索信息化打逃新手段，运用部级稽核平台、结算中心二期平台，筛查分析数据，全年对外稽核14.5万辆次，查处逃费车10辆次，挽回通行费损失1万余元。

养护管理 开展有计划道路预防性养护，道路技术状况长期保持良好，路面PQI值95.16，优良路率100%，被评为省交投集团十周年“十大工程”之一。抓好日常养护管理，做好绿化保洁、汛期隐患排查等工作，完成成仁高速公路快速代建工程审计；注重提升收费站、服务区硬件设施，分公司在全国“司机之家”建设运营经验交流会上分享经验，汪洋、永兴服务区升级为“四星”服务区，群众出行的满意度不断提升。联合西南交大等高校、科研单位，开展混凝土耐久性防护、高架桥无缝桥面技术状况评估与养护等两项技术研究并进入结题阶段，分公司养护技术队伍得到实践和培养，申报实用新型专利1项，发表期刊论文1篇，参加学术会议1次。全力推进“迎国评”工作，按照省交投集团“节约迎检”要求，提前计划、主动对接，严格倒排工期，对标开展道路质量整治提升，并作为样板在省内推广备检经验，按时按质完成国评任务。

安全管理 安全发展基础进一步夯实，推行安全生产管理清单制，动态修订完善各类应急管理预案23个，推进安全管理标准化水平进一步提升。加强应急管理，提升保通保畅能力，开展重点时段、路段隐患排查，针对严峻汛情，加强巡查预警，及时处置道路水毁等险情18处，未发生重大次生灾害和严重堵车现象。开展救援队伍培训和应急演练，承办并参加成渝公司路产管护技能竞赛。加强涉路施工监管，针对成宜互通、新机场高速高庙山枢纽互通等跨线工程占线长、施工久等特点，制定涉路施工现场管理流程，严格每日检查，杜绝交叉施工对行车影响。推进货车治超智能化管理，全线收费站安装“小黄人”高清摄像机并网收费系统，提高治超效率。强化联勤联动机制，推进平安高速建设，道路交通综合治理水平进一步提升，全线交通事故持续减少，比上年降低11.7%（减少169起）。推进绿色营运，组织编制分公司环境保护制度12个，进一步规范收费站、服务区生活垃圾收集、清运，落实细化施工路段水土保持、降噪防尘等环保措施，按照相关要求，对文宫服务区污水处理设备改造升级，达到新标排放。开展新冠肺炎疫情防控，分公司配合和支持地方政府先后在沿线服务区、收费站设立11个防疫监测管控点，保证成都南向大通道畅通，取得“零感染、路畅通”成绩，快速实现复工复产。兴隆收费站被省总工会评为“四川省‘同心战疫’最美女职工集体”。

内部管理 按照省交投集团要求，强化降本增效，成立成本管控小组，全年压缩营运开支、办公经费等成本，连续第3年被省交投集团评为“财务管理先进单位”。深化绩效考核，对标成渝公司业绩考核要求，加强和完善内部运行机制，严格责任落实，开展人事档案专项审核，配合省交投集团搭建人力资源系统，建立员工数字化档案。落实人才强企战略，创新培训方式，开展线上线下培训9次，员工大专以上学历占比达87%（增加5%，比上年增加6人）。规范选人用人程序，修订干部

成仁高速公路　　成仁分公司　供图

选拔、薪酬绩效等制度6个，选拔任命中层副职1人，向省交投集团推荐干部2人。宣传工作持续发力，疫情防控工作被中央电视台《新闻联播》报道；全年营运管理、救援抢险、“扶贫专柜”等多个典型事迹及优秀员工被中央电视台、学习强国等各级媒体报道700余次，报道次数为历年之最，政务信息工作在全省高速公路营运公司中排名第一。加强内部风险防控，修订内控制度及流程，开展内控检测，进一步规范内部运行。重视依法治企，加强法制宣传，规避企业经营风险，被省交投集团评为“依法治企先进单位”。

（成仁分公司）

遂广遂西高速公路营运管理 2020年，遂广遂西公司在遂广遂西高速公路营运管理方面主要做了以下工作：

收费管理 全年完成通行费收入2.92亿元，比上年下降23.75%，其中遂广高速公路收入1.86亿元，下降16.91%；遂西高速公路收入1.06亿元，下降33.36%。开展堵漏增收稽查工作，小改大、免改正车辆2200余辆次，增收通行费14万元。高效完成“改革撤站”重大工程、“第十战役”实车测试，自主开发“收费门架综合查询软件”“自动限高报警装置”，在“费显点亮”专项行动中，通过软件升级有效解决出口费显问题。在全省率先制定《收费系统巡查管理办法》及其实施细则，改变单一部门巡查为多部门综合巡查，提高巡查效率。开展稽查打逃行动，确保通行费收入应收不漏，全年对内稽查7600余次，系统内小改大、免改正、集改正车辆670辆次，系统外专项打逃车辆19辆。

养护管理 降本增效，养护工作总体平稳有序，全线道路各项性能指标优良。全年投入养护资金2336.88万元，主要开展桥隧定期检测、路面沉降跳车处治、中央活动护栏改造、事故多发段处治、道路保洁、绿化和交通安全设施日常维护，路面灌缝、涵洞清淤、路基排水设施清理及修复等。开展汛期专项排查，及时处治汛期隐患。落实预防性养护，完善运营阶段安全性评估，探索桥面唧浆病害处治课题研究，推进养护电子化计量。按照成渝公司统一部署，完成迎部检工作。

安全管理 贯彻安全生产及防灾减灾救灾工作精神，推进落实安全生产责任清单制管理，完善重点领域、关键环节责任体系，制订完善《安全生产管理责任清单》《环境保护制度汇编》《应急预案汇编》。及时召开安委会、春运、汛期、疫情防控等专题会议，开展安全生产专项活动、教育培训宣传、应急演练。加强隐患排查治理，提升应急处置能力，确保道路保通保畅。为进一步做好冬雾天气行车安全，建设完成特殊路段雨雾天气安全行车诱导预警系统。公司安全总体形势稳定，未发生安全生产源头责任事故。

路产管理 开展清障救援1479次，发生路产补偿案件391起，结案率99%，收取路产补偿款89.79万元。修订《路产管护管理规范》，深化一路多方联勤联动机制，通过联合巡查、联合执法，定期召开联席会，共同做好维护路产路权、路产案件处置、安全管理及社会治安综合治理。路产管护宣传教育、业务培训、交流学习、技能竞赛、应急演练和抢险救援等工作进一步提升。

服务区管理 蓬南服务区完成全省首个“社会治理办公室”和“临时党支部”创建。蓬溪、蓬南“平安服务区”建设通过高速公安验收。落实“交通+旅游”融合发展、“大通道”及“三区三节”宣传推广。结合自身实际，加强地方特色文化与服务区景观旅游节融合。飞龙服务区作为广安市旅游名片在《广安市旅游文化宣传片》中推广。蓬南、蓬溪服务区与遂宁市文旅局开展遂宁环线旅游宣传，取得良好效果。《平安高速创建从“平安服务区”开始》入选省交投集团优秀工作案例。

环境综合治理 推进环保工作，加强沿线水土保持、生态保护和服务区、收费站排污处置，确保污水达标排放，处治噪音污染及投诉，严格落实精准防污、科学治污工作要求。遂广遂西高速公路完成环境保护工程交工验收，遂广高速公路完成

遂西高速公路赤城湖1号桥　　遂广遂西公司　供图

环保专项验收，全线建设桥面径流收集系统6450米、声屏障9710米。

（遂广遂西公司）

成都绕城高速公路和都汶高速公路营运管理 2020年，川西公司在成都绕城高速公路、四川都汶高速公路营运管理方面做了以下工作：

收费管理 克服抗击新冠肺炎疫情期间免收通行费、映汶高速公路“8·17”特大泥石流灾害等对通行费收入的不利影响，强化内部稽查，严厉打击偷逃通行费行为，全年收取通行费8.02亿元，统缴到帐2.40亿元，合计10.42亿元，完成年度目标104.2%。追缴通行费538.45万元（专项稽查追缴通行费111万元），比上年增长52.6%。强化沿线广告、桥下空间、土地租赁、穿跨越项目路产占用补偿等规范管理，三产合同金额收入9613.34万元。公司实现净利润1112.55万元，还贷付息8.47亿元。

养护管理 专项养护工程59项：按期完成2019年“8·20”特大泥石流灾害簇头沟、登基沟、板子沟段落洪水挡防、排导设施灾后重建和2020年“8·17”特大泥石流灾害抢险保通施工。完成绕城高速公路主线和都映高速公路路面病害处治、紫坪铺隧道和龙溪隧道底鼓病害应急抢险处治。基本完成信息服务中心装修工程，完成应急抢险指挥分中心项目规划上报工作。按期完成庙子坪岷江特大桥督办项目整改任务及德都高速公路并线工程永久性占用等20多个路产占用补偿协议。大运会保障项目方面，按计划完成绕东服务区、成仁快速路收费站、成都东西轴线改造阶段性工作。映汶高速公路项目竣工验收得分92.44分，达到国家优良标准，顺利通过验收。日常养护，按降本增效要求加强计划管理，道路和机电日常养护投入3251.96万元，对路面坑槽、伸缩缝破坏、波形护栏缺损等实施功能性养护。绕城高速公路“智慧眼”建设试点，完成摄像头补点方案确定和流量预测新增功能研发；配合开展5G车路协同试验场和培训基地建设并完成阶段测试。完成渝蓉高速公路管理接收移交、绕城高速公路成雅收费站回归移交，推进都汶高速公路管理权限和人员逐步移交汶马公司。

缓堵保畅 绕城高速公路日均车流量超80万辆次，为断面设计流量2.5倍，通行压力巨大。为缓解交通压力，一是开通光华立交使绕城互通立交增至22座，路线平均每3公里1座互通立交，进一步增强绕城高速公路网核心枢纽放射作用。二是利用“智慧眼”智能分析平台实现对道路拥堵、异常事件等自动检测、自动提示报警，与路维人员联动，有效减少人工轮巡工作量。三是监控中心结合智慧高速信息化智能化应用，高频次发布路况信息，及时诱导交通，力保车辆安全有序通行。四是强化交警、执法、公司三方联勤联动，优化、简化交通事故处置流程，推行“快达、快处、快撤”三快流程。绕城高速公路在车流量连年剧增情况下，通过挖掘软硬件和管理、服务潜力，整体通行状况逐年改善。

服务管理 绕城高速公路保障中心城区车辆分流13.4亿次，其中成都籍车辆84%；每日保障站口车辆通行近80万辆次，占全路网23%。提升服务质量和形象，获4个全国性荣誉：映秀收费站获全国“青年文明号”验收；公司“最美川西 荣誉之路”品牌获2020年“全国最美品牌之声”优秀代言作品奖；绕东党总支获“全国百佳特色党支部品牌”称号；公司获得中华全国总工会“安康杯”竞赛优胜集体。绕西党总支打造“三合勤廉，健康发展”廉洁文化品牌；都汶高速公路党总支打造“印·初心”爱国主义党性教育基地。

都汶高速公路 川西公司 供图

安全管理 有效处置绕城高速公路和都汶高速公路段路产案件1217件；26个治超点劝返超载超限车12.51万辆次，未发生源头性安全责任事故。防汛度汛，创新建立三级预警机制和应急处理机制，提前完善二级应急物资库，利用都汶高速全线1184个高清监控摄像头强化沿线19处易发灾害点远端高清监控，努力消除监控漏点、盲点，形成一套较为完整的综合性立体监测体系。都汶高速公路“8·17”特大泥石流灾害中，先后三起泥石流致道路中断，都在极短的时间内快速抢通和恢复收费。完成安全生产管理责任清单和“双重”体系编印及宣贯工作。绕城高速公路42座独柱墩桥梁结构性安全检测均通过验算。隐患整改方面，开展安全排查569次，隐患整改率92%，对短时间难以整改的安全隐患，采取临时警示防护措施，制订长期整改方案。

环境综合治理 与成都市建委、市园林局、天府绿道公司、设计监理咨询施工公司等多方协调，高质量完成二、三期直线段景观打造，立交区、水系修复工程分别完成90%和95%。投入绿化保洁经费2308万元加强全线环境整治，投入保洁11.3万人次，开展清杂清淤、绿化修枝等工作。健全环境污染防治长效机制，制订环境污染防治、绿色发展工作管理制度、紫坪铺大桥径流系统日常养护巡查管理制度等，落实责任人对储毒池、沉淀池不定期清理，发挥环保设施作用。

疫情防控和复工复产 全力投入抗击新冠肺炎疫情一线，第一时间开通应急物资专用通道62条、疫区车辆专用通道40条，设置联防联控检测点21个，保障防疫物资运输车辆通行3500余辆次。投入资金80余万元，快速发放口罩、手套应急物资，利用雾炮车每天对全线4次喷洒消毒等。2—3月投入9650万元，完成绕城高速公路病害整治，抓空档期对都映隧道断道施工，解决了困扰多年的隧道病害。5月，开展恢复收费联网工作及大数据中心、绿道、光华立交等重点项目复工复产。

降本增效 全面修订财务开支预算，压降可控费用预算50%。争取政府阶段性减免企业社会保险费政策，较年初预算减免社保费用2284万元；培训费用全年节约124万元；申请取得稳岗补贴133.87万元；劳保费用比上年下降10%。达成东西轴线绕城节点匝道收费站及配套附属设施工程资金补助协议，节约增值税及附加税1604万元。

（川西公司）

成南南渝遂渝遂回高速公路营运管理 2020年，成南公司在成南、南渝、遂渝、遂回4条高速公路营运管理方面主要做了以下工作：

收费管理 全年收取通行费12.65亿元，为目标任务12.5亿元101.18%。以“九个到位”为抓手，完成1月1日联网收费切换以及5月6日恢复收费等工作，累计完成实车测试路径1800余条，总测试里程达7.5万公里。开展对内稽查4347次，对外稽查913次，查处各类逃费车辆1.23万辆次，追缴通行费181万元，移送公安机关侦办案件3

成南高速公路　　成南公司　供图

起，有效震慑逃费等不法行为。有序开展机电监控，各级监控中心共接听各类业务电话27.84万次，报送信息2.33万条，发布可变情报板信息3851条，一对一实时监控1.68万人次。升级改造MTC车道8条，新增ETC出口车道5条、混合出口车道2条，整治省干网过境光缆鼠患问题，“视频上云联网”等专项工程有序推进。完成10处限高设施拆除以及12处限高设施整治完善，强化治超限高整治，开展超限治理规范提升行动，梳理排查薄弱环节，落实整改措施，强化与高速公路交警、交通执法联勤联动，治超管理水平不断提升。抓好收费转正工作，成功将遂宁收费站外0.7公里路段纳入收费范围，报经批准取消回马收费站外2公里一级公路代征收通行费工作，遂渝、南渝路的试收费转正申请资料提交川高公司并全部过审。

项目建设 严格对标目标任务，明确责任分工，挂图作战，严格打表，项目建设各项工作进展顺利。6月下旬取得省交通运输厅成都入城复线段施工图设计批复，11月底获交通运输部全线初步设计批复。相继完成全线安全性评价，全线招标咨询服务，入城复线段土建施工LJ2、LJ3标及监理、监理试验室等招标工作。组织入城复线段LJ2标、LJ3标施工单位开展驻地规划建设等施工准备。完成入城复线段沿线协议签订，完成40%拆迁任务。完成主线段新都区、青白江区、金堂县、遂宁市协议签订，其中青白江、新都区已移交先期开工点5公里建设用地。扩容建设项目PPP顺利入库，9月28日顺利通过财政部审核。推进成都三绕高速公路广兴枢纽代建工程，代建项目主体工程于11月16日具备通车条件，已成功实现与成都三绕高速公路互联互通。

养护管理　开展养护工作，所辖四条高速公路路面综合指标PQI保持在92分左右，道路优良率达100%。完成整修成南高速公路旧办公楼工程、南渝高速公路路面预防性养护工程，及时发现并跟进成南高速公路火花站出口匝道滑移变形处治。完成“十三五”国检工作，成立迎检组织机构，制定迎检方案，顺利完成交通运输部路网监测与应急处置中心对“成南立交特大桥”管养工作的内外业检查，以及对国道93线成渝环线高速公路遂渝段的路况检测。完成南渝高速公路“五好”高速公路创建工作，抓道路和收费站细节，使服务和功能设施不断完善、路容路貌明显改善、服务质量显著提升，10月16日通过南渝高速公路创建“五好”高速验收。

安全管理　落实安全生产责任，成立相应组织机构并制定工作实施方案，做到责任到岗、责任到人。开展汛期防灾减灾培训，落实汛期值班制度，坚持24小时在岗值班和信息报送制度。在成都、遂宁、南充各建立一支应急救援队伍和应急仓库，不断完善应急预案，落实各级人员在应急突发事件救援中的岗位责任，提高应急快速反应和处置能力。加强隐患排查处置，印制发放各类安全事项指南1.7万份，组织汛期检查175次，排查各类地质灾害隐患点203处，发现隐患576处并及时整治，地质灾害风险得到有效治理。及时处置成南高速公路K1933-1934路段积水，配合南充市嘉陵区人民政府消除成南路K1788+800处（陈寿路大桥）桥下花卉综合市场重大安全隐患。以路产管护信息系统和半军事化管理为手段，不断强化路产管护队伍建设。全年巡逻里程134.58万公里，开展应急救援服务7854次，发生各类道路交通事故3101起，比上年下降5.54%，未发生源头管理责任安全事故。

服务区管理　加强服务区全面管理，开展服务区服务质量交叉检查40次，安全专项检查6次，限期整改发现问题。完成遂宁服务区污水处理设备改造升级、武胜服务区办公区改造、淮口服务区应急用房改造。完成武胜服务区“五好”高速和全线服务区星级再评定工作，淮口和南充服务区五星级、遂宁和武胜服务区四星级顺利通过验收。设立警保联动服务站和社会治理办公室，全力打造平安高速和谐服务区。

疫情防控　率先设置全省首个“一检通认”检疫点，及时开辟防疫物资、医患人员、生活物资“绿色通道”52条，免费放行车辆1998.7万辆次，免收通行费约4.3亿元，减免4家中小型企业租金87万元。累计投入联防联控资金110.31万元，对标落实疫情防控各项措施，配合地方防疫部门、高速交警、交通执法做好疫情联防联控，在主要收费站、服务区设置疫情防疫监测检查站点。加强员工个人防护，最大限度为员工配齐配全防护用品，开展每日体温检测及健康登记，发放口罩24.79万只，体温检测27.12万人次，1385名职工实现零感染。落实各收费站、服务区、办公场所等重点区域清洁、消毒、通风等措施，消毒公共区域3.66万次，常态化督导检查辖区内防疫工作，加派值班值守人员2885人次。营造良好疫情防控氛围，综合运用交通运输部疫情联防联控专题视频直播、四川卫视、川报观察等新媒体平台，开展公共卫生宣传4513次。

（成南公司）

绵广广陕广甘高速公路营运管理　2020年，川北公司在绵广、广陕、广甘3条高速公路营运管理方面做了以下工作：

收费管理　在免收通行费79天情况下，完成通行费收入15.62亿元（税后），超额完成川高公司下达的通行费收入目标任务；完成11测区实车测试及5月6日零时高速公路恢复收费工作；完成交投集团《收费管理制度》的起草；开展预防性逃费测试，精准打击偷逃通行费行为。全年整治逃费车辆1701辆，追缴通行费196.1万元。

养护管理　实施广陕高速公路嘉陵江大桥桩基加固

绵广高速公路　　川北公司　供稿

等26项专项工程，开展汛前、汛中、汛后结构物检查，保证安全度汛；做好“十三五”迎国检准备工作，养护内业管理水平提升；如期完成全年养护计划，管辖路段MQI等指数均在90以上；全年完成日常养护包干经费2411.70万元，占年度计划2413.75万元的99.92%。

安全管理 协同推进“双控”建设、清单制管理，实现安全环保稳定可控。通过开展安全生产清单制管理、风险分级管控和隐患排查治理“双预防”体系建设，在上半年车流量激增情况下，有效实现事故数和伤亡数“双降”。重点做好冬季、汛期及重大节假日期间道路保通保畅工作。“一路四方”协作机制进一步加强，成功处置“5·26”危化品车辆侧翻事故。加强防汛减灾工作，建立健全地质灾害巡查工作机制，确保安全度汛。加强危化品运输车辆管理，重点对中子收费站危化品车辆隐患开展多层次治理。盯防七盘关、金子山冰雪路段等重点区域、重点时段和关键环节的安全监管。全年未发生安全源头责任事故，未发生环保责任事件。

综合管理 降本增效，统筹兼顾，全年实现营业收入15.90亿元（税后），比上年增长1.25%。暂停部分非必须养护专项、人员成本费用“零增长”、精简接待和会议支出、严控车辆使用费、压降管理性支出、机电自主设计维修等措施，压降可控成本45.45%，累计压降成本1.30亿元。与贷款银行联系，采用延后付息及将贷款利率变更为市场报价利率（LPR）减24bp的利率，按周期浮动的方式，缓解公司资金压力，节约财务费用1757万元，争取各类奖励及政策扶持资金691.5万元。

服务区管理 开展服务区综合整治活动，完善充电桩等配套服务设施的建设，通过服务区星级再评定。中子“超级服务区”如期开工。

疫情防控 及时成立疫情防控工作小组，指导辖区疫情防控，压实疫情常态化防控责任；迅速进入防疫战时状态，在辖区各路段开展应急演练，补齐防疫工作短板。强化后勤保障，多渠道采购防疫物资，保障职工安全及生产经营需要。创新防疫工作方式，推行小程序健康打卡，编印多项防疫工作守则，在川高系统推广使用。用好疫情期间税费减免政策，争取各类防疫补助资金。完成“零感染，断传染”的目标。

绵广高速公路成功创建“五好”高速公路。

（川北公司）

南广邻达渝邻垫高速公路营运管理 2020年，川东公司在南广邻、达渝、邻垫3条高速公路营运管理方面主要做了以下工作：

收费管理 全年收取通行费9.8亿元，完成川高公司下达目标任务的101.04%；有效应对疫情考验，设置应急救援专用通道50条，开通免复检通道14条，设置卫生检疫点25个，免收通行费3.5亿元，有效支撑“一断三不断”“三不一优先”（坚决阻断病毒传播渠道，保障公路交通网络不断、应急运输绿色通道不断、必要的群众生产生活物资运输通道不断；不停车、不检查、不收费、优先通行）高速公路运输保障体系；推进改革撤站，优化ETC专用车道78条、混合车道75条，升级车道工控机137台、费显110台、服务器24台，调试二代天线10条、车道抓拍摄像机100余台；完成收费基础信息数据库录入1万余条，进行10类车型、33个收费区间的费率校核工作，清理规范广安东收费站计费起点位置不一致的问题，确保精准计费、精确收费；主动适应改革撤站后收费模式变化，加大政策业务培训，完成4个阶段、3轮培训，投入测试车辆70余辆，完成1300条路径、9万公里实车测试工作，实行24小时在线监测，完成软件升级1000余次，修复硬件问题150余次，确保收费系统正常运行；深化川渝两地跨省稽查合作，与重庆渝邻、垫忠高速公路联动打击偷逃行为，成功查获全省首例货车涉嫌逃费案件，全年查获逃费车5733辆，追缴通行费75万元。

经营管理 与中国银行达州分行签订贷款利息延期支付协议，本年度贷款利率下调0.5个百分点；收回政企合作项目补助资金1356万元；积极争取国家优惠政策和财政资金，减免税费5210万元、职工社保医保费用1539万元，获失业保险稳岗补贴73万元、武侯区发展补助资

广邻高速公路抗滑明洞　　川东公司　供图

金308万元；严格采购审批管理，推进集采集购工作，完成124批共686万元货物集中采购；健全《员工食堂管理办法》，开展食堂管理专项检查，杜绝“舌尖上的浪费”，全年公用经费支出比上年下降8%；全年完成营业收入9.98亿元，实现净利润3.13亿元，还本付息3.65亿元，国有资产保值增值率107%。

养护管理　全年投入养护资金2.53亿元，完成达渝、南广邻高速公路单幅双车道SMA罩面57公里、微表处100公里；排查汛期点位113个，抢险处置5处边坡滑坡；推进邻水北项目复工复产，完成产值8800万元；改造高速公路通信系统，新建石板、双水井枢纽ETC门架，升级达州至百节光缆120公里；完成华蓥山隧道群照明、通风、火警、供配电系统升级改造，隧道行车环境大幅提升；南广邻高速公路被评为“四川省最美高速”，达渝、邻垫高速公路分获深化“五好”高速创建成果二等奖、三等奖，大竹服务区获评“全国百佳”“四川省五星级”服务区，邻水服务区获评“全国优秀”“四川省四星级”服务区。

安全管理　拟订4大类193项安全生产清单，完善安全标准化考评资料26类，开展安全生产培训40次，聘请第三方机构实施安全生产责任制落实评估，开展模拟交通事故责任追究，强化各级安全失职问责意识；推广铜锣山安全生产阵地建设经验，推进3站1区文化阵地建设，完成公司安全知识手册、安全文化画册等10种资料汇编，在“中国西部科技”和“基层建设”刊物上发表安全管理论文2篇；修订安全环保工作制度2项，开展“五进宣传”“安全生产月”活动，举办“世界环境日”“节能宣传周”宣讲20场，发放宣传资料7000份；开展涉路施工专项整治，承办广安市路地联动“双盲”应急演练、高速公路地质灾害综合应急演练，处置达渝高速公路K1493上行线外上体滑坡地质灾害，排查整治汛期隐患7项，拆除隐患天桥广告牌56座；联合高速公路交警、交通执法，开展超限治理规范提升专项行动，抓好非接驳客运车辆凌晨2点至5点的安全管控，辖区入口收费站未发生超限货运车辆放行和非接驳客运车辆进站现象；开展邻水北施工现场环境专项督查，完成20个站点污水处理设施改造，辖区未发生环境污染事件；辖区道路交通事故总量下降4.74%，事故死亡人数下降16.67%，行人死亡人数下降22.22%，公司获“2020年度省级安全文化建设示范企业”“四川省安全生产月先进集体”称号。

内部管理　修订完善34项管理制度、115项工作流程，完成13项流程信息化建设，开展内控自评价，整改34项内控缺陷，通过川高系统内控试运行成果验收；推广交投集团银杉计划、轻学堂等平台课程，共享优质教育资源，鼓励员工提升职业技能，39名员工获本科学历，34名收费员获全国计算机等级证书，4名员工取得高级工程师技术职称，聘任43名工程、会计、经济等领域的专业技术人员；实施“人才强企”战略，建立（年轻）后备人才库，启动首届内训师训练营，培训企业内训师30名，开发3门精品课程；优化人事管理制度和劳保福利费使用方案，提高员工社保、公积金缴存比例，完成45名退休员工社会化管理移交和人力资源数据库建设；推进道路管养、机电运维技术创新，公司自主研发的“‘两客一危’预警管理系统”“警示筒自动摆放收取机”等5个创新创效项目，在川高系统第二届青年创新创效大赛中，获3个二等奖、2个优秀奖。

疫情防控　组织26个党员先锋突击队、33个党员示范岗、15个党员志愿服务队、近千名职工坚守战疫第一线，开展公共宣传20000余次，设置隔离室，完成体温检测17.3万人次；获赠并自购口罩20万个、消毒液851千克、酒精376千克、酒精喷雾消毒液600瓶、手套44000双、防护服180件、护目镜908副；推行疫情防控责任清单制，落实“四方责任”，开展“五个全面排查”，实施“六个进一步”，坚持疫情防控日打卡工作，辖区实现“零感染、断传染”目标。

（川东公司）

内宜宜水高速公路营运管理　2020年，川南公司在内宜、宜水2条高速公路营运管理方面主要做了以下工作：

收费管理　确保全国并网切换正常运行，开展创新创效及技术革新。率先在全省高速公路系统解决入口治超数据联动等难题，提出ETC集中控制技术方案和ETC门架集中临时供电方案，在川高系统青年创新创效大赛中获奖；提出路网大型货车降类办理ETC筛查法，以技术革新推进收费转型升级。

养护管理　确保道路通行安全前提下全面压降养护成本，用好日常养护包干经费用，重点对路面裂缝、坑凼、边坡、涵洞等进行处治。将迎国检工作作为年度养护工作重中之重，严格按时间节点和工作计划完成自宜段路面整治剩余工程加铺处治及内业资料收集整理。组建公司机电维护队伍，立足开展自主维护，降低人工成本和维修成本。

安全管理　继续推进公司安全风险分级管控、安全生产责任清单制和隐患排查治理“双预防”体系建设，加强安全监管，高效开展应急抢险工作。强化“一岗双责”，加强对桥涵等结构物的安全排查和风险辨识，完

宜水高速公路　　　　川南公司　供图

善各类应急抢险预案，面对安全隐患，及时对金秋湖停车区（宜宾至内江方向）实施应急封闭，切断重大安全事故发生的路径。

政企合作　签订叙州区互通立交及收费站升级改造工程项目协议。与宜宾市人民政府签订全面深化合作战略协议，是公司与宜宾市叙州区第一个政企合作项目。

综合管理　经营管理方面，在拆站后的四川（冠英）省界收费站引入LNG加气站，拓宽经营范围；与省交投集团物流公司签订战略合作框架协议，联手多元化发展；清查沿线广告牌，追缴拖欠租金，最大程度盘活资产；实施刚性预算管理，增收减支、开源节流，争取政策扶持，降低和减免各类财务费用及税款费用；做好资产证券化前期工作，为川高公司拓宽融资渠道，打造新融资平台。人事工作方面，结合公司实际逐步推进一线员工转岗分流工作，将40余名收费人员转岗到管护、机电、后勤及系统内其他公司非收费岗位；20余名员工参加川高公司智慧高速人才培养，确保职工队伍的稳定。

（川南公司）

西攀攀田泸黄高速公路营运管理　2020年，攀西公司在西攀、攀田、泸黄3条高速公路营运管理方面主要做了以下工作：

项目建设　①加强统筹安排，推动项目全面开工：从强化合同管理入手，督促施工单位加大人员和机械设备投入，对工程过程进行有效管控，制定最优施工方案。②加强项目进度考核管理，对要素协调、目标推进、形象进度及产值目标等工作进行层层分解、倒排工期，倒推进度。③开展“促进度、严质量、保安全，大干一百天”劳动竞赛，调动参建单位积极性、主动性。④加强汛期施工保障措施，实行间隙式施工，利用无雨间隙时间突击施工，对拌合场加工棚进行防雨加固，防止汛期影响施工质量和施工进度。⑤主导推进泸黄高速公路改（扩）建、德会高速公路土地报件工作。⑥加大协调工作力度，德会高速公路开工后，在3个月时间内协调地方政府提交用地397.33公顷，占全线用地442.17公顷89.8%，为项目施工创造条件。德会高速公路全年完成投资22.00亿元，占年度计划22亿元的100.02%，占省交通运输厅计划目标15亿元的146.69%，占川高公司计划目标20亿元的110.02%；全线完成路基土石方389万立方米，完成桩基开挖及浇筑1459根，完成桥梁墩柱59根，全线隧道掘进2475米，二衬完成902米。泸黄高速公路加宽改造主线工程1月通过交工验收，比预定工期提前1年；西昌站在国庆节前完成车道改（扩）建任务，泸黄路西昌收费站大棚、西昌服务区、泸沽站等重要房建项目均全部完成。泸黄高速公路自开工以来累计完成产值37.79亿元，占投资总额的98.33%。

收费管理　克服新冠肺炎疫情免收79天通行费和汛期断道等不利影响，全年完成通行费收入5.93亿元。加强稽查打逃工作，全年打击各类逃欠费车辆3995辆（含丽攀高速公路758辆），追缴通行费152.60万元（含丽攀高速公路9.79万元）。做好恢复常态化收费工作，公司制定应急保障方案，采用云端网络培训模式，开展机电人员培训，助力机电设备管理和维修维护工作，为收费、安全、稽查等工作提供技术保障；开展实车测试工作（共测试车型13种、路径1489条），制定工作实施方案，确保恢复常态收费工作顺利完成。

养护管理　践行“四川高速，阳光攀西”企业文化理念，重点实施西攀高速公路秧田湾大桥维修等系列养护工程，做好保优质文明服务工作，营造安全、舒适、温馨的行车环境。在攀西地区遭遇百年一遇特大汛情中，公司管辖的300公里营运路段和德会高速公路78公里建设路段多次遭遇泥石流，都在第一时间处理险情，做到险情当日发生、当日恢复正常运营，未发生双向中断现象。“6·20”秧田湾大桥病害险情处置中，公司及时启动应急预案，迅速落实应急措施，第一时间完成路段交通管制，5天恢复道路客车通行，69天恢复撤莲至攀枝花双向通行。10月23日，国道4216线蓉丽高速丽攀段迎接交通运输部路网监测中心组织的2020年“十三五”国家公路网技术状况检测，以优良的路域环境完成路况检测任务。丽攀高速公路成功创建“五好高速”。

安全管理　以“安全生产专项整治三年行动”“安全生产标准化建设”为主线，推进安全专项整治，完善落实重在“从根本上消除事故隐患”的责任链条、制度成果、管理办法和工作机制，推进安全生产治理体系和治理能力现代化。一是以实用性与可操作性为中心，研究并改进收费、养护、路安等突发情况下应急预案与处置流程，修订评审安全管理制度、岗位职责及应急预案，进一步提升安全生产指数。二是以安全隐患排查治理“零容忍”的态度和行动力，消除安全隐患，做到安全管理“零距离”，隐患排查“零盲区”。三是按照省安委会关于进一步推进安全生产责任清单制管理工作要求，制定安全生产主体责任清单、安全生产岗位责任清单、主要安全风险管控清单及日常安全工作清单，安全责任进一步夯实。四是完善长效应急救援抢险机制，在沿线分别设置应急抢险物资仓库，储备运输车辆、挖掘机、推土机等应急抢险设施设备，实行专人专管24小时值守制度，确保险情发生，第一时间人员到位、设备到位，应急处置到位。五是全面完善安全环保工作体系，严格审核工程建设中的环保方案，对环保工作中存在的风险点和薄弱环节进行梳理，有针对性地制定防控举措，做好环境保护工作。

西攀高速公路　　攀西公司　供图

新冠肺炎疫情防控　①科学防控，形成无死角、全覆盖的疫情联防联控狙击网。疫情爆发后，公司强化防疫中心工作地位，做到“四个全面”（全面落实防控意识、全面落实防控措施、全面落实后勤保障、全面落实管控要求），制定工作实施方案和后勤保障方案，形成齐抓共管、上下联动的工作机制，确保疫情防控工作有序开展。疫情防控期间，全线设置疫情防控党员先锋模范点12个，设置检疫点、设置隔离观察室，加派值班值守人员650人次。设立“春风行动”服务点，对外宣传9566人次，发放疫情防护资料宣传单3000余份，帮助返工人员便捷使用服务区各项设施，为过往人员提供优质服务，全面贯彻执行“三不一优先”“一断三不断”交通运输保障总要求，展现“攀西形象”。在百年一遇的特大汛期抢险救援中展现了“攀西速度”。

（攀西公司）

成绵高速公路营运管理　2020年，成绵公司在成绵高速公路营运管理方面主要做了以下工作：

收费管理　强化收费管理，确保车道开启率，减少车道争议处置时间，将收费目标任务层层分解，全年通行费收入6.4亿元（2月17日至5月5日，成绵高速公路免费通行79天）。对内强化稽查监督职能，开展质量交叉检查，结合月度优胜评比活动，规范员工操作流程，提高员工服务水平，强化员工廉洁意识。对外加强与高速公路交警、执法大队协调配合，开展稽核临界车、ETC、MTC车等异常车数据，查处及追缴各类逃费车辆109辆次，追缴通行费59.86万元。完成“取消省界收费站”重点工程，完成12对ETC门架新建、1对5.8GHz标识站改造、16条ETC专用车道改造、39条混合车道改造；铺设光电缆3万余米，配套完成分中心、网络安全等建设，完成系统切换、收费车道移动支付建设；做好收费人员转岗工作和对外宣传工作。

路产管理　提高巡逻质量，尽早清除路面障碍，及时消除事故隐患。路产人员全年参与处理交通事故及路产案件1527起，比上年减少140起，下降8.4%。清排障4094辆次，比上年减少83辆次，下降1.99%。突发事件平均响应事件7.55分钟/起，平均处置时间25.06分钟/起。

养护管理　按照预防为主、防治结合原则，围绕“路容靓丽、功能完善、安全舒畅”养护管理目标，公司日常维修保养实行自主养护与市场化外包相结合的管理模式，日常保洁、绿化管养执行市场化外包模式；

成绵高速公路白马至罗江分离式左右幅线　　成绵公司　供图

其他日常性维修保养、路产修复、应急抢险工作开展执行自主养护管理模式。小修保养完成交通安全设施、路面、桥涵病害及服务设施日常维修1375处；完成重大节假日、特殊活动、礼宾车队等各类迎检特情养护作业107次；开展车祸事故现场抢险、抛洒物处置、交安设施抢修519起；完成日常小修保养费用848.9万元。日常安全隐患排查264次，整治一般隐患157项，完成整治费用40余万元。完成专项养护工程8项，涉及路面养护维修、桥梁定期检查、水毁恢复处治、涉河桥梁桩基检测、路面技术状况检测等项目，专项养护投入费用7207万元。

（成绵公司）

雅西高速公路营运管理 2020年，雅西公司在雅西高速公路营运管理方面主要做了以下工作：

收费管理 面对汛期暴雨泥石流自然灾害导致交通管制分流、姚河坝大桥因高位山体崩塌受损重建导致路段管制通行的不利影响，公司科学分析测算通行费数据、分解目标任务，加强路面施工和清障救援管理力度，减少车辆分流情况，严格落实“应免不收、应征不漏”政策，全年完成通行费收入10.13亿元，基本实现年度收费目标任务。受新冠肺炎疫情影响，减免车辆通行费3.2亿元；减免其他各类通行车辆12.26万辆次通行费1996.92万元。5月6日恢复常态化收费后，全线累计站口车流量924.59万辆，日均3.85万辆，主线车流量约5025.96万辆，双向日均1.61万辆。研究新形势、新模式下稽查打逃方式，加强数据化、科技化稽核能力，堵漏增收。全年查处逃费车辆6992辆，追缴通行费约93.77万元；严格按照合同约定，做好租赁费收缴工作，全年实际完成三产收入2741.53万元，占年度目标任务的105.42%。政企合作项目成效显著，政企合作补助资金1987万元全额回款，孟获城收费站如期开通运行，冕宁收费站改（扩）建及连接线加宽项目工程建设及汉源服务区建设稳步推进，冕宁连接线加油站土地获批，孟获服务区土地完成划拨。

安全管理 推进安全清单制管理、双重预防体系建设、安全专项整治三年行动计划等重点工作，完善安全管理制度，强化隐患排查治理和落实各岗位安全生产管理责任，抓好高速公路运营安全管理。量化安全生产目标，实施责任分解，将各层安全生产管理目标责任落到实处；加强道路巡查，提高路维管理水平，逐步深化监控轮巡、路安巡逻和联勤巡查三者有机结合的道路巡查方式，提高巡查效率和力度，全年出动巡查车1.1万辆次，巡查里程56.45万公里，出动巡查人员2.8万人次；发生交通事故548起，死亡13人，受伤143人，交通事故比上年上升13.13%，死亡人数比上年下降18.75%；开展隐患排查整改，消除安全隐患，开展6次安全生产专项检查、9次日常检查，排查出安全隐患271起，整改271起，整改率100%，实现整改验收闭环管理；强化应急管理、提升应急处置能力，建立健全突发事件应急救援保障体系，细化完善各类应急预案，开展各类应急演练，组织开展各类应急演练11次；强化涉路养护施工安全管理，科学制定施工方案和交通管控方案，严格施工现场安全管理和考核，落实养护施工安全操作规程，保障道路施工安全；加强对事故多发路段的统计分析和隐患整治，提升道路安全保障水平，防范源头责任事故发生；加大行车安全宣传力度，提高公众认知。

养护管理 贯彻“预防性养护、精准养护”理念，持续推进“日常养护规范化、标准化”和“无垃圾公路”创建，及时处治道路病害、路面使用性能指数保持稳定水平，PQI指数92.2，公司获全省运营高速公路路域绿化品质提升“最美高速”表彰。科学安排施工组织方案，保障通行效率，完成多次抢险工作，及时恢复道路通行。推进各专项工程进度，全年公司负责实施成本性专项工程11项、资本性养护专项工程26项，K1970—K2157路面铣刨加铺工程、观音岩等三座大桥桥面超薄磨耗层改造工程，栗子坪电站大桥、高桥河病害处治工程外业全面完成；冕宁收费站及连接线改扩建工程土建主体工程、姚河坝大桥应急抢险工程桥梁主体工程完工，汉源服务区核心区土建房建工程主体部分和停车区路面硬化基本结束。完成“十三五”迎检工作，公司设立迎检组织机构，按时间节

雅西高速公路泥巴山特长隧道　　雅西公司　供图

点统筹推进各项迎检准备工作，并于10月21日完成2020年国省干线公路网高速公路检测。推进桥梁常见病害及路面养护工程的标准化设计工作，提高自主设计、自主监理水平，公司获川高公司2020年度养护管理工作先进集体表彰。

服务管理 按时完成改革撤站、并网切换工作，其中新建ETC门架系统21套，改造利用门架1套、原5.8GHz门架4套、12个收费站共45条ETC车道，改造升级工控机13台，新装工控机7台，升级换代服务器12台，更换NEC服务器5台，改造或更换“费显”14台，更换二代天线3个。部署实车测试和恢复收费准备工作，对照“八个一票否决项”要求，认真排查整改问题，至5月6日零时实现恢复正常收费。所有测试路径按照时间节点要求全部完成，累计投入测试人员350余人次。

抗击自然灾害 汛期以来，雅西高速公路先后经历“8·12”“8·17”石棉境内重大泥石流灾害、“9·14”“9·20”高位山体崩塌等19次较大自然灾害，受灾抢险造成泥石流和边坡塌方17处，桩基冲刷2处，道路中断15次，造成损失（含灾后重建）8600多万元。灾情发生后，公司第一时间启动应急预案，发挥“一路四方”协同联动机制，管制分流车辆，调集作业机械，迅速抢险救灾实现通车。“9·20”自然灾害中，姚河坝特大桥高位山体崩塌桥梁损毁，省委、省政府及交通运输部领导先后作出重要批示，各级领导多次前往受灾地点指导重建工作。9月23日，交通运输部部长李小鹏到现场，调研抢险救灾工作。姚河坝特大桥损坏路段6天实现单幅双向管制通行，90天完成大桥重建通车，比原计划提前一个半月，以最快速度打通攀西地区生命通道。雅西公司员工“特别敢担当、特别讲奉献、特别尽职责、特别善攻坚”的实干拼搏精神，受到上级部门和社会各界人士高度赞誉。7—9月抢险救灾重建中，先后成立“党员先锋队”“青年突击队”“青年志愿者服务队”15个，百余名党员参加抢险救灾。

8月25—28日，雅西高速公路通过省交通运输厅项目竣工验收，综合评分92.02，等级优良。雅西高速公路在经过5年建设、10年试营运后，正式进入营运阶段。

（雅西公司）

乐雅高速公路营运管理 2020年，雅眉乐公司在乐雅高速公路营运管理方面主要做了以下工作：

收费管理 实现通行费清分收入1.67亿元，完成改革撤站全国联网系统切换、恢复联网收费等重要工作任务。加快推进改革撤站后全国联网收费管理制度建设，成立稽查大队、机电维护大队；联合高速公路交警、高速公路执法以及地方交警开展专项打逃行动，开展通行费“堵漏增收”专项技能竞赛，共计查处逃费车辆1755辆次，增收19万元；推出“收费管理人员现场工作日”行动，以现场监督指导的方式，提升收费管理能力；常态化开展收费站人员、机电人员机电知识培训，提高自主维护能力。乐雅高速公路草坝收费站在“8·18”严重洪涝灾害后，依靠自主维护，在不到4天的时间内抢通一入一出两条混合车道，实现草坝站应急收费。全年共处理机电系统设备故障636起，比上年减少167起，公司自有机电人员处理故障起数约421起，占66.19%，公司机电自主维护水平增强。

安全管理 全年未发生安全环保源头责任事故。全年巡逻里程45.76万公里，劝阻行人716人次，清除道路安全隐患992处，处理路产案件173起。出台桥面径流收集系统管理办法、环保制度汇编、应急预案汇编、路安大队工作稽查管理办法，编制安全生产管理责任清单并上报厅高管局备案；平稳完成张徐坝大桥和肖家山隧道病害处治、成雅快速通道上跨、峨汉高速公路拼接等大型施工安全监管；全面开展季度安全环保检查4次、节假日安全环保检查4次、疫情防控专项活动检查13次、汛期安全专项检查7次，整改安全环保隐患40处。汛期发生21处水毁，尤其是“8·11”隧道外边坡塌方、“8·18”乐雅高速公路向K849+100处边坡水毁和草坝站被淹，乐雅高速公路营运工作受到严重影响。公司48小时抢通K849+100处，成功转移青衣江二号桥处400余名被困群众，妥善安置受灾群众60余人，抗洪救灾成效突出。

养护管理 全年开展桥梁、隧道、涵洞检查49次，修补路面坑凼16处，全线路面使用性能指数平均值PQI值92.9，整体评价等级为“优”，全线7座隧道总体技术状况评定为二类，张徐坝特大桥及青衣江二号桥总体技术状况评定为二类，无三、四、五类桥隧结构物。完成桥梁三类构件处治工程、肖家山隧道病害处治工程施工，完成光华山隧道正式施工图，完成8处边坡处治工程、K849+100边坡抢险处治、绿化提升、道路标线改造和中央活动护栏提升工程。乐雅高速公路K795+707—K809+888段共14公里路段外业顺利通过“十三五”国检检查。

服务区管理 注重服务区服务保障，学习服务区相关管理制度标准，重点落实服务质量、公共卫生、服务功能等，抓好服务区星级再评定工作，检测服务区生活用水，实施消防演练、应急疏散演练和疫情防控演练，两个服务区全年未发生一起投诉事件。优化瓦屋山服务区旅游展览厅建设硬件设施，建设夹江服务区司乘之家，优化设置夹江服务区办公室和库房，跟进服务区LED情报板、车位显示系统项目收尾工作，保障服务区

乐雅高速公路青衣江一号桥　　雅眉乐公司　供稿

各项功能运行。深入“服务区+”发展模式，宣传沿线旅游景点，以节日服务检验日常服务、改进日常服务，切实保障优质文明服务，提升对外整体形象。

疫情防控　自新冠肺炎疫情爆发以来，公司第一时间成立疫情防控工作组，落实责任，细化举措，全方位部署。印发疫情防控制度7个，开展疫情专项检查7次，购买防疫物质87批次共32万元。充分借助微信公众号、网站、可变情报板、LED屏等媒介，宣传党员先锋、先进典型和感人事迹，增强公司整体防控意识，共制作各类防疫宣传横幅31幅、展板14套，印发防疫手册350本，疫情温馨提示4万份。强化后勤保障，印发防疫后勤保障方案、“六个必须”等，强化办公区管理、车辆管理、食堂管理、员工管理、值班安排等，全面压实、做细后勤保障，实现公司全体员工“零感染”。

（雅眉乐公司）

成德南高速公路营运管理　2020年，成德南公司在成德南高速公路营运管理方面主要做了以下工作：

收费管理　①完成改革撤站、实车测试、免费通行、恢复收费等相关工作。②完成新增西平、鸣龙互通费率申报及新设收费站批复工作。③开展新形势下的入口治超、稽查打逃工作。开展对内稽查2754次。联合地方公安、交警、交通执法等部门开展对外稽查，查处各类逃费车辆2717辆，追缴通行费61.54万元。其中闯关车6辆，追缴通行费0.32万元；假冒鲜活车619辆，追缴通行费8.33万元；假军、警车、假集装箱车102辆，追缴通行费1.89万元。④开展专项整治行动，筛查“无效入口站”“无入口信息”车辆通行数据万余条，查获谎报入口逃费嫌疑车辆共计200余辆，核实追缴168辆，追缴通行费12.72万元。⑤参与编写集团《高速公路管理规范》，填补高速公路监控管理、操作规程的空白。⑥制定收费、监控、稽查、机电人员《量化考核标准》和《收费业务汇编手册》。⑦组织编写《成德南公司全国联网收费新形势下的对外打击偷逃通行费稽查业务手册》，确保应征不漏，应免不收，自通车营运以来，实现通行费年均递增16.62%，并自2016年起连续盈利。在实际收费286天的情况下，成德南公司完成通行费收入6.15亿元，占川高公司年度目标任务6.1亿元的100.81%。

养护管理　开展日常巡查及经常性检查，及时发现路面、边沟、边坡以及结构物等的病害，加强病害处治的及时性，确保道路总体技术状况处于优等水平。组织开展汛期养护工作，确保道路行车安全，其中成巴方向K159+800处应急抢险工程历时18天，比原计划提前2天通车。加强日常保洁及绿化养护工作，提升整体路容路貌，确保道路绿化整体与自然协调。开展养护专项工程，确保道路安全畅通，全年实施17项养护专项工程，其中新建项目11项、续建项目6项。开展桥梁定检及技术状况调查工作，确保道路技术状况良好，全年道路技术状况PQI92.0，路面使用性能整体评价等级“优”，桥梁、隧道技术状况评定均为二类。

安全管理　制订全年安全生产工作计划，做好道路源头安全检查及隐患治理工作。制订交安专项工程进度表，推进交安专项工作。规范涉路施工安全管理。开展云顶山1号隧道突发交通事故演练，提高隧道应急处置能力。处置突发路基下沉、地震等突发事件。开展形式多样的安全宣传及教育工作。全区域无源头责任事故发生、无较大以上（含较大）安全事故发生，安全生产形势平稳，安全生产总体可控，公司获“川高系统安全先进单位”称号。全年处理路产案件1003起，比上年增长28.75%；开展清排障工作1292次，比上年减少10.09%；交通事故1637起，比上年增长2.5%；死亡14人，比上年增长27.27%；发生逃逸案件71起，比上年减少31.07%。

服务区管理及三产开发　修订《突发环境污染事件应急预案》，调整《环保工作领导小组及职责分工》，督促做好环保宣传。推进污水处理设施改造等专项工作，规范污水处理系统及发电机的日常管理，强化突发环境事件应急处置能力。印发《2020年度环境污染防治及绿色发展工作要点和任务分工方案》并督促落实整改。移交沿线收费站、服务区污水处理设备由高路绿化公司做专业运营及维护管理，全年环保工作持续受控，未发生环保事故。完成公司高速公路项目占城镇规划区内土地面积情况的调查工作，配合完成老金堂服务区及拌合场土地清理和现场勘察工作。完成龙泉山城市森林公园旅游环线道路工程占用成德南高速公路金堂服务区永久用地费用补偿协议签订，成德南高速公路金堂县赵家镇碧山村（原赵家拌合场）土地租赁合同签订。完成三台停车区外接电源系统扩容改造专项工程，完成槐树服务区自来水改造工程。

成德南高速公路 成德南公司 供图

疫情防控 全线设置疫情检测点18个，隔离室19个，设置防疫物资专用通道30条，疫区车辆专用通道25条，成立党员先锋队和青年志愿者服务点13个。专门设置疫情防控物资绿色通道，做到“三不一优先”工作，即不检查、不停车、不收费，保障疫情防治药品及器材等急用物资及时运送、优先通行。公司全体员工未发现确诊（疑似）病例，辖区内疫情防控工作处于可控状态。公司获“川高系统疫情防控先进单位”称号，职工获全国交通运输系统抗击新冠肺炎疫情先进个人称号。

2020年，成德南高速公路获四川省“最美高速公路”荣誉称号，高分通过“十三五”全国干线公路养护管理评价检查，接管绵遂高速公路（绵阳段）营运管理工作。

（成德南公司）

雅康高速公路营运管理 2020年，雅康公司在雅康高速公路营运管理方面主要做了以下工作：

收费管理 全年收取通行费268天（因抗击新冠肺炎疫情免费79天，节假日免费18天，春节延长免费3天），清分通行费2.39亿元，完成年度计划2.15亿元的111%，超额完成2392.85万元。全年通行车辆933万辆次。

第三产业 非路产业经营平稳开展，全年交通服务收入811万元。

智慧交通建设 按照“六层三体系”构架要求，以路段视频监控全覆盖为基础，以藏高公司大数据平台一期工程（雅康中心）为依托，融入智能交通视频分析、智能分流、泸定大渡河特大桥实时监测等定制化智慧系统，形成具有雅康高速公路特色的平安智慧建设方案。全线监控中心、分中心发布信息1716次，视频轮巡65603次，处理事故150起。营运管理信息化子系统完成架构设计，初步实现收费核心业务及时上报，员工信息一手掌握，完成全体工作人员GPS定位+面部识别打卡。

服务管理 加快推进天全主题服务区改造升级项目实施，对接行业主管部门，做好服务区“再评星”各项准备工作。

（雅康公司）

雅康高速公路对岩枢纽互通 雅康公司 供图

公路管理

GONGLU GUANLI

概　况　2020年，全省公路管理工作克服新冠肺炎疫情、重大自然灾害、经济下行等多重困难和挑战，全省普通公路完成投资836.2亿元，为年度目标的138%。其中，国省干线公路完成投资570.4亿元，为年度目标的121%；农村公路完成投资197亿元，为年度目标的185%；养护及其他专项工程完成投资68.8亿元，为年度目标的229%。

2020年，广安邻水县“四好农村路”助推脐橙产业发展　厅公路局　供图

疫情期间普通公路管理　2020年2月，厅公路局下发《关于贯彻落实保障四川省公路畅通的七条措施实施细则的通知》，要求各级普通公路管理机构加大未经批准设置卡点查处力度，督促及时停止违法行为并恢复公路原状，按照“一断三不断”和“三不一优先”要求，持续做好普通公路保通保畅工作。疫情发生以来，围绕严防控、保畅通、抓发展工作要求，通过网上办、提速办，为抢险物资运输项目提供优质高效的快速办理途径；通过协调办、沟通办、假日预约办，为重点建设项目提供绿色审批通道；通过提醒办、上门服务办，为新注册的企业提供审批培训服务及安全生产知识讲解。同时，一方面通过网络、电话、“三指定”系统等方式，与厅高管局、省公安厅高交支队保持密切联系，收集省内大件运输主要通道路况信息和抢险信息；另一方面将交通管制信息及时接入审批系统，让企业在申报的时候能第一时间排除受到管制路段和收费站，提高企业办理效率，切实做好复工复产保障工作。

公路“治超”联合执法　2020年，厅公路局持续开展公路“治超”联合执法。①进一步规范治超联合执法行为。及时下发《关于进一步加强和规范普通公路路面治超执法工作的通知》，要求各市（州）严格执行全国统一超限超载认定标准，切实履行联合治超部门工作职责，在联合执法过程中公路路政部门不得罚款。②推广普通公路治超站电子抓拍。初步制订《四川省普通公路超限检测站电子抓拍系统计划实施方案》，草拟工作签报，向省交通运输厅建议采取“先建后补、以奖代补”方式下达系统建设补助资金。③落实治超信用联合惩戒。按照交通运输部办公厅关于界定严重违法失信超限超载运输和相关责任主体的十种情形规定，按季度收集各市（州）上报名单，并按要求完成审核、公示和上报工作。

固定“治超”站建设运行督导　2020年，厅公路局强化固定“治超”站建设运行督导。①督促地方加快未完成新增治超站建设进度，全省规划95个新增超限检测站完成89个。②调整优化公路超限检测站布局。通过摸底调查和实地调研，结合路网变化和治超工作需要，向省交通运输厅报送关于普通公路固定超限检测站项目评估调整建议的报告。③规范治超站运行管理，根据自贡、遂宁等地个别“治超”站因公路改造施工、设施设备检修等情况，批复同意其暂停运行，同时要求其加强流动检测。

（本栏目供稿单位：厅公路局）

航务管理

HANGWU GUANLI

概　况　2020年，全省航务海事系统干部职工奋力夺取疫情防控和水运高质量发展双胜利。疫情一二级响应期间，四川水路交通因时因地制宜，科学有序分类防控，有效阻断病毒水路传播途径。完成省内主要通航河流380座非法码头整治，加快港口船舶污染治理，全面完成全省4758个突出问题整治。坚决落实安全监管责任，积极维护辖区水上交通安全形势稳定，全省发生1起统计范围内水上交通安全责任事故，死亡1人。乐山市港航中心党总支被授予“四川省防汛救灾先进基层党组织”称号，平昌县地方海事处党支部书记、处长刘俊乾被授予“四川省防汛救灾优秀共产党员”称号。

“双随机一公开”监管　2020年，厅航务局全面推行“双随机一公开”联合监管。按照部“双随机、一公开”检查制度，制订《2020年四川省国内水路运输市场督查工作计划》，全年组织开展检查5批次，抽检16个市州、35家港航企业，发现并督促市级交通运输主管部门整改问题22个。11月3—6日，交通运输部检查组对四川水路运输和建设市场秩序、港口和船舶污染防治情况进行监督检查。

绿色港口建设　2020年，全省17个建港市（州）均完成《船舶和港口污染物接收、转运及处置建设方案》的编制和印发，并且完成100%建设任务。全省32个经营性码头均完成自身环保设施改造，整改完成率100%。32个经营性码头实现船舶垃圾、生活污水和含油污水接收设施100%全覆盖。推动全省港口污染物接收设施与城市公共转运处置设施的衔接，实施情况良好。因地制宜探索推进小型货运码头低压小容量岸电工作，截至年底，全省港口码头建成岸电系统48套。全省岸电使用569次，接电时间10384.38小时，用电量24106.04千瓦。鼓励船舶靠港使用岸电，推动全省绿色交通发展。

“厕所革命”三年行动工作完成　2018年以来，经过3年持续攻坚，厅航务局完成“厕所革命”三年行动工作，全省水路交通厕所建设基本实现“数量充足、管理有效、群众满意”的目标。一是通过对全省水路运输码头、船舶厕所设施及管理维护工作两次全面摸底调查最终确定建设目标。二是省、市共同谋划水运厕所建设方案、设计水运厕所建设标准和规范，考虑重点、兼顾一般、分步实施。三是做到四个及时（及时下达建设任务、及时调整实施方案内容、及时报送竣工后项目省级补助资金工作、及时跟踪建设项目实施情况），扎实推进水运厕所建设工作。2018—2020年，全省完成水路交通厕所71座，是省政府下达38座目标任务的187%。其中2020年，省政府考核水路交通厕所建设目标任务4座，实际完成7座，超出计划75%。

风险分级差异化管控机制试运行　2020年，为落实水路交通领域风险防控及隐患排查治理双重预防机制，进一步提高水上交通安全风险的管控效率，厅航务局制订《水上交通安全风险分级差异化管控工作指南》，列明当前重点风险清单，分析重点风险因素，提出重点应对措施。明确将水路客运类风险（含渡口渡船风险、夜航风险、客运及旅游码头风险）、危险货物码头、向家坝水域、大型船舶防汛（含大型砂石船舶、餐饮趸船、载客100人及以上客船）、重点水运建设工程、老旧大坝等6大类风险作为省级重点管控对象，结合片区联系制度落实风险管控差异化措施，供地方制定属地重点风险差异化管控指南借鉴参考。

水运安全工作　2020年，厅航务局进一步强化安全基础工作，一是推进渡改桥建设。全省渡口数量减少为866道，全面消除支小河流一二类渡口，有力保障人民群众出行安全。二是组织开展长期托管船舶整治。开展长期托管船舶的排查清理工作，建立长期托管船舶台账，从安全和环保入手持续开展托管船舶的取缔工作。成都、巴中、广元等多地从源头消除隐患，对不合格船舶全部吊离上岸并撤解。三是积极推广应用新船型。严格执行长江水系过闸运输船舶主尺度系列标准、四川省新增旅游客船相关技术要求、川滇过向家坝升船机适应性技术要求，推广客渡船标准船型在广元、乐山和眉山市启动新能源客船提档升级试点工程，进一步提升船舶安全性能。

水路客运企业安全责任清单编制 2020年，按照省应急厅关于编制安全责任清单工作的要求，厅航务局完成水路交通客运企业安全责任清单编制工作，内容包括水路交通客运企业主体责任清单、企业管理岗位安全生产责任清单、船舶操作岗位安全责任清单、企业日常安全检查责任清单、主要风险防控及应急处置清单。按照“先试点再推广”的总体原则，确定将成都市“华龙”公司、乐山“大佛景区旅游公司”作为试点单位，试点实施水运客运企业安全生产清单制管理，为清单的完善和运行奠定基础。10月，厅航务局在乐山市召开全省水路客运安全生产清单制管理工作现场会，安排全省水路客运企业安全生产清单制管理工作，明确工作内容、任务及时间要求，至年底，全省164家水路客运企业已基本完成。

“三无”船舶专项整治 2020年，厅航务局按照国务院及部省“河湖清四乱”和“河道采砂清零行动”工作要求，起草制定《“三无”船舶专项整治方案》，安排“三无”船舶专项整治工作，重点推进通航水域涉砂“三无”船舶清零，从事捕鱼、捕捞“三无”船舶清船清网，遏制“三无”船舶扰乱水上交通秩序三项任务。一是全面摸排通航水域内“三无”船舶数量、分布情况、主要用途和运行情况，建立“三无”船舶台账和清单。全省累计排查出“三无”船舶10287艘。二是按照“规范一批、整治一批、取缔一批”的原则，对符合规范完善手续的“三无”船舶，及时完善手续并强化监管。对无法规范完善手续的，采取“定点上岸、定时拆除、定人监督、定期销案”措施，落实拆除方案。至年底，取缔6052艘，规范4235艘，全部完成整治任务。三是主动加强巡航巡查，联合公安、农业农村、水利等部门开展联合执法，严厉打击“三无”船舶非法载客、违法捕捞、涉砂作业以及危害航行安全及通航秩序等行为。截至年底，未发现停运上岸“三无”船舶再次入水现象。

水上交通安全三年攻坚行动 2020年，按照省交通运输厅安全生产专项整治三年行动工作部署，厅航务局全面推进水上交通安全专项整治工作。一是结合水路客运企业安全生产清单制推进会，进一步推动全省客运企业清单制工作，至年底，全省164家水路客运企业完成清单制的编制和运行工作。二是结合“三无”船舶专项整治工作以及枯水雾期工作，推进砂石运输行为治理，严厉打击非法开采运输、船舶配员不齐、超载、值守不到位等违法违规行为。三是开展国内水路运输市场秩序检查，通过水路运政专家库随机抽取检查专家，与随机安排的工作人员一道组成检查组开展检查。全年全省累计召开安全专项整治三年行动工作会议216次，组织隐患排查队伍723支，检查人员2286人次，检查船舶8460艘次。

四川省航务海事综合信息平台推广运行 2020年，按照四川省航务海事综合信息平台建设运行计划，2020年完成项目建设和运行，建成门类齐全的基础业务系统，建立初具规模的行业数据中心，构建全省水域“点—线—面”的立体运行监测图，为安全监管、应急救援、公共信息服务提供数据服务。截至年底，平台在全省18个市（州）开始应用，覆盖安监、运输、船检、港航、法规和人事、党办、办公室等相关部门，涉及安全监管、运政管理、污染防治以及考核考勤、签报合同等业务范围。已注册用户涉及省、市、县三级用户1100多人，月活动用户600余人。平台生产各类业务结果数据42189条，基本实现项目原定“业务协同一平台，公共服务一中心，运行监测一张图”建设目标。

厅督导泸州、宜宾疫情防控 2020年1月31日—2月1日，省交通运输厅党组成员、总工程师陈乐生带领厅航务局、厅建管处一行，对泸州宜宾两地交通运输疫情防控工作情况进行暗访督导，实地暗访石洞服务区、泸州港高速公路出入口、泸州客运中心、泸州港、宜宾港、宜宾江安客运站、南溪客运站、涪溪口渡口、云龙机场以及公交站等交通运输场所，现场慰问防疫一线交通干部职工，并与两市交通运输部门交换意见建议。陈乐生充分肯定两市交通运输部门为疫情防控工作所做的努力。他强调，一是要克服疲劳，合理调配工作力量，发挥党员的先锋模范作用，进一步落实好交通运输行业防控八项措施。二是要做好行业自身疫情防控工作，加强参与春运管理服务、疫情防控一线人员的自我防护，确保一线人员身体健康。三是要守好水运入川通道，加强入川货运船舶疫情防控，落实省内停航封渡渡口绕行措施。四是要统筹疫情防控与安全生产工作，不能因为停运、交通管制等原因放松安全监管，要做到两手抓两手硬，坚决确保全省交通运输安全形势稳定。五是要按照春风行动工作部署，提前谋划农民工安全有序返岗交通运输保障工作。要加强项目工地复工返岗过程中疫情防控，落实好开工前疫情检查和开工后的疫情防控措施。

贯彻落实省委督导检查疫情防控和保通保畅工作会议精神 2020年2月4日上午，中共四川省委书记、省委应对新型冠状病毒感染肺炎疫情工作领导小组组长彭清华到省交通运输厅视察交通运输系统疫情防控工作，到航务水路协调组台前督导检查全省航务海事平台应用及水路疫情防控措施情况。随后，厅航务局庚即召开专题会议，及时传达彭清华到厅督导检查疫情防控和保通保畅工作会议精神。会议要求，一是要把抓好疫情防控工作作为当前工作的重中之重，坚决贯彻落实省委省政府和厅党组各项防控措施，把好水路交通防控关。二是要扎实做好一线人员自身防护，加强水上春运和疫情防治工作宣传教育。要充分发挥基层党组织先锋模范作用，让党旗飘扬水运防控一线。三是继续实行弹性办公上班工作机制，既保证疫情防控工作有序推进，又保障日常工作不断不乱，做到工作和疫情防范两不误。四是要统筹兼顾、分工协作，继续推动好规划编制、港口和船舶污染防治、水上应急搜救机制建设、新能源船舶试点、重点项目建设以及复工前疫情防控等工作。

厅慰问疫情防控一线交通运输职工 2020年2月13日，省交通运输厅党组成员、总工程师陈乐生一行深入乐山市新民渡口、仁沐新高速公路、岷江犍为航电枢纽和眉山市丹名路、岷江汤坝航电枢纽、尖子山航电枢纽等现场，慰问战斗在交通系统疫情防控一线的干部职工，为他们送去口罩、酒精、洗手液等防护物资。陈乐生强调，一是要按照党中央决策部署和省、厅要求，统筹兼顾，抓好防疫防控和复工复产工作，特别要注重项目管理人员和施工人员的疫情防控。二是要落实好春风行动，确保农民工安全有序返岗。三是要统筹疫情防控与安全生产工作，坚决确保全省交通运输安全形势稳定。

罗佳明到厅航务局调研指导航务海事工作 2020年8月26日上午，省交通运输厅党组书记、厅长罗佳明到厅航务局调研，看望慰问局机关干部职工，听取全省航务海事工作情况汇报，安排下一阶段重点工作。他强调，全省航务海事系统要牢记使命、担当作为，科学谋划、聚力攻坚，奋力推动四川水运高质量发展。罗佳明指出，厅航务局面对上半年发展任务、疫情防控和安全监管等多重压力，主动作为、真抓实干，取得了安全、投资“两个稳定”，复工复产、推进非法码头整治、启动港口和船舶污染突出问题整治“三个率先”等成绩。他要求，全省航务海事系统要抢抓机遇、善于思考、用好用足政策，从航道、船舶、港口三要素出发，以供给侧结构性改革为主线，科学谋划水运发展，奋力推动四川从“航运资源大省”向“航运发展强省”迈进。在水运建设上，要围绕构建综合交通运输体系，科学系统编制水运建设规划，统筹推进重点航道项目建设，构建干支衔接、畅通高效的航道网和布局合理、衔接高效的港口群。在水运发展上，要充分调动地方发展水运事业的积极性，着力培育航运发展龙头企业，搭建水路运输服务平台，积极推动大宗货物运输“公转水”。在水运管理上，要进一步健全水路运输管理制度，依法科学规范管理水路运输秩序。在安全监管上，要压紧压实责任，加强日常监管，科学配置装备，研究制定奖惩机制，提升监管能力。在应急管理上，要结合全省地理特征，加强水陆协作，加大应急救援设施投入，加强水上搜救应急演练，努力锻造一支“召之即来、来之能战、战之必胜”的水路交通救援队伍。他强调，要集中精力做好“下半年”文章，聚焦重点、全力攻坚，加快“十四五”规划对接，统筹安排好资金，打好污染防治攻坚战，加强人才队伍建设，确保“十三五”圆满收官。

全省第一艘船舶污染物接收船试运行 2020年10月15日，四川省第一艘船舶污染物接收船“泸碧水1号”在

2020年10月15日，“泸碧水1号”在泸州市合江县白米镇白塔坝投入试运行　　厅航务局　供图

泸州市合江县白米镇白塔坝试运行。该船由泸州市交投集团投资，于2020年8月在四川合江江海船务有限公司开工建造，最大船长32.16米，总长32.00米，型宽8.60米，型深2.50米，设计吃水1.40米，主机总功率352千瓦。主要用于收集泸州港区及停泊锚地水域内船舶的生活垃圾、生活污水、油污水。该船甲板上设置固体垃圾舱，可装载固体垃圾20吨，同时，分别设置封闭生活污水舱和油污水舱，容量分别为60吨和47吨。该船的成功下水，补齐了泸州市港口船舶污染治理基础设施短板，提升全市港口船舶污染治理和船舶防污染处置能力。

“吉祥919”货船启航 2020年5月10日，泸州造“吉祥919”货船正式启航。“吉祥919”货船采用双机双桨驱动，总长105米，型宽16.2米，型深5.3米，试航速度每小时18公里，续航力按全负荷航行为250小时。船舶类型为干散货船，船载重量6000吨，主要用于装载铁矿石、煤炭，兼顾熟料、钢材及其他散货。“吉祥919”的启航标志着长江上游干线运输船舶进入大型化、标准化时代。

合力共建长江四川段黄金水道“2+2”工作座谈会 2020年11月20日，交通运输部长航局、省交通运输厅及宜宾、泸州两市在宜宾共同召开合力共建长江四川段黄金水道“2+2”工作座谈会，围绕共同推进长江四川段黄金水道高质量发展进行深入探讨交流，就共建长江上游航运中心相关事项达成共识。部长航局局长、党委书记唐冠军，厅党组书记、厅长罗佳明出席。中共宜宾市委副书记、市长杜紫平致辞。唐冠军希望各方深入贯彻落实党的十九届五中全会精神以及全面推动长江经济带发展座谈会精神，科学谋划“十四五”期间长江四川段水运发展，巩固深化“2+2”合作机制，在新形势新理念新格局下，更好推进长江四川段黄金水道高质量发展。罗佳明希望部、省、市进一步通力合作，发挥好“2+2”协同机制，合力强基础、补短板、破瓶颈，共同提升“黄金水道”通行能力，共同加强长江干线水上交通安全监管，共同搭建长江上下游港口合作平台，共同助推长江上游绿色高效发展，为长江全流域的发展和内河经济带的打造提供强劲支撑。会上，宜宾市交通运输局、长江宜宾航道局、长江航道测量中心签订《电子航道图推广应用共建协议》，将共同开发制作金沙江宜宾至水富段电子航道图，打通长江干线电子航道图“最后一公里”；谋划宜宾市辖区内干支河流电子化航道建设，最大限度发挥长江上游航运效益。

厅航务局获“四川省环保工作先进集体”称号 2020年12月23日，四川省人民政府印发《关于表彰四川省环保工作先进集体和先进个人的决定》，厅航务局被授予“四川省环保工作先进集体”称号。近年来，厅航务局高度重视环保工作，多措并举，全省主要港口岸电设施全覆盖，大型码头、矿石码头均建成堆场防风抑尘设施，所有港口、船舶修造船厂具备船舶含油污水、生活污水和垃圾接收能力，并与城市市政公共处理设施有效衔接，2107艘100总吨以上船舶完成生活污水收集和处理设施配备和改造。

川滇联合开展金沙江向家坝和溪洛渡库区巡航执法 2020年5月8—11日，四川云南两省航务海事管理机构联合三峡集团公司开展2020年度金沙江向家坝、溪洛渡库区巡航执法。巡航执法主要调查向家坝、溪洛渡两库区的航道、渡口码头、渡船、货轮、通航环境等水上交通安全等基本情况，调研航道等级确认、航标设置、翻坝通道建设等库区航运发展亟待解决的问题。巡航派出执法人员40余人，海巡艇5艘，巡航里程220余公里，检查航运企业1家，港口码头3个，船舶集中停泊点6个，船舶42艘，发现问题26个，现场整改23个，暂扣船舶3艘，拟立案行政处罚3起，发放防灾减灾及水上交通安全、环保宣传单86份。双方确认将库区船舶航行、停泊、作业及库区通航环境管理展开进一步合作，同时统一两省行政执法标准、处罚标准、管理标准，共同促进库区航运发展。

联合重庆市开展嘉陵江流域巡航检查 2020年5月21—22日，厅航务局联合重庆市港航海事事务中心巡航嘉陵江。巡航检查组从南充嘉岸丽港码头乘海巡艇顺江而下，沿途查看川渝两地主要港口、渡口码头、航道滩险等基本情况，检查沿江水上交通安全及环保设备设施运行情况，现场检查涉砂船舶生活污水打包装置配备以及船舶环保设施配备使用情况。双方确认在成渝双城经济圈建设统一框架下，加强沟通协调，密切协作配合，持续深化嘉陵江流域成渝两地水上交通安全联防联控机制，推进流域重要水情信息共享，重要监管要素资源共建，重要应急救援物资设备共用，加快嘉陵江流域联合调度相关制度规范建设，全力保障嘉陵江流域水上交通安全形势稳定。

川渝联合开展渠江嘉陵江水上联合巡航执法 2020年9月9—10日，省交通运输厅、厅航务局联合重庆市交通局、重庆市港航海事事务中心、重庆市交通

2020年9月9—10日，川渝联合开展渠江、嘉陵江水上联合巡航执法活动 厅航务局 供图

运输综合行政执法总队开展渠江、嘉陵江水上联合巡航执法，积极落实《推动成渝地区双城经济圈交通运输行政执法管理协同发展合作备忘录》的工作任务，助推长江上游水运事业协同发展。此次联合巡航执法主要针对渠江、嘉陵江流域的航道、渡口码头、客货船舶、通航环境等水上交通基本情况进行调研，对川渝水路交通行政执法管理协同机制、执法机构协同改革、交界水域联合巡查监管、嘉陵江渠江水路畅通等问题进行交流探讨，并对巡航过程中发现的各类问题进行研究。巡航组从渠江岳池县罗渡中码头乘海巡艇出发，先后巡查渠江流域岳池县—合川区双槐镇段—合江区城区段、嘉陵流域合川区—武胜县桐子壕—武胜县沿口段。巡航派出执法人员40余人，海巡艇3艘，巡航里程100余公里，检查航运企业1家，港口码头6个，船舶13艘，现场整改问题2个。

应对青衣江岷江特大洪水 2020年入汛以来，全省主要江河发生6次洪峰，特别是青衣江、岷江遭遇特大洪水，全省于8月18日启动有史以来的防汛I级响应。灾情发生后，厅航务局从泸州抽调2名水上应急救援专家赶赴现场指导，并向全省各市州航务海事部门紧急征集120个救生圈、从泸州采购救生圈300个，直接送往乐山抗洪抢险一线，支援一线抢险工作。同时，主动对接省应急厅报告海事搜救情况并了解搜救需求，紧急征调1艘800吨的运输船舶和3艘大功率海巡艇承担救援物资运输和遇险群众转运工作，指导地方交通运输部门在乐山岷江、大渡河沿线设置应急转运点18个，协调组织25艘海巡艇和200余名交通干部职工参与抢险工作，转移群众38000人次。

2020年8月18日下午，乐山海事和消防、武警等救援力量转移受困群众

厅航务局 供图

船检业务和航运科研项目 2020年，全省完成船舶检验7871艘次、1557292总吨，累计功率781182千瓦，其中客船90182客位，图纸审查140套，全省47家船厂完成产值2.1亿元。完成“金沙江库区船型标准化研究”“金沙江滚装运输发展研究”“浅吃水船舶主尺度研究”项目验收结题。开展2021年度四川省交通运输厅航务管理局水上交通科研项目立项。

船型标准化体系完善 2020年，厅航务局继续完善船型标准化体系。一是开展“十四五”客船船舶标准化工作方案的编写，形成客船渡口渡船标准统一、标识标牌统一、监管设施设备统一、管理服务标准统一的“四统一”指导思想和工作要求。二是紧跟社会发展，开展船舶工业美学设计。三是完成60客位新能源客渡船船型设计。

绿色环保新能源船舶 2020年，厅航务局加快推进绿色环保新能源船舶发展。一是推进在广元、乐山、眉山三市开展新建20艘客船的提档升级试点工作。二是开展全省各市（州）“十四五”期间客船更新需求调研，形成分析报告和意见。三是针对新能源技术不断快速发展的实际情况，紧跟技术发展及市场情况，继续开展新能源船舶技术的调研分析工作。四是开展新能源船舶动力系统应用技术论证工作，抓住淘汰传统落后产能促进船舶制造向高端节能环保方向转变的机遇，为四川水运市场绿色发展注入新的动力。

船检区域合作 2020年，厅航务局结合成渝双城经济圈、渝川黔滇长江经济带的发展要求，加强与周边省市的交流合作。一是加强川渝船检合作。联合重庆开展嘉陵江全线通航标准船型和适合长江上游航道的三峡升船机标准船型研究工作，讨论川渝两地船检合作、技术交流、信息共享的举措和办法。二是出台技术标准。为加快开发金沙江航运资源，提高向家坝通行效率，提升升船机利用率，联合云南省交通运输厅航务管理局经过广泛调研和意见征求，并组织科研机构进行研究分析后联合发布《向家坝升船机船型适应性技术要求》，促进向家坝库区及金沙江的船型标准化。三是开展川黔船检互检互认协定。通过探索船检互认模式，促进川黔两省船检发展。开展《川黔船检互检互认办法》拟定工作，缩减川黔营运船舶的船检时间。

船舶污染防治专项工作 2020年，厅航务局积极推进船舶污染防治专项工作的开展。一是按照长江经济带船舶和港口污染突出问题整治专项工作的有关要求，结合船检规范，严格执行船舶防污染各项要求，加大船舶防污染设备配备检查力度，确保完成现有船舶的防污染设备配备改造。二是对新建船舶一律严格按照规范要求配备油水分离器、生活污水处理装置等设施设备。

渔检工作 2020年，厅航务局有序开展渔检工作。一是为加强全省渔业船舶检验管理，规范检验行为，保障检验质量，印发《四川省船舶检验局关于进一步规范渔业船舶检验业务的通知》，对全省渔业船舶检验业务权限进行划分。二是完成省级渔船档案清理工作。三是配合做好长江流域及支流禁捕退捕相关工作，代省交通运输厅拟稿《四川省交通运输厅关于配合做好全省长江流域重点水域禁捕相关工作的通知》。四是协调农业农村部门关于渔检系统的数据迁移工作。

（本栏目供稿单位：厅航务局）

工程质量监督管理

GONGCHENG ZHILIANG JIANDU GUANLI

概　况 2020年，全省各级交通质监机构围绕交通强省建设和高质量发展主题，统筹抓好疫情防控和质量安全监督工作，以“品质工程”“平安工地”建设为抓手，强化质量安全制度建设、责任落实和措施创新，实现全省公路、水运和地方铁路全覆盖、全过程、全方位监督，促进质量安全水平稳步提升。

深入推进品质工程建设。在建高速公路项目全部实现混凝土集中拌合、钢筋集中加工、人员集中管理，实现“工地+工点+工艺”三个标准化。落后工艺、设备、材料加快淘汰，其中闪光对焊、隧道矮边墙等工艺实现100%淘汰和限制。11项“四新”技术得到全面应用，并以点带面，全省交通建设项目引入100余项“四新”技术。仁沐新、宜彝、成宜、乐西等十多个高速公路项目制订品质工程实施方案并纳入招标文件，24个高速公路项目7607个班组标准化改造率86%，在全国品质工程现场会上四川省多个项目获得交流材料加展板的双展示机会。

质量监督实效明显提升。对实质性动工的28个高速项目2675公里、1个重点水运项目、10个地方铁路项目945公里、国省干线和农村公路实现监督检查和质量抽检两个100%全覆盖。同时将环保监督纳入综合督查，更新环保检查要点，实行按表检查，对6个项目发现的10个环保问题全部督促整改完毕。

安全监督工作动真逗硬。深入开展平安工地、安全

2020年，开展试验检测机构比对　　厅质监局　供图

设质量安全监督管理信息化平台，利用互联网、信息技术等先进技术，提升监督工作的深度和广度。

工程质量监督　2020年，全省各级交通质监机构对28个高速项目、1个重点水运项目、国省干线和农村公路实现全覆盖、全过程监督检查，综合监督、日常监督、专项监督、交叉监督等总次数1500余次。厅质监局开展监督检查160余次，出动监督人员近400人次，聘请专家50余人次，督促整改问题1000余个。将环保监督纳入综合督查，更新环保检查要点，实行按表检查，对6个项目发现的10个环保问题全部督促整改完毕。利用专项经费开展工程实体和主要原材料盲样抽检，高速公路实体抽检68667点，主要原材料盲样抽检20个高速公路项目755组，总体合格率与全国平均水平持平，高速公路路基、路面、隧道、原材料等合格率略高于全国平均水平，交通建设项目质量状况总体可控。

生产专项整治三年行动、红线行动、特种设备、森林防火、电气火灾等专项行动。对全省交通建设领域80处重大风险、在建高速公路132座特大桥、135座特殊结构桥梁、28座瓦斯隧道建立清单台账，制定专项方案，根据施工进展实时开展监督检查，狠抓危大工程重点管控。对6家企业18人进行追责问责，并实施经济处罚70.2万元，综合运用通报、约谈、信用评价等逗硬措施加大处罚力度。全年交通建设领域重要时段安全事故“零发生”，全年重特大生产安全事故“零发生”，水运项目安全事故“零发生”。

按期完成竣交工验收。受新冠肺炎疫情影响，部分在建项目施工进度滞后，特别是年度通车项目时间紧、任务重，厅质监局加大监督指导力度，对巴万高速公路等重点项目进行驻点督导，督促监督机构及时开展交验检测工作，确保按期完成成宜、德简等13个高速公路项目（段落）923公里交工验收及绵遂、遂西等6个高速公路项目竣工验收质量检测工作，为完成通车目标提供质量安全保障。

严格监理检测市场监管。着力推进“最多跑一次”改革，将监理和试验检测行政审批事项纳入“四川一体化政务服务平台”，编制办事指南，优化办事流程，严格落实“首问责任制”和“限时办结制”，按时办结率100%，实现“零”投诉举报。组织10家检测机构进行路面检测参数能力比对，对24家机构开展“双随机”专项检查，完成64家监理企业、90家试验检测机构信用评价。

质量监督体系建设　2020年，省交通运输厅出台《四川省农村公路质量监督办法（试行）》《关于进一步加强农村公路建设质量监督管理的指导意见》《四川省高速公路桥梁荷载试验管理工作实施意见》等制度办法，进一步规范质量安全监督工作。在高速公路、重点水运等交通建设项目广泛运用“监督工作组+专家+第三方检测机构”的监督方式，取得良好效果。投入专项资金建

地方铁路项目质量监督　2020年，厅质监局对10个地方铁路项目监督检查35次，检查建设单位1个、施工单位23个，涉及监理单位14个；发现各类问题523个，发出整改通知单36份。开展工程实体质量检测12次，检测点位21367处，总体合格率99.93%，开展原材料抽检6次，总体合格率99.7%，比上年略有提升。

平安工地建设　2020年，厅质监局按照建设单位自评、属地市（州）交通运输主管部门考核以及厅复核的程序，组织并完成全省高速公路和重点水运工程建设项目平安工地考核评价工作，参与平安工地考核评价的26个建设单位、251个施工合同段和89个监理合同段，考核结果均达到合格。2020年，全省交通建设领域发生安全生产事故比上年分别下降62.5%、47.6%，全年未发生重大及以上生产安全事故，重要时段未发生安全事故，水运项目未发生安全事故，重大风险点未发生安全事故，安全形势总体可控。

品质工程建设　2020年，四川省在建高速公路项目全部实现混凝土集中拌合、钢筋集中加工、人员集中管理，实现“工地+工点+工艺”三个标准化。落后工艺、

2020年，开展品质工程建设的仁沐新高速公路犍为特大桥建设现场　　交通宣传中心　供图

设备、材料加快淘汰，其中闪光对焊、自卸车运输混凝土、隧道矮边墙等工艺实现100%淘汰和限制。11项“四新”技术得到全面应用，并以点带面，在全省交通建设项目引入100余项“四新”技术。仁沐新、宜彝、成宜、乐西等十多个高速公路项目制定品质工程实施方案并纳入招标文件，24个高速公路项目7607个班组标准化改造率86%。

安全检查及专项行动　2020年，厅质监局开展节假日安全检查、安全生产专项检查、汛期专项检查等，派出督导组22支178人次，组织安全检查40次，覆盖62个项目，发现534个安全问题并全部整改到位。全面开展安全生产专项整治三年行动，制定细分8类33项交通建设领域三年行动任务清单，明确工作任务和责任措施。推进红线行动，细化4类14项红线问题的处理措施，督导市（州）及在建高速项目全面开展专项整治，开展安全生产约谈、通报批评8次。开展特种设备安全整治专项行动，建立全省高速公路建设项目架桥机台账，现有架桥机106台分布17市（州），涉及13个项目。会同省市场监督管理局、应急管理厅和成都市铁路监督管理局抽取16个项目联合开展大型起重机械专项监督检查。针对突出问题开展桥梁质量安全风险隐患专项整治，排查28个在建高速公路项目2648座桥梁，均未发现重大安全隐患。持续开展“森林防火”“电气火灾”“瓦斯隧道专项检查”等安全生产专项行动。

交通脱贫攻坚项目监督　2020年，厅质监局分片区组织开展国省干线及农村公路督查工作，实现监督检查3个“全部覆盖”，即覆盖全部市（州），覆盖部定点扶贫的全部县，覆盖存在问题的全部项目。选派3名技术骨干到任务艰巨的凉山州、甘孜州、阿坝州开展现场督战普查工作。组织45家检测机构对省级贫困县农村公路质量进行免费义务检测帮扶工作。加大扶贫领域问题整改力度，对各级巡视和专项治理问题等进行全面梳理，归纳整理出11个质量安全问题，厅质监局针对问题制定专项工作方案，制定整改措施15条，全部问题整改到位并通过验收，为高质量实现通乡通村两个100%提供质量安全支撑。

资质资信管理　2020年，厅质监局动态调整监理和试验检测审批事项相关内容，明确兜底性条款内容，删减不必要的证明材料，打通便企利民的“最后一公里”。严格落实“首问责任制”和“限时办结制”，2020年办理监理检测资质106件，人员岗位登记注销3500多人次，按时办结率为100%，有效投诉举报为零。以“双随机”专项检查和能力比对试验为抓手，强化“事中事后”监管，组织10家甲级检测机构开展路面关键参数能力比对试验，对35家监理检测企业开展“双随机”专项检查。以信用评价为抓手，对全省21个市（州）177个公路水运建设项目、75家监理企业共297个监理合同段及710名监理工程师进行信用评价，评出AA级24家、A级48家、B级3家，对存在失信行为的36名监理工程师进行扣分处理。对全省99家试验检测机构以及对其设置的613个工地试验室及现场检测项目，对外省135家试验检测机构设置的277个工地试验室及现场检测项目，3656名试验检测人员进行信用评价。由厅质监局负责公布信用评价结果的省内乙、丙级检测机构共86家，评价结果为AA级12家、A级74家；同时对39名助理试验检测师进行信用评价扣分处理。

（本栏目供稿单位：厅质监局）

造价管理

ZAOJIA GUANLI

概　况　2020年，省交通运输厅加强交通造价行业监管和指导，交通造价管理工作取得成效。交通建设造价管理体系建设方面，明确行业目标任务，下达补齐基层造价管理能力短板、健全完善造价指标体系、加强造价基础研究等5项年度目标任务；加强行业监督指导，组织开展全省21个市（州）交通运输局造价管理工作调研总结，对各市（州）造价工作进行全面的调研、评价和考核；加强造价工作业务指导，组织召开3期四川省公路工程瓦斯隧道补充定额查定现场工作会，开展《农村公路养护预算编制办法》宣贯工作和《小交通量农村公路工程技术标准》《农村公路养护预算编制办法》等线上培训；完善行业专家库建设，修订完成《四川省交通运输厅交通建设工程造价管理站造价咨询专家库管理办法》。工程造价审查方面，完成各类交通建设工程项目造价审核70项，送审金额1856亿元，审核金额1835亿元，审减21亿元。交通工程造价定额管理方面，开展补充定额查定，完成水磨钻钻机成孔（软石、次坚石）、轻质泡沫混凝土等公路工程预算补充定额查定，在巴万、九绵和宜彝三条高速公路8座瓦斯隧道开展补充定额现场查定工作，完成路面微表处、桥梁（隧道）有机硅保护、桥梁钻孔植筋、桥梁墩柱加固等10条补充预算定额查定现场实测及资料搜集工作。

交通建设造价管理体系建设　2020年，省交通运输厅持续加强造价管理体系建设。①明确行业目标任务。组织召开全省造价管理工作会议，明确全年造价工作重点，下达工作目标任务；围绕交通建设复工复产和交通脱贫攻坚目标，分解下达补齐基层造价管理能力短板、健全完善造价指标体系、加强造价基础研究等5项年度目标任务。②加强行业监督指导。组织开展全省21个市（州）交通运输局造价管理工作调研总结，对各市（州）造价工作进行全面的调研、评价和考核，9个市（州）造价站年度工作评价A类、1个市（州）造价站评价为C类；组织各市（州）造价站及相关区（县）40余名技术骨干参加全省造价业务能力提升培训，为进一步做好全省高速公路造价监督、公路工程施工定额测定等工作奠定基础。③加强造价工作业务指导。结合地方公路瓦斯隧道造价管理需要，组织甘孜、阿坝、凉山等13个市（州）、2个区（县）造价专业技术人员召开3期四川省公路工程瓦斯隧道补充定额查定现场工作会，47人次参加实地培训和现场工作；结合农村公路建养需求，开展《农村公路养护预算编制办法》宣贯工作，协助交通运输部组织市（州）、县（区）开展《小交通量农村公路工程技术标准》及《农村公路养护预算编制办法》等线上培训，全省共294人参训。④完善行业专家库建设。修订完成《四川省交通运输厅交通建设工程造价管理站造价咨询专家库管理办法》，进一步完善四川省交通建设工程造价咨询内部专家库，在造价审核、材价评审、定额查定、造价监督等重点工作中实施专家工作制，整合发挥行业技术力量。工程造价监督管理方面，组织开展对成乐扩容、绵九、营达、成都天府国际机场等18个在建高速公路造价监督检查，完成乐自高速公路项目概算调整文件审核，完成蒲都、天府机场高速公路概算调整申请初步审核，编制完成《关于四川省高速公路建设项目土地使用及拆迁补偿费计算指导原则》和《关于四川省高速公路建设项目土地使用及拆迁补偿费测算情况的报告》，开展造价审核标准化工作探索。

工程造价审查　2020年，省交通运输厅强化全过程造价监督管理，全年完成各类交通建设工程项目造价审核70项，送审金额1856亿元，审核金额1835亿元，审减21亿元，审减率1.12%。其中，完成重点建设项目概算预算审核20项，送审金额1586亿元，审核金额1568亿元，审减18亿元，审减率1.30%；完成重大变更设计预算审核47

项，送审金额28亿元，审核金额27亿元，审减1亿元，审减率4.08%。

工程造价监督管理 2020年，省交通运输厅强化在建项目造价监督检查。组织开展对成乐扩容、绵九、营达、成都天府国际机场等18个在建高速公路造价监督检查，根据检查发现问题，撰写《2019年度在建高速公路建设项目造价监督情况》印发各市（州）造价站及在建项目，明确整改内容、整改要求和整改时限，及时跟踪反馈各单位整改落实情况，纳入2020年造价监督检查重点检查内容。研究制定项目调概指导原则。完成乐自高速公路项目概算调整文件审核，完成蒲都、天府机场高速公路概算调整申请初步审核，针对项目概算执行中存在的主要风险，通过资料收集、分析调研，提出调整概算初步意见，形成指导原则初稿。开展专项费用测算分析。通过对19项法律法规全面梳理分析，编制完成《关于四川省高速公路建设项目土地使用及拆迁补偿费计算指导原则》和《关于四川省高速公路建设项目土地使用及拆迁补偿费测算情况的报告》；在国家标准取消32.5级普通（复合）硅酸盐水泥背景下，向省内28家试验检测机构搜集混凝土施工配合比数据，对相关替代方案优缺点进行对比、投资影响进行定量测算分析，听取设计、咨询等相关单位相关意见后，形成既能合理反映项目投资情况、又符合实际施工的审查省交通建设估概预算编制过渡期替代方案。开展造价审核标准化工作探索。为强化造价文件送审主体责任，制订审核标准化模板及工作流程，进一步规范造价文件审核行为，提高审核质量，同时积累技术经济指标经验数据，通过收集在建及交（竣）工高速公路项目绿化、机电、房建等工程合同价、结算价指标搜集及数据汇总分析，开展高速公路造价编审指导意见修订，完成《四川省已通车高速公路项目绿化工程、房屋建筑、机电工程及养护设备工程造价专项调研报告》，制定《四川省高速公路工程建设项目初步设计概算、施工图设计预算审核指导意见》和《高速公路竣工决算文件备案指导意见》；组织广元、泸州等6个市（州）站编制完成《四川省国省干线公路及重要农村公路造价文件审核工作》手册；在收集设计、咨询等相关单位意见后与软件公司试点研究四川省造价审核模板，通过造价数据编码固化、造价指标数据、标准定额套用固化等方式有效提高造价审核效率，完成数据编码固化，着手软件开发。

公路工程造价分析 2020年，省交通运输厅继续开展公路工程造价分析。开展2019年度公路工程造价分析专项工作，编制《2019年造价分析报告》，对审查全省造价趋势及主要影响因素进行分析、对比并提出建议。按照交通运输部公路局工作安排，为服务川藏铁路配套公路工程建设，深入了解、科学分析涉藏地区公路造价水平，加强“配套工程”成本管控及概预算编制。厅造价站会同涉藏地区高速公路建设公司、设计院和甘孜、雅安造价站等相关单位编制《川藏铁路（四川段）配套公路工程造价调研报告》，报告以川藏铁路配套公路项目为主要调研对象，收集甘孜、雅安等同区域近年公路项目情况，对七类造价影响因素进行定量或定性分析，并提出配套工程全过程造价管控的重点及措施。

交通工程造价定额管理 2020年，省交通运输厅进一步强化计价依据研究工作。开展补充定额查定。完成水磨钻钻机成孔（软石、次坚石）、轻质泡沫混凝土等公路工程预算补充定额查定，发布《关于水磨钻机钻孔与现浇轻质泡沫混凝土两项公路工程补充预算定额的通知》；为控制全省瓦斯隧道工程造价，厅造价站在巴万、九绵和宜彝3条高速公路8座瓦斯隧道开展补充定额现场查定工作，查定高瓦斯隧道3座、低瓦斯隧道5座、工作面28个，完成现场实测资料收集工作；初步完成路面微表处、桥梁（隧道）有机硅保护、桥梁钻孔植筋、桥梁墩柱加固等10条补充预算定额查定现场实测及资料搜集工作。助力行业定额标准研究。注重新定额使用意见收集，在交通运输部路网中心召开的新定额使用意见视频会议上，对新定额勘误、四新工艺定额修订、农养定额、高养定额、养护预算编制导则等相关工作作出意见反馈；按照交通运输部公路局相关工作安排，针对现有行业标准不能全面反映川藏公路特殊的施工环境、施工工艺对实际造价产生差异影响的情况，厅造价站联合厅公路设计院公司申报《川藏公路工程建设项目专项概算预算编制办法》及配套定额行业标准课题。

交通建设造价信息管理 2020年，省交通运输厅加强材价信息调研及管理。为全面掌握全省公路工程地方建筑材料料场分布情况，厅造价站组织各市（州）造价站对行政区域内现有料场进行实地调查，经过反复整理、复核和修正，《四川省公路工程地方建筑材料料场（厂）分布图集》于10月完成编制并印刷成册；组织开展全省交通建设工程材料、汽运价格调查；发布《四川交通建设工程造价管理信息》4期；建立《材价信息期刊发行管理规定》，明确材价信息期刊发放原则、范围以及发放方式等。

（本栏目供稿单位：厅造价站）

工程监理

GONGCHENG JIANLI

概　况　2020年，咨询监理公司各项工作取得新进展。生产经营方面，超额完成全年目标任务，新签订合同金额4.2亿元，收入2.9亿元；业务范围不断拓展，覆盖全省21个市（州）和10余个省、市、自治区，咨询业务首次进入新疆、云南；生产能力大幅提升，自主生产能力由3年前的1.35亿元增至2.37亿元，增幅75.56%，新取得3项高原高海拔勘察设计业绩、6座特长隧道和2座特大桥监理业绩等11项核心业绩，公司继续保持AA级信用；企业资质不断提升完善，新取得工程勘察专业(岩土工程)甲级资质，试验检测综合甲级资质通过复审、桥隧工程专项甲级顺利增项，新取得房屋建筑工程乙级、公路工程乙级、市政公用工程乙级监理资质。技术质量方面，取得软件著作权4项、发明与实用专利21项，职工出版专著1部、发表论文27篇；公司获高新技术企业证书。内部管理方面，转型发展提质增效，形成以咨询为龙头，发展设计、检测，做精监理的新发展思路，全年咨询、设计、检测业务合同金额2.45亿元，占合同总额58%；收入1.6亿元，占收入55%，转型发展初见成效；制度建设更加完善，全年修订30余项制度，强化制度意识，增强执行力；加强精神文明建设，开展企业VI标识设计，规范公司标识形象；整治办公区环境卫生，开展礼仪培训等，进一步树立企业形象。队伍建设方面，引进研究生14人、高级以上职称6人；加强内部技术人才培养，组织召开人才培养交流会，制定年度培训计划，各部门定期组织技术培训交流，全年新增正高级工程师4人、高级工程师12人、高级审计师1人、高级政工师1人；加强干部队伍建设，中层干部轮岗交流6人，推荐年轻优秀干部后备人才16人。

2020年，公司获“全国交通运输行业文明单位”称号。

监理业务　2020年，咨询监理公司签订监理合同30个，合同金额2.22亿元，到账金额1.30亿元。公司监理的雅康高速公路获“2020—2021年度李春奖”。国道549线乡城县城（经白松）至得荣斯闸段改建工程、宜宾至叙永高速公路工程竹海连接线工程、国道345线迭部（川甘界）经若尔盖麦溪至甘肃玛曲段公路改建工程3个监理项目通过交工验收。实施规范化管理，做到监理驻地场所规范化、监理程序规范化、监理文书档案规范化、监理各种巡视（日志）记录规范化。完成监理工程师（含检测师）注册22人次。推进党建与生产一线深入融合，首次在监理项目成立基层党组织：宜彝高速公路JL2总监办党小组和党员突击队。

咨询监理公司监理的宜叙高速公路　　咨询监理公司　供图

咨询业务 2020年，咨询监理公司签订咨询合同132个，合同金额5990.68万元，到账金额5252.90万元。完成省交通运输厅下达的国道5线京昆高速公路广元至绵阳段工程可行性研究报告联合评估、国道5线京昆高速公路绵阳至成都段初步设计过程咨询工作、久治马尔康高速公路施工图设计审查工作任务及其他咨询审查意见共500余份。鼓励职工参加职业资格考试和职称申报，提升个人与团队能力，25人参加32项职业注册资格考试。完成德阳市、雅安市、阿坝州、甘孜州等多地抗洪抢险工作，提供专业咨询和技术支持。

设计业务 2020年，咨询监理公司签订设计合同37个，合同金额6481.18万元，到账金额5656.51万元。完成国道321线纳溪至泸县一级公路改建工程（隆昌界至渠坝段）施工图勘察设计、武胜县下礼安渡口改公路桥施工图设计、2020年泸州市国道养护工程项目、2020年普通国省干线大中修工程（凉山州）、国道350线广安枣山至武胜段公路改建工程、国道215线岗托至白玉段白格堰塞湖灾后恢复重建工程、自贡至泸州港公路工程（泸州段）施工图等项目、川藏铁路（西藏段）配套公路工程（省道303线卫通至油扎段)、雅安省道104线项目、省道220线道雅路项目施工图勘察设计等7市（州）10余个复工开工项目勘察设计任务。

检测任务 2020年，咨询监理公司签订检测合同40个，合同金额6917.93万元，到账金额4888.29万元。完成11条地方项目交工验收检测，新增沿江高速公路攀宁段、沿江高速公路宜金段、泸石高速公路、九寨沟景区道路等重点项目试验室；承担攀大高速公路荷载试验、天府国际机场配套工程质量检测、厅质监局委托专项检测等国省干道、地方道路和市政项目的检测任务。投入资金616万元购买试验检测设备，修建伸缩缝检测室，试验检测设备和场地功能更加完善。

招标技术服务业务 2020年，咨询监理公司签订招标代理合同39个，合同金额611.85万元，到账金额494.16万元。承接高速公路养护项目32项，招标咨询项目10项，服务内容涵盖机电施工、第三方试验检测、示范科研项目，其中“示范科研项目”为新拓展业务。承接“成都经济区环线高速公路蒲江至都江堰段项目运营业务招标”及“成都天府国际机场公路运营业务招标”项目，开创四川省首次采用公开招标形式选择营运管理公司新模式。

（本栏目供稿单位：咨询监理公司）

路网监测与运行管理

LUWANG JIANCE YU YUNXING GUANLI

概　况 2020年，路网中心积极推进路网运行管理体系建设，组织编制中心“十四五”发展规划，完成省级公路交调站点布局规划方案编制，推进交调站点数据核查，开展公路交通情况统计审核工作，交调统计工作在全省交通运输统计测评中名列前茅，交调二期工程获省发改委立项批复。开展厅交通运行监测工作机制研究，制定出台《四川省公路交通阻断信息报送工作实施细则》《四川省公路交通情况统计调查管理办法》《四川省公路交通出行信息服务工作管理办法》3项行业规章制度。开展春节、五一、国庆等节假日及突发事件情况下路网运行研判、后评价工作，编制春运全省公路网运行保障信息80期。全年及时、准确报送路况阻断信息17043条，绘制汛期及国庆公路网主要灾损示意图218期496张。完成省界收费站并网切换仪式及雅西高速公路和国

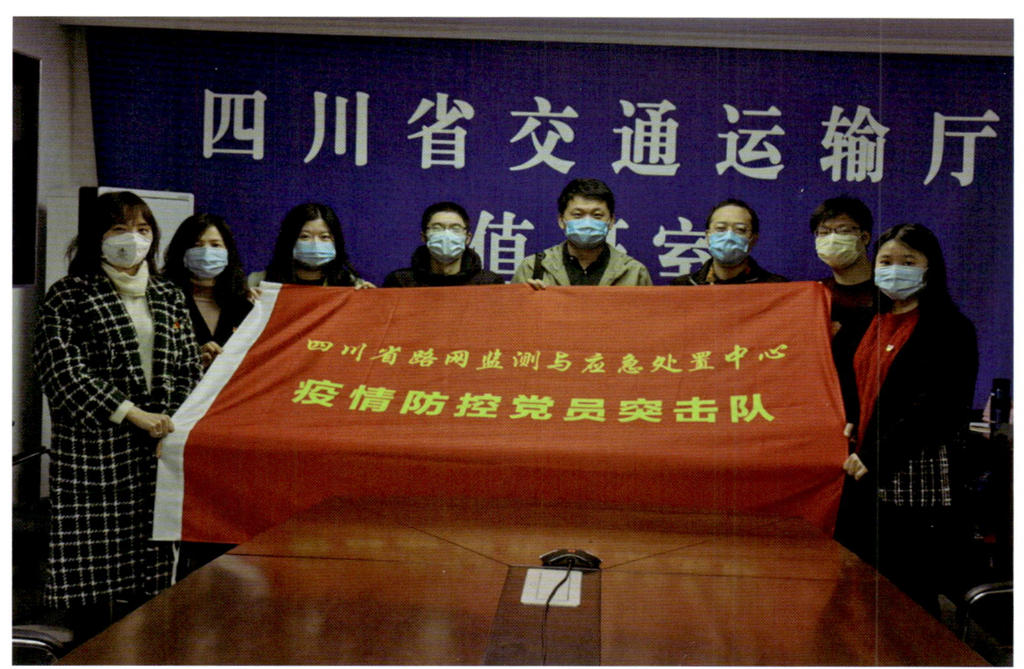

2020年2月18日，路网中心成立疫情防控党员突击队　　路网中心　供图

道108线高位崩塌在内的14次应急通讯保障和视频信息采集，绘制6次重大灾区周边绕行方案，受到部、厅充分肯定。主动承担省疫情防控指挥部交通组信息值守工作，“火线”成立疫情防控党员突击队，实行3岗制24小时常态化疫情值班，专业化值班全年“零失误”。“四川路网”公众号全年累计发布出行服务推文596篇，多次被川报观察、四川新闻网等主流媒体转载，春节、国庆、中秋出行指南阅读量近30万次。

路网运行管理　2020年，路网中心围绕全省路网运行保通保畅开展春节、五一、国庆、中秋等节假日路网运行研判和后评价工作以及元旦、清明和端午相关热点路段梳理、交通流量预测和绕行路线方案制定，编制春运全省公路网运行保障信息80期；联合公安发布国庆川内十大易拥堵路段预测，合理引导公众出行。完成省级公路交调站点布局规划方案编制，推进交调站点数据核查，交调站点在线率稳定在85%以上；开展公路交通情况统计月报、季报、年报的审核上报和评审工作，在全省交通运输统计测评中名列前茅；全年及时、准确、完整报送路况阻断信息17043条（突发性阻断信息16110条、计划性阻断信息933条，高速公路阻断信息15942条、普通国省道公路阻断信息1101条）；绘制汛期及国庆公路网主要灾损示意图218期496张。

预警与应急处置　编制2020年地震专项预案，修编完善中心总体应急预案和汛期、移动通信保障、移动通信车现场保障、舆情监控和处置等4项专项预案，确保及时、高效、有序应对各类突发事件。成功完成省界收费站并网切换仪式、雅西高速公路和国道108线高位崩塌在内的14次应急通讯保障和视频信息采集，绘制6次重大灾区周边绕行方案，受到部、厅充分肯定。全力做好厅专业化值班值守工作，进一步完善值班工作机制。截至12月底，完成电话处理13376个、文件处理7752份，其中专报1224份，专业化值班“零失误”。主动承担省疫情防控指挥部交通组信息值守工作，“火线”成立疫情防控党员突击队，实行3岗制24小时常态化疫情值班，收集信息1.2万余条，编制报表340余份、报告700余份、简报140期，报送材料7500余份，整理大事记351条。

出行信息服务　2020年，“四川路网”微信公众号全年累计发布出行指南等推文596篇，其中原创文章68篇，多次被川报观察、四川新闻网等主流媒体及高德、百度、腾讯地图转载，春节、国庆、中秋出行指南阅读量近30万人次。多渠道发布路网重大交通气象信息，全年发布气象日报196篇、天气周报48篇、预警专报55篇。深化与导航服务商、四川交通广播等单位交流，建立出行信息交流群，整合行业资源，多方联动探索出行信息服务新模式；与高德联合发布节假日出行指南，特别是针对雅西高速公路、国道108线中断情况，及时协调高德、腾讯和百度调整绕行线路，实时发布路况信息。

（本栏目供稿单位：路网中心）

大件公路管理

DAJIAN GONGLU GUANLI

概　况　2020年，大件处完成通过大件公路超限运输审批1727件次，其中100—289.9吨289件次，290—499.9吨9件次，500吨（含）以上2件次；完成大件公路涉路施工审批5件次；完成大件公路涉路施工项目监管4项；为加强大件公路及大件运输规范化、制度化管理，把好运输安全生产质量关，保证运输过程中的安全性，根据《四川省大件公路及大件运输管理规定》，起草制订《四川省特殊大件货物公路运输方案编制指南》；按照《四川省交通运输厅关于下达2020年度运输服务工作目标任务的通知》，拟定修订《四川省大件公路设计技术指标规定》工作实施方案，细化分解目标任务。按照深化交通运输改革工作总体要求，履行大件运输日常监管职责，全年对10批次重点大件运输进行监护通行，在运输前现场核查，运输过程中对重点桥梁、重要路段进行监护通行。

企业走访调研　2020年，大件处积极开展厅领导“上门走访”调研的组织工作。疫情期间，省交通运输厅副厅长宁坚赴德阳调研交通运输及大件运输行业复工复产情况，并就落实疫情扶持政策、保通保运、防控及运输安全、企业需求作具体安排。积极开展岷江航道枯水期影响大件运输问题的调研工作，先后与省经信厅、国电四川电力有限公司、东方电气集团乐山市水运协会等进行座谈，并实地察看岷江乐山至宜宾部分江段。在调研基础上，编写《关于岷江航道枯水期大件运输难有关情况的调研报告》的专题报告，分析造成岷江枯水期大件运输难的主要原因，提出做好保障枯水期大件运输畅通的建议，对有关部门加强岷江航道规划、建设、管理、养护，提高岷江航道通行能力，确保大件运输通道畅通具有积极作用和意义。

2020年，大连恒力石化大件设备运输保障工作　　李　志　摄

大件公路涉路施工监督检查　2020年，大件处以强化监督管理为抓手，按照《四川省大件公路设计技术指标规定》标准，全年监督检查6

起涉路施工审查（批）的施工事项，监督检查主要内容为施工项目是否获得许可、是否按许可的事项及要求进行，监督检查的情况及时通报属地路政管理部门，督促其具体落实整改。通过与省内主要大件生产、运输企业及沿线交通运输局成立QQ群、完善电话联系表等方式建立互联互通机制，并明确专人与重大装备制造企业和重大建设项目进行精准对接，建立“一对一”联络员服务机制，协同沿线交通局对大件运输各项工作进行梳理自查，并对自查情况进行跟踪抽查，发现问题及时要求整改，全面保障大件公路及大件运输安全畅通。

大件运输组织协调 2020年，大件处认真组织协调大件运输工作。①加强调研，及时了解大件运输计划。主动与德阳重装生产、运输企业对接，收集汇总大件设备生产运输情况，并提前将运输计划发至沿线交通运输局（委）。②单体重量290吨以上的特大件运输组织协调。在每批次大件运输起运前3—5个工作日，向沿线交通运输局等有关单位送达大件运输通知，督促其做好空路障清排等保障服务工作，全年发出运输通知书29份。在运输过程中，针对运输企业反映的问题，及时与有关单位沟通协调，保障大件运输安全顺畅通行。③组织290吨以上的《大件运输方案》评审工作6次，按照《四川省大件公路及大件运输管理规定》，严格执行道路运输方案专家论证制。④按照职能职责加强大件运输技术保障工作，协调做好运输企业在运输前对线路进行反复踏勘，空路障清排，合理布设停车点，全力做好运输协调服务保障工作，确保大件运输安全、通畅。

非大件公路重点大件运输保障协调 2020年，大件处积极开展非大件公路重点大件运输的协调工作。①沿乐山、自贡、泸州港方向及乐山至宜宾港方向对现有、在建和正在规划的大件运输通道开展调研，通过对大件生产、运输企业进行走访、座谈，对大件公路现状进行核查，与沿线交通主管部门进行对接，探索发现大件运输通道存在的主要问题，研究解决方案。对两套大件公路备用通道方案进行可行性研究，并结合调研情况梳理存在的问题及建议，形成报告。②针对省“十三五”重点工程凉山州风电建设项目风电设备在运输过程中造成交通要道S307线严重拥堵事件，大件处及时赴凉山州深入运输节点及大件生产基地进行现场调研，了解风电设备运输中存在的问题，研究解决办法，并督促当地交通运输部门强化服务，加强协调，做好凉山州风电设备运行监管，确保风电设备运输安全有序，最大限度降低对社会车辆的影响。④圆满完成省重点100万吨国家煤炭应急储备基地和配套建4×1000兆瓦超临界燃煤发电机组第四批次大件运输任务。该项目是国家能源集团和省政府《战略合作框架协议》的首个落地项目，为确保重点项目关键大件运输，“变不可能为可能”，大件处组织进行科学论证、技术攻关，确保沿途道桥安全、运输安全，实现“造得出来就运得出去”。

大件公路路况巡（检）查 2020年，大件处开展大件运输保通保运工作。为助力重装基地产能、运能复苏，大件处会同沿线交通综合执法部门对不符合《四川省大件公路设计技术指标规定》的空路障明确整改时限，确保常态化大件运输需求；对大件公路德阳至乐山段270公里路面损坏状况（PCI）、路面磨耗（PWI）等四项指数及24座重点桥梁的技术状况进行调查和分析评定，由属地管理部门进行病害处治疫情期间保障。随后，疫情期间通过大件公路首台大件设备（国内乙二醇生产单套最大等温变换工艺的核心设备）安全运抵乐山大件码头；完成国内目前规划规模最大的乙烯及综合利用项目——连云港石化项目的重要设备运输任务，助力国家引领全球C2、C3化工产业战略和“一带一路”倡议实施。

“放管服”改革深化 2020年，大件运输网上审批系统实现大件运输许可异地申请、跨省（市）联办、部门协办、一地办证、全线通行等网上审批办理功能，为抢险物资运输项目提供优质高速的快速办理途径。推进“提速办”，运用系统大数据分析，分类分级实施大件运输许可“即刻办”“快速办”和“专业办”，实现疫情防控期间“政务服务不停歇”“审批不见面”“办事不出门”。推行“精准办”，针对部分企业受疫情防控的特殊情况，采取网上远程服务等方式，深入重点企业，主动对接大件运输需求，推出大件运输审批服务上门服务办、工作日延时服务办、节假日预约办等定制审批服务。疫情期间，大件运输审批服务也为抢险物资运输项目提供优质高效的快速办理途径，及时协调处理中石油应急项目、绵阳京东方重点建设项目、绵阳惠科海关监管、青白江地震抢险物资项目等大件运输申请。

（本栏目供稿单位：大件处）

政务管理

ZHENGWU GUANLI

概　况　2020年，省交通运输厅认真贯彻落实关于政务管理工作的会议和相关文件精神，进一步规范政务管理工作的内容、形式和程序，政务管理工作水平不断提高。全年主动公开政府信息9105条，未发生关于政府信息公开提起行政诉讼的情况。发布微博4480余条，微信1122余条。完成各级政务信息目标任务，牵头抓好政务公开。全年累计编发网站信息9105条，上报交通运输部子站信息11186条，报送省委电子政务内网信息354条，填报省政府公开目录信息4079条，处理回复网民来信638件。厅目标绩效管理工作领导小组对厅直各单位、厅机关各处室2019年度工作目标绩效完成情况进行综合考评，经2020年第18次厅党组会议审议通过，厅公路局等11个厅属单位、厅办公室等11个厅机关部门为2019年度目标绩效考评先进单位，其余单位（部门）为合格单位。在省政府2019年度省直部门绩效考评中，省交通运输厅继续保持“优秀”等次，考评排名位居省直部门前列。

（徐荣耀）

政府信息公开　2020年，省交通运输厅主动公开政府信息9105条。其中，概况类13条，占0.14%；规范性文件类21条，占0.23%；政务动态类3667条，占40.27%；人事信息类18条，占0.2%；财政信息类3条，占0.03%；其他信息5383条，占59.12%。与群众密切相关的重点事项、公共资金使用和监督情况、政府机构和人事信息情况等均主动公开。办结依申请公开41件，主要为信函申请。内容主要涉及行政许可、土地征收类，均按规定办理答复。全年未发生关于政府信息公开提起行政诉讼的情况。全年发布微博4480余条，微信1122余条，回复微博、微信网友留言2123条。省交通运输厅政务新媒体被评为“2020年度全国十大交通微博”“微政四川2020年度十佳省直部门政务新媒体”。

（徐荣耀）

政务信息工作　2020年，省交通运输厅完成各级政务信息目标任务。全年向交通运输部，中共四川省委、省政府上报各类信息1264条，被采用145条，报送量和采用率均排名靠前。牵头抓好政务公开。全年累计编发网站信息9105条，上报交通运输部子站信息11186条，报送省委电子政务内网信息354条，填报省政府公开目录信息4079条，数量均列各省级机关前列。收到公众留言有效信件638件，处理率100%。年内，省交通运输厅被交通运输部办公厅评为“2020年度政务信息工作先进单位”，省交通运输厅办公室被省政府办公厅评为“2020年度政务信息报送工作先进单位”。

（徐荣耀）

政务目标管理　2020年，省交通运输厅继续加强目标绩效管理。①目标管理继续保持优秀。在省政府2019年度省直部门绩效考评中，交通运输厅继续保持“优秀”等次，考评排名位居省直部门前列。厅目标绩效管理工作领导小组对厅直各单位、厅机关各处室2019年度工作目标绩效完成情况进行综合考评，经2020年第18次厅党组会议审议通过，厅公路局等11个厅属单位、厅办公室等11个厅机关部门为2019年度目标绩效考评先进单位，其余单位（部门）为合格单位。②全力服务疫情防控需要。适应疫情防控任务“急、难、重”需要，厅办会同业务处室迅速调整运转机制，组建工作专班，负责人带头值守一线，收发、文稿等重要岗位人员24小时轮流值守，全力保障8小时外和春节等节假日期间运转顺畅。③精文简会得到有效执行。坚持不放松质量要求，创新建立公文考评机制，按照“每月统计纠错、每季书面通报、全年汇总考评”的方式，对全厅公文办理进行考评，结果及时报送厅领导、抄送各单位（部门），并纳入年度绩效考核。坚持每月定期召开公文培训会暨错情通报会，围绕普遍存在的问题针对性开展培训，全厅办文规范化、标准化水平不断提升。严格发文管理，设定精简比例“硬杠杠”，发文数量较2019年精简20%。④突出重点抓好督查检查。始终把推动习近平总书记重要指示和中央、省委省政府重大决策部署落实放在首要位置，增强督查工作的针对性和有效性。厅主要领导带头蹲点凉山开展交通脱贫督查，在凉山召开厅党组会和脱贫攻坚现场会，集中攻克凉山深度贫困最后堡垒。创新脱贫攻坚督导机制，厅领导带队，组织101名业务骨干逐乡逐村走访查找问题，确保“两通”目标任务高质量完成。用好省领导牵头省级重点推进项目和厅领导联系五大片区工作机制，创新“看板管理”督查机制，将项目年度计划分解到月，实行红黑榜督战，联系厅领导和责任处室下沉一线发现问题、解决问题。

2020年3月23日，省交通运输厅党组书记、厅长罗佳明（前左二）在凉山州布拖县阿布洛哈村调研督查交通扶贫脱贫工作

交通宣传中心　供图

（陈超超）

体制改革　法治建设

TIZHI GAIGE　FAZHI JIANSHE

概　况　2020年，省交通运输厅加强法治建设工作，持续深化交通运输体制改革，补齐交通基础设施短板，推进物流降本增效，落实行政审批制度和投融资改革。加快推进《四川省道路运输条例》《四川省<中华人民共和国公路法>实施办法》的修订，《四川省公共汽车客运管理办法》《四川省网络预约出租汽车管理办法》立法前期工作初见成效，《四川省交通运输行政执法条例》通过省行政立法项目专家论证评审。编印《交通运输法律法规汇编》《交通运输制度成果汇编》，制（修）订出台《四川省高速公路车辆通行费定价办法》《四川省公路交通统计调查管理办法》等9件行政规范性文件。强化行政权力的制约和监督，严格依法行政，优化提升现代运输服务能力，保障脱贫攻坚决战决胜高质量完成，全面助推乡村振兴战略，打造绿色交通运输体系，把法治要求贯穿到交通运输建设、规划、管理、运营等各个领域，推进法治政府部门建设，建设人民满意交通，提升交通运输法治工作的能力和水平。

交通运输体制改革　2020年，省交通运输厅继续深化行业改革。一是加快补齐交通基础设施短板。高速公路加速成网。全省高速公路完成投资1044.5亿元，比上年增长16.8%。截至12月底，全省高速公路通车里程达8140公里，位居全国第三。涉藏地区州府康定、马尔康结束不通高速的历史，全省实现高速公路“市市通”。普通公路加快建设。全省新改建国省干线2255.7公里，建成旅游路2067.8公里，建成渡改公路桥31座，超额提前完成厅年度目标任务。航道建设有序推进。岷江港航电综合开发工程等一批重点水运项目启动实施，新增四级以上航道里程116公里，达到1648公里，建成渡改人行桥15座。客运枢纽加速建成。全年建成道路客运枢纽5个，公路货运枢纽3个，普通客运站6个。二是全面推进物流降本增效。枢纽集疏运方面，17个市（州）实现公铁、公航综合客运枢纽覆盖，全省五大片区实现大型货运枢纽全覆盖。全省完成铁路货运量7762万吨，增长0.57%，超额完成目标任务（7465万吨）。完成水运货运量6527万吨，泸州港集装箱铁水联运量2.9358万标准箱。运输服务方面，成都中欧班列累计开行列数稳居全国第一，成都双流国际机场旅客吞吐量稳居全国第四，多式联运、通关一体化等初见成效。全面取消高速公路省界收费站，所有高速公路收费站车道完成高清车牌识别改造，实现全路网收费站移动支付全覆盖，所有车道实现ETC全覆盖。初步建立全省网络平台道路货物运输经营网上监测平台，9月30日，发出全省第一张网络货运经营许可。三是严格落实审批制度改革。实施交通运输领域“放管服”改革优化营商环境8个方面37条工作举措。重点推进“一张网”建设，实现全省54个交通运输行政许可事项312个办理项的省、市、县三级“一张网”办理。截至12月31日，全省办理行政许可117万余件，日均办件量达5000至7000件。深入推进“证照分离”改革。明确全省自由贸易试验区交通运输24项事项实施“证照分离”改革，并建立清单管理制度，提升审批服务质效。四是有序实施交通投融资改革。规范经营性高速公路项目公司股权转让，出台《四川省交通运输厅关于做好经营性高速公路项目公司股权转让工作的通知》，建立健全全省高速公路领域社会资本退出机制，依法畅通项目资金筹措渠道，加强项目建设资金保障。

交通运输法治建设 2020年，省交通运输厅继续推进交通运输法治建设。一是加强行政执法监督，组织开展行政执法社会满意度调查，对人民群众最不满意的“罚款缴纳不方便”和“执法标准、裁量标准公示渠道单一”两个突出问题承诺整改。加强执法人员证件管理，完成2期新进及18期换证培训考试，累计培训3199人，合格3070人。二是依法办理复议应诉，全年办理行政复议案29起，实现复议案件同步录入省级行政复议平台。厅办理的某科技公司不服某市交通运输局行政处罚行政复议案入选2019年度行政复议典型案例。办理行政诉讼案5起，法院审结4起。三是强化法治建设责任督察，组织11个暗访组对全省21个市（州）、56个基层执法站所和7个高速执法支队的法治建设情况开展暗访督察，抽考执法人员700人次，评查案卷140份。

交通运输法规制度建设 2020年，省交通运输厅完善行业法规制度体系建设。一是重点领域立法，《四川省交通建设管理条例》完成立法前准备，《四川省高速公路条例》完成立法后评估。《四川省交通运输行政执法条例》通过省行政立法项目专家论证评审，拟列入2021年省政府立法计划，以地方立法的形式保障中央综合执法改革精神的贯彻落实在全国尚属首次。加快推进《四川省道路运输条例》《四川省〈中华人民共和国公路法〉实施办法》的修订。《四川省公共汽车客运管理办法》《四川省网络预约出租汽车管理办法》立法前期工作初见成效。编印《交通运输法律法规汇编》《交通运输制度成果汇编》。二是行政规范性文件管理，全面落实合法性审查、公平竞争审查、集体讨论决定、备案审核、公示公报等程序，制（修）订出台《四川省高速公路车辆通行费定价办法》《四川

2020年，川渝交通运输联合执法专项整治行动启动仪式 厅法规处 供图

省公路交通统计调查管理办法》等9件行政规范性文件，并依法报备审查。三是法制审查，完善厅重要政策文件的全过程法治审核机制，全年完成《四川省深化农村公路管理养护体制改革实施方案》《四川省公路水路交通前期工作经费管理办法》等24件文件的合法性审查，完成上会文件审查63件、发文审查21件。

运输服务能力提升　2020年，省交通运输厅优化提升现代运输服务能力。一是做好疫情防控工作。严格落实“一断三不断”（“一断”是指坚决阻断病毒传播渠道；“三不断”是公路交通网络不断、应急运输绿色通道不断、必要的群众生产生活物资运输通道不断）要求，做好疫情防控期间公路水路保通保畅保运保供。2月1日至3月20日，全省开展为期49天的农民工安全有序返岗“春风行动”，“点对点、一站式”安全有序把健康检测和体温测量合格的返岗农民工运送至工作岗位，并对参与“春风行动”的客车按每台3000～6000元的标准给予专项补助，减轻广大客运企业生产经营负担。全省“春风行动”开行27402辆次，运送返岗农民工522916人，实现全国31个省、市、自治区全覆盖。二是初步构建快速便捷客运网络。加快完善全省汽车客运联网售票服务系统，截至12月底，全省195个车站站务系统数据完成归集。试点并鼓励客运站建设电子客票系统，全省38个客运站全面实现电子客票应用。推进道路客运价格市场化改革，研究出台《四川省出租汽车价格管理规定》，并启动社会稳定风险安全评估工作。三是逐步提升收费公路运输服务。全省ETC系统运行平稳，截至12月底，全省ETC用户超1000万户，客车ETC使用率79.18%，货车ETC使用率49.46%，综合使用率74.15%，位居全国第三。全省收费公路车辆通行费减免102.17亿元。其中，疫情防控期间79天（2月17日至5月5日）免收车辆通行费62.99亿元，鲜活农产品运输车辆“绿色通道”减免9.18亿元，节假日小型客车减免10.18亿元，集装箱运输车辆优惠1.11亿元，客车ETC车辆优惠4.30亿元，货车ETC车辆优惠3.56亿元，川A籍车辆成都市政府统缴减免优惠10.37亿元，其他政策性减免0.48亿元。

脱贫攻坚助推乡村振兴战略　2020年，省交通运输厅决战决胜脱贫攻坚，助推乡村振兴战略。一是完成交通脱贫攻坚。全省新（改）建农村公路1.68万公里，建成乡镇客运站86个，村级招呼站（牌）1622个。6月24日，全省4215个具备条件的乡镇和44830个建制村实现100%通客车，提前3个月完成交通运输部下达的“两通”兜底目标任务。二是全面启动乡村客运试点工作。在完成乡镇和建制村通客车任务的基础上，全省推进乡村客运“金通工程”。全省首批试点的57个县（市、区）乡村客运标志、招呼站（牌）、车辆标识、从业人员标识“四个统一”试点工作完成。第二批122个县（市、区）启动，推动全省乡村客运从试点向示范创建阶段转变。指导各地开展第三批试点工作。三是创建“四好农村路”示范试点。持续巩固脱贫攻坚成果，加快推动“四好农村路”高质量发展。出台《四川省深化农村公路管理养护体制改革实施方案》《四川省创建“四好农村路”示范县和示范市评定办法》。评选出四川省第四批“四好农村路”示范县，考评结果报省政府审定。四是推进乡镇运输服务站建设。四川省“农村智慧物流提质增效项目”在四川44个县域落地运营，建立44个县级共配中心（四川7个国贫县该项目落地布拖、越西、盐源三个县），550个乡镇共配服务站，投建快递共配分拣设备40台，直接创造物流行业就业机会1500个。攀枝花盐边“聚优购”、成都金堂“金乡运”成功创建全国首批农村物流服务品牌。

绿色交通运输体系建设　2020年，省交通运输厅坚持绿水青山就是金山银山的发展理念，打造绿色交通运输体系。一是实施公交优先战略。提升公共交通服务品质，加快建设公交都市，鼓励引导绿色出行，持续推进成都、自贡、泸州、眉山4市“公交都市”建设，开展实地调研，做好交通运输部验收准备。9月22日，在自贡举行绿色出行宣传月和公交出行宣传周活动启动仪式。10月29日，联合省发展改革委印发《关于印发四川省绿色出行创建实施方案的通知》，进一步倡导简约适度、绿色低碳的生活方式，引导公众优先选择公共交通、步行和自行车等绿色出行方式。二是全面推广清洁高效的运输装备。全省新能源公交车、出租汽车推广应用比例分别达90%和44%。会同经信等部门完善动力电池回收利用体系，利用油补政策引导各地加强新能源公交的推广应用。三是持续改善交通生态环境。开展汽修行业挥发性有机物治理，全省5506个喷烤漆房完成升级改造，升级改造率超过90%，其中成都平原、川南和川东北地区完成汽车维修企业喷烤漆房的升级改造率100%；3316家汽车维修企业推广水性漆等低挥发性涂料。深入推进机动车排放检测与强制维护制度（I/M制度）。全省建立1147个M站，全部实现与汽车维修电子健康档案系统联网，累计开展546856辆次尾气治理维修。联合生态环境厅、公安厅等部门全力推进全省国三及以下排放标准柴油货车淘汰工作。

（本栏目撰稿人：张清垚）

财务管理

CAIWU GUANLI

概　况　2020年，省交通运输厅落实省级财政交通专项资金191亿元，全省交通运输领域发行使用专项债券126亿元。制订印发《四川省交通运输厅预算绩效管理工作实施方案》，全年预算执行率达90%以上，居省级部门前列。印发《关于进一步加强厅属行政事业单位国有资产管理的通知》，加强厅属行政事业单位国有资产管理；印发《厅属国有企业负责人经营业绩考核办法》，完善厅属企业有效激励与约束机制；出台《厅直属企业报出资人审批或备案事项清单》，理清出资人职责边界。2020年，报废处置厅属单位资产617万元，厅属企业上缴省级财政国有资本收益2165万元。巩固深化“不忘初心，牢记使命”主题教育成果，深入乐山市金口河区象鼻村、沐川县铁炉村开展结对帮扶，配合交通运输部赴小金县开展交通定点扶贫工作。2019年全省农村客运和出租车油价补助政策调整及行业发展成效被部考核评为“优秀”。厅预决算管理、绩效管理、国有资产管理、企业财务会计决算等工作均受到省财政厅通报表扬。

疫情防控资金保障　2020年，省交通运输厅积极协调财政厅，下达专项应急资金903万元用于交通运输疫情防控物资采购相关工作。落实“春风行动”省级财政政策性补贴资金5703万元，推动复工复产。落实疫情财税金融优惠政策，召开银企对接座谈会，推动落实金融机构对交通运输企业续贷、利率优惠、延长贷款期限等优惠政策。省建行向全省投放320亿元基础设施专项贷款，国开行投放新增复工复产流动性贷款55亿元，帮助交通运输企业渡难关。在厅网站发布涉及交通运输企业主要财税金融优惠政策219条。厅属企事业单位减免中小企业及个体工商户房租579万元。

2020年6月3—5日，厅财务处陪同交通运输部第一结对帮扶工作组在小金县召开定点扶贫工作督导调研座谈会

厅财务处　供图

交通专项资金 2020年，省交通运输厅落实省级财政交通专项资金191亿元。其中，省级一般预算102亿元，一般债券61亿元，收回以前年度预安排资金28亿元。用好专项债券政策，加大专项债券发行力度。全年发行使用专项债券126亿元用于全省交通运输领域，较2019年增加106亿元。争取到期债券全额借新还旧，平滑年度债务支出，减轻即期偿债压力，优化债务期限结构。妥善化解存量债务，债务风险可控。

预算管理 2020年，省交通运输厅全面实施预算绩效管理，制订印发《四川省交通运输厅预算绩效管理工作实施方案》。组织完成6项绩效评价工作，2019年全省农村客运和出租车油价补助政策调整及行业发展成效被部考核评为“优秀”。贯彻落实“过紧日子”和严格财政支出精神，完成2021年部门预算编制。狠抓2020年部门预算执行，全年预算执行率达90%以上，居省级部门前列。

国有资产管理 2020年，省交通运输厅分类指导盘活利用厅属单位闲置资产，提高国有资产使用效益。印发《关于进一步加强厅属行政事业单位国有资产管理的通知》，将厅属单位国有资产管理情况纳入厅年度绩效考核，进一步加强厅属行政事业单位国有资产管理。出台《厅直属企业报出资人审批或备案事项清单》，理清出资人职责边界。印发《厅属国有企业负责人经营业绩考核办法》，完善厅属企业有效激励与约束机制。完成国有资产报告，完成厅属企业2019经营业绩考核，完成厅大中型国有企业国有股权划转社保基金等改革工作。年内，厅属企业上缴省级财政国有资本收益2165万元，报废处置厅属单位资产617万元。

财务监管 2020年，省交通运输厅对省审计厅审计和厅巡察等发现的财务管理方面问题，建立整改工作台账，抓好整改落实；举一反三，建立和完善机制体制，防范财务管理风险。修订厅机关固定资产管理办法，完善厅机关内控体系，组织完成厅直单位内部控制报告编制工作。持续开展涉企收费清理等工作，清退民营企业保证金2170万元。定期在工作群发布“财务讲堂”，及时宣贯新的政策文件和工作要求。吸收26名青年党员组成厅“学用新思想、建功新时代”青年理论财务学习组，提升财务人员工作能力和业务水平。

（本栏目供稿单位：厅财务处）

人事教育管理
RENSHI JIAOYU GUANLI

概　况 2020年，省交通运输厅党组坚持以习近平新时代中国特色社会主义思想为指导，认真践行新时代党的建设总要求和党的组织路线，努力锻造忠诚干净担当的高素质专业化交通运输干部队伍，为推进交通强省建设提供坚强的政治保证和组织保证。加强领导干部思想政治建设及教育培训，制定落实《2020年厅教育培训计划》，印发《2019—2023年交通运输干部教育培训工作实施意见》，年内举办2期处级干部读书班、1期领导干部能力提升班、1期构建现代综合交通运输体系专题研讨班、1期实施交通强省战略年轻干部铸魂培养培训班，选派省委“新时代治蜀兴川执政骨干递进培养计划”学员10名，统筹组织实施各级各类培训项目75个。坚持好干部标准，突出政治标准，注重在急难险重任务、重大项目推进、艰苦复杂环境和锐意改革创新“四个一线”考察识别和选拔任用干部。配合省委提拔厅级领导干部4名，晋升一、二级巡视员4名，厅党组提拔重用22人，交流调整72人次，职级晋升31人。研究制订厅《干部正向激励十二条措施》，及时对9名疫情防控一线表现突出的执法大队大队长晋升调研员职级。全面落实从治党主体责任，贯彻执行《党政领导干部选拔任用工作条例》和省委规定，坚持“凡提四必”，落实“全过程纪实”，坚决防止干部“带病提拔”。开展个人事项报告填报查核、干部人事档案审核等工作。组织实施领导干部个人事项报告“回头看”专项整治，厅查核一致率达

91.67%。有序推进机构改革，完成省交通运输综合行政执法总队成立、人员划转等工作。及时划转公路局、航务局、运管局、质监局承担的行政职能和行政执法监督管理职责，按要求完成改革后机构职能编制规定的编制工作。报批增设总规划师（副厅级）领导职数1名，撤销厅公安处，成立厅航务海事处，并调整厅建设管理处、运输管理处、安全监督处（应急办公室）职能职责。做好人才引进和服务工作，聚焦行业发展需要，综合采用公开招考、择优选调、考核招聘、提拔重用等方式，注重从企事业单位、高等学校、科研院所等领域选拔优秀人才。

全年开展4名急需紧缺专业选调生、38名参公人员和17名事业单位工作人员招录工作，面向全省优秀乡镇正职遴选1名副处级领导干部，面向基层遴选7名科级及以下参公人员。完成中、高级职称评审700余人，新获批享受国务院政府特殊津贴专家2人、第十三批省学术和技术带头人及后备人选8人、部省青年科技英才3人。加强技能人才培育，厅属院校在全国第一届职业技能大赛中获得1金、2银、2铜、5优胜奖的优异成绩。

领导干部思想政治建设及教育培训 2020年，省交通运输厅领导干部思想政治建设及教育培训坚持把党的政治建设摆在首位。强化理论武装。组织厅直系统县处级领导干部165人、公务员1387人参加省委组织部主题培训，组织厅属企事业单位111名处级干部参加学习十九届四中全会精神读书班，向省委组织部推荐调训干部20人次。厅级领导干部上讲台35次，厅党组被省直机关工委表彰为理论学习中心组学习先进单位。制订落实《2020年厅教育培训计划》，厅直系统累计举办培训325期，培训各级党员干部8832人次。9月17日，省交通运输厅实施交通强省战略年轻干部铸魂培养第二期培训班在交通管理学校开班，厅党组成员、机关党委书记胡洪波就年轻干部成长问题作开班第一讲：一是理想是人生的灯塔，要通过信仰引领理想，通过学习支撑理想，通过奋斗实现理想；二是激情是前行的风帆，要正确处理“顺”与“逆”，正确对待“上”与“下”，正确面对“得”与“失”；三是品行是行稳致远的基石，要严严实实修身，兢兢业业做事，踏踏实实做人。本次培训班是贯彻落实省委和厅党组加强年轻干部队伍建设的具体举措，围绕党的理论和党性教育、红色体验式教育、交通运输业务、知识和能力拓展、交流研讨分享等5大模块，开展系列培训研讨，为期13天。厅机关、厅直单位40名年轻干部参加培训。

干部选任 2020年，省交通运输厅党组选优配强各级领导班子，努力锻造高素质专业化交通运输干部队伍。厅党组带头加强“四好一强”领导班子建设，被省直机关工委评为“四好一强”先进领导班子。坚持好干部标准，突出政治标准，注重在急难险重任务、重大项目推进、艰苦复杂环境和锐意改革创新“四个一线”考察识别和选拔任用干部。配合省委提拔厅级领导干部4名，晋升一、二级巡视员4名，厅党组提拔重用22人，交流调整72人次，职级晋升31人。研究制定厅《干部正向激励十二条措施》，及时对9名疫情防控一线表现突出的执法大队大队长晋升调研员职级。2020年度，厅党组选人用人工作“一报告两评议”各项测评满意度均在97分以上。强化综合分析研判，开展领导班子运行、干部队伍建设专题调研，对11家厅直单位开展重点考核调研。加强干部基层实践锻炼，选派省委“双百计划”挂职干部2名、成渝地区双城经济圈建设交流互派干部1名、市州挂职干部3名。

2020年9月20日，培训班全体参训学员在夹金山干部学院接受红色教育　　李　爽　摄

干部监督管理 2020年，省交通运输厅党组全面落实从严管党治吏主体责任，制订印发《厅党组管理的领导班子和领导干部年度考核办法》，改进考核方式，考准用好干部。组织实施领导干部个人事项报

告“回头看”专项整治，厅查核一致率达91.67%。印发《关于进一步加强干部人事档案审核工作的通知》，开展干部档案专项审核全覆盖工作。认真接受省委巡视，研究制订《省委第八巡视组巡视检查交通运输厅党组选人用人工作情况反馈意见整改工作方案》，举一反三抓好问题整改。突出干部正向激励。厅直系统获交通运输部和省委省政府表彰疫情防控先进集体4个、先进个人10名。结合脱贫攻坚，对135名蹲点督战队员进行通报表扬，开展厅属事业单位脱贫攻坚专项奖励，记功嘉奖集体10个、个人55名。组织开展疫情防控、脱贫攻坚、交通建设一线等干部职工慰问，提升干部工作温度。

人事制度改革 2020年，省交通运输厅积极稳妥推进交通运输综合行政执法改革，完成省交通运输综合行政执法总队成立、人员划转等工作，确保干部队伍持续稳定。及时划转公路局、航务局、运管局、质监局承担的行政职能和行政执法监督管理职责，按要求完成改革后机构职能编制规定的编制工作。报批增设总规划师（副厅级）领导职数1名，撤销厅公安处，成立厅航务海事处，并调整厅建设管理处、运输管理处、安全监督处（应急办公室）职能职责。

人才引进和服务 2020年，省交通运输厅党组聚焦行业发展需要，优化引才聚才渠道，综合采用公开招考、择优选调、考核招聘、提拔重用等方式，注重从企事业单位、高等学校、科研院所等领域选拔优秀人才。全年开展4名急需紧缺专业选调生、38名参公人员和17名事业单位工作人员招录工作，面向全省优秀乡镇正职遴选1名副处级领导干部，面向基层遴选7名科级及以下参公人员。完成中、高级职称评审700余人，新获批享受国务院政府特殊津贴专家2人、第十三批省学术和技术带头人及后备人选8人、部省青年科技英才3人。加强技能人才培育，厅属院校在全国第一届职业技能大赛中获得1金、2银、2铜、5优胜奖。

（本栏目供稿单位：厅人教处）

外经外事

WAIJING WAISHI

概　况 2020年，省交通运输厅深化高速公路投资体制机制改革，创新高速公路招商机制，加强招商引资力度，推进各项工作。一是完善制度，出台《四川省交通运输厅关于做好经营性高速公路项目公司股权转让工作的通知》，明确四川省经营性高速公路项目公司股权转让条件、转让程序和各方责任与义务，健全四川省高速公路领域社会资本退出机制，广泛吸纳不同类型的社会资本参与高速公路发展。二是以项目招商为根本，多方发力实现多点突破。首先把握招商重点，创造最快招商速度；其次突破招商难点，针对招商过程中的问题，通过召开专题会议等方式与市（州）协商解决，加快推动项目实施；第三疏通招商堵点，复工复产前期，受疫情以来车流量下降、通行费减免政策等因素影响，高速公路预期投资收益降低，潜在投资人投资意愿不足，积极对接投资人，跟踪受疫情影响情况，及时会同相关职能部门协商解决企业诉求，及时解答行业发展和政策趋势，解除投资顾虑，增强市场主体投资信心；全年有609公里高速公路成功确定投资人，引入社会投资1067亿元。三是以行业管理为核心，加强投资人信用管理。全年完成39家已投资四川省高速公路项目的投资人年度信用评价，完成32家拟投资四川省高速公路项目的投资人初次信用评价。四是严格执行上级要求，加快推进世行贷款项目。按照世行、部委和省级相关部门对贷款项目的管理要求，继续指导推进世行贷款芦山地震灾后恢复重建农村公路项目。五是率先试点高速公路REITs（不动产投资信托基金），及时贯彻落实国家相关要求，形成《关于四川省交通基础设施不动产投资信托基金（REITs）试点相关情况的报告》，配合省发展改革委，选择内遂高速公路作为省内基础设施领域最先试点REITs的项目，做好股权转让相关工作。

高速公路项目招商引资 2020年，省交通运输厅围绕全年高速公路确保开工400公里、力争开工600公里的年度目标，搭建招商引资平台，全年609公里高速公路成功确定投资人，引入社会投资1067亿元。成功招商南充至潼南（四川境）、南充过境广（元）南（充）至南（充）广（安）段、内江至大足、开江至梁平、镇巴（川陕界）至广安、国道5线川陕界至绵阳段扩容等9个高速公路项目。根据《国务院办公厅关于对2019年落实有关重大政策措施真抓实干成效明显地方予以督查激励的通报》文件精神，因“促进社会资本进入交通建设领域措施有力”等，四川交通建设获国务院督查激励通报表彰。

为做好高速公路招商引资工作，省交通运输厅进一步强化与市（州）纵向沟通和厅内横向会商机制，一是提前谋划招商方案，根据项目经济效益、路线所经区域、前期工作进展、建设时序安排等，结合市（州）有关意见以及对潜在投资人投资意愿的初步预判，采用打捆招商和独立招商两种方式，对2020年和“十四五”规划拟开工但投资人尚未确定的项目（40个、4067公里、7079亿元）分别开展招商工作；二是召开招商工作专题会，由厅领导主持召开项目招商工作专题会，研究推进招商工作具体事宜，加快推进项目前期，指导市（州）研究出台优惠政策，改善项目经济效益，力推项目尽快挂网招商；三是加强招商重要文本审查，通过政府采购选择专业咨询机构，对项目实施方案、社会资本方资格预审文件和招标文件进行审查，重点审查投标人资格要求、评标办法、投资协议、项目合同等内容的可行性、合法合规性，为厅出具行业意见提供参考和依据，保障招商工作规范高效；四是针对招商过程中征地价格过高、砂石料保障不够、地方补助不足、招商前期程序繁琐等问题，通过召开专题会议与市（州）协商解决，加快推动项目实施；五是重点项目重点推进，为确保实现镇巴（川陕界）至广安高速公路等重点项目开工目标，省交通运输厅与市、县齐抓共管，多线并行，实现项目3月全力启动、4月加快推进、5月发布招标公告、6月完成开评标确定投资人，创造最快招商速度；六是督促招商成功项目完善后续工作，督促已确定投资人的项目按照制度要求和招标文件约定，在规定时限内完成投资协议签订、项目公司组建和相关合同签订。

四川省高速公路项目招商推介会 根据2020年和“十四五”高速公路建设总体目标，省交通运输厅制订2020年和“十四五”高速公路项目招商方案。7月，在成都召开四川省高速公路项目招商推介会暨项目签约仪式，对2020年和“十四五”规划的33个高速公路项目（总里程约3549公里，总投资约6264亿元）向全社会推介。根据项目经济效益、路线所经区域、前期工作进展、建设时序安排等，结合市（州）有关意见以及对潜在投资人投资意愿的初步预判，采用打捆招商和独立招商两种方式，分别开展招商工作。“十四五”时期，四川交通将保持平均每年1500亿元以上的投资强度，其中高速公路保持每年投资950亿元、新开工500公里、建成600公里的建设速度，仍是全国交通投资建设规模最大的省份之一。

高速公路项目招商政策引导 2020年，省交通运输厅继续完善高速公路招商制度，强化全省高速公路招商引资顶层设计。经省政府同意，印发《四川省交通运输

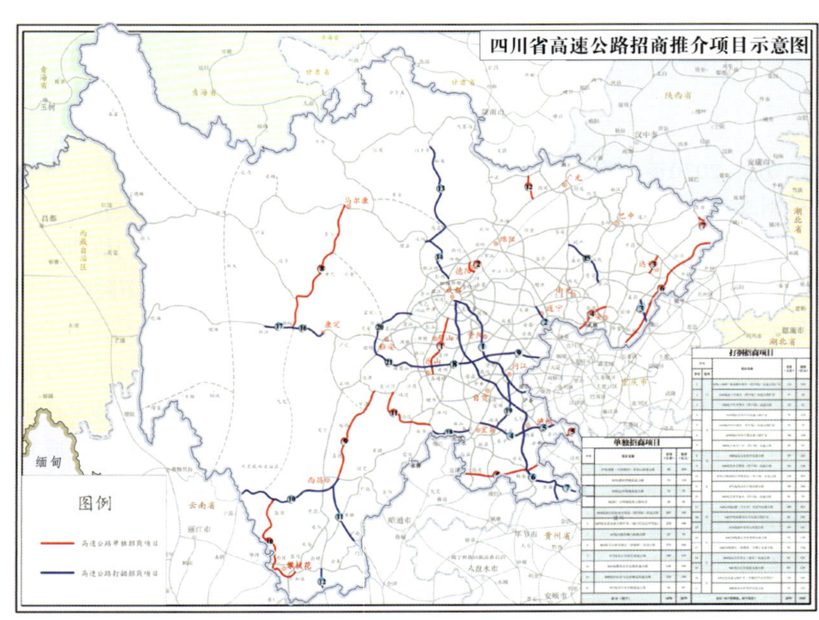

2020年，四川高速公路招商推介项目示意图 厅外经处 供图

厅关于做好经营性高速公路项目公司股权转让工作的通知》，明确全省经营性高速公路项目公司股权转让的条件、程序和各方责任与义务，健全全省高速公路领域社会资本退出机制，广泛吸纳不同类型的社会资本参与高速公路发展，泸州东南高速公路公司股权转让按照《通知》相关规定，完善股权转让工作。起草《四川省高速公路政府与社会资本合作（PPP）项目绩效管理办法（试行）》，规范全省高速公路Ppp项目全生命周期绩效管理工作，提高项目落地执行水平。

高速公路项目投资人信用评价 2020年，省交通运输厅继续加强高速公路项目投资人信用评价管理。一是完成年度信用评价。按照《四川省高速公路投资人信用管理办法（试行）》和《四川省高速公路投资人信用管理办法》相关规定，完成39家已投资四川省高速公路项目的投资人年度信用评价，其中AA级投资人29家，A级投资人7家，B级投资人1家，D级投资人2家；完成32家拟投资四川省高速公路项目的投资人初次信用评价，其中22家投资人信用等级为A，7家投资人信用等级为B，3家投资人信用等级为C。二是开展动态信用评价。按季度编印《全省高速公路投资人信用评价简报》，及时公布省内外中标信息以及投资人在建设、金融、司法、纳税等领域发生的不良信用，实时动态监测投资人信用信息，及时发现并防控潜在风险。三是推动数据共享。推动投资市场信用信息与部、省相关信用管理平台的数据共享对接，通过“信用中国”“信用交通”“信用四川”和中国人民银行征信系统、国家企业信用信息公示系统、中国政府采购网及各地政府和行业主管部门等渠道，推动投资市场信用信息与部、省相关信用管理平台的数据共享对接。四是实施行业禁入和联合惩戒。依据《四川省高速公路投资人信用管理办法》，对存在严重失信行为的投资人及在其他领域纳入联合惩戒的投资人，依法依规在惩戒期内实施行业禁入和信用联合惩戒措施，加大失信成本，净化投资环境。

世行贷款项目管理 2020年，省交通运输厅加快推进世行贷款项目各项前期工作，严格执行世行、部委和省级相关部门对贷款项目的管理要求，继续指导省项目办、市、县交通运输局加快推进世行贷款芦山地震灾后恢复重建农村公路项目。邛崃县道火路于2月正式复工，截至9月底，累计完成工程产值2900万元，占项目总产值37.8%；天全县始新路于2月复工，截至9月底，累计工程产值约670万元，占项目总产值11.5%；荥经县荥泸路因涉及大熊猫国家公园规划的环评问题，9月，世行代表团明确从世行贷款项目合同中取消该项目。

（本栏目供稿单位：厅外经处）

交通审计

JIAOTONG SHENJI

概　况 2020年，全省交通运输系统内部审计工作围绕交通强省和行业高质量发展，主动适应审计新形势、新要求，创新审计监督方式，在全省交通运输系统试行内部审计结果“颜色管理”，扎实开展审计工作。2020年开展预算执行及财务收支审计、经济责任审计、内部控制审计、交通建设项目审计，以及扶贫资金、高速公路征地拆迁、固定资产等专项审计和企业审计调查等审计项目404个，审计总金额1153188.14万元，查出问题金额42889.74万元，促进增收节支11598.23万元，提出预算执行、招投标、内部控制、扶贫项目及资金管理等方面建议意见被采纳685条，促进完善规章制度119项，审计查出问题线索移送纪检监察部门4起。

厅直单位项目审计 2020年，厅审计处围绕交通中心工作和抗击疫情新情况，确定审计重点，科学制订审计方案开展审计工作。厅审计处组织开展全厅30个直属单位新型冠状病毒感染肺炎疫情防控货物和服务专项审计、7名领导干部经济责任审计、4个单位预算执行及财务收支审计、2个单位内部控制审计、2家企业专项审计调查、1个建设项目结算审计。厅直各单位实施各类审计项目156个。通过审计，发现相关单位在预算执行、政府采购、内控管理、扶贫资金使用管理等方面的问题186个，提出整改建议177条。

交通扶贫资金专项审计 2020年，厅审计处强化规范扶贫资金管理使用，助力交通脱贫攻坚工作，组织开展南充阆中市等4个县（市）的部省补助交通扶贫资金审计和甘孜州石渠县2019年交通扶贫资金专项审计调查后续审计，重点审计2019年以来部省补助交通扶贫建设资金管理、使用情况，审计发现问题48个，提出审计整改意见及建议43条，移送纪检监察部门线索2条，促进各地交通部门规范使用交通扶贫资金，提高扶贫资金使用绩效；采取省、市、县三级交通运输部门联动，自查与重点核查相结合方式开展交通扶贫资金专项审计调查“回头看”工作，督促交通运输部定点帮扶4县完成以前年度部、厅审计发现问题的整改工作，组织厅公路局、厅财务处组成审计小组赴4县进行现场核查，建立整改台账，实施动态管理，做到审计整改对账销号，截至年底，所有问题完成整改。

审计协作 2020年，全省交通运输系统审计部门配合审计署、省审计厅开展重大政策措施落实情况跟踪审计、预算执行和其他财政收支情况审计，以及市（州）领导任期经济责任审计，“8·8”九寨沟灾后重建2019年第二阶段审计，川南经济区一体化、基础设施补短板、铁水联运、成渝双城经济圈等专项审计调查。协调相关单位（部门）全面真实汇报情况，协调审计机关客观公正反映问题，督促问题单位（部门）切实整改。

内部审计行业管理规范 2020年，厅审计处结合审计整改、经济责任审计新要求，制订《四川省交通运输内部审计基础工作规范——审计整改》，修订《四川省交通运输厅厅属单位领导干部经济责任审计实施办法》。厅直各单位及市（县）交通运输局结合本单位、本系统实际，修（制）订《关于加强内部审计监督的意见》《工程项目质量管理实施办法》《工程建设资金管理办法》《工程变更管理办法》《审计发现问题的整改方案》等各项内部审计制度。进一步完善内部审计制度，规范内部审计行为。

审计监督方式创新 2020年，厅审计处加强审计结果运用，创新审计监督方式，在全省交通运输行业试行内部审计结果“颜色管理”。制发《四川省交通运输厅关于试行内部审计结果颜色管理的通知（试行）》，对市（县）交通运输主管部门和厅属单位二类审计对象，分别印发《市县交通运输主管部门内部审计结果颜色管理事项清单》《厅属单位内部审计结果颜色管理事项清单》，针对内部审计发现的预算执行、内部控制、招投标、建设项目及资金管理等方面问题，按问题严重程度和发生频次，分别对被审计单位给予黄色警示、橙色批评和红色抄告，并相应采取限时整改、审计约谈、函告当地审计委员会或政府主要领导、纳入厅负面名单管理、移送纪检监察部门等处理措施。2020年，对发现重大问题的单位给予红色抄告1次，并将相关问题抄送厅计划管理部门按程序纳入负面名单管理，问题线索同时移送驻厅纪检监察组。

（本栏目供稿单位：厅审计处）

2020年6月10日，厅审计处前往国储中心开展现场审计　　厅审计处　供图

交通行政审批

JIAOTONG XINGZHENG SHENPI

概　况　2020年，省交通运输厅按照省委省政府深入推进“放管服”改革，优化营商环境工作部署安排，认真贯彻落实全国深化“放管服”改革转变政府职能电视电话会议精神，围绕持续深化“放管服”改革持续优化营商环境，组织实施全省交通运输领域“放管服”改革优化营商环境8个方面37条工作举措。推进权责清单管理制度，印发《四川省交通运输厅行政权力责任清单（省级）的通知》，进一步明确行政权力事项、责任事项、责任主体、追责情形以及监督电话。推进“证照分离”改革、告知承诺制试点工作，最大限度方便企业和群众办事。印发《四川省交通运输厅关于深入推进交通运输“双随机一公开”监管全覆盖工作的通知》，加快实现全省交通运输领域“双随机一公开”监管全覆盖、常态化。审批办理“一张网”试运行，提升交通运输行业利企便民审批服务质效。与重庆市交通运输局签署《成渝地区双城经济圈交通执法管理协同发展合作备忘录》，并联合印发《关于印发推进成渝双城经济圈交通执法管理协同发展事项清单（第一批）的通知》，推动提升成渝两地联合监管能力和各项任务落地落实。“一网通办”“减证便民”等改革工作取得明显实效。2020年，厅网上政务服务能力接受第三方评估名列省直部门第1名；厅被省政府通报表扬为全省深化“放管服”改革优化营商环境工作先进集体；派驻省政务服务中心交通运输厅窗口被省政府办公厅通报表扬为先进窗口一等奖单位，并获交通运输部“全国交通运输行业文明示范窗口”称号。

2020年，省政务服务大厅交通运输办理窗口　　厅行政审批处　供图

行政审批制度改革 2020年，省交通运输厅持续优化行政权力事项，完成行政权力清单2020年动态调整工作，印发《四川省交通运输厅关于进一步做好通航建筑物行政许可事项的有关通知》。全省交通运输领域有413项行政权力事项，其中，省级189项、市级315项、县级331项，涉及行政许可58项、行政处罚279项、行政确认2项、行政强制25项、行政裁决1项、行政检查16项、其他行政权力32项，共计7类行政权力类型。推动全省交通运输行业市场准入负面清单制度贯彻实施工作，构建完善行政许可责任链条工作机制，进一步健全完善“受理—审查—决定”行政许可运行机制，逐项理清厅行政许可工作权责关系，明确许可工作岗位职责，督导各办理环节履职尽责到位，确保厅行政许可事项线上线下办理工作无缝衔接和高效运行。建立健全省本级行政权力责任清单，积极推进“履职照单免责、失职照单问责”基础性工作。印发《四川省交通运输厅行政权力责任清单（省级）的通知》，进一步明确行政权力事项、责任事项、责任主体、追责情形以及监督电话，及时向社会公布权责清单，接受监督。推动成渝双城经济圈建设，贯彻落实川渝两省协同推进成渝地区双城经济圈“放管服”改革合作协议精神，推动成渝两地公路、水运互通互联工作，强化交通运输公路水运审批服务保障工作，与重庆市交通运输局签订《四川省、重庆市大件运输并联许可工作协议》，建立完善两省（市）跨省大件运输并联许可工作机制，提高成渝两地大件运输许可审批效率和服务水平。推进“跨省通办”工作，推动道路运输领域市级行政许可事项“经营性道路旅客运输驾驶员从业资格证换证”跨省通办工作，通过提供邮政快递服务、省内异地线下“代收代办”等创新方式，实现申请人可在异地通过线上申请道路客运驾驶员从业资格证换证，不受地域限制。

“一张网”建设 2020年，省交通运输厅强化交通运输网上审批办理“一张网”试运行，印发《四川省交通运输厅关于防控新冠肺炎疫情期间进一步强化交通运输网上审批办理“一张网”试运行的通知》，加强交通运输审批服务引导。通过及时发布温馨提示、强化电话咨询服务等方式，加强对企业、群众网上申请办事指引。优化审批流程，压减审批时限。采取协调办、沟通办、提醒办、假日预约办等多种形式，全面实现“网上办、提速办”。重点推进交通运输高频事项办理，对防疫应急物资和重点投资建设项目大件运输，分类推进大件运输审批“即刻办”“快速办”“专业办”。推进交通建设项目电子招投标工作，建立项目分类调控机制，完善“绿色通道”服务机制，组织开展成乐高速公路扩容项目实施“不见面”开标试点，保障涉及年底通车项目以及推动经济发展的重大交通建设项目开标、评标工作实施。四川交通运输网上审批业务办理系统实现全省54个交通运输行政许可事项312个办理项的省、市、县三级“一张网”办理，全年办理行政许可117.57万件，日均办件量5000至7000件，总体运行趋稳向好。不断优化完善系统功能，提高审批效率，持续优化办事环节，缩短办理时限，积极探索“告知承诺”“容缺受理”机制，最大限度方便企业和群众办事。减少120个（占比46%）原须申请人提交的材料，“一网通办”“减证便民”等改革工作取得明显实效。同时加大数据信息共享力度，完成与公安系统、省一体化政务服务平台、省“好差评”等系统的数据对接互换工作。

“双随机一公开”监管 2020年，省交通运输厅持续深化“双随机一公开”监管，制定印发《四川省交通运输厅关于深入推进交通运输“双随机、一公开”监管全覆盖工作的通知》，加快实现全省交通运输领域“双随机、一公开”监管全覆盖、常态化。组织实施道路运输行业省级跨部门联合抽查工作，包括道路危险货物运输企业检查、网约车平台公司检查、车辆维修企业经营情况检查、旅游包车客运检查等事项。以成渝双城经济圈建设为基础，积极推动提升成渝两地联合监管能力，与重庆市交通运输局签署《成渝地区双城经济圈交通执法管理协同发展合作备忘录》，高起点谋划多领域、多层次、多形式的执法管理协作。联合印发《关于印发推进成渝双城经济圈交通执法管理协同发展事项清单（第一批）的通知》，高标准、项目化、清单化推进各项任务落地落实。联合重庆市交通行政执法总队高速公路第一支队在国道65线包茂高速公路古路服务区开展“非法营运”整治行动；联合重庆交通行政执法总队高速公路第四支队在国道42线沪蓉高速公路明月山隧道开展突发交通事故跨省联动应急演练，提高省界共管隧道突发事故的快速应对、救援处置和合作协调能力。

（本栏目撰稿人：杨　倬）

交通战备

JIAOTONG ZHANBEI

概　况　2020年，全省交通战备工作以习近平新时代中国特色社会主义思想为指导，全面贯彻习近平强军思想，坚决落实全国交通战备工作安排和省政府、省国动委、省交通运输厅党组关于交通战备工作决策部署，紧盯战略方向加快战场交通环境建设，围绕战略投送提升应急应战能力，切实做好交通运输领域应对军事斗争全面准备，忠诚履行为国防建设服务、为经济建设服务的根本职能，依法推动全省交通战备工作发展。

省交战办组织召开康新高速公路贯彻国防要求军地联席会　　省交战办　供图

编制国防交通建设发展规划　2020年，省交战办以西部战区对四川省交通运输系统支撑保障需求为牵引，以保障部队“能打胜仗”为统揽，客观评估“十三五”时期国防交通建设效益和保障能力，查找短板研究对策，加强军地协同，科学编制完成全省国防交通“十四五”建设发展规划。

建设国防交通综合路网体系　2020年，省交战办牵头起草并报请省政府印发实施《四川省贯彻落实某意见实施方案》，会同中共四川省委军民融合办抓好贯彻落实和督导评估。全力争取国家国防公路建设补助资金，加快省内多条重点国防公路建设，国防交通投送通道及其迂回联络线初步成网。健全完善军地沟通机制，贯彻落实经济建设与国防建设融合发展要求，执行省交通建设贯彻国防要求协商制度，不断推动交通建设贯彻国防要求工作制度化、规范化，解决部队机动“最先一公里”问题。构建综合交通战备保障体系，及时跟踪掌握川藏铁路建设情况，协调落实贯彻国防要求工作；推动省内重要港口贯彻落实国防要求，加强水路战备设施保障能力；不断提升省内重点机场国防运输保障能力。

应急应战综合保障能力　2020年，省交战办加强国家和省级重点国防交通专业保障队伍建设管理，锻造应急应战拳头力量，提升遂行任务能力。科学实施全省国防交通专业保障队伍整组更新，提升国防交通保障

省国防交通专业保障队伍公路运输大队集结完毕奔赴武汉抗疫一线　　省交战办　供图

力量发展质效和建设、使用水平。围绕“四落实”总体要求，练指挥、强队伍、找问题、求突破，突出“真、严、难”，组织开展形式多样、课目合理的训演练，不断提升专业保障队伍应急应战能力。统筹应急应战物资储备，持续优化全省国防交通物资储备布局，推动形成国家、省、市、县四级储备体系，全省国防交通物资储备布局合理、重点突出、规模适度，能够有效满足支援保障和抢险应急需求。提升国防重点基础设施支撑国防交通能力，做好应对复杂态势交通运输准备。开展四川省国防公路基础设施军事运输能力保障、重要结构物分析、地质灾害常发点统计工作，编制形成专题报告。坚持“军民两用、平战结合”原则，率先完成国家“十三五”时期某重点交通战备项目图纸设计和施工方案，并在全国推广，有效解决部队某重型装备投送难题。建成省交通战备某信息系统，基本实现对遂行任务中国防交通应急应战力量的远程调度和实时掌控，为部队遂行应急应战任务，筑牢交通运输信息资源保障基础。

通信线路安全保护工作　2020年，省交战办以国家一、二级通信干线保护为重点，结合全国“两会”等重要时间节点和“5·17”世界电信日，联合省军区、省三电办，组织四川电信、长传局等单位，赴成都、攀枝花、凉山等地，协调处理矛盾10余起，实现全省一、二级干线零阻断。组织指导全省各级交战办广泛开展军警民联合护线宣传活动和世界电信日宣传活动，发放宣传资料13000余份。

军事交通保障任务　2020年，省交战办以服务军队为指导思想，会同公安交警、交通执法等部门，建立健全军事交通保障制度，进一步规范军事交通保障的工作流程和方法。突出重点任务，科学部署、严密组织，切实加强疫情防控，妥善应对复杂天气，完成各类军事交通保障任务，实现“绝对安全、万无一失”。加强川藏公路军事运输交通保障力度，实现全年进藏军事运输安全顺利。发挥国防交通专业保障队伍应急作用，主动承担政府重大应急交通保障任务，在年初疫情防控期间，紧急动员省公路运输大队出动车辆60辆（次），运输200余吨抗疫物资前往武汉雷神山医院、中部战区总医院等疫区最前线，有力支援四川驰援湖北抗疫工作。

（本栏目供稿单位：省交战办）

四川省交通运输厅党组书记、厅长罗佳明（前排中）调研省国防交通专业保障队伍公路运输大队，省交战办主任刘洁梅（前排右一）陪同　　省交战办　供图

交通行政机关

JIAOTONG XINGZHENG JIGUAN

2021

四川交通年鉴

四川省交通运输厅

SICHUAN SHENG JIAOTONG YUNSHU TING

1952年9月，四川省交通厅成立。1970年12月，四川省交通厅更名为四川省交通局。1980年5月，四川省交通局更名为四川省交通厅。2009年12月，四川省交通厅更名为四川省交通运输厅。

四川省交通运输厅职能职责：贯彻执行国家有关交通运输行业的方针、政策和法律、法规。组织拟订并监督实施公路、水路等行业规划、政策和标准，会同有关部门组织编制综合运输体系规划，参与拟订物流业发展战略和规划。拟订全省交通运输地方性法规、规章草案，负责本系统、本部门依法行政工作，落实行政执法责任制。指导公路、水路行业有关体制改革工作，承担全省高速公路统一管理的有关工作。承担道路、水路交通运输市场监管责任，组织制定道路、水路运输有关政策、技术标准和运营规范并监督实施，指导城乡客运管理工作，指导出租汽车行业管理工作，会同有关部门制定运输价格。承担水上交通安全监管责任。负责水上交通管制、运输船舶及相关水上设施检验、登记和防止污染、救助打捞、通讯导航、危险品运输的监督管理工作，负责船员管理相关工作。指导水上交通安全事故、船舶及相关水上设施污染事故的应急处置，依法组织或参与事故调查处理工作。负责提出公路、水路固定资产投资规模和方向、省财政性资金安排建议，按照规定权限审批、核准国家、省规划内和年度计划规模内固定资产投资项目。会同有关部门拟订公路、水路有关规费政策并监督实施，提出有关财政、土地、价格等政策建议。指导交通运输行业审计工作。承担公路、水路建设市场监管责任。拟订公路、水路工程建设相关政策、制度、技术标准并监督实施，组织协调公路、水路有关重点工程建设和工程质量、安全生产监督管理工作。负责对交通行业和产业项目的招标投标活动的监督执法。指导交通运输基础设施管理和维护，承担有关重要设施的管理和维护。按规定负责港口规划和港口岸线使用管理工作，指导交通运输行业特许经营管理，会同有关部门组织实施交通运输行业职业资格管理工作。指导公路、水路行业安全生产和应急管理工作。按规定组织协调国家及省重点物资和紧急客货运输，负责全省高速公路及重点干线路网运行监测和协调。组织协调地方交通战备工作，承担国防动员有关工作。制定交通运输科技政策并监督实施，组织重大科技开发。指导全省交通运输信息化建设，监测分析运行情况，开展相关统计工作，发布有关信息。指导公路、水路行业环境保护和节能减排工作。负责公路、水路有关涉外工作，开展对外经济技术交流与合作，指导全省交通运输行业招商引资和利用外资工作。承担省政府公布的有关行政审批事项。依照法律法规和有关规定，在职责范围内对交通运输行业领域的安全生产工作实施监督管理，履行安全生产行业监督管理职责。按照省政府安排部署，负责全省地方铁路建设质量安全行政监管工作。承办省政府交办的其他事项。2019年机构改革中，按照省委编办安排部署，原农业厅承担的渔船检验和监督管理职责划转省交通运输厅，新增负责指导交通运输综合执法和队伍建设有关工作。同时，厅属承担行政职能的事业单位厅公路局、航务局、运管局、高管局、质监局承担的公路、港口航道、道路运输、工程质量安全监督管理等各项行政职责，已全部划归厅机关。

四川省交通运输厅内设机构16个，分别是办公室（精神文明建设办公室）、政策法规处、综合规划处、财务处、人事教育处、建设管理处、公路管理处、行政审批处、运输管理处（出租车行业指导办公室）、航务海事处、安全监督管理处（应急办公室）、审计处、科技和信息化处、外经外事处、信访处、离退休人员管理处。另设机关党委（机关纪委）、四川省交通战备办公室（四川省保护通信线路安全办公室）。

四川省交通运输厅直属单位20个，分别是省交通运输工会、厅公路局、厅航务管理局、厅道路运输管理局、省交通运输综合行政执法总队（厅高速公路管理局）、四川交通职业技术学院、省路网运行监测与应急处置中心、厅高速公路监控结算中心、厅工程质量监督局、省交通运输发展战略和规划科学研究院、厅交通建设工程造价管理站、省大件公路管理处、省交通宣传中心、厅信息中心、厅交通史志总编室、省交通运输职业资格中心、省公路交通应急装备物资储备中心、厅机关后勤服务中心、省交通管理学校、四川交通运输职业学校。厅管国有企业5家，分别是省公路规划勘察设计研究院有限公司、省交通勘察设计设计研究院有限公司、四川公路工程咨询监理有限公司、四川兴蜀公路建设发展有限公司、省智慧交通科技有限公司。

2020年，省交通运输厅坚持以习近平新时代中国特色社会主义思想为指导，坚决贯彻党中央、国务院和省委省政府、交通运输部决策部署，咬定目标、砥砺前行，在大战大考中担当作为，打赢了疫情防控阻击战、交通脱贫攻坚战、“十三五”规划收官战，为治蜀兴川再上新台阶、全面建成小康社会作出积极贡献。

一是筑牢交通防控防线。牵头会同海关、民航、铁路、公安等部门，建立“铁、公、水、航”立体大交通联防联控机制。在全国率先果断暂停进出武汉的省际班车和包车，率先提出并落实交通运输应对疫情的“八项举措”和客运“七不出站”，有效阻断了病毒通过交通传播。率先提出保障公路畅通“七条措施”，创新实施高速公路防疫检测“一检通认”，有力保障了防疫物资和生产生活物资运输。创新实施农民工返岗“春风行动”，“零事故”开行专车专列专机3.4万趟次，保障80余万农民工安全有序返岗，此举得到交通运输部通报表扬并在全国推广。坚持“两线作战”，一手抓疫情防控、一手抓复工复产，2月底全省交通重点项目全面复工，5月份累计投资即已追上2019年同期水平。

二是投资持续高位增长。全年公路水路建设完成投资超过1900亿元，连续10年超千亿元，争取到位中央车购税补助资金349亿元，均创历史新高。全省高速公路建成10个项目620公里，总里程达8140公里；新开工10个项目、597公里，建成和在建总里程达11500公里。新改建普通国省干线2355公里。岷江犍为枢纽完成一期蓄水并网发电，岷江老木孔和渠江风洞子枢纽开工建设。

三是脱贫任务全面完成。新改建农村公路1.68万公里，高质量完成交通脱贫“两通”目标。创新实施“金通工程”“小黄车”深受群众喜爱。省政府出台深化农村公路管养体制改革实施方案和“四好农村路”示范市、示范县评定办法，“四好农村路”高质量发展体系加快构建。

四是强省建设全面启动。省委、省政府印发《关于贯彻落实<交通强国建设纲要>加快建设交通强省的实施意见》及重点任务清单，省政府召开交通强省推进会全面动员部署。成功申报6项交通强国建设试点任务。

五是川渝交通加速成势。签订“1+6”合作协议，新开工泸州至永川、开江至梁平等4条高速公路，建成通车成资渝等2条高速。嘉陵江广元—重庆集装箱班轮成功首航，川渝集装箱班轮航线达到12条。实现成渝公交、轨道“一码”通乘，开通成渝省际公交线路8条。

六是运输服务提质增效。全省县级以上城市定制客运实现全覆盖，城市公交覆盖率达99%。完成国省干线公路违规限高设卡问题整治清理。组建西部陆海新通道物流产业发展联盟。完成运输结构调整三年目标任务。超额完成省政府下达的全省公路运输总周转量经济调度目标。乡镇和建制村邮政网点覆盖率均达100%。

七是创新动能持续增强。获得省部级科技进步奖等奖项14项。山区交通基础设施自动化建造技术和卫星技术应用2个行业研发中心获交通运输部批准授牌。高速公路监控结算灾备中心提前建成投运。全面完成全省船舶和港口污染突出问题整治。新增和更新公交车辆中新能源车比重超过90%。

八是行业治理不断提升。省交通运输综合行政执法总队挂牌成立。《四川省道路旅客运输管理办法》颁布实施。全面取消20个省界收费站，ETC用户突破1000万户。出台《四川省高速公路车辆通行费定价办法》。省市县交通运输行政许可办理“一张网”全覆盖。交通运输安全生产事故起数（123起）和死亡人数（153人）比上年分别下降28.5%、26.4%，未发生重特大事故。

（陈超超）

厅办公室 2020年，面对新冠肺炎疫情冲击和繁重的发展任务，交通运输厅办公室主动适应新形势、新任务、新要求，围绕中心，服务大局，坚决做到“五个坚持”，办公室“三服务”能力和水平不断提升，为全省交通运输发展做出积极贡献。

规范精简抓好公文处理。制定厅《公文运转规则》，建立统一规范、分工负责、环环相扣、层层把关的流转程序，推动公文处理规范化、高效化。落实三级核稿责任，确保文稿质量，未出现被省委办公厅、省政府办公厅错情通报案例，实现了公文办理“零差错”。严格发文管理，设定精简比例“硬杠杠”，加强统筹管理，发文数量较2019年精简20%。创新建立公文考评机制，制定《公文质量考核评分细则》，按照“每月统计纠错、每季书面通报、全年汇总考评”的方式对全厅公文办理进行考评，结果及时报送厅领导、抄送各单位（部门），并纳入年度绩效考评。每月定期召开公文培训会暨错情通报会，传达学习上级关于公文处理有关文件精神，通报上月错情，围绕普遍存在的问题针对性开展培训、解答疑问，不断提升全厅办文规范化、标准化水平。

精心服务抓好会务活动。积极协调运输企业，调度最优车辆和最强队伍，全程跟踪保障，做好全省抓项目促投资现场会议、全省抗击新冠肺炎疫情和抗洪抢险表彰大会等重要会议活动的运输服务保障。严格落实减会要求，印发厅《关于进一步精简规范全省性会议的通知》，对要求市（州）参加的50人以上会议，实行审批制管理。加强会议统筹协调，用好视频会议系统，采取“套开、续开、线上开”方式，尽量精简压缩会议，可开可不开的会坚决不开，做到“少开会、开短会，开管用的会、解决问题的会”。2020年，以厅名义召开的全省性会议较2019年精简14%。

积极作为抓好电子政务。推动厅行政审批服务系统与省一体化政务平台深度融合，实现全省54个交通运输行政许可事项、312个办理事项省市县三级“一网通办”，即办件办理时限由2个工作日缩短到2个小时，承办件由4个工作日缩短到1个工作日。加强与公安、市场监管等部门信息共享，实现车辆、企业等信息自动提取，行政许可申请材料减少120项（减少46%），真正做到“减证便民”。加强与交通运输部和公安部门信息数据系统对接，实现部省市县大件运输许可跨部门“一网办理，全国通行”，道路货运车辆实现异地年审。配合省大数据中心将“四川省高速公路路况查询”等高频办理事项部署在“天府通办”移动端，实现“掌上可办”。抓好电子政务内外网应用。按时高质量完成安可工程建设任务。四川道路运输乘客登记系统（一车一码）被《人民日报》评选为“科技战疫2020中国十大社会经济类数字化转型成功案例”。

及时准确抓好政务公开。规范设置政府信息公开专栏，及时准确发布公开内容。建立健全公开审查、动态更新等制度机制，推动工作规范开展。完善依申请公开流程，做到全过程痕迹化管理，未发生因政府信息公开引起的行政诉讼等情况。制订《四川省交通运输厅政务新媒体管理办法》等系列文件，规范厅政府网站和政务新媒体管理，提高政府信息公开的全面性，确保权威性，增强时效性和针对性。厅政府网站绩效评估位列省直部门第二名。截至2020年11月，累计编发网站信息8464条，报送省委电子政务内网信息337条，填报省政府信息公开目录管理系统3846条，处理回复网民来信608件。厅政务新媒体获“全国十大交通微博”、十佳省直部门政务新媒体等荣誉。截至2020年11月，发布微博4091条、微信1026条，回复微博、微信网友留言2006条。

紧扣热点抓好新闻宣传和信息报送。聚焦脱贫攻坚、疫情防控、汛期灾害等重点热点，突出打造具有四川交通特色的精品信息。组织中央和省级媒体采写各类稿件2600余条，其中《新闻联播》报道11次，《焦点访谈》报道4次，《人民日报》报道28次；组织拍摄“金通工程”公益宣传片和《蜀道向天开》交通脱贫攻坚音乐视频。全年向省政府办公厅报送信息451条，采用44条，报送量和采用率均排名靠前。落实信息目标管理，纳入厅绩效考核。实行信息约稿制度，建立紧急约稿信息报送“绿色通道”，实行优先组稿、优先审核、优先报送。针对新冠肺炎疫情期间交通领域防控措施及复工复产成效，建立疫情防控政务信息专项报送渠道，报送疫情相关信息100余条，《政务晨讯》采用10条。

创新机制抓好值班工作。组建成立厅专业化值班室，建立分管领导总负责、业务处室具体抓、专业人员严格执行的组织模式，落实好首办责任制，形成工作闭环。分类制定信息传递标准化模板，有效提高应急信息处理的质量效率。全力做好疫情值班值守工作。抽调9名年轻党员组建疫情值班党员先锋队（疫情值守工作专班），负责省疫情防控指挥部交通运输组总值班室工作，严格落实24小时专人值班制度，强化行业内外的协调联动，实现疫情防控信息的及时互通共享。在汛期之初即果断启动24小时双人双岗值班制，全面收集汛情灾损信息，及时报告部、省相关部门和领导。全年累计办理各类公文8546件，接听公众电话14783通，完成专报4853份、值班工作报告12期，为进一步提升交通运输厅公众形象和社会认可度作出贡献。部应急办、省委省政府总值班室历次抽查中，厅值班室均无离岗或顶岗现象，得到上级部门的表扬。

突出重点抓好督查落实。始终把推动习近平总书记重要指示批示和中央、省委重大决策部署落实放在首要位置，围绕交通脱贫“两通”、成渝地区双城经济圈建设、交通强省等重点工作，增强督查工作的针对性和有效性。厅主要领导带头蹲点凉山开展交通脱贫帮扶督导，在凉山召开党组会和脱贫攻坚现场会，集中攻克凉山深度贫困最后堡垒。厅领导牵头联系推进重点项目建设，制定了项目跟进、调研指导、问题反馈、工作调度等工作规范，建立重点项目督导“红黑榜”制度，形成全员抓督查、协同抓落实的工作格局，确保把中央和省委重大部署落实到位。严格统筹规范基层督查检查，严控督查检查考核总量，停止对各市（州）交通运输局目标考核。针对安全生产等重点工作，采用“四不两直”、暗查暗访等方式，增强督查效果。结合交通运输行业特点，创新方式方法，采用卫星遥感、路况信息手机App等信息化、智能化手段开展督查检查考核工作，不断提高督查检查考核的科学性、针对性、实效性。全力配合做好省委省政府对市（州）目标考核工作。

围绕中心抓好政务调研。围绕成渝地区双城经济圈建设、交通强省建设等重大课题，统筹厅内厅外研究力量，抓好政务调研。牵头承担省领导政务调研课题《关于加强成渝地区双城经济圈交通基础设施建设研究》，得到省领导高度肯定。开展全省综合立体交通网规划纲要等29个厅内重点课题调研工作，为谋划实施好“十四五”发展，加快建设交通强省提供了有力支撑。建立厅领导联系指导“五大经济区”交通运输工作和交通重点项目工作机制，务实深入基层，采用实地查看、听取汇报、交流座谈相结合的方式，调研各地项目建设、疫情防控、安全生产等重点工作开展情况，分片区形成高质量调研报告，推动解决用地指标、资金筹措、征地拆迁等系列突出问题。

（陈超超）

厅法规处 2020年，厅法规处继续坚持以《法治政府建设实施纲要（2015—2020）》为引领，扎实推进交通运输法治政府部门建设各项任务，把法治要求贯穿到交通运输规划、建设、管理、运营、安全生产等各个领域，不断提高行业依法治理的能力和水平。

强化重点领域立法，《四川省交通运输行政执法条例》通过省行政立法项目专家论证评审，拟列入2021年省政府立法计划，以地方立法形式保障中央综合执法改革精神的贯彻落实在全国尚属首次。《四川省交通建设管理条例》完成立法前准备，《四川省高速公路条例》完成立法后评估。加快推进《四川省道路运输条例》《四川省<中华人民共和国公路法>实施办法》的修订。《四川省公共汽车客运管理办法》《四川省网络预约出租汽车管理办法》立法前期工作初见成效。编印《交通运输法律法规汇编》《交通运输制度成果汇编》。严格行政规范性文件管理，全面落实合法性审查、公平竞争审查、集体讨论决定、备案审核、公示公报等程序，制（修）订出台《四川省高速公路车辆通行费定价办法》《四川省公路交通统计调查管理办法》等9件行政规范性文件，并依法报备审查。强化法制审查，完善厅重要政策文件的全过程法治审核机制，凡是厅重要决策事项必须经法治审核通过后方可上会审议，凡是以厅名义印发的重要文件必须经法治审核通过后方可印发实施。全年完成对《四川省深化农村公路管理养护体制改革实施方案》《四川省公路水路交通前期工作经费管理办法》等24件文件的合法性审查，完成上会文件审查63件、发文审查21件。

强化依法防控疫情，针对人民群众关心关注的阻断交通、暂停运输、行政执法资格等问题，编印《交通运输领域疫情防控法律指南》《疫情防控期间处理有关法律问题建议意见》《关于规范疫情防控期间行政执法工作的通知》等系列文件，规范指导新冠肺炎疫情防控，助力疫情防控和复工复产。提升行政决策质量，针对高速公路收费标准调整、行业发展规划、管理体制改革等重大事项，严格执行公众参与、专家论证、风险评估、合法性审查、集体讨论决定等决策程序，如实记录决策过程，强化决策档案管理，提高决策质量和实效。发挥法律顾问作用，推动法律顾问积极参与行业改革研究、民事合同审查等工作，全年出具法律意见508份，为行业管理排除潜在风险。持续开展普法宣传，落实厅党组会、厅务会学法学政策计划，与邮政四川省分公司签订普法宣传战略合作协议，组织开展领导干部法治培训班、“12·4国家宪法日宣传周”等普法教育活动。积极推进基层依法治理，配合完成乡镇机构编制资源配置及完善乡镇综合行政执法体系调研，研究交通运输领域赋予乡镇（街道）行使的权力事项清单，推动乡镇（街道）赋权扩能、减负增效。

全面落实《优化营商环境条例》，配合完成涉及营商环境现行规章、规范性文件和其他政策文件的清理，清理涉及市场主体经济活动政策措施135件。严格公平竞争审查，细化完善审查内容、审查程序，初步建立第三方审查及评估机制，完成对《四川省干线公路公用充电基础设施建设运营管理实施意见》等18件文件的审查，着力打造市场化、法治化、国际化营商环境。推进行政审批“一张网”建设，实现全省312个交通运输行政许可办理项的省、市、县三级“一张网”办理，日均办件量达5000至7000件。推动“证照分离”改革，在自由贸易区对交通运输24项事项推行“告知承诺制”办理。厅优化大件运输审批服务被评选为四川省法治政府建设创新实践案例。强化信用监管，联合省发改委出台《四川省交通运输严重违法失信行为联合惩戒实施办法》，加大联合惩戒力度，强化信用信息归集使用，有效归集80%以上行业信用信息。

深化综合行政执法改革，完成省级交通运输综合执法机构挂牌组建，督促指导市、县交通运输部门做好综合行政执法改革，市级层面明确设立市级交通运输综合行政执法队伍的16个市（州）中，完成挂牌9个、人员划转8个；县级层面明确设立县级交通运输综合行政执法机构的127个县（市、区）中，完成挂牌96个、人员划转75个。加强重点领域执法，督促全省交通运输系统开展打击非法营运、违法超限等威胁人民群众切身利益的违法行为，全省交通运输行政执法机构累计办理行政处罚案32316件，罚款金额13434万元。推动“双城经济圈”执法管理协同发展，签署框架协议并印发第一批协同发展事项清单，成功在广安、泸州等川渝毗邻地区开展联合执法专项整治行动，建立起交通运输综合执法协作新机制，提高两地执法“同城”效应。加强行政执法监督，组织开展行政执法社会满意度调查，对人民群众最不满意的“罚款缴纳不方便”和“执法标准、裁量标准公示渠道单一”两个突出问题承诺整改。加强执法人员证件管理，完成2期新进及18期换证培训考试，累计培训3199人，合格3070人。推进行政执法规范化建设，纵深推进行政执法“三项制度”，强化交通运输行政执法的流程化、规范化、标准化管理。加快省交通运输行政执法综合管理信息系统建设，初步完成执法办案主体功能开发，并在成都、遂宁等地开展功能测试。

自觉接受人大监督、民主监督、司法监督，办理省人大代表建议128件、省政协委员提案99件，限时办复率100%。支持人民法院依法受理行政案件，严格执行人民法院生效判决，严格落实行政机关负责人出庭应诉制度。强化法治建设责任督察，组织11个暗访组对全省21个市（州）、56个基层执法站所和7个高速执法支队的法治建设情况开展暗访督察，抽考执法人员700人次，评查案卷140份。深化政务公开，规范政务信息公开专栏，完善数据检索、下载和互联互通等功能，完善信息公开制度，严格考核和责任追究，加大对“三公”经费使用、政策法规、综合规划等重点领域政务公开力度。依法办理信息公开申请，全年办理38件，未发生因政府信息公开引起的复议诉讼等争议。强化“双公示”制度落实，依托信用信息平台进一步加大行政许可、行政处罚信息公开，公开许可及处罚信息307374条，位列全省“双公示”第一名。

健全矛盾纠纷多元化解机制，加强行政调解，加大社会矛盾纠纷预警监测，有效收集出租汽车管理、交通建设领域农民工工资等敏感、复杂信息，及时分析研判，就地解决群众合理诉求。强化投诉举报来信来访案件办理，畅通“12328”“12122”、厅网站邮箱电话等投诉举报渠道，依法办理投诉举报及信访案件，全年办理人民群众来信来访429件（批）次，办结省信访局、交通运输部、自收来信等纸质来信120件次，办结“省长信箱”“书记信箱”“人民网留言”等网上信访260件次，接待处理来访49批次191人次。依法办理复议应诉，全年办理行政复议案29起，实现复议案件同步录入省级行政复议平台。厅办理的某科技公司不服某市交通运输局行政处罚行政复议案成功入选2019年度行政复议典型案例。办理行政诉讼案5起，法院审结4起，未发生一起败诉案件。

加强法治建设工作部署，学习领会习近平法治思想和中央依法治国委员会第一次、第二次、第三次会议精神，提升运用法治思维和法治方式深化改革、推动发展、化解矛盾、应对风险的能力。厅主要负责人带头厉行法治、依法办事，落实党委中心组学法、学政策，把法治建设放在交通运输工作的基础性、全局性的位置上推进，年度法治建设重点工作方案、重大法治建设问题均由厅主要负责人亲自部署、协调和督办。开展党政主要负责人履行推进法治建设第一责任人职责自查，配合完成省法治政府建设第三方评估。严格落实党政主要负责人履行推进法治建设第一责任人职责的相关规定，健全完善厅机关法治建设推进协调机制，发挥主要负责人头雁作用。

（张清垚）

厅规划处 2020年，厅规划处按照厅党组决策部署，坚持稳中求进工作总基调，坚持贯彻新发展理念，坚持高质量发展要求，扎实推进规划、前期、计划、扶贫、环保等各项工作。省委省政府印发《关于贯彻落实〈交通强国建设纲要〉加快建设交通强省的实施意见》；获交通运输部批复成渝地区双城经济圈交通一体化发展等6个试点实施方案；签署《成渝地区双城经济圈交通一体化发展三年行动方案（2020—2022）》以及普通公路、内河水运、运输服务、智慧交通、执法管理和万达开交通融合发展等6个合作备忘录，制定印发实施《成德眉资同城化综合交通发展专项规划（2020—2025）》，配合交通运输部编制《成渝地区双城经济圈综合立体交通网规划》，形成初步成果。联合省发展改革委完成《加强成渝地区双城经济圈交通基础设施建设研究》，加快编制《加强成渝地区双城经济圈交通基础设施建设专项规划》，形成初步成果。以高速公路项目为重点，推进项目前期工作，为项目开工建设奠定坚实基础。加强政策对接，争取中央资金支持，强化计划执行监督管理，为项目顺利推进提供有力保障。统筹推进脱贫攻坚、节能环保、交通统计等其他各项工作，完成年度目标任务。

（厅规划处）

厅财务处 2020年，厅财务处全力保障交通建设资金，全年落实省级财政交通专项资金191亿元，其中，省级一般预算102亿元，一般债券61亿元，收回以前年度预安排资金28亿元。加大专项债券发行力度，全省交通运输领域发行使用专项债券126亿元，省本级专项债券发行实现突破。保障部门运转经费，积极协调财政厅，下达专项应急资金903万元用于交通运输疫情防控物资采购相关工作。落实“春风行动”省级财政政策性补贴资金5703万元，推动复工复产。发布涉及交通运输企业主要财税金融优惠政策219条，厅属企事业单位减免中小企业及个体工商户房租579万元。全面实施预算绩效管理，制定印发《四川省交通运输厅预算绩效管理工作实施方案》，组织完成厅属企业2019经营业绩考核。分类指导盘活利用厅属单位闲置资产，提高国有资产使用效益。印发《关于进一步加强厅属行政事业单位国有资产管理的通知》，完成国有资产报告等工作。出台《厅直属企业报出资人审批或备案事项清单》，理清出资人职责边界。印发《厅属国有企业负责人经营业绩考核办法》，完善厅属企业有效激励与约束机制。组织完成厅大中型国有企业国有股权划转社保基金等改革工作。持续开展涉企收费清理等工作，清退民营企业保证金2170万元。定期在工作群发布“财务讲堂”，及时宣贯新的政策文件和工作要求。组成厅“学用新思想、建功新时代”青年理论财务学习组，提升财务人员工作能力和业务水平。

（厅财务处）

厅人教处 2020年，厅人教处主要开展以下工作：坚持把党的政治建设摆在首位。认真贯彻执行党中央《关于加强党的政治建设的意见》和省委《关于加强和维护党中央集中统一领导的若干规定》，不折不扣贯彻落实党中央和省委决策部署，增强“四个意识”、坚定“四个自信”、做到“两个维护”。扎实开展“不忘初心、牢记使命”主题教育，开好专题民主生活会，严格执行重大事项请示报告条例，严格落实选人用人报告制度。强化理论武装。组织厅直系统县处级领导干部165人、公务员1387人参加省委组织部主题培训，组织厅属企事业单位111名处级干部参加学习党的十九届四中全会精神读书班，向省委组织部推荐调训干部20人次。厅级领导干部上讲台35次，厅党组被省直机关工委表彰为理论学习中心组学习先进单位。选优配强各级领导班子，努力锻造高素质专业化交通运输干部队伍。鲜明正确用人导向。厅党组带头加强“四好一强”领导班子建设，被省直机关工委评为“四好一强”先进领导班子。坚持好干部标准，突出政治标准，注重在急难险重任务、重大项目推进、艰苦复杂环境和锐意改革创新“四个一线”考察识别和选拔任用干部。配合省委提拔厅级领导干部4名，晋升一、二级巡视员4名，厅党组提拔重用22人，交流调整72人次，职级晋升31人。2020年度，厅党组选人用人工作“一报告两评议”各项测评满意度均在97分以上。强化综合分析研判，开展领导班子运行、干部队伍建设专题调研，对11家厅直单位开展重点考核调研。培养优秀年轻干部，开展年轻干部队伍建设调研，厅党组掌握优秀年轻干部和专业技术人才171名。组织实施优秀年轻干部“菜单式”培养计划，举办第二期厅实施交通强省建设战略年轻干部铸魂培养培训班，培训年轻干部40名。对10名符合条件的优秀年轻干部及时提拔使用。制订落实《2020年厅教育培训计划》，厅直系统累计举办培训325期，培训各级党员干部8832人次。加强干部基层实践锻炼，选派省委“双百计划”挂职干部2名、成渝地区双城经济圈建设交流互派干部1名、市州挂职干部3名。在疫情防控一线考察识别干部，组成厅疫情防控青年党员服务队，厅直系统共组建党员突击队、先锋队、服务队137个。决战决胜脱贫攻坚战，选派135名现场蹲点督战人员，强力推动工作落实。加强专业人才队伍建设。开展4名急需紧缺专业选调生、38名参公人员和17名事业单位工作人员招录工作，面向全省优秀乡镇正职遴选1名副处级领导干部，面向基层遴选7名科级及以下参公人员。完成中、高级职称评审700余人，新获批享受国务院政府特殊津贴专家2人、第13批省学术和技术带头人及后备人选8人、部省青年科技英才3人。加强技能人才培育，厅属院校在全国第一届职业技能大赛中获得1金、2银、2铜、5优胜奖。坚持严管厚爱相结合，激励干部担当作为。研究制定厅《干部正向激励十二条措施》，及时对9名疫情防控一线表现突出的执法大队大队长晋升调研员职级。厅直系统获交通运输部和省委省政府表彰疫情防控先进集体4个、先进个人10名。结合脱贫攻坚，对135名蹲点督战队员进行通报表扬，开展厅属事业单位脱贫攻坚专项奖励，记功嘉奖集体10个、个人55名。组织开展疫情防控、脱贫攻坚、交通建设一线等干部职工慰问，提升干部工作温度。从严监督管理干部，制订印发《厅党组管理的领导班子和领导干部年度考核办法》。

厅组织人事部门查核选人用人信访举报6件，开展提醒函询诫勉13人次。组织实施领导干部个人事项报告“回头看”专项整治，厅查核一致率达91.67%。印发《关于进一步加强干部人事档案审核工作的通知》，开展干部档案专项审核全覆盖工作。认真接受省委巡视，研究制定《省委第八巡视组巡视检查交通运输厅党组选人用人工作情况反馈意见整改工作方案》，举一反三抓好问题整改。深化机构改革，服务构建新发展格局。完成省级综合执法改革工作。积极稳妥推进交通运输综合行政执法改革，完成省交通运输综合行政执法总队成立、人员划转等工作，确保干部队伍持续稳定。及时划转公路局、航务局、运管局、质监局承担的行政职能和行政执法监督管理职责，按要求完成改革后机构职能编制规定的编制工作。优化厅机关职能配置。按规定程序报批增设总规划师（副厅级）领导职数1名，厅撤销厅公安处，成立厅航务海事处，并调整厅建设管理处、运输管理处、安全监督处（应急办公室）职能职责。

（厅人教处）

厅建管处 2020年，厅建管处按照省交通运输厅统一部署，继续推进全省交通基础设施建设，加强建设管理工作。高速公路建设管理方面，加快推进续建项目，围绕年度目标细化分解任务，实现主动管理；严格项目计划管理，强化项目跟踪督导，建立省交通重点项目推进“红黑榜”推进机制；充分发挥厅领导联系指导重点项目、省级部门常态化协调对接等工作机制，实行重点项目挂图作战，“红黑榜”看板管理，厅每月调度、按月通报高速公路建设进展和问题清单，促进项目顺利推进。品质工程建设方面，以高速公路和重点水运建设为重点，以创建平安百年品质工程为核心，协同推进绿色公路、交通旅游融合和智慧工地建设。招标投标管理方面，推进公路工程建设项目全流程电子化交易工作，组织全省交通运输系统对招投标领域存在的突出问题进行治理，开展公路工程招投标管理制度评估和调研，探索建立建设管理制度体系运行后评估机制。从业单位信用管理方面，完成2020年度信用评价工作，对全省重点公路共计2105个合同段、577家从业单位完成评价工作。评定从业单位AA级54家、A级124家、C级6家、D级3家，高速公路机电设备不良信用信息1家，B级从业单位390家。

（厅建管处）

厅公路处 2020年，厅公路管理处主要开展以下工作：凝心聚力优机制，降本增效提效率。①完善通行费定价机制。起草《四川省高速公路车辆通行费定价办法》，并先后完成意见征集、专家论证、风险评估和合法性审查等法定程序，经报请省政府常务会议审议通过后印发实施，进一步规范高速公路车辆通行费定价管理，持续优化公路发展营商环境，助推高速公路事业持续健康发展。②完善大件运输审批机制。组建四川省大件运输企业服务群，搭建政企便捷沟通渠道，及时通报路况信息，推行大件运输审批服务上门服务办、工作日延时服务办、节假日预约办等定制审批等服务，多种方式方便运输企业办理审批业务，持续提高大件审批效率。并与重庆签订跨省并联许可工作机制，提升审批效率，在“好差评”评价中被评为“全国示范窗口”，2020年共办结申请177099件。③完善路网保通保畅机制。结合路网运行实际，研究制定五一、国庆和冬季（尤其是春运期间）公路保安全保畅通具体工作措施，联合高速公安统筹安排部署，建立常态化路网保安全保畅通工作机制，保障重大节假日路网运行平稳。④持续稳步推进降本增效。着力提高高速公路ETC使用率，ETC使用率持续稳居全国第一，持续改善路网通行效率，有效降低公路交通运输碳排放总量。落实疫情期间高速公路免收通行费政策，人民群众医疗、生活等必须物资得到有效保障。持续实行国家“绿色通道”、军车警车等车辆免费通行、重大节假日小型客车免费通行、差异化收费等通行费优惠减免政策，促进公路交通运输降本增效。抢险救灾高效率，路网保障提质量。①夯基础促抢险救灾高效。编制《四川省公路交通应急装备物资储备体系规划》，围绕国家区域性公路交通应急装备物资（四川）储备中心建立国、省、市、县四级应急储备体系，引导全省公路交通应急物资储备工作向规范化、集约化发展；全方位开展汛期水毁灾损统计，优化比选绕行方案，指导开展道路抢通保通工作，共处置普通国省干线因灾断道64条757处和高速公路40处，完成雅西高速公路姚河坝大桥高位崩塌应急抢险处置，得到各方认可；开展自然灾害综合风险公路水路承灾体普查试点行动，研究试点方案，总结试点经验，为全面开展公路承灾体普通行动扎实基础。强能力促路网监测增效。完成路网重大节假日运行研判、监测和后评价工作以及相关热点路段梳理、交通流量预测、绕行路线方案等，联合公安部门发布易拥堵、易结冰等路段，合理引导公众出行；完善省级交调站布局规划方案，稳定交调站在线率85%以上，完成主要干线高速公路原路扩容改造路网运行保障协调研究，提高交通通行效率；充分运用阻断信息报送系统，全年及时、准确、完整地报送路况阻断信息17043条（其中春运期间公路网运行保障信息80期），绘制汛期及国庆公路网主要灾损示意图496张。②精管理促服务水平提质。持续深入开展“厕所革命”。印发《关于进一步强化“厕所革命”目标任务管理的通知》，完成2020年全省高速公路“厕所革命”目标任务，18对服务区厕所完成人性化服务提升；加快完善和优化高速公路服务区星级评定标准，在设计、绿化、特色等方面对服务区品质提出新标准，开展服务区星级再评定工作，普通公路依据建设、管理、运营、服务等指标划分服务设施等级，并按等级标准加强运营管理。重点关键精定位，攻坚克难显成效，打赢交通脱贫攻坚战。以“清单制+责任制”压实工作责任，创新“多级联动、交叉检查、信息共享”模式，圆满完成广元、达州、巴中19个县（市、区）、724个乡镇、7378个建制村交通脱贫攻坚现场督战。打赢取站第十攻坚战。并网切换后，作为第一批试点省份，在全国率先成功点亮费显；完成21个测区、1.1万条测试路径的实车测试，改造更换硬件设备2000余套，升级完善软件20余次，全面完成收费政策清理规范和收费标准测算评估，实现恢复收费后全网稳定运行。打赢疫情防控攻坚战。全员取消休假，第一时间到岗，制订印发《〈保障四川省公路畅通的七条措施〉实施细则》，率先实施“一检通认”测温机制，全面清零道路阻断，开辟“绿色通道”920条，保障9000多台次防疫物资、医患人员、生活物资运输车辆“三不一优先”通行。专项行动稳推进，管养能力再升级。专项行动持续推进。桥梁、隧道、长陡下坡等7个专项行动推进高效有序，共计完成桥梁安全防护改造430座，独柱墩桥梁安全运行能力提升全面完成，完成隧道提质升级340座、隧道安全风险防控能力提升733座、入口段行车安全改造101座，完成长陡下坡路段整治37处，施划标线9211.7公里、275.6万平方米；生命安全防护、危桥改造工作持续紧抓，累计完成农村公路生命安全防护工程39010公里、危桥（隧）改造415座，公路结构物安全保障进一步完善，有力支撑“平安交通”创建。管养设施持续建设。2020年共计完成2个市级、19个县级机械化养护和应急保通中心的建设工作，另有22个县级机养中心正在加快建设，现代化公路管养设施覆盖进一步扩大。国检工作圆满完成。作为牵头单位，印发实施方案，成立工作专班，针对治理能力评价的15项指标，50余个具体评价内容，逐个明确工作任务要求和责任单位，顺利完成现场路况检测和治理能力评价迎检工作。审查审批依规行，行政服务增效能。①优化穿跨越审查办理。秉着“确保高速公路运行安全，支持地方经济社会发展”的原则，积极完善对话平台，促进穿（跨）越行为规范化，持续提升办理人员专业水平，优化方案审查模式，有力促进穿（跨）越项目顺利实施，全年协调受理200余件穿（跨）越方案审查。②收费审批依规开展。会同省发展改革委、省财政厅，完成巴万、荣泸、蒲都、叙威等6个高速公路项目，以及国道321线纳溪至泸县公路改建工程（隆昌界至渠坝段）、国道350线广安枣山至武胜段公路改建工程、泸州市榕山过江通道工程（榕山长江大桥）等4个一级公路项目收费立项的审查、审批；完成内遂、成都绕城、成自泸赤成仁段等8个高速公路项目正式收费的审查、审批；完成巴广渝、成安渝、成德南等高速公路收费区间调整的审查、审批。③收费统计有序推进。按期完成收费公路车辆通行费优惠政策调查统计数据报送；按月统计汇总收费公路月报统计数据，定期掌握收费公路车辆通行费收入、各项通行费优惠减免等数据；根据交通运输部统一部署安排，圆满完成2019年度四川省收费公路统计报表的报表布置、审核汇总、初报复核、修正锁定和上报工作，制定《2019年四川省收费公路信息公开舆情监测及应对工作方案》，按时发布《2019年四川省收费公路统计公报》及解读。

（宋纾崎）

厅审批处 2020年，厅行政审批处按照全国深化“放管服”改革转变政府职能电视电话会议精神和省委省政府深入推进“放管服”改革优化营商环境工作部署安排，牵头组织实施全省交通运输领域“放管服”改革优化营商环境8个方面37条工作举措，重点推进权责清单管理制度、“证照分离”改革、告知承诺制试点、“双随机一公开”监管、审批办理“一张网”试运行、成渝双城经济圈建设、“一网通办”示范、“减证便民”、规范中介服务等工作。2020年，厅网上政务服务能力接受第三方评估名列省直部门第1名；厅被省政府通报表扬为全省深化“放管服”改革优化营商环境工作先进集体；派驻省政务服务中心交通运输厅窗口被省政府办公厅通报表扬为先进窗口一等奖单位，并获交通运输部“全国交通运输行业文明示范窗口”称号。《四川优化大件运输审批服务助推复工复产提速扩面》被省委深化改革办公室《四川改革专报》（第57期）采用并上报中央改革办，《交通运输厅优化大件运输审批服务》入选《四川省法治政府建设创新实践案例》，《川渝交通携手同行共建法治营商环境》入选省政府办公厅印发的《2020年四川省深化“放管服”改革优化营商环境工作典型做法》。

厅运输处 2020年，厅运输处完成公铁水基础设施排查及区域规划方案研究，签订成渝双城经济圈运输服务一体化合作备忘录；完成春运等重大道路运输保障任务。道路客运量5454.1万人次，比上年2019年下降49.1%。抗击新型冠状病毒肺炎疫情采取的“春风行动”得到交通运输部肯定。

省交通运输厅与重庆市交通局签订《成渝地区双城经济圈运输服务一体化合作备忘录》《推动成渝地区双城经济圈水运发展共建长江上游航运中心合作备忘录》等，推进川渝两地交通运输主管部门在交通运输规划、基础设施、运输服务、行业管理等方面全方位的合作。

会同成铁局公司持续推进多式联运和联程联运发展，务实推进《共同推进多式联运、联程运输发展合作协议》，优化运输组织模式，推进多式联运示范工程创建，推动和完善多式联运平台建设，争取长江沿岸码头水转铁、铁转水政府补贴政策，加强对铁路多式联运货物价格支持。

继续加快推进“12328”交通运输服务监督电话系统建设和运行管理工作；2020年，四川省交通运输系统众志成城抗击新型冠状病毒肺炎疫情，各地“12328”电话服务中心把“服务群众、服务交通”认真践行在具体行动上，在此次战役中充分发挥“连心桥”“好帮手”作用。开展“暖心行动”助力交通脱贫攻坚，将“12328”电话纳入“两通”任务公示内容，充分发挥“12328”电话服务、监督作用。

新（改）建行业厕所136座，完成省政府下达的三年目标任务，实现“一管二改三建四满意”目标，得到中共中央及省主流媒体多次报道。2020年，全省交通运输领域计划新改建厕所136座，完成136座。省交通运输厅被评为推进“厕所革命”三年行动先进单位。

推荐遂宁蓬溪县、成都蒲江县申报全国第二批农村物流服务创建品牌。联合省邮政管理局，联合制定《深化交邮融合“四统一”试点方案》。推进与杭州溪鸟科技有限公司签订的《农村智慧物流提质增效项目合作协议》落地落实，年内在遂宁蓬溪、泸州叙永、德阳什邡、宜宾长宁、南充仪陇、巴中恩阳等10个市（州）17个县（区）落地运营，在凉山州布拖等10个县新增完成共配设备安装后启动运营；联合省公安厅、省机关事务管理局、省总工会开展2020年绿色出行宣传月和公交出行宣传周活动，全省绿色出行宣传月和公交出行宣传周活动启动仪式在泸州举行。指导成都市、泸州市完成全国城市绿色货运配送示范工程实地验收；指导达州市开展全国第二批绿色货运配送示范工程建设；指导绵阳市涪城区接受部城乡交通运输一体化示范县实地验收；配合省发展改革委制定订《四川省物流降本增效综合改革试点年度工作要点》；配合省发展改革委完成国家物流枢纽建设城市评审和上报工作，遂宁市成功入选“陆港型国家物流枢纽城市”；承担中国（四川）自由贸易试验区建设日常协调。在南充、宜宾、广元、攀枝花市物流园区、成自泸高速公路汪洋服务区、成巴高速公路下八庙服务区建设6个“司机之家”。做好与省非洲猪瘟防控指挥部办公室日常联络协调。组织举办全省运输管理干部业务培训班。继续推进四川省网络货运平台信息监测系统建设。

（厅运输处）

厅航务处 厅航务处于2020年4月30日经省编办批准成立，其主要职能职责：参与拟订水路基础设施建设、维护、运营和水路运输、航政、港政、地方海事相关政策、技术标准和运营规范并监督实施。承担水路交通运输市场的监督管理工作；指导水路交通基础设施的维护和管理。承担港口岸线使用管理有关工作。承担水上交通安全、应急搜救、运输船舶及相关水上设施检验、登记和防止污染的监督管理工作，承担船员监督管理相关工作。承担渔船检验的监督管理和行业指导工作。

按照《四川省交通运输厅关于调整部分内设机构及职责的通知》，厅航务海事处于2020年8月初正式运转，实现公文正常流转，有序承接水路行政许可。几个月来，认真做好以下重点工作：一是有序推进河长制湖长制工作，二是加快推进长江流域重点水域禁捕和退捕渔民安置保障有关工作，三是按月报送省领导牵头省级重点推进交通项目工作情况报告。积极推进其他交办工作：一是切实加强水上应急搜救工作，二是协调解决嘉陵江广元至重庆水运航线运行不畅问题，三是做好全省自然灾害综合风险水路交通承灾体普查工作准备。

（厅航务处）

厅安监处 2020年，厅安监处围绕全省交通运输安全监管主业主责，强思想、优作风、促安全，实现全省交通运输厅安全生产形势稳定向好。年内组织召开4次厅安委会、10次电视电话会或专题会，坚持每月召开安全工作例会。

安全管理方面。根据安全生产形势和实际，结合重点任务要求，制订多项针对性措施，确保行业安全态势持续稳定。出台实施复工复产安全“八个不”、汛期安全生产“十个要”、国庆中秋假期安全“十项措施”、“冬安”六条措施以及危险货物运输“十严禁”“六不准”等安全硬措施。着力强化“两会”、春运、五一、汛期、中秋、国庆等重点时段交通运输安全监管工作，采取“四不两直”方式，以暗访暗查为主，结合突击检查、随机抽查、“回头看”等多种方式。

周密部署行业安全生产专项整治三年行动，印发《四川省公路水路行业安全生产专项整治三年行动实施方案》，围绕全省交通运输安全生产共性问题和突出隐患，细化9个方面85项具体整治任务，明确责任单位（部门）和完成时限。

出台《四川省公路水路交通行业重大安全风险及防控要点（1.0版）》，梳理辨识15项行业重大安全风险，逐一明确切实可行的防控措施，对重大风险实施清单化精准管控。编制完成四川省道路客货运运输企业、水路运输企业、高速公路运营企业、普通公路运营企业安全生产管理责任清单制参考模板（1.0版）。印发《四川省交通运输企业安全生产标准化建设评价实施方案》，鼓励引导交通运输企业积极主动开展安全生产标准化建设。

持续开展公路“双超”治理，在全国率先研究并实现货车轴型自动识别系统功能，制订电子抓拍系统建设计划实施方案和技术要求，完成65个固定治超站电子抓拍系统安装。

应急管理方面。制订《四川省交通运输厅节假日应急工作手册》《四川省公路交通应急装备物资储备体系规划》，建成四川省国家区域性公路交通应急装备物资储备中心（彭山）。主动对接省地震局，根据地震重点危险区研判情况制订《四川省交通运输厅2020年度地震重点危险区应急预案》。

高效组织、成功应对建国以来全省汛情最严重、成灾面积最大的多轮区域性强降雨，主汛期抢通国省干线断道64条757处、高速公路40处，确保生命通道畅通。完成“9·20”京昆高速姚河坝大桥抢通保通和灾后重建工作。“8·18”特大洪灾中，在乐山凤洲岛、宜宾泥溪等地投入船艇1000艘次，安全及时转移受困群众3.8万人次。

（厅安监处）

厅审计处 2020年，厅审计处通过统筹整合厅直单位、社会审计中介机构等审计资源，开展项目审计。服务中心工作，开展疫情防控和扶贫资金专项审计。强化审计整改，试行内部审计结果“颜色管理”，印发《市（州）、县（市、区）交通运输主管部门内部审计结果颜色管理事项清单》《厅属单位内部审计结果颜色管理事项清单》，将审计发现问题“点对点”告知相关单位主要负责人并在系统内进行通报，促进全省交通运输系统各单位（部门）遵守法律法规和财经纪律。审计发现相关单位在预算执行、政府采购、内控管理、扶贫资金管理等方面问题186个，提出整改建议177条，审减投资节约财政资金705.63万元。审计查出问题线索移送纪检部门一起。组织开展全厅30个直属单位新型冠状病毒感染肺炎疫情防控货物和服务专项审计、7名领导干部经济责任审计、4个单位预算执行及财务收支审计、2个单位内部控制审计、2个企业专项审计调查、1个建设项目结算审计。通过审计促进各单位严肃财经纪律，促进领导干部依法履行经济责任，规范权力运行，促进单位建章立制。组织开展南充阆中市等4个县（市）部省补助交通扶贫资金审计和甘孜州石渠县2019年交通扶贫资金专项审计调查后续审计。开展交通扶贫资金专项审计调查“回头看”工作，促进全省交通运输行业完善扶贫资金管理机制，规范扶贫资金使用，提高扶贫资金绩效。牵头配合审计署驻成都特派员办事处、审计厅开展国家重大政策措施落实情况跟踪审计、2019年度预算执行和其他财政收支情况审计，以及川南经济区一体化发展协同推进情况、四川省基础设施补短板全省水运基础设施建设、铁水联运、成渝双城经济圈、川藏铁路交通规划和实施专项审计调查工作，督促相关单位切实整改，进一步提升行业管理水平和治理能力。修（制）订《四川省交通运输内部审计基础工作规范—审计整改》《四川省交通运输厅厅属单位领导干部经济责任审计实施办法》，进一步完善内部审计制度，规范内部审计整改，促进领导干部履职尽责、规范权力运行。强化队伍建设，开展审计业务线上培训，制作发布《内审微课堂》46期，宣传审计政策和知识，介绍审计最新动态，交流内审工作经验。派出内审人员参加审计署、审计厅项目审计，并组织内审人员在厅直单位内开展交叉审计，以实战方式提高内审人员工作技能。

（夏 历）

厅科信处 2020年，四川省交通运输科技工作围绕交通发展需求，以服务行业重点科技需求、加强重点领域标准有效供给为主线，积极推进科技和标准化各项工作。厅科信处对研科技项目进行中期自查，促进项目研究执行进度，提升研究效率；对结题验收项目查新查重基础上，进行项目成果内容质量预审，提升项目研究质量。激发交通行业大型企业创新活力，引导企业加大科研投入，支持企业自筹经费开展科技研发并予以立项支持。新立项18项厅级科技项目予以经费补助，按照相关流程全部签署计划任务书并全部启动实施。交通运输部科技示范项目《高寒高海拔地区公路工程质量监测与控制科技示范工程》完成并通过预评审，向交通运输部提交正式验收申请。全年获得部省级项目11个，其中“西南岩溶区公路隧道涌突水灾害防控技术研究”等2项获批为省重点科技项目，“区域交通‘协同化、一体化、同城化'发展机理、评价理论及实施路径研究"获批为省重点软科学项目，"时速350公里高速铁路下穿天府国际机场关键技术研究"等7项目列入部重点科技项目清单，"城市智慧交通四川省青年科技创新研究团队"获省科技厅批准，成为行业首个省级青年创新团队。

（厅科信处）

厅外经处 2020年，厅外经处加强招商引资力度，推进各项工作。一是完善制度，出台《四川省交通运输厅关于做好经营性高速公路项目公司股权转让工作的通知》，明确四川省经营性高速公路项目公司股权转让条件、转让程序和各方责任与义务，健全四川省高速公路领域社会资本退出机制，广泛吸纳不同类型的社会资本参与高速公路发展。二是以项目招商为根本，多方发力实现多点突破。首先把握招商重点，为确保实现镇巴（川陕界）至广安等重点高速公路项目开工目标，省交通运输厅与各市、县齐抓共管，多线并行，创造最快招商速度；其次突破招商难点，针对招商过程中征地价格过高、砂石料保障不够、地方补助不足、招商前期程序繁琐等问题，通过召开专题会议等方式协商解决，加快推动项目实施；第三疏通招商堵点，复工复产前期，受疫情以来车流量下降、通行费减免政策等因素影响，高速公路预期投资收益降低，潜在投资人投资意愿不足，招商服务部门积极对接投资人，跟踪受疫情影响情况，及时会同相关职能部门协商解决企业诉求，及时解答行业发展和政策趋势，解除投资顾虑，增强市场主体投资信心；全面复工复产后，为稳经济、促增长，国家陆续实施一揽子的宏观政策，潜在投资人投资意愿提升，紧抓机遇推介项目，省交通运输厅与中建三局、中建八局、葛洲坝集团等潜在投资人座谈，拓展合作新空间；全年有609公里高速公路成功确定投资人，引入社会投资1067亿元。三是以行业管理为核心，加强投资人信用管理。全年完成39家已投资四川省高速公路项目的投资人年度信用评价，其中AA级投资人29家，A级投资人7家，B级投资人1家，D级投资人2家；完成32家拟投资四川省高速公路项目的投资人初次信用评价，其中22家投资人信用等级为A，7家投资人信用等级为B，3家投资人信用等级为C。四是扎实开展专题调研，为拓宽项目融资渠道，学习先进省份高速公路发展经验，5月中旬，会同厅财务处、四川省川交公路工程咨询有限公司，赴广西省调研公路建设投融资工作，重点关注收费公路专项债券发行、科学评估项目投资模式、省属企业盘活存量资产等领域实践经验，形成专题报告，为贯彻落实交通强省战略提供支撑。五是严格执行上级要求，加快推进世行贷款项目。按照世行、部委和省级相关部门对贷款项目的管理要求，继续指导推进世行贷款芦山地震灾后恢复重建农村公路项目。六是率先试点高速公路REITs（不动产投资信托基金），及时贯彻落实国家相关要求，形成《关于四川省交通基础设施不动产投资信托基金（REITs）试点相关情况的报告》，配合省发展改革委，选择内遂高速公路作为省内基础设施领域最先试点REITs的项目，做好股权转让相关工作。

（厅外经处）

厅信访处 2020年，厅信访处围绕交通运输中心工作、服务大局，以破难题、补短板、防风险为重点，一手抓突出问题整治、一手抓体制机制创新，扫黑除恶专项斗争、矛盾纠纷多元化解、群众来信来访办理等工作取得明显成效，全力维护交通运输行业持续稳定。省交通运输厅因信访工作成效突出被人民网评为"2020年度实干担当单位"；厅信访处被省扫黑除恶办评为"全省扫黑除恶专项斗争先进单位"，被中共四川省委、政法委和省人社厅评为"四川省维护稳定工作先进集体"。

厅党组书记、厅长罗佳明与21个市（州）党委政府领导及省公安厅领导专题研究重点地区扫黑除恶专项斗争推进工作，建立联动工作机制。厅信访处协调组织召开4次专题会、6次省级部门联席会议，每月召开月度分析会，协调省扫黑办和省公安厅联合印发2020年度行业乱象整治方案；以开展"春风行动"和乡村客运"金通工程"为契机，不断健全行业治理长效机制，源头治理道路运输领域非法营运等乱点乱象，在省"扫黑除恶"领导小组会议和成效经验集中采访四川行媒体见面会上作经验交流发言。全年全省交通运输系统出动执法人员20万余人次，与公安交警等部门联合执法200余次，查处"黑车"4.7万辆、营运车辆违规经营行为7.1万起、驾培乱象2194起，查处黑驾校6所、黑教练车120辆和非法培训点709个，查处高速公路货车冲关逃费等违法案件3520起，罚款3000余万元；收到的"三书一函"（请补全）36件和线索3039条全部完成核查处置；新建立长效机制17个。

以春节、全国和全省"两会"、党的十九届五中全会等重要时间节点为抓手，落实重点部门矛盾纠纷化解工作责任，健全涉稳信息报送工作机制，3次赴中共四川省委、政法委和省信访局等部门进行工作汇报，上报行业突出矛盾专题调研报告2篇；以出租车、道路货运和城市公交等重点问题为导向，持续深化疫情防控期间矛盾纠纷稳控化解工作，深入眉山、达州、广安等重点地区调研出租车改革进展，指导成都、绵阳、宜宾、德阳等多地巡游出租车企业免除或降低新冠病毒肺炎疫情期间出租车承包费，惠及出租车约2万辆、驾驶员近4万人，督促南充、巴中、德阳等地进一步落实城市公交补贴补偿政策；以强化涉稳矛盾纠纷预测预警为目的，拓展多种信息来源渠道，信息数由初期每年3000余条增至每年2万余条，提前预判涉稳矛盾5起，并指导有关地区交通运输部门和厅行业管理机构提前处置化解。

以领导接访包案推动责任落实，不断健全厅领导接访包案化解信访问题常态化工作机制，严格执行“五包”措施，全年厅领导接访15批次90余人次；以主动排查调研推动问题掌握，针对受疫情影响道路运输领域矛盾纠纷形成风险加剧和行业机构改革产生新的涉稳风险，3次深入重点地区调研了解一线从业人员和群众诉求建议，会同当地交通运输部门逐一制定处置方案，工作成果上报交通运输部和中共四川省委、政法委决策研究；以积极疏导推动问题解决，引导四川交职学院与硕博公司经济纠纷向法院提起上诉并进行终审判决，协调厅交通设计院公司、凉山州交投与施工方就经济纠纷形成解决方案并有序推进执行，就省客厂历史遗留问题主动联系省市多部门协商解决方案，确保所涉及的群体总体稳定。

通过招投标方式确定保安服务公司，以专业化、标准化工作方式进一步提升厅疫情防控和机关安防水平，细化厅机关大门进出人员体温检测和信息登记等工作流程；针对地铁10号线2期在厅机关大门外施工可能引发的厅机关大门通行安全隐患，优化厅机关大院车辆运行组织，合理调配值守人员加强协调指挥。督促厅消防维保单位定期开展消防安全例检和重大节假日大检查，指导厅机关院内各单位按要求开展消防安全培训。全年厅机关发现并整改消防隐患33处，协助警方侦破厅机关办公大楼盗窃案1起，排查外围可疑人员5次，提前预警并成功化解火灾险情3次，有序引导群访集访，维持大型活动秩序15次。

（刘翔宇）

厅离退休处 2020年，厅离退休人员工作处围绕中心、服务大局，在积极战“疫”同时，各项工作取得新成效。

抓好“两项待遇”政策落实 慰问22位抗日战争时期老战士老同志，慰问19位抗美援朝老战士并发放纪念章。组织老领导参加厅“十四五”综合交通规划编制老领导座谈会。安排老同志代表参加省学习班、座谈会、通报会等10余人次。召开厅离退休干部情况通报会，开展春节、端午节和重阳节等重大节日走访慰问，及时关心生病住院离退休老同志。加强离退休人员医疗保健工作。完成离退休人员体检和流感疫苗接种工作。做好离休干部零报医疗费和护理费报销工作。上报离休人员“地方生活补助”财政申请。完成建国初期参加革命工作的部分退休干部困难补助、门诊医疗照顾、生活不能自理特困补助经费本年度的落实到位和2021年财政预算申报。做好离退休干部生活特殊困难补助申请工作。做好养老保险“中人”政策解释工作，完成第一批“中人”待遇结算兑现、一次性补发等工作。妥善处理6名去世老同志善后事宜。

做好疫情防控各项工作 排查厅老干部活动中心安全隐患，及时采取应急措施。转发官方疫情信息，强化正面引导，增强信心。各支部及时对老同志春节外出等情况摸排调查，疫情防控期间关心海南等外地老同志。结合疫情防控不同阶段、不同节点创新开展主题月活动，从2月开始连续开展“送关怀”“送健康”“送信心”“送点赞”等11次活动，发放防疫物资近11万元，生活用品26万余元，老党员自愿捐款5万余元。

加强离退休干部党的建设 开启网上学习新模式，利用“四川省离退休干部管理服务系统”、中共四川省委老干部局“天府晚霞”微信公众号、“蜀道风雨情”厅老同志微信群等老干部工作信息化平台，引导老党员在线上学习、云上议事，确保疫情防控期间学习不断档、教育不掉线。全年转发防疫健康知识文章7篇，推荐组织生活学习文章14篇，线上专题讲座5次，线上线下观展1次，观看微视频2部，编印《四川省交通运输厅离退休党总支学习动态》12期，在手机快讯和四川机关党建网累计发信息21条。结合省委老干部局“增添正能量·共筑中国梦”活动，开展第七届“品味书香，思想常新”老同志读书交流活动，以“弘扬好家风，共筑中国梦”为主题，推荐阅读《红色家书》，收集家风、家训、家书50篇，发挥离退休干部在传承弘扬社会主义核心价值观方面的独特优势。召开“不忘初心，不负韶华”主题党日活动暨党员大会，观看微视频《步履不停》、交通抗疫宣传片和离退休工作专题片，党总支书记讲党课并重点总结2019年积分制管理情况，表彰获奖人员和集体。

助力脱贫攻坚工作 结合中共四川省委老干部局“我为脱贫攻坚出份力”活动，对口帮扶任务扎实到位。一是捐赠应急补短资金及助学金1.1万元；二是离退休党总支捐助5000元帮助金口河受灾的五一村支部共建；三是以购代捐特色扶贫产品近6万元；四是多次进村调研慰问，捐赠日用品、书籍等；五是做好中共四川省委老干部局“我看脱贫攻坚新成就”专题调研，并派支部书记参加专题调研座谈会。

（厅离退休处）

厅机关党委 2020年，厅机关党委主要开展如下工作。

严格落实党建工作责任。组织召开厅2020年度党建及党风廉政建设工作会，印发《2020年厅直系统党建工作计划要点》，系统部署党建及党风廉政建设。完善党建考核制度，印发《厅直机关“四好一强”领导班子创建活动、落实党建工作责任制和党风廉政建设责任制考核办法》，组织开展2019年度厅直系统党组织书记抓党建述职评议考核工作，对30个厅直单位19个厅机关处室进行党建集中考核。印发《厅“四好一强”领导班子创建活动计划》，细化方法措施，稳步推进创建活动。严格落实“三会一课”、谈心谈话、组织生活会等制度，召开支部党员会议14次，讲党课5次，开展党支部书记抓党建述职评议工作，测评优秀率100%。

接受省委巡视并抓好巡视整改工作。系统梳理党的十八大以来中央、省委巡视指出的问题和自查自纠相关整改工作台账，督促牵头部门对长期坚持的项目持续抓好整改落实。配合完成十一届省委第六轮巡视工作，针对巡视发现问题，制订整改措施，认真开展整改工作。通过中心组和三会一课，学习贯彻习近平总书记在“不忘初心、牢记使命”主题教育总结大会上的重要讲话，落实“不忘初心、牢记使命”制度。开展党的十九届五中全会和省委十一届七次全会精神的学习宣贯工作。按时报送意识形态工作总结报告。

加强思想教育和文化建设。及时学习党的十九届五中全会和省委十一届七次、八次全会精神，充分发挥中心组理论学习的示范带动作用，根据人事调整，及时调整中心组成员，制订印发《2020年度厅党组理论学习中心组学习计划》，组织学习活动，开展中心组学习21次，厅党组被省直工委表彰为2019年度理论学习中心组学习先进单位。召开青年党员干部“学用新思想、建功新时代”推进会，厅直系统13个理论小组分别组织开展各具特色的学习讨论活动，2名个人、1个集体获省直机关青年学习标兵（集体）。组织开展厅直系统“做阅读党员、建书香机关”主题读书活动，编印“四季悦读”推荐书目4期，举办讲坛，继续办好四季悦读俱乐部等阅读平台。完成机关文化走廊建设。

加强基层组织建设，夯实基层基础。一是加强组织建设，开展党组织换届提醒工作，做好厅直单位和厅机关处室的换届及部分厅直单位委员届中调整工作。为加强党在扶贫、疫情防控中的领导，成立脱贫攻坚督导工作组临时党支部、党员服务队临时党支部4个。二是加强五好党支部建设，制定《厅党组关于进一步加强厅机关和厅属单位党支部建设的意见》，扎实推进厅直系统基层党组织标准化规范化建设和党建业务融合发展工作，组织召开厅直系统基层党组织建设现场会，编印《厅直机关基层党支部规范化建设手册》。示范开展联合主题党日活动，联合省直机关工委组织部，省公路设计院公司桥梁分院等5个党支部深入“犍为岷江大桥”项目建设现场开展“不忘初心、不负韶华，秉持匠心建功交通”主题党日活动。三是加强教育管理。组织厅直系统集中于5—8月，广泛开展“不忘初心、不负韶华”主题党日活动。编印支部学习8期，组织开展“党课开讲啦”活动，及时收集厅直单位优秀党课案例。开展党建工作创新案例收集工作，推荐2个创新案例报送省直机关工委。组织观看四川抗疫专题展，《迟来的告白》等2部影视作品。举办入党积极分子培训班和党务干部培训班暨党员党性锤炼班各1期，计180人，选派厅直系统47名新任党支部书记参加省直工委专题培训。四是抓好党员发展，印发《2020年发展党员和积极分子计划》，转发《中组部关于抓紧做好在新冠肺炎疫情防控一线发展党员工作的通知》，全年发展党员200名。五是加强党员关怀帮扶，制定《厅直机关党内关怀帮扶办法》，2020年元旦春节期间走访慰问生活困难党员、老党员、老干部85人。向省直工委申报党员爱心互助金，1名困难党员得到资助。厅直系统4个集体7名个人获省委、省直工委表彰。六是做好日常工作。印发《关于规范厅直系统党费收缴、使用和管理的通知》，切实做好党费收缴使用和管理工作。建立党建信息收集上报机制，及时收集宣传和上报党建工作信息，厅被省直机关工委评为2019年度机关党建宣传信息工作先进单位。完成2019年党统工作，做好党员组织关系转接。印发包山头植树活动，开展包山头植树活动和捐款活动。

积极参与新冠肺炎疫情防控工作。印发《在疫情防控阻击战中充分发挥交通运输系统基层党组织战斗堡垒作用和共产党员先锋模范作用七项要求的通知》，从厅机关和直属单位中抽调36名青年党员干部，组成厅疫情防控青年党员服务队。下拨20万元专项党费用于厅直有关单位开展新型冠状病毒感染肺炎疫情防控工作。印发《厅关于开展慰问交通疫情防控一线职工的通知》，面向全省交通运输系统发布慰问信，13位厅领导分别带队，分赴21个市（州），对63个基层防疫工作点进行慰问调研。组织召开发挥党组织在防疫工作中的作用专题会议，印发《厅关于在交通疫情防控一线做好树党旗亮身份工作的通知》，鼓励党员冲锋在前，厅直系统成立各类党员突击队、先锋队、服务队133个。组织疫情防控党员捐款计70余万元。做好疫情防控一线党员的宣传推荐，3名个人、1个集体获得省级表彰。

加强党风廉政建设。强化责任落实，组织签订2020年党风廉政建设责任书，印发《厅直系统纪检工作要点》。制定《厅党组关于开展巡察工作的实施意见》，建立厅巡察办与机关党委合署办公，组织开展2020年巡察工作。印发《直属机关纪律检查委员会工作规则（试行）》，加强和规范厅直机关纪委工作。系统梳理监督执纪各项流程，编印《中共四川省交通运输厅直属机关纪律检查委员会监督执纪工作手册》。向省直纪工委申报运用信息技术提升传统监督效能、现场监督检查廉洁风险防控规定告知卡、“清风助苗”工程等5个第二批省直机关纪检工作创新项目。开展廉政教育，在全系统干部职工家庭中开展“树廉政家风、建最美家庭”主题活动。开展“守纪律、讲规矩”警示教育月活动，观看《树清廉家风、建最美家庭》警示教育片，举行党纪党规知识测试。严格监督执纪，配合人事部门进行干部任前考察及事业单位招聘面试，开展廉政谈话，对考察、面试进行全程监督，主动尽职履责；印发《厅直机关纪委办理党风廉政意见工作办法》，规范党风廉政建设意见回复，出具党风廉政意见33份；强化日常监督，完善监督人员库，坚持以交叉监督的方式对厅机关招投标、政府采购、比选等活动进行过程监督，抽取招标监督员45人次；严格执纪问责，对收到的信访举报均严格按照《中国共产党纪律检查机关监督执纪工作规则》办理。协助党组认真贯彻落实《党组讨论和决定党员处分事项工作程序规定（试行）》及省委实施细则，对8名违法违纪党员做出党纪处分。牵头编印《交通运输廉政风险防控体系建设参考指南》，开展支部廉政风险排查防控工作，梳理党费收缴、工会经费收缴等6项重点工作流程和风险点，制定相应风险防控措施。

抓好定点扶贫工作。做好定点帮扶工作谋划。召开2020年对口联系帮扶金口河区和沐川县联席会议。印发《2020年对口联系帮扶沐川县区16个贫困村工作方案》《2020年对口联系帮扶金口河区11个贫困村工作方案》《定点帮扶和协助帮扶工作2020年实施方案》，明确工作职责，细化工作措施，促进责任落实。做好定点帮扶工作管理督促，开展2019年定点扶贫考核。印发《关于印发省委扶贫领域专项巡视等反馈问题长期整改事项2020年工作措施清单的通知》，继续做好扶贫领域专项巡视整改工作，落实部定点扶贫成效考核反馈问题整改工作推进会议精神措施分工。统筹做好春节期间联系贫困户慰问工作，召开2020扶贫干部慰问座谈会，对扶贫干部进行慰问。开展消费扶贫行动，收集梳理上报“四川扶贫”公益品牌用标企业及销售网点名录，组织厅直系统采购金口河区、沐川县、湖北省特色农产品等农副产品。搭建学习交流平台，每个工作日在厅驻村及扶贫工作群推送习近平扶贫论述摘编学习卡，推送306期，制作交通扶贫动态44期。

发挥群团组织作用。加强群团组织建设，完成第二届厅直机关妇委会和厅机关工会的换届工作。组织开展2020年迎新春拔河比赛，“三八”妇女节等系列。组队参加省直机关气排球比赛、篮球比赛等，取得优异成绩。做好新发展团员电子数据库建设，成立交通运输行业共青团工作指导和推进委员会；组织疫情期间志愿理发服务活动和一线慰问；举办“阅青春、阅努力、阅初心、阅践行”厅直机关青年读习语金句网络接力分享赛，组织50名金口河区贫困儿童走出大山看世界，反响良好，新华网、人民网、四川电视台、《华西都市报》等媒体进行宣传报道。申报第23届“四川青年五四奖章集体”，省公路设计院公司被评为“五四集体”。

（厅机关党委）

省交战办 2020年，全省交通战备组织机构保持基本稳定，职能职责清晰，三级机构人员编配合理，工作环境良好。建立高效顺畅省级交通战备工作机制，健全完善交通运输基本建设贯彻落实国防要求提报机制。开展《中华人民共和国国防交通法》宣传贯彻，实现省、市、县交通战备干部三级全覆盖。切实国防交通专业保障队伍建设，提升保障力量发展质效和建设水平，建设梯度合理、层次丰富的全省国防交通专业保障队伍体系。围绕“四落实”总体要求，练指挥、强队伍、找问题、求突破，突出“真、严、难”，组织开展形式多样、课目合理的训演练，专业保障队伍应急应战能力不断提升。建成省交通战备某信息系统，基本实现对遂行任务中国防交通应急应战力量远程调度和实时掌控。规范国防交通潜力数据采集标准，潜力数据精准化、实时化水平不断提高。组织公安交警、路政等部门，完成多起重特大军事交通保障，以及部队驻训、援鄂物资运输等多批次军事交通和应急运输保障任务。加快省内多条重点国防公路建设，国防交通投送通道及其迂回联络线初步成网。主动对接部队，听取国防交通基础设施建设需求，解决部队机动“最先一公里”问题。以提升国防重点基础设施支撑国防交通能力为目标，做好应对复杂态势交通运输准备，开展四川省国防公路基础设施军事运输能力保障、重要结构物分析、地质灾害常发点统计工作，编制形成专题报告。全省国防交通物资储备布局合理、重点突出、规模适度，能够有效满足支援保障和抢险应急需求。

（省交战办）

驻厅纪检监察组 2020年，驻厅纪检监察组在中共四川省纪委、省监委坚强领导下，聚焦主责主业，坚持靠前监督、精准监督，持续推动派驻机构改革和年度工作任务落实。驻厅纪检监察组及厅直单位纪检组织收到信访举报和问题线索96件，立案审查调查10件。综合运用“四种形态”，提出党纪处分建议13人、政务处分建议3人、诫勉7人，谈话提醒和批评教育32人，涉及处级干部16人，收缴违纪所得87.6万元。加强政治监督，督促厅机关及厅直单位落实疫情防控责任，督促抓好交通运输部反馈的脱贫攻坚17个问题整改，督促厅运管局、厅高管局等重点单位持续开展好“扫黑除恶”专项斗争。监督保障巡视反馈问题整改落实到位，督促厅党组及有关部门对照巡视反馈问题清单，制定整改措施，建立专门台账，迅速展开整改。加强日常监督，督促厅党组及各级党组织落实全面从严治党主体责任，与厅党组共同制定《关于落实深化省纪委监委派驻机构改革要求，促进派驻监督工作高质量发展实施办法》，健全完善13项制度机制，推动形成全面从严治党合力。督促厅有关单位开展驾培市场专项治理和交通建设招投标领域突出问题系统治理。加强选人用人监督，建立健全并动态更新465名处级干部廉政档案，客观审慎出具党风廉政意见36份，严把干部选任廉政关口。加强警示教育，在厅党组会和厅直系统党风廉政建设会上点名通报2019年查办的10起典型案例。组织厅机关和直属单位副处级以上干部观看《越界》等警示教育片。加强队伍建设，组织厅直系统16名纪检干部参加中国纪检监察学院业务培训，抽调5名厅直系统纪检干部到驻厅纪检监察组进行实战轮训。组织开展2019年度厅直单位纪委书记（纪检委员）述责述廉，对履职情况进行排名，排名情况在厅党组扩大会上通报，并向厅直单位书面通报，作为年度考核的重要参考，倒逼纪委书记（纪检委员）履职尽责。

（驻厅纪检监察组）

厅公路局 1952年9月，川西行署交通厅养护处更名为四川省交通厅养护处，负责全省公路养护工作。1954年10月，经省政府批准成立四川省交通厅公路局。1958年1月，改制为厅内局，1962年6月恢复为厅直属局。1971年改制为四川省交通局公路管理处，1980年12月恢复为四川省交通厅公路局。1985年11月核定为县级事业单位，由省交通厅授权，主管全省公路规划、公路新（改）建和国道、省道、县道、乡道公路养护管理工作。1988年，将国道、省道及各养护总段成建制下放市（地、州）管理，厅公路局职能转变为对全省公路养护管理实行宏观调控的行业管理。1996年12月获批局领导正职根据干部本人条件可按副厅级干部配备，局领导副职可按正处级干部配备。2000年6月，厅公路局与厅高速公路管理局撤并，组建四川省交通厅公路局，对中层干部实行竞争上岗，一般干部实行双向选择的人事制度改革。受交通厅委托，主要负责全省公路建设、养护、收费和路政稽查的行业管理。2005年获批机关事业编制156名，内设机构为：办公室、政策法规处、公路规划处、财务处、养护管理处、工程管理处、路政管理处、收费管理处、人事处、离退休人员工作处、科技教育处、监察审计处（与纪检组合署办公）、信息处、后勤管理处和机关党委。2006年3月获批增设农村公路建设管理处，所需人员局内部调剂解决。2009年4月省人事厅批准参照公务员法管理。2009年12月更名为四川省交通运输厅公路局。

2020年，厅公路局着力提高供给能力，改善服务品质，提升治理水平，全省普通公路发展取得显著成效。

加力加劲，年度目标任务提前超额完成。①完成投资持续高位运行。克服新冠肺炎疫情、重大自然灾害、经济下行、要素制约逐渐增强等多重困难和挑战，全省普通公路完成投资836.2亿元，为年度力争目标（606.5亿元）的138%。其中，国省干线公路完成投资570.4亿元，为年度目标的121%；农村公路完成投资197亿元，为年度目标的185%；养护及其他专项工程完成投资68.8亿元，为年度目标的229%。②建设任务保质完成。印发《四川省撤并建制村畅通工程实施方案》《四川长征干部学院交通基础设施实施方案》《森林草原防灭火道路与航空灭火设施建设专项整治实施方案》，绵阳广元山区公路、涉藏地区通寺庙公路、交通灾后恢复重建等重点专项加快建设，全年新（改）建普通国省干线公路2200公里、农村公路1.4万公里，新川九路灾后恢复重建新示范工程主体工程完工并具备通车能力，全国在建公路海拔第二高和全省公路海拔第一高无名山隧道顺利贯通。

奋力冲刺，交通脱贫攻坚取得决定性胜利。①强化统筹协调。成立普通公路重点工作推进协调服务工作组，制定《2020年交通扶贫领域腐败和作风问题治理专项工作方案》《2020年定点扶贫和协助帮扶贫困县工作方案》，加强统筹协调，压紧压实责任。②实行精细管理。采用“卫星遥感+手机App”精准锁定扶贫建设任务，逐项目建立工作台账，落实专人分类别、分年度、分批次、按月份跟踪管理，确保项目有序推进。与省扶贫开发局、省铁路机场办联合印发《关于进一步明确交通脱贫攻坚“两通”工作标准的通知》，明确受重点项目建设、地质灾害损坏、生态环境保护等影响通乡通村硬化路实施标准。③开展挂牌督战。牵头成立厅凉山州脱贫攻坚督战前线工作组临时党支部，局20余名党员干部常驻凉山州脱贫攻坚一线，多名同志参与绵阳、雅安、达州等地挂牌督战，逐项逐村核实“两通”成果，实行“销号管理”，完成4700余公里通乡通村硬化路整治。凉山州最后7个贫困县如期脱贫摘帽，通过国家普查验收。

示范引领，“四好农村路”创建提质扩面。①示范创建机制不断完善。推动省政府出台《四川省“四好农村路”示范县和示范市评定办法》，优化示范县考评指标，首次将示范市创建纳入评定内容；将交通部门一家考核升格为省交通运输厅、省财政厅、省农业农村厅和省扶贫开发局联合考核，提高考核科学性、准确性。②示范创建走在前列。评定第四批省级示范县25个和第一批省级示范市1个，省级示范县数量超过全省县（市、区）总数的三分之一，省级示范市创建首开中西部地区先河。③示范区建设全面启动。签订《成渝地区双城经济圈“四好农村路”示范片框架协议》，在10个县（区）协同推进成渝地区双城经济圈“四好农村路”全域示范创建。四是品牌培树成效显著。召开全省“四好农村路”现场会，承办2020年交通运输部“行在乡村游在路上”脱贫攻坚自驾主题宣传活动，平昌县板青路和邛崃市平临夹路分别成功获评交通运输部2019年度“十大最美农村路”和2019年度“我家门口那条路——最具人气的路”，“四川农路”品牌在全国打响。

强化管养，养护管理水平持续提升。①扎实开展迎部评工作。组织召开5次全省迎评工作视频调度会，并多次召开迎评工作专题会，明确工作目标，落实工作责任。牵头起草汇报材料和迎检工作方案，印发迎评工作任务清单6批，全力准备迎评资料。成立7个工作组，加强对迎评任务重的阿坝州、乐山市等进行现场调研指导，夯实基础工作。通过干线公路养护管理检查验收，得到部检查组高度肯定。②完善制度框架体系。制定《进一步规范养护中心建设工作指导意见》《四川省普通国省干线公路服务标准（含公共厕所）（试行）》《关于进一步加强新增普通国省道养护移交工作的通知》《四川省普通国省道长大桥隧养护管理和安全运行实施细则（实行）》等4项规范性制度文件，补齐制度短板。③加快养护工程和管养服务设施建设。印发《关于加快普通国省干线公路养护工程项目前期工作的通知》，采取“整合项目打捆实施、设计与咨询同步开展”，大幅提高审查审批效率。采取“督调结合、片区分组、专题对接”，对21个市（州）进行全覆盖指导，推进项目实施。实施普通国省道养护工程1824公里，新（改）建养护中心（站）73个、服务设施37个、公路厕所62座，均完成年度目标任务。

持续发力，普通公路品质不断提升。①不断提升公路安全保障品质。指导地方按照《关于在普通国省干线公路工程可行性研究和勘察设计阶段进一步加强地质灾害防治工作的指导意见》，加强地质灾害防治设计，提高公路防灾抗灾能力。②不断提升工程建设品质。围绕新川九路、山区公路改善工程等重点项目，推广“四新”技术，探索“智慧工地”建设，加强施工关键环节、检测指标等监测，推动项目施工由粗放型向精细化转变。③不断提升公路服务品质。坚持以“交通+旅游”融合发展示范试点为抓手，组织省级主流媒体进行采访报道，宣传推广新川九路“安全舒适、绿色生态、智慧协同、融合发展”的建设理念；组织“秋日畅游新川九，请你点评赢好礼”专题活动，多方征集对旅游公路的建设意见，提升川九路等旅游公路服务品质。

强化监管，行业治理能力持续提升。①深化信息化技术运用。深化普通公路监测预警系统应用，成功与全省养护分析系统数据对接，完成试点外场视频接入、日常预警专题建设。全面推广“蜀路通”现场核查系统，新增公路建设项目管理功能模块，实现工程项目建设全过程监管。②规范路政和收费管理。加强疫情期间普通公路保通保畅和复工复产服务工作，制定贯彻落实保障四川省公路畅通的七条措施实施细则，加大未经批准设置卡点查处力度；创新疫情期间大件运输许可服务方式，通过网上办、预约办、上门办等方式，为重点项目提供绿色审批通道。积极做好收费公路立项报批和审查服务，完成国道350线广安枣山至武胜段公路项目收费立项报批审查。减免“绿色通道”及节假日通行费2033万元。③加强安全应急管理。完善省、市、县三级安全应急管理体系，分层分级建立安全生产监管责任清单，压紧压实安全生产领导责任和监管责任，常态化做好安全工作，全年未发生重大安全事故。成功应对百年一遇的暴雨洪涝灾害，完成74条、876处国省道公路和2000余条农村公路抢通保通任务，刷新抢通保通断道数量历史记录。

强化保障，自身建设不断加强。①党建不断加强。坚持把政治建设摆在首位，通过党委会、理论中心组学习、印发《党建知识应知应会》、发放《习近平谈治国理政》（第三卷）等多种形式，持续加强政治理论学习，引导党员干部进一步增强“四个意识”、坚定“四个自信”、做到“两个维护”。印发年度党建工作要点，明确目标任务和工作要求。组织召开“七一”表彰大会，激励先进、鞭策后进。局党委在厅直系统“四好一强”领导班子创建活动中被评为“成效显著”班子并在厅直单位排名第一。②党风廉政建设不断加强。持续加强廉政教育，先后18次在党委中心组扩大会上传达学习廉政文件精神和违纪违规典型案例，组织干部职工观看《树清廉家风、建最美家庭》《越界》等廉政警示教育片，引导党员干部以案明鉴、以案明纪。印发年度纪检工作要点，制定《干部廉政档案管理办法》，完善干部廉政档案材料，推动干部监督管理常态化。③内部管理不断完善。制定《督办工作管理办法》，督促各项重点工作按时按质落地落实。修订《局机关考勤管理办法》《机关工作人员年度考核办法》，印发《干部日常履职档案管理办法》，加强干部日常监管和平时考核，激励干部职工敬业奉献、实干笃行。印发进一步加强直属单位管理的意见，制定直属单位重点监管事项清单，每季度组织召开局直单位汇报会，全面加强直属单位管理。④行业形象显著提升。持续开展“十大最美农村路”“全面建设小康、决战脱贫攻坚”等主题宣传活动，全方位宣传全省公路发展成果。阿布罗哈村通村公路、鸡鸣三省大桥等明星工程被中央电视台、《人民日报》等重要媒体报道。

（郝苑苑）

厅航务局 厅航务局（同时挂四川省地方海事局、四川省船舶检验局，实行“三块牌子、一套机构”）是交通运输厅领导下参照公务员法管理的事业单位。主要职能是负责贯彻落实国家和省有关水路交通的方针、政策、法律、法规和规章，研究制订相关的实施办法，并组织实施；负责编制全省水路交通行业中长期发展规划、年度计划，并组织实施；负责全省水路交通的运政和水路运输市场、水运服务市场、港口装卸市场的管理，协调重要物资、紧急物资的水路运输；负责全省水运安全管理和水路交通的安全执法监督，事故调查处理和水上救助打捞、船舶防止水域污染工作；负责航道、港口的规划、建设、养护、岸线使用和水路交通航道管理。会同有关部门协调处理水资源综合利用中的有关事宜；负责组织船舶、水上设施的设计、建造，船用产品的技术核验和造船企业生产技术的认可发证以及水运科技的推广应用，水运行业计量、质量、技术标准，船舶通讯导航的管理；负责船舶港务费和船舶检验费等水路交通规费征收的行业指导；负责船舶登记，船员的培训、考试和发证管理工作；负责水运行业的精神文明建设和航运职工队伍的教育培训；承办交通运输厅交办的其他事项。

2020年，全省航务海事工作者奋力夺取疫情防控和水运高质量发展双胜利，为交通强省建设作出贡献。

疫情一二级响应期间，水路疫情防控实现“两停两不停零传播”。全省旅游船舶率先停运，渡口码头相继停运，有效阻断病毒水路传播途径。水路货运通道采取“七步防疫法”，水运大动脉未因疫情中断。水运重点项目落实“十五字防疫诀”，率先实现100%复工复产。毫不放松水路疫情防控，内防扩散有成绩。

一是《内河水运“十四五”规划》等行业重要规划初步成型。二是重要航道及各市港口总体规划加快编制，《岷江流域综合规划环评》历时近10年通过生态环境部审查，渠江（达州至广安段）、岷江（成都至乐山段）航道规划环评取得批复，金沙江下游航运发展规划基本编制完成并启动规划环评，全省高等级航道沿线14个市完成港口总体规划编制。三是厅与重庆签署《推动成渝地区双城经济圈水运发展，共建长江上游航运中心合作备忘录》，川渝两地在水运规划、环保、建设、运输服务等方面合作进一步深化。抢抓机遇谋划水运发展，顶层设计有思路。

全年水路交通完成投资52.6亿元，占年度计划投资目标38亿元的138%，占力争投资目标45亿元的117%。一是岷江犍为枢纽等8个续建项目顺利推进。犍为枢纽实现蓄水、通航、发电三大目标，广元港张家坝作业区一期工程泊位基本建成。二是岷江港航电综合开发和嘉陵江利泽枢纽资金筹措方案，经省政府协调形成一致意见，岷江老木孔、渠江风洞子枢纽开工动员，东风岩枢纽前期工作加快推进。三是按照二类标准维护高等级航道900公里，完成专项养护工程15个。四是建成渡改人行桥15座，沿江临河群众出行条件进一步改善。紧盯项目投资补短强弱，基础设施有提升。

全省完成水路货运量6527万吨、货物周转量292亿吨公里、港口货物吞吐量1360万吨、客运量954万人次、旅客周转量1亿人公里。全年完成港口集装箱吞吐量27.4万标箱，大件运输42批次、1.1万吨。一是积极支持省港投集团发展，川南港口运营管理平台挂牌运行。二是深化川渝合作，泸州、宜宾港至重庆“水水中转”班轮常态化运行，新增泸州至九江、广元至重庆集装箱班轮航线。三是积极推进运输结构调整，大力发展多式联运。全年完成铁路水路联运集装箱量4.29万标箱。稳步推进运输结构调整，市场发展有活力。

在全国率先出台《推进长江经济带船舶和港口污染突出问题整治实施方案》，厅航务局荣获全省环保工作先进集体。一是落实6800万元省级交通专项资金，支持船舶防污染设施配备和港口码头环保设施建设改造，紧扣时间节点，全面完成全省4758个突出问题整治。二是巩固长江干线88座非法码头整治成果，完成省内主要通航河流380座非法码头整治，港口岸线管理进一步规范，28座码头新办港口经营许可证。三是眉山、广元、乐山客船提档升级试点有序推进，20艘试点船舶启动建造。四是长江干线五大类专业化港口岸电配备率100%，绵阳、广安、达州等12个市推广运行船舶水污染物联合监管信息系统，实现污染物来源可溯、去向可查。加快港口船舶污染治理，绿色航运有变化。

全年发生水上交通事故1起、死亡1人，水上交通安全形势持续稳定。一是完成全省通航要素采集，建立完善以流域为单元的信息通报、风险动态调整和重大风险源联防联控等机制。二是落实长江流域十年禁捕要求，开展“三无”船舶集中整顿，排查“三无”船舶10287艘，完成取缔处置6052艘、规范4235艘。三是采取水上巡航、现场驻守、视频监控等方式，检查船舶1.3万艘次，渡口码头9600余个次，发现并整改隐患5400余起，处置突发事件237起。四是贯彻《国务院办公厅关于加强水上搜救工作的通知》及交通运输部实施方案，推动建立省级层面水上交通安全搜救联席会议制度。成功应对岷江、嘉陵江等江河特大洪水，转移遇险群众4.5万余人，救助群众140余人。全面落实安全监管责任，水上安全有保障。

（厅航务局）

厅运管局 四川省交通运输厅道路运输管理局前身为四川省汽车运输公司，1985年4月1日改制为正处级行政事业单位，更名为四川省交通运输厅公路运输管理局，隶属省交通运输厅。2011年5月6日机构调整，更名为四川省交通运输厅道路运输管理局（以下简称“厅运管局”），同时撤销四川省高速公路运输管理处，将其编制和职能并入省交通运输厅道路运输管理局。厅运管局为参照《中华人民共和国公务员法》管理的事业单位，事业编制96名，内设14个处室：党委办公室、局办公室、政策法规处、人事科教处、财务与规划统计处、客运管理处、货运管理处、车辆维修处、安全稽查处、驾驶员培训管理处、科技信息处、监察审计处、后勤管理处、公交与出租汽车管理处。现有在编在职人员85名（干部79人、工勤人员6人）。直属企业3个：省运业汽车站建设有限责任公司、省蜀运实业有限责任公司和省公路运输服务中心，受厅委托代管四川省大件运输公司。主要职能职责：负责制订全省道路运输行业发展规划并组织实施，指导全省道路运输行业优化结构、协调发展，维护道路运输行业秩序，负责全省道路旅客运输、货物运输、机动车维修、道路运输站（场）、机动车驾驶培训、城市公交、出租汽车、城市地铁及轨道交通运营的行业管理及监督，负责全省道路运输安全的源头管理工作，负责道路运输行业统计，组织实施交通战备、抢险救灾等重点物资的紧急运输等行政辅助、公益服务和事务性工作。

2020年，全省交通运输系统广大从业者共同努力，奋力推进全省道路运输事业加速发展。

全力抗疫，打赢疫情防控攻坚战。在全国率先实施汽车客运站“七不出站”以及体温检测、司乘人员佩戴口罩、交通场所（工具）消毒通风“三个100%”措施，有效阻断病毒通过道路运输传播，厅运管局获“全国交通运输系统抗疫先进集体”称号。创新开发应用四川省道路客运乘客信息登记系统（川行通），入选科技战疫2020中国数字化转型成功案例和四川省大数据战疫蓝皮书。以“春风送暖、情满旅途”为主题，助力复工复产。在全国率先创新实施农民工返岗复工“春风行动”，“零事故”将55万人次农民工“点对点、一站式”安全有序送达岗位，受到交通运输部通报表扬并在全国推广。率先实施客运复运、货运保障复工复产复耕行动，成立省级专项工作组协调“物流难”问题42项，支撑复工复产走在各行业前列。

加快推动道路客运供给侧结构性改革各项政策落地落实。增强个性化、定制化供给服务，推动道路客运与航空、铁路、水运等其他运输方式有机衔接、错位发展，为实现“门到门”运输和构建高效顺畅的综合客运服务体系提供“毛细血管”支撑。构建旅游客运大市场，紧盯川、滇、藏、黔旅游通道大环线，研究省际旅游共享发展框架；构建县域客运一体化市场，改革重构县域客运市场，全力推动城乡客运一体化发展、均等化服务，全面落实城市公交优化发展战略，健全完善城市公交发展标准和评价体系，不断扩大公交都市创建面，落实农村客运公益性质，深入开展“金通工程”。

改进提升交通基础设施有效供给。对接国家物流大通道规划，改进提升省内物流通道能力，强化高等级公路和城市主干道、重要枢纽节点与干线铁路等之间的连接，提高干支衔接能力和转运分拨效率，打通枢纽节点微循环“最后一公里”。改进提升道路货运市场组织化程度。深化无车承运人试点，鼓励网络平台道路货运经营者发展，以信息化手段和税制政策，培育骨干龙头企业，不断提升道路货运组织化程度和集约化水平。改进提升道路货运组织模式。发挥市场机制和政策导向作用，创新运输组织模式，继续推进多式联运、甩挂运输和共同配送等先进运输组织方式，支持物流交易平台等第三方平台建设，提升物流供应链整体效率。改进提升农村物流水平。以县为单位，整合省级相关部门资源，优化农村物流网络布局，推动县域交通运输物流一体化建设。道路运输基础设施网络更加健全，客运枢纽网络日趋完善，实现市（州）政府所在地城市一级、内地县城二级（三州三级）及以上客运站全覆盖，实现通客车的乡镇和建制村客运站（含招呼站牌）全覆盖，公路货运枢纽网络骨架基本形成，覆盖全省五大经济片区和70%的市（州）。

推动促进道路客运信息开放。城市客运覆盖范围更加广泛。城市公交、巡游出租覆盖所有市（州）政府所在地城市和99%的县级城市，89家网约车企业的10万辆网约车合规化运行。群众出行更加便捷高效，21个市（州）政府所在地城市交通一卡通全国互联互通。公路客运联网售票覆盖所有二级以上客运站并实现互联网售票。在全国率先将定制客运纳入政府规章规范发展，实现县级以上城市定制客运全覆盖。修订出台汽车客运站收费管理办法，督促企业向行业管理部门开放客运流量、流向等核心数据，构建完善客运大数据平台，为行业开放市场、科学实施调控和发展旅客联程运输奠定基础。推动促进物流信息共享。加快建设省交通运输物流公共信息平台，创新物流信息收集渠道，促进各种运输方式信息化协同发展，推进实现各种运输方式信息互联互通和开放共享。健全完善信息化监管体系。厘清监管部门和市场信息化建设的权利义务，确保信息安全的前提下，综合施策，加快信息互联和开放共享，推进信息系统由建设为主向应用为主转变，形成信息化监管的闭环管理。分领域细化企业在运输服务、安全生产、履行社会责任等方面的信用考核评价项目、标准和信息收集渠道，推动信息化与事中事后监管的深度融合，逐步建立以信用评价为主导的市场治理体系，加快形成以诚信、安全和服务质量为主导的市场导向，努力构建统一开放、竞争有序的市场环境。

强化道路运输市场秩序整治。坚持高位推动、源头治理，集中整治一批行业乱象顽疾，打击一批破坏市场秩序的黑恶势力，深挖严惩一批“保护伞”。“十三五”期间，累计查处“黑车”4.7万辆、营运车辆违规行为7.1万起、驾培行业乱象2194起，打掉13个犯罪团伙判决96人，系统内45人被处理，推动道路运输市场秩序回到良性发展轨道，人民群众道路运输出行安全感明显提升，运输企业、从业人员幸福感、获得感明显增强。

加快绿色交通建设升级改造。全省二类及以上汽车维修企业100%完善环保手续和改造危险废物贮存场地设施，81%喷烤漆房完成升级改造，其中成都平原、川南和川东北地区喷烤漆房升级改造率100%。推进I/M制度建设，率先在全国实现尾气治理维修企业（M站）市（州）全覆盖，累计完成尾气治理维修50余万辆次，有效治理汽车尾气排放污染。运输装备持续提档升级，着力推动柴油货车污染治理、加快公交车新能源化，全省新能源与清洁能源公交车占比88%，新增和更新公交车辆中新能源车比重超过90%；倡导绿色出行，全省公交车辆3.4万辆，年客运量超40亿人次，公交专用道总里程突破1000公里，居全国前列。成都市地铁在营里程达到341公里，年客运量跃居全国第五。共享单车日最高使用量超过300万人次。

不断提升行业治理能力和治理水平。主动安全智能防控技术系统实现“两客一危”车辆全覆盖，第三方监测平台正式运行，危险货物道路运输电子运单使用率98%，“两客一危”车辆入网率100%、上线率98.48%，道路运输重点监管措施成效初显。

（蒋智力）

厅高管局 2011年5月，四川省交通运输厅高速公路管理局（简称厅高管局）挂牌成立，受省交通运输厅委托承担全省高速公路养护、运营服务的监督管理和联网收费管理、安全监控、应急处置等工作。厅高管局与厅高速公路交通执法总队实行“一套机构、两块牌子”，受省交通运输厅委托管理7个高速公路交通执法支队和高速公路监控结算中心。厅高速公路交通执法总队和7个高速公路交通执法支队受交通运输厅委托承担全省高速公路路政、运政和收费稽查工作。

2020年，省交通执法总队（厅高管局）机关核定编制70名，其中领导职数4名（1正3副），总工程师1名；内设机构领导职数21名（8正13副）；内设综合办公室、政策法规处、运行管理处（应急办公室）、建设养护处、收费财务处、服务监管处、人事教育处、监察审计处8个处室。机关在编人员41人，研究生学历16人，大学学历25人。7个执法支队批准设立106个执法大队，核定编制1314名。每个执法支队领导职数1正3副，7个执法支队核定领导职数28名；执法支队机关内设办公室、执法科、财务科、服务监督科、安全监督科、人事教育科、监察审计科（纪委办公室）7个科室，各科室领导职数按1正1副配备，共98名；每个执法大队核定领导职数1正2副，共318名。7个执法支队实际成立106个执法大队，在编执法人员1269名，协助执法人员33名。监控结算中心承担全省高速公路联网收费管理，与科研所、智能公司实行

2020年12月22日，四川省交通运输综合行政执法总队揭牌仪式在成都举行，四川省副省长杨洪波（中）、省交通运输厅厅长罗佳明（右四）出席仪式 厅高管局 供图

“统一党政领导、统一设置内设机构、统一管理人员、统一工作安排调度”，内设办公室、系统运行处、技术维护处、信息情报处、财务处、后勤物业处6个处室。监控结算中心核定编制35名，其中，领导职数3名（1正2副），在编人员29人。科研所核定编制66名，其中，领导职数4名，在编人员32人。智能公司现有人员（川高直属企业）73名。12月22日，四川省交通运输综合行政执法总队正式挂牌成立。省交通运输综合行政执法总队是在厅高管局基础上整合组建而成，保留厅高管局牌子。主要负责交通运输领域重大案件查处，将承担省级交通运输108项行政处罚事项，包含路政、运政、海事、质监等各方面。执法总队核定编制1400余人，在编队员1200余人。执法总队将参与起草交通运输综合执法的地方性法规、规章和政策措施并组织实施；负责交通运输领域重大案件查处和跨区域执法的组织协调，承担省级执法事项；负责全省高速公路交通运输综合执法和监督管理工作，承担全省高速公路运行管理、运营服务监管、安全监管、应急处置等工作；参与交通运输执法信息化建设、装备管理、业务培训等工作。

2020年，全省高速公路管理暨交通执法系统抢抓交通运输发展黄金机遇期把握交通执法和高速公路管理特点，通过健全机制、创新模式、强化监督、提升服务等措施，完成各项目标任务。省交通运输综合行政执法总队成立，地方执法改革稳步推进，交通运输执法效率和服务能力得到提升，高速公路安全平稳运行。高速公路交通执法方面，完成《四川省交通运输综合行政执法条例》立法调研并列入省大人、省政府2021年度立法计划，在全国率先探索以地方立法形式保障中央综合执法改革精神的贯彻落实；纵深推进行政执法流程化、规范化、标准化管理，强化交通运输综合行政执法；组织开展督察，对全省21个市（州）、56个基层执法站所和7个高速执法支队的执法情况开展暗访督察。高速公路信息化建设方面，完成ETC门架系统升级及实车测试，推进ETC拓展应用；加快平安智慧高速建设，率先在成渝之间高速公路、成都放射线及盆地周边主要高速公路试点推广，实现实时监测和管控覆盖率100%。推广智慧高速试点经验，初步搭建路段级面向车路协同的数智平台；加强网络安全管理，开展重大节假日行业网络安全护网行动。高速公路综合治理方面，继续推进“一路四方”机制，实现省、市、县、乡四级覆盖；实施路面大中修700车道·公里，消除三、四类桥隧，路况水平持续保持优等；完善应急预案，健全高速公路应急制度体系及指挥体系。高速公路行业管理方面，开展基层执法队伍职业化建设，健全综合执法人员培训机制；推进基层管理制度规范化建设，实现全省“一套制度管执法”；推动队伍建设高质量发展，深化基层执法站所标准化建设，巩固提升基层执法站所“四统一”成果。提升基层执法工作信息化水平，实现执法全程电子化、可视化、可回溯。

（厅高管局）

厅质监局 1988年5月，省交通运输厅成立公路工程质量监督站（以下简称“厅质监站”），挂靠厅公路局开展工作。1990年10月，经省编委批准成立厅公路工程质量监督站，为县级事业单位；2003年10月，原属厅航务局内设的水运工程质监站并入厅质监站，同时更名为四川省交通厅公路、水运质量监督站；2009年12月经人事厅批准改为参照公务员管理单位；2010年7月，更名为四川省交通运输厅公路水运质量监督站。2012年8月，更名为厅工程质量监督局。2017年5月省编办批复同意增加厅质监局“承担全省地方铁路建设质量和安全生产监督管理的事务性工作”职责。2016年12月，根据省政府工作安排，由省交通运输厅负责，厅质监局具体实施全省地方铁路建设质量安全行政监管工作。2019年3月，中共四川省委机构编制委员会下发文件将厅质监局承担的负责全省公路、水运工程的质量和安全监督管理职责由厅建设管理处承担。厅质监局核定编制48名，其中，领导职数4名（1正3副）。局内设党委（纪委）办公室、综合办公室、质量监督科、安全监督科、工程技术科、资质管理科6个科室。

2020年，全省各级交通质监机构围绕交通强省建设和高质量发展主题，统筹抓好疫情防控和质量安全监督工作，以“品质工程”“平安工地”建设为抓手，强化质量安全制度建设、责任落实和措施创新，实现全省公路、水运和地方铁路全覆盖、全过程、全方位监督，促进质量安全水平稳步提升。

深入推进品质工程建设。在建高速公路项目全部实现混凝土集中拌合、钢筋集中加工、人员集中管理，实现“工地+工点+工艺”三个标准化。落后工艺、设备、材料加快淘汰，其中闪光对焊、隧道矮边墙等工艺实现100%淘汰和限制。11项“四新”技术得到全面应用，并以点带面，全省交通建设项目引入100余项“四新”技术。仁沐新、宜彝、成宜、乐西等十多个高速公路项目制订品质工程实施方案并纳入招标文件，24个高速公路项目7607个班组标准化改造率86%，在全国品质工程现场会上四川省多个项目获得交流材料加展板的双展示机会。

质量监督实效明显提升。对实质性动工的28个高速项目2675公里、1个重点水运项目、10个地方铁路项目945公里、国省干线和农村公路实现监督检查和质量抽检两个100%全覆盖。同时将环保监督纳入综合督查，更新环保检查要点，实行按表检查，对6个项目发现的10个环保问题全部督促整改完毕。

安全监督工作动真逗硬。深入开展平安工地、安全生产专项整治三年行动、红线行动、特种设备、森林防火、电气火灾等专项行动。对全省交通建设领域80处重大风险、在建高速公路132座特大桥、135座特殊结构桥梁、28座瓦斯隧道建立清单台账，制定专项方案，根据施工进展实时开展监督检查，狠抓危大工程重点管控。对6家企业18人进行追责问责，并实施经济处罚70.2万元，综合运用通报、约谈、信用评价等逗硬措施加大处罚力度。全年交通建设领域重要时段安全事故“零发生”，全年重特大生产安全事故“零发生”，水运项目安全事故“零发生”。

按期完成竣交工验收。受新冠肺炎疫情影响，部分在建项目施工进度滞后，特别是年度通车项目时间紧、任务重，厅质监局加大监督指导力度，对巴万高速公路等重点项目进行驻点督导，督促监督机构及时开展交验检测工作，确保按期完成成宜、德简等13个高速公路项目（段落）923公里交工验收及绵遂、遂西等6个高速公路项目竣工验收质量检测工作，为完成通车目标提供质量安全保障。

严格监理检测市场监管。着力推进“最多跑一次”改革，将监理和试验检测行政审批事项纳入“四川一体化政务服务平台”，编制办事指南，优化办事流程，严格落实“首问责任制”和“限时办结制”，按时办结率100%，实现“零”投诉举报。组织10家检测机构进行路面检测参数能力比对，对24家机构开展“双随机”专项检查，完成64家监理企业、90家试验检测机构信用评价。

全面助力脱贫攻坚战。派出4名扶贫干部到涉藏地区、彝区挂职，3人参与省交通运输厅统一组织的交通脱贫攻坚现场督战，组织45家检测机构对贫困县农村公路质量进行帮扶质量抽查7573公里，有效提升脱贫攻坚交通项目质量安全水平。按照厅定点帮扶贫困村分工安排，调整扶贫工作领导小组，组织召开精准扶贫脱贫领导小组会议3次，通过走访慰问、支部共建、捐资助学、产业帮扶等方式积极落实脱贫攻坚工作。

切实抓好疫情防控和复工复产。新冠肺炎疫情防控形势严峻期间，厅质监局成立抗击疫情党员先锋队，与市（州）质监机构形成合力，对全省在建22个高速公路项目进行全覆盖现场巡查和暗访，将常态化疫情防控工作纳入监督检查内容，全省在建项目没有出现一例确诊病例，也没有一个项目因疫情原因停工。

（鲜晓丽）

纪检工作

JIJIAN GONGZUO

概　况　2020年，驻交通运输厅纪检监察组在省纪委监委坚强领导下，以习近平新时代中国特色社会主义思想为指导，深入贯彻落实中共中央十九届四中、五中全会和中共四川省委十一届七次、八次全会精神，按照十九届中央纪委四次全会和中共四川省纪委十一届四次全会安排部署，聚焦主责主业，坚持靠前监督、精准监督，持续推动派驻机构改革和年度工作任务落实。一是加强疫情防控监督，深入30余个防控一线点位开展督导，会同厅制发《加强农民工有序返岗“春风行动”纪律监督保障方案》，保障农民工安全有序返岗，及时投入复工复产。二是督促抓好交通运输部反馈的四川交通运输脱贫攻坚17个问题整改，确保71项整改措施落实到位。加强脱贫攻坚挂牌督战监督，先后6次到遂宁、绵阳实地重点督战。三是与厅扫黑办建立工作联系机制，督促厅运管局、高管局等重点单位持续开展好专项斗争。强化“扫黑除恶”专项斗争中的监督执纪问责，完成对省扫黑办移交的1起问题线索的初步核实。四是监督保障巡视反馈问题整改落实到位。针对中共四川省委第八巡视组反馈的涉及驻厅纪检监察组的问题，制定4项整改落实措施，抓好整改落实。督促厅党组及有关部门对照巡视反馈问题清单，制定整改措施，建立专门台账，迅速展开整改。五是督促厅及有关单位开展驾培市场专项治理和交通建设招投标领域突出问题系统治理。

省委第八巡视组巡视情况反馈会会场　　厅机关党委　供图

两个责任落实　2020年，驻厅纪检监察组督促厅党组及各级党组织落实全面从严治党主体责任，对厅党组第二轮巡察4个单位整改情况开展监督检查，督促厅直其他单位针对第二轮巡察发现的4类12个共性问题和日常监督发现的39个单位44个薄弱环节开展自查自纠。与厅党组共同制定《关于落实深化省纪委监委派驻机构改革要求，促进派驻监督工作高质量发展实施办法》，健全完善定期会商、重要情况通报、选人用人全过程监督、线索联合排查、联合监督执纪、党员处分工作协调、重要情况报告、政治生态评估、日常监督提醒、纪检监察建议、以案促改、领导干部插手干预重大事项记录、交职学院纪委书记提名考察和考核等13项制度机制，推动形成全面从严治党合力。

纪律审查　2020年，驻厅纪检监察组及厅直单位纪检组织收到信访举报和问题线索96件，其中检举控告类初次举报30件，纪检监察组自办19件（初核11件，谈话函询7件，暂存1件），立案审查调查10件（驻厅纪检监察组立案5件）。综合运用“四种形态”，提出党纪处分建议13人、政务处分建议3人，诫勉7人，谈话提醒和批评教育32人，涉及处级干部16人，收缴违纪所得87.6万元。

以案促改 2020年，驻厅纪检监察组通过查办案件，分析研判公路设计院公司管理方面存在的薄弱环节，提出纪检监察建议，督促该院开展因私出国（境）、绩效考核发放、请销假、部门和个人备用金等“五个专项治理”，修订完善《财务审批规定》《差旅费管理办法》等6项制度，追回借款损失约20万元，部门备用金由2140万元下调至371万元，促进厅属企业规范化管理。通过查处运管局工作人员在道路运输协会领取督导费问题，推动厅党组出台《四川省交通运输厅关于进一步加强有关评审费和咨询费管理的规定》，明确提出凡由厅组织或由厅委托组织的有关评审和咨询工作，厅机关公务员一律不得领取评审费、咨询费，参公单位参照执行。

日常监督 2020年，驻厅纪检监察组落实监督基本职责、第一职责，紧盯厅机关和厅直属单位“一把手”等关键少数，结合任前廉政谈话、述责述廉等开展全覆盖监督式谈话。协助厅党组召开厅直系统党风廉政建设工作会。召开2019年度厅机关处室和直属单位主要负责人述责述廉工作会并进行现场测评，8个单位因主体责任落实不到位被取消评优评先资格。加强选人用人监督，建立健全并动态更新465名处级干部廉政档案，客观审慎出具党风廉政意见36份，严把干部选任廉政关口。开展干部任前集中廉政谈话，抓早抓小、防微杜渐。与厅财务处、厅审计处建立工作机制，协调审计处将驻厅纪检监察组关注的重点项目资金问题纳入年度审计工作内容，形成监督合力。持之以恒抓好中央“八项规定”精神落实情况监督检查，及时查处2起违反中央“八项规定”精神问题。开展诬告陷害和失实检举控告澄清正名专项调研，保护干部职工干事创业积极性。

警示教育 2020年，驻厅纪检监察组坚持警示教育和纪法教育并重，既保持震慑，也推动形成“不想腐”的氛围。继2017年、2018年、2019年之后，连续第四年在厅党组会和厅直系统党风廉政建设会上点名通报2019年查办的10起典型案例，并印发厅直系统和厅机关各处室，用身边人身边事释放严的信息、传递严的压力。组织厅机关和厅直属单位副处级以上干部观看《越界》等警示教育片，举办全省交通运输行政执法换证培训班共18期，并开设纪法教育课程，结合案例重点讲解形势任务、监察法、政务处分法、纪律处分条例等内容，推动形成知纪畏纪敬纪氛围。

队伍建设 2020年，驻厅纪检监察组坚持组内政治理论学习制度，通过集中学习、个人自学、集体研讨等方式，深学细悟习近平新时代中国特色社会主义思想，认真学习贯彻中共中央十九届四中、五中全会，中共四川省委十一届七次、八次全会和中纪委四次全会、省纪委四次全会精神，引导组内干部增强“四个意识”、坚定“四个自信”、做到“两个维护”。继续保持和中国纪检监察学院北戴河校区的培训协作机制，组织厅直系统16名纪检干部参加业务培训，抽调5名厅直系统纪检干部到驻厅纪检监察组进行实战轮训，全面提升业务工作能力。组织开展2019年度厅直单位纪委书记（纪检委员）述责述廉，对履职情况进行排名，排名情况在厅党组扩大会上通报，并向厅直单位书面通报，作为年度考核的重要参考，倒逼纪委书记（纪检委员）履职尽责。

（本栏目供稿单位：驻厅纪检监察组）

机关党建

JIGUAN DANGJIAN

加强政治建设 2020年，省交通运输厅党建工作坚持以习近平新时代中国特色社会主义思想为指导，坚持“围绕中心、建设队伍、服务群众”，以党的政治建设为统领，以基层党组织“标准化规范化建设”为突破口，以党建与业务融合发展为目标，加强政治建设，切实贯彻中央和省委决策部署。

抓责任落实，政治建设进一步强化。建立重要工作定期报告、重要部署和问题整改落实情况通报等制度，确保中央、省委重大决策部署落地落实，把政治标准、政治要求贯彻到交通运输工作中。建立健全“不忘初心、牢记使命”制度，抓好“不忘初心、牢记使命”检视问题整改，根据中央和省委巩固深化“不忘初心、牢记使命”主题教育成果的意见制定实施意见。完善党建考核制度，制定《厅直机关“四好一强”领导班子创建活动、落实党建工作责任制和党风廉政建设责任制考核办法》，组织开展2019年度厅直系统党组织书记抓党建述职评议考核工作，对厅直单位、厅机关处室党建工作进行集中考核。召开厅党建及党风廉政建设工作会，就党建及党风廉政建设进行系统部署。组织开展2020年度抓党建述职和考核工作。系统梳理党的十八大以来中央、省委巡视指出的问题和自查自纠相关整改工作台账，督促牵头部门对限期整改的按时完成，长期坚持的项目持续抓好整改落实。2020年7至8月，接受十一届省委第六轮巡视工作，针对巡视反馈意见，制定巡视整改方案并按方案要求稳步推进整改工作。

抓学习教育，思想建设进一步强化。重点抓好中心组学习、干部培训、党支部直接教育党员、青年理论学习小组学习四项制度。学习贯彻党的十九届五中全会和省委十一届七次全会精神。充分发挥中心组理论学习的示范带动作用，印发学习计划，认真组织学习活动，厅党组被省直工委表彰为2019年度理论学习中心组学习先进单位。围绕学习贯彻中央和省委重大决策部署开展处级干部全员培训，分级开展党员轮训。召开青年党员干部“学用新思想、建功新时代”推进会，厅直系统13个理论小组分别组织开展各具特色的学习讨论活动，2名个人被省直工委表彰为青年学习标兵，1个集体被省直工委表彰为青年学习标兵集体。组织开展厅直系统“做阅读党员、建书香机关”主题读书活动，编印“四季悦读”推荐书目，继续办好四季悦读俱乐部等阅读平台。完成机关文化走廊建设。

青年党员干部“学用新思想建功新时代”主题活动推进会

厅机关党委　供图

抓统筹落实，定点扶贫成效显著。定点帮扶金口河区和沐川县，协助帮扶越西县。厅协调相关省级部门，建立“四级帮扶体系”全覆盖参与定点扶贫，从督导脱贫攻坚、统筹帮扶力量、加快基础设施建设、产业扶贫、技术扶贫、技能培训和就业促进扶贫、教育扶贫、卫生扶贫、党建扶贫等方面实施帮扶，针对金口河区提出帮扶措施103项，帮扶资金1417万元；针对沐川县提出帮扶措施57项，帮扶资金421万元。连续5年被表扬为定点扶贫先进单位或综合评价为“好”。厅直系统自加压力，组成28个帮扶组对口帮扶金口河区、沐川县和越西县28个贫困村，金口河区和沐川县贫困发生率分别由2014年的12.32%和13.8%降至0。越西县2020年11月17日经省政府批准退出贫困县。

基层党组织建设　2020年，厅机关党委进一步夯实基层党组织建设。

四川省交通运输厅直属系统基层党组织建设现场会会场

厅机关党委　供图

加强组织建设。落实换届提醒制度，做好厅直单位和厅机关处室的换届及部分厅直单位委员届中调整工作。为加强在扶贫、疫情防控中党的领导，成立脱贫攻坚督导工作组临时党支部、党员服务队临时党支部4个。

加强五好党支部建设。制定《厅党组关于进一步加强厅机关和厅属单位党支部建设的意见》，扎实推进厅直系统基层党组织标准化规范化建设和党建业务融合发展工作，组织召开厅直系统基层党组织建设现场会，编印《厅直机关基层党支部规范化建设手册》，省公路设计院公司党委被确定为四川重庆推动成渝地区双城经济圈建设省市机关党支部书记第一期交流培训班现场参观点。

加强教育培训。编印《支部学习》内部学习资料，组织开展“党课开讲啦”活动。举办入党积极分子培训班和党务干部培训班暨党员党性锤炼班各1期，计180

人。加强党员关怀帮扶，制定《厅直机关党内关怀帮扶办法》，2020年，走访慰问生活困难党员、老党员、老干部85人。印发《关于规范厅直系统党费收缴、使用和管理的通知》，切实做好党费收缴使用和管理工作。建立党建信息收集上报机制，及时收集宣传和上报党建工作信息，厅被省直机关工委评为2019年度机关党建宣传信息工作先进单位。

充分发挥党组织作用。印发《在疫情防控阻击战中充分发挥交通运输系统基层党组织战斗堡垒作用和共产党员先锋模范作用七项要求的通知》，从厅机关和直属单位中抽调36名青年党员干部，组成厅疫情防控青年党员服务队。下拨专项党费用于厅直有关单位开展新型冠状病毒感染肺炎疫情防控工作。印发《厅关于开展慰问交通疫情防控一线职工的通知》，面向全省交通运输系统发布慰问信，13位厅领导分别带队，分赴21个市（州），对63个基层防疫工作点进行慰问调研。组织召开发挥党组织在防疫工作中的作用专题会议，印发《厅关于在交通疫情防控一线做好树党旗亮身份工作的通知》，鼓励党员冲锋在前，厅直系统成立各类党员突击队、先锋队、服务队133个。组织疫情防控党员捐款计70余万元。充分发挥临时党支部作用，厅驻金口河区精准扶贫工作队临时党支部“小支部、大作为”，厅脱贫督战队党支部冲锋在前、助力攻坚等信息在《中国交通报》《四川机关党建》等媒体宣传。

抓共建共创，群团工作有序推进。加强群团组织建设，推进第二届厅直机关妇委会和厅机关工委的换届工作。组织开展2020年迎新春拔河比赛，“三八”妇女节等系列。组队参加省直机关气排球比赛、篮球比赛等，取得优异成绩。做好新发展团员电子数据库建设，成立交通运输行业共青团工作指导和推进委员会，举办“阅青春、阅努力、阅初心、阅践行”厅直机关青年读习语金句网络接力分享赛。组织50名金口河区贫困儿童走出大山看世界，受到群众欢迎，社会反响良好，新华网、人民网、四川电视台、《华西都市报》等媒体进行宣传报道。积极申报第23届“四川青年五四奖章集体”，省公路设计院公司被评为“五四先进集体”。

党风廉政建设推进 2020年，厅机关党委扎实推进党风廉政建设。

抓作风建设，机关作风持续改进。在贯彻落实中央八项规定精神尤其是反对形式主义、官僚主义上下功夫，开展2020年度交通扶贫领域腐败和作风问题专项治理，针对责任落实不到位、工作措施不精准、项目和资金管理不规范、工作作风不扎实及考核监督不严等5个方面问题，深化41项工作措施，为全面打赢交通脱贫攻坚战提供坚强的作风保障。印发《进一步加强定点扶贫工作统筹的通知》，要求统筹安排定点扶贫下基层工作，厅直单位和处室不得扎堆到贫困村开展帮扶。精简优化交通运输行政审批事项，大力推行权责清单，严格依法规范审批要件和标准。认真落实“最多跑一次”改革要求，完善事中事后监管制度，推行“双随机一公开”监管。

抓廉政建设，监督执纪进一步加强。狠抓巡视巡察、“以案促改”、廉政风险防控体系建设等工作，编印《廉政风险防控指南》，制定出台一系列内控管理制度，党风廉政建设形势持续向好，厅机关收到的初次举报件数量逐年下降，2019年比2015年下降59.8%；查处的厅直系统违法违纪案件数量也呈下降趋势。制定《厅党组关于开展巡察工作的实施意见》，建立厅巡察办与机关党委合署办公，并申报开展巡察工作。印发《直属机关纪律检查委员会工作规则（试行）》，加强和规范厅直机关纪委工作。印发《厅直机关纪委办理党风廉政意见工作办法》，规范党风廉政建设意见回复。强化日常监督，完善监督人员库，坚持以交叉监督的方式对厅机关招投标、政府采购、比选等活动进行过程监督，监督员参与招标24人次。

2020年12月1日，省交通运输厅召开厅直机关第三次妇女代表大会

厅机关党委 供图

意识形态工作责任制落实 2020年，厅机关党委切实落实意识形态工作责任制。强化责任督促落实。制定《关于贯彻落实党委（党组）意识形态工作责任制的实施意见》《意识形态工作责任制检查考

核制度》，把落实中央、省委关于意识形态工作决策部署情况纳入执行党的纪律监督检查范围，纳入年度目标绩效考核。抓好问题整改。建立问题整改落实常态制，落实《厅党组落实省委意识形态工作责任制专项督查组第13组反馈意见整改任务清单》，定期梳理落实意识形态工作责任制存在的问题，建立整改责任清单持续抓落实。强化舆情管控。制定《厅网站安全应急预案》等安全运行保障制度，对全省交通运输行业网络舆情进行全面监测。每天形成《网络舆情参阅》，及时妥善处置网络舆情。

（本栏目供稿单位：厅机关党委）

工会工作

GONGHUI GONGZUO

概　况　2020年，省交通运输工会围绕中心工作，组织动员全省交通运输系统职工发挥工人阶级主力军作用，全力配合打好疫情防控阻击战，突出抓好交通重点工程劳动竞赛、技能比武，弘扬工匠精神、劳模精神、劳动精神，坚持以服务职工为宗旨，维护职工合法权益，继续开展春送岗位、夏送清凉、秋送助学、冬送温暖活动，丰富职工文化体育活动，发挥工会联系交通职工的桥梁纽带作用，推动交通强省建设。

新冠肺炎疫情防控　2020年，新型冠状病毒疫情爆发，省交通运输工会调增预算，筹措疫情防控资金46万元，下拨至交投集团、港航公司、客运企业等单位，为防控一线提供资金保障。采购12.8万元慰问品，深入基层，慰问一线职工。助力交通企业复工复产和健康发展，参与“春风行动”，做好点对点、一站式送农民工安全有序返岗，促进企业安全有序复工复产；开展小微企业经费返还工作，促进小微企业健康发展。讲好交通疫情防控故事，组织开展疫情防控作品征集、评选、表彰活动，表彰76个优秀作品，凝聚疫情防控工作强大正能量。

劳动竞赛　2020年，省交通运输工会参加全国“安康杯”竞赛，获2020年度先进示范单位称号。组织全省33个公路、水路重点项目开展以“六比六赛”为主要内容的“挂图作战稳投资，交通先行促发展”劳动竞赛，补助交投集团、港投集团等工会劳动竞赛和技能比武资金100余万元，比上年增加35%。组织厅运管局、成都轨道公司参加第十二届全国交通运输行业道路货运汽车驾驶员、城市轨道交通信号工职业技能竞赛，均获优秀组织奖。会同厅运管局承办2020年四川省道路客运汽车驾驶员职业技能大赛（总决赛），评选出一、二、三等奖各1个、优胜奖7个。在6个省级劳动竞赛项目中，向省总工会争取62个表彰名额，其中“省五一劳动奖状”7个、“省五一劳动奖章”16名、“省工人先锋号”24个、先进集体5个、先进劳动者10名。组织公路、水路行业开展全国公路水路班组、船舶安全生产竞赛活动，92个单位、2295个班组、4.2万名职工参赛。

绵九高速公路劳动竞赛誓师大会　　省交通运输工会　供图

组织建设　2020年，省交通运输工会完成本级工会换届选举工作，选举产生第四届委员会、经审委员会、女职工委员会。持续激发基层工会组织活力，指导3个单位建立工会组织、4个单位开展工会换届、19个单位完成法人资格证变更工作，补助8个单位基层工会职工之家（小家）建设经费43万元，补助货运司机入会工作经费20万元。选树行业先进，遂广遂西高速公路有限公司获批全国职工书屋示范点，雅西高速公司获全国模范职工之家称号；成渝雅安北收费站获省级职工书屋建设单位称号，交投建设公司获省级职工（农民工）文化驿站建设单位称号，成渝公司成仁分公司成都管理处兴隆收费站、高速公路交通执法第四支队十二大队获四川省模范职工小家称号；山东高速四川乐自公司获省级职工之家阵地建设单位称号，并配套补助资金10万元。

2020年10月，省总党组成员、副主席李茂林（主席台左五），厅党组成员、机关党委书记胡洪波（主席台右四）出席省交通运输工会四届一次全会　　省交通运输工会　供图

慰问帮扶　2020年元旦、春节期间，省交通运输工会慰问劳模和一线职工，先后慰问2名全国劳模、12名省部级劳模、27个集体、80名厅下派干部、38名一线困难职工，慰问资金67.8万元，并下拨46.6万元至各市（州）交通运输局和基层工会开展慰问。组织各基层工会筹集慰问款473万元，走访企业72家，慰问一线职工5365名，慰问困难家庭789户，其中困难党员98户，困难农民工36户，残疾职工85户，受疫情影响困难职工5户。继续开展夏季“送清凉”走访慰问活动，安排资金20万元购买防暑降温用品，分组走访慰问在高温作业、高空作业、露天施工的一线职工，保障职工在夏季高温酷暑和疫情防控期间作业的安全与健康。做好“金秋助学”活动各项工作，确保困难职工子女不退学、不辍学。全年筹资15万元，资助特困职工子女143名。其中资助中小学阶段77人、大专以上66人。补助宜宾市兴文县交通局文化科技卫生“三下乡”活动经费8万元，用于购买疫情防控相关物资，慰问交通一线干部职工。慰问脱贫攻坚督战员、下派干部、驻村帮扶干部147人次，并送去慰问物资11.15万元。赴金口河新村村和沐川县里坪村开展脱贫帮扶工作，组织开展高速公路安全知识、法律知识、农业知识进乡村，联合公路医院开展义诊活动等；补助新河村车站、村阵地建设资金2万元；走访慰问4户结对帮扶对象，慰问物资和慰问金4600元。组织全体党员开展“助力防疫担使命”爱心捐款1500元；积极购买湖北滞销农产品和乐山市金口河区建设村滞销茶叶1400元。

文体活动　2020年，省交通运输工会组织参加省总工会“中国梦·劳动美——决胜小康　奋斗有我”职工诵读和演讲比赛、第七届职工摄影大赛、第六届职工微电影大赛，推送的《我有一个梦想》（厅高管局）获诵读类铜奖，《初心不改永向前》（成渝公司）、《大凉山下赤子情》（乐西公司）获演讲类优秀奖，《风雪无情人有情》（雅西公司）获四川省职工摄影和微电影大赛手机组优秀奖，《出·路》（藏高公司）获微电影故事类铜奖，《穿云课堂》（省公路设计院公司）获微课堂三等奖；组织参加省总工会、水利厅举办的节水知识竞赛，省交通运输工会预赛获一等奖、决赛获三等奖；泸州港务公司获省优秀职工志愿服务创新项目，省交通运输工会获省优秀职工志愿服务创新项目优秀组织奖。继续办好太极、瑜伽、声乐三个兴趣班，支持厅机关工会等20余个基层工会开展职工活动和阵地建设，补助资金近100万元，比上年增加40%。

（本栏目供稿单位：省交通运输工会）

2020年，省交通运输厅、省交通运输工会慰问一线执法人员　　省交通运输工会　供图

交通科技教育文化
JIAOTONG KEJI JIAOYU WENHUA

2021

四川交通年鉴

交通科技

JIAOTONG KEJI

概　况　2020年，四川省交通运输科技工作围绕交通发展需求，以服务行业重点科技需求、加强重点领域标准有效供给为主线，积极推进科技和标准化各项工作。全年新立项18项厅级科技项目予以经费补助，按照相关流程，全部签署计划任务书并全部启动实施。交通运输部科技示范项目“高寒高海拔地区公路工程质量监测与控制科技示范工程”完成并通过预评审，向交通运输部提交正式验收申请。全年获得部省级项目11个，其中“西南岩溶区公路隧道涌突水灾害防控技术研究”等2项获批为省重点科技项目，“区域交通‘协同化、一体化、同城化’发展机理、评价理论及实施路径研究”为省重点软科学项目，“时速350公里高速铁路下穿天府国际机场关键技术研究”等7项目列入部重点科技项目清单，“城市智慧交通四川省青年科技创新研究团队”获省科技厅批准成立，成为行业首个省级青年创新团队。“西部大跨度山区桥梁风场特性、抗风关键技术及工程应用”成果获2020年度省科技进步一等奖；“大型枢纽非恒定泄流影响下长江四川段航道整治关键技术研究与应用”“复杂地质条件下深埋公路隧道电磁勘探关键技术及应用”“高烈度深切峡谷山区公路建设减灾关键技术及应用”成果获2020年度省科技进步三等奖。“川西高原复杂条件长大公路隧道建设支撑技术及应用”“富水岩溶及硫化氢地层特长高速公路隧道建设及运营关键技术”成果获2020年度中国公路学会科技奖励一等奖，“四川涉藏地区高海拔高烈度条件下公路建设减灾关键技术”“钢管混凝土加劲桁梁桥设计理论及工程实践”“模拟结构复杂受力条件的超大吨位六自由度加载系统及应用研究”“南溪长江大桥非对称叠合混合斜拉桥关键技术研究”成果获2020年度中国公路学会科技奖励二等奖。

交通行业重点科技平台建设　2020年，四川交通运输行业新建3个重点科技平台，即省铁投集团牵头组建“自动化作业技术行业研发中心”，中电科集团和四川天奥空天公司牵头组建“卫星技术应用行业研发中心”，省公路设计院公司组建“四川省公路结构监测与加固工程技术研究中心”。12月9—10日，2020年度交通运输行业重点科研平台主任联席会议在兰州召开，“自动化作业技术行业研发中心”“卫星技术应用行业研发中心”获得授牌成为会议新认定的科技平台。12月，“四川省公路结构监测与加固工程技术研究中心”获省科技厅认定。

自动化作业技术行业研发中心立足于自动化建造技术深度研发应用，既可直接适用于全国西南、西北等同类型山区交通建设，也适合平原丘陵地区大规模交通工程，具有较好的普遍适用性。随着川藏铁路、川藏高速公路、成渝双城经济圈大通道、成都环线高铁、沿江高速公路、峨汉高速公路等国家重大工程项目在西部地区的实施，对高效率、高品质推进项目建设提出更高要求。利用自动化建造技术，采用无人驾驶装备、远程施工控制、多机种多机群自主作业，可实现标准化施工、集约化建造，确保工程质量与建设效率，为推动形成西部交通高质量发展重要增长极，推进“平安百年品质工程”有重大意义，中心是四川乃至西部地区高品质、高效率建设交通基础设施的重要技术支撑。

卫星技术应用行业研发中心立足西南，覆盖西北、海南两翼，辐射全国，将卫星通信、导航和遥感前沿技术作为重要手段引入重要交通基础设施安全监测、运输工具位置实时监控、交通网络运行状态管理、运输数据的同步更新等，为交通运输管理服务体系提供泛在时空数据采集与监测、综合感知与快速传输、海量时空数据分析与挖掘、智能化处理等，促进行业决策的科学化、快速化、精确化，加快推进交通运输行业治理体系和治理能力现代化，助力交通强国建设，构建交通运输共建共治共享新格局。在四川省构建多网融合的天空地海一体化交通信息网络，具有典型性和全国示范意义，不仅能解决交通运输行业当前面临的技术难题，而且可在技术、成果、人才、政策、资金等方面实现全产业链资源优势整合，全面深化卫星技术和空间数据产品在交通运输行业的实际应用，大幅提升西南乃至全国各地的天空地一体化资源与行业发展的深度融合，为交通运输行业转型升级提供技术支撑。

四川省公路结构监测与加固工程技术研究中心是国内唯一一家公路结构监测与加固领域的科技平台。围绕公路工程结构监测、检测与加固技术研究、学术交流、人才培养与成果转化的行业需求，建立"产学研用"一体化研究机制。中心依托省公路设计院公司，联合中交公路长大桥建设国家工程研究中心有限公司、北斗云信息技术有限公司、四川路桥集团共同组建，在公路结构监测、检测、维修加固领域内取得包括设计、科研、施工、材料等丰富的技术成果。承担国家、省部级科研项目30余项，主编多项行业、地方和团体规范和标准，申请多项国家发明专利，研究成果在300余座公路桥梁、50余座隧道及50余个边坡工点的检测监测与维修加固工程中得到推广应用。

标准化体系建设 2020年，省交通运输厅指导行业科技成果转化为标准规范直接引领交通发展。组织完成《公路旅游标志设置规范》等4项地方标准制（修）订工作，进入审查发布环节。新获批《公路隧道超前地质预报技术规程》等12项地方标准立项。获批发布行业标准《公路瓦斯隧道设计与施工技术规范》，获批发布地方标准《四川省高速公路服务区设计与建设标准》，新获批主编行业标准《川藏公路工程建设项目专项概算预算编制办法及配套定额》。

"西部大跨度山区桥梁风场特性、抗风关键技术及工程应用"获省科技进步一等奖 2020年，"西部大跨度山区桥梁风场特性、抗风关键技术及工程应用"获省科技进步一等奖。为适应西部山区峰峦起伏剧烈、河道蜿蜒深切的工程需求，破解抗风性能对大跨度山区桥梁的控制因素，项目研究大跨度山区桥抗风性能研究面临三大难点：一是桥位气象资料缺乏、风场研究手段局限；二是复杂地形、地貌、地温严重影响空气流动；三是桥梁绕流特性和流固耦合机理发生本质变化。项目主要依托雅康高速公路泸定大渡河大桥（1100米单跨钢桁梁悬索桥），突破大跨度山区桥梁抗风技术瓶颈，取得三大创新成果：一是创新研发复杂地形、地貌桥址区风场特性风洞实验、数值模拟及现场实测成套技术；二是揭示山区风场形成机理和时空分布特征，提出面向工程需求的复合风速标准；三是建立山区桥梁静动力抗风分析模型，提出山区桥梁气动优化措施的设计原则。项目获国家授权发明专利10项、实用新型专利4项；SCI收录论文40篇，EI收录论文50篇；研究成果应用于44座大桥建设，近三年产生经济效益7.49亿元。

雅康高速公路泸定大渡河大桥采用抗风设计　　厅科信处　供图

"大型枢纽非恒定泄流影响下长江四川段航道整治关键技术研究与应用"获省科技进步三等奖 2020年，"大型枢纽非恒定泄流影响下长江四川段航道整治关键技术研究与应用"获省科技进步三等奖。项目围绕大型水利枢纽影响下长江四川段航道升级中所涉及的枢纽下泄非恒定流传播规律及下游复杂卵石滩险整治的理论及技术问题进行攻关，经过十几年研究，取得多项创新性成果：一是研发一种河道非恒定流物理模型控制与水流、泥沙和船舶航行参数测量的集成系统，实现非恒定流影响下水位、流速、推移质输沙率、船模航行参数等变化过程同步瞬时采集；二是揭示枢纽日调节非恒定泄流过程中流量变幅、变率对下游滩段内设计最低通航水位、水面比降、航道流速、船舶航行的影响

非恒定流作用下推移质输移试验　　厅科信处　供图

规律，提出表征枢纽下泄非恒定流强度的无量纲数，导出非恒定流作用下推移质输沙率公式；三是揭示天然恒定流与电站日调节非恒定流对航道整治效果的影响差异，提出适应向家坝运行的航道维护尺度和重点滩险航道整治方案；四是构建长江水富至宜宾段三维在线数字智能航道管理平台，实现航道数据、航标、雾情、水位流量、船舶动态的自动、实时采集和处理，并以三维智能航道电子图方式进行全方位呈现。项目成果获自主知识产权25项，发表学术论文53篇，出版专著3部，丰富了大型枢纽非恒定泄流影响下的航道整治技术和卵石推移质输移机理的学科研究，推动水运建设行业科技进步。创新技术应用于水富至宜宾段、宜宾至重庆段航道升级整治工程中和向家坝枢纽运行调度方案制定中，解决10余个滩险碍航问题，保障长江四川段高等级航道网建设工程实施，通航能力大幅提高。

“复杂地质条件下深埋公路隧道电磁勘探关键技术及应用”获省科技进步三等奖　2020年，“复杂地质条件下深埋公路隧道电磁勘探关键技术及应用”获

依托电磁勘探技术建成雀儿山隧道　　厅科信处　供图

省科技进步三等奖。项目针对复杂地质条件下深埋隧道电磁勘探关键技术攻关，建立压制干扰、提升有效探测深度的科学采集体系，研发相关设备；提出视电阻率比值法公式、构建提取深部有效微弱地质信息的新型二维反演初始模型方法，解决公路隧道隐伏不良地质判识精度低的重大技术难题；提出以电磁法为主导的高海拔复杂地形地质条件下公路隧道综合勘察新模式，解决深埋隧道岩体完整性评价、构造判识及不良地质研判等关键技术难题。成果为复杂山区公路隧道电磁勘探提供了科学依据，使隧道综合勘察更加经济、环保、高效。

“高烈度深切峡谷山区公路建设减灾关键技术及应用”获省科技进步三等奖　2020年，“高烈度深切峡谷山区公路建设减灾关键技术及应用”获省科技进步三等奖。四川涉藏地区公路通道峡谷深切、强震频

运用高烈度深切峡谷山区公路建设减灾技术指导广甘高速公路建设
厅科信处　供图

发、气候复杂多变、生态环境脆弱，防灾减灾是进藏高速公路建设核心问题。项目组历时多年研究，突破高海拔高烈度深切峡谷区公路关于地质灾害评级及防治、路基经济抗震、桥梁减隔震、路面抗凝冰等技术瓶颈，取得一系列创新成果：建立考虑多因素的高烈度深切峡谷区公路边坡地质灾害风险评价方法；建立高烈度深切峡谷区基于位移控制的边坡支挡防护结构抗震设计方法；提出基于板式橡胶支座滑动及纵横向限位的桥面连续简支梁桥减隔震技术体系；开发具有环保性的新型融雪化冰剂。项目获国家专利20余项、软件著作权6项，发表论文100余篇，主编标准2项，出版专著7部。成果应用于广甘、雅康、汶马、九绵等10余项省内外高速公路重大工程，综合效益显著。

“川西高原复杂条件长大公路隧道建设支撑技术及应用”获中国公路学会科学技术一等奖 2020年，“川西高原复杂条件长大公路隧道建设支撑技术及应用”获中国公路学会科学技术一等奖。项目针对川西高原公路隧道建设所处的气象、构造、地质和地形等复杂条件，需要解决长大公路隧道面临的寒冷缺氧、瓦斯灾害、强震频发、运营费用高等技术难题，形成“川西高海拔公路隧道通风、供氧技术标准”“公路瓦斯隧道分级安全防控与经济高效建设技术”“强震频发区隧道三区段抗震减震关键技术”“公路隧道清洁能源综合开发与应用”等多项创新性研究成果。项目获发明专利16项、软件著作权和国家工法8项，发布标准4部，出版专著7部，发表论文65篇。研究成果在四川、云南、青海、西藏150余座隧道工程中推广应用。

大相岭泥巴山隧道川西高原复杂条件长大公路隧道建设支撑技术试验段 厅科信处 供图

“钢管混凝土加劲桁梁桥设计理论及工程实践”获中国公路学会科学技术二等奖 2020年，“钢管混凝土加劲桁梁桥设计理论及工程实践”获中国公路学会科学技术二等奖。随着西部大开发逐步推进，山区公路建设需求巨大，公路桥梁占路线总比高达40%，其中中等跨径桥梁占比高达90%。山区桥梁建设面临地震烈度高、砂石材料匮乏、缺乏施工场地、地质灾害频发、施工条件恶劣、有效工期短等复杂建设环境，传统钢筋混凝土梁桥和钢结构梁桥无法较好适应。项目组通过理论分析、试验研究、实桥试验等技术手段，提出全新钢管混凝土加劲桁梁桥构造形式；揭示钢管混凝土加劲桁梁节点与主梁受力机理，建立钢管混凝土加劲桁梁桥设计计算方法；研发适用于山区桥梁施工的“运梁轨道平车”“高适应性整跨架设专用架桥机”，形成适用于山区复杂建设环境的新型钢管混凝土加劲桁梁桥及配套的设计理论和施工方法。项目获国家发明专利4项，制订地方规程4部，省级工法3部，发表学术论文10余篇。成果在雅西高速公路干海子大桥、汶马高速公路汶川克枯大桥、久马高速公路红原大桥等工程项目中应用，节省投资费用5000余万元。

（本栏目供稿单位：厅科信处）

运用钢管混凝土加劲桁梁桥设计理论指导汶马高速公路克枯大桥建设 厅科信处 供图

交通教育

JIAOTONG JIAOYU

概　况　2020年，四川交职学院稳步推进编制“十四五”规划“双高计划”建设、师资队伍和干部队伍建设、“三教”改革、产教融合、招生就业、国际合作、社会服务等方面工作，取得显著成绩，学院育人质量不断提升。学院年内通过全国文明单位复查验收、四川省优质高职院校复查验收，组队参加全国第一届职业技能大赛，1人获金牌，3人获银牌，4人获优胜奖。获批第二届四川省文明校园、四川省首批“三全育人”综合改革试点高校，中共四川省委、省政府授予“定点扶贫先进省直单位”称号，省委教育工委授予“全省高校定点扶贫先进单位”称号，全国职业院校精准扶贫协作联盟授予“脱贫攻坚先进集体”称号，获批四川省数字交通产教融合示范项目、全国高职院校思政创新示范案例50强、四川教育政务新媒体高校微博影响力10强、微信影响力10强、综合力10强，获省教书育人名师1人、名辅导员1人、省学术技术带头人2人、温江工匠2人，创建省技能大师工作室1个、省结构化教师教学创新团队1个，获省“课程思政”示范课4门、省创新创业示范课2门，省科学技术进步三等奖1项、华夏建设科学技术三等奖1项、中国交通运输协会科技进步三等奖1项，省大学生创新创业大赛一等奖1项、二等奖7项、三等奖11项。4月8日、7月30日，四川省交通运输厅党组书记、厅长罗佳明两次率队到四川交通职业技术学院调研指导工作，并提出要“努力办中国最好的交通职业技术学院”，为学院未来一个时期的发展指明了方向。

综合办学基本情况　2020年，四川交职学院普通高等教育在校生总数15107人，普通高等教育招生5873人，普通高等教育毕业生4828人，专科专业35个，教职工总数814人，专任教师435人，正高级职称46人，副高级职称169人，享受国务院津贴专家1人，双师型教师383人。2020年末，四川交职学院固定资产总值6.545亿元，校园占地面积1033公顷，校舍面积44万平方米，教学仪器设备总值2.27亿元，图书馆面积8402平方米，纸质图书数量105.26万册，电子图书容量66560GB（包括学院图书馆馆藏的的正版电子书籍、电子期刊、电子文献），教学用计算机2780台，各类实验室总数164893.27平方米。

2020年4月，四川省交通运输厅厅长罗佳明（右）在牟廷敏大师工作室调研指导　四川交职学院　供图

新冠肺炎疫情防控　2020年新冠肺炎疫情发生后，四川交职学院于1月21日成立领导小组和工作小组，与各级政府部门共同构建联防联控机制，制订50多项疫情防控工作方案和制度，全覆盖推进人员排

查和信息收集报送工作，迅速建立起运行有效的防控体系。3月，行政人员恢复到岗，线上教学正常运行。学院按要求改造卫生所，建好校园留观室，积极开展各级各类疫情防控培训，多角度疫情防控模拟演练，5月25日，有序组织学生分期分批、错时错峰返校复课，复课后持续实行校园封闭管理，加强校园管控和卫生消毒工作。常态化做好疫情防控确保校园平安。9月，学院按照《高等学校秋冬季新冠肺炎防控技术方案》（更新版）文件精神，有序做好新生入学工作，常态化做好防控工作。11月起，开展冬季疫情防控实战演练。在郫都区疫情爆发时，迅速启动防控工作预案，2020年全年，四川交职学院全校师生无一人感染。

厅属院校融合发展　2020年，四川交职学院组织专题学习《四川省职业教育改革实施方案》《职业教育提质培优行动计划（2020—2023）》《交通强国建设纲要》《加快建设交通强省的实施意见》等相关文件，进一步明确“立足四川交通、面向区域经济、服务国家战略，培养高素质技术技能人才”的办学定位和“中国最好的交通职业技术学院”的办学目标。启动2021版人才培养方案编制。依据国家对职业教育教学标准最新要求，以及自身办学定位和实际需求，制定《2021版人才培养方案指导意见》，进一步明确“培养品德高尚、负重自强、技能精湛、身心健康的德智体美劳全面发展的创新型技术技能人才”的总目标，并提出重构“公共基础课+专业群基础课+专业方向课+专业拓展课（FMPD）”课程体系，强化实践环节、注重书证融通、严格毕业标准等具体要求。推进“十四五”规划编制工作。牵头完成四川省交通运输人才与教育培训“十四五”发展规划调研报告和初稿撰写。以“高点定位、长远眼光”谋划学院“十四五”发展规划，开展学院“十四五”规划专业群调研、中青年教师和中层干部座谈会广泛征集建议，引进第三方专业教育咨询机构——成都绎达咨询股份有限公司对学院发展基础和资源条件进行全面评估并提出规划建议。开展厅属院校融合发展前期工作。四川交职学院与运输职校共同成立推进厅属院校融合发展工作组。在同类院校中广泛开展调研，对相关整合政策进行深入研究，对杨柳河校区教学功能现状进行摸底，适时制定《推进厅属院校融合发展实施方案》和《完善杨柳河校区教学功能实施方案》。

教育教学改革和人才培养质量　2020年，四川交职学院扎实推进专业群建设。年内成立专业群建设决策委员会，建立专业群建设工作机制。各决策委员会召开专题会研究专业发展定位。按照双高建设方案和任务书要求，推进各项工作，完成省优质校建设验收工作。开展“三教”改革。加大教师教学能力指导力度，教师参加省教学能力大赛获一等奖1项、二等奖3项、三等奖6项，参加行指委教师信息化教学能力大赛，获一等奖1项、二等奖4项、三等奖8项。以课堂改革为核心深化教育教学改革，15项省级教改项目通过验收，其数量居全省之首，49项院级教学改革项目成功立项。重视教材质量审核，完成所有教材意识形态审查工作，编写32本活页式教材、工作手册式教材和云教材。不断完善技能训练和技能竞赛体系。进一步加强“院省国世”四级梯级技能竞赛体系建设，重视培养学生动手能力和操作能力，获得国家级奖励10项、省级奖励18项，其中在中华人民共和国第一届职业技能大赛中，四川交职学院8名选手获得1金、2银、5优胜，参赛及获奖数量为全国高职院校之最。学生参加创新创业大赛，获得国家级银奖1项、铜奖1项，省级金奖3项、银奖7项、铜奖11项，优秀组织奖2项。高质量实施“七彩”工程。制订《一体实施“七彩”工程，高质量培育“四有”新人》方案，年内积极申报并获批四川省“三全育人”综合改革试点学校。完成招生就业工作。全年录取新生5537名，报到5129名，报到率92.63%。开展促就业“牵风筝”行动，截至2020年底，2020届毕业生就业率96.38%。

师资队伍建设　2020年，四川交职学院继续革新青年教师培养体制机制。调整教师发展中心职能并独立办公，系统指导青年教师发展，在技能大赛、团队建设、工作室建设、干部选拔、外派培训、推荐评奖等方面向优秀青年教师倾斜。修订《专业技术职务评审办法》，进一步破除“五唯”，鼓励教师取得多方向成果，新评定教授8人，副教授9人。大师（名师）工作室建设成绩斐然。新增“刘兴尧技能大师工作室”，省级大师（名师）工作室达6个。牟廷敏大师工作室完成《行动计划（2016—2020）》，创建四川省“十佳”劳模和工匠人才创新工作室。教师教学创新团队建设有序推进。制订《关于培育建设高水平结构化教师教学创新团队的工作方案（2020—2022）》，获批立项1个省级结构化教师教学创新团队，2个省级“课程思政”示范教学团队，遴选7个校级结构化教师教学创新团队。成立教学成果奖培育与申报专项工作小组，统筹谋划教学成果凝练、培育、申报相关工作。信息化教学水平有效提升。将新冠疫情带来的影响变为提升教师信息化教学水平的动力，理论课程全部实施“线上”或“线上+线下”的教学模式，使用信息技术进行课堂改造初见成效。开展聘期考核。完成专业技术人员三年聘期考核，对不合格人员进行专项培训，签订下一轮聘期合同。师德师风建设深入人心。开展老教师荣休仪式和新教师入职宣誓仪式，在全院营造尊师重教的氛围。开展选树典型，教师节评选并表彰“双十佳”13名，“双优”85名。李胜获四川省第十五届青年科技奖、四川省高等学校教书育人名师称号，巫群珍获四川省高等学校名辅导员称号。

产教融合和社会服务 2020年，四川交职学院与四川铁投联合成功申报四川省数字交通产教融合示范项目并共建数字交通产业学院，与中国电信成都分公司共建数字交通创新实验室，与四川高路交通信息科技有限公司达成共建智慧高速人才培训基地合作意向，与四川交投集团等省属行业领军企业达成战略框架协议。职教集团（联盟）工作初见成效。加快筹备成立四川交通运输产教融合与创新联盟，共同发起成立成渝地区双城经济圈汽车职教联盟、全国职业教育实践育人产教联盟、成渝地区双城经济圈产教融合发展联盟，加入成渝地区双城经济圈职业教育协同发展联盟、西部陆海新通道物流产业联盟。科技研究与社会服务全面开花。获得“四川省科学技术进步奖”等省部级科技奖3项，参与完成发行行业标准3部，获批授权专利88项、软件著作权9项。课题和技术服务到款额760万元。科技成果转化实现零的突破，转化金额全额奖励给教师本人。申报国家交通运输科普基地。开展学历教育、职业培训和鉴定认证考试等近30000人次，到款额超2100万元。国际交流合作稳中有进。继续做好中美合作办学项目，全年报到新生173人。积极开发新合作项目，与丹麦职教联盟、乌克兰国立交通大学签订合作备忘录，与美国协和大学欧文分校签订校际交流项目协议书。

校园建设情况 2020年，四川交职学院创建文明校园建设取得突破。通过全国文明单位复审，获第二届“四川省”文明校园称号。启动校园文化景观总体规划设计。智慧校园第一期建设全面完成。校园无线网络实现全覆盖，建成智慧教室196间，搭建综合信息平台和数据中心实现数据统一管理。预算执行率再创新高。全口径支出预算执行率（不含11月追加的3520万元增量资金预算）突破90%，在全厅预算绩效管理工作考评中排名第三。第31届世界大学生运动会筹备工作逐项推进。成立第31届世界大学生夏季运动会学院工作领导小组。完成比赛场馆改造升级工作。制订校园环境整治和景观提升方案和宣传工作实施方案。70周年校庆筹备工作启动。

（本栏目供稿单位：四川交职学院）

文明行业创建

WENMING HANGYE CHUANGJIAN

概　况 四川交通运输行业精神文明建设坚持以习近平新时代中国特色社会主义思想为指导，开展思想政治教育、核心价值践行、行业文明创建等活动，为加快四川交通强省建设、决胜全面建成小康社会提供坚强思想保证和强大精神力量。一是常抓思想政治教育不懈怠。深入学习习近平新时代中国特色社会主义思想和党的十九大精神，学习习近平总书记对交通运输工作系列重要指示，学习习近平新时代中国特色社会主义思想四川篇，做到天天学、日日见，作为四川交通运输工作的根本遵循。坚持用党的创新理论武装头脑、指导行业，切实增强“四个意识”，引导干部职工自觉维护习近平总书记党中央的核心、全党的核心地位，维护党中央权威和集中统一领导。结合“不忘初心，牢记使命”主题教育，广泛开展“新时代、新作为”群众性宣讲活动，推动各个阶段思想政治教育的重大主题进机关、进企业、进基层，使思想政治教育工作真正落地落实，见到实效。二是大力传承弘扬“两路”精神。传承弘扬“一不怕苦、二不怕死，顽强拼搏、甘当路石，军民一家、民族团结”的“两路”精神，厅党组专门成立了传承弘扬“两路”精神工作领导小组，对传承弘扬“两路”精神进行系统部署，制定工作方案，按图施工，严格打表，确保各项工作时间不断档、任务不拖延。积极协调中央媒体重点关注，在走出去到人民日报社四川分社、新华社四川分社、中央电视台驻四川记者站对接工作的同时，热情把媒体朋友请进来到厅开展工作会谈，主动为其提供新闻资源，为宣传“两路”精神提供充足素材。三是深入践行社会主义核心价值观。把“社会主义核心价值观主题实践教育月”活动作为四川交通运输行业“爱岗敬业，明礼诚信”社会主义核心价值观主题实践的重要载体，周密部署，广泛动员，形成声势。鼓励四川交通运输行业广大干部职工积极参与，主动出谋划策，充分体现新时代推进交通强国建设和推动治蜀兴川再上新台阶的新气象新作为。用好行业传统媒体和新兴媒体，在客运场站、港口码头、高速公路服务区等重点区域的公益宣传平台，积极展播公益广告，引导广大群众积极参与“讲文明树新风”“文明交通绿色出行”“安全出行你我他”等活动，使社会主义核心价值观在行业中看得见、摸得着，让群众愿参与、得实惠。四是持续加强先进典型培树和行业文明创建。厅按照相关工作要求，精心组织，严格按照评选标准和评选条件进行文明单位和先进典型人物评选申报。厅高速公路交通执法第七支队成功申报第六届全国文明单位，交通管理学校、四川省政务服务中心交通窗口等10家单位成功申报2018—2019年度全国交通运输行业精神文明建设先进集体，厅公路局、质监局成功申报第五届四川省（最佳）文明单位。截至年底，省交通运输厅有19家直属单位成功创建文明单位。厅高管局第四支队七大队外勤一组被评选为“2019年感动交通十大年度人物”，展示了交通运输行业的良好形象与风貌。

“金通工程” 2020年，国务院新闻办公室举行脱贫攻坚专题新闻发布会，交通运输部副部长戴东昌，厅党组书记、厅长罗佳明及云南省、甘肃省交通运输厅负责人介绍决战决胜脱贫攻坚，为全面建成小康社会提供坚实交通保障有关情况，并答记者问。罗佳明介绍，党的十八大以来，党中央、国务院高度重视交通脱贫攻坚工作，四川省委、省政府响亮提出“脱贫攻坚、交通先行”，在中央部委特别是交通运输部的关心支持下，四川省8年来累计投入6000亿元，在贫困地区新改建公路12.5万公里，2019年底实现所有乡镇和建制村通硬化路，2020年6月30日，随着凉山州布拖县阿布洛哈村开通“金通工程”客运班车，标志着四川已经全面完成交通脱贫“两通”目标。罗佳明表示，“金通工程”客车被当地老百姓亲切地称为“小黄车”。可以说，它是老百姓赶集卖菜的致富车、上学返家的学生车、走亲访友的亲情车、送医救治的健康车。“金通工程”实现“四个统一”，即统一车身外观，“一县一色”；统一驾驶员工装和工牌编码，“一人一码”；统一乡村客运标识，一目了然；统一监管投诉平台，驾驶员和车辆实时监管。罗佳明指出，经过半年的努力，第一批试点的57个县（市、区）取得初步成效，在较短时间内有效遏制了非法营运“顽疾”，经营者的收入普遍得到增加，群众出行更加保障有力。同时，在客车总量增加的情况下，安全事故却较去年同期下降近10个百分点。“金通工程”作为民生实事写入省政府工作报告。目前，第二批试点的65个县（市、区）正在推进，年底前将在全省21个市（州）、183个县（市、区）全面推开。下一步，四川将不断深化“金通工程”建设内涵，把更多为老百姓服务的工作融入进来，全力打造乡村客运服务“四川品牌”，更好满足广大农村群众美好出行愿望。

2020年6月30日，阿布洛哈村乡村客运班线开通，标志着全省提前3个月完成具备条件的乡镇和建制村100%通客车目标　　厅文明办　供图

交通运输新闻宣传 2020年，四川交通新闻宣传工作坚持融入中心，服务大局，加强正面宣传。全面落实新时代宣传工作总要求，认真贯彻落实全国、全省宣传部长会议精神，做深做透对内对外宣传，推动全省交通运输行业新闻宣传工作有目的、有计划、有步骤开展。截

至年底，共组织中央和省级主流媒体集中采访31次，采写文字、图片、视频、新媒体等各类稿件800余条，其中《新闻联播》报道12次，《人民日报》报道28次，为促进四川交通运输高质量发展营造良好舆论氛围。一是加强组织领导，构建“大宣传”工作格局。厅党组高度重视新闻宣传工作，坚持将新闻宣传工作与交通运输工作同谋划、同部署，把其纳入重要议事议程和工作总体布局。召开党组会议专题研究新闻宣传工作，推动宣传工作出精品、有特色、上台阶；统筹宣传力量，整合厅内和市（州）交通局、行业重点企业资源，构建交通运输“大宣传”工作格局，形成主要领导重视，分管领导负责，班子成员支持，厅办公室牵头，业务部门及行业各单位参与，上下合力、内外联动、齐抓共管的工作机制，充分调动起全省交通运输行业开展新闻宣传工作积极性，形成“党组抓总、系统发力”的宣传工作有利格局。二是突出工作主题，把握行业宣传重点。深入宣传贯彻落实习近平总书记到川视察和有关交通运输工作系列重要论述精神。在厅网站、官微官博、手机快讯、四川交通运输杂志等行业媒体平台设置专题专栏，系统宣传习近平总书记就加快建设交通强国、“四好农村路”发展、“两路”精神等作出重要指示批示以后的新发展新变化新成效，及时宣传全省交通运输坚决贯彻落实习近平总书记重要指示批示精神情况，确保全行业始终沿着总书记指引的方向正确前进。抓好意识形态阵地建设。厅党组高度重视意识形态工作，厅党组书记、厅长坚定扛起意识形态工作第一责任人责任，带头抓意识形态工作，带头管阵地把导向强队伍，带头批评错误观点和错误倾向，重大工作亲自部署、重要问题亲自过问、重大事件亲自处置。建立起厅党组会议学习研究意识形态工作常态制，深入开展“不忘初心、牢记使命”等主题教育，制定并严格落实学习宣传方案。强化舆论阵地管控，严格规范网站、政务新媒体管理，按照国办政府网站普查标准，对全省交通运输系统政府网站、政务新媒体进行定期检查并督促严肃整改。全年未发生安全事故，行业内无一例网站被通报情况发生。开展好全国“两会”期间交通运输报道。厅党组高度重视全国“两会”期间新闻宣传工作，厅主要领导谋划安排部署，研究宣传重点，审定宣传方案。全国“两会”期间，中央和省级主流媒体围绕全国人大代表、厅党组书记、厅长罗佳明提出的代表建议，对四川交通运输进行深度报道，报道层次高、范围广、频度深。全国“两会”召开第一天，《人民日报》头版对合江长江公路大桥主梁合龙进行图片报道，为“两会”交通宣传形成预热；央视《新闻联播》、《新京报》、《中国交通报》、新华社和今日头条、封面新闻等新媒体持续关注四川交通脱贫攻坚、乡村客运“金通工程”等重大民生话题。在新华网开展的“两会”热点调查中，四川交通相关话题成为网友关注的热点，全国人大代表、厅党组书记、厅长罗佳明关于“交通先行助力脱贫攻坚”的发言位居当日热度榜第二，“金通工程”提案位列四川代表团提案热度榜前列，形成“内容有特色、亮点天天有、持续高热度”的报道声势，全社会理解交通工作、支持交通建设的共识进一步凝聚。积极宣传交通疫情防控成效。新冠肺炎疫情发生以来，厅始终把加强新闻宣传作为打赢防疫阻击战的重要保障。积极配合省委宣传部召开四场新闻发布会，其中担任主发布一次。第一时间对群众关心的“停运发往湖北班车”“断道封路”“一断三不断、三不一优先”“交通助力复工复产复耕”等问题作出正面解答，有效回应社会关切，舒缓群众焦虑。策划实施行业疫情防控“八项举措”、道路客运“七不出站”等主题宣传，全方位多角度宣传防控措施，争取群众最大理解支持，“治疗一线在医院、防控一线在交通”成为交通“战疫”最响亮的一句口号。宣传全省在全国率先开展的农民工安全有序返岗“春风行动”，央视《新闻联播》报道“春风行动”4次，《新闻直播间》《新闻30分》等栏目报道20余次，得到省委省政府、交通运输部主要领导的高度肯定。突出宣传交通脱贫攻坚成就。6月28日，组织中央和省级主流媒体采访阿布洛哈村开通“金通工程”客运班线后，为当地群众生产生活带来的积极改变，央视《朝闻天下》、《新闻30分》、《新闻直播间》、人民网、《中国新闻周刊》等媒体跟进报道，宣传四川交通不忘初心、牢记使命，积极建设人民满意交通的良好形象。9月28日，厅党组书记、厅长罗佳明出席国新办交通脱贫攻坚新闻发布会，通过央视《新闻联播》、中国网、中国交通报等媒体向全国展示四川交通扶贫经验。组织拍摄四川乡村客运“金通工程”公益宣传片，在省、市（州）、县三级电视台重点时段播出，全面提高通客车群众知晓度。组织四川铁投集团拍摄《喊一声蜀道向天开》音乐视频，在《光明日报》、学习强国平台等媒体平台刊播，并被选用为第六届中国诗歌节开幕式节目，得到社会各界的高度认同和积极反响。积极展示重大战略落地落实。组织开展川渝毗邻地区交通运输融合发展推进会、成渝地区双城经济圈运输服务一体化发展推进会集中采访，精准聚焦交通运输支撑服务成渝双城经济圈国家重大战略落地落实，《人民日报》、央视《新闻30分》《朝闻天下》、新华社、新京报“政事儿”公众号等媒体平台纷纷跟踪报道，各级媒体发布文字、视频报道报道70余次，充分展示交通运输在推动经济社会发展中的基础性先导性服务型作用，为四川交通持续健康发展营造良好氛围。策划开展交通强省系列宣传报道，与四川电视台合作推出四川建设交通强省成就展示系列专题片，组织四川日报专题解读《关于贯彻落实〈交通强国建设纲要〉加快建设交通强省的实施意见》，深入宣传阐述交通强省建设对服务经济社会发展、增进人民群众福祉的重要作用，充分展现全行业奋力建设交通强国的精神面貌。做好权威信息发布和舆情引导工作。通过厅微博、微信和政府网站信息，及时向公众发布重要文件、做好政策解读，网络谣言第一时间辟谣，及时回复公众关心的问题。同时做好相关舆情监测和分析工作，全天候不间断地针对全网涉交通运输领域相关的网络舆情进行专项监测，营造良好的网络舆论氛围。截至目前，厅政府网站、微信、微博发布消息12329条，回复微博、微信网友留言1894条；整理《厅长信箱回复意见》13期，处理回复网民来信582件。编发网络舆情监测专项报告324期，网络舆情参阅299期，四川省交通运输行业网络舆情态势总体平稳。

（本栏目供稿单位：厅文明办）

智慧交通

ZHIHUI JIAOTONG

概　况　2020年，四川省交通运输厅持续推进智慧交通重点任务、交通强国车路协同技术发展试点任务、成渝地区双城经济圈智慧交通建设，推进业务系统深化应用和“互联网+政务服务”。省铁投集团成都第二绕城高速公路西段智慧高速建设取得初步成果，成宜高速公路启动全线数字高速建设，省交投集团都汶高速公路龙池车路协同试验场基本建成。完善信息化发展环境，按照《四川省交通运输信息化建设从业单位信用评价管理办法（试行）》规定，完成2019年度49家交通运输信息化建设从业单位信用评价工作，强化对信息化从业单位的监管约束。网络安全方面，印发实施《四川省交通运输厅网络安全管理办法》《四川省交通运输厅网络安全事件应急预案》，完成7个系统等保定级备案和4个系统等保测评；开展网络安全隐患排查整治工作，组织完成针对厅直单位网络安全攻击演练，全年未发生网络安全事件。行业治理和服务能力得到提升，为满足群众出行需求提供支撑和引领作用。

（厅科信处）

智慧高速新基建科研基地落成　2020年9月25日，省交投集团智慧高速新基建科研基地落成仪式在都汶高速公路龙池段举行。龙池“车路协同”测试场龙池路段因2009年特大泥石流灾害后关闭，属封闭式高速公路路段，无社会车辆通行。路线全长2.6公里，包含直线路段、弯道、纵坡，并设置隧道1座长1.1公里。测试场是西南地区首个5G智能网联及L4级自动驾驶高速公路封闭测

2020年，龙池“车路协同”测试场　　厅科信处　供图

试场，也是国内首例研究西南山区5G智能网联自动驾驶关键技术的测试场，是全国最先进的V2X车路协同测试区域之一。

（厅科信处）

成渝地区双城经济圈智慧交通建设 2020年，省交通运输厅与重庆市交通运输局签署《推动成渝地区双城经济圈智慧交通发展合作备忘录》。两地依托高速公路光纤网开通成渝网络专线，实现综合通信调度平台和外场视频监控互联互通。编制完成两地交通运输数据交换共享技术方案，实现道路运输从业人员资格信息、道路运输经营许可证信息、道路运输证信息六类道路运输领域数据交换共享。

（厅科信处）

“天府通办”3.0上线 2020年9月29日，四川省大数据中心举行“天府通办”3.0上线发布仪式，省交通运输

2020年9月29日，省交通运输厅总工程师寇小兵在“天府通办”3.0上线发布仪式上作经验交流发言 厅科信处 供图

厅作为试点单位在会上作经验交流发言。厅自建的交通运输行政审批业务办理系统实现全省54个交通运输行政许可事项共312个办理事项在省、市、县三级机构“一网通办”，并通过技术手段实现与省一体化政务服务平台的融合对接，在促进业务协同、提高审批效率、利企便民方面取得成效。

（厅科信处）

“互联网+政务服务” 2020年，四川省交通运输行政审批系统在省市县三级全面应用。省交通运输厅作为试点单位，率先完成自建业务办理系统与省一体化政务服务平台对接，实现企业群众办事“一窗进出”和政务服务“一网通办”。共享公安、工商、教育等部门数据资源，通过后台数据共享，减少120个（占比46%）原需申请人提交的材料，真正做到“减证便民”；通过跨部门、跨地区数据共享，大件运输审批业务实现交通、公安跨部门协同办理，群众办事不再“两头跑”，道路货运年审实现跨地区远程办理。交通运输行政审批即办件由原先2个工作日内完成审批变为2个小时内完成审批，提速96%，承办件由原先4个工作日完成审批变为1个工作日完成审批，提速75%。

（厅科信处）

政务新媒体获表彰 2020年11月27日，交通运输部举办“十大最美农村路”暨“十大交通微博”发布活动，省交通运输厅官方微博“@四川交通”因运营成绩显著，获全国“十大交通微博”称号，并在大会作交流发言。

同日，由四川省委网信办、四川省政府新闻办、四川省大数据中心、四川省政府信息公开办指导，四川新闻网传媒集团、四川发布主办的“微政四川——2020政务新媒体融合发展大会”在成都召开，省交通运输厅政务新媒体“@四川交通/四川省交通运输厅”在2020年推进政务公开、便民服务、宣传四川新形象工作中表现优异，被评为“微政四川2020年度十佳省直部门政务新媒体”。

（厅科信处）

智慧交通建设 2020年，四川省道路运输综合管理与服务、高速公路监控中心和灾备中心改造、交通运输物流公共信息平台、交通运输投资计划综合统计大数据应用、智能公交系统示范试点、智慧综合客运枢纽信息系统及客运站智能化升级改造试点6个项目建成投用，新开工交通旅游大数据应用、交通运输综合执法

2020年，四川省交通运输运行调度中心 厅科信处 供图

系统、宜宾港智慧港口3个项目。全省高速公路3.2万余路视频、普通公路国省干线1354个重点路段实现联网监控。全省3.13万辆“两客一危”车辆实现主动安全智能防控系统全覆盖。高速公路监控结算及灾备中心提前建成投运，为统一调度指挥打下基础。10个市（州）完成交通运行监测与应急指挥系统市（州）级建设任务。视频会商系统实现“两个基层一线”全面覆盖。道路运输等行业龙头平台在省、市、县三级全面推广应用。交通运输物流公共信息平台接入8家网络货运平台数据，实现对网络货运数据的实时监测分析。

（厅科信处）

全省高速公路联网收费与管理 2020年，全省高速公路联网收费系统新开通10个路段、49个收费站；全省高速公路联网收费系统覆盖8140公里路网、4568条车道，投运ETC门架1724套，ETC车道占比94%。全路网总车流量超7.66亿辆次，比上年增长2%，其中ETC车流量超过5.49亿辆次，比上年增长48%。全年累计处理全省联网收费软件、通信系统、国干网光缆线路等故障4.1万次，为省中心系统和路段收费系统平稳运行提供有力支撑。完成6家智能一体柜、1家收费服务器、1家收费读卡器、5家费额显示器、8家车道控制器设备入网功能测试；完成10条新开通路段和49个收费站入网功能检测。进一步梳理修订检测流程和关键设备技术指标，对OBU厂家供货3万余台设备按照1%的比例进行抽检，严格把控关键设备入网，确保系统兼容性、安全性和稳定性。在成雅等5条高速公路开展视频图像实时检测分析，覆盖里程4588公里，精确检测路段拥堵、停车、逆行等事件，准确率96%；实现路段交通流量、平均车速、车道占有率等路况实时展示，为后续智慧高速多源数据融合应用提供数据保障。

四川省作为全国5个“费显点亮”试点省份之一，调动全路网技术力量，集中办公，高效处置，持续完善清分结算、车道门架、客户服务和舆情监测等。完成578个收费站、4075条收费车道、1483套门架系统升级；完成5087辆次、57400条路径实车测试工作，率先实现“一次行程、一张账单、一次扣费、一次告知”目标。系统运行总体稳定，多项主要指标稳居全国第一梯队。探索话务工作智能化，开发微信网页端智能客服系统。完成智能机器人、在线客服及知识库等互联网服务平台和智能服务终端建设。全年受理各类话务193.6万件，比上年增长86.56%，通过网站、微信公众号等发布路况信息3.8万条，通过三网融合短信平台发布交通阻断信息1.5万条，225万余人次接收，为公众提供优质出行信息服务。年初全国联网收费系统切换后，全省ETC用户咨询投诉剧增，为满足用户需求，在原有9个自有坐席基础上采取话务外包、增设自有坐席、借用营运公司人员的方式（座席数增加至93个），解决话务接入和客服人员不足问题。2020年春节期间，抓住免费通行“窗口期”，完成7.5万件积压投诉清零，开展历史交易排查，主动处理潜在投诉7268条。日均话务量由初期10800件下降至2260件，一次接通率99%，处理及时率、投诉结案率100%。全年累计提供通行费和流量查询91万次，完成重大节假日路网运行趋势分析及路网车流量分析报告131次，为行业管理决策、高速公路规划、建设和运营等提供参考。配合公检法及路公司日常投诉查询765批次。利用数据分析配合开展扫黑除恶线索摸排工作，收集线索报送276余起，筛查车辆6422余辆。

全省ETC业务全部采用合作发行模式，与中国银行、工商银行、建设银行、农业银行、交通银行、邮储银行、四川农信、华夏银行、中信银行、招商银行和成都银行等11家银行开展合作，以银行金融网点为依托，为用户提供ETC发行安装以及售后服务。全省设立ETC网点6787个，省内21个市（州）全覆盖。截至年底，全省ETC用户1032万户，安装率86.5%。其中ETC客车1003.89万辆，占客车比例93.1%；ETC货车28.11万辆，占货车比例24.4%。

5月6日，全省高速公路恢复收费以后，通过持续优化门架系统、车道软件、在线计费软件、数据传输软件，不断探索完善运维管理机制和手段，使收费系统运行质量持续提高，相对于切换初期，ETC交易成功率从98.21%上升到99.31%，CPC卡交易成功率从96.52%上升到98.95%，车牌识别成功率从93.43%上升到97.01%，门架交易上传及时率从99.58%上升到99.96%，门架车牌识别上传及时率从99.26%上升到99.95%，平均计费成功率从99.20%上升到99.93%，综合在线计费成功率从90.70%上升到96.00%，应急计费比例从0.80%下降到0.08%，收费方争议数量占比从0.65%下降到0.17%，车道数据传输及时率从99.20%上升到99.99%。通过不断完善计费算法和修正策略，实现在应急计费条件下省内特殊优惠政策（如川A统缴）落实到位，减少了大量用户投诉。针对恢复收费初期存在的个别数据的质量问题认真研究、分类施策、逐个解决，有效地解决了重复交易、分省金额、轴数异常、时间异常、TAC验证失败等突出问题。通过在厅监控结算中心部署网元监控软件，对全省重要收费设备的运行状态进行实时监测和主动报警。建立路网运行指标通报制度，对ETC/OBU交易成功率、车牌识别成功率、收费参数版本更新及时率、门架车牌识别上传及时率、车道数据上传及时率、兜底计费比例等收费系统运行关键指标进行每日通报，有效维护全省收费系统稳定运行。

（厅监控结算中心）

信息化项目建设　2020年，省交通运输厅开展多项交通交通信息化建设项目，在助力新冠肺炎疫情防控、推动四川交通运输事业发展、提升交通运输管理和服务水平等方面提供信息化支撑。通过云平台、大数据等先进技术全面建成省级交通运输行业云数据中心，实现服务端基础资源统一管理、按需分配的长效机制，避免硬件资源浪费，数据管理分散，打破行业内各部门、各系统之间的数据应用壁垒，有效节省信息化建设投资，提升行业应用效率；完成四川省交通运行监测与应急指挥系统工程建设，行业运行监测能力及应急管理水平得到提升，形成涵盖公路水路交通重点业务领域的交通运输运行监测体系，同步建成统一视频联网监控监测管理平台，强化视频监测资源采集管理，实现高速公路及市（州）部分6万余路视频监控接入，在各类重大活动及应急保障时可自由调阅；完成四川省公路水路建设与运输市场信用信息服务系统工程建设，实现行业内从业企业信用信息的网上采集、审核、评价及公示，覆盖建设单位6000余家、客货运输及驾培维修企业8万余家，并通过建成的“信用交通·四川”网站，推进信用信息公开，实现7个工作日内向社会公示行业行政许可和行政处罚信用信息；完成四川省交通运输物流公共信息平台初步建设，基本实现公路水路行业物流动态和静态信息的一站式服务，以及对网络货运企业等业务运行脱敏信息的网络化采集、汇聚与分析，辅助提升行业管理部门对物流宏观运行情况的掌握与决策支持能力；落实“一网通办”要求，推进“互联网+政务服务”工作，完成四川交通运输网上行政审批服务平台建设，首批实现与省一体化政务服务平台的对接和数据共享，全省54个交通运输行政许可，318个办理事项实现省、市、县三级“一网通办”；经过技术对接，实现与省一体化政务服务平台的“8个统一”，并通过与市场监督部门、公安部门数据对接，行业内多个系统数据共享，减少法定申请材料120个，精减率为46%；解决公路超限运输许可申请人“两头跑”“两头办”“跑多次”等问题，承办件由原先4个工作日完成审批缩短为1个工作日，提速75%。截至2020年底，全省办理行政许可117.57万件；在省直部门“2020年度四川省网上政务服务能力社会满意度测评”中取得第二名，“高速公路路况查询”“道路运输从业人员资格证查询”分获“2020年天府通办应用评选”第一名和第三名；开展交通运输行政执法综合管理信息系统工程、交通旅游服务大数据应用试点工程建设，完成招标，进入施工建设阶段；升级交通运输统计分析监测和投资计划管理信息系统，结合大数据技术实现省、市、县三级交通主管部门统计和投资业务的联网作业，对高速公路车辆通行量等重点业务领域的实时监测，为经济运行分析提供动态、直观的信息监测服务。

为疫情防控提供信息化保障，在春节期间与各互联网企业合作，完成春运人口流动数据采集程序制作，利用信息化手段采集疫情防控数据，为医疗部门提供支撑；做好疫情防控期间视频会议技术保障，为国家及省防控疫情、人员调度、领导决策提供支撑，共保障部省疫情防控工作会议73次，其中视频会议58次；做好信息服务和舆情监测工作，强化政府网站信息公开，发挥新

2020年9月1日，厅信息中心在南充市营山县召开的四川省“12328”助力交通脱贫攻坚宣传月活动启动仪式上提供技术保障　张　凯　摄

媒体作用，将厅防疫工作举措和动态信息及时向公众发布，同时做好省内和全国相关舆情的监测、采集、汇总和分析，为各类调度决策提供辅助支撑，及时回复公众关心的问题，营造良好网络舆论氛围，发布疫情防控网站数据657条、微博879条、微信292条，编发舆情专报339期。

（厅信息中心）

网站建设管理 2020年，省交通运输厅加强网站建设管理。厅政府网站在全省政府网站绩效评估中位于同级部门前列。全省交通运输系统各单位（部门）认真贯彻落实政府信息公开条例，发布网站信息，厅政府网站全年编发信息9105条，报送省委电子政务内网信息354条，填报省政府信息公开目录管理系统4079条，填报交通运输部子站信息11186条，均列同级单位前列。厅政府网站结合重点工作开设“2020年春运”“疫情防控”“2020年交通运输工作会”“脱贫攻坚四川交通在行动”“旅游公路怎么修——‘畅游新川九，请您来点评’”等多个专题。厅政府网站开展互动交流，内容更加通俗易懂，对政策宣贯起到积极作用。全年开展在线访谈15期、网上直播2期。

（厅信息中心）

新媒体运营 2020年，省交通运输厅把握政务新媒体特性，紧跟新媒体发展趋势，多方式讲好四川交通故事。做到凡是交通运输重大活动、举措，新媒体都精准聚焦、深度报道；凡是交通运输重大主题、节点，新媒体都提前介入、精心策划；凡是网友提的意见建议，都认真对待，及时回复。组织开展“四川交通，一路有你，携手同行”线上活动和“旅游公路怎么修——‘畅游新川九，请您来点评’”线上线下主题活动，取得良好活动效果。全年发布微博4480条、微信1122条，回复微博、微信网友留言2123条。厅政务新媒体被省政府新闻办、省政府信息公开办评为“微政四川2020年度十佳省直部门政务新媒体”，被部新闻办授予“2020年度全国十大交通微博”“2020年度十佳政务微信公众号”称号，获“城市力量”天府论坛年度影响力项目等荣誉。

（厅信息中心）

网络舆情监测 2020年，省交通运输厅进一步强化网络舆情工作规范性和时效性，做好专项舆情监测分析工作，有效应对处置网络舆情事件，提高政府公信力。5月，组织召开厅网络舆情管理工作专题会议，印发《网络舆情信息管理工作流程》《关于开展交通运输行业热点舆情信息共享机制的函》等相关文件。全年监测值得关注网络舆情信息5899条，编发《网络舆情参阅》360期、《网络舆情专报》387期、《网络舆情摘报》4期、季报4期、月报12期、半年报和年报各1期。

（厅信息中心）

信息化服务保障 2020年，厅信息中心保障各类会议621次，完成《四川省交通运输高品质视频会商指挥调度系统运行保障工作规范》编制，对全省交通运输视频会议系统的运行保障工作进行规范；完成攀枝花、绵阳、广元等18个市（州）的视频会议系统对接，实现省、市、县三级双向视频会议覆盖；利用腾讯会议App通过互联网与建设一线和生产一线企业进行视频会议对接，完成28家企业接入调试，实现大部分相关企业视频会议覆盖；依托应急指挥系统二期工程对未开展视频会议建设的市、县进行设计变更工作，将已完成变更建设的市（州）系统接入省厅系统。应急保障方面，在“9·20”雅西高速公路姚河坝大桥灾损应急抢通保障中提供现场卫星通信保障1次、“8·18”乐山特大洪水灾害和九绵高速公路项目洪灾处置中提供卫星电话设备及通讯服务6台次，并多次为抢险救灾提供后台系统保障服务，确保应急处置期间相关系统、设备正常运行，保证各方信息及时传递。全力做好厅机关及行业技术支撑服务，做好交通云整合平台保障工作，确保厅属各单位云上系统正常稳定运行，做好厅数据中心网络安全保障和厅属各单位网络安全技术支持工作；配合厅直单位开展好重点项目统筹建设及市（州）信息化建设的技术支持服务工作。网络安全保障方面，对厅数据中心重要信息系统进行定期安全监测，对厅属各单位重要系统和市（州）交通运输局官网进行渗透测试，及时发现系统高危漏洞并通知系统所属单位整改，每月给厅属各单位和市（州）交通运输局发送网络安全月报，及时通报厅信息系统的网络安全情况和国内外网络安全动态。厅数据中心运行维护服务工作更加规范，在机房现场运维值守、应用系统日常维护和桌面终端维护等方面加强对运维团队的监管力度，确保厅应用系统和全省交通运输电子政务内外网安全稳定运行。

（厅信息中心）

交通宣传

JIAOTONG XUANCHUAN

概　况　2020年，交通宣传中心围绕四川交通运输中心工作，不断创新宣传方式，拓展宣传渠道，推动传统媒体和新兴媒体深度融合，组织主流媒体记者对“春风行动”、成渝地区双城经济圈运输服务一体化、合江长江公路大桥主梁合龙、四川全面完成“两通”目标、“金通工程”、新川九路等交通重点工作集中采访。交通宣传中心记者完成《中国交通报》主报108余篇，其中一版42余篇，头版头条（含报眼）8篇；牵头完成地方专刊12期，共计48个版面，努力讲好四川交通故事，进一步向社会宣传四川交通运输的发展成果。

四川交通对外宣传　2020年，交通宣传中心紧扣一手抓疫情防控，一手抓复工复产，坚持“两手抓两手硬”这一主题策划采写稿件，《四川交通点对点门对门送农民工返岗》《四川交通八不措施保障安全复工》《四川交通续建项目月底全面复工》《四川春风行动书写春暖故事》多篇稿件刊登在《中国交通报》头版。同时，加大交通脱贫攻坚报道力度，策划采写《四川全面实现具备条件的乡镇和建制村通客车》《阿布洛哈，美好生活新起点》《四川交通蹲点大凉山推进脱贫攻坚》《村口有了招呼站》等稿件。汛期期间，在《中国交通报》头版刊登稿件5篇，2版刊登稿件2篇，地方版刊登稿件4篇，并积极为报社新媒体提供素材，由点及面，全方位宣传报道四川交通抗洪抢险。

《四川交通手机快讯》　2020年，交通宣传中心进一步规范《四川交通手机快讯》投稿流程、审核标准，优化调整部分栏目。配合厅宣传工作需要，发布《四川交通手机快讯》381期。先后设置《让党旗在疫情防控一线高高飘扬》《从严管党治党 纵深推进党建暨党风廉政建设》《党旗飘扬在交通脱贫攻坚一线》《全省驾培市场监管突出问题专项整治工作“微平台24讲”》《砥砺新征程勇担新使命 全面实施交通强省战略》《2020年全省交通运输工作会》《四川交通抗疫》《四川交通抢险保通》等专栏。

《四川交通运输》杂志　2020年，交通宣传中心完成《四川交通运输》（以下简称《杂志》）12期，刊登稿件200余篇，约40万字。2月，《杂志》推出《坚决打赢疫情防控阻击战》特刊，从部省、厅党组、厅直单位、市（州）交通运输部门、交通运输企业等多角度展现这场防控新冠病毒的人民战争。3月，《杂志》专题报道成宜高速公路、成都第三绕城高速公路、九绵高速公路、新机场高速公路等重点交通项目复工复产情况和四川各地开展“春风行动”。同时，持续关注交通脱贫攻坚，并对交通脱贫攻坚先进典型人物进行报道。5月，《重点关注》栏目推出《全国人大代表罗佳明生动讲述阿布洛哈村修路故事》《全国人大代表罗佳明：“金通工程”让农村群众出行更美好日子更巴适》等稿件，形成较大的宣传声势，宣传四川交通脱贫攻坚成就。杂志的9月刊，用超过一半的页码，专题报道“金通工程”，用图文并茂的形式展现四川“金通工程”取得的成效。进入汛期后，交通宣传中心加强汛期宣传报道，特别是“8·10”“8·18”洪灾发生后，编采人员深入洪灾一线采访拍摄，向交通运输部和主流媒体提供素材。同时，加大向厅直单位和市（州）交通运输部门的约稿力度，8月刊推出交通抗洪抢险专题报道，大篇幅报道厅党组、厅直及有关单位和市州交通运输部门在汛情面前，快速响应，全力投入抗洪抢险，科学组织抢通保通。同时，加大对交通强国试点和交通强省建设的报道力度。对四川省出台加快建设交通强省实施意见和交通强省建设推进会进行专题报道。另外，随着成渝地区双城经济圈交通一体化的深入实施，也积极策划，采写交通重点项目推进情况。

四川交通声像资料制作 2020年，交通宣传中心推动全省交通运输行业声像资料数据库拍摄、收集、整理工作有序进行，重点拍摄的声像资料视频共计800G(约800分钟)。制作的声像片主要有：《四川交通坚决打赢疫情防控阻击战》《凉山交通脱贫攻坚纪实》《四川交通脱贫攻坚汇报片》和“两路”精神纪录片《新川藏传奇》以及2019年交通运输行业年度资料片。

新媒体宣传探索 2020年以来，交通宣传中心继续加大今日头条、网易新闻、凤凰一点资讯、企鹅号移动平台宣传力度。其中发布的《四川出台7条措施保障公路畅通》《家中两人患癌，他除夕夜开始站在“防疫”一线》《我们战“疫”在一起》《春风送真情，就业暖人心》《负重前行，“疫”无反顾》等稿件，向社会宣传四川交通人坚决打赢疫情防控阻击战的决心和举措。在中国交通新闻网四川频道在《交通人物》专栏中，加大对“战疫”和“战贫”先进人物的宣传报道力度。并利用新华网四川频道对四川交通进行专题宣传，在疫情防控的关键时刻，推出H5（音乐微杂志）《八个关键词，带你了解四川交通如何打好疫情防控阻击战》，在新华网主网及四川频道显著位置推出，进一步展示四川交通人在这场没有硝烟的战斗中的感人故事。

交通广播节目创新 2020年，交通宣传中心进一步加强交通运输信息服务与行业新闻宣传，与四川广播电视台四川交通频率（FM101.7）创新合作机制，合作推出早、中、傍晚、晚间4档节目，播出信息6000余条，形成全天候传播交通行业声音的强大舆论合力，受到行业内外好评。4档节目定位清晰，时效快捷，信息丰富，有效实用，形成全天候传播交通行业声音的强大舆论合力，为交通与社会搭起有效沟通的桥梁。节目质量一直稳居100多个汉语节目的前10名，收听率稳居第一。

（本栏目供稿单位：交通宣传中心）

交通史志年鉴

JIAOTONG SHIZHI NIANJIAN

概　况 2020年，厅史志总编室继续开展《四川交通志》《四川交通志·公路志》等三部全国第二轮修志试点志书编纂，其中《四川交通志·公路志》即将交付出版，《四川省志·交通志》完成出版前修订完善。组织编纂的《中国水运史（1949—2015）》“四川交通运输大事记”和《中国水运工程建设实录（1978—2015）》“四川交通运输”完成初稿并报交通运输部；编辑出版《四川交通年鉴》2020卷，制作完成年鉴网络版、手机版并上线，形成纸质版、加密U盘、手机版和PC端网络版四项成果。《四川交通抗击新型冠状病毒疫情纪实》完成文稿编纂，进入增补资料和图文版式设计阶段；完成《中国交通年鉴》《中国交通运输年鉴》《四川年鉴》《四川农村年鉴》《四川旅游年鉴》2020卷图文组稿、撰稿、校对等工作。此外，继续开展川藏路文献资料和文物搜集工作；按计划推进机关文化建设；完成交通强国文化丛书编纂方案制订；配合完成“决战贫困决胜小康”脱贫攻坚成果展实物收集及交通脱贫攻坚大事记整理；配合厅机关党委办好“四季悦读”，负责每季《四季书目》资料补充、稿件校对及“四季阅读俱乐部”微信公众号日常打理维护。

年内，《四川交通志·内河航运志》在“四川省第十九次地方志优秀成果评比”中获“志书类”一等奖，《四川交通年鉴》2019卷获“年鉴类”一等奖第一名，《四川高速公路建设实录》获“其他地方文献类”一等奖；《四川交通志·稽查征费志》获“志书类”二等奖。

（厅史志总编室）

《四川交通抗击新型冠状病毒疫情纪实》完成编纂 2020年，全国新型冠状病毒感染的肺炎疫情防控工作电视电话会后，省交通运输厅赓即召开应对新冠肺炎疫情专题工作会安排相关工作。厅史志总编室积极响应会议精神，全体员工主动放弃休假全部到岗，以高昂的斗志迅速进入防疫备战状态。一是按照厅党组布置的编纂《四川交通抗击新型冠状病毒疫情纪实》工作要求，成立总编辑任组长，副总编辑任副组长，全体编辑人员为组员的编纂工作小组，做到分工明确、责任清晰。二是立即行使牵头责任，按照厅领导指示，主动与厅办公室、运输处、安监处以及厅直有关单位等衔接，草拟编纂方案、征求编纂意见，数易其稿，快速展开组稿。三是创新制定周报制、例会制、交流制等高效快捷的编纂制度。一方面要求各供稿单位落实分管领导，明确专人负责，每周五报送本周相关资料，及时提供阶段性工作总结，做到“原始资料无遗漏”；另一方面要求编辑人员加强与供稿单位沟通联系，指导性组稿，并充分发挥主观能动性，将原始资料补充完善、去粗取精、深度挖掘、提炼升华，做到“筛选内容有亮点”。

截至年底，召开工作例会16次，细化编纂方案10余稿，搜集文字资料120余万字、图片1500余幅，完成30余万字初稿撰写和稿件内容评审，进入材料增补及图文版式设计阶段。

（厅史志总编室）

《四川交通志·内河航运志》获奖 2020年，省交通运输厅组织编纂的《四川交通志·内河航运志》在“四川省第十九次地方志优秀成果评比”中获“志书类”一等奖。《四川交通志·内河航运志》是全国第二轮修志5部试点志书之一，全面记述1986—2005年四川水运基础设施与勘测设计、水路运输、航运管理事业的发展历程，同时也是四川内河航运事业快速发展的真实写照。学术价值方面，该志书在资料上，大部分资料通过走访，由老职工回忆整理而成，同时查阅大量史料以佐证史实，做到真实有据，力求“横不缺项，纵不断线”；在内容上，通过对行业行为的规范，行业发展的引导和市场的有效调控、行业动态的跟踪、行业信息的搜集整理，充分反映行业的大事件和行业管理的亮点；在方法上，做到口碑资料和文本资料相结合，广泛征求和听取行业员工和专家学者的意见和建议，多次召开评审会，反复审核校对；现实意义方面，《四川交通志·内河航运志》通过对四川内河航运20年发展历程的记述，为当今航道港口建设和航运管理提供借鉴。

该志书得到中国地方志指导小组、四川地方志工作办公室、全省广大交通干部职工和有关专家学者肯定，可供广大交通干部职工和史学、经济学工作者及大专院校师生参考。

（厅史志总编室）

2020年，获“四川省第十九次地方志优秀成果评比”志书类一等奖的《四川交通志·内河航运志》 厅史志总编室 供图

史志年鉴信息化建设 2020年，厅史志总编室继续开展交通史志年鉴信息化建设工作。

年鉴数据库雏形初现。制作完成5卷《四川交通年鉴》网络版并上线推出；基本完成12卷纸质年鉴数字化处理及校核工作，预计2021年一季度入库并结合读者使用需求在不同终端予以呈现。在年鉴数据库里，读者可进行跨卷全库在线检索等操作，提升查阅使用体验。

“四川交通掌上年鉴”小程序成功上线。在微信小程序页面输入“四川交通掌上年鉴”，搜索点击进入首页页面。小程序提供整卷浏览、跨卷检索、镜看交通多媒体展示等功能，方便读者随时随地快捷查阅。

优化调整“四川交通年鉴在线编纂系统”流程。结合编纂工作实际，对流程进行优化，新增、调整相应模块环节并组织测试，打通在线编纂与网络成鉴的功能路径，进一步满足年鉴在线组稿、在线编校、在线成鉴等业务需求，推动史志年鉴采编全流程线上管理，提升年鉴传播效能。

（厅史志总编室）

市州交通

SHIZHOU JIAOTONG

2021

四川交通年鉴

成都市交通

CHENGDU SHI JIAOTONG

2020年成都市交通运输能力概况

公路交通运输			
通车里程	总里程（公里）29627.149		
	其中	高速公路	1177.499
		一级公路	1281.465
		二级公路	1990.04
		三级公路	1812.852
		四级公路	23316.968
		等外公路	48.325
公路密度	按国土面积计算：每百平方公里206.68公里		
	按人口计算：每万人19.8公里		
通达程度	通公路的乡镇253个，占乡镇100%		
	通公路的村2653个，占村100%		
客运站	总数（个）65		
	其中	一级站	12
		二级站	16
		三级站	10
		四级及以下站	27
营运车辆	总数（辆）142400		
	其中	客车6863辆224960座	
		货车135537辆1676682.1吨	
公路运量	客运	客运量（万人次）	6198.2
		旅客周转量（万人公里）	600149
	货运	货运量（万吨）	32535.1
		货物周转量（万吨公里）	3402963
内河航运运输			
通航里程	总里程（公里）192		
	其中	三级航道	
		四级航道	
		五级航道	
		六级航道	5
		七级航道	187
港口（码头）	总数（个）11		
	吞吐量	旅客吞吐量（万人次）	22.50
		货物吞吐量（万吨）	
水路运量	客运	客运量（万人次）	22.50
		旅客周转量（万人公里）	133.82
	货运	货运量（万吨）	
		货物周转量（万吨公里）	
营运船舶	总数（艘）102		
	其中	客船102艘2186座	
		货船　艘　吨	
城市公交运输			
营运车辆	15452辆		
公交线路	1171条		
公交站	12094个		
运量	10.98618亿人次		

注：1.港口码头统计数字为在用旅游客运码头数量；

2.城市公交数据范围11+2区域，数据来源为交通运输一套表联网直报系统。

交通运输概况　2020年，成都市交通运输系统把握成渝地区双城经济圈建设等重大战略机遇，按照“唱好‘双城记’、服务新格局、建好示范区、夺取双胜利”总体思路和“三重”工作要求，统筹做好疫情防控和交通运输高质量发展。年内，成都市疫情防控交通阻击战有力有效；国际综合交通枢纽能级不断跃升，对外通道建设取得突破，内部交通体系持续完善，航空网通达全

2020年，成都市积极开展全国“十大最美农村路”推选宣传工作，蒲江县碧浪连天茶园路（甘成路）成功入围候选。　图为蒲江县甘成路

李志军　摄

国、连接全球，铁路网贯通南北、畅通东西，公路网贯通城市、畅达乡村；绿色出行体系进一步完善，铁路公交化运营大力实施，轨道交通加速成网，公交都市建设大力推进，共享单车行业健康发展，新能源汽车推广应用；轨道交通产业做强做优，现代物流体系加快建设，轨道交通产业生态圈建设进展明显；行业治理能力不断提升，交通法治建设、平安交通建设、智慧交通建设和全面从严治党等方面扎实推进。全年完成交通建设投资465亿元，实现投资增长10%。

2020年12月31日，天府国际机场高速主线建成通车，图为天府国际机场高速公路成都收费站

成都市交通运输局　供图

航空枢纽建设　2020年，成都“一市两场”国际航空枢纽运营格局和通用航空机场建设加快推进。成都天府国际机场及配套工程基本建成，12月6日完成校飞，计划2021年6月正式投运，满足旅客吞吐量4000万人次/年，货邮吞吐量70万吨/年。成都双流国际机场跻身2020年全球最繁忙的十大机场，据飞友科技发布的《2020年5月民航运行报告》显示，成都双流国际机场为2020年5月全球最为繁忙的机场。金堂通用航空机场加快建设，航管综合楼项目主体施工全部完成，预计2021年实现首航。

铁路枢纽建设　2020年，成渝客专提质改造工程完成，实现成渝两市1小时通达；川藏铁路、成达万高铁、成都枢纽环线紫瑞隧道等开工建设，成自高铁、成兰铁路等加快建设。截至年底，成都形成由西成高铁、成渝高铁、成贵高铁、遂成铁路、成雅铁路、成灌铁路等6条高快速铁路，宝成、成渝、达成、成昆4条普速铁路，以及成都枢纽环线构成的“1环10射”铁路网络，成都境内铁路总里程930公里，线网密度6.5公里/百平方公里，其中高快速铁路里程达430公里，以成都为中心的“148”高铁交通圈加速形成。

高速公路枢纽建设　2020年，成都市高速公路完工项目5个，加快建设项目2个，新开工项目4个。天府国际机场高速公路主线，成都经济区环线高速公路蒲江至都江堰段、德阳至简阳段，成宜高速公路，成资渝高速公路建成通车，新增高速公路里程224公里，天府国际机场高速公路南线、成都经济区环线高速公路德阳至都江堰段加快推进，成乐高速公路扩容、成南高速公路扩容、成绵高速公路扩容、天邛高速公路控制性工程开工。截至年底，全市高速公路通车里程1178公里，“2绕13射”高速公路网基本形成。

相关链接

“2绕13射”：“2绕”包括成都绕城高速公路、成都第二绕城高速公路；“13射”包括蓉昌高速公路（成灌高速公路—都汶高速公路）、成万高速公路（成彭高速公路—成什绵高速公路）、成绵高速公路、成巴高速公路、成南高速公路、成安渝高速公路、成渝高速公路、成都天府国际机场高速公路北线—成资渝高速公路、成都天府国际机场高速公路南线—成宜高速公路、蓉遵高速公路（成自泸高速公路）、成雅高速公路、成乐高速公路、成名高速公路。

市域快速路建设　2020年，成都市加快推进市域快速路项目建设，积极破解用地、资金、建材等要素保障难题。五环路开工建设，金简仁、成龙简、成洛简、成金简、天新邛快速路等重大项目加快建设推进，完成投资117亿元。积极创新投融资模式，推进城市综合运营等投融资模式落地落实，保障项目建设资金。

国省干线公路建设　2020年，成都市在建国省干线公路项目3个，在建里程27.9公里，完成投资16.8亿元。在建项目中，国道108线蒲江至名山改建段于2019年2月开工建设，基本完成征地拆迁、路基清表及临时设施建设，完成投资3.6亿元。省道401线蒲江绕城段于2017年9月开工建设，完成征地拆迁，光明隧道全面贯通，蒲江河大桥架梁完成，完成投资4.9亿元。省道422线金堂县清江至淮口提档升级工程淮口五里大道3.6公里完工；新建段旌金快速通道8.31公里，路基、桥涵施工有序推进；改建段赵淮路完成主体工程，开展绿化工程施工；项目完成投资8.32亿元。

农村公路建设 2020年，成都市完成新一轮农村公路路网规划调整，持续提升农村公路服务乡村振兴能力。健全农村公路管养体制机制，成功申报交通运输部与财政部组织开展的深化农村公路管理养护体制改革试点，完善农村公路管理养护考核模式，提升农村公路管理养护及路况水平。新（改）建农村公路200公里，县乡村公路养护管理机构设置率、农村公路列养率、县乡道及通客运的村安全生命防护工程设置率均达100%，彭州市、新都区、青白江区成功创建2020年省级“四好农村路”建设示范县；截至年底，成都市成功创建“四好农村路”全国示范县3个、省级示范县10个，示范县总量继续稳居全省第一位。开展全国“十大最美农村路”推选宣传工作，蒲江县碧浪连天茶园路（甘成路）成功入围候选，展示了成都市农村公路服务乡村振兴战略及路产融合发展的成果。

2020年9月16日，交通运输部公布2019年度“十大最美农村路”“我家门口那条路——最具人气的路”“我家门口那条路——最有诗意的路”，其中，成都市邛崃市平临夹路被推选为2019年度“我家门口那条路——最具人气路”

成都市交通运输局　供图

客货运场站建设 2020年，成都市继续推进崇州市新城客运站、邛崃客运枢纽站、淮口南站综合交通枢纽配套客运站和天府国际机场长途客运站建设，至年底全部完成主体结构施工，全年完成客运枢纽建设投资1.3亿元。截至年底，成都市现有客运站65个，其中，一级站12个，二级站16个，三级站10个，四级及以下站27个；营运车辆142400辆，其中，客车6863辆、224960座，货车135537辆、1676682.1吨。

口岸与物流建设 2020年，亚蓉欧班列开行4317列，中欧班列开行2440列，累计开行量分别突破10000列、7000列。双流国际机场进境肉类指定监管场地投运，高新西园、国际铁路港综保区通过正式验收，综保区“三区四园”格局加快形成，天府国际空港综保区启动申报工作。海关特殊监管区域和保税监管场所高质量发展态势明显，成都高新综保区年度发展绩效评估综合排位、进出口额全国第一，成为全国唯一突破5000亿元大关的综保区。

成都港建设 2020年，《成都港总体规划》获批实施。《成都港总体规划》共十章，主要内容包括梳理成都港宜港岸线资源，合理确定岸线使用，科学布局港口空间、港区划分以及发展目标，并就港口规划的实施提出分期建议和保障措施。根据规划，成都港以旅游客运为主，适度发展货物运输，划分为锦江港区、沱江港区、三岔湖港区，形成以“两江一湖”港区为主、其他港点为补充的总体格局；成都港规划168个码头（560个泊位），到2025年，建成146个泊位，客运吞吐量190万人次；到2035年，建成560个泊位，客运吞吐量376万人次，将成为成都市综合交通运输体系的重要组成部分及四川省水上旅游集散中心。

天府国际机场建设 2020年，天府国际机场建设于12月6日完成校飞，计划2021年6月正式投运。天府国际机场飞行区西一跑道、东一跑道完工，消防工程、物理围界基本完工，北一跑道、站坪道面及助航灯光工程加快收尾；航站楼屋面、幕墙玻璃完工，站前高架贯通，现场服务大楼、运行指挥大楼完工，航站楼、综合交通换乘中心装修基本完成，机电工程大面转入末端点位安装；行李系统、APM有序进行调试，安检设备安装展开；配套生产办公用房装修基本完成，场内市政道路均

2020年，成都天府国际机场 成都东部新城办 供图

具备通车条件，供电主站全部带电运行，综合管廊安装基本完成，污水处理厂处理设备安装完成；货运区房建工程全部完工，安检设备安装完成，进行工艺设备安装；旅客过夜用房幕墙完工，全面精装工作展开。

成都站扩能改造 成都站扩能改造工程包括8万平方米站房、1.9万平方米行包房、10台18线站场以及连接成都站至成都东站的引入线13.86公里，概算总投资83.5亿元。2013年12月进场施工，截至2020年底，成都站主体结构、行包房工程完成，高架桥和引入线建设加快推进，开工累计完成投资43.52亿元。

成兰铁路 项目为新建双线Ⅰ级铁路，速度目标值时速200公里。项目自成都枢纽青白江站引出，经什邡、绵竹、茂县、松潘、九寨沟，引入在建兰渝铁路哈达铺站，正线长458公里，其中成都段里程长7公里，途经成都市彭州市和青白江区。项目总投资636亿元，2013年11月开工建设，线路工程基本完工，大弯货站建成投用，青白江站改建工程完成，成都段开工累计完成投资13.32亿元，预计2023年建成投运。

成自高铁 项目为新建双线高速铁路，由成都东站到天府站经资阳、内江至自贡东站，设成都东站（既有）、成都天府站、天府机场站、资阳西站、资中西站、威远站、自贡东站（在建）等7个车站。成都东至天府站段速度目标值时速250公里，天府站至自贡东站段速度目标值时速350公里，为四川省历史上首条时速350公里高速铁路，也是国家"八纵八横"高速铁路网京昆通道的组成部分。项目下穿天府国际机场，机场段线路长7.84公里，概算总投资34.48亿元。为配合天府国际机场建设工期，机场段单独立项审批，截至2020年底，土建工程完成，实施铺轨等工程；其余路段正线长176公里，估算总投资359.7亿元，截至年底，累计完成投资7.31亿元，加快征地拆迁及土建施工，预计2024年建成投用，届时将从根本上改变四川仅一条300公里时速出川通道的局面。

成达万高铁 该项目为中国"八纵八横"高速铁路网沿江通道的重要组成部分，东向出川重要快速便捷大通道，西起四川省成都市天府站，途经资阳市、遂宁市、南充市、达州市和重庆市开州区，东至重庆市万州区万州北站，全长486.4公里，设13座车站，估算总投资851亿元，于2020年12月24日开工建设，建设工期5年。项目建成后将在万州枢纽连接郑万高铁，与宜昌至郑万高铁联络线，武汉至宜昌、荆门至宜昌、武汉至荆门、武汉至合肥、上海至合肥等高铁衔接，共同形成北沿江高速铁路大通道；在达州枢纽连接渝西高铁，与渝西、郑西、京广等高铁衔接，共同形成成都至北京高速铁路大通道。届时，成都至上海、北京的旅行时间将缩短至7小时以内，成渝地区双城经济圈将与长江中游、长三角城市群以及京津冀经济区实现高效便捷联通，形成轨道上的城市群。

成渝中线 项目位于重庆市和四川省境内，起自重庆市江北区，终至四川省成都市金牛区，沿线途经重庆市江北区、两江新区、沙坪坝区、北碚区、大足区、铜梁区、璧山区，四川省成都市金牛区、成华区、新都区、龙泉驿区、简阳市和资阳市乐至县、安岳县。线路全长292公里，其中四川境内长度191公里，重庆市境内长度101公里，设计时速350公里，预留时速400公里，是国内首条提出时速要达到400公里的高铁。截至2020年底，项目可行性研究报告修编方案通过国家铁路集团公司组织审查，完成涉及成都市规划选址、用地预审、社稳评估、综合开发协议、征拆包干协议等前置要件，预计2021年开工建设。

成渝客专提质改造 项目是响应和落实国家成渝地区双城经济圈战略的重要举措，于2020年6月由国铁集团、重庆市、四川省联合批复可行性研究报告，对既有成渝客专成都东至沙坪坝299公里线路轨道、通信信号、防灾、牵引供电、接触网等工程进行补强改造，完善环保措施，对路基上拱病害进行整治，通过提质改造，实现时速350公里速度运营，成渝两地间1小时通达，2020年12月24日，成渝客专提质改造工程完成。

成都经济区环线高速公路 成都经济区环线高速公路是《四川省高速公路网规划》中的重点项目，被视为成都第三绕城高速公路，主线起于蒲江境内成雅高速，沿顺时针方向环行，途经蒲江、邛崃、大邑、崇州、都江堰、彭州、什邡、绵竹、德阳旌阳区、中江、金堂、简阳、仁寿、彭山，闭合于起点，串联起整个成都平原经济区。项目分为简蒲段、蒲都段、德都段、德简段，其中，简蒲段2017年底建成通车，蒲都段、德简段2020年底建成通车，德都段计划2021年建成通车。

成都经济区环线高速公路蒲江至都江堰段：项目主线起于蒲江境内成雅高速公路，经蒲江、邛崃、大邑、崇州、都江堰，止于都汶高速公路，主线长101公里，双向六车道，设计时速120公里，串联起青城山、都江堰、西岭雪山、平乐古镇等26个人文自然景观，2020年12月31日建成通车。

2020年12月31日，成都经济区环线高速公路德简段全线通车试运营。图为中江互通立交　　成都市交通运输局　供图

成都经济区环线高速公路德阳至都江堰段：项目起于都汶高速公路，经都江堰、彭州、什邡、绵竹、德阳旌阳区，止于成绵高速公路，主线全长91公里，另设什邡连接线18公里，起点都汶高速公路共线段双向八车道，成灌高速公路至止点段双向六车道，主线设计时速120公里，其中成都境内49公里。截至年底，项目工程进度完成85%，计划2021年6月建成通车。

成都经济区环线高速公路德阳至简阳段：项目起于德阳市黄许镇，经中江县、金堂县，止于简阳市禾丰镇，全长105公里，双向六车道，设计时速120公里，其中，成都境内37公里。项目2016年开工建设，成都段2020年11月16日建成通车，全线于2020年12月31日建成通车。

天府国际机场高速公路 项目全长 88 公里，其中北线 57 公里、入城连接线 3 公里、天府支线 10 公里、南线 18 公里，采用双向八车道和双向六车道标准建设，设计时速为 120 公里和 100 公里，设置双起点和双止点，是四川省内设计标准最高的高速公路项目之一。2020 年 12 月 31 日，成都天府国际机场高速公路建成通车，通车里程 70 公里，设置桥梁 45 座、隧道 2 座、互通式立交 10 处；通车后从成都市区出发，到三环路三圣乡白鹭湾上高速公路，抵达新机场仅需 30 分钟；项目龙泉山隧道采用的双向十车道客货分流四洞并行设计，为全国首创，该隧道全长 4617 米，隧道设计时速 120 公里，为分离式双向四洞十车道。项目南线加快建设，预计 2021 年 6 月完工，与天府国际机场同步投入使用。

成资渝高速公路 项目起于简阳江源镇，经简阳、资阳，止于川渝界安岳县龙台镇，线路全长约110公里，其中成都境内7公里，设计时速100公里，桥隧比17%，概算总投资147亿元，于2018年5月正式开工，2020年12月31日建成通车。项目是成渝地区双城经济圈建设上升为国家战略后，省内建成的首条成渝间高速公路大通道，是成渝之间第四条高速公路通道，也是省内建成的首条直接连接天府新区和重庆两江新区两个国家级新区的高速公路。

成南高速公路扩容 项目起于绕城高速公路螺蛳坝互通附近，经石板滩接成南高速公路新建入城段23公里，至南充段214公里加宽改造，总投资368亿元。项目由成都市牵头，遂宁市、南充市配合实施。截至2020年底，新建段施工图设计获批，控制性工程开工建设；主线扩容段初步设计报交通运输部审查，计划2024年建成通车。

成乐高速公路扩容 项目三环路川藏立交至青龙场接成乐高速公路新建41公里（成都境内37公里），青龙场至乐山市接乐宜高速公路88公里原路加宽，夹江县至峨眉山市接乐雅高速公路新建10公里，总投资205亿元。项目由成都市牵头，眉山、乐山市配合，省交投集团任项目业主。截至2020年底，项目初步设计文件取得批复，计划于2024年完工。

成绵高速公路扩容 项目起于绵阳市游仙区魏城镇，经中江县、金堂县、青白江区与成都第二绕城高速公路交叉，沿成金青快速通道连续高架至成都绕城高速公路。项目全线采用新建复线为主的扩容方案，相当于新建一条高速公路。路线全长128公里，双向八车道，分段设计时速，采用时速100公里和时速120公里两种设计，路基宽度分别采用41米、41.5米、42米三种宽度，总投资333亿元，建设工期3年。截至2020年底，控制性工程开工建设，计划2023年完工。

天邛高速公路 项目起于拟建成乐高速公路扩容项目梨花山互通，经新津县、邛崃市，止于邛名高速公路孔明互通立交，全长42公里，投资87亿元。采用双向六车道技术标准，设计时速120公里。截至2020年底，工程进度完成15%，计划2023年建成通车。

成灌高速公路入城段改造 项目起于成灌高速公路与绕城高速公路交叉的犀浦立交，止于成灌高速公路成都收费站以西约800米，全长3.692公里，建设内容主要包括成灌高速公路两侧的高架匝道建设、下层快速路和辅道整治以及收费站还建等。2020年，项目建设加快推进，预计2021年春节前完工通车。建成后将实现成灌、绕城两大高速公路间的直连互通和联网收费，届时成都市管高速公路将全部实现互联互通。

成宜高速公路 项目起于成都经济区环线高速公路，对接成都天府国际机场高速公路南线，经成都简阳、眉山、内江、自贡、宜宾，止于乐宜高速公路，全长157公里，成都境内9公里，双向六车道，设计时速120公里，总投资246亿元，2020年12月31日建成通车，从成都经济区环线高速公路出发，经成宜高速公路约90分钟可到达宜宾，成为成都平原经济区与川南经济区最便捷的联系通道。

2020年12月31日，成宜高速公路建成通车 成都市交通运输局 供图

五环路建设 项目串联8个城市组团，服务周边17个产业功能区、8个特色镇，总里程142.8公里，总投资349亿元。车行系统规划区范围按“主六辅四”布设，非规划区范围按“主六辅二”布设；慢行系统与绿道统筹规划设计，与车行系统绿隔分离；绿化景观与周边环境、大地景观协调一致，中央绿化色彩有序搭配、四季见花，路侧绿化高低错落，疏密有致，确保行车视线通透。项目2020年11月2日开工建设，预计2023年全线完工。

成德眉资打通同城化城际“断头路” 2020年，成都、德阳、眉山、资阳四市交通运输部门联合编制《成德眉资打通同城化城际“断头路”行动计划》并实施。成德眉资打通同城化城际“断头路”项目共计15个，其中，成德间“断头路”项目6个，成眉间“断头路”项目3个，成资间“断头路”项目6个，项目总投资172亿元。至年底，打通省道103线剑南岷东大道双流段改造、广大路、养资路、螺简路、省道422线金旌路等5个“断头路”项目。

公路养护管理 国省干线公路方面，2020年，成都市完成小修保养投资4124.55万元，清扫路面18243公顷，处治路面病害12.57万平方米，国省道年度路面使用性能指数（PQI）91.23；按计划实施养护工程23.52公里；完成2020年“8·10”特大洪灾抢险保通。农村公路方面，

2020年，对覆盖全市23个区（市）县670条线路，共计4540公里农村公路进行了路面性能使用指数（PQI）检测，抽检公路PQI平均值为81.03，总体达到良等路水平，农村公路日常考核暗访检查365条线路、8040公里。对农村公路桥梁养护实施市场化、专业化管理，根据2020年公路年报危桥数据库分析，2019年底前存量危桥基本消除；改造或新增农村公路安全生命防护工程350公里，成都市基本实现重点路段的安防工程全覆盖，农村公路安全保障水平进一步提高。

综合交通运输 2020年，成都开通航线367条，其中国际（地区）航线130条，持续保障10条国际全货机“不停航”稳定运行。成都双流国际机场5月单月航班起降架次量居全球第一，全年旅客吞吐量4074.2万人次，位居全国第二，货邮吞吐量达61.9万吨，排名全国第七。中国铁路成都局集团有限公司成都车站旅客到发量11226.6万人次，货物到发量5329万吨。完成春运、十一“黄金周”、国际汽车展、成都国际马拉松等重大展会、赛事和重要节假日运输保障任务。

2020年1月10日，春运首日，成都东客站春运现场　　成都市交通运输局　供图

现代物流体系建设 2020年，成都市把建设现代物流体系作为重要战略任务，加快形成内外联通、安全高效的物流网络。完善物流基础设施网络，推进物流降本增效促进实体经济发展三年行动计划，完工成都国际铁路港综合集装箱共享基地一期工程、简阳市唯品会西部总部基地、广西玉柴成都物流园等省、市重点物流项目，开工建设国际铁路港多式联运、成都青白江铁路港木材物流基地项目，新增AAAA级物流企业1家，AAA级物流企业5家，A级以上物流企业总数达137家。推动城乡物流均衡发展，完成全国城市绿色货运配送国家示范工程验收工作，协调优先保障试点企业标准化配送车辆的入城需求、涉及民生的标准化配送车辆城区道路全时段通行，新增快递末端站点207个，快递站点乡（镇）覆盖率100%，建制村覆盖率61%，金堂县“电子商务+乡村公交”入选交通运输部第一批农村物流服务品牌，蒲江县成功创建国家电子商务进农村综合示范县。

铁路公交化运营 2020年，成都持续推进实施成都平原城市群铁路公交化运营，着力打造市域30分钟、成都平原城市群1小时城际综合交通网络。一是建成市域铁路公交化运营改造一期工程。10月公交化改造正式开工，12月完工并通过中国铁路成都局集团验收，改造后成灌成彭高铁具备“天府通卡”“手机二维码”进站乘车条件。二是加密动车开行频次。截至12月，成都至平原城市群及近郊新城日开行动车组329对，日均客流总量25万人次，平均发车间隔25分钟，成都综合交通枢纽功能和转换效率进一步增强，成都与周边城市往来更加密切。三是推动成绵乐及成雅沿线城市增购（租赁）新型动车组。联合周边绵阳、德阳、眉山、乐山、雅安五市形成国内首例多主体联合购置（租赁）动车组模式，11组CRH6A-A型“天府号”公交化动车组于2020

2020年9月29日，成都平原城市群铁路公交化新型动车组正式投运　　成都市交通运输局　供图

年9月陆续交付投运，统筹用于成灌成彭高铁、成绵乐城际、成雅铁路公交化开行，各线日均开行对数增加15对至20对。

道路客货运 2020年，成都市继续推进农村客运高质量发展，加快实施乡村客运招呼站牌全覆盖，新建乡村客运招呼站牌1047个，金堂县、彭州市和简阳市完成乡村客运“金通工程”第一批、第二批试点建设。大力发展定制客运，新增定制客运线路39条，新投放车辆576辆，定制客运线路和车辆数量比上年分别上升487.5%、378.9%。指导区（市）县开展网络货运平台经营者许可管理工作，青羊区9月30日颁发四川省首张“网络平台道路货物运输经营许可证”，截至年底，成都市有2家网络平台道路货物运输经营者取得经营许可。2020年，成都市道路运输完成客运量6198.2万人次、旅客周转量600149万人公里，受疫情影响分别比上年下降32.18%和33.48%；完成货运量32535.1万吨、货物周转量3402963万吨公里，分别比上年下降6.59%和上升5.82%；完成总周转量比上年上升4.8%。

城市轨道交通运营 2020年，成都轨道交通6号线一二三期、8号线一期、9号线一期、17号线一期、18号线首开段（火车南站—三岔）及三岔站（不含）至天府机场北站段开通初期运营，其中9号线是中国中西部地区首条全自动无人驾驶线路。截至年底，成都市累计开通运营城市轨道交通线路13条，运营里程达558公里（其中，12条地铁线路518公里，1条有轨电车线路40公里），车站373座，换乘站46座，跻身国内轨道交通“第四城”，成为地铁运营里程最快突破500公里的城市。单日最高客运量568万乘次（2020年12月31日），列车准点率99.99%，运行图兑现率100%，最小发车间隔提升至2分钟，轨道交通运营效率、服务、安全等各项指标位居国内第一方阵。

公交概况 2020年，成都市继续践行公交优先发展战略，推进公交都市创建。一是深化公交行业管理改革，开展轨道交通加速成网背景下成都常规公交发展策略、中心城区公交功能定位等研究，推动修订《成都市城市公共汽车客运管理条例》，市政府常务会议审议通过《成都市城市公共汽车客运管理条例（修订草案）》。二是优化完善公交网络，有序做好截短抽疏公交重叠线路、提频加密横向衔接线路、补充覆盖轨道盲区线路等工作，新开轨道公交接驳线路73条，优化调整与轨道重复长线公交22条，新开2条快速公交、5条高峰快线、16条通勤公交和45条定制公交，建成“华西医院片区”“电子科大清水河校区”等轨道公交融合发展示范片区。三是推进公共交通服务协同发展，成渝两地实现公交、轨道“一码”通乘，成德眉资公共交通一卡通服务能级提升，实现成德眉资四市间公共交通“一卡通”互通互惠，成眉、成德间开通运营6条跨市公交线路。四是推动公交场站建设，完成娇子、粉坊堰、国际商贸城、华新4宗公交场站建设，有序推进东站（二期）公交场站建设前期工作。

2020年，成都市国际商贸城公交枢纽站　　成都市公共交通集团有限公司　供图

出租汽车 2020年，成都市持续规范巡游出租车和网约车管理，提升巡游车服务质量，加快网约车合规化进程。修订完成《成都市巡游出租汽车运营服务规范》《成都市巡游出租汽车服务质量信誉考核办法》，推动《成都市网络预约出租汽车运营服务规范》《成都市网络预约出租汽车经营服务管理实施细则（征求意见稿）》修订，启动《成都市客运出租汽车管理条例》立法修订工作。积极推动巡游出租汽车行业纯电动化运用，印发《成都市鼓励巡游出租车纯电动化试点实施方案》《实施成都市鼓励巡游出租车纯电动化试点实施方案的资金保障方案》，截至年底，购置纯电动巡游出租

汽车推广5869辆。2020年，成都市巡游出租汽车在营车辆15132辆，经营企业119家，从业人员3万人，其中五城区在营车辆11274辆，经营企业44家，从业驾驶员2.5万人，日均载客33万车次，日均运送乘客52万人次，办理网约车经营许可证的平台90家，日均上线营运车10万辆，日均订单118万单，日均运送乘客184万人次。

安全管理 2020年，成都市扎实开展交通行业安全生产专项整治工作三年行动，细化制订75项具体整治任务；深刻吸取“6·13”浙江温岭槽罐车爆炸等事故教训，全面开展危货品运输企业安全生产专项整治百日行动，以加强驾驶员安全教育和管理为抓手，强化“两客一危”等重点企业、重点车辆监管；累计实施2800公里公路安防工程；城市公共交通运行平稳。2020年，成都市交通运输行业发生安全生产责任事故37起（含成都市营运车辆在外地发生的道路运输事故，不含责任尚未认定事故4起）、死亡43人、受伤12人，事故起数、死亡人数、受伤人数比上年分别下降15.91%、12.24%、20.83%，行业安全生产形势持续好转。

工程质量造价管理 2020年，成都市对16个在建交通项目进行质量监督，其中，高速公路项目10个，建设里程约350公里；国省干线4个，建设里程127公里；市域快速路1个，建设里程约54公里；其他地方公路项目1个，建设里程0.37公里，监督覆盖率100%。全年开展质量安全环保综合检查26次，专项检查及巡查80余次，农村公路督导检查40余次，发出检查通报整改文件39份，限期整改通知书50余份；对14个交通建设项目进行交工质量检测，质量合格率100%；对9个交通建设项目进行竣工质量鉴定；对6个交通建设项目进行造价审查，送审总金额36.87亿元，审减总金额0.93亿元，审减率2.52%。

交通运输执法 2020年，成都市完成综合交通运输行政执法体制改革，市县两级综合执法机构组建完毕，实现职能部门、机构层级、执法事项“三减少”，一线力量、职能职责、执法范围“三增加”，执法队伍、执法区域、执法体系“三综合”。开展以两客一危、“营转非”车辆、驾培行业、网约车行业为重点的专项整治，全年出动执法人员61259人次，执法车14225辆次，检查各类车辆94862辆次，查处各类违法违规案3851件。其中，查处非法营运案840件（含仿冒出租汽车案9件），巡游出租汽车各类违法违规简易案件1820件，网约车违法违规案977件，班线客运车辆违法违规案95件，包车客运车辆违法违规案34件，危险品运输车辆违法违规案16件，教练车违法违规案27件。疫情期间对违法情节轻微行为采取柔性执法，推动企业在合法前提下全面复工复产，巡游出租车、班线及旅游车立案查处数分别减少69.9%、58.3%，从轻处罚案件820件，减免处罚金额1140.8万元。开展冷链食品运输车辆防疫检查工作，设立冷链食品运输车辆防疫检查点80处，出动执法人员1953人次，检查冷链运输车辆379辆次，移交属地相关部门处置的“四证”不齐冷链食品运输车辆45辆次。

“放管服”改革 2020年，成都市持续深化“放管服”改革。一是大力实施审批“不见面”“网上办”“预约办”服务模式，疫情期间，道路运输证年审等常办类事项实现100%全程网上办理，审批文书或证件通过邮政EMS免费送达，申请人“足不出户”即可完成审批事项办理。二是全力推进网上审批，实现交通运输行政审批事项网上办100%，全程网办率100%，全年网上办理审批事项61725件。三是纵深推进简政放权，做好机动车驾驶培训许可事项移交工作。四是完善办事指南要素。对行政许可、行政确认、其他行政权力、行政处罚等450余项事项的办事指南要素进行核对排查，逐项编辑完善，确保完整度和准确度达100%，实现办事指南标准化、规范化。

轨道交通产业生态圈建设 2020年，成都市以构建轨道交通产业生态圈创新生态链为引领，形成“一校一总部三基地”的错位协同发展空间布局。一是生态圈建设路径更加明晰，率先发布《2019年成都市轨道交通产业生态圈蓝皮书》，修订市级及金牛、新都、新津三大功能区“两图一表”，指导蒲江县围绕川藏铁路规划建设运营开展产业发展规划研究。二是产业链能级加快提升，梳理产业链薄弱环节，瞄准六类“500强”目标企业，创新“联盟+市场+资本”项目招商模式，整合产业资源要素，合力开展项目招引攻坚，组织3场轨道交通产业项目专题推介会，拜访轨道交通重点企业100余次，引签约重大轨道交通产业项目23个，比上年增长130%。三是功能区产业发展能级加快提升，深化与头部企业合作，拟制合作事项任务分工方案，推动“成都车、成都造、成都配套”。截至2020年底，中车成都公司成功获取CRH380动车组四级修资质，时速140公里、160公里市域列车陆续下线运行；内嵌式中低速磁悬浮车辆下线，开展动态调试；JRCC成功获取CNAS（中国合格评定国家认可委员会）认证，成为国内五家、西部唯一国推轨道交通产品（CURC）认证机构。

轨道交通6号线一二三期开通初期运营 2020年12

2020年12月18日，成都轨道交通6号线一二三期开通初期运营
成都地铁运营有限公司 供图

月18日，成都轨道交通6号线一二三期开通初期运营，是全国一次性开通里程最长、站点数最多的地铁线路，线路全长68.88公里，北起望丛祠站，南至兰家沟站，贯穿主城南北主轴，设车站56座。成都地铁首次在6号线启动望丛祠—兰家沟、望丛祠—张家寺、尚锦路—张家寺三交路按照2：1：1的比例模式开行，同时采用早间首班车多点发车，末班车分段收车的方式，确保主城区运力充足的同时提高运营资源利用率。

轨道交通8号线一期开通初期运营 2020年12月18日，成都轨道交通8号线一期开通初期运营，线路起于莲花站，止于十里店站，全长29.1公里，设25座车站，沿成都市西南—东北向布设，途经双流区、武侯区、高新区、锦江区、成华区，串联起双流大学园片区及临空经济区、玉林居住区、倪家桥居住区、郭家桥片区、万年场片区、十里店片区等区域；兼有“交通疏导型”和“规划引导型”功能，能疏导中心城区密集客流、带动沿线城区发展，为区域产业升级和地区经济发展提供动力。

轨道交通17号线一期开通初期运营 2020年12月18日，成都轨道交通17号线一期开通初期运营，线路起于温江区金星站，终于武侯区机投桥站，全长26.15公里，设车站9座，最高运行时速140公里，是成都市域快速轨道交通层次中重要的西部快线，也是全国地铁运营速度最快的线路之一。线路开通初期运营实现中心城区与郊区新城的贯通，方便了线路周边市民的日常出行。

轨道交通18号线首开段开通初期运营 2020年9月27日，成都轨道交通18号线首开段开通初期运营，为2020年成都地铁开通的第一条新线，也是目前全国最快开进中心城区的地铁线路，标志着成都轨道交通进入快线时代。轨道交通18号线首开段北起火车南站，经环球中心、世纪城、麓山至天府新区博览城片区后穿越龙泉山至三岔湖片区，全长55.95公里，设9座车站，其中高架站1座，地下站8座，换乘站5座，最大载客量2958人，线路首次采用时速140公里的8节A型编组车辆，考虑双机场一体化运行，在18号线、19号线共线段预留最高时速160公里的运行条件。轨道交通18号线是成都市“东进”战略上首条主动脉，线路首次联通成都市主城区、天府新区与东部新区及天府国际机场，对整体优化成都市“东进”交通网络布局具有重要意义。

轨道交通18号线三岔站至天府国际机场北站段初运营 2020年12月18日，成都轨道交通18号线三岔站（不含）至天府国际机场北站段开通初期运营，线路全长13.44公里，设车站4座。线路开通初期运营后，从火车南站至天府国际机场最快32分钟，对整体优化成都市“东进”交通网络布局、展现成都地铁引领城市发展格局具有重要意义。18号线全线开通后，将串联成都站、成都南站、天府站和天府国际机场四大重要交通枢纽，实现空铁联运。

轨道交通9号线一期开通初期运营 2020年12月18日，成都轨道交通9号线一期开通初期运营，线路采用国

2020年12月18日，成都轨道交通9号线一期开通初期运营 成都地铁运营有限公司 供图

际最高自动化等级的全自动运行系统（GoA4），是中国第三条全自动运行线路，也是中国中西部首条全自动运行轨道交通线路。线路南起锦江区金融城东站，西至青羊区黄田坝站，全长22.18公里，设车站13座。线路开通初期运营对完善成都中心城区交通网络，带动沿线区域经济社会快速发展，加快构建以轨道交通为主体的城市绿色交通体系，引领城市发展、改变城市格局、提升城市能级提供强大轨道支撑。

智慧交通建设 2020年，成都市推进智能交通二期建设，31个项目中完工推进验收项目7个，基本完成施工项目19个，推进招标项目1个，设计概算阶段项目4个。全面启动8个大运会智慧交通项目；不断完善成都市驾驶培训综合管理信息平台、道路客运联网售票系统智能运行平台、共享单车监管平台、出租汽车管理服务平台等，创新开发成都市物流运输供需对接信息平台。建成成都市交通运行协调中心（TOCC）一期工程，累计接入公路、地铁、公交、出租车、共享单车等14大行业数据超过900亿条，承担数据汇集共享、运行监测、辅助决策、应急协同、综合信息服务等功能，依托TOCC开发完成司机小秘书App、全国首个公路疫情检疫站登记系统、MaaS（出行即服务）系统等，助力各类交通运输企业智慧运转，为市民出行提供智能服务。轨道交通9号线作为中西部首条全自动无人驾驶线路投运；实现行政审批事项“网上办”“一次办”100%。

新冠肺炎疫情防控 2020年，成都市交通运输系统一手抓疫情防控，一手抓保通保畅，落实落细新冠肺炎疫情防控各项工作措施。一是坚决把好第一道关口。科学设置公路检疫站133个，出动人员10万余人次，创新研发检疫站交通监控和辅助决策系统；严防境外输入，牵头设立入境转乘人员铁路工作组和道路客运工作组，做好中高风险地区到蓉人员管理服务；严防疫情扩散，确保交通枢纽和客运场站做到信息登记、体温检测和消毒“三个100%”。二是为复工复产当好先行。成立交通运输复工复产专班，实施畅通路网“不断行”、应急运输“优先行”、道路客运“春风行”、城市交通“便捷行”的“四大专项行动”；分区分级恢复道路客运、城市交通服务，开行652趟“点对点”包车运送返蓉务工人员92.8万人次，开行176条“复工专线公交”；深入开展“送政策、帮企业、送服务、解难题”专项行动，走访服务重点交通企业，研究制定15条政策措施。三是切实做好应急处突。12月郫都区发现确诊病例后，迅速启动全市交通运输疫情防控应急预案，落实十项基础防控要求，制定八条防控措施，开展全覆盖督导检查和应急演练，分析查找短板，分区分级做好防控工作，设置139处公路检查点开展冷链食品等运输车辆联合执法专项行动，应急防控经验在全省推广。

2020年2月8日，协调货运企业车辆运送邛崃市爱心组织捐赠蔬菜到武汉疫区 邛崃市交通运输局 供图

2020年2月4日，成都市成乐高速公路眉山服务区交通抗疫人员在检疫站执勤 成都市交通运输局 供图

2020年2月23日，“春风行动”复工返岗定制包车从成都东站出发前往浙江省嘉兴市　　成都东站汽车客运站　供图

绿色低碳出行推广　2020年，成都市推动新能源汽车在交通运输行业应用，新增新能源运输车辆21535辆。印发《关于加强新购公交运力统筹管理的通知》《成都市鼓励巡游出租车纯电动化试点实施方案》《实施巡游出租车纯电动化试点资金保障方案》等专项工作方案，加强资金保障，确保新能源汽车推广应用任务落地落实。创新推广方式，支持包括神马专车、新能源车辆生产厂商自有金融平台等第三方单位与巡游出租车企业开展推广合作，鼓励企业和个体经营者通过自购车辆或与第三方合作等多种途径加快推广进度。依托城市共同配送试点、城市绿色货运配送示范工程创建等工作，出台新能源物流配送车通行、停靠、装卸等便利政策。广泛深入宣传，联合市经信局、市生态环境局、市财政局、市公安交管局等部门，召开巡游出租车纯电动化试点工作会，宣讲政策，消除驾驶员对纯电动汽车运营疑虑，开展巡游出租车纯电动化推广工作。

共享单车管理　2020年，成都市持续规范共享单车行业健康发展。印发实施《成都市关于促进互联网租赁自行车健康发展的实施意见》，规范单车停放秩序，每月对“5+2”区域互联网租赁自行车集中清理。完成共享单车容量测算，2020年，“5+1”区域共享单车适宜总量不超过45万辆，完成共享单车企业服务质量考核，结合服务质量考核和中心城区“5+1”区域共享单车容量测算评估情况，实施单车投放配额管理，对各企业投放份额进行分配，其中，美团单车在“5+1”区域最大投放量不得超过24万辆，青桔单车不得超过13万辆，哈啰单车不得超过8万辆，完成“5+1”区域车辆实体号牌上牌工作。截至年底，成都市在营共享单车企业3家，“5+1”区域拥有在运营单车52万辆，日均骑行次数113万次；“11+2”区域拥有在运营单车102万辆，日均骑行次数185万次。

相关链接：

“5+1”区域：指锦江区、青羊区、金牛区、武侯区、成华区，高新区。“5+2”区域：指锦江区、青羊区、金牛区、武侯区、成华区，天府新区、高新区。“11+2”区域：指锦江区、青羊区、金牛区、武侯区、成华区、龙泉驿区、青白江区、新都区、温江区、双流区、郫都区，天府新区、高新区。

停车场建设　2020年，成都市着力强化静态交通领域治理创新和能力建设，机动车停车管理工作取得成效。完成《成都市机动车停车场管理条例》立法调研，提出加强成都市机动车停车场管理的对策和立法建议，编制形成《成都市机动车停车场管理条例》立法调研报告。完成车位共享企业考核，对全市符合条件的5家车位共享企业2019年度车位共享绩效与服务质量信誉情况进行集中考评。抓好停车专项审计问题整改工作，制定《成都市停车设施建设管理专项审计问题整改任务分工方案》，明确整改措施、任务分工和完成时限。督导成都交投集团优化成都市智慧停车信息平台，完成停车场接入2300个，接入泊位超过50万个。

政务新媒体宣传　2020年，成都市聚焦疫情防控及复工复产、成渝地区双城经济圈建设、铁路公交化、脱贫攻坚、“四好农村路”、运输结构调整、运输服务提质增效、交通运输行业扫黑除恶专项斗争等重点工作，扎实开展宣传报道，传播交通好声音，持续提升行业整体形象。年内，组织专题采访17场，发送新闻通稿80篇，国家、省、市纸媒对成都交通运输相关报道达1999篇（次）、电视台报道2169次、网络媒体报道11102篇（次）；“成都交通运输”政务微信号关注人数突破8万人，净增31227人，推送信息480期684条；“@成都交通运输”政务新浪微博粉丝73万余人，新增14775人，发布微博信息9308条，处理投诉、咨询和建议1917件，互动14.6万次；抖音号单条最大阅读量达1200万人次。“成都交通运输”政务新媒体账号上榜“四川交通系统政务新媒体影响力排行榜（TOP10）”排名第一，获“2019年政务新媒体运营先进集体”“2019年优秀政务新媒体”称号，列入“2019年十佳舆情应对案例”；在2020上半年政府交通机构微博运营中名列第二位。

（本栏目供稿单位：成都市交通运输局）

自贡市交通

ZIGONG SHI JIAOTONG

2020年自贡市交通运输能力概况

公路交通运输			
通车里程	总里程（公里）		9446.0
	其中	高速公路	276.7
		一级公路	161.5
		二级公路	187.8
		三级公路	338.4
		四级公路	8216.5
		等外公路	265.1
公路密度	按国土面积计算：每百平方公里215.6公里		
	按人口计算：每万人29.5公里		
通达程度	通公路的乡镇96个，占乡镇100%		
	通公路的村1071个，占村100%		
客运站	总数（个）1398（含招呼站）		
	其中	一级站	1
		二级站	6
		三级站	
		四级及以下站	1391（含招呼站）
营运车辆	总数（辆）		11564
	其中	客车1190辆32201座	
		货车10374辆157243吨	
公路运量	客运	客运量（万人次）	1921.324
		旅客周转量（万人公里）	59874.309
	货运	货运量（万吨）	4858.488
		货物周转量（万吨公里）	544978.906
内河航运运输			
通航里程	总里程（公里）		497.54
	其中	三级航道	
		四级航道	
		五级航道	123.15
		六级航道	69.37
		七级航道	7.37
港口（码头）	总数（个）		68
	吞吐量	旅客吞吐量（万人次）	28.32
		货物吞吐量（万吨）	8.6
水路运量	客运	客运量（万人次）	28.32
		旅客周转量（万人公里）	238.65
	货运	货运量（万吨）	8.6
		货物周转量（万吨公里）	120
营运船舶	总数（艘）		131
	其中	客船54艘2391座	
		货船78艘9675吨	
城市公交运输			
营运车辆	1004辆		
公交线路	172条		
公交站	1169个		
运量	1.9353亿人次		

交通运输概况 2020年，自贡市交通运输局加快推进综合交通运输体系建设，为推动南翼跨越，再造产业自贡提供坚强有力支撑和保障。开展《融入成渝地区双城经济圈综合交通发展规划》《自贡市“十四五”综合交通运输发展规划》和《交通基础设施国土空间控制性规划》研究、编制。加大规划对接争取，自贡至永川高速公路、成自泸赤高速公路扩容项目写入《贯彻落实〈成渝地区双城经济圈建设规划纲要〉实施意见》。2020年7月，省道309线乐自高速公路贡井连接线建成通车，项目总投资7.5亿元。项目分为A段和B段，A段4.49公里，为乐自高速公路与贡井城区快速通道连接线，起于乐自高速公路贡井互通匝道，终点接省道305线，采用双向六车道一级公路标准设计，设计时速60公里，路基宽40.0米，配套市政设施；B段4.48公里，为乐自高速通往桥头镇、龙潭镇快速通道连接线，起于规划的桥头工业园区南侧，终点接自犍路道士桥，采用双向四车道一级公路标准设计，路基宽23.0米。2020年12月31日，成宜高速公路建成通车，项目于2017年底开工，完成投资97亿元。项目全长44公里，在自贡市荣县境内途经双古、铁厂、度佳、旭阳、过水、乐德、河口7个镇26个村，采用双向六车道建设标准，路基宽34.5米，设计时速120公里。成自泸赤—乐自高速公路连接线、省道436线东湖至富世段、飞龙峡旅游快速通道支线如期开工，北环快速通道、自

贡至泸州港公路一期提速建设，乐自犍高速公路、内富南高速公路、成自泸赤高速公路扩容、沱江沿江快速通道等项目前期工作加快推进。成自渝城际快速通道纳入省道网调整，与眉山签订界线协议，前期工作加快推进。加强与荣昌、永川、泸州等川南渝西城市合作，与荣昌区交通运输局成立联合工作组，力促更多规划项目落实落地；与内江市交通运输局联合开展项目工程可行性、用地预审等要件编制，加快推进内自快速通道前期工作，助推内自同城化发展。完成国省干线大中修工程47公里，新建成养护站2个，新（改）建交通节点厕所2座，市公路机械化养护中心、富顺县公路养护和应急保通中心完成主体建设，通过“十三五”交通运输部养护管理评价。客货运站场完成投资2.8亿元，自贡市高铁枢纽站、富顺县客运中心东城客货运站、大山铺铁路物流园区、自贡南铁路物流基地建设推进顺利，5个乡（镇）综合运输服务站建成并投入使用。争取中省交通专项补助资金4.56亿元，抗疫特别国债0.68亿元，助推项目建设。在疫情影响下，交通部门主动担当，交通投资完成量首冲70亿元大关，投资73.3亿元，比上年增长15.6%，为全市社会经济稳增长作出突出贡献。

2020年，新建成的成宜高速公路自贡段　　自贡市交通运输局　供图

农村公路建设　2020年，自贡市交通运输局聚焦打赢交通脱贫攻坚战，持续推进农村公路建设，新（改）建农村公路634公里，整改“畅返不畅”通村硬化路180公里，农村公路建设投资超6亿元，大安区成功创建“四好农村路”省级示范县，全市“四好农村路”省级示范县达3个。全面完成交通运输脱贫攻坚兜底目标任务，全市乡（镇）、建制村通硬化路、通客车率均100%。四区两县（自流井区、贡井区、大安区、沿滩区，荣县、富顺县）全部纳入省“金通工程”建设，全市投放52辆5～9座小型中级车，开展预约响应服务。

罗佳明调研自贡交通基础设施建设　2020年9月8日，省交通运输厅党组书记、厅长罗佳明赴自贡调研督导交通运输工作。罗佳明先后来到自贡运输机械集团股份有限公司、自贡北环快速通道建设现场、荣县双石镇品山村，详细了解交通运输设备生产、城市公路通道建设、农村公路补短板三年行动工作推进等情况。罗佳明指出，近年来，中共自贡市委、市政府高度重视交通运输工作，大力实施基础设施体系建设行动，构建“外联内畅”现代综合立体交通体系，夯实“再造产业自贡”基础支撑，交通运输事业取得新发展。希望自贡进一步把牢方向、精准发力，加快推进交通基础设施互联互通，为全面融入成渝地区双城经济圈建设提供重要支撑。要在保证工程质量和施工安全前提下，倒排工期、挂图作战，推动项目建设提速提质提效，力争早日建成通车、惠及人民群众。要持续统筹抓好常态化疫情防控和安全生产工作，切实加强各环节监管，层层落实责任，夯实安全基础。要坚持科技创新，广泛应用新技术、新产品、新工艺、新材料，积极服务交通项目建设。要以“四好农村路”建设为抓手，着力补齐基础设施短板，加快农村公路提档升级，统筹推进建、管、养、运协调发展，全力服务乡村振兴战略。

城市公交　2020年，自贡市四城区优化调整公交线路20余条次，新建汇西公交首末站、彩灯大世界旅游集散中心，新（改）建公交候车亭13座，“自贡乐巴”上线运行，开行三条城市旅游观光巴士——自贡乐巴精品旅游线路。探索5G技术在公交领域运用，在10路公交车安装4台移动5G人脸识别乘车系统。购置60辆纯电动高级公交车，电动高级公交车达625辆，占全部公交车辆73%（其中新能源公交车456辆，占全部公交车辆53%），城区公交出行分担率30.66%，举办全省绿色出行宣传月及公交出行宣传周启动仪式。建成全国标准化服务示范线路19条，新增开行26届灯会免费摆渡专线8条、灯会复展免费摆渡专线5条、高考爱心专线6条，开行王家大院至和景园社区免费公交保畅专线、龙湖实验学校学生专线等定制专线车。推动巡游出租汽车和网约车新老业态融合发展，严把准入关口，加快人车“双合规”进程，先后行政许可“滴滴”等14家网约车平台公司，办理网约车运输证284个，核发网约车驾驶员证4518个。公交行业涌现出全国交通系统抗疫先进集体省汽运自贡公司、全国交通运输先进集体自贡市公交集团宇星公司、四川省抗疫先进集体省汽运自贡公司翔宇分公司，全国交通运输系统先进工作者赖永秀、全国十大“最美公交司机”朱红、全国道路运输安全行车200万公里优秀驾驶员颜加正、四川省第八届先进工作者高军、四川省劳动模范游洪兵等一大批先进集体和先进个人。

城乡客运 2020年。自贡市开通自贡至荣县城乡客运一体化试点专线，推出沿滩至瓦市、沿滩至文昌宫城乡客运一体化试点，完成自贡至成都等6条班线定制客运试点，改建5个乡（镇）综合运输服务站，“自贡乐巴”上线运行，釜溪夜游打造为水上精品旅游航线。对受高铁影响的客运班线富余运力，通过调整包车运力，促进客运市场有序发展，拓展“运游+”项目，推动自贡市旅游集散中心服务功能不断完善，与周边高铁、机场对接，设立自贡城市候机楼，提供异地值机服务。春运期间，全市道路、铁路、水路累计运送旅客243万人次；灯会重启期间，公交摆渡专线运送游客34709人次；“两考”期间，城市公交、公路客运、出租汽车累计运送5944人次，免费5033人次。开展农民工返岗“春风行动”，农民工返岗专车遍及全国9省份19个城市，累计开行农民工返岗专车4592班次，运送农民工6.5万人次，央视“新闻30分”、中国交通新闻网、四川卫视综合频道等新闻媒体进行专题报道，并获省交通运输厅和群众好评。投放

2020年，自贡市自流井区飞龙峡镇预约响应式服务

自贡市交通运输局　供图

52辆5～9座小型中级车开展预约响应服务，四区两县全部纳入全省“金通工程”试点建设，为群众提供“门到门、点到点”服务。

公路运输 2020年，自贡市累计完成公路运输总周转量550966万吨公里，比上年增长4.96%，位列全省第3位。其中完成公路货运量4858.49万吨，比上年下降4.1%；完成公路货物周转量544978.91万吨公里，比上年上升5.88%；完成公路客运量1921.32万人，比上年下降42%；完成旅客周转量59874.31万人公里，比上年下降41.33%。组织道路货物运输车辆违法超限抄告处理工作，对因违法超限抄告的52家货运企业和60辆货车进行督促整改。对全市超期2124户货运业户、4267辆货运车辆进行清理。全市危险货物道路运输电子运单使用率100%，异常率0.11%，低于省下达目标任务。圆满完成春运、“两考”、灯会、国庆等重点时段运输保障任务。东方物流、三辰实业跻身西部物流百强企业。

新冠肺炎疫情防控 2020年，自贡市交通运输局成立疫情防控工作领导小组，下设5个工作组和8个推进指导组，构建横向到边、纵向到底疫情防控责任体系，建立健全“日报表”“零报告”制度，定期调度一线防控情况，协调解决疫情防控重点问题。在全市重要交通节点设立41个体温检测点，严格落实“三个100%”、健康码查验和“七不出站”等规定，坚决阻断交通运输环节病毒传播；推广运用互联网移动终端App技术采集车辆和驾乘人员信息，上线城市公交实名登记信息系统，确保道路通行畅、疫情可追溯。制定“建立联合协调机制、有序恢复道路客运、全力实施春风行动、保障公路网络畅通、统筹应急运输保障、公开应急运输电话”6条措施，全力保障复工复产，优先保障企业复工紧急运输，开行车辆247趟次，累计运送生产物资1.4万吨，有效解决中昊晨光研究院有限公司复工复产紧急运输问题。有序恢复道路客运，逐步恢复公交运营、满足复工复产企业职工通勤需求；提供“专车、专线”直达运输、农村客运响应式和定制服务，满足城乡居民出行需求；统筹运输资源和运力调配，优先保障疫情防控物资、企业生产生活物资、鲜活农产品应急运输，向社会逐步公开分批复工复运的道路货运企业名录和联系方式，帮助企业建立运输供需关系，确保抓好疫情防控与道路运输畅通。全年重要交通节点检测人员431万人次，检查车辆94万辆次，发现发热症状278人，移送定点医院就医13人。出动应急运输车辆173辆次，紧急运输防控物资8106吨，安排商务车244辆次接运国（境）外到（返）人员444人次。

交通运输综合行政执法 2020年，自贡市交通运输局制订《自贡市交通运输综合行政执法改革实施方案》，组建高新区交通运输综合行政执法大队，分流划转市级执法人员41名，梳理下沉行政处罚205项行政强制13项、行政检查15项。督促指导区县组建交通运输综合行政执法大队。协调处理执法改革遗留问题，厘清高新区与沿滩区、自流井区行政许可和安全监管职责边界。强化区域联动、部门联动治超，充分发挥自贡市国家I类超限检测站主阵地功能，坚持开展24小时超限检测，严格执行超限治理规定和卸载标准，全年国家I类超限检测站投入执法人员909人次，检测货运车辆2762辆次，保障路桥安全。持续推进道路客运市场乱象专项整治，分别开展冬季攻势行动及夏季攻势行动，累计出动执法人员18721人次，执法车5562辆次，查扣黑车344辆，实施行政处罚173.4万元；切实开展“六清行动”（线索清仓、逃犯清零、案件清结、伞网清除、黑财清底、行业清源），累计摸排收集行业领域线索问题64条，收到上级移送交办核查线索10条，全部核查处理完毕。开展道路运输驾培市场监管突出问题专项整治，梳理驾培市场投诉、建议和意见77件，建立销号台账，完成整改销号。重点核查各类违法违规行为，规范从业资格考点设置，重新甄别考核员身份，建立从业资格考试考点台账并向社会进行公示

交通安全生产 2020年，自贡市交通运输局印发《全面推进交通运输行业安全生产清单制管理工作方案》，系统制定《部门安全生产监管责任清单》《企业安全生产管理责任清单》，2户企业被确定为省级示范企业，成功举办全省道路运输安全生产清单制管理工作现场会。全面梳理自贡市交通运输领域安全生产重大风险15个类别46个分险点，落实防范措施和责任单位；建立重大风险防控台账开展交通运输安全生产专项整治。持续开展隐患排查治理，排查出一般隐患安全隐患302处，完成整改289处。8月中旬强降雨后，迅速启动二级防汛应急响应，成立8个防汛救灾工作督查组，班子成员靠前指挥，全行业昼夜奋战在防汛救灾一线，确保全市交通运输行业安全度汛。成功应对沱江50年一遇洪峰，实现“不出一起安全事故，不跑一条船”目标。健全完善相关机制，事故起数、死亡人数均实现两位数下降。

驾培管理 2020年，自贡市交通运输局推进机动车维修行业备案制相关工作，完善网上备案操作细则。开展汽修行业生态环保突出问题进行专项检查和摸排，检查维修企业532家，摸排库存危废物存量58吨，暂停烤漆房作业40家，下达整改通知书1家，责令停业整顿13家，督促32户汽修企业落实整改。组织开展道路运输驾培市场监管突出问题专项整治行动，重点核查各类违法违规行为。规范从业资格考点设置，重新甄别考核员身份，建立从业资格考试考点台账并向社会进行公示。

绿色交通 2020年，自贡市交通运输局推动洁净城市行动、夏季臭氧防控等重点工作开展；全市公路管护实行分级治理，进一步强化城区段管养公路保洁降尘；166户维修业户进行错峰生产，编制《自贡市汽修行业重点部位污染防治工作指南（试行）》，实现行业管理、督导检查、企业执行三方面标准统一。9月22日，由省交通运输厅、省公安厅、省机关事务管理局、省总工会共同组织的“四川省2020年绿色出行宣传月和公交出行宣传周”活动启动仪式在自贡举行。本次活动以“践行绿色出行，建设美丽中国”为主题，重点开展绿色出行主题公益宣传、组织开展公交出行宣传周活动、组织互联网企业集中宣传、创新交通运输新业态服务、开展文明交通安全出行活动、深入开展关爱司乘人员活动等。与会领导与市民代表共同启动宣传月和宣传周活动。启动仪式上，宣布启动2020年最美公交司机推选活动，宣读“践行绿色出行”倡议书。启动仪式结束后，相关领导及各市（州）代表乘坐仿古铛铛新能源公交车，先后参观自贡公交集团板仓中心站、自贡市汇东公交枢纽站、自贡公交集团平安智慧出行服务中心。

2020年9月22日，四川省2020年绿色出行宣传月和公交出行宣传周启动仪式在自贡举行

自贡市交通运输局　供图

（本栏目供稿单位：自贡市交通运输局）

攀枝花市交通

PANZHIHUA SHI JIAOTONG

2020年攀枝花市交通运输能力概况

公路交通运输			
通车里程	总里程（公里）		4878.796
	其中	高速公路	233.6
		一级公路	43.624
		二级公路	289.806
		三级公路	189.631
		四级公路	3560.062
		等外公路	562.073
公路密度	按国土面积计算：每百平方公里62公里		
	按人口计算：每万人38公里		
通达程度	通公路的乡镇44个，占乡镇100%		
	通公路的村349个，占村100%		
客运站	总数（个）		156
	其中	一级站	1
		二级站	1
		三级站	1
		四级及以下站	413
营运车辆	总数（辆）12350		
	其中	客车931辆19542座	
		货车11419辆178274吨	
公路运量	客运	客运量（万人次）	1319.595
		旅客周转量（万人公里）	52091.027
	货运	货运量（万吨）	8133.77
		货物周转量（万吨公里）	537835.109
内河航运运输			
通航里程	总里程（公里）		384
	其中	三级航道	78.5
		四级航道	54.5
		五级航道	109.5
		六级航道	30.5
		七级航道	111
港口（码头）	总数（个）		50
	吞吐量	旅客吞吐量（万人次）	40.27
		货物吞吐量（万吨）	28.25
水路运量	客运	客运量（万人次）	40.27
		旅客周转量（万人公里）	1409.45
	货运	货运量（万吨）	28.85
		货物周转量（万吨公里）	1972.23
营运船舶	总数（艘）		96
	其中	客船91艘916座	
		货船8艘1825吨	
城市公交运输			
营运车辆	742辆		
公交线路	60条		
公交站	837个		
运量	0.85485亿人次		

交通运输概况　2020年，攀枝花市交通运输局扎实推进工程项目建设、机场迁建、脱贫攻坚、交通运输组织、群众安全便捷出行等工作，为全市复工复产、打赢疫情防控阻击战，实现经济社会高质量发展和高效能治理奠定基础。全年全市交通运输建设完成固定资产投资17亿元，为年度目标任务13亿元的131%。公路运输总周转量54亿吨公里，比上年增长4.8%，水运总周转量2443万吨公里，比上年增长13.5%，增速高于全省平均水平。攀大高速公路（四川境）提前建成通车，攀宜高速公路项目加快推进，攀盐高速公路进入工程可行性优化和要件编制阶段。开通攀枝花南至昆明动车，结束攀西地区无动车历史。组建攀枝花交通发展（集团）有限公司，搭建交通融资发展平台。全域开展农村客运“金通工程”，开通农村客运班线60条，建成等级农村客运站30个，设置招呼站148个，招呼站牌546个，全市乡（镇）和建制村100%通客车。创新“电子商务+农村客运”模式，入选交通运输部和国家邮政局首批农村物流服务品牌。开展“守纪律、提效能、强执行、做表率”活动，推进“党员示范路”“花城彩虹公交”品牌建设，交通党建品牌内涵不断深化。在疫情防控、防汛救灾等重点工作中充分发挥基层党组织战斗堡垒作用和党员先锋模范作用，涌现出一批先进典型。

（夏林秀）

2020年12月6日，攀枝花至大理（四川境）高速公路通车仪式

王 东 摄

高速公路建设 2020年，攀枝花市推进对外大通道建设，攀枝花至大理（四川境）高速公路建设通车。攀宜高速公路项目加快推进，形象进度完成10%。攀盐高速公路进入工程可行性优化和要件编制阶段。开展国道5线京昆高速公路攀田段新增乐弄互通立交项目和攀枝花市绕城东段高速公路项目前期工作。

（胡桂生）

国省干线建设 2020年，攀枝花市完成前进乡至路歇桥段、乌龟井至504电厂段、平地中修工程、国道108线PQI不达标路况提升整治工程等18个公路养护工程项目。加强养护站点建设，完成烂坝临时停车区、大兴养护站公厕和小街养护站改建项目，完善22个养护站点规范化建设。开展新渡口大桥重点桥梁监测检查工作。完成国道108线和省道465线示范公路打造工程。完成23座三类桥梁小修范围病害处治和5座桥梁日常维修，修补路面2万平方米，处治路（桥）面裂缝3.3万米，混凝土路面灌缝4.7万米，构造物维修500立方米，修补桥梁墩台裂缝1000米，维修养护标志牌1266套，更换水沟盖板600块。持续开展公路绿化工作，补栽行道树680株，撒播菊花1.5万平方米，完成绿化带浇水20.75万平方米。全年完成路面清扫11677万平方米，路面抑尘7005公里，路肩修整357万平方米，清理桥梁伸缩缝4.4万米、泄水孔10868个，清理涵洞1.52万道次、边沟4714公里，清运垃圾1.15万吨，并全方位落实在建工地扬尘治理。汛期全市普通干线公路发生断道19处，路基受损14处，挡墙垮塌5处，路面坍方7.04万立方米，路面飞石（污染）9.2万平方米，路面受损16万平方米，倒伏树木54株。

（陈裕波）

农村公路建设 2020年，攀枝花市农村公路建设争取补助资金9297.39万元，民生实事完成116.2公里，新（改）建和养护处治农村公路222公里，配合省交通运输厅完成农村公路项目志愿检测工作，抽检农村公路36条。农村公路网规划取得阶段性成果，指导各县（区）完成县乡村道规划方案、线路明细编制和电子地图修改，协调跨县路线衔接和统一编号命名等工作，农村公路网规划相继通过省交科院初审、部交科院复审和省交通运输厅终审。督促指导各县区完成撤并建制村道路调查统计和路线采集工作。推进巩固脱贫攻坚成果与乡村振兴有效衔接，重点对通畅路、产业路、旅游路、资源路进行规划，推动“农村公路+产业、旅游、生态、文化”发展，争取更多项目和补助资金，完成12条美丽乡村示范路项目审核推送，录入省项目建设管理系统。农村公路养护管理体制改革深入推进，印发《攀枝花市农村公路“路长制”实施方案》《攀枝花市深化农村公路管理养护体制改革实施方案》，全面建立覆盖县、乡、村三级农村公路路长管理体系，通过规范公益性岗位设置、开展农村公路灾毁保险等方式探索农村公路养护改革道路。“四好农村路”示范创建取得零突破，全市评选命名1个省级示范县、3个示范乡（镇）、6个示范村。

（封正伟）

民航建设 2020年，攀枝花市召开机场选址报告评审会，修编完成机场迁建选址论证报告并通过专家组评审。11月12日，中共攀枝花市委书记贾瑞云赴国家发展改革委汇报铁路和机场工作推进情况，相关领导表示对攀枝花机场迁建工作给予支持。11月24日，市交通运输局局长曾科赴广州向南部战区空军汇报攀枝花市与空军参谋部对接情况，南部战区表示积极支持攀枝花市机场迁建，并安排开展双龙潭场址飞行程序论证复核。保安营机场扩能改造工程稳步推进。新增攀枝花至郑州、厦门、济南3条航线，累计开通航线12条，联通北京、上海、西安等14个城市。

（胡桂生）

城乡客运 2020年，攀枝花市新增和优化调整公交线路8条，开行临时学生定制公交线路30条，升级改造候车站亭17座。完善网上乘车支付功能，微信、云闪付、支付宝扫码乘车，公交IC卡、银联卡刷卡乘车，现金支付乘车等功能全部推广运用，实现全支付乘坐公交车。年末，攀枝花市常规公交线路52条，运营车辆687辆，运营线路总长度692.02公里，日均运营里程9.36万公里，日均客运量22.81万人次；市民乘车满意率95.53%。出台《攀枝花市网络预约出租汽车经营服务管理实施细则》及3个配套规定，8家网约车公司在攀枝花落户。全市3个客运站全部完成全省道路客运站联网售票系统安装工作，实名制售验票制度全面实施，联网售票覆盖57条线路约

330余班次客车，乘客可通过微信、支付宝等购票。全域开展农村客运“金通工程”，通过采取客车小型化、城市公交延伸、区域经营、预约响应等方式推进城乡客运发展。全市开通农村客运班线60条，建成等级农村客运站30个，设置招呼站148个，招呼站牌546个，统一农村客运车辆外观321辆，全市乡（镇）和建制村100%通客车，实现农村客运与城市公交、干线客运有效衔接，解决客货运输“最后一公里”。支持农村电子商务与农村物流融合发展，完善县、乡、村三级农村物流网络节点体系，在全省率先开展试点，建成6个交邮共建综合服务站，囊括客运、邮政快递、电商、乡村金融等多种便民服务，实现“以商养运、以运促贸”良性循环，构建“客货同网、资源共享、信息互通、便利高效”农村物流健康发展格局，助力乡村振兴。2018年攀枝花芒果项目因年寄递业务量突破千万件，被国家邮政局授予“2018年全国快递服务现代农业金牌项目”。

（夏林秀）

货运建设 2020年，攀枝花市交通运输系统进一步促进道路货运降本增效。推进营业性货运车辆安全技术检验和综合性能检测依法合并，7个综合性能检测实现“三检合一”。取消道路货运站场经营许可、外商投资道路运输业立项审批、总质量4.5吨及以下普通货运车辆道路运输证和驾驶员从业资格证。推广货车使用电子不停车收费系统非现金支付方式，给予货运车辆适当通行费优惠。实现道路普通货运车辆异地年审。实施限量瓶装氮气、二氧化碳等低危气体道路运输豁免制度。货运车型改造升级，推进货运车型标准化进程，推广使用安全专业、重型高效、绿色环保货运车辆，不断提升货运车辆标准化、专业化水平。31辆不合规车辆运输车退出营运，新增车辆全部符合《营运货车安全技术条件》和《汽车、挂车及汽车列车外廓尺寸、轴荷及质量限值》要求，降低货运车辆安全生产事故率、超限超载率。综合服务站建设统筹推进，发挥“交邮合作”试点优势，加快建设农村综合服务站，建成6个乡（镇）农村综合服务站，提升农村物流服务水平。探索融合发展模式，攀枝花聚优购电子商务公司利用盐边县渔门客运站闲置场地建设综合服务站，请邮进站、站邮合一，盘活站点功能，并依托农村客运解决贫困区域末端投递难题，成功创建交通运输部第一批农村物流服务品牌。货运治理能力提升，危险货物运输企业电子运单覆盖率、危货运输车辆技术电子档案使用率100%，电子运单月异常率下降至0.2%，单车月平均运单数和异常率稳居全省前列。通过电子运单系统对企业、车辆、从业人员资质监测，及时查处违法违规行为6起。加强寄递物流监管，结合日常安全检查和部门联合检查，严格督促寄递物流企业严格落实“3个100%”。

（彭世忠）

航运建设 2020年，攀枝花市完成水路运输企业年度核查工作，指导水运企业在四川政务服务网申请水路运输业务事项办理，通过网络平台年度核验水运企业9家、客货运输船舶96艘。检查指导水运企业9家，港口码头154座次。强化辖区船员安全管理工作，组织对全市280余名持证船员开展集中培训，强化船员管理工作，组织完成内河船舶三类驾驶员适任资格考试，42人参加理论和实操考试，37人考试合格，合格率为88.1%。全市普通船员572人，内河客船船员108人，内河船舶三类驾驶员262人，船员队伍不断壮大。做好长江流域禁捕工作，立即停止办理渔船检验业务，加大水运行业禁捕政策宣传，推动禁捕工作落地落实。开展港口码头突出问题整治工作推进会5次，出动检查组6个，组织开展督查检查142次，出动检查人员434人次，检查船舶218艘次，港口码头160余座次，水运企业9家，船舶生产企业2家，下发督查通报2份。推进港口和船舶污染物接收转运和处置设施建设，172艘在港在册船舶设置分类垃圾桶185个、垃圾告示牌142块，安装油水分离设备27台，设置污油收集桶（柜）119个，污水处理（储存）设施13台，16艘环保不达标采砂船舶上岸集中停放，转运港口码头生活污水270吨、固体垃圾8.15吨、含油污水0.91吨。加快水上交通巡航救助一体化建设和港口码头“厕所革命”项目推进工作，完成3艘7.18米海巡艇的采购和入籍检验工作，完成厕所改建1座，市级水上应急救助站进入实质性施工阶段。争取到29米级海巡艇和市级水上交通信息化建设省级补助资金200万元。

（黄　颍）

驾培维修 2020年，攀枝花市实现行业管理和驾培机构全覆盖，全市215名交通职工，19所驾校、4所从业资格和继续教育培训机构填写自查自纠表。严查投诉举报，通过面商沟通、调取资料、实地测绘等措施，调查处理回复信访件8件；严查违规行为，开展督导，发现问题17类，下发整改通知7份；严查行政审批，分级核查原许可档案，未发现违规许可、资料不规范等问题。在门户网站和“双微”上公开投诉电话和驾校信息、继续教育培训机构信息、从业资格考试考点信息、市场供求及预警信息。重建道路运输从业资格证考试中心，对2名宿醉驾驶、猥亵女学员的严重违规教练员，予以解除劳动合同、纳入黑名单。指导园丁驾校建立新管理团队，理顺内部管理、建立债务清偿机制，学员培训和工资兑付恢复正常。严把企业准入关，指导248户机动车维修业户自行在“四川省道路运输企业服务系统”备案；严把客运车辆技术等级关，对744辆营运客车开展营运车辆类型等级复核；举办维修企业电子健康档案、机动车尾气排放治理维护站等专题培训，培训企业负责人58人；实施维修机动车排气污染检测与维护制度，建立12家机动车排放治理维修企业，实现与机动车排放检验机构信息共享和数据交互。

（赵　耀）

交通疫情防控　2020年，攀枝花市举全力之力开展疫情防控，实现旅客零滞留、零感染和源头安全零事故。构建“铁、公、水、航”立体大交通联防联控工作机制，配合设置防疫防控检查点40个，牵头开发推广来攀人员信息登记App，全面提升工作效率。全市交通重点场所交通检疫卡点站累计检查、登记、推送入攀人员130万余人次。加强信息宣传，发布《致疫情防控期间急需出行市民的一封信》《致全市水运人的一封信》。疫情期间减免全市出租汽车管理服务费或承包费73.77万元，减轻企业负担。指导米易县交通运输部门在乡（镇）布设蔬菜收购点位97个，解决蔬菜“出不去”难题。在攀枝花南站和金江火车站组织开行公交专车、定点应急运输车，对过境旅客实施短途摆渡和应急疏运。“春风行动”运送返岗农民工1643人次，市内公交短途摆渡过境旅客4773人次，道路客运市内外接送过境旅客3104人次，实现旅客零滞留。

（夏林秀）

应急抢险　2020年，攀枝花市筹备各类应急演练24次，提升系统干部应急处置能力，1名干部被授予四川省防汛救灾优秀共产党员荣誉称号。6月，京昆高速公路西昌至秧田湾大桥沉陷实行交通管制后，所有货车经国道227线绕行，保通保畅任务十分艰巨，攀枝花市交通运输系统干部职工积极联动，与米易、盐边县政府、公安部门建立协同联动机制，协调交警开展巡逻，出现橙色及其以上暴雨天气及时进行交通管制，疏导货运车辆3万余辆次，确保车辆绕行期间交通不中断、车辆不滞留。8月，客新线发生山体崩塌，道路阻断，攀枝花市交通运输局第一时间组织开展抢通保畅工作，配合公安交警开展临时交通管制，沿线设置各类安全警示牌40余个，提醒过往车辆、行人注意落石，实现汛期涉路地灾零死亡目标。

（夏林秀）

交通脱贫攻坚　2020年，攀枝花市完成交通扶贫专项投资7.9亿元，为年度目标任务146.3%。其中，农村公路建设完成109.6公里，为目标任务365.3%，完成投资6200万元，为年度投资计划任务775%。对定点帮扶的盐边县红果乡大槽村开展“两不愁三保障”回头看回头帮、遍查遍访工作。开展“以购代捐迎端午，助力扶贫献爱心”活动，帮助贫困户增加经济收益近4万元。

（夏林秀）

行业法治建设　2020年，攀枝花市交通运输系统行业法治建设稳步推进，依法治理水平不断提升。推进“放管服”改革。制定完善行政执法制度，规范行政处罚自由裁量权。持续深化交通运输综合执法改革，强化执法信息化建设，升级执法App，政执法效率不断提升。全面抓好依法行政工作，深化行政审批制度改革，审批时限平均提速70%以上，率先完成“四川省交通运输网上审批服务平台”推广运用。把执法信息建设作为重中之重，深入超限检测站进行超限基础信息调研，完成《智能超限检测站信息系统建设方案》，建成简易程序执法信息系统，优化升级交通执法App，行政执法效率不断提升。深化综合执法改革，推行《中华人民共和国安全生产法》在交通运输领域运用，严厉打击交通领域违法行为，查处并办结超限运输、抛洒污染、非法客运、出租汽车违法违规案件1126件，收缴罚款717.28万元，挽回路产损失62.11万元。

（夏林秀）

安全环保　2020年，攀枝花市交通运输系统平安交通加快建设。按照“一岗双责”压实安全生产工作、森林草原防灭火、扫黑除恶专项斗争等工作责任。抓好安全生产专项整治三年行动，开展“排险除患”集中整治。组织制定防灭火道路和航空灭火设施专项整治实施方案和“四个清单”，开展各类应急演练24次，进一步提升应急处置能力。全力推动扫黑除恶专项斗争，持续开展出租汽车乱象整治，开展驾培市场乱象整治，持续规范货运经营行为，消除交通运输领域乱象。2020年，市交通运输局被省扫黑除恶办评为全省扫黑除恶斗争先进单位。探索推行换电重卡，建立货源企业、运输企业、从业人员“灰黑名单”制度并纳入信用管理体系。开展维修企业环保污染防治工作，协调4家尾气排放治理维护站加快平台对接工作。开展货运“脏车”治理，检查发现脏车4700余辆次，查获抛洒污染公路等违法行为390起，罚款15.57万元。

（夏林秀）

泸州市交通

LUZHOU SHI JIAOTONG

2020年泸州市交通运输能力概况

公路交通运输			
通车里程	总里程（公里）		19708
	其中	高速公路	509
		一级公路	167.27
		二级公路	783.54
		三级公路	261.43
		四级公路	16807.33
		等外公路	1179.17
公路密度	按国土面积计算：每百平方公里161公里		
	按人口计算：每万人38.8公里（按户籍人口507.95万人计算）		
通达程度	通公路的乡镇100个（不含街道），占乡镇100%		
	通公路的村1143个（不含社区），占村100%		
客运站	总数（个）		28
	其中	一级站	3
		二级站	5
		三级站	1
		四级及以下站	19
营运车辆	总数（辆）		22097
	其中	客车2541辆75427座	
		货车19556辆282551.2吨	
公路运量	客运	客运量（万人次）	3043.01
		旅客周转量（万人公里）	164027.74
	货运	货运量（万吨）	8424.61
		货物周转量（万吨公里）	1111447.56
内河航运运输			
通航里程	总里程（公里）		926.54
	其中	三级航道	136
		四级航道	92.5
		五级航道	111.6
		六级航道	77.35
		七级航道	509.09
港口（码头）	总数（个）		17
	吞吐量	旅客吞吐量（万人次）	/
		货物吞吐量（万吨）	693.76
水路运量	客运	客运量（万人次）	0.53
		旅客周转量（万人公里）	2.89
	货运	货运量（万吨）	1997.57
		货物周转量（万吨公里）	2286224.98
营运船舶	总数（艘）		232
	其中	客船7艘238座	
		货船225艘65.39万净载重吨	
城市公交运输			
营运车辆	1358辆		
公交线路	137条		
公交站	2455个		
运量	1.8亿人次		

交通运输概况　截至2020年底，泸州市公路总里程19708公里。泸州市有普通国省干线16条、1501公里，其中，普通国道6条651公里，普通省道10条850公里。加快推进国道546、246、353线及省道438线等一批国省干线公路提档升级。泸州市农村公路17725.36公里，其中，县道4217.99公里，乡道6307.66公里，村道7199.71公里。2020年，新（改）建农村公路878公里，龙马潭区成功创建第四批“四好农村路”省级示范县。长沱两江现有过江桥梁15座，泸州长江大桥（长江四桥）、泰安长江大桥（长江一桥）、黄舣长江大桥等长江桥8座；沱江一桥、沱江二桥、沱江三桥、海潮沱江大桥等沱江桥7座。2020年9月，泸州长江大桥提前完成38年来第一次全封闭断道维修整治。建成通车鸡鸣三省大桥，完成胡市沱江大桥等4座渡改桥；白沙长江大桥、河东长江大桥加快建设，榕山长江大桥开工建设。云龙机场建成投用隆昌、荣昌、自贡、赤水异地候机楼4个，国际区域改造完成竣工验收，加快推进东航基地、分公司落地及配套设施建设，争创航空开放口岸，加快建设现代化国际性区域航空枢纽。通航城市45个，完成航空旅客吞吐量162.4万人次，货邮吞吐量5643吨。成功创建全国综合运输服务示范城市，泸州市交通运输局被交通运输部、人力资源社会保障部评为“全国交通运输系统先进集

体”，先后获评“交通运输法治政府部门建设全国优秀基层集体”“第六届全国文明城市建设行业工作先进集体”“脱贫攻坚帮扶工作先进集体”“扶贫专项市级先进单位”。综合交通运输完成投资133.7亿元，重大重点交通建设项目完成投资91.5亿元，创历史新高。落实川渝“1+6”合作协议，推动泸州市政府与重庆市交通运输局签订协同推进成渝地区双城经济圈交通融合发展合作备忘录，与渝西地区共建交通一体化发展体制机制，共谋交通基础设施互联互通。率先开行双城经济圈双向对开省际公交线路4条；率先实施川渝交通运输联合执法专项整治行动，全面开启“跨界+联合”执法新模式。协同推进川南经济区交通一体化发展，合作推进跨区域项目加快实施，川南城际铁路“一路五方”联席会议制度常态运行。系统推进组织体系、职能职责、行政事权、执法模式四大改革，率先在全省形成“铁水公空邮”一体规划，一体建设，一体管理大交通、大执法工作格局。新设立综合运输科、港航管理科、铁路和民航管理科、科技和信息化科，成立市交通运输综合行政执法支队、市民航发展服务中心、市铁路建设发展中心，优化调整市公路局体制机制，综合交通运输加快融合发展。

2020年2月4日，泸州胡市沱江大桥完成荷载试验，次日起具备功能性通车条件　　车　科　摄

高速公路建设　2020年，泸州市高速公路通车总里程509公里，居全省第三、川南第一。实现高速公路县县通高速。建成隆纳、纳黔、泸宜、泸渝、成自泸赤、宜叙、叙古、泸荣等8条高速公路，形成“一环七射一横”（一环即厦蓉、成渝环线、成遵高速公路形成泸州93公里绕城高速公路环线，七射即连接在绕城高速公路上的泸隆、泸荣、泸渝、泸遵、泸黔、泸宜、泸自高速公路，一横即宜叙古高速公路）高速公路网。构建出川大通道5条，其中南向出川通道3条，即国道4215线蓉遵高速公路、国道76线厦蓉高速公路、省道80线江习古高速公路。东向出川通道2条，即国道8515线泸荣高速公路和国道93线成渝环线高速公路。叙威高速公路路基工程、桥梁工程主线、隧道工程等基本结束，服务区、收费站房，道路完成交付安装，其余工程有序推进。泸永高速公路完成投资12.06亿元，土地征拆完成100%，路基工程完成20%，桥涵工程完成10%。泸州经古蔺至金沙高速公路（古蔺至川黔界段）全面开工建设，控制性工程启动建设，完成土地征拆并100%交付，路基工程、桥涵工程完成5%，完成投资10.03亿元。

航务（海事）建设　2020年，泸州港完成泸州港多用途码头二期续建工程，建成全省首艘船舶污染物垃圾接收船和豪华出口游艇，开工建设纳溪港区石龙岩码头；长江航道羊石盘至上白沙段、沱江泸州段生态航道整治、泸州港龙江港区大脚石作业区一期工程、长江干线地方海事趸船浮码头工程前期工作加快推进。加快建成长江上游航运贸易中心，有序推进长江航道扩能提升和沱江航道升级工程，建设物流高质量发展示范区，打造多式联运重要枢纽，打通连接东盟、衔接日韩、覆盖中亚陆海联运大通道，拓展国际国内贸易。全年完成水路旅客周转量2.89万人公里，水路货运量1997.57万吨，比上年增长0.57%；水路货物周转量228.62亿吨公里，增长0.28%。

铁路建设　2020年末，泸州市有隆黄铁路隆昌至叙永段、叙永至大村铁路和泸州港进港铁路专用线等265公里货运铁路，设计时速60～80公里不等。全力攻坚铁路“331”工程，推进实施川南城际铁路、渝昆高铁、泸遵高铁3条高速铁路和隆黄铁路叙毕段、隆黄铁路隆叙段扩能改造、古蔺（大村）至遵义铁路3条货运铁路，高标准建设泸州高铁枢纽站，畅通西部陆海新通道西线主通路。川南城际铁路泸州段，设计时速250公里，泸州境内41公里。川南城际铁路内自泸段2020年完成投资11.3亿元，实现全线贯通，各项工程介入尾期。泸州站完成年度投资10亿元，为总投资17亿元58.8%，泸州站站房及相关工程按计划推进，高铁站屋面封顶，项目进入面层施工阶段，站房内外部装修工程有序推进。渝昆高铁设计时速350公里，新建双线客运专线建设，泸州境内62公里，设泸州东站、泸州站。开展川渝段施工招标，12

月下旬开工建设，累计完成投资6.05亿元，其重点控制性工程——沱江特大桥首根桥梁桩基完成浇筑。蓉遵高铁泸州至遵义段（泸州段）蓉遵高铁自贡经泸州至赤水段工程可行性研究报告设计招标工作完成，全力争取纳入国家铁路"十四五"发展规划。叙毕铁路泸州段设计时速120公里，泸州境内39公里，2020年完成投资4.3亿元，累计完成投资17.9亿元，土石方工程和隧道工程基本完成，桥梁工程完成33.9%，站后工程施工图获批，启动招标工作；叙永北站制梁场建成并试生产，同步推进铺架基地建设。隆黄铁路隆叙段扩能改造工程可行性研究报告获批，初步设计前置要件和各项前期手续加快办理中。泸遵货运铁路大村至遵义段（泸州段）项目申报国省"十四五"规划，由中铁二院对该项目进行方案研究。2020年，泸州市隆黄铁路隆叙段运营里程160公里，完成铁路货运总量406.59万吨，货物周转量32053.00万吨公里。

道路运输　2020年，泸州市有客运站27个，其中二级以上客运站8个，三级以上客运站9个。6月30日，泸州汽车站（广场汽车站）关闭，城西客运站试运行。3月，泸州市成功创建全国综合运输服务示范城市，西部唯一，创建经验全省推广；全国城市绿色货运配送示范工程经部委联合验收，国家公交都市创建基本完成，加快港湾式停靠站、公交专用道等公交路权优先设施，新增公交线路10条，优化调整公交线路20条，购置新能源公交车60辆，新增26块智能电子站牌，上线"泸州e公交"微信小程序。"厕所革命"三年行动收官，新（改）建普通国省干线厕所7座。加快道路运输场站建设，建成县级客运站1个、物流园区1个、乡（镇）综合运输服务站9个、村级招呼站8个。发展定制客运班线1条（泸州—宜宾兴文高铁站）、网约车700余辆。累计完成旅客周转量16.4亿人公里，完成货物周转量111.14亿吨公里，比上年增长6.46%；完成公路运输总周转量112.79亿吨公里，比上年增长5.06%，增幅排名位居全省第一。全市道路运输企业2280家，客运、货运、出租、公交车、教练车27300辆。客运企业24家、客运站28家、客运车辆2130辆；客运线路579条，其中超长客运企业11家，营运线路31条，车辆121辆；旅游客运196辆，农村客运1199辆。公交企业11家，公交车1962辆，公交线路288条。巡游出租汽车企业24家，车辆2056辆，驾驶员5000余名；网络预约出租汽车企业28家，车辆1748辆，驾驶员2300余名。货运企业575家，车辆18656辆，其中危险货运企业27家，车辆1191辆。汽车维修企业1561家。驾校57家，教练车1748辆。

水路运输　2020年，泸州市依托长江黄金水道，以港口集群为枢纽，初步形成"十四五"水运规划思路，规划水运项目32个，涉及总投资68.6亿元，加快推进泸州港总体规划修编工作，助推泸州水运加快融入成渝地区双城经济圈；高起点建设长江上游航运贸易中心，制定《泸州市建设长江上游航运贸易中心实施方案》。全市拥有水运企业38家，水路运输服务企业7家，港口企业17家，经营性船舶232艘，运力65.39万载重吨。营业性客船7艘，238客座。生产性泊位47个，千吨级泊位30个，千吨级以下泊位17个。集装箱吞吐量15.52万标箱，集装箱外贸箱量5.02万标箱。新开通泸州—九江航线，泸州港至长江沿线定点集装箱始发班轮航线增加至6条；3条近洋航线、14条铁水联运班列，常年每周开行班轮30余班，与青白江铁路港联合创建国家多式联运示范工程。泸州港成功获批中物联全国（第二批）数字化仓库试点，荣获2019年度"中国港口铁海联运超4万标箱码头"称号，蝉联中国港口海铁联运集装箱码头前10名。

现代物流　2020年，泸州市邮政企业市公司1个、县分公司7个，全市邮政普遍服务网点251个，村邮站799个，邮政报刊亭90个，邮政企业普遍服务网络覆盖泸州所有乡（镇）。全市快递法人企业34个，在泸取得异地法人分支机构8个，各企业在全市各区（县）及乡（镇）设立快递末端网点备案569个，邮政、快递从业人员4000余人。初步建成以县域综合物流中心（物流园）、乡（镇）配送节点、村级公共服务点为支撑城乡三级配送网络体系。在全市建设乡（镇）物流节点31个，乡（镇）覆盖率100%。"交邮融合"试点工作迅速推进，快递到村入户便民万家。全市全年完成邮政行业业务总量15.59亿元，比上年增长24.21%；完成快递业务量4222.19万件，比上年增长43.63%。

城市公交　2020年，泸州市内公交线路157条，全年运行营运公里5456万公里，公交车1282辆，其中空调车853辆，为车辆总数66.54%，主城区实现空调车全覆盖；全年新增60辆纯电动公交车，拥有新能源车567辆，为车辆总数44.2%；建成西南地区最大充电站，实现新能源公交车开进田间地头先例；全域公交线路获全国"新能源高品质线路"称号。日均客流量63万人次，公共交通机动化出行分担率63%，市民满意度90%以上。全年新建充电站2个，扩建充电站3个，新增110支充电枪。截至2020年底，泸州市建成充电站14个，充电枪348支，夜间预约充电85%；加气1667万立方米，比上年减少600万立方米。综合能源消耗比上年下降8%，全年能耗约4200万元，比上年下降约1500万元。1月，省交通运输厅发布四川省城市公共交通发展水平评价报告，泸州在全省地级市中排名第一。

交通脱贫攻坚 2020年，泸州市出台《关于全域推动“四好农村路”高质量发展的实施意见》，全面完成交通脱贫攻坚兜底任务，所有乡（镇）和建制村实现100%通硬化路、通客车。新（改）建农村公路878公里，龙马潭区成功创建第四批“四好农村路”省级示范县；江阳区、泸县、叙永县、古蔺县4个区（县）完成乡村客运“金通工程”试点任务。建成通车渡改桥4座，鸡鸣三省大桥数上央视，成为名副其实“民生桥”“连心桥”“致富桥”。

交通行政执法 2020年，泸州市交通运输综合行政执法支队稳步完成执法改革，自2020年4月成立筹备组以来，快速实现人员整合、装备整合、监控运行、各大队挂牌、履职衔接“五到位”，明确由市交通运输综合行政执法支队承担市本级及三区道路运政、公路路政及全市水路运政、航道行政、港口行政、地方海事行政、工程质量监督管理等执法工作；负责所辖通航水域水上交通事故调查处理，并按规定组织或参与道路运输、交通工程质量事故的调查处理；负责职责范围内交通运输行业的安全生产监督管理和环境保护等工作；对各县交通运输综合行政执法工作进行监督指导四大行政执法职能。全市交通行业安全监管、全市交通运输市本级应急管理、全市交通运输市本级环保管理工作和龙溪河河长制工作领导小组办公室职责等“四大板块”工作。率先启动川渝交通运输联合执法，全年办理交通违法违规案件1555起。狠抓环保，全年投资2.7亿元，在整个长江干线率先启动、在全省率先完成环保项目整改建设，率先投入运行防污染设施，开展“清单式”专项检查100余次，筑牢出川“生态屏障”。春节期间，每天保持三分之二执法力量在岗护航。以执法“零休息”、监控“零死角”、隐患“零容忍”的措施，实现疫情“零感染”、安全“零事故”、服务“零投诉”目标。

公路管养 2020年，泸州市加快公路体制改革，市公路局从单一的国省干线养护职能，转型为公路全行业管理服务职能，为泸州农村公路高质量发展提供坚强工作保障。截至年底，全市创“四好农村路”省级示范县3个，还创建5个“四好农村路”示范乡镇、33个示范村、700公里示范路，构建起示范乡镇、示范村、示范路一体推进的大格局。农村公路完成13亿元投资，建成包括鸡鸣三省大桥在内的一批农村公路和桥梁，打通路网最后一公里。“十三五”期间，全市新改建农村公路5358公里，加固改造农村公路桥梁11座，建成渡改桥29座，新建安防工程1515公里。实现县级等级客运站、县乡道重要节点超限检测站点全覆盖。全市农村公路总里程达1.7万公里。

绿色交通 2020年，泸州市落实全国人大常委会水污染防治法检查问题整改，长江干线及主要支流非法码头专项整治完成率达100%，赤水河合江段11座非法码头全部拆除取缔并生态复绿。在全省率先提前完成长江经济带船舶和港口污染突出问题整治任务，高质量承办全省专项整治工作推进会。全省首艘船舶垃圾污染物接收船完成建设并下水试运行，龙溪河水质长期稳定在三类标准。

平安交通 2020年，泸州市整合编制突发公共事件、水上及道路交通领域、在建工程、环境保护“五大应急预案”。建立9支应急救援队伍，整合社会应急救援船舶和车辆等救援力量。开展防汛抢险、危货运输事故、火灾消防、应急演练等9次。沱江洪峰过境期间排除险情66次。全面落实交通运输行业疫情防控“八项举措”，未发生1起通过交通运输场站和交通运输工具传播疫情病例。出台缓解疫情期间交通运输企业生产经营困难十五条措施，减免企业运营服务等费用1446万元。全国率先实施农民工返岗“春风行动”，得到部省通报表扬和群众广泛赞誉。泸州港“七步防疫法”、白沙长江大桥建设项目疫情防控等工作经验在全省推广，川南城际铁路复工复产登上《人民日报》头版，泸州韵达快递公司、四川泸州港务公司调度员卢思吉分别被评为全国交通运输系统抗击新冠肺炎疫情先进集体、先进个人，泸州公交集团获评“四川省抗击新冠肺炎疫情先进集体”。

（本栏目供稿单位：泸州市交通运输局）

2020年，泸州市公交公司全力做好公交车清洁和消杀工作，创造安全放心乘车环境 泸州市交通运输局 供图

德阳市交通

DEYANG SHI JIAOTONG

2020年德阳市交通运输能力概况

<table>
<tr><td colspan="4">公路交通运输</td></tr>
<tr><td rowspan="7">通车里程</td><td colspan="2">总里程（公里）</td><td>10261</td></tr>
<tr><td rowspan="6">其中</td><td>高速公路</td><td>270</td></tr>
<tr><td>一级公路</td><td>455.745</td></tr>
<tr><td>二级公路</td><td>593.328</td></tr>
<tr><td>三级公路</td><td>685.279</td></tr>
<tr><td>四级公路</td><td>8018.916</td></tr>
<tr><td>等外公路</td><td>238.072</td></tr>
<tr><td rowspan="2">公路密度</td><td colspan="3">按国土面积计算：每百平方公里171公里</td></tr>
<tr><td colspan="3">按人口计算：每万人26公里</td></tr>
<tr><td rowspan="2">通达程度</td><td colspan="3">通公路的乡镇119个，占乡镇100%</td></tr>
<tr><td colspan="3">通公路的村1412个，占村100%</td></tr>
<tr><td rowspan="5">客运站</td><td colspan="3">总数（个）210</td></tr>
<tr><td rowspan="4">其中</td><td>一级站</td><td>4</td></tr>
<tr><td>二级站</td><td>5</td></tr>
<tr><td>三级站</td><td>10</td></tr>
<tr><td>四级及以下站</td><td>191</td></tr>
<tr><td rowspan="3">营运车辆</td><td colspan="2">总数（辆）</td><td>17444</td></tr>
<tr><td rowspan="2">其中</td><td colspan="2">客车1507辆43897座</td></tr>
<tr><td colspan="2">货车15937辆239240.685吨</td></tr>
<tr><td rowspan="4">公路运量</td><td rowspan="2">客运</td><td>客运量（万人次）</td><td>1963.792</td></tr>
<tr><td>旅客周转量（万人公里）</td><td>184765.7</td></tr>
<tr><td rowspan="2">货运</td><td>货运量（万吨）</td><td>8292.421</td></tr>
<tr><td>货物周转量（万吨公里）</td><td>677383.679</td></tr>
<tr><td colspan="4">内河航运运输</td></tr>
<tr><td rowspan="6">通航里程</td><td colspan="2">总里程（公里）</td><td></td></tr>
<tr><td rowspan="5">其中</td><td>三级航道</td><td></td></tr>
<tr><td>四级航道</td><td></td></tr>
<tr><td>五级航道</td><td></td></tr>
<tr><td>六级航道</td><td></td></tr>
<tr><td>七级航道</td><td></td></tr>
<tr><td rowspan="3">港口（码头）</td><td colspan="2">总数（个）</td><td></td></tr>
<tr><td rowspan="2">吞吐量</td><td>旅客吞吐量（万人次）</td><td></td></tr>
<tr><td>货物吞吐量（万吨）</td><td></td></tr>
<tr><td rowspan="4">水路运量</td><td rowspan="2">客运</td><td>客运量（万人次）</td><td>10.08</td></tr>
<tr><td>旅客周转量（万人公里）</td><td></td></tr>
<tr><td rowspan="2">货运</td><td>货运量（万吨）</td><td></td></tr>
<tr><td>货物周转量（万吨公里）</td><td></td></tr>
<tr><td rowspan="3">营运船舶</td><td colspan="2">总数（艘）</td><td></td></tr>
<tr><td rowspan="2">其中</td><td>客船艘座</td><td></td></tr>
<tr><td>货船艘吨</td><td></td></tr>
<tr><td colspan="4">城市公交运输</td></tr>
<tr><td>营运车辆</td><td colspan="3">815辆</td></tr>
<tr><td>公交线路</td><td>82条</td><td></td><td></td></tr>
<tr><td>公交站</td><td colspan="3">2234个</td></tr>
<tr><td>运量</td><td colspan="3">4.64亿人次</td></tr>
</table>

交通运输概况 德阳交通运输系统着力构建综合智能交通体系，推进人民满意交通建设，基本建成成德及德阳本级市县“半小时经济圈”。2020年，全市交通建设领域投资68.61亿元，为省厅下达全年任务58.12亿元的118.05%，完成省厅下达投资任务总量，其中：高速公路完成投资43.26亿元，占目标的90.77%；干线公路完成投资17.12亿元；为目标的240.46%；农村公路完成投资3.33亿元，为目标的416.25%，其他投资3.35亿，为目标的321.95%。

重点工程成效显著。高速公路方面，成都经济区环线高速公路德阳至简阳段建成通车、国道0511线德阳至都江堰段主线贯通，国道5线成绵高速公路扩容、德遂高速公路等项目加快建设，加速推进国道42线南充至成都段扩容工程、德阳绕城高速公路、德阿高速公路等项目前期工作。干线公路方面，国道545线绵茂公路即将建成通车，天府大道北延线、德阳市什德中快通德中项目示范段、德阳市成德大道德罗项目示范段等快通项目加快建设。农村公路方面，结合脱贫攻坚及乡村振兴战略，完成农村公路新（改）建180.7公里，生命安全防护工程完成123.9公里，完成11个市级“示范乡镇”评比考核，同时指导各区（市、县）完成73个县级“示范村”验收评比工作。轨道交通方面，市域铁路S11线、成都外环铁路等一批重大项目有序推进，项目公司组建加快进度，全力打造轨道上都市圈。

运输服务大力提升。深化动车公交化。通过加密成德动车对数，优化运营时刻，开行德阳始发大中城市高铁，并按照成都平原城市群铁路公交化工作安排，德阳市成功购置2组CRH6A-A型公交化动车并投运；截至

2020年12月，德都高速公路土建三标德天铁路跨线大桥右幅桥面铺装施工　　德阳市交通运输局　供图

2020年底，成德动车日均运行达96趟次。多式联运取得突破。2020年陆续开行德阳至成都地铁3号线、什邡至成都地铁5号线摆渡车，日均运送旅客约4000人；设立城市候机楼1处，开通运行德阳至双流机场摆渡专线，德阳城市候机楼至绵阳机场摆渡专线研究推进中。推广公共交通“一卡通”。继2019年成德眉资四市公共交通“一卡通”实现全面同城后，2020年4月，德阳主城区开通成都天府通二维码试运行，主城区公交车全面受理成都天府通二维码的应用，“天府通”、“成德通”实现跨区域多场景应用，累计刷卡10万余次。

2020年7月20日，德阳至成都地铁3号线摆渡车正式开通
德阳市交通运输局　供图

国道5线成绵高速公路扩容　项目起于绵阳游仙区魏城镇附近，经中江县黄鹿镇、永太镇，在旌阳区新中镇以南与在建成都经济区环线高速公路交叉相接，经旌阳区和新至广汉市连山镇附近后采用高架桥形式，止于成都绕城高速公路成青枢纽互通，接成都市二三环路城市干道，路线长127.66公里（其中绵阳41.39公里；德阳市56.80公里：中江县29.0公里、旌阳区12.62公里、广汉市15.18公里；成都市29.50公里）。德阳境投资约147亿元。2019年1月31日，成德绵高速公路扩容、绵苍、苍巴高速公路打捆项目招标成功，四川高速公司与中铁建、成都交投、四川交建联合体中标，2019年2月25日印发中标通知书。签订《社会资本方投资协议》和《特许经营权协议》。截至2020年底，工程可行性研究成果取得省发展改革委和交通运输部批复，初步设计经交通运输部现场调研后批复。路线红线图形成，施工图设计抓紧推进，《征地拆迁协议》主协议均签订，凯江大桥便道展开修建，用地组卷工作在市自然资源局牵头下按程序推进。

国道42线成都至南充高速公路扩容　成南高速公路扩容工程在德阳市域范围内经过中江县冯店镇、太安镇、仓山镇，全线主要采用原线扩建方式建设，并同步改造中江县冯店镇、仓山镇落地互通。项目全长240.34公里（德阳市境内全长29公里），设计时速100公里、双向八车道、路基宽41米，总投资估算380.3亿元（德阳境内投资估算29亿元），项目计划建设工期3年。截至2020年底，完成初步设计报批工作，施工图报批工作加快进行，同步实施征地拆迁协议签订工作。成都入城段开工建设，德阳境内力争2021年底开工。

成都经济区环线高速公路德阳至都江堰段　该项目即成都三绕北段，属BOT+政府补助项目。线路呈东西走向，经德阳市旌阳区、绵竹市、什邡市，成都彭州市和都江堰市。项目全长109.59公里（其中德阳境内主线长42.05公里，绵竹支线长17.87公里），概算投资155.39亿元（其中德阳段79亿元），2018年4月开工建设。截至2020年底，全线开工累计完成投资144.2亿元，占总投资计划155.39亿元的93%。德阳境内自开工至12月底，累计完成投资71.5亿元，占德阳境内概算投资79亿元的91%。

2020年12月，德都高速公路土建二标德阳北枢纽互通双灵路右线跨线大桥墩柱、桥面湿接缝施工，E匝道防撞护栏、湿接缝施工

德阳市交通运输局　供图

成都经济区环线高速公路德阳至简阳段　该项目即成都三绕东段，属BOT项目。在德阳市旌阳区境内起于京昆高速公路（与德都高速公路顺接），经中江县、成都市金堂县，止于简阳市境内渝蓉高速公路（顺接简蒲高速公路），全长105.56公里（其中德阳境内主线长

2021年3月13日，成都经济区环线高速公路德简段马鞍山隧道　德阳市交通运输局　供图

68.2公里）。采用双向六车道技术标准，设计时速120公里。项目概算总投资131.5亿元（其中德阳段84.8亿元）。2017年3月开工建设，2020年12月31日建成通车。

德阳至天府国际机场快速通道　该项目起于德阳旌阳区庐山南路南延线与金沙江路交口，经德阳经开区、广汉市连山镇，止于金堂县官仓镇已改建的旌金公路。路线全长16.23公里，其中德阳段共长13.74公里，金堂段共长2.49公里。按一级公路标准（部分兼市政功能）建设，其中起点至德阳互通4.88公里（兼顾市政功能），路基宽80米、双向八车道；德阳互通至终点11.35公里，路基宽65米、双向六车道。设计时速80公里。总投资27.05亿元，德阳段投资22.97亿元。截至2020年底，编制完成项目工程可行性研究报告待评审。

德遂高速公路　项目路线起于德阳市中江县玉兴镇，采用枢纽互通式立交与成都经济区环线高速公路德阳至简阳段（德简K137+250）衔接，经德阳市中江县境内龙台镇、永安镇、柏树乡、通山乡，进入绵阳市三台县观桥镇、景福镇，遂宁市射洪县陈古镇、万林乡、沱牌镇，止于遂宁市大英县回马镇，接建成的遂宁至回马高速公路终点。改建原主线收费站为落地互通（回马互通式立交）。项目全长82.64公里，投资95.47亿元，中江县境内路线长28.67公里，估算投资34.83亿元。设计采用路基宽26米、双向四车道、时速100公里技术标准。截至2020年底，施工图设计报批有序开展，项目征地拆迁协议于8月签订。德阳完成投资10.4亿元，全年累计完成投资7亿元。项目中江段红线内用地184.44公顷，完成交地176.67公顷；应拆迁房屋464户，签约410余户；杆管线迁改完成迁改工程量的67%。

绵茂公路绵竹段　绵茂公路绵竹段（国道545线绵竹至茂县段）起于汉旺皇冠灯，经清平镇，止于篮家岩隧道K46+120，总长47.49公里，共设置主线17座隧道全长30.399公里，篮家岩平行导洞隧道1座2.93公里；主线40座桥梁全长4.60公里，连接线2座桥梁232.5米，主线桥隧比为73.69%。2020年，多项工程相继取得重大进展：绵茂公路绵竹段工程干沟隧道、桂花岩隧道按计划实现贯通；小木岭大桥、干沟大桥、二河口大桥、夹皮沟1号大桥共4座桥实现合龙。至年底，绵茂公路累计完成投资21.41亿元，占概算投资25.60亿元的83.62%。

成德大道德罗项目示范段　该项目起于德阳市区规划庐山路北延段与规划鸭绿江路交叉，止于规划德罗项目北延线及罗江县城连接线交叉处。线路全长21.33公里（其中主线长18.31公里），路基宽33.5米，双向六车道，采用一级公路技术标准，设计时速80公里。总投资31.57亿元，计划2022年8月完工。截至2020年底，项目自开工累计完成投资11.9亿元，占投资估算31.57亿元的37.69%。

什德中快速通道德中项目示范段 该项目起于德阳市区金沙江东路终点德阳海关大楼附近，止于中江县二环路继光大道路口，线路全长24.192公里。采用一级公路技术标准，路基宽33～45.5米，双向六车道，设计时速80公里，总投资46.15亿元。计划2022年5月完工。截至2020年底，自开工累计完成投资15.86亿元，占投资估算46.15亿元的34.36%。

2020年12月9日，什邡德阳中江快速通道德阳至中江段石庙垭隧道建设场景 德阳市交通运输局 供图

天府大道北延线 天府大道北延线德阳段由主线和国道108线连接线（向阳段）组成。路线起于成都市新都区与德阳市行政交界处半边堰，止于德阳市西二环路，全长34.2公里，双向八车道加六辅道，总投资133.5亿元，2019年开工建设，按照合同工期2022年底建成通车。截至2020年底，项目全面开工建设，近3公里长的试验段初步形成。其中：路基、跨河桥全部开工建设，互通立交开工90%，跨铁路桥开工50%。其中：向新路、汉彭路、佛山路、三星大道、天津路、北京大道互通立交开工建设；跨成汶铁路、成兰铁路、广岳铁路桥的非涉铁部分已开工建设，涉铁部分与成都铁路局、成兰公司开展协调工作。跨青白江、鸭子河和石亭江桥全部开工。全线有21公里路基全部进场施工。完成软基换填60.3万立方米，路基填筑140.4万立方米，路基挖方78.22万立方米，涵洞30.7道，过街管道2.5公里，桩基1651根，墩柱131根，系梁11根，承台2座，临时设施完成项目驻地建设8个、混凝土拌合站2座。项目完成年度投资21.03亿元，为下达年度目标计划（20亿元）的105%，累计完成投资41.03亿元，占总投资的30.7%。

成都外环铁路 该项目是成都平原经济区各组团之间、各组团与成都中心城区之间的快速客运铁路，根据项目预可行性研究评审结果，拟建外环铁路自成灌铁路都江堰站引出，正线北起什邡，向东经绵竹、德阳、中江、凯州新城、淮州新城、东部新城、简阳、资阳、仁寿、眉山、蒲江、邛崃、大邑、都江堰、彭州至什邡，项目全长477公里，新建线路409公里，利用既有成蒲铁路50公里、成灌铁路9公里，总投资886亿元，德阳段总长104.6公里，共设5个车站（什邡西、绵竹南、德阳北、中江、凯州新城），总投资估算为215.3亿元，新建线路设计时速250公里，利用既有铁路设计时速200公里。截至2020年底，省铁投集团委托中铁二院开展成都外环铁路项目预可行性研究方案编制，并通过专家评审，项目工程可行性研究报告编制工作有序开展。成德眉资四市政府与省铁投集团签订《关于成都外环铁路共建共管框架合作协议》，按照省发展改革委要求，成德眉资四市出资平台与省铁投集团积极开展项目公司组建工作。

2020年3月，天府大道北延线石亭江大桥9号承台施工作业现场 德阳市交通运输局 供图

成都经广汉至德阳市域铁路（S11线） 该项目总长80.2公里，总投资321.22亿元。其中主线线路起于成都火车北站，沿北星大道、成德大道、天府大道北延线西侧敷设，进入德阳主城区后沿嘉陵江西路、泰山路止于德阳

火车北站，线路全长71.9公里，总投资281.05亿元（成都段长33.53公里，投资121.7亿元；德阳段长38.37公里，投资159.35亿元），德阳境内拟规划建设车站共9座；S11线天元支线起点为天府旌城站，终点为德阳商贸城站，路线全长8.3公里，投资40.17亿元。截至2020年底，项目工程可行性研究报告及相关前期要件编制工作形成初步成果，将视上位规划《成渝地区双城经济圈多层次轨道交通体系规划》批复情况，做好上报立项准备工作。成德两市签订《关于成德市域铁路S11线共建共管协议》，由成都轨道集团和德阳发展集团作为成德两市出资人代表共同成立的S11线项目公司组建工作有序推进。

市域铁路S11线地下站效果图　　德阳市交通运输局　供图

农村公路建设　2020年，德阳市完成农村公路新（改）建400公里，完成投资4亿元。其中，危桥改造完成15座，完成投资5697.6万元；竹溪路、湔氐路等县乡道改善提升工程16.6公里，完成投资4496.3万元；村道窄路加宽完成20.6公里，完成投资637.5万元；生命安全防护工程完成123.9公里，完成投资564万元。联合公安、财政、发展改革委、应急局等对全市安防工程隐患点进行排查计30.39公里。“8·10”水毁工程全市灾损34.5公里，申请上级补助资金1073.2万元，全部完成施工建设。其他自建农村公路完成143.5公里，完成投资20681.5万元。“一事一议”村社道路建设完成298.8公里，完成投资9648.3万元。开展“四好农村路”市级示范乡（镇）、县级示范村创建工作，全市创建市级示范乡（镇）10个、县级示范村93个、经市级复核的县级示范村12个。

汽车场站建设　2020年，德阳道路客运枢纽全覆盖工程建设完成投资1.55亿元，超出年度计划总投资1.5亿元3个百分点。什邡完成工程招投标、打围、场地平整等工作，年内实现开工；绵竹完成前期准备工作；广汉三水镇综合服务站建设完工。德阳国际铁路物流港保税物流中心（B型）一期工程，加快实施项目建设；中江苍山客运站（县级站）年底完成项目前期准备工作，确保2021年开工建设；推进什邡市蓉北临港快运物流园（一期）前期准备工作。截至年底，全市拥有三级及以上客运站19个（其中，一级站4个，二级站5个，三级站10个），其他客运站191个。全市119个乡（镇）通客运班线（农村公交），1412个建制村全部通客车，通客车率100%。

交通扶贫基础工程建设　2020年，德阳市计划投入资金1677.04万元，实际到位资金1867.33万元。其中：财政资金投入1623.23万元，其他资金投入244.1万元。全年计划实施项目40个，完成项目40个，完成率100%。在全市范围内开展交通扶贫“两通”核查。3—7月，对2017年以来的交通扶贫项目进行专项清理，清理项目211个，其中，通乡硬化路项目5个，通村硬化路项目143个，其他项目63个；德阳录入脱贫攻坚数据大平台154个项目，清理出的23个问题项目原因均为进度滞后，年内全部整改到位。4—6月，在全市范围内开展“畅返不畅”整治工作，对全市所有建制乡（镇），建制村进行全覆盖督战，督战发现并整改47个（总里程60.25公里）“畅返不畅”通硬化路问题，6月30日前，按保通保畅要求全部落实到位。

公路养护　2020年，德阳市公路养护按年度目标任务不变和工作任务力度不减的总体要求，全面调查梳理因疫情影响而停工的养护工程项目复工情况，督促指导各区（市、县）落实做好复工复运“八项措施”，统筹谋划，加强研判，以远程视频会议形式，异地互动对什邡市、绵竹市3个养护工程项目设计方案进行审查，有序推进公路养护工程项目复工建设。截至年底，德阳市养护工程全面完成，争取省养护工程资金补助5597万元，全年实施完成普通国省道大中修工程项目9个，里程48.54公里，其中预防性养护工程2个，里程6.72公里；中修工程4个，里程28.70公里；大修工程3个，里程13.12公里，全年项目完成投资8333万元。全市国省干线公路路面使用性能指数（PQI）92.84，超过省政府下达的路面使用性能指数（PQI）90的目标值，全部达到优等路标准。

客货运输 2020年，德阳市公路运输总周转量69.59亿吨公里，年增速达3.9%（全省3.7%），全省排名第六位；其中客运量1964万人次，旅客周转量18.48亿人公里，货运量8292万吨，货物周转量67.74亿吨公里。截至年底，全市有道路旅客运输企业30家，客运班线319条，其中一类客运班线3条、二类客运班线109条、三类客运班线19条、四类客运班线188条。客运车辆1507辆，其中班线客车1146辆、旅游包车361辆。全市有道路货物运输企业322家（其中道路危险货物运输企业52家），有货物运输车辆15937辆（其中道路危险货物运输车辆1065辆）。新冠肺炎疫情期间，行业助力复工复产，完成疫情期间务工人员返工返岗“春风行动”运输保障任务，并成立行业“党员突击队”“青年先锋队”，组织开展向武汉运送“爱心菜”、向社区运送生活物资等志愿者公益活动。“春风行动”从2月13日—3月20日，开行复工返岗专车2953趟次，运送返岗务工人员35177人（其中，省际9485人，市际10776人，市内14916人）。

2020年2月13日，德阳首趟“春风行动”专车从绵竹开往东方电汽　德阳市交通运输局　供图

城市公交概况 2020年，德阳市城市公交企业7家，有从业人员1257人。开行线路82条，运行车辆815辆，其中，纯天然气清洁能源车325辆，气电混合新能源车51辆，纯电动新能源车439辆。公交站点2234个，全年营运里程3908.8万公里，公交客流量达4640.2万人次。日均发车6880班。主城区万人公交车拥有量为15.5标台。全市大部分城市公交实行学生优惠乘车，残疾人、伤残军人、70岁以上老年人免费乘车等社会义务。主城区优化、调整公交线路7条。16路公交起止站点调整。5路、7B路、12路、22路、32路、36路公交局部调整线路走向。

水路运输管理 2020年，德阳全市境内有渡运的水库4座（继光水库、元兴水库、双河口水库、玉兴水库），涉及渡运的乡（镇）4个、渡口6个、客渡船舶6艘。有乡（镇）管船站5个（兴隆、玉兴、双龙、高店、元兴），有水库管理机构4个（继光水库、双河口水库、响滩子水库、元兴水库管理站）。全市水上客渡船舶6艘（其中非机动船1艘），126个客位，总动力93千瓦，总吨97吨，总载重吨62吨；快艇3艘，18个客位，总动力71千瓦，总吨3吨，总载重吨1.5吨。至年底，渡运量为10.08万人次。

2020年，德阳市有船检人员3人（均取得注册验船师资格证书），定期检验1次，完成船舶检验6艘、97吨。年度检验1次，完成船舶检验6艘、97吨。

交通安全监管 2020年，德阳市交通运输部门持续加强道路运输企业安全生产源头监管，开展道路运输经营秩序整治，从严查处各类道路运输违法违规行为，促进全市道路运输安全生产形势整体稳定，全年未发生重特大安全生产事故。牵头落实“双随机一公开”工作要求，加强运输企业安全生产督促指导，1—12月，抽查运输企业57家次，排查出安全生产隐患7起，均建立台账，落实整改，对账销号。推进全市道路运输行业安全生产清单制管理工作，进一步压实运输企业安全生产主体责任。认真组织开展全市道路运输企业安全生产主要负责人与安全生产管理人员考核工作。全年全市组织“两类人员”考核56场次，总计考核3037人次，考核合格2141人。

抓好汛期安全暨防汛减灾工作，采取措施保通保畅，确保无人员伤亡。全年开展综合督查18次，发现隐患17处，整改17处。

水上交通安全管理 2020年，德阳市进一步建立健全安全生产责任制，完善安全管理体系，成立安全领导小组，明确领导小组成员安全管理职责，制定《安全事故应急救援预案》《防汛抢险救援预案》《德阳市水上交通重大事故应急处置预案》，并督促各海事处组建防汛应急抢险队伍，做好防洪抢险和安全事故应急抢险各项工作。针对重点时段、重要节点，组织相关人员对各区

(市、县)地方海事处所辖江河、水库渡口、码头进行安全隐患明察暗访检查46次，接受上级机关检查4次。截至年底，排查安全隐患3起，督促隐患整改3条。

交通运输信息化建设 2020年，德阳市开展交通运输系统行业数据整合，加强政务和公共数据资源接入德阳“城市大脑”工作，具备支撑同城化建设城市间交通运输数据共享交换能力。德阳公交一卡通清算平台，与交通运输部清算中心互联互通，实现交通一卡通跨区域的互联互通，同时实现天府通一卡通刷。截至年底，发行天府通卡2267张、一卡通2576张。德阳市区30余条线路、500余辆公交完成升级改造，市民可使用天府通App扫码乘车。四川特立达物流有限公司继续保留省级无车承运人试点企业。车辆安装主动安全智能防控系统并满足联网联控技术要求，实现车内视频监控全过程覆盖。开展道路危险货物运输综合治理，对不按要求填写电子运单的危货运输企业依法依规处理12家，并督查企业整改学习，处罚共计5400元，对违规驾驶员计分192人。

出租汽车及网约车管理 2020年，德阳出租汽车率先出台的“出租汽车拒载医务人员将被列入黑名单”的做法，在全省推广；为抗击疫情，出租汽车和网约车分别成立抗击疫情党员突击队。免费接送医护人员、社区工作人员和守卡防控工作人员6000余人次，受到社会和媒体广泛赞誉。7月7—12日，组织1463辆出租汽车(含网约出租汽车)，连续第七年开展“我们和您在一起爱心送考”大型公益活动，免费接送6183人次。持续推进网约出租汽车行业改革，规范网约车管理，开展网约车平台许可工作。2020年许可网约出租汽车平台公司5家；至年底，全市取得“道路运输经营许可”的网络预约出租汽车平台6家，办理“网络预约出租汽车运输证”584本，办理“网络预约出租汽车驾驶员证”6053本。

驾驶员培训管理 2020年，德阳市驾校总数45所，新增学员26547人，“先培后付”培训模式覆盖率100%，有3102名学员选择该培训模式，选择率11.7%，高于省局学员使用不低于5%的目标要求。全市驾校严格落实疫情防控各项措施要求，从1月26日起，全市驾培机构停止一切教学活动，所有教练车辆集中停放，对教练车、训练场及办公区域大面积不留死角消毒。同时加强疫情防控宣传，全市驾培机构未发生学员及教职员工新冠肺炎感染。2月18日起，结合驾培行业实际情况，积极推动驾培行业有序复工复产。5月，根据省交通运输厅和省纪委监委驻交通运输厅纪监察组的通知要求，在全市开展机动车驾驶员培训市场专项整治；截至12月底，查处并取缔非法招生培训点3个，排查出非法教练场19处，查处教练员“吃、拿、卡、要”行为1起。对存在问题的驾校发出20余份限期整改书，在整改期限内仍未达到相关要求的4所驾校停业整改，行业秩序进一步规范。

驾驶员从业资格管理 2020年，德阳市继续推进无纸化考试管理系统，不断完善营运驾驶员从业资格考试管理工作制度，提高道路运输从业资格培训和考试质量。截至年底，新增继续教育培训报名学员22956人，结业22600人；参加客货道路运输从业资格考试3509人，考核合格制证发证3025个；新增出租汽车驾驶员报名2609人，参加考试3085人，合格制证2403个；全市从业资格证换证14669个；公告注销、撤销背景信息不通过的从业人员37名；对营运驾驶员从业资格证违法扣分的394人，均按相关规定在计分管理系统进行处理。

新冠肺炎疫情防控 2020年，德阳市交通运输系统全力以赴抓好新冠肺炎疫情防控和复工复产。

加强联防联控，防止疫情输入。一是加强各部门联防联控。在全市高速公路出口、国省干线入境口、火车站、客运汽车站(候机楼)累计设立新冠肺炎疫情检查站72个，同时设立体温检测点和防疫留验室，做好体

2020年2月16日，德阳市区设立出租汽车党员定点消毒点 德阳市交通运输局 供图

温检测工作和发热人员的移交工作。二是严格落实消毒制度。认真落实消毒防控措施，全市所有营运车辆及客运、公交场站、火车站实现每日（趟次）100%消毒全覆盖。建立枢纽场站每日消毒、车辆每趟次消毒制度。全市所有营运车辆司乘人员一律佩戴口罩上岗。三是保证道路运输畅通。在新冠肺炎疫情防控期间，做到“一断三不断”。坚决阻断病毒利用交通工具传播的途径，确保公路交通不中断，确保应急运输“绿色通道”不中断，确保群众生产生活物资不中断。

2020年3月16日，为抗击新冠肺炎疫情，飞龙运业首台大型设备出川运往湖北

德阳市交通运输局 供图

推进复工复产，助推经济发展。一是积极开展“春风行动”。全市累计投入“务工人员返岗复工”包车（专车）2953趟次，累计运送返岗务工人员35177人。同时，针对开行省际800公里以上，返岗务工“春风行动”客运包车的客运企业予以财政补助，截至年底，各项补助资金陆续到位。二是全面推进重点项目复工复产。全市16个交通省市重点项目，36个农村公路项目，均于2月28日前全部复工。同时，从2月22日起，协调全市所有运输行业全面复运。

做好常态防控，巩固防疫成效。在有效控制全市新冠肺炎疫情后，转战疫情常态化防控，出台交通运输行业十条疫情常态化防控工作措施，进一步巩固疫情防控成效，推动交通运输行业复工复产达产，以助推全市经济发展。

交通环境污染防治 2020年，德阳市通过整治工地扬尘、超限超载、非道路移动机械污染、营运机动车尾气排放、机动车维修企业污染等行动，深化环境污染防治工作。全年检查货运车辆2万余辆次，查处超载超限、抛洒滴漏车辆300辆次，移交公安交警进行罚款计分处理248辆次，卸转载货物1.07万余吨。派出清扫车2273辆次、洒水车1368辆次，洒水22962吨，清理边沟170.563公里，绿化修剪补植19.27万平方米，有效提升路容路貌。

交通行业专项治理 2020年，德阳市区（市、县）运管执法机构联动，联合市、县公安交警等相关部门，进一步协同配合，完善“扫黑除恶”专项斗争工作长效机制，对全市重点区域持续开展“扫黑除恶”“打非治违”。从3月开始，对火车北站及周边道路运输经营秩序开展为期1个月的集中专项整治行动。至年底，出动执法车辆540余辆次，执法人员3000余人次，处罚各类道路运输违法行为81起，共处罚金49.2万元。

政务服务品质提升 2020年，德阳市交通运输系统坚持推进公开透明的政务服务。全年承办人大建议、政协提案78件，所有建议提案均按时办结并答复，代表、委员满意率100%。开展“互联网+政务服务”。通过四川“一体化”平台，依申请服务事项全程网办率100%，办结承诺提速率85%。全年在平台上办理行政许可21884件，免费邮寄行政审批结果14件，满意率100%，主动评价率93.84%。做好“12328”联网运行。“12328”交通服务监督电话受理工单9886件，其中投诉3971件、咨询5595件、建议320件。

车辆技术和维修管理 2020年，德阳市车辆技术维修行业严格落实道路运输领域污染防治和汽修行业大气污染防治攻坚专项行动要求。进一步明确市、县两级职责，督促汽车维修企业完善废机油等危险废物贮存场地“三防”设施。配合生态环境等部门，做好维修企业废铅蓄电池规范集中收集和处置。推广使用水性、高固分等低挥发性涂料，采用静电喷涂等高涂着效率的涂装工艺，持继推进电子健康档案系统建设，加快推进机动车排气监测I/M制度建设。稳步推进普通货运车辆综合性能检测、严禁强制检测。符合“三检合一”技术要求的检测机构达25家。截至年底，对105家客货运输企业的4040辆运输车辆进行技术审验和复核。由于新冠肺炎疫情影响，1月23日始，行业全部停工停产，实行封闭管理；3月30日，行业复工复产，恢复正常运行。为应对新冠肺炎疫情，按照省交通厅运管局通知要求，德阳市营运车辆技术等级核定、评审、审验等延期进行，其间，不进行处罚。

（本栏目供稿单位：德阳市交通运输局）

绵阳市交通

MIANYANG SHI JIAOTONG

2020年绵阳市交通运输能力概况

公路交通运输			
通车里程	总里程（公里）		23653.788
	其中	高速公路	427
		一级公路	443.092
		二级公路	902.251
		三级公路	1111.632
		四级公路	18386.988
		等外公路	2382.825
公路密度	按国土面积计算：每百平方公里116.45公里		
	按人口计算：每万人44.5公里		
通达程度	通公路的乡镇278个，占乡镇100%		
	通公路的村3302个，占村100%		
客运站	总数（个）		72
	其中	一级站	5
		二级站	7
		三级站	1
		四级及以下站	59
营运车辆	总数（辆）		20301
	其中	客车2943辆62153座	
		货车17358辆171223.185吨	
公路运量	客运	客运量（万人次）	1899.379
		旅客周转量（万人公里）	133876.24
	货运	货运量（万吨）	6790.917
		货物周转量（万吨公里）	686054.416
内河航运运输			
通航里程	总里程（公里）		645.79
	其中	三级航道	
		四级航道	
		五级航道	
		六级航道	26.05
		七级航道	60.12
港口（码头）	总数（个）		
	吞吐量	旅客吞吐量（万人次）	
		货物吞吐量（万吨）	
水路运量	客运	客运量（万人次）	6.6693
		旅客周转量（万人公里）	78.921
	货运	货运量（万吨）	
		货物周转量（万吨公里）	
营运船舶	总数（艘）		54
	其中	客船54艘1306座	
		货船　艘　　吨	
城市公交运输			
营运车辆	1223辆		
公交线路	123条		
公交站	2800个		
运量	2.28亿人次		

注：通航总里程数字包含等外级航道里程数量。

交通运输概况 2020年，绵阳市持续推进交通建设攻坚大会战，以项目建设为龙头，实行清单管理、挂图作战，推进交通工程项目建设，全年完成投资160.56亿元。除完成机场、铁路投资外，高速公路完成投资78.79亿元，干线公路完成投资23.26亿元，农村公路完成投资31.68亿元，养护及其他专项完成投资12.53亿元，车辆更新和场站建设完成4.56亿元。自2015年开展交通攻坚大会战以来，累计完成投资740亿元。绵阳市实施高速公路项目6个，其中，在建5个，为九绵高速公路、广平高速公路、国道5线成绵扩容高速公路、中遂高速公路和绵苍高速公路，开展前期工作1个，为国道5线绵广扩容高速公路；全市高速公路通车里程427公里，建成和在建总里

绵阳北川通用机场开工建设　　　　绵阳市交通运输局　供图

程726公里。

截至年底，全市公路通车里程2.37万公里，其中，高速公路427公里，一级公路443公里，二级公路902公里，三级公路1112公里，四级公路18387公里，等外级公路2383公里。客运站72个，其中：一级站5个，二级站7个，三级站1个，四级及以下59个；便捷站和招呼站3580个，其中，便捷站131个，招呼站3449个。公路客货营运汽车拥有量20301辆，其中，客车2943辆，货车17358辆。2020年，公路旅客运输量1899.379万人次，旅客周转量133876.24万人公里；公路货运量6790.917万吨，货物周转量686054.416万吨公里。

2020年，绵阳九绵高速公路平武段加快建设 蒲滔 摄

“十三五”交通运输发展成就 “十三五”期间，中共绵阳市委、市政府实施交通建设攻坚大会战的战略决策，连续5年完成投资超百亿并连创新高，累计完成投资716亿元，是“十二五”期间1.7倍。

高速公路先后开工建设绵西高速公路、九绵高速公路、国道5线成绵高速公路、广元至平武高速公路、中江至遂宁高速公路、绵阳至苍溪高速公路6条，总里程407公里，建成绵西高速公路1条和九绵高速公路青莲互通至张家坪枢纽路段，新增通车里程108公里，全市高速公路通车及在建总里程726公里，从“十二五”末全省第11位跃升至第3位；省交通运输厅、省发展改革委联合印发《四川省高速公路网规划（2019—2035）》，成功将绵阳市盐亭至江油至茂县高速、国道5线成绵广扩容、南江至盐亭3条高速公路纳入该规划，使全市高速公路规划总里程增长37%，突破1000公里大关，达1026公里。

国省干线提档升级，完成省道205线绕城改线游仙段和江油段、省道416线绵阳至中江一级公路以及大中修绵江绵三路等国省干线1090公里，普通国道二级及以上比例94%，普通省道三级及以上比例62%，较“十二五”末分别提升23%和6%，提前一年完成发展任务。

农村公路新（改）建1.1万公里，建成渡改公路桥12座、溜索改桥1座，完工旅游路、资源路、产业路264.6公里，提前2年实现乡（镇）和建制村通硬化路“两个100%”目标，全面完成脱贫攻坚任务；加快推进“四好农村路”示范创建工作，创建省级示范县3个，培育市级示范乡（镇）39个、县级示范村129个、示范路924公里。

枢纽场站提升改造一级客运枢纽1个、新（改）建二级客运站3个，新建乡（镇）综合运输服务站1个，建成港湾式车站75个。

运输服务提质增效，实施公交优先发展战略，涪城、游仙实现全覆盖，线路数量由111条上升至197条；推动乡村客运“金通工程”全覆盖，乡（镇）和建制村客车通达率均达到100%。

九绵高速公路 九绵高速公路项目全长241公里，绵阳境内全长187公里，起于九寨沟交界白马隧道，经平武、北川桂溪、江油，止于游仙区东林乡，双向四车道设

2020年，绵九高速公路提前建成段——江油市彰明镇涪江特大桥 绵阳市交通运输局 供图

计，路基宽25.5米。截至2020年底，九绵高速公路（除裂腹鱼段）完成路基70%、桥梁桩基82%，隧道开挖50%。12月31日24时，九绵高速公路青莲互通至张家坪枢纽路段13.8公里正式开通并试运行。

广平高速公路 广元至平武高速公路项目全长90公里，绵阳境内全长20公里，起于青川界白杨坪隧道，止于母家山互通（平武枢纽）接九绵高速公路，双向四车道设计，路基宽24.5米。截至2020年底，完成路基工程80%，桥梁工程68%，隧道工程60%。

广平高速公路TJ14合同段大坪涪江大桥施工现场　　蒲滔 摄

中遂高速公路 中江至遂宁高速公路项目全长84公里，绵阳境内全长24公里，起于中江县玉兴镇，经三台县观桥、景福，止于射洪县回马，双向四车道设计，路基宽25.5米。截至2020年底，基本完成征地拆迁，完成路基50%。

国道5线成绵高速公路扩容 国道5线成都至绵阳高速公路扩容项目全长127.7公里，绵阳境内全长41公里，起于成都绕城高速公路，经新都、青白江、金堂、广汉、中江、涪城、三台，止于游仙区魏城镇，双向八车道，路基宽41米。截至2020年底，项目施工作业面扩大推进，4处工点启动建设。

国道5线绵广高速公路扩容 国道5线绵阳至广元高速公路扩容项目路线全长123.82公里，起于广元绕城高速公路黑水塘枢纽互通，经昭化区、剑阁县，绵阳市梓潼县、游仙区，与国道5线成绵高速公路扩容对接，双向六车道，路基宽34.5米。截至2020年底，国道5线绵广高速公路扩容实现招商成功，并于11月20日签订投资协议。

绵苍高速公路 绵阳至苍溪高速项目全长101.9公里，绵阳境内全长41公里，起于绵阳市魏城镇，经梓潼县、剑阁县、苍溪县，止于苍溪国道75线兰海高速公路广南段，对接拟建的苍溪至巴中高速公路，双向四车道，路基宽25.5米。截至2020年底，项目施工作业面不断扩大，旺瓢山、王家湾、梓潼江大桥等7处工点启动建设。

国省干线公路建设 2020年，绵阳市实施新（改）建干线公路项目23个、总里程638公里，其中，完工项目5个、67公里，在建项目18个、571公里，开展前期工作9个项目。全年实施国省干线大中修工程项目30个、287

2020年，新改建的省道205线与新建通车的二环路北段交汇处　　蒲滔 摄

公里。省道205线改线游仙段完工通车，实现一环、二环实质闭合；国道347线梓潼县城段完工；宝成铁路跨线桥、省道418线花荄至睢水段、省道209线梓潼段、省道210线江油段等项目进展顺利，国省干线公路网络体系不断完善。

农村公路建设 2020年，绵阳市农村公路建设紧密衔接精准扶贫、产业发展等规划，以县乡道改善提升、窄路基路面加宽、渡改公路桥等专项为重点，编制交通基础设施脱贫实施方案；大力实施通乡通畅、通村通畅工程，加快建设产业路、扶贫路，切实解决贫困地区农民群众“出行难”问题，全面完成交通运输脱贫攻坚任务。新（改）建农村公路587公里，其中，新（改）建县乡道224公里、村道363公里；专项总投资54.52亿元实施交通脱贫攻坚，印发《关于决战决胜交通脱贫攻坚战的通知》，开展“两通”挂牌督战，对9个县市区“两通”工作开展督促整改，巩固全市271个乡（镇）、3245个建制村（撤并前口径）100%通硬化路、通客车的兜底性任务。

2020年，安州区高川乡天池村通村路 蒲滔 摄

“四好农村路”创建 2020年，绵阳市坚持以示范创建为抓手，加快推进农村公路高质量发展，实现全市“四好农村路”示范创建工作提质扩面；江油市、涪城区成功创建第四批“四好农村路”省级示范县，市政府认定安州区千佛镇等13个乡（镇）为第二批绵阳市“四好农村路”示范乡镇。2020年，省下达绵阳市农村公路中等路以上比例不低于70%，根据省对全市农村公路自动化路况抽检情况通报，全市抽检里程940.7公里，中等路以上比例94.9%，路面性能实用指数（PQI）86.44，完成省下达指标任务。

相关链接

第二批绵阳市“四好农村路”示范乡镇：千佛镇、新安镇、演武镇、豆叩镇、杨家镇、丰谷镇、永昌镇、古井镇、魏城镇、石安镇、新桥镇、九龙镇、大康镇。

参与成渝地区双城经济圈建设交通规划 2020年，绵阳市交通运输部门牵头并会同市发展改革委、市商务局等单位共同研究，根据绵阳交通发展基础，分析绵阳深度参与成渝地区双城经济圈所面临机遇和挑战，提出统筹铁路、公路、水运、民航等交通基础设施规划建设，完善多层次网络布局，实现立体互联，增强系统弹性，加快构建“安全、便捷、高效、绿色、经济”的现代化综合交通运输体系，把绵阳建设成为连接长江经济带和丝绸之路经济带、辐射成渝地区双城经济圈的西部区域性综合交通枢纽的总体思路；对外形成“1、2、3”出行交通圈，实现成渝双核1小时到达，成渝地区双城经济圈内2小时互通，国内重要经济节点城市3小时畅达。对内形成市域1小时全覆盖，实现与江油、三台、北川半小时通勤，基本实现各县市区行政中心到乡（镇）场镇一小时到达的发展目标；深入研究绵阳综合交通运输规划布局，对重点项目深入梳理，提出工作建议，形成专题研究报告并通过专家评审。

成渝地区双城经济圈交通一体化发展战略合作框架协议签订 2020年5月15日，四川省绵阳市交通运输局、市发展改革委与重庆市北碚区交通局签署《推动成渝地区双城经济圈交通一体化发展战略合作框架协议》，三方就推动综合交通一体化规划建设、管理、运输等多方面达成合作意向，助推成渝地区双城经济圈建设。绵阳市副市长罗蒙、北碚区副区长赵祺及两地交通部门主要负责人参加签约活动。根据协议内容，三方将共同开展编制区域交通规划，加快省际高速公路、铁路通道建设，推动运输服务一体化，搭建交通运输信息共享平台、人才互派交流等工作，共同推动双方合作走深走实。

重点合作内容：一是推动综合交通一体化规划建设。协同编制区域交通规划，立足两地交通现状，加强未来交通互联互通的需求分析，共同争取重大项目和政策支持，协同开展“十四五”综合立体交通网规划研究，助推区域交通一体化发展。加快省际高速公路建设，按照“通道进一步加密、能力有效提升”的原则，加快建设遂渝扩能（重庆段），共同协调争取加快推进遂渝扩能（四川段）；深入开展国道93线高速公路绵遂段扩容规划研究工作，积极争取纳入部省相关规划；加快铁路通道建设，共同争取将兰渝高铁重庆经遂宁至绵阳段纳入国家“十四五”铁路发展规划、新时代中长期铁路网规划（2035年）和成渝地区铁路网布局规划；利用现有铁路路网，近期构建北碚—遂宁—绵阳铁路通道，远期构建绵阳—汉中—巴中—南充—广安—北碚—遂宁—绵阳铁路通道。二是推动交通运输组织一体化管理。探索建立统一的区域政策标准，推进跨区域、跨方式客货运一体化联运，提升综合交通运输组合效益。推进有利于双方的物流通道与配套设施建设，逐步完善两地间综合运输网络。推动双方搭建信息共享平台。整合两地客货信息资源，建立信息共享机制，促进两地客货高效流通。推动双方交旅深度融合。三是推动双方人才互派交流常态化机制。根据上级统一安排，搭建交通干部人才交流平台，建立干部互派挂职和交流培养机制，加大交通专业技术人才互派交流力度。推动两地交通人才培训联合办学、互访互学，共享培训资源和成果。

公路管养 2020年，绵阳市交通运输部门立足川西北山地丘陵地区特点，科学实施绵阳公路绿化美化，不断提升“畅、洁、绿、美”公路绿化效果，完成年度普通公路绿化目标任务。全年全市公路绿化累计完成绿化新植29.3公里、补植358.7公里，其中国省道公路完成新、补植126.5公里，农村公路完成新、补植261.5公里。

推进农村公路路长制工作。市推进“四好农村路”建设工作领导小组印发《绵阳市关于全面推行农村公路路长制的实施意见》，各县（市、区）及相关园区路长制工作有序开展，均制订路长制实施方案，实现路长制建立率100%。路长制工作明确参与部门、机构办公室职责，县域实行县、乡、村三级路长的组织管理体系。建立总路长办公会议、公路巡查和绩效管理等三项制度，用好路政管理和养护管理两支队伍，推行路长制信息公示制度，主动接受社会监督，确保管理养护责任有效落实。

通过交通运输部“十三五”养护管理测评。全年紧盯“全面消灭中次差等路、路况PQI指数达90”目标，研究制订养护工程项目实施任务方案，总计投入8.6亿元，针对30个、287公里养护工程项目分类施策开展路况整治工作，强化项目统筹推进，提升普通国省干线公路路况水平。同时，全力抓好43公里抽取路段的路况提升达优养护工程，确保被抽中代表四川接受检测的220公里路段路况指标全部达优。经检测，全市国道路面使用性能指数（PQI）完成值为91.07，达优等水平。

客运服务优质便民 2020年，绵阳市新建乡（镇）综合服务站1个，建成乡（镇）港湾式车站81个、村级招呼站（牌）2378个。全市乡（镇）、建制村客车通达率100%，提前一年完成交通运输脱贫攻坚兜底目标。持续推进定制客运有序发展，以推进市际定制客运班线为主，投入客车31辆，新开通绵阳至巴中、遂宁，三台至成都，盐亭至成都4条市际定制客运班线。鼓励客运企业加快推广线上信息服务，引导实行车辆统一调度，提高车辆使用效率。完成梓潼县许州综合运输服务站建设并投入运行，结合县域物流集散中心建设和乡（镇）综合运输服务功能拓展契机，实现县乡村三级物流网络上下融通。

完成年度春运、五一、国庆、科博会等重要时段运输组织工作。春运期间，绵阳市投入班线客车2943辆，运输旅客238.82万人次；投入船舶65艘，客位数1544客位，完成客渡运量8.45万人次。全市水路运输未发生事故，道路客运未发生较大道路运输行车事故和重大服务质量投诉事件。组织开展“春风行动”，服务农民工返程高峰需求，组织“点对点、一站式”直达运输服务和公铁旅客联程运输，安全有序将返岗（务工）的农民工疏运至工作岗位，共开行专车485趟次，运送14243人次。第八届科博会期间，绵阳市交通运输部门投入各类车辆131辆，其中公交车15辆、高级大型客车50辆、中小型车辆46辆，运输服务工作人员157人，发车570余趟次，运送嘉宾、外宾、志愿者、演职人员等7100余人次，全面保障参会来宾和参观群众的交通运输需求。

道路运输安全监管 2020年，绵阳市开展安全生产专项整治三年行动和排险除患工作，做好春运、两会、汛期、国庆等重点时段安全生产工作。成立安全生产专项整治三年行动领导小组，统筹推进整治工作；7月上旬，印发《交通运输行业安全生产专项整治三年行动实施方案》，7月22日，组织召开全市交通运输安全生产专项整治三年行动动员部署视频会进行专题部署；截至12月底，检查企业468家次，落实风险防控130条，发现并整改隐患913个。

强化道路运运输安全源头管理，做好重点营运车辆联网联控工作，全市“两客一危”车辆全部安装带行驶记录功能的卫星定位终端并接入四川省道路运输车辆卫星定位系统省级监管平台，安装率和接入率100%，上线率98.76%。做好省局“一月一通报”核查处理和市级“一周一通报”工作，共计核查省局“一月一通报”8期，核查属实7起；下发市级“一周一通报”46期，核查属实违规行为36起，均按规定给予处理。深刻汲取“6·13”浙江温岭槽罐车爆炸事故教训，开展危货运输企业专项检查，对全市28家危货运输企业进行全覆盖检查，对全市19家正式经营满1年的危险货物运输企业进行质量信誉考核；考核等级18家AAA，1家AA。推进道路运输企业主要负责人和安全生产管理人员安全考核管理工作，组织考核10期，参加考核776人，合格478人，合格率61.6%。

优化营商环境 2020年，针对机构和执法改革后行政审批工作面临的新情况，绵阳市交通运输局制订《机构和综合行政执法改革后市级交通运输行政审批工作方案》，进一步规范市级交通运输行政审批办理流程，启用“绵阳市交通运输局行政审批专用章”，落实行政审批首席代表、审批专员，提高工作效率，提升服务质量；在四川一体化政务服务平台3.0版上完成行政许可、行政确认、其他行政权力等事项的认领、编辑、上报，审核通过政务服务事项计85项并全部对外公示，市级交通运输行政审批事项全部实现“最多跑一次”和“全程网办”，实现“一窗受理、集成服务”。全年完成办结行政审批件数10384件，群众满意率100%，实现零投诉目标；为办理市级交通运输业务的服务对象免费复印办理资料1988份，为办理市级交通运输业务的服务对象免费邮寄82份。同时，为克服新冠肺炎疫情影响，积极开展特色服务，开展加班服务办理140件，预约服务办理95件，上门办理36件。

交通执法专项治理 2020年，绵阳市组织开展打击非法营运、出租车经营、驾培市场、道路客货运输以及公路水运建设环境领域的专项治理，全年出动执法人员61141人次、执法车辆18214辆次，检查客运车辆5458辆次、出租汽车73411辆次、货运源头企业1010次、道路运输站场180次、维修企业312次、机动车驾驶培训机构326次。查处违规客运车辆173辆、违规货运车辆3243辆、违规出租汽车375辆。加强公路路政巡查，办理路政案件743件。

持续开展公路超限超载治理。结合矿产资源开发利用秩序综合整治整改工作，督促相关县市区开展严打“百吨王”专项行动，严格落实“一超四罚”等规定，全年出动交通运输执法人员6万人次、执法车辆1.8万辆次，检查货运车辆37万辆次，联合执法查处案件2848起；开展严打“百吨王”专项行动157次，查获“百吨王”货车53辆次；“一超四罚”等处理违法驾驶员344人、货运车辆644辆、运输企业19家，巩固了道路交通安全综合治理成效。

交通运输综合执法改革 2020年，按照中共绵阳市委要求，绵阳市交通运输部门推动市级交通运输综合行政执法改革工作，3月1日顺利完成。根据市委办、市政府办《关于印发〈绵阳市综合行政执法改革工作任务清单〉的通知》要求和《四川省行政权力指导清单（2019年本）》，梳理216项行政处罚、13项行政强制和15项行政检查权，形成行政执法清单和执法监管清单，报送市司法局进行合法性审查。同时，按市政府安排，推进原民航管理局人员分流安置工作，在市级相关部门配合下，提前预判分流过程中可能出现的问题，积极协调相关部门采取措施，完成原绵阳民航管理局分流人员安置。

公路建设监管 2020年，绵阳市制定《绵阳市公路水运工程聘请专家咨询管理办法》，以公开征集方式建立专家咨询库，入库专家超过50名，涵盖咨询决策、招标投标、工程管理等9个方向，提升建设监管决策科学性。经公开招标建立公路工程建立抢险救灾队伍储备库，涵盖施工类10家、监理类5家、勘察类5家、设计类4家、试验检测类3家，并配套制定《绵阳市公路抢险救灾项目工程队伍储备库管理办法》。出台《绵阳市交通运输科技项目管理办法（试行）》等六项管理制度，规范科研管理、设计审批、工程变更、竣工验收、质量管理等工作。

工程质量造价管理 2020年，绵阳市深化完善“1+9”监督体系，监督覆盖率100%。通过“检查组+专家+第三方检测机构”等方式，严把造价控制关、设计审批关、质量监督关等环节，推进工程质量监督全覆盖。

全年组织各类质量检查178次，对重点交通项目发出整改通知91份。对全市从业的42家试验检测机构、24家监理单位，结合检查情况进行信用评价，促进建设市场健康发展。严把交通建设项目竣工验收关，一次性验收合格率达到100%。严格投资控制，对56个项目开展造价审核，审减金额1.73亿元，审减率3.59%。

交通应急保障管理 2020年8月，绵阳市道路运输应急演练在安州区城北汽车客运站举行，演练科目为“突发公共卫生事件道路运输应急保障”，旨在通过实战演练检验全市道路运输行业突发公共卫生事件的应急处置能力，提高运输车辆集结、应急通行手续办理、车辆消毒和驾驶员、乘客自我防护能力，高效、快速、安全完成政府下达的应急运输保障任务。同月，组织开展应急运输运力集结演练，在没有任何准备工作的情况下，临时下达应急运力征用集结指令，90分钟内共集结10辆客车、2辆平板货车、2辆油罐车、3辆载货5吨货车、3辆载货10吨货车，所有车辆均按照要求按时抵达指定地点。

推进应急预案编制修订工作，印发《绵阳市水上交通事故应急预案（试行）》《普通国省干线道路桥梁抢险保通应急预案（试行）》《抢险救灾运输保障预案（试行）》《交通基础设施建设工程事故应急预案》。加大应急抢险物资、机械、车辆、船舶的储备和保养工作，调整补充道路保通、运输保障等应急队伍近600人，储备挖掘机、装载机等抢通保通机械140余台（套）、应急客（货）车辆300辆、应急救援船舶12艘。

开展汛期洪灾抢通保通，8月10—18日，绵阳市全域范围经历持续特大暴雨天气，降水持续时间和总降雨量均突破历史极值，造成公路交通基础设施大面积损毁。据统计，绵阳普通公路损毁1609.02公里，坍塌方2153处、1843万立方米，桥梁损毁57座，涵洞损毁524道，挡防设施损毁885处、56万立方米，造成633条、1576公里公路断道，受灾严重的北川县、平武县28个乡（镇）公路交通完全中断；估计灾毁金额26.7亿元，其中国省干线16.3亿元、农村公路10.4亿元。绵阳市交通运输部门全力以赴做好抢险救援、保通抢通各项工作，8月10—18日，投入抢通机械4436台次、人员18437人次；抢通道路288条、公路阻断点1191处，确保主要国省干线公路及重要农村公路尽快恢复通行。

加强森林草原防灭火专项整治，成立工作领导小组，形成《绵阳市防灭火道路与航空灭火设施建设专项整治实施方案》。对通往林区和重点森林火险县镇等的公路进行排查整治，提升防灭火道路安全通行能力。结合全国防灾减灾日、安全生产月、安全宣传“五进”等活动，组织安全生产法律法规学习和安全宣传教育。

交通环境保护 2020年，绵阳市全面实施机动车排放检测与强制维护制度（I/M制度）。开展机动车维修行业秋冬季大气污染防控专项行动，全市433家企业454个烤漆房完成升级改造。印发《绵阳市港口和船舶污染物接收转运及处置设施建设方案》，全市8个码头、37道渡口、106艘22千瓦以上船舶的防污设施设备按相关规范标准配备使用。加强对涉路施工和非道路移动机械的监督管理，累计登记非道路移动机械340台。

开展长江经济带船舶和港口污染突出问题整治。3月以来，绵阳市分批组织对7个重点涉水县市区的船舶、客运码头、乡（镇）渡口及水运企业进行摸底排查，实地重点检查8个码头、37道渡口、106艘22千瓦以上船舶的整治推进情况，梳理船舶、渡口码头等3类清单11个重点问题，逐项制订整治措施和明确整治时限并提出整改要求。截至年底，全市登记船舶285艘，应安装并实际安装垃圾公告牌252艘；应发放并实际发放垃圾管理计划书110艘；应发放并实际发放垃圾管理记录簿110艘。全市船舶和港口防污的设施、设备、器材按相关规范标准配备使用，进一步提升全市船舶和港口污染防治能力。

航务海事管理 2020年，绵阳市通航里程645.79公里，通航河流7条（涪江、梓江、凯江、湔江、弥江、安昌江、渭河）；按海事统计口径有各类登记船舶285艘、8716总吨，其中客渡船151艘；有渡口37处；有船乡（镇）46个；船员958人(其中普通船员751人）。全年完成客运量6.6693万人次，旅客周转量78.92万人公里。严把船舶检验质量关，全市船舶检验工作以船舶安全和环境保护为重点，抓好船舶法定检验工作，全年全市检验船舶188艘。

加大船舶防污染工作督查和动态监管。督促辖区船舶所有人、经营人严格按规定安装垃圾公告牌、油水分离器，发放垃圾管理计划、垃圾管理记录簿。严格要求其将生活污水、垃圾和废油等上岸交由有资质的单位进行处理。

组织对全市取得水路运输经营资格的企业及所属营业性运输船舶进行核查，5户经营人（营业性运输船舶54艘、818总吨、1306客位、3378.95千瓦）通过核查，2户经营人（营业性运输船舶8艘、306总吨、220客位、604.8千瓦）经整改通过年度核查，进一步保障水上交通运输安全，促进水路运输行业持续健康发展。

“三无”船舶整治 2020年9月，绵阳市印发《“三无”船舶专项整治工作方案》，通过“属地管理、部门配合、齐抓共管”，有效推进“三无”船舶整治工作。开展治理工作以来，出动检查组242组次、海事执法人员1136人次，深入7家水运企业、37个渡口开展宣传教育，检查船舶2524艘次，全面摸排通航水域内无船名船号、无船籍港、无船舶证书的“三无”船舶数量、分布情况、主要用途和运行情况，建立辖区“三无”船舶管理统计台账和清单。截至年底，全市排查“三无”船舶257艘，其中，申请重新换证56艘，拆解和注销船舶110艘，停航91艘。

水上交通安全管理 2020年，绵阳市未发生水上交通安全责任事故，连续18年无水上交通安全责任事故，安全形势持续保持稳定。组织对风险源制订相应的管控措施，并制作“辖区水上交通风险源分布及管控示意图”和“全市水上交通风险源分布及管控示意图”。6月，围绕“消除事故隐患，筑牢安全防线”主题，绵阳市在全市重点水域、渡口、码头、企业开展“安全生产月”活动。做好元旦、春运、五一、国庆等重点时段的水上交通安全生产工作；全市水上交通出动检查组516组次，出动检查人员2076人次，检查船舶10320艘次。6月，组织开展全市水上交通应急训练。通过对水上应急救援知识、体能训练、队列训练、救生设施的使用、冲锋舟基础知识、冲锋舟驾驶操作、突发事件应急处置等内容的学习和训练，进一步提升全市航务海事系统水上交通应急救援实操能力和快速反应能力。7月，在安州区桑枣镇小学开展水上交通安全知识进校园活动，将水上交通安全知识送进校园、带进课堂，切实增强学生们涉水出行安全意识和自我保护能力。引导学生积极参加“小手拉大手”活动，促进水上交通安全知识宣传和教育齐抓共管、水上安全自救互救能力共同提升。

交通运输行业信用体系建设 2020年，绵阳市推进交通运输领域信用建设，建立全市交通运输行业双公示信息常态化报送制度和半年通报机制，共报送双公示信息13000余；完善市级公共信用信息目录，归集整理7万多条信用基础数据信息；规范全市道路运输市场秩序和参与者行为，依据《四川省道路运输条例》《四川省道路营运驾驶员计分管理办法》对违章驾驶员实施记分360人次，吊销从业资格证5人；积极推进信用修复，多次约谈警示失信主体，引导失信主体履行法定义务，主动纠正失信行为，完成信用修复232件；健全信用评价体系，制订《绵阳市公路建设从业单位信用管理办法》，7月起试行，开展5批次49家从业单位初次信用评价、1次不定期信用评价，同时按规定对高速公路、国省干线进行年度信用评价；加强诚信宣传，提升行业形象，开展信用交通宣传月，活动期间全市出动人员200余人、宣传车50辆次，发放宣传资料1500余份，进一步提高从业人员诚信守法意识。

城市公交管理 2020年，绵阳市持续推动公交优先发展。推进主城区与安州区城市客运同城化工作，11月1日，全面放开15路公交线路运行时间限制，安州区与主城区公交同城化取得实质性突破。加快推进科创园区、游仙经济试验区等一批公交枢纽场站建设，弥补公交场站基础设施短板。升级GPS智能调度系统，利用冗量首次实现信息服务输出。对城区180座智能公交电子站牌进行全面提升改造，升级微信公众号功能，集合线路查询、服务投诉等应用，与掌上公交App、公交网站、车载语音视频联动报站系统及头腰尾牌等构成“一站式”公交服务信息平台。绵州“一卡通”拓展全支付系统功能，全国首创收银点钞钱袋卡系统，公交支付和收银管理更加便捷。公交全支付系统实现一票制和多票制公交线路全覆盖，非现金支付量超过总收入的60%。发行全国交通“一卡通”卡3万张，互联互通城市达460个。

持续提升公交服务质量。修订出台《星级线路管理规定》《公交服务人员岗位规范》等制度，举办“服务技巧、行为规范、心理疏导”等专题培训72余场次，提高驾售人员业务技能和服务意识，车厢整洁合格率、服务合格率等指标保持在98%以上。落实“四类人群”及重度残疾、盲人1名陪护人员免费乘车政策，免费服务近4000万人次。创建星级线路106条，占线路总数的89%，其中三星级及以上线路21条。

出租汽车行业管理 2020年，绵阳市完成出租汽车信息化平台建设招标工作，组织实施城区23家出租汽车企业（含网约车平台企业4家）2019年度服务质量信誉考核工作，其中，1家企业评定为B级，2家企业获得A级评定，15家企业获得AA级评定，5家企业获得省厅运管局AAA级评定。继续网约车办证“直通车”（直接面向车辆所有人办证），稳步推进网约车许可工作；截至年底，全市许可平台公司5家，发放网约车运输证5116个、驾驶证23138个，均位居全省第二。

完成城区巡游出租汽车运价调整的成本监审、专家论证、风险评估、公开听证、集体决议等工作，于7月16日零点起执行绵阳城区巡游出租汽车运价新标准。该次运价调整为结构性调整，目的是建立科学合理、更加灵活、富有弹性的运价形成机制，促进全市城区巡游出租汽车市场公平竞争，促进出租汽车行业稳定和可持续发展，缓解市民出行难、打车难。

交通运输行业服务 2020年，绵阳市交通运输系统完善行业、社会、企业“三位一体”监督平台，通过政风行风值守、书记市长信箱等理政平台，受理各类舆情1150件，接听“12328”“12319”“12345”等热线电话365462次，回复率100%。“12328”交通运输服务监督电话受理业务总量为22329件，环比下降12.98%，其中投诉举报类4347件，占比19.47%，环比下降22.49%；信息咨询类17455件，占比78.17%，环比下降10.42%；意见建议类527件，占比2.36%，环比下降7.05%。全年10秒接通率为98.66%，信息咨询类即时答复率为99.63%，即时答复满意率为100%，限时办结率为92.16%，抽查回访率44.54%，回访满意率98.35%。

新冠肺炎疫情防控 2020年，面对突如其来新冠肺炎疫情，绵阳市交通运输系统坚持“外防输入，内防扩散（反弹）”“人物同防”，牵头抓好交通运输联防联控工作，筑牢“公铁空水”立体防线，有效阻断病毒交通传播途径。疫情初期及时调整经停武汉航线，并暂停发往湖北、广东车辆。适时关闭境内10个高速公路口，其余21个均设立检疫站点，机场、火车站及全市14个三级以上客运站设置隔离观察室，对进出人员全覆盖体温检测。同时保通保畅保运保供，严格落实“一断三不断”要求，率先提出企业复工复产及群众生产生活等重要物资运输服务保障“八条措施”。高速公路推行“一检多认”，干线公路和普通公路及时排解道路阻断问题，确保公路网通畅。维持城区63条公交线路，落实医务人员凭证件免费乘车举措。全市共调用货车216辆次，运送物资1680吨。

相关链接

保障复工复产“八条措施”：一是明确属地责任。要求各县（市、区）严格落实属地管理责任，统筹安排辖区内重要物资运输服务保障工作，督促辖区交通运输、公安、卫健、发展改革、经信、住建、商务、市场监管、农业农村、自然资源和规划等部门加强行业管理，按照职责分工做好相关工作。二是保障持证通行。按照《四川省应对新型冠状病毒肺炎疫情应急指挥部公告（第8号）》要求，落实保运人员健康证办理及互认工作，要求各县（市、区）之间互认持有健康证明的驾驶员、押运员等保运人员，不得另行设置限制人员进入本区域的门槛。市卫健部门负责指导各地做好健康申报证明的办理工作。三是强化保通保畅。各县（市、区）进一步清理辖区国省公路、农村公路阻断点，严控卡点设置，避免重复检测，严禁擅自设置卡点、断道、硬隔离等阻断交通的行为。确有必要设立的卫生防疫卡点须按照相关规定履行报批手续。市交通运输部门负责指导各地卡点清理、设置工作；市公安部门负责指导各地道路交通通行管理、秩序维护（包括各级检疫卡点）等工作，切实保障公路路网畅通。四是做好运力组织。各县（市、区）负责，鼓励支持和保障货运、快递企业在落实交通运输疫情防控“八项举措”的前提下，尽快恢复正常运营，提供运力保障。市交通运输、邮政管理部门负责加强行业管理和业务指导工作；督促运输企业落实安全生产主体责任，严禁超速、超载、疲劳驾驶和冒险蛮干，坚决遏制重大及以上事故的发生。五是保障生产物资运输。各县市区负责做好基础设施、产业项目及2020春耕生产所需的重要生产物资及相关产品的运输服务保障工作。市经信、住建、农业农村等部门负责指导各地协调企业运输需求；市交通运输部门负责指导各地做好运力组织；市公安部门负责指导各地做好车辆通行管理和秩序维护（包括各级检疫卡点）等工作。优先保障企业复工复产、春耕生产相关物资的顺畅运输，对重点企业、重点物资实行“点对点、门到门”服务和民航、铁路、公路接驳运输服务。六是服务民生物资运输。各县市区负责做好保障人民群众生活所需的粮油、肉、蛋、奶、蔬菜、水果等鲜活农产品的运输及邮政、快递、配送业务的正常运行，不得非法禁止相关车辆正常通行，不得随意扣押货物及人员。市发展改革、商务、市场监管、农业农村等部门负责指导各地做好运输需求协调、市场调控等工作；市交通运输部门负责指导各地做好运力组织；市邮政管理部门负责加强行业管理、协调工作；市公安部门负责指导各地做好车辆通行管理和秩序维护（包括各级检疫卡点）等工作，保障群众生活必需物资运输绿色通道。七是统筹应急物资运输。市交通运输部门负责统筹协调省际、市际、县际应急物资运输服务保障，做好道路运输应急运力、疫情防控应急物资运输服务保障工作。市级相关部门负责加强行业管理和业务指导工作。八是构建快速协调机制。市交通运输局负责建立省、市、县三级重要物资运输服务保障协调机制，市级相关部门、各地指挥部要确定专人参加协调机制，按照一事一协调的原则，及时通报解决重要物资运输服务保障事项。此外，还建立起绵阳市重要生产生活物资运输服务保障联络员机制。

（本栏目供稿单位：绵阳市交通运输局）

广元市交通

GUANGYUAN SHI JIAOTONG

2020年广元市交通运输能力概况

公路交通运输			
通车里程	总里程（公里）		23021
	其中	高速公路	392
		一级公路	107
		二级公路	1021
		三级公路	324
		四级公路	17990
		等外公路	3187
公路密度	按国土面积计算：每百平方公里141公里		
	按人口计算：每万人77公里		
通达程度	通公路的乡镇230个，占乡镇100%		
	通公路的村2396个，占村100%		
客运站	总数（个）	219	
	其中	一级站	2
		二级站	8
		三级站	8
		四级及以下站	201
营运车辆	总数（辆）		9138
	其中	客车1615辆34564座	
		货车7523辆114428吨	
公路运量	客运	客运量（万人次）	799
		旅客周转量（万人公里）	50022
	货运	货运量（万吨）	3556
		货物周转量（万吨公里）	536808
内河航运运输			
通航里程	总里程（公里）	568.6	
	其中	三级航道	
		四级航道	192
		五级航道	
		六级航道	84.5
		七级航道	90
港口（码头）	总数（个）		1
	吞吐量	旅客吞吐量（万人次）	50.66
		货物吞吐量（万吨）	680.88
水路运量	客运	客运量（万人次）	50.66
		旅客周转量（万人公里）	844.96
	货运	货运量（万吨）	680.88
		货物周转量（万吨公里）	2482.53
营运船舶	总数（艘）		184
	其中	客船24艘1062座	
		货船160艘11060吨	
城市公交运输			
营运车辆	565辆		
公交线路	103条		
公交站	1383个		
运量	0.59亿人次		

交通建设概况 至2020年底，广元交通基础设施建设成就显著。一是高速公路建设取得重大突破。广平高速公路按时间节点顺利推进，绵阳至苍溪、苍溪至巴中高速公路全面启动实体工程施工，京昆高速公路广元至绵阳段、汉中至广元段扩容项目完成招商和投资协议签订，开工建设京昆高速公路七盘关超级服务区。二是干线公路升级改造稳步推进。广元港进港公路南马山隧道建成通车，国道212线南山隧道全面贯通，国道212线元坝过境段改建工程、摆宴坝嘉陵江大桥、七盘关至曾家山旅游扶贫公路、三江新区两路一隧工程等22个国省干线公路项目加快建设，建成广元山区公路专项改善（一期）工程，国道542线广元至旺苍一级公路、广元城区至曾家山旅游公路等项目前期工作顺利推进。三是内河水运建设持续推进。广元港张家坝作业区加快建设，完成前沿框架和陆域回填；建成嘉陵江航运配套（二期）工程、水上交通安全监测巡航救助一体化项目，嘉陵江广元至重庆的集装箱班轮顺利首航。四是枢纽建设持续强化。苍溪县庙垭火车站客运站主体完工，剑阁县西成高铁客运枢纽站开工建设，建成乡（镇）综合服务站3个、村级招呼站42个，初步建成覆盖县、乡、村三级农村货运物流网点208个。

交通投融资 2020年，广元市落实“投资唱主角”要求，围绕“开放大通道建设”目标，打赢脱贫奔康交通三年大会战。全年交通基础设施建设完成固定资产投资138.8亿元，比上年增长22.8%，其中市本级完成投资74.2亿元，全市交通固定资产投资持续高位运行。储备项目

2020年10月21日，广元曾家山生态旅游环线公路　　广元市朝天区交通运输局　供图

总投资达2779亿元，比上年增长154%。签约亿元以上项目3个，完成招商引资10亿元，争取各类上级补助资金21.4亿元。

京昆高速公路2个项目段签约　2020年11月20日，京昆高速公路汉中至广元段（四川境）、广元至绵阳段扩容项目签约仪式举行。广元市、绵阳市人民政府与四川省交投集团、四川高速公路建设开发集团、中铁五局、四川交投建设工程公司共同签署项目投资协议。此次项目签约，标志着京昆高速公路汉中至广元段（四川境）、广元至绵阳段扩容项目全面开工建设。

京昆高速公路汉中至广元段（四川境）、广元至绵阳扩容项目路线全长193.171公里，总投资453.074亿元，是连接成绵高速公路复线、广元至陕西汉中段高速公路的又一重要大通道，是成渝地区乃至中国西南地区通往华中华北、京津冀的又一快捷大走廊，将为四川乃至全国推动区域协调发展、加快成渝地区双城经济圈建设、扩大开放合作、加强人文交流产生影响。经四川省人民政府批准，京昆高速公路汉中至广元段（四川境）扩容和广元至绵阳段扩容项目采用“建设—运营—移交”（BOT）方式建设，于2020年7月27日打捆招标成功，四川高速公路建设开发集团有限公司、中铁五局集团有限公司、四川交投建设工程股份有限公司成为项目联合体投资人。

广元至平武高速公路建设　2020年，广元至平武高速公路建设快速推进，各项控制性工程取得突破，全年形象进度和投资增幅居全省第一。6月18日，广平高速公路项目首个双向同时贯通的长隧道（周家山隧道）顺利贯通，该隧道左洞长1672米、右洞长1689米，洞内净宽10.25米、净高5米，位于广元境内龙门山地震断裂带，洞身围岩主要由绢云千枚岩、断层碎裂岩等构成，层间结合力和自稳能力差，施工难度系数高、风险大。11月22日，广平高速公路骑马枢纽互通C匝道2号桥架设完毕，年底实现单幅全面贯通。12月9日，广平高速公路全线最长特大桥（乔庄河4号大桥）左幅贯通，该桥位于青川县瓦砾乡，分左右幅施工，左幅桥长1270.96米，右幅桥长1230.96米。

2020年10月10日，在建的广平高速公路　　广元市交通运输局　供图

国道212线南山隧道贯通　2020年12月31日，国道212线南山隧道双线全面贯通，标志着国道212线南山隧道工程控制性工程施工取得阶段性胜利。国道212线南山隧道工程起于国道212线南环路碑坪子，在南山丽景小区外设南河坝接官亭互通立交，在李家梁附近下穿万源至龙潭公路，并设互通立交与万源至龙潭公路相衔接，

2020年12月31日，国道212线南山隧道全面贯通

广元市交通运输局 供图

止于万源20号公路3段。该工程为一级公路，设计时速60公里，路线全长6.86公里，其中双洞隧道1座（左洞2925延米，右洞2926.3延米），主线桥梁367.06米，南河互通桥梁共2586.5米/5座，万源互通桥梁共2056.3米/7座。项目采用EPC+PPP模式运作，总投资12.82亿元。项目建成后，打通国道212线广元市城区过境段交通瓶颈，进一步优化区域路网结构，改善市城区交通拥堵现状。

国道543线木鱼至沙州公路通车 2020年12月30日，国道543线木鱼至沙州公路改建工程建成通车。该路线起于国道75线兰海高速公路木鱼互通，止于沙州龙背岭，全长6.64公里，总投资3.16亿元，项目于2018年8月正式开工建设。该公路连接国道212线和国道75线兰海高速公路，是贯穿青川县东北部的经济命脉，也是连接陕西汉中以及甘肃省陇南市的重要交通要道，在区域路网中处于十分重要的位置，项目建成后对青川县全域旅游、促进川东北经济区加速发展及推进秦巴山区连片扶贫攻坚步伐具有重要意义。

省道205线苍溪县城至云峰镇公路通车 2020年12月31日，省道205线苍溪县城至云峰镇公路改建工程建成通车。该路线起于苍溪县城，途径陵江镇、云峰镇，止于云峰镇金石村（阆中界），路线全长12.27公里，采用二级公路技术标准建设，沥青混凝土路面，路基宽8.5米，总投资1.5亿元。项目2019年3月1日开工建设。建成后有助于巩固脱贫攻坚成果，为乡村振兴战略提供基础设施保障。同时，进一步完善省道交通路网，助推“苍（溪）阆（中）南（充）”区域协同发展。

省道301线三堆羊盘至青川观音店段通车 2020年12月30日，省道301线利州区三堆羊盘至青川县观音店段公路改建工程建成通车。该项目路线全长8.78公里，二级公路，路基宽8.5米，路面宽2×3.5米，包含大桥6座、中桥3座、盖板涵21道，沥青混凝土路面，项目投资1.68亿元，由四川鼎祥路桥工程有公司承建。项目2018年10月开工建设，建设工期730日历天。

京昆高速公路七盘关超级服务区开工 2020年12月23日，京昆高速公路中子服务区改（扩）建项目（七盘关超级服务区）举行签约暨开工仪式，广元市人民政府与四川高速公路建设开发集团公司签订《京昆高速公路中子服务区改扩建项目（七盘关超级服务区）合作框架协议》。广元市市长邹自景出席签约仪式并宣布七盘关超级服务区项目开工。京昆高速公路中子服务区改（扩）建项目（七盘关超级服务区），位于广元市朝天区中子镇中心区域，项目分为北区和南区两片服务区，总用地面积33.62公顷，总建筑面积65071平方米，估算总投资5.7亿元。该项目与中子收费站改建项目统一规划、同步推进，整体采用蜀汉风格设计，主要建设高速服务区、旅游集散中心、特色商业街区、公检服务用房、特色文化展示中心、民宿酒店、特色餐饮、文创商业、仓储式特色农贸市集、加油站零售区、汽车检修用房、货车检修用房、物流仓储用房以及其他配套设施项目。

2020年12月23日，京昆高速公路七盘关超级服务区项目签约仪式

广元市交通运输局 供图

广元港进港公路南马山隧道通车 2020年9月28日，广元港进港公路南马山隧道举行通车仪式。广元市市长邹自景宣布隧道通车。广元港进港公路南马山隧道工程西连进港公路一期，东与昭化区凉亭子隧道出口引道相接，全长5.35公里，采用二级公路标准建设，设计荷载公路I级，路基宽10米，设计时速60公里，工程总投资2.7亿元，建设工期30个月，2018年5月8日开工建设。建设内容为：新建黄莲铺大桥531米、朝阳大桥138米、南马山隧道一座2405米。进港公路南马山隧道工程是广元港连接陕西、甘肃的货运瓶颈工程，与国道108线、国道212线、京昆高速、兰海高速等公路衔接。建成通车

后，相较经宝（轮）红（岩）公路通行里程缩短10公里，公路等级由四级提升到二级，打通广元港港口进出货运通道，节约货物运输时间和运输成本，为广元融入成渝、联动川陕、对接西北、建设川陕甘结合部经济经强市提供支撑。同时，该公路辐射周边朝阳、红岩等诸多乡（镇），对于方便群众出行，加快秦巴山片区脱贫奔康，促进川陕革命老区振兴发展和区域经济社会发展具有重大现实意义。

2020年9月28日，建成后的广元港进港公路南马山隧道　　广元市交通运输局　供图

广元川陕甘高铁快运物流基地开工　2020年4月28日，广元川陕甘高铁快运物流基地正式开工建设。该项目是全国首个高铁快运物流基地，于2019年2月落户广元。项目由广元市人民政府、中国铁路成都局集团有限公司和中铁快运股份有限公司三方共同投资建设。

广元川陕甘高铁快运物流基地按照高铁网、快运网、互联网、配送网“四网”融合思路，建设集高铁快运物资收发、集散、分拣、仓储、包装、配送等功能于一体，形成集高端制造、流通加工、物流配送、多式联运、冷链物流、物流金融、综合服务等一体化的高铁物流生态圈，拟打造成广元产业转型升级的重要支撑平台、四川高铁快运物流业务总部基地、全国高铁快运物流基地示范工程、中西部地区重要多式联运枢纽和连通欧亚快速货运战略节点。项目建成后，将形成覆盖市、县（区）、乡、村的四级物流网络，直接带动绵阳、巴中、南充、甘肃陇南、陕西汉中等川陕甘结合部地区的特色农产品加工等产业加速发展，促进川陕甘特色农产品等高附加值产品和京津冀、长三角、珠三角等地区中心城市货物产品实现快速“双向流动”。

广元川陕甘高铁快运物流基地规划总用地106.67公顷，概算总投资约20亿元，分两期实施。一期工程占地40公顷，概算投资约11亿元，主要包括以两条动货线建设为主的高铁快运装卸作业区、高铁快运物流园一期工程，包括分拣配送、电商仓储、电商冷链、综合服务、办公生活等五大功能区，建设工期18个月，计划2021年底一期建成投入运营。

广元盘龙机场快线开通运营　2020年1月10日，广元盘龙机场快线正式开通运营。该专线巴士从广元万达嘉华酒店出发，沿北二环行驶，途经广元火车站，行驶约一小时到达广元盘龙机场。沿途设固定站点三个，分别为万达嘉华酒店、广元火车站、广元盘龙机场；未设站点地方，在不违反交通安全秩序情况下，招手即停即上。票价为通票10元/人。该专线巴士当年暂定每天四班，往返时刻分别是7:00—8:30、9:20—11:20、14:00—17:00、18:30—20:00。后期，运行时刻表将会根据客运量、机场吞吐量作适当调整。

交通脱贫攻坚　2020年，广元市交通运输局聚焦“两通”，挂牌督战、蹲点攻坚，高质量全面完成交通脱贫任务。交通脱贫基础更加牢固。提升改善农村公路890公里，新（改）建民生实事农村公路483公里，完成危桥改造及桥梁21座，渡改桥13座，全市100%的乡（镇）和建制村均通硬化路。农村客运实现全覆盖。成为全省首批农村客运“金通工程”试点市（州），提前6个月完成100%的乡（镇）和建制村通客车工作。定点帮扶务实有效。为17个帮扶村选派驻村第一书记7名、工作队员23名，干部结对帮扶建档立卡贫困户325户1177人、插花贫困户425户1452人，通过开展“两不愁三保障”大排查，全面排查梳理问题，逐一整改销号，确保贫困户不漏贫不返贫，助力脱贫攻坚。

乡村客运“金通工程”建设　2020年，广元市全面推进乡村客运“金通工程”试点，为打赢全市脱贫攻坚战和服务乡村振兴战略提供交通运输支撑。5月27日，广元市举行脱贫攻坚乡村客运“村村通”交车仪式，新购

2020年5月27日，广元乡村客运“金通工程”交车仪式

广元市交通运输局 供图

置的177辆乡村客车正式交付各县（区）投入运行。所有乡村客车按照全省统一的标识和具有县（区）特色的外观样式进行喷印，安排专人负责车辆上户、GPS安装、驾驶员招录、培训等工作。6月5日，提前完成全市建制村通客车工作，实现全市2396个建制村100%通客车既定目标。同时，广元市探索推行乡村客运片区化运行，开行就医出行车、乡村定制客运专车等，不断满足群众不同出行需求。开展小件快运、电商物流等业务，促进客货运输深度融合，实现乡村客运协调可持续发展，确保乡村客运“开得通、留得住”。

2020年6月23日，广元“金通工程”乡村客运方便群众出行

广元市交通运输局 供图

交通强市建设推进会 2020年12月1日，广元市召开交通强市建设推进会，贯彻党中央、国务院关于交通强国建设的决策部署，贯彻落实《交通强国建设纲要》和省委省政府关于建设交通强省的实施意见，全面系统部署广元交通强市建设工作。会议要求全市上下要深入研判形势，积极主动作为，加快补短强弱，强化组织保障，凝聚强大合力，高质量推进交通强市建设，奋力开创全市交通运输新一轮黄金发展期。近年来，广元市委、市政府高度重视交通运输事业发展，紧紧围绕建设连接西南西北、通江达海的区域性综合交通枢纽，打出系列“组合拳”，全市交通运输面貌发生根本性变化。交通体系更加健全，交通投资贡献突出，服务发展能力增强，但仍存在对外开放大通道不足、路网体系还不够发达、运输方式之间转换不畅等问题。为全面贯彻落实交通强国、交通强省战略部署，广元市委、市政府紧紧围绕构建“通江达海、联核融圈、辐射陕甘、融入亚欧”的全国性综合交通枢纽目标，启动编制《关于贯彻落实〈交通强国建设纲要〉加快建设交通强市的实施意见》，至2020年底，完成专题调研和初稿编制。

公路管养 2020年，广元市坚持管养并重，实现公路养护管理新突破。公路养护指标全面完成。完成国省干线公路大中修、预防性养护工程356.2公里，开展日常小修保养，全市干线公路路面使用性能指数（PQI）91.54，通过“十三五”干线公路交通运输部检查评价。农村公路管养体系初步建立。完成《广元市深化农村公路管理养护体制改革实施方案》编制；全面推行路长制，出台《广元市农村公路养护管理办法》，农村公路优良中等路占比均达70%以上。公路路政管理持续加强。会同公安交警部门联合开展货运车辆超限治理，全年检测货车241007辆次，查处超限车辆1073辆次，卸载货物19740吨，抄告公安交警部门163辆次，货车超限率控制在2%以内，全市公路持续保持安全、畅通、美观。

道路运输管理 2020年，广元市强化道路运输管理，道路运输持续稳步发展。全市完成公路客货运周转量54.2亿吨公里，比上年增长4.9%，排名全省第6位。大力实施公交优先战略，调整公交线路7条，开通定制公交线路1条，市城区城市公交分担率达33.87%。推动客运转型升级，全市新增中、高档客运车辆309辆，比上年增长39%；开通城乡一体化公交线路75条、投放车辆308辆，覆盖32个乡（镇）和134个建制村，逐步建立起“以城区为中心、乡镇为节点、建制村为终端”的农村客运运营体系。推进道路货运物流业高质量发展，落实货运物流发展营商环境15条措施，破解制约企业发展难题40余个。深化出租汽车行业改革，补充巡游出租汽车运力91辆，新增网约车公司1家、网约车41辆，出租车行业健康稳定发展。扎实开展道路运输市场秩序整治，道路运输经营行为全面规范。

水路运输管理 2020年，广元市强化水路运输市场管理和运输保障服务，全年完成水路客货运周转量2905万人公里，比上年增长12%。开展全市水路运输核查工作，核查营运船舶187艘，核查水路运输企业4家，培育省际水路货运公司1家；加强航道养护管理，设置航标111座，完成航标维护27200座天，开展船舶建造检验20艘，营运检验110艘，完成船舶设计图纸审查12套；开展渔船检验和监督管理，理顺渔船检验责任，完成检验人员适任制资格培训；实施嘉陵江山水人文旅游线试点项目，强化水路运输保障。

嘉陵江广元至重庆集装箱班轮首航 2020年9月28日，嘉陵江广元至重庆集装箱班轮首航仪式在广元港红岩作业区举行。首航仪式由广元市人民政府主办，广元市交通运输局、广元市交通投资集团有限公司、四川广元港集团有限公司、重庆港务物流集团、重庆港盛船务有限公司承办。广元市委副书记、市长邹自景宣布嘉陵江广元至重庆集装箱班轮首航正式启航。

嘉陵江广元至重庆集装箱班轮由广元市交通投资集团与重庆市港务物流集团共同组织实施，首航共装载26标箱700吨甘肃明珠矿业公司的重晶石粉，经重庆果园港到辽宁营口港，最终运至辽宁省盘锦市。此前，广元至重庆的货船运输方式主要为散货运输，作业效率低、运营成本高，广元至重庆集装箱班轮的开行，将极大丰富嘉陵江水路货物运输种类，提高港口装卸效率，减少环境污染。通过散改集，减少货物在重庆果园港水水中转的时间，有效降低运输成本。集装箱班轮常态化运行后，广元港作为辐射川东北、陕西、甘肃、青海、新疆、宁夏等广大西北内陆地区的最近水运口岸，其水陆物资集散枢纽作用将日益凸显。

此次开行的广元至重庆集装箱班轮是嘉陵江航运有史以来的首个集装箱班轮，该航线集装箱班轮的开通是嘉陵江沿江区域把区位优势转化为发展优势、主动融入成渝双城经济圈建设的务实途径和具体举措，将进一步深化川渝合作及西南西北地区合作，在实现共赢发展、助力成渝双城经济圈建设、打造西部高质量发展重要增长极等方面发挥重要作用。

2020年9月28日，嘉陵江广元至重庆集装箱班轮首航　　广元市交通运输局　供图

广元市首家企业取得国内省际水路运输许可证 2020年6月2日，广元市交通投资集团下属的腾胜港航公司取得省交通运输厅颁发的“国内省际水路运输许可证”，成为嘉陵江全江通航后流域内第一家取得该类许可的航运企业。取得该许可证的货运船舶具备长江干线及其支流省际普通货物运输资格，标志着广元市航运企业自有船舶可合法进入长江干支流从事运输业务，对进一步降低运输成本、拓展嘉陵江水运市场和扩大企业经营范围提供支撑。

平安交通建设 2020年，广元市交通运输部门推行安全生产“责任制+清单制”管理，强化隐患排查治理，开展“平安交通”、客货运车辆行驶安全和桥梁防护、汛期安全大检查、隐患排查治理等攻坚行动，全年发生一般性事故4起、死亡4人，事故起数和死亡人数比上年减少7起、10人，较上年度分别下降63.6%和71.4%。强化交通应急管理，推进应急抢险救助平台工程和全市交通运输应急二期建设，制订完善全市交通运输系统新冠肺炎疫情防控、地震、防汛抢险、成品油供应等4个应急预案，开展各类专项应急演练4次，完成汛期公路抢通保通、油罐打捞、溺水人员打捞等突发事件应急处置。强化信访维稳，坚持依法化解矛盾纠纷，信访维稳责任有效落实，妥善处置市轮船总公司职工信访问题和399仓库、出租车、网约车等稳控化解问题。强化行业安保和反恐防范工作。

交通运输依法治理 2020年，广元市交通运输行业治理能力和水平不断提升。深化体制机制建设。修订完善局党组工作议事规则、局务会议制度，印发《关于建立“三重一大”事项决策机制的实施办法》，聘请法律顾问开展重大决策合法性审查，促进决策科学化、规范化。全年完成存量政策措施文件的合法性审核216件，组织线上、线下综合行政执法人员培训390人次，抽考一线执法人员25人，评查案卷15份；开展重点领域“双随机一公开”执法检查，办理行政处罚案件600余件。推进信用体系建设。归集上报信用信息记录6609条，纳入招投标领域“黑名单”企业12家。建立健全交通运输审批服务体系。持续推进“放管服”改革，不断优化营商环境，全面履行“减证便民”和“最多跑一次”承诺，实行“一证多用”，全市交通运输审批事项入驻政务服务大厅率100%，全年受理并办结4000余项，按时办结率100%，全程网办率达90%以上，办事群众和企业满意率达99%。持续推进扫黑除恶治乱。扎实开展道路运输行业“顽症痼疾”专项攻坚、乱象整治“回头看”、“创新发展”专项活动、“固化机制”专项工作，纵深推动“六清”行动（线索清仓、逃犯清零、案件清结、伞网清除、黑财清底、行业清源），出台《广元市预防和治理“黑车”非法营运工作机制》，8条行业乱点乱象于6月30日前全部“清零”。

绿色智慧交通发展 2020年，广元市推进交通运输绿色低碳发展，坚决打好交通运输污染防治攻坚战，开展普通公路路域环境和工程建设领域环境专项治理，加强施工环境保护，公路扬尘污染得到有效控制；推广新能源营运车辆，纯电动新能源车辆达93辆；全市注销25辆柴油货车道路运输证和28辆柴油货车行驶证，报废拆解柴油货车14辆；全市完成岸电系统船载装置改造6艘，建造新能源客船7艘30客位。推进智慧交通建设，累计完成信息化建设投资829万元，建成全市交通运行监测与应急指挥系统（二期），新整合全市及周边高速公路各类监控近3000路，实现与公安、应急管理等部门信息资源共享；完成城市公共交通平台数据对接整合，初步开发E交通小程序，开展5G新基建与交通运输融合发展方案论证，新增发放公交“一卡通”221380张，新开通公交车微信扫码支付。公交车乘车支付方式达5种（IC卡、云闪付、美团、支付宝、微信）。

广元市道路运输从业资格考试中心建成 2020年8月7日，广元市道路运输从业资格考试中心建成投入使用，当日接待考生140人。该考试中心设置理论无纸化和应用能力两个考场，配备60台电脑、2套心肺复苏模拟人体教学模型、2台安全检视车辆等设施设备，并配套设置学员休息区、候考排队区、身份证验证区等，可同时容纳60人考试，年应考能力达4000人次。该考试中心由市交通投资集团公司承担建设。该考试中心的设立是广元市道路运输行业“考培分离”工作关键环节，有利于进一步规范从业资格的监管。

杨洪波调研广元交通重点项目建设 2020年3月4日，四川省副省长杨洪波赴广元现场调研广平高速公路项目疫情防控和复工复产工作。杨洪波强调，要深入学习贯彻习近平总书记在统筹推进新冠肺炎疫情防控和经济社会发展工作部署会议上的重要讲话精神，坚决落实党中央和省委、省政府各项部署要求，按照“分区分类、精准施策”总体要求，在继续抓好疫情防控的同时，采取更加有力措施，科学组织施工，落实安全责任，全面有序推进交通建设项目复工复产，为全省经济社会平稳运行提供交通支撑。他强调，广元作为进出川重要节点，要保证路网畅通，严防疫情输入，把交通通达和精准防控有效结合起来，坚决守好四川“北大门”，全力确保四川北向交通大动脉畅通。省政府副秘书长代永波，省交通运输厅厅长罗佳明，广元市委书记王菲，广元市政府副市长彭洪参加调研。

罗佳明调研广元市交通运输企业复工复产 2020年3月3日，省交通运输厅厅长罗佳明调研广元市交通运输企业复工复产工作，组织召开专题座谈会，与广元市委书记王菲就统筹推进疫情防控和经济社会发展、推进广元交通运输工作交换意见。罗佳明强调，疫情发生后，广元市迅速行动、抓早动快，疫情防控取得良好效果，守好了四川“北大门”，同时在复工复产、“春风行动”、道路保畅等方面创造了很好的经验和做法。要全力推动项目复工复建，加快新项目开工，努力把疫情影响降到最低，确保全年目标任务完成，实现“十三五”规划圆满收官。要对照脱贫验收考核指标，全面开展梳理排查，进一步补齐交通基础设施短板，加快完善通村公路网络，提升农村客运通达深度，为打赢脱贫攻坚收官战贡献交通力量。

王菲调研广元市交通重点项目建设 2020年，中共广元市委、市政府先后多次现场调研指导交通重点项目建设工作。2月19日，市委书记王菲在青川县调研广平高速公路项目建设工作时强调，要深入学习贯彻习近平总书记的重要讲话和指示精神，按照党中央国务院和省委省政府决策部署，认真落实分区分类管理要求，坚持一手抓疫情防控、一手抓经济社会秩序恢复，聚焦全年目标任务，统筹推进改革发展稳定各项工作。要根据疫情发展态势，在确保防疫和安全生产的前提下，有力有序、抓紧抓好企业复工复产和项目复工复建，确保项目加快推进。4月27日，王菲在苍溪县调研绵苍巴高速公路项目建设工作时强调，面对疫情防控形势和复杂的建设环境，各参建方要凝心聚力、主动作为，合力有序推进项目建设；要切实增强责任感和紧迫感，精心组织、抢抓进度、严控质量、确保安全，优质高效推动成绵苍巴项目建设，以营造优质畅通的交通环境，助力广元市经济社会高质量发展。

（本栏目供稿单位：广元市交通运输局）

遂宁市交通

SUINING SHI JIAOTONG

2020年遂宁市交通运输能力概况

公路交通运输			
通车里程	总里程（公里）		13739.577
	其中	高速公路	359
		一级公路	138.646
		二级公路	264.987
		三级公路	533.391
		四级公路	12168.146
		等外公路	275.407
公路密度	按国土面积计算：每百平方公里254.5公里		
	按人口计算：每万人37.86公里		
通达程度	通公路的乡镇105个，占乡镇100%		
	通公路的村1891个，占村100%		
客运站	总数（个）		71
	其中	一级站	3
		二级站	3
		三级站	1
		四级及以下站	64
营运车辆	总数（辆）		
	其中	客车1312辆24505座	
		货车9174辆107102.6吨	
公路运量	客运	客运量（万人次）	1058.97
		旅客周转量（万人公里）	62569.21
	货运	货运量（万吨）	3721.05
		货物周转量（万吨公里）	427314.78
内河航运运输			
通航里程	总里程（公里）454.75		
	其中	三级航道	
		四级航道	
		五级航道	
		六级航道	63.54
		七级航道	138.38
港口（码头）	总数（个）		14
	吞吐量	旅客吞吐量（万人次）	7.3
		货物吞吐量（万吨）	211.48
水路运量	客运	客运量（万人次）	7.3
		旅客周转量（万人公里）	60.23
	货运	货运量（万吨）	211.48
		货物周转量（万吨公里）	1281.85
营运船舶	总数（艘）		471
	其中	客船29艘829座	
		货船442艘22131吨	
城市公交运输			
营运车辆	505辆		
公交线路	56条		
公交站	6个		
运量	2179.3亿人次		

交通运输概况 2020年，遂宁市交通运输系统疫情防控和交通运输发展取得重大成果，全市公路水运固定资产投资完成63.6亿元，为目标任务60亿元106%；全市客货运总周转量增速4.99%，位列全省第3位，交通运输经济运行总体平稳，呈现出稳中有进、稳中向好态势。涪江通善大桥新建项目、香山渡改桥、田家渡渡改桥、农环线全面建成，中环线加速闭合，遂德高速公路、通港大道、龙凤互通立交加快建设，成南高速公路扩容和南遂潼高速公路、遂渝高速公路扩容抓紧开展项目开工前期工作。新（改）建国省干线39公里，为年度目标14公里278.6%；实施国省干线大中修工程78.4公里，为年度目标28.9公里271.3%，国省干线公路路面使用性能指数

2020年9月28日，香山渡改桥建成通车　　遂宁市交通运输局　供图

93.7。涪江复航加快推进。全年争取到位中省补助资金及债券资金11.24亿元，比上年增长161.4%。

城市客运 2020年，遂宁市积极推进优先发展城市公交，新投入纯电动公交车60辆，新增公交线路6条，优化调整9条。开展第二届"百车百日挑战零投诉"活动，提升出租汽车行业窗口形象。继续规范网约车管理，许可9家网约车平台公司、1935辆网络预约出租车、7002名网络预约出租汽车驾驶员，全市网约车合规率位居全省第3位、全国前列。

农村公路 2020年，遂宁市新（改）建农村公路261公里，增设错车道200个，实施村道生命防护工程20公里，完成"畅返不畅"路段整治168公里，96个"通返不通"建制村实现应通尽通。出台《遂宁市农村公路建设管理实施细则》《遂宁市农村公路养护管理实施细则》《遂宁市"四好农村路"建设工作考核办法》，推进农村公路建管养运协调发展。射洪市、大英市成功创建"四好农村路"省级示范县（市），提前实现全域创建目标。遂宁市成功争创省第一批唯一一个"四好农村路"示范市。

2020年4月23日，遂潼两地跨省城际公交线路开行，为西部首条跨省公交 遂宁市交通运输局 供图

崇龛跨省农村客运班线。"金通工程"全域示范，先后制定农村客运发展补贴政策、乡村客运"金通工程"以奖代补政策，支持农村客运可持续发展，在全市开行乡村客运线路181条、投入"金通工程"乡村客运车辆223辆，在370个乡村开通客运预约专线。"金通工程"助力农村物流工作全省交流。

2020年，遂宁市全域实施"金通工程"，偏远农村地区群众行有所乘 遂宁市交通运输局 供图

交通行政执法 2020年，遂宁市交通运输局深入开展非法营运专项整治，查扣涉嫌非法营运车辆632辆，罚款510万元。强化巡游出租车行业整治，查处违规经营行为323起，罚款12万元。开展驾培市场专项整治，重点整治行政工作人员"5类行为"（违反政治纪律和组织人事纪律、有令不行、有禁不止的行为；以权谋私、官商勾结、权钱交易的行为；违法实施行政许可、行政处罚、行政强制等行为；环境保护、土地征用、房屋拆迁、企业改制、安全生产等方面的违法违纪行为；违规建设楼堂馆所、挥霍浪费国家资财的行为），发现教学场地不达标等问题30个，全部整改完毕，立案查处驾培行业违法违规行为9起。持续开展双超治理，超限率控制在2%以内，位居全省前列。开展"三无"船舶专项整治，全市1344艘"三无"船舶按要求全部离水上岸。

运输管理 2020年，遂宁市完成定制客运服务线路备案48条，开展运营16条，实现定制客运到区（县）全覆盖、到省内主要城市全备案。深化交邮合作，开通"班线快递"合作试点线路8条，在19个乡（镇）设立快递超市。率先在全省开通川渝地区首条跨省公交安居磨溪—潼南双江、遂宁—潼南省际商务定制快客和安居—潼南

交通行政审批 2020年，遂宁市交通运输局审批持续提质提效，先后调整和取消各类行政审批和行政职权项目11项，将188项行政许可事项纳入市政务服务中心审批

大厅办理，施行“一个窗口”对外。遂宁市政务服务中心交通行政审批窗口全年受理各类行政许可事项18318件。开辟超限运输审批“绿色通道”，将30%以上超限运输行政审批从法定时限7个工作日提速成为即办件，并对满足道路通行条件超限运输车辆，适当放宽通行时限，涉及国防工业、经济民生重点设施设备运输审批，坚持特事特办。对诚信记录好、业务量大道路运输企业发放季度或半年期通行证，做到上门服务、现场办公。深化“放管服”改革，取消对超限车辆收取多倍惩罚性通行费收费政策，切实减轻企业负担。

重点领域改革 2020年，遂宁市交通运输局稳步推进交通运输综合行政执法改革，整合公路路政、道路运政、地方海事行政、工程质量监督等执法职责，组建遂宁市交通运输综合行政执法支队，更进一步解决交通运输领域机构重叠、职责交叉、多头多层重复执法等问题，实现交通运输领域“一支队伍管执法”，优化城市客运行业服务能力、激发行业创新潜能和活力。稳步推进事业单位改革，组建遂宁市公路事业发展中心和遂宁市道路运输和港航海事事务中心。

工程质量监管 2020年，遂宁市市本级直接监督项目20个，其中包括高速公路项目2个（遂德高速公路、龙凤互通立交）、新（改）建国省干线公路工程2个（省道209线安白路、省道413线蓬溪段），国省干线大中修养护工程9个，渡改桥项目5个（通善大桥、田家渡大桥、黄连沱大桥、红江渡改桥、小河洲渡改桥），区间干线公路2个（通港大道A段，通港大道B、C段）。开展监督检查76次，监督检查项目覆盖率100%，向参建单位下发相关整改意见10份，对全市高速公路、国省干线公路、大中修养护工程、区间干线公路、农村公路等项目进行实体抽检10批次，抽检原材料168组，抽检工程实体2400余点，总体合格率92.7%。监督检查结果和监督抽检数据表明，全市在建重点公路建设工程项目质量总体受控。

2020年12月，田家渡大桥主体工程完工　　遂宁市交通运输局　供图

交通安全生产 2020年，遂宁市交通运输局聘请成都市安评应急技术研究院对全市26家道路运输企业（车站）开展安全生产标准化建设“专家问诊”工作，推进企业安全生产标准化建设，确定5个清单制管理示范企业。开展安全生产三年专项整治行动，排查整改道路一般安全问题隐患10处，完成市级挂牌隐患整改3处。提升应急救援处置能力，先后印发《遂宁市交通运输系统防汛救灾应急预案》《遂宁市交通运输系统突发事件总体应急预案》等12个，开展10余次实战化应急演练，组建市公路应急保通中心和县（区）交通运输应急救援分队。严格落实汛期24小时带班值班和“零报告”制度，成功应对“8·16”特大洪峰过境，妥善处置“5·16”客运车辆事故和“12·9”船舶漏油事故，道路运输领域未发生较大以上安全事故，水路运输、交通建设领域零责任、零事故、零死亡。持续做好交通疫情防控，先后印发遂宁市交通运输系统“百日攻坚”行动、冬安行动，全面部署系统把好行业领域疫情防控关卡、护航群众安全健康出行。

绿色交通 2020年，遂宁市交通运输局进一步落实环境保护工作，打好蓝天保卫战，加强建设施工扬尘治理，按要求停止工地施工7个。实施在用汽车排放检测与维护制度，实现全市强制维修站点全覆盖，治理尾气不达标车辆11695辆。加强汽修行业挥发性有机物治理，全年完成烤漆房升级改造75家，使用水性漆作业企业5家。打好碧水保卫战，开展港口、船舶污染治理和非法码头提升改造工作，全市客渡码头全面完成污染防治工作，新增垃圾回收装置150个，新建便民厕所5座，推进老旧船舶技改，技改船舶23艘，拆除老、旧运输船舶232艘。全面完成111座非法码头提升整治，拆除复绿88座，规范提升23座。打好运输结构调整三年行动战，积极推广节能与新能源交通运输装备，全市1247辆出租汽车、1214辆驾培教练车、515辆公交车全部使用清洁能源和新能源，全市农村客运使用压缩天然气和混合燃料车辆660辆，为农村客运车辆74%。

（本栏目供稿单位：遂宁市交通运输局）

内江市交通

NEIJIANG SHI JIAOTONG

2020年内江市交通运输能力概况

公路交通运输			
通车里程	总里程（公里）		12969.828
	其中	高速公路	310.106
		一级公路	140.883
		二级公路	458.786
		三级公路	395.241
		四级公路	11238.730
		等外公路	426.082
公路密度	按国土面积计算：每百平方公里240.18公里		
	按人口计算：每万人31.63公里		
通达程度	通公路的乡镇107个，占乡镇100%		
	通公路的村609个，占村100%		
客运站	总数（个）		1249
	其中	一级站	4
		二级站	4
		三级站	3
		四级及以下站	1238
营运车辆	总数（辆）		14826
	其中	客车1787辆46918座	
		货车13039辆168506.2吨	
公路运量	客运	客运量（万人次）	5049.69
		旅客周转量（万人公里）	246123.552
	货运	货运量（万吨）	4540.393
		货物周转量（万吨公里）	423579.896
内河航运运输			
通航里程	总里程（公里）		726.76
	其中	三级航道	
		四级航道	
		五级航道	
		六级航道	
		七级航道	154
港口（码头）	总数（个）		48
	吞吐量	旅客吞吐量（万人次）	84.7068
		货物吞吐量（万吨）	86.95
水路运量	客运	客运量（万人次）	84.7068
		旅客周转量（万人公里）	490.709
	货运	货运量（万吨）	86.95
		货物周转量（万吨公里）	264.1
营运船舶	总数（艘）		173
	其中	客船106艘3888座	
		货船67艘6320吨	
城市公交运输			
营运车辆	890辆		
公交线路	143条		
公交站	790个		
运量	1.08亿人次		
备注			

注：通航总里程726.76公里中除154公里为七级航道外，其余均为七级以下航道。

交通运输概况 2020年，内江市全年向部省争取补助资金3.2亿元（其中，部省补助资金2亿元，抗疫特别国债1.2亿元），比上年增长33%。交通基础设施项目建设完成投资27.22亿元，比上年增长12.34%。按照内江市“十四五”综合交通运输发展规划编制要求，初步梳理“十四五”道路运输行业发展思路和客货运站场规划项目，拟规划新建2个客运枢纽（川南城际铁路白马西站客运中心、威远城北客运枢纽站）、3个县级普通客运站（东兴区范长江旅游客运集散站、资中汽车客运站城南站、威远县运泰汽车客运站）、8个乡（镇）运输服务站以及3个多式货运枢纽（内江国际物流港保税物流中心、内江渤商西部物流中心、资中县明心寺冷链物流园区），拟规划新建“十四五”货运枢纽集疏运公路6条17公里、集疏运铁路3条5.7公里。加快构建“四好农村路”高质量发展体系，新（改）建农村公路624公里。完成交通脱贫攻坚“两通”目标，全市所有乡（镇）和建制村通硬化路、通客车率100%。威远县成功创建省级“四好农村路”示范县，市中区全安镇、东兴区田家镇、隆昌市普润镇、资中县银山镇、威远县连界镇和向义镇被评为市级“四好农村路”示范镇。隆昌连心桥、城市公交站牌、站棚、招呼站、资中县海事应急抢险救助艇完工。资中县汽车客运站、银山渡改桥全力推进。完成春运、国庆等关键时段重点物资和旅客运输任务，全市公路运输总周转量指标增长4.9%，位居全省第6位。在抓好疫情防控同时保障服务运输，及时部署人车排查、超长线改道、检测体温、消毒通风、分片督导和协调公安、医务人员驻站等工作。针对内江高铁北站人流量大特点，跨行业整合力量，在全省第一个设立一线临时党支部，协同作战，共同落实疫情防控。全力实施农民工安全有序返岗“春风行动”，将农民工“点对点、一站式”安全送达工作岗位，实现疫情“零感染”、安全“零事故”。内江市公交集团党委获中共四川省委、省政府表彰为“四川省抗击新冠肺炎疫情先进集体”。大力发展城市客运，加快推进网约车合规化进程。回应群众个性化出行需求，加快推进定制客运和农村客运预约响应发展，大力推进城乡公交一体化发展，加快城乡客运基本服务均等化进程。乡村客运“金通工程”畅通群众出行，全市乡（镇）和建制村实现100%通客车，开行“乡村网约车”、乡村定制客运，通过电话预约、二维码等方式完成“点对点、门对门”运输。稳步推进交通综合执法改革，整合执法队伍、理顺职能职责、合理划转（配置）资源。开展安全生产专项整治三年行动，督促做好安全生产清单制、排险除患、重大风险管控等专项行动，全行业安全生产形势持续保持稳定，全年未发生较大及以上生产安全事故。

2020年，内江市市中区永安镇高标准柑农业园区道路　　内江市交通运输局　供图

交通基础设施建设　2020年，成宜高速公路、黄荆坝大桥及连接线、沱江大桥加宽改造工程建成通车，内江城市过境高速公路椑木东互通连接线及12个普通国省道养护工程121公里全面完工。内大高速公路、水心坝大桥开工建设。内江城市过境高速公路项目高桥互通连接线完成沥青路面摊铺、绿化及交安等设施建设，成自泸赤与乐自高速公路连接线（威远段）等项目加速推进。内大高速公路等4个项目纳入《成渝地区双城经济圈建设规划纲要》。成渝高速公路扩容按双向八车道开展项目前期工作。资中至铜梁、资中至乐山高速公路完成投资人招标工作。内江至南溪高速公路完成工程可行性研究报告编制并组织评审。乐至经资中至犍为高速公路完成国土空间控制规划方案研究，提前开展项目用地预审及规划选址专题报告编制。国道348线荣昌至隆昌段（双昌大道）、省道427线内江至自贡等快速通道项目前期工作正有序推进。全市普通国省道路路面使用性能指数90.04，应用预防性养护、热再生等“四新”技术建设里程69.8公里，建设生态路110公里、生命防护工程99公里，整治危病桥5座、公路危岩边坡安全隐患16处，国道247线资中双河镇上马门村至宋家铺镇中修工程、内江至荣县路威远段一期工程等国省干线全面完工。完成交通运输部对内江市国省干线路况抽检，检测结果优。市中区拥石路拥共至永远段、东兴区水口寺至永兴路、隆昌市旅游环线、资中县银山至楠木寺路、威远县南部大环线等一批县乡道公路全面完工。资中至威远快速通道一期工程、市中区黄鹤湖旅游公路、东兴区长江现代农业园联网道路、隆昌市太平至自贡大安大梨树路、威远县大小老君旅游环线等项目加速推进。市中区永安镇漏棚湾村、东兴区白合镇曙光村、隆昌市石燕桥镇黄牛垭村、资中县脱贫通村小康路项目、威远县塘角村等一批村道全面完工。完成县道银山至楠木寺公路改造项目11公里，通过项目交工验收工作，完成乡道林下经济点建设项目12.5公里面层铺筑，完成资中至威远快速通道一期工程（球溪至连界资中段）新建480米路面铺筑及标志标线施工和罗泉—龙结段11.15公里路面沥青混凝土铺筑和标志标线施工，累计完成总投资650万元。完成28个建制村通硬化路项目。其中新（改）建路基、路面工程98公里，实现全县所有建制村通硬化路目标；完成脱贫通村小康路项目48个96公里。银山镇渡口改公路桥建设项目完成1—5号桥墩桩基施工、0号桥台抗滑桩、连接线路基处理换填和管涵施工，累计完成投资3400万元；完成归德镇渡口改公路桥建设项目工程可行性报告编制和勘察设计招标工作，进入勘察、设计阶段。完成农村公路“六个一”建设项目，3700平方米标线、500余根道口标注桩、400余块标志牌、3处小品小景；完成670立方米挡墙浇筑、17公里波形护栏安装。完成拟在资中县瓦窑

坝、奉安公园、石堰河设置汽车客运站配套工程招呼站调研、选址、工程可行性报告编制等前期工作。

道路运输 2020年，内江市及时启动道路运输“春风行动”，坚持疫情防控和运输保障“两手抓”，严格执行“八项举措”“七不出站”等规定，通过开行专班、包车等“点对点、一站式”运输服务方式，实施严格车辆发车前、运行中、到达后疫情防控措施，有效确保农民工安全返岗和人民群众正常出行，未发生因运输导致疫情传染事件。开辟“绿色通道”，实现物流货运无阻碍通行，确保重点物资运输和人民群众生产生活需要。推进货运结构调整和转型升级。在渤商物流企业开展网络货运平台试点，进一步整合货运物流信息，加强资源互通共享，降低物流货运成本；配合相关部门加快推进内江国际物流港建设，支持货运物流企业加强与重庆港、泸州港、宜宾港以及成渝两地大型综合物流园区合作运输，进一步推进公水、公铁等多式联运，大力发展集装箱、甩挂运输。进一步推进道路运输“放管服”改革，按照国务院、省交通运输厅相关文件要求，及时下放县（市、区）一批道路旅客运输行政许可事项，涉及72条班线经营许可，严格贯彻落实道路运输“证照分离”和网上许可办理，极大方便运输企业、从业人员办理经营许可相关业务。全市全年完成客运量5049.69万人次、旅客周转量24.61亿人公里、货运量4540.39万吨、货物周转量42.36亿吨公里，公路运输总周转量累计完成44.82亿吨公里，比上年增长4.91%，全省排名第6。

城乡客运 2020年，内江市交通运输局推进客货运输结构调整和转型升级。在渤商物流企业开展网络货运平台试点，降低物流货运成本。回应群众个性化出行需求，加快推进定制客运和农村客运预约响应发展，在内江至自贡、内江至泸州2条定制客运线路基础上，新增内江至重庆江北机场、内江至威远2条定制客运线路。大力推进城乡公交一体化发展，在已开行城乡公交一体化线路15条基础上新增开行8条线路，加快城乡客运基本服务均等化进程。全市乡（镇）和建制村实现100%通客车，在隆昌市开展乡村客运“金通工程”试点，做到“四统一”，立足于适应不同出行需求，开行“乡村网约车”、乡村定制客运，通过电话预约、二维码等方式完成“点对点、门对门”运输，发挥交通服务支撑乡村振兴发展战略实施重要基础性和先导性作用。各县（市、区）政府及各级交通运输部门狠抓落实，加大投入，落实保障，确保提前高质量高标准全面完成乡（镇）和建制村通客车工作，全市103个乡（镇）和1609个建制村全部实现通客车目标，打通乡村群众出行“最后一公里”。全市新投入资金约7500万元，新投入乡村客车205辆，新建乡村招呼站牌2200余个，完成目标任务。按照市政府和省交通运输厅开展“金通工程”示范建设决策部署，在全面完成建制村通客车和总结隆昌市“金通工程”建设试点经验基础上，统筹推进6个县（区）“金通工程”示范建设。各县（区）按照要求及时研究部署，制订并上报“金通工程”示范建设方案。

城市公共交通 2020年，内江市发展城市客运，优化调整城市公交线路8条，新投放新能源公交车36辆；加快推进网约车合规化进程，新增合规网约车53辆，完成医院、大型商场等客流密集地共享单车电子围栏设置。加强出租车日常监管，在内江主城区查处出租汽车违法违规经营行为91起，查获非法营运车68辆，运输服务质量不断提升。积极融入成渝双城经济圈建设，加快推进重庆毗邻地区的城际公交发展，对隆昌市、东兴区已开通至重庆荣昌等地区客运班线进行提升改造，力争在统一车辆标志标识、运行模式、票价、优惠政策等方面达成一致，实现两地毗邻地区城际公交一体化发展。推进跨区域城际公交发展，加强与荣昌区对接联系，计划于2021—2022年新开通东兴区平坦镇至荣昌清流镇和远觉镇2条城际公交线路。

公路养护 2020年，内江市交通运输局完成国省干线公路大中修工程56.28公里，为目标任务281.4%。完成国省干线公路预防性养护工程61.08公里，为目标任务152.7%。投入资金300余万元推进脱贫攻坚“两通”专项项目，完成归德至沙湾等73公里县乡公路烂路维修工程。对资中至资阳路、孟塘至东兴区木牌路等13公里进行维修。完成资中板栗至威远铺子湾路3处挡墙及坑槽填补整治，对干线道路水毁和塌方及挡墙清理整治。更换公路波形护栏294米及标志标牌27块，完成43公里水泥砼路面沥青灌缝。配合罗泉古镇创4A景区，完成省道213线铁佛至罗泉段道路维修，罗泉古镇连接线沥青砼铺装及归沙路维修。

新冠肺炎疫情防控 2020年，内江市交通运输局认真开展联合防疫检测工作。着重开展高速公路、高铁站、火车站、汽车客运站和国、省、县、乡、村道体温检测工作，设置体温检测点，对各体温检测点工作落实情况进行督查。严格落实乘客体温检测和规范旅客信息登记工作，落实国家防疫健康信息码查验使用，交通系统干部职工申请、使用健康码100%。在车站、码头张贴健康信息码，对来往旅客要求填报健康码信息。有序组织复工复产，帮助农民工安全返岗，积极开展“春风行动”。

交通行政执法　2020年，内江市交通运输局稳步推进交通综合执法改革，整合执法队伍、理顺职能职责、合理划转（配置）资源，市本级挂牌成立内江市公路建设服务中心、内江市道路运输发展中心、内江市水路交通发展中心、内江市交通建设服务中心、内江市开发区交通运输综合行政执法大队、内江市交通建设工程质量安全站、内江市清流河船闸服务中心等单位，各县（市、区）成立交通运输综合行政执法大队。同时撤销原市、县公路路政、道路运政、水路运政、航道行政、地方海事行政、工程质量监督管理等机构，完成全市交通综合执法改革。开展驾培市场监管突出问题专项整治。组织全市交通系统干部职工填写《个人自查自纠表》1014份，组织全市25所驾培机构、从业资格培训机构填写《机构自查自纠表》，逐一梳理2013年以来信访件、网站及“12328”等渠道收到线索情况，清理并办结6件涉及驾培行业监管信访件。严格按照省、市“12328”管理办法及时办理投诉信访案件，严厉惩治道路运输市场不规范经营行为。2020年，内江市交通运输局接到“12328”转来案件1120件，切实做到有诉必查、查实必究。做到及时受理率、按期办结率、群众满意率100%。稳妥处理出租汽车（巡游车和网约车）驾驶员群体性上访，协调处理企业改制遗留问题上访，化解公交与农村客运矛盾纠纷、道路客运线路矛盾纠纷16起。充分发挥驾驶培训监管服务平台作用，强化对培训过程动态监管。进一步加强道路运输从业资格培训、考试全过程监管，严格执行考培分离，提高道路运输从业资格培训和考试质量。开展内江城区春节期间规范出租汽车经营行为专项整治。出动执法检查人员340余人次，通过固定检查、流动检查、后台抽查等方式，检查出租汽车5.2万余辆次，春节期间查处违规行为3起，纠正不文明不规范行为110余起。利用出租汽车监控平台加强日常运营监管，全年平台抽查出租汽车9.5万余辆次，核查并处理违规行为30余起，纠正驾驶员不文明行为600余次，帮助乘客寻回遗失物品1260件，收到乘客锦旗4面、感谢信10封。持续开展危险货物运输、道路客运市场等领域专项检查。发挥“两客一危”联网联控监控平台作用，加强监测预警，坚决查处“两客一危”车辆违规运营行为。深入开展行业“双创”工作，进一步推进城市公交、出租汽车、共享单车规范经营，有效改善面貌，提升服务质量，打造良好窗口形象。积极开展行业创优争先评选活动，评选出内江城区“十佳好司机”10名、文明公交司机30名、文明公交线路4条、最美“的哥、的姐”70名，在全行业树立榜样，营造比学赶超氛围，带动行业整体服务质量水平提升。依法做好船舶检验、发证，登记船舶检验率100%。推进老旧船舶拆解，全市190艘应拆解船舶全部拆解。完成通航河流非法码头专项整治，拆除并复绿非法码头45座；规范提升非法码头1座。成功应对暴雨洪涝灾害和沱江内江段洪峰过境，处置沱江白马段一艘大型船舶跑船险情。实施差别化管理，改变监督力量、监督资源平均分配常规做法，向重点项目、重要部位、关键环节倾斜。强化质量安全趋势预判，及时分析质量安全状况，掌握质量安全发展趋势。把握监管重点，强化参建单位质量安全主体责任落实。健全质量安全保证体系，关口前移，重心下沉，从基础抓起。全市交通工程质量处于可控状态。严格实施机动车尾气排放检测与强制维护制度，开展汽修行业挥发性有机物治理工作，建立尾气治理站37家。加强车辆尾气检测和治理，配合推广汽车双燃料（压缩天然气、汽油）改装节能项目。对拟进入道路运输市场的新购客货运输车辆，在配发《道路运输证》时进行燃料消耗量限值核查，不合格车辆禁止进入道路运输市场，从源头实现道路运输车辆节能。推进长江经济带船舶和港口污染突出问题专项整治，完成全市83个码头332个分类固体垃圾桶配置。常态化开展公路“五清”行动。

交通安全生产　2020年，内江市交通运输局制订出台安全监管权责清单和监管工作手册，安全生产清单制管理落实，法定职责和权责边界更加明晰。企业主要负责人和安全管理人员考核工作全面启动。开展“安全生产月”活动，组织行业认真开展“安全生产月”活动，采取主题宣讲、发放宣传资料、悬挂宣传横幅等方式，开展道路运输安全宣传教育，推送安全提示短语2000余条。全年开展安全生产专项督查65次，出动人员230人次，检查企业72家次，发现和整改76个问题隐患。全市878辆“两客一危”重点营运车辆完成主动安全智能防控系统和路网地图，提升本质安全技术水平。运用“安全与服务”微信公众平台、卫星定位动态监控、第三方监测平台和主动安全智能防范系统平台，加强“两客一危”车辆监管。定期向行业通报，及时处理违法违章行为，推动两客一危车辆监管落实。建立汛期预警信息推送机制，按要求落实领导带班和值班人员在岗值班。汛期推送天气预警、江河洪水预警、客运线路地质灾害预警49次。

（本栏目供稿单位：内江市交通运输局）

乐山市交通

LESHAN SHI JIAOTONG

2020年乐山市交通运输能力概况

公路交通运输			
通车里程	总里程（公里）		16057.602
	其中	高速公路	380.534
		一级公路	310.335
		二级公路	800.488
		三级公路	608.720
		四级公路	13832.347
		等外公路	125.178
公路密度	按国土面积计算：每百平方公里122公里		
	按人口计算：每万人48公里		
通达程度	通公路的乡镇211个，占乡镇100%		
	通公路的村1987个，占村100%		
客运站	总数（个）		1045
	其中	一级站	3
		二级站	12
		三级站	1
		四级及以下站	1029
营运车辆	总数（辆）	26582	
	其中	客车2137辆5766座	
		货车24445辆422898吨	
公路运量	客运	客运量（万人次）	1715
		旅客周转量（万人公里）	86443
	货运	货运量（万吨）	12491
		货物周转量（万吨公里）	1076931
内河航运运输			
通航里程	总里程（公里）410.25（含宜宾段75.8）		
	其中	三级航道	
		四级航道	164.7
		五级航道	
		六级航道	68.6
		七级航道	176.95
港口（码头）	总数（个）		1
	吞吐量	旅客吞吐量（万人次）	0.7827
		货物吞吐量（万吨）	175
水路运量	客运	客运量（万人次）	111.26
		旅客周转量（万人公里）	261.57
	货运	货运量（万吨）	277.12
		货物周转量（万吨公里）	79028.54
营运船舶	总数（艘）	354	
	其中	客船153艘6580座	
		货船201艘载重100287吨	
城市公交运输			
营运车辆	1124辆		
公交线路	139条		
公交站	11个		
运量	0.86亿人次		

交通运输概况 2020年是乐山市新一轮交通攻坚大会战冲刺之年，乐山市交通运输工作对标交通强国、交通强省战略，对照中共四川省委赋予乐山参与共建巴蜀文化走廊、打造“绿色硅谷”、升级打造“成都港”等任务，紧扣“旅游兴市、产业强市”发展主线，深入实施新一轮“交通三年攻坚大会战”，实现全市交通运输事业较好发展。全市全年完成交通建设投资275亿元，实现投资高位逐年增长；其中公路水路完成投资176.33亿元，连续四年居全省前三位。被四川省安全生产委员会办公室评为“2019年安全生产月活动先进单位”，被中共乐山市委、乐山市人民政府评为“2019年脱贫攻坚工作先进集体”，被乐山市人民政府评为“2019年度招商引资先进集体”。2020年12月，四川省精神文明建设委员会对市交通运输局在2017年获得的“四川省最佳文明单位”作三年考核，经复查合格，继续保留“四川省最佳文明单位”称号并获颁证书。乐山市港航中心被中共四川省委授予2020年抗洪救灾“四川省先进基层党组织”称号。乐山市交通运输局杨骥被中共四川省委、四川省人民政府评为“四川省抗击新冠肺炎疫情先进个人”，乐山市交通指挥中心唐良夫被中共四川省委、四川省人民政府评为“2019年脱贫攻坚先进个人”。

高速公路建设 2020年，乐山市着力推进高速公路建设。1月12日，乐西高速公路乐山绕城段大渡河特大桥开工建设，大桥全长3453米，最大墩高45米，最大跨径150米，为乐西高速公路全线最长桥梁。峨汉高速公路庙子坪隧道克服洞内围岩差、岩溶、涌水等难题，经过700余天奋战，于4月实现隧道右洞贯通，比原计划提前22天完成。9月20日，成乐高速公路棉竹互通立交改造达成通车目标，棉竹互通立交A匝道、B匝道、C匝道、D匝道、L连接线及收费广场交付使用，E匝道桥梁及路基、水稳完成施工，F、H、G匝道完成底基层铺筑。11月30日，峨汉高速公路控制性工程之一峨眉高架桥全线贯通，为峨眉到峨边实现全线贯通注入新动力。12月2日，成乐高速公路扩容项目青衣江大桥首片梁板顺利完成架设，大桥进入上部结构施工阶段。12月10日，仁沐新高速公路“一桥一隧一支线”三大控制性工程之一犍为岷江特大桥正式贯通。12月16日，乐西高速公路（乐山至马边段）全线最长隧道项目陶岩隧道开工，陶岩隧道位于沐川县舟坝水库西侧约500米处，为分离式双线隧道，左线全长2.22公里，右线全长2.26公里，其中四级围岩平均长度860.5米，占比39%，五级围岩平均长度1.38公里，占比61%。12月31日，仁沐新高速公路犍为孝姑至沐川南段及马边支线段建成通车，沐川县和马边彝族自治县迎来首条高速公路。

2020年，成乐高速公路棉竹互通立交　　乐山市交通运输局　供图

国省干线公路建设　2020年，乐山市国省干线公路建设计划完成投资25.2亿元，实际完成投资26.8亿元，为计划完成投资106.71%；计划建成40公里，实际建成50.29公里，为计划完成126%。其中，国道245线峨眉至夹江联网畅通工程（乐夹大道市中区段）建成、乐夹大道青衣江大桥全幅通车，乐山五通桥经犍为（高铁站）至沐川快速公路（五通桥界至下渡自犍路口段）工程、犍为县省道309线犍为石溪镇至泉水镇段非贫困地区普通省道建设工程完成建设。省道308线市中区段、省道215线大件路、省道103线青（神）五（通桥）路等建设顺利，天府大道乐山延伸线等挤入国家“十四五”交通规划，市域内循环持续加密，环中心城区“半小时交通圈”形成。

农村公路建设　2020年，乐山市新（改）建农村公路1009公里，等级公路占比100%，完成305公里窄路加宽、793公里通村公路安防工程，农村出行条件大幅改善。全市农村公路完成投资15.04亿元，修复改造病（危）桥11座（超额完成3座），渡改桥2座。井研县被评为第四批“四好农村路”省级示范县，乐山市省级示范县数量全省第二。11月18日，由交通运输部主办的“行在乡村·游在路上”脱贫攻坚自驾主题宣传活动在井研站举行发车仪式，来自全国各地媒体及自驾车队集体发车，感受“中国橘乡·古韵井研”魅力。乐山市政府制发《关于全面推行农村公路路长制的实施意见》，全市11个县（市、区）印发实施方案，明确路长制工作机制和县、乡、村三级道路路长。公路路况质量持续优良，高质量通过五年一次“部检”，路面使用性能指数稳居全省前列。完成156.76公里“畅返不畅”整治，188个建制村“通返不通”整治，较全省提前2月实现“两通”兜底。

港口航道建设　2020年，乐山市加快将“乐山港”升级打造成“成都港”，成渝黄金水道建设逐级推进。2020年5月29日，历经53个月施工，岷江港航电综合开发首个实施项目岷江犍为航电枢纽首台机组（3号机组）正式并网发电，按计划实现船闸通航、一期工程下闸蓄水、首台机组发电建设目标。岷江犍为航电枢纽工程是岷江（乐山至宜宾）162公里河段航电梯级规划第3级，是以航运为主，结合发电，兼顾供水、灌溉的水资源综合利用工程，于2015年底开工建设。犍为航电枢纽渠化三级航道20.2公里，建设三级船闸和装机容量500兆瓦电站各一座，安装9台灯泡贯流式机组，是目前国内最大、世界第二灯泡贯流式电站，机组单机容量55.6兆瓦，为目前全国同类型机组第三位。截至2020年底，岷江犍为航电枢纽主体工程基本完工。11月27日，岷江老木孔航电枢纽开工。项目是岷江港航电综合开发项目4个梯级枢纽中首个梯级枢纽，也是乐山打造成渝黄金水道、加快融入成渝地区双城经济圈重要

2020年，岷江犍为航电枢纽　　乐山市交通运输局　供图

工程，概算总投资144亿元，总装机容量40.54万千瓦，建成后与东风岩、犍为、龙溪口枢纽以及岷江航道整治工程衔接，使重大件出川水上航道从四级提升到三级，通航保证率95%以上，对推动岷江港航电综合开发提速，改善乐山城市水环境，补齐成都平原经济区水运短板，助力打造长江上游航运中心具有重大意义。龙溪口航电枢纽全年完成投资17.7亿元，为市“挂图作战”年度投资任务12亿元147.5%。8月18日，龙溪口枢纽取得用地批文；11月，二期一枯围堰成功合龙，为主体工程施工奠定坚实基础。东风岩航电枢纽项目完成选址意见书等31个前期要件审批，资金平衡方案通过省政府审查，加快推进用地预审、移民规划重编报告、工程可行性报告审批等前期工作。

城市公共交通　2020年，乐山市增加公交车开行班次，优化运行线路。中心城区设置公交线路45条，公交车568辆，线路运营里程969公里，优化调整8条公交线路，覆盖峨眉山、五通桥、沙湾等5个区（县），形成“主干线常规公交+社区公交+环线公交+城际、城乡公交+个性化公交”城乡客运一体化全域公共交通网络体系，中心城区城市公交出行分担率20%。投放71辆大型公交车，将中心城区与周边区（县）串联起来，不断满足旅客需求，逐步形成市域“一小时通勤圈”。定制开行特色公交，打造“菜农号”“学生号”“法治号”等公交专线，“抗疫医护专线”免费接送医护人员4000余人次，“学生专线”解决500余名高新区学生上学交通难题，点亮乐山公共交通“金字招牌”。完成9个公交站点建设，在公交首末站配套建设充电桩78个，提高交通一卡通互联互通质量，扩大应用范围，累计“一卡通”发行28000张，推进城市公共交通提质增效，最大限度满足市民出行需求。9月18日，乐山开行首条“旅游+美食”公交专线，通过打造“透明车顶玻璃+豪华商务座椅+体温监测系统”，让乘客更舒适直观欣赏乐山美景；全覆盖配置智能驾驶辅助系统、空气净化系统、固定灭火系统等，确保游客乘坐更加安全、舒适、便捷；实现乐山城区古城墙、乐山文庙、嘉州长卷天街、乐山大佛等乐山重要旅游景点，嘉兴路美食街、张公桥好吃街等乐山各类美食两个全覆盖，形成乐山美食、乐山美景“套餐式”体验；推进智慧便利交通，滚动式发班，在车内每座配置充电插座、多媒体广播系统等，支持乐山本地公交卡、支付宝扫码乘车、嘉州通扫码乘车和交通联合一卡通缴费，方便游客出行。制定“三个管理办法”和“一个公约”，建立完善以服务质量信誉考核为导向的奖惩退出机制和常态化出租汽车运价评估、论证和调整机制。严把驾驶人员准入关，实行驾驶员“积分制”管理和“黑名单”制度，对中心城区935辆巡游出租汽车、2603名驾驶员进行资质资格核查，对不符合条件36名驾驶员进行清退；对乐山市中心城区8家出租汽车公司及所属驾驶员进行服务质量信誉考核，评出中心城区巡游出租汽车企业AA级6家、A级2家，AAA级驾驶员1728名、AA级驾驶员686名、A级驾驶员70名、B级驾驶员5名。抽查巡游出租汽车3814辆次，查处违规巡游出租汽车52起，有力震慑行业乱象和违规违法行为。

公路养护管理　2020年，乐山市养护工程完成投资1.2亿元，代表四川完成交通运输部“十三五”全国干线公路养护管理评价。投入4847万元，修补干线公路路面病害387000平方米，灌缝192600米。6个养护站竣工2个（沙湾铜茨、马边油石岩）、主体完工1个（沙湾太平）、在建3个（沐川）；9个（新建6个、改建3个）“厕所革命”任务完成；乐井路服务区完工。投入资金近5000余万元，增加各类养护机械设备56台，加强乐山城市周边干线公路、过境公路清扫降尘力度，加强道路绿化工作，减少扬尘、控制污染。实行干线公路“以克论净”保洁标准，加强路面病害整治，路面大坑大凼基本消除，抛洒垃圾杂物显著减少，路容路貌持续好转。修（改）建病（危）桥11座（超额完成3座），为目标任务137.5%；建成渡改桥2座，为目标任务100%。全面推行农村公路路长制，明确路长制工作机制和县、乡、村三级道路路长。完善国省道路侧护栏41.5公里、标志牌400套、标线56800平方米；完成农村公路安保工程793公里。完成公路地灾处治销号62处，落实隐患监管措施3处。

航务（海事）工作 2020年，乐山市航务海事系统抢抓加快建设交通强省、成渝地区双城经济圈、共建长江上游航运中心战略机遇，统筹谋划升级设施装备、夯实安全体系、转换发展动能、加快绿色发展等重点工作，成功应对抗疫、抗洪两次大考，完成非法码头整治、港口和船舶突出污染整治、海事信息化建设等工作。按照“全域规划、合理利用、统筹布局、留足空间”原则，组织开展《乐山港总体规划》修编。完成碓窝滩、斗碛子、桥板滩、五杈树滩、分泾水滩滩等8个重点碍航滩段专项疏浚，疏浚工程量1.8万立方米。完成马鞍山滩、王坝子滩、斑竹林滩等4个滩险航道疏浚，疏浚立方量2.1万立方米。有序推进岷江大件航道乐自高速公路岷江特大桥段、萝卜寺滩、下连山口滩、桥板滩和王坝子滩等应急抢通工程。全年例行巡航12次，专项巡航（船艇）45次，巡航里程约7500公里。车辆巡查98次，巡查里程约3500公里。建立完善犍为航电枢纽船舶过闸流程，全年安全调度犍为航电枢纽过闸船舶951艘次。乐山市水上应急救助站、王浩儿水上应急救助点、乌尤寺水上应急救助点项目完工并交付使用。推动船舶提档升级，川海巡168油改电项目通过验收，是国内首艘急流航段纯电动船舶。乐山大佛景区2艘新能源船开工建设，岸电建设完成。全市水运完成货运量225.27万吨，客运量102.67万人次，货运周转量69858万吨公里，客运周转量603万人公里。完成506艘船舶生活污水、油污水收集或处置装置改造，完成率100%。完成3家船厂环保整治，对2家未能整改达标船厂进行强制关停。完成7个码头环保整治，办理2个码头注销手续。

抗洪抢险 2020年，乐山市境内遭遇百年不遇特大洪涝灾害，38000立方米/秒流量刷新1949年以来乐山市水文记载最高记录。乐山市交通运输局科学预警防范，全市16支交通抢险队伍、600余人、160台各类抢险机具、30辆客货车辆、11艘大马力救援船全天候待命。“8·18”特大洪水期间，交通管制涉水危险桥梁、路段189处，投入交通应急人员500余人次、船舶70余艘次，疏散转移群众1万余人次。统筹调动各在建项目施工单位，班组化、网格化推进雨后道路清理，52处国省干线断道第一时间抢通，379处县乡公路断道有序抢修。精心组织大件航道查航、“夜游三江”航道底图测绘，规范设置助导航标，确保水上航道尽快恢复安全畅通。举一反三科学编制灾后重建专项方案，规划灾后恢复重建项目56个、应急抢险救援能力提升项目12个，总投资14.71亿元。

道路交通安全综合治理 2020年，乐山市重点整治客运市场秩序，加强“两客一危”监管，常态化开展巡游出租车、网约车违法违规查处和“打非治违”行动。组织出租车从业人员停车教育培训及“零距离”体验交通执法，全面提升行业管理和服务水平；全年通报违规行为447辆次，实施行政处罚102起，罚款24.92万元，实施道路营运驾驶员记分159起，吊销从业资格证8起。开展“三无”船舶专项整治和涉砂船舶专项整治，全年实施水上执法检查42次、电子巡查70余次，检查涉水作业点37个次、通航建筑物4个次、船舶40余艘次，责令停工涉水作业点2个，下发整改通知4份，移交案件1起，查处违法案件2起，罚款8000元。加强重点货运营运车辆动态监控系统联网联控，全市12吨以上重型货车13702辆和牵引车6235辆安装率100%。推进危险货物运输电子运单使用，使用电子运单76765单，其中，有效运单76417单，异常运单348单，异常率0.45%，电子运单异常率显著下降。完成春节、“五一”、国庆等重要节日运输保障，累计运送旅客2080.1万人次，未发生一起源头安全责任事故，被评为“2020年全省道路水路春运工作先进单位”。全市交通运输行业连续8年无较大及以上生产安全事故，连续17年无重特大生产安全事故。4月20日，乐山市交通综合行政执法支队挂牌成立，实现机构、制度、执法理念、执法成效、社会形象及信息化系统六大重建，切实解决执法缺位、执法不力、多头执法等难题，提高行政执法效能，维护人民群众切身利益，为推动新时期交通运输快速发展提供保障。全年实施行政处罚案件114起（道路营运类102起、交通工程质量类2起、航道类2起、吊销类8起），罚款27.84万元，无一起行政复议和行政诉讼。

（本栏目供稿单位：乐山市交通运输局）

南充市交通

NANCHONG SHI JIAOTONG

2020年南充市交通运输能力概况

公路交通运输			
通车里程	总里程（公里）		23052.04
	其中	高速公路	574.06
		一级公路	206.996
		二级公路	1172.55
		三级公路	413.638
		四级公路	20054.842
		等外公路	629.954
公路密度	按国土面积计算：每百平方公里184.42公里		
	按人口计算：每万人30.33公里		
通达程度	通公路的乡镇242个，占乡镇100%		
	通公路的村3009个，占村100%		
客运站	总数（个）		174
	其中	一级站	4
		二级站	10
		三级站	4
		四级及以下站	156
营运车辆	总数（辆）	32947	
	其中	客车3291辆74191座	
		货车29656辆419655吨	
公路运量	客运	客运量（万人次）	2304.648
		旅客周转量（万人公里）	132196.634
	货运	货运量（万吨）	10594.157
		货物周转量（万吨公里）	1160578.418
内河航运运输			
通航里程	总里程（公里）		1729.8
	其中	三级航道	
		四级航道	301.3
		五级航道	
		六级航道	
		七级航道	1428.5
港口（码头）	总数（个）		1
	吞吐量	旅客吞吐量（万人次）	25.58
		货物吞吐量（万吨）	362.25
水路运量	客运	客运量（万人次）	320.44
		旅客周转量（万人公里）	2710.8
	货运	货运量（万吨）	1298.8
		货物周转量（万吨公里）	30890.4
营运船舶	总数（艘）	1276	
	其中	客船247艘9110座	
		货船1029艘190671吨	
城市公交运输			
营运车辆	795辆		
公交线路	60条		
公交站	1045个		
运量	8744万人次		

交通运输概况　2020年，南充市加快建设综合交通枢纽。全年完成交通项目投资106.9亿元，超目标任务16个百分点；完成公路客货运周转量104亿吨公里，比上年增长4%，增速连续12个月排名全省第二位；完成邮政业务总量21.69亿元，增长20%，增速排名稳定保持全省一方阵。截至年底，全市公路总里程23052公里，居全省第四位，路网密度184.08公里/百平方公里，居全省第五位；铁路总里程335公里，居全省第四位；开通航线18条，年旅客吞吐量突破100万人次；嘉陵江通航里程301公里，居全省第一位，基本形成以公路、铁路运输为主，航空运输为辅，水运为补充的连接东西、贯通南北、城乡一体交通运输格局。

2020年9月，建设中的南部嘉陵江三桥　　南充市交通运输局　供图

交通基础设施建设　2020年，南充市高速公路建设快速推进，南潼和南充过境2条高速公路开工建设。国省

干线公路改造开展，蓬安县河舒镇至营山县渌井镇段新建工程（蓬安段）、高坪过境段提升改造工程、阆中城

2020年12月，南充市嘉陵区李渡嘉陵江大桥建成通车　　南充市交通运输局　供图

区至天宫段改建工程、李渡嘉陵江大桥等7个项目建成通车，广南高速公路南部互通式立交及连接线、蓬安县河舒镇至营山县渌井镇新建工程（营山段）、南部县嘉陵江三桥、仪陇永乐至营山法堂公路（营山段）等14个项目加快建设。农村公路高质量发展，完成新（改）建2416.5公里，嘉陵区被认定为全省“四好农村路”示范县，示范县数量位居全省第二位。内河水运、运输场站等项目加快推进，公路养护设施及专项工程快速实施，高质量通过交通运输部“十三五”国省干线路况检测评价。其中，南潼高速公路、南充过境高速公路、李渡嘉陵江大桥、广南高速南部公路互通式立交及连接线4个项目获选“感动南充2020”十大新闻项目（重大基础设施项目）。

2条高速公路开工　南潼高速公路、南充过境高速公路两个项目均为“全省高速公路网”布局规划的项目，总长103.6公里，工程可行性研究估算投资108.7亿元，其中：南潼高速公路全长61.5公里（含遂宁境内11.1公里），总投资59.96亿元（含遂宁段投资11亿元）；南充过境高速公路全长42.1公里，总投资48.74亿元。两条高速于2020年3月完成挂网招标，4月确定中标人，5月签订投资协议，6月举行开工仪式。建设中，按照中共南充市委“目标不变、任务不减”工作要求，迅速成立市级和三区“南潼南充过境成南扩容高速公路项目建设协调指挥部”，建立项目专班，组建项目公司、推行交叉工作，狠抓项目建设。2020年，南潼高速公路、南充过境高速公路完成投资20.3亿元，超全年目标任务1.5个百分点。

营达高速公路建成投运　营达高速公路是川东北经济区经济社会发展的重要大通道，也是南充市本级重点交通项目。该项目2017年4月开工建设，线路起于南充市营山县新店镇廖叶村，与巴南广高速公路和待建的阆营高速公路相连互通，途经营山新店镇、大庙乡、涌泉乡、玲珑镇、老林镇、龙伏乡、木垭镇等7个乡（镇），止于达州市城南石板镇。线路全长92.53公里，项目总投资概算101.17亿元（其中营山段30.89公里，投资35亿元），设计时速80公里，按双向四车道标准修建。2020年，南充市交通运输部门对标对表省、市目标任务，落实措施，紧盯营达高速通车时间节点，全力推进。9月，营达高速公路全线通车，填补了南充、达州两地直达高速公路的空白，有利于进一步促进川东北经济区内循环，打通南充东向发展通道，推动南充融渝发展。

营达高速公路　　黄趾书　供图

交通运输脱贫攻坚　2020年，南充市交通运输部门完成乡镇和建制村通硬化路、通客车“两通”任务，在2020年脱贫攻坚国省普查中，交通扶贫无错漏、零失分。聚焦“两通”任务，精准开展脱贫攻坚“回头看”工作，梳理“通返不通”“畅返不畅”等5个方面3628个问题。实行“一村一策”“一路一策”，成立9个督战

组，开展督战300余次，督战建制村5232个，全覆盖抓好问题整改，新（改）建23个乡（镇）客运站（港湾站），新建1459个建制村招呼站（牌），新开客运线路416条，新投入营运车辆467辆，完成畅返不畅整治638公里。抓好“金通工程”试点，9县（市、区）全部纳入全省“金通工程”试点，推动农村客运站（牌）、车身标识、驾驶员着装、监管系统“四统一”，促进全市道路运输率先从脱贫攻坚向乡村振兴有效衔接，全省乡村客运“金通工程”现场会对顺庆区、营山县相关做法给予肯定。抓好高坪区东观镇吴家沟村、长乐镇老元观村、擦耳镇村子坡村的驻村帮扶工作，协调解决扶贫资金31万元。

2020年6月，西充县凤鸣至义兴乡村振兴示范道路

南充市交通运输局　供图

新冠肺炎疫情防控　2020年，南充市交通运输部门落实省交通运输厅工作部署和市委、市政府“十个共同、十个做到”工作要求，牵头制定交通运输行业疫情防控“九条措施”，落实落细常态化疫情防控工作举措。在运输场站设置体温检测点43个，累计出动干部职工9.78万人次，检测体温538万人次，移送留观80人，有效阻断疫情通过交通运输途径传播。严格执行“一断三不断”“三不一优先”要求，规范公路设卡检测，开通应急防疫物资运输保障绿色通道78个。扎实推进农民工返岗“春风行动”，开行农民工返岗专车专列3685趟次，运送返岗农民工87678人，中央电视台新闻频道和《人民日报》先后采编报道。

交通安全生产　2020年，南充市交通运输行业没有发生较大以上安全生产事故，公路养护、水上交通、交通在建工程实现“零”控目标，事故起数、死亡人数和受伤人数的百分比呈双位数下降（47.3%、56%、95%）。严格落实行业安全监管责任，依法制定和落实安全清单制工作，狠抓安全宣传教育，开展安全大检查，强力整治交通运输安全隐患，针对行业情况制定《全市公路水路行业安全生产专项整治三年行动实施方案》，印发《全市交通运输安全生产“排险除患”集中整治工作方案》，对全市交通运输系统行业领域安全生产清单制进行全覆盖，141家企业制定实施并备案；对照“排险除患”集中整治细则，分类分级进行管控，排查整改隐患92起；编制印发四大项12小项全市公路水路交通行业重大安全风险及防控要点通知；完成到期2家客运站和7家道路旅客运输企业安全评估工作。实施安全生产重大事故隐患“清零”行动，将暗访暗查工作“常态化”“长效化”，先后发出工作通报9份，发现整改问题隐患208处。

运输行业治理　2020年，南充市交通运输部门深化行业改革，推进“放管服”改革和开展延伸拓展服务，全年办件2.8万件，办理时限提速83%，按时办结率、群众满意率保持100%；加快推进城乡公交一体化改革，累计完成53个乡（镇）、170个建制村通公交车任务；成功推行农村公路“总路长+县乡村道路长”的路长制，PQI指数和养护情况首次纳入市政府对各县（市、区）政府目标考核内容。严格交通运输执法，开展整治货运车辆违法超限超载专项行动，检查货运车辆30.6万辆次，卸载、转运货物1万余吨，处罚违法车辆578辆次；查处无证从事网约车经营活动车辆113辆、处罚金51.5万元，对“滴滴出行”公司违法行为发出《违法行为处罚决定书》3份，处罚款5万元。纵深推进扫黑除恶专项斗争，加大行业乱点乱象整治力度，查处非法营运案件1320起、其他道路运输违规行为467起。

交通环境保护　2020年，南充市交通运输部门抓好抓实节能减排，打造绿色交通运输。严格管理机制，将道路运输准入与节能减排挂钩，对未完成节能减排指标的企业不再新增客运线路，实载率低于70%的线路不再新增运力；完善营运车辆准入与退出机制，对未达油耗限值的车辆落实新车禁入和存量淘汰退出措施。优化运力结构，引导运输企业将车辆选型作为购置前置要求，以新能源汽车应用为导向，加快老旧车辆更新。截至年底，淘汰高能耗老旧车19048辆，新增（换）新能源车516辆，二氧化碳排放量比上年下降超15%。发展绿色汽修，支持汽修企业使用废水废液回收、空气净化装备等先进设备，引入干打磨、水性漆等环保技术，推进挥发性有机物（VOCs）治理。全市汽修行业投入环保减排设备500余套，完成喷漆房光氧催化升级改造279家，合格率100%。

（本栏目供稿单位：南充市交通运输局）

宜宾市交通

YIBIN SHI JIAOTONG

2020年宜宾市交通运输能力概况

公路交通运输			
通车里程	总里程（公里）		25126
	其中	高速公路	357
		一级公路	71
		二级公路	873
		三级公路	336
		四级公路	22392
		等外公路	1097
公路密度	按国土面积计算：每百平方公里186.48公里		
	按人口计算：每万人44.91公里		
通达程度	通公路的乡镇185个，占乡镇100%		
	通公路的村2813个，占村100%		
客运站	总数（个）		48
	其中	一级站	4
		二级站	10
		三级站	1
		四级及以下站	33
营运车辆	总数（辆）	11180	
	其中	客车2859辆62330座	
		货车8321辆95059吨	
公路运量	客运	客运量（万人次）	2132
		旅客周转量（万人公里）	94948
	货运	货运量（万吨）	6180
		货物周转量（万吨公里）	615000
内河航运运输			
通航里程	总里程（公里）		963
	其中	三级航道	100
		四级航道	76
		五级航道	126
		六级航道	
		七级航道	219
港口（码头）	总数（个）		5
	吞吐量	旅客吞吐量（万人次）	-
		货物吞吐量（万吨）	521.46
水路运量	客运	客运量（万人次）	36.3
		旅客周转量（万人公里）	787
	货运	货运量（万吨）	498.8
		货物周转量（万吨公里）	590328
营运船舶	总数（艘）		147
	其中	客船23艘1714座	
		货船124艘219575.6载重吨	
城市公交运输			
营运车辆	803辆		
公交线路	59条		
公交站	836个		
运量	1.08亿人次		

交通运输概况 2020年，宜宾市累计完成交通建设投资201亿元，超额完成省交通运输厅下达目标13.3%，超额完成宜宾市政府下达目标35%，被表彰为“全国交通运输系统先进集体”，获评“全省交通建设领域真抓实干成效明显先进市”。高速公路完成投资位列全省第一。成宜、宜宾绕城西段高速公路建成通车，全市高速公路通车里程357公里，在建里程271公里，宜新高速公路纳入国家高速公路网规划，“一环十一射两联”

高速公路网雏形已现。国省干线加快提档升级。宜宾至叙永高速公路竹海连接线、叙州区普和金沙江大桥项目建成通车；国道353线宜宾经南溪至泸州快速通道、国道247线自贡漆树至宜宾、省道215线屏山至泥南公路、省道311线屏山锦屏至龙华段等项目加快建设。农村公路持续改善提升。完成农村公路路网规划调整，新（改）建农村公路1028公里，全市所有建制村100%通硬化路。县、乡道临水、临崖3米以上路段安保工程基本实现全覆盖，屏山县成功创建“四好农村路”省级示范县（累计创建国家级示范县2个、省级示范县4个）。水运建设持续发力。宜宾港新增3个1000吨级散货泊位，累计建成1000吨级泊位11个，获批国家临时开放口岸和国家综合保税区。

相关链接

一环十一射两联：一环为高速公路绕城环线；十一射为宜宾直接联系周边中心城市、地级市和区县的高速大通道，按顺时针分别为宜宾至乐山、宜宾至成都、宜宾至自贡、宜宾南溪至内江、宜宾至泸县至重庆永川、宜宾至泸州、宜宾至叙永、宜宾至威信至镇雄、宜宾至彝良至昭通、宜宾至水富、宜宾至新市；两联为盐津至筠连至叙永至重庆、成都至新市至攀枝花。

2020年，宜宾市江安县怡乐蔬果基地公路　　宜宾市交通运输局　供图

城乡客运　2020年，宜宾市交通运输局推进出租车深化改革工作，加强互联网租赁自行车管理，完成编制发展规划初稿。组织爱心送考公益活动，高考期间，免费运送考生291趟次，运送考生497人次。推广宜宾造汽车应用，宣传凯翼汽车相关优惠政策，完成260辆“宜宾造”推广任务（含50辆新能源出租汽车）。整治规范网约车，责令17家平台公司限期整改，责令3家停业整改。成功创建首批“金通工程”全域示范市，全省乡村客运“金通工程”现场会在宜宾市召开。全市新增乡村客运便民小客车400余辆，所有乡（镇）、建制村通客车率100%。交通与农业融合发展，立足全市10个区（县）乡村振兴示范区及五粮液酿酒专用粮等特色产业基地，配套建设产业路、资源路、乡村振兴路1327公里，实现农村产业连片开花。先后23次开展创建全国文明城市专项督查，立案调查出租车违规行为396辆次，停业整顿313辆次，驾驶员停岗学习313人，协调出租车协会投入490余万元参与创建全国文明城市，倡议出租车运营企业与车主、驾驶员签订优质服务责任书3719份，被中共宜宾市委市政府表彰为“创建全国文明城市突出贡献集体”。公路客货运总周转量增速位列全省第三；新增公交48路、公交快线K06路等线路；市级储备应急运力150辆，为全市防疫应急物资和农耕物资运输提供有力保障。

平安智慧绿色交通　2020年，宜宾市“两客一危”运输车辆完成主动预防系统安装，有效遏制和预防事故发生。及时处置岷江“8·12”船舶漂移、金沙江“桦丽518”搁浅等4起险情，“8·18”洪峰期间转移群众约5300人。全年未发生统计上报道路运输行车死亡事故，与上年相比事故持平，安全生产形势总体平稳。以“道路交通安全建设年”等重要活动为抓手，开展多项专项整治，强化源头安全监管。组织9540名货运驾驶员开展安全警示教育（培训率99.8%），推进中心城区500辆重型货车主动安全智能防控系统安装试点工作。全年网上信访、市民热线平台接件879件，其中，“12345”市民热线830件，省交通运输厅“厅长信箱”6件，四川省信访信息系统36件，人民网网民留言7件，全部办理完成。加快交通运输应急系统建设，搭建智慧公路平台，整合桥梁监控、GPS车载视频运行等系统，为安全生产、应急处置等提供科技支撑。开通“宜宾掌上公交”App及微信小程序等实现公交信息实时查询，开通公交卡、银联卡、手机等多种便捷支付方式。深入实施“电动宜宾”，中心城区新增纯电动公交车107辆，智轨专用密钥成功获评，智轨T1线支线延长，更加方便群众出行。

2020年，宜宾市高县集中停靠的便民小客车　　宜宾市交通运输局　供图

道路运输　2020年，宜宾市服务业客货运周转量增率完成4%，继续保持全省第三位。完成高县来复、胜天、嘉乐3个农村客运站综合服务场站改造目标任务。完成“春运”、清明、“五一”、端午、中秋、国庆等节假日运输组织，获全省春运工作先进单位称号。开行农民工专车3159趟次，疏运农民工45534人次，开行接驳专车96趟次，运送农民工1381人次。完成建制村通客车和乡村客运“金通工程”试点工作任务。完成交通运输脱贫攻坚建制村通客车项目，实现全市2813个建制村全部通行客车。全市投

2020年，宜宾港吊装货物现场　　宜宾市交通运输局　供图

入4000余万元专项资金，新（改）建招呼站811个、招呼牌2165个，实现招呼站牌建制村全覆盖，新增便民小客车547辆，实现244个建制村通公交、1927个建制村通日班。新增开行公交48路、公交快线K06路、社区环线201路、支线Z01路，优化调整公交线路10条；智轨主线开行列车22474对，支线开行17365对，累计运行85.59万列公里，全年载客279.17万余人次，日均乘客超1.5万人次。督促宜宾传化物流园区建设，建成投入使用三期，园区内交通运输部民生工程项目“司机之家”通过验收并投入运营。积极推进多式联运，引导发展网络货运新业态，推进节能环保，3家企业“铁、公、水”多式联运发展取得阶段性成果，2家甩挂运输企业通过验收，落实无车承运人试点企业2家；拓展无车承运业务，504辆营运货车使用清洁能源。督促22户危货运输企业开展应急演练，危货运输电子运单使用企业覆盖率91.3%，车辆覆盖率79.72%，异常率为0.12%。

交通行政执法　2020年，宜宾市完成交通运输综合行政执法改革，实现交通运输领域“一支队伍管执法”；建立“两中心”（城乡道路运输事务中心、航务事务中心），加强交通运输行业服务工作。开展执法自由裁量权专项清理活动，清理执法案卷3242件；开展大件运输许可服务大走访活动，上门走访服务企业18家；推进6个交通运输审批事项纳入“一事一办”，8项交通运输许可纳入“证照分离”改革。对27家交通建设单位开展年度信用评价，对1465名营运驾驶员实施记分，53人被列入“道路运输行业禁止进入名单”。注重组织领导、宣传教育、全域治理、区县联运、监督检查“五个”到位，建立案件查处分离机制，采取昼夜突击、明察暗访、定点值守与路面巡查相结合、与高速公路执法部门开展多点位联合执法等方式，以打击“黑车”、客运违规行为、规范出租车经营行为、整治中心城区乡镇校园周边运输秩序为重点，严查各类违法违规行为。超限治理专项整治活动期间，查处超限车辆5174辆次，卸载5174辆次，超载率控制在1%以下。水上专项整治活动期间，查处违章船舶42艘次，拆除三无船舶15艘。

驾培管理　2020年，宜宾市组织开展全市驾校教练员安全警示教育培训并现场督导8校次，对608名营运驾驶员实施记分，组织18794名驾驶员参加继续教育。完成驾培行业监管突出问题专项整治工作任务。逐级明确工作职责，发布信息8期，公布宣传标贴110张，通过微信公众号宣传“微平台24讲”。完成驾培线索及处理情况台账建立和调查处理。实行工作情况月通报，在全市范围内组织开展全覆盖督导。发布行业预警信息2次，向公安交警部门抄告行业情况8次，完成全市驾培信息分级公示，公布驾培机构及教练员经营服务及违法违规情况。全市教练车车载设备使用率列全省前列，指导兴文县完成全省驾培理论培训数据对接试点工作。严格从业监管，落实“受审分离”和“考培分离”并公布考点信息，完成考核员岗前或继续教育培训考核和续聘，对考试系统服务单位进行确认，督促继续教育培训考核平台单位完成资质材料补充工作。

（本栏目供稿单位：宜宾市交通运输局）

达州市交通

DAZHOU SHI JIAOTONG

2020年达州市交通运输能力概况

公路交通运输			
通车里程	总里程（公里）		28845.116
	其中	高速公路	547
		一级公路	85.126
		二级公路	1242.283
		三级公路	345.363
		四级公路	26116.382
		等外公路	508.962
公路密度	按国土面积计算：每百平方公里173公里		
	按人口计算：每万人43.7公里		
通达程度	通公路的乡镇307个，占乡镇100%		
	通公路的村2754个，占村100%		
客运站	总数（个）		229
	其中	一级站	4
		二级站	5
		三级站	3
		四级及以下站	217
营运车辆	总数（辆）	22975	
	其中	客车2244辆52886座	
		货车20731辆304062.1吨	
公路运量	客运	客运量（万人次）	1919.62
		旅客周转量（万人公里）	202689
	货运	货运量（万吨）	8973.91
		货物周转量（万吨公里）	1081312
内河航运运输			
通航里程	总里程（公里）		866
	其中	三级航道	
		四级航道	152
		五级航道	
		六级航道	
		七级航道	216
港口（码头）	总数（个）		256
	吞吐量	旅客吞吐量（万人次）	53.44
		货物吞吐量（万吨）	87.99
水路运量	客运	客运量（万人次）	62.79
		旅客周转量（万人公里）	680.47
	货运	货运量（万吨）	419
		货物周转量（万吨公里）	9083.6
营运船舶	总数（艘）	548	
	其中	客船138艘6030座	
		货船410艘59956吨	
城市公交运输			
营运车辆	804辆		
公交线路	87条		
公交站	920个		
运量	1.41亿人次		

注：1.港口码头统计为港口1个，渡口、客货运码头255个；

2.航道总里程数据包含等外航道498公里。

交通运输概况 2020年，达州市交通建设完成投资95.01亿元，为省下达目标（73亿元）的130%。“十三五”期间，累计完成交通投资490.43亿元（2016年87.4亿元、2017年93.3亿元、2018年94.32亿元、2019年120.4亿元、2020年95.01亿元），超“十二五”（423亿元）67.43亿元；争取中央车购税、省级财政补助资金72.8亿元。

高铁枢纽格局奠定。2020年，成南达万高铁开工建设，西达渝高铁工程可行性研究审查批复并加快推进开工准备工作；高铁达州南站选址、设计初步完成，达州西进东出、北上南下“十字型”高铁枢纽奠定。

高速公路实现历史跨越。2020年，建成营达、巴万高速公路，全市通车高速公路达7条547公里，位居全

2020年10月，达宣快速通道洋烈大桥贯通　达州市交通运输局　供图

省第三位，对内实现县县通高速，对外形成快速直达重庆、成都、西安等区域中心城市的高速公路大通道；开梁、镇达广高速公路开工建设；达州绕城高速公路西段、城宣渝、通宣开、城万、大垫等5条高速公路纳入新一轮省高网规划，“一环三纵六横二支”高速公路网格局加速构建。

国省干线网络加速完善。2020年新（改、扩）建国省干线86.1公里，达州机场大道、达宣快速通道、达开快速通道、国道318线渠县绕城快速通道等14个项目加快建设。国省干线公路达18条、2236公里，是“十二五”末（881公里）的2.54倍，“八快速十八干线”干线公路网加速构建。

农村道路网络更加通畅。2020年，全市新（改）建农村公路1723公里。“十三五”期间，投入资金96.3亿元，新（改）建农村公路10941公里（其中县乡道改造提升2842公里、村道及专用公路建成8099公里），建成渡改公路桥34座、渡改人行桥33座、安防工程4167公里，完成危桥改造29座，实现全市1049个撤并建制村与新村委会之间4.5米以上硬化路通达、通客车村道3米以上临水临崖路段安保工程全覆盖，全市农村公路总里程达2.6万公里，位居全省第四位。

2020年6月，通川区产业路——蒲家万亩蓝莓产业园　　达州市交通运输局　供图

航空、水运建设发展取得突破。2020年，达州河市机场新开西安—达州—长沙、兰州—达州—晋江航线，航线增至11条，合作航司增至7家，直接通航城市达16个，完成航班起降7324架次、旅客吞吐量54.93万人次、货邮吞吐量1091.3吨；加快建设达州金垭机场，航站楼“巴国神鸟”雏形已具，建成后将成为成渝地区第二大支线机场；万源、宣汉、渠县通用机场选址论证工作启动。渠江风洞子航运枢纽工程开工建设，将打通渠江航道最后的瓶颈，届时千吨级船舶可直达长江；渠江达州至广安段航运配套工程（二期）等项目前期工作有序推进。

推动万达开交通一体化发展。2020年，达州市交通运输局牵头拟定万达开川渝统筹发展示范区交通一体化发展目标，成功举办川渝毗邻地区交通融合发展推进会，达州市与重庆市万州区、开州区联合签署《万达开川渝统筹发展示范区交通一体化发展合作备忘录》；推进规划前期工作，做好储备项目争取工作，达州至万州铁路扩能改造前期工作正式启动，城口经宣汉至重庆、万源至城口、大竹至垫江高速公路纳入省交通运输厅确定的2021年开工项目计划。

营山至达州高速公路通车　营山至达州高速公路起于南充市营山县新店镇，与巴广渝高速公路相接，止于达州市达川区石板镇，与达渝高速公路相接。主线长度为92.53公里，新建L连接线与铁山互通相接，L连接线初设长度5.60公里。项目主线采用四车道高速公路技术标准，设计时速80公里；L连接线初设按公路Ⅰ级标准建设。全线设置2个枢纽、9个互通立交，分别与巴广渝高速公路、规划的平渠广高速公路及达州市机场大道、国道65线包茂高速公路形成交叉枢纽进行交通转换，概算投资101.17亿元。2017年9月，项目取得施工图设计批复开工，2020年9月30日0时实现全线通车。

巴中至万源高速公路通车　巴中至万源高速公路起于巴中市巴州区清江镇，与巴达高速公路相接，止于万源市官渡镇，与达陕高速公路相交，全长120.06公里，双向四车道，设计时速80公里，设有11处互通立交，项目总投资188亿元。该项目是四川省高速公路网规划中新增的7条东西横线之一，对巩固秦巴山区脱贫攻坚成果，带动川东北区域经济发展以及融入成渝双城经济圈具有重要战略意义。项目于2016年底开始筹建，2017年10月正式建设，2021年1月1日0时实现全线通车。

成都至达州至万州高速铁路华蓥山隧道开工　2020年12月24日，成都至达州至万州高速铁路开工仪式在四川、重庆同时举行，位于达州市境内的华蓥山隧道破土动工。成达万高铁西起成都市天府站，途经资阳市、遂宁市、南充市、达州市和重庆市开州区，东至重庆市万州区万州北站；线路全长486.4公里，其中新建铁路432.4公里（四川段390.4公里，重庆段42公里），设计时速350公里，桥隧比75.3%，建设工期5年。达州境内设渠县北、达州南、开江南3座车站。华蓥山隧道为成达万高铁的控制性工程，全长8748米，位于渠县和大竹县境内，渠县北站至达州南站区间。

开江至梁平高速公路开工 2020年12月7日，四川开江至重庆梁平高速公路联合开工仪式在川渝交界处举行。该项目起于四川省达州市开江县桥亭村，接国道5012线恩广高速公路，经开江甘棠镇、任市镇，梁平区新盛镇、龙门镇、明达镇、礼让镇、聚奎镇、屏锦镇、荫平镇，止于云龙镇，接国道42线沪蓉高速公路。项目全长约75公里，总投资约81亿元，全线采用双向四车道

12月7日，四川开江至重庆梁平高速公路联合开工活动在川渝交界处隆重举行，图为开工现场　　达州市交通运输局　供图

高速公路标准建设，设计时速100公里，路基宽26米。其中，四川（达州）段长约30公里，总投资约37亿元，由四川高速公路建设开发集团有限公司与四川交投建设工程股份有限公司共同投资建设。

渠江风洞子航运工程开工 2020年12月22日，渠江风洞子航运工程开工仪式在渠县天星街道五井社区举行。该项目将新建风洞子枢纽（坝址位于渠县流江河口上游28公里白碛滩处）、拆除超期服役的南阳滩老旧枢纽（建于20世纪50年代）以及相应的库区航道工程，总投资约45亿元，预计建设工期60个月。该项目以航为主、航电结合，兼顾防洪、改善城市水环境，完善综合交通运输体系，同时具有促进地区经济发展等综合效益作用的综合性枢纽工程，建成后将打通渠江航道的最后瓶颈，实现渠江全江贯通，千吨级船舶可直达长江，对补齐达州水运短板、打通四川通江达海水路东通道、融入长江经济带和成渝地区双城经济圈至关重要。

“双城一线一园”金河大道项目开工 2020年12月28日，达州市“双城一线一园”（空铁新城、亭子新城、金河大道、达州第二工业园区）城市综合开发建设金河大道项目开工。“双城一线”建设是达州加快建成“双300”Ⅰ型大城市，壮大城市规模，完善城市功能，提升城市品质，增强城市承载能力和集聚辐射功能，建成川渝陕结合部区域中心城市的世纪工程，是支撑市委、市政府“4000亿、双300、争创经济副中心”战略目标的关键工程，对推动达州深度融入成渝地区双城经济圈、建设万达开川渝统筹发展示范区具有里程碑意义。金河大道为达州至万州城际快速通道达州市区段，西起于秦巴物流园河市大道，经空铁新城、亭子新城，东止于达州市第二工业园区麻柳镇，全长约35公里（其中：隧道段总长度约10公里），总投资约50亿元。根据道路功能，金河大道拟按照西段、中段、东段不同标准分段实施。西段（含雷音铺隧道）起于河市大道，止于雷音铺山脉东侧，全长15.5公里，设计时速60公里，路基宽42米，双向八车道、不设辅路，隧道段为双向六车道；中段起于雷音铺隧道东侧，止于亭子片区南一横道路，全长7.3公里，设计时速80公里，路基宽60米，主线双向八车道、辅路双向四车道；东段（含荣华山隧道）起于亭子片区南一横道路，止于麻柳第二工业园，全长12.2公里，设计时速60公里，路基宽31米，双向六车道，一级公路设计标准，隧道为双向六车道。

交通脱贫攻坚 2020年，达州市推动农村断头路和撤并村组道路建设，排查整治农村公路“畅返不畅”288.8

2020年6月，达州市开江县实施“金通工程”开行的农村客运车辆　　达州市交通运输局　供图

公里，新（改）建农村公路1723公里，建成渡改桥6座，完成危桥改造9座、安保工程1797公里；实施"金通工程"，新增89条农村客运线路，开通"小黄车"270辆，开江县代表四川省接受交通运输部考核得到高度认可，"两通"目标任务如期完成，交通脱贫攻坚战全面胜利。

2020年6月30日，宣汉县举行建制村通客车启动仪式

达州市交通运输局　供图

"四好农村路"创建　2020年，达州市通川区、大竹县成功创建"四好农村路"省级示范县。截至年底，通川区、达川区、宣汉县、大竹县先后成功创建"四好农村路"省级示范县，全市有示范乡（镇）36个、示范村280个、示范路1000公里；宣汉三墩土家族乡大窝村村道被评为全国最美乡村路。建成美丽乡村示范路（旅游路、资源路、产业路）206公里，通川区云门天寨、达川区银杏谷、宣汉县巴山大峡谷、万源市八台山、渠县賨人谷等一大批网红景点不断呈现，路旅融合、路产融合、路景融合成效显著。启动实施乡村客运"金通工程"，建成农村客运站255个、招呼站2759个，开通农村客运班线457条、客运车辆1495辆，以"县城为中心、乡镇为节点、村社为站点、公路为纽带"的农村客货运输服务网络基本形成。

2020年8月，达州市大竹县月华镇糯稻产业路助推"交通+产业"发展　达州市交通运输局　供图

川渝毗邻地区交通运输融合发展推进会召开　2020年7月2日，川渝毗邻地区交通运输融合发展推进会在达州召开，两省市签署《成渝地区双城经济圈交通一体化发展三年行动方案（2020—2022）》等"1+5"合作协议，标志着川渝交通一体化发展开启新征程。省人大常委会副主任、达州市委书记包惠致辞，重庆市交通局局长许仁安出席并讲话，省交通运输厅厅长罗佳明主持并讲话。会上，川渝两省市签署《成渝地区双城经济圈交通一体化发展三年行动方案（2020—2022）》和普通公路、内河水运、智慧交通、执法管理合作备忘录，万州区、达州市、开州区签署万达开川渝统筹发展示范区交通一体化发展合作备忘录。根据方案，川渝两省市将聚焦基础设施补短板，加快构建内畅外联、快捷高效的区域交通运输体系，提速构建多层次1小时交通圈，支撑打造1小时经济圈。到2022年，出渝出川高速公路大通道达24条，建成16条川渝间高速公路；川渝间9条普通国道达到二级、11条普通省道达到三级及以上标准贯通；四级及以上高等级航道3100公里，港口集装箱吞吐能力达760万标准箱。运输服务全方位协同合作，实现成渝两地公交地铁"一卡通"互联互通，四川乡村客运"金通工程"和重庆"金佛快巴"深度融合，开通13条以上川渝毗邻地区跨省城际公交。成渝两地协同共建机制更加健全，建成川渝交通大数据共享中心，建立协同联运的交通管理运行机制和信息动态交换机制，推动建立常态化联动监管机制。

中欧班列达州专列开通 2020年4月28日9时30分，从达州高新区始发的首趟中欧班列达州专列出站，经达成铁路直达成都铁路口岸通关后，从新疆出境，途径哈萨克斯坦、俄罗斯、白俄罗斯等国进入欧洲，最终抵达德国汉堡，全程10000余公里，历时15天。中欧班列达州专列基于既有中欧班列基础，选择班列延伸模式，依托成都国际铁路港通过铁铁联运，最终实现“西出”，标志着达州市拓展外部市场、深化经济合作得新突破，为区域外贸企业营造良好的国际物流环境，进一步增强企业开拓国际市场、创新发展方式的信心和决心，为成渝地区双城经济圈建设注入新的活力。

公路养护 2020年，达州市完成国省干线公路大修、中修和预防性养护472公里。注重桥隧管养，排查国省干线桥梁608座，出具定期检查报告5份；督促完成铁山、苦荞垭和土垭子3座较长隧道整治，完成其余8座中短隧道提质升级工作。11月，达州市完成交通运输部“十三五”国省干线养护管理评价工作，接受检测路段436.64公里，路面性能指数PQI值达93.88，居全省第一位。

农村公路管养方面，新（改）建养护管理站27座、养护和应急保通中心4个，新（改）建县级机械化养护中心4个、基层养护站21个。全面推行农村公路路长制，县、乡、村三级农村公路管养体系逐渐形成，农村公路列养率100%；宣汉县被确定为全国农村公路管养体制改革试点单位。

2020年7月，宣汉县白马镇桃园产业路 达州市交通运输局 供图

公路运输行业复工复运 2020年，由市、县（区）交通运输部门领导班子一对一进驻帮扶重点交通运输企业，推动经济快速恢复增长，最大程度降低疫情带来的不利影响，全年完成公路旅客周转量202689万人公里、货物周转量1081312万吨公里，公路运输（客货）周转量增长4.87%，位居全省第六位。

路政执法 2020年，达州市加强对城区进出口10公里范围内与主干道连接的支路、岔道管理，督促各责任单位硬化路面长度达到100米以上；加强扬尘控制区内公路沿线加水、洗车场（点）和乱堆乱占的管理，规范公路沿线加水洗车场（点）的设置；加大对建筑施工运输车辆、运煤车辆和其他粉尘物料运输车辆在运输过程中未密闭覆盖的抛、冒、滴、漏等违法行为的查处。推行科技“治超”，检查载货车辆17.7万辆次，对1005辆次超限车辆实施卸载，卸载货物12435吨，车辆超限超载得到有效控制。全市清除路障1830处，撤除违章建筑58处，查处损害公路及其设施120处。

河运管理 2020年，达州市完成水路运输客运量62.79万人次，比上年减少60%；货运量419万吨，比上年增长23%。完成水上交通应急救助点1处（宣汉东林），在建2处（宣汉北门、清溪）；完成市本级水上交通安全监测综合信息系统工程前期工作，取得工程可行性研究、初步设计、概算和财政批复。疏浚航道2.5万立方米，养护疏浚滩槽12处，安（补）设航标830余根（处），维护太阳能航标20座，营达高速公路桥新增专用浮筒标16座，清除河面漂浮物125吨，保障船舶通航安全。

交通安全生产 2020年，达州市严格落实交通运输行业安全生产企业主体责任和行业监管责任，持续强化“一岗双责”和“三个必须”，扎实开展公路水路行业安全生产专项整治三年行动，聚焦水上交通、道路运输、建设工地、危货运输等重点领域，紧盯春运、汛期、节假日等重要时段，牵头组织各类明察暗访190余次，排查一般事故隐患1400余起并督促问题全部整改完毕。抓实森林防灭火道路建设专项整治，提升森林防灭火道路通行能力；加强地质灾害隐患排查，修订完善应急预案，认真落实汛期24小时值班制度，切实保障全行业安全度汛。全年未发生较大及以上生产安全事故，安全生产形势持续稳定。强化反恐防范和应急演练，交通行业信访维稳形势趋稳可控。

城市公交优先发展 截至2020年底，达州主城区建成公交首末站3个，港湾式站台71个，公交招呼站287个；完成主城区168辆民营公交车、50辆城乡公交车收购工作，公交经营体制困局成功破解，“一城一交”经营格局全面形成；主城区新购新能源公交186辆，公交车总数达513辆（全市701辆）；开行公交线路42条（其中定制公交线路13条），营运里程583公里；定时公交、区间公交、定制公交顺势开行，“一卡通”、智能调度、电子站台、银联闪付等群众公交出行新体验不断增强。

出租车管理服务 2020年6月，达州主城区新投入营运出租车200辆，该批出租车实现“四个统一”，即车型统一为大众朗逸、统一车辆外观颜色及车内设施设备、统一驾驶员服装、统一严格实行公司化运营管理。通过近年来稳步推进出租车改革，主城区出租车公司达10家、车辆总数1263辆，出租车两权（经营权、车辆所有权）目标顺利实现，出租车服务质量明显改善，有责服务投诉率大幅下降。

交通生态环保 2020年，达州市交通运输局严格落实生态文明建设和环境保护“党政同责、一岗双责”刚性原则，将生态环保要求贯穿公路规划、设计、建设、运营、管理、服务全过程，不断巩固环保督察专项治理成果，持续打好交通运输环境污染防治攻坚战。强化道路扬尘治理，加大道路日常保洁力度，及时修补破损路面，坚决查处运输车辆抛、冒、滴、洒、漏等行为。强力推进长江经济带船舶和港口污染突出问题整治，制定“一船一方案、一码头一方案”，对全市老旧船舶、非法码头进行专项整治，全市完成499艘船舶防污改造任务，完成主、辅机22千瓦以上船舶（698艘）油水分离设备安装使用，督促119座客（渡）码头配备分类垃圾桶476个、油污和生活污水收集桶240个，配备率达100%，对全市65座非法码头全部完成整治（其中取缔46座，提升19座）。全市建成I站（机动车排气检验机构）9户、M站（机动车尾气治理维修企业）57户，完成I站和M站之间的信息共享和数据交互，实现排放超标车辆“检验、维修、复检”闭环管理；持续推进汽车维修企业挥发性有机物（VOCs）治理，维修企业喷烤漆房的升级改造工作完成率达82%，44家维修企业完成油性漆改水性漆推广试点工作；全市新增（更新）公交车33辆，全部为新能源纯电动公交车，城市公交新增和更新车辆新能源车比重达100%。

扫黑除恶专项斗争 2020年，达州交通运输系统紧密结合行业实际，深化乱点乱象综合治理，健全完善长效常治机制体系，扎实推进扫黑除恶专项斗争。积极探索构建并逐步完善整治“地下班线”联勤联动机制，依托市运管处牵头市交警支队、省交通运输厅高交执法七支队、省交警总队高速公路五支队四部门联合开展打击非法客运行动，强力斩断以高速公路从事非法营运的“地下班线”，强力拔除“地下非法聚集点、发车点”，做到断线拔点齐头并进，各汽车客运站客流明显上升，社会满意度全面提升，行业乱象得到有力遏制。积极探索形成“1+4”联合惩处体系（依法从严处罚+清理排查网约车平台、撤销非法营运人员道路运输从业资格、违法信息抄告保险机构、违法信息推送信用管理）严厉打击非法营运。开展出租汽车“争红旗、创标兵”服务提质行动，对违规出租汽车予以张贴黄旗警示，在30天内积极整改未再发生违规行为的撤黄（旗）换红（旗），同步开展出租汽车车容车貌整治；修订《主城区出租汽车行业自律管理规定》，制定实施《达州市主城区巡游出租汽车行业“不良驾驶员”抄告制度》；完成出租汽车车载4G监控设备安装和在岗出租汽车驾驶员基本信息录入，建成“主城区出租汽车行业服务质量管理系统”。自2018年开展扫黑除恶专项斗争以来，全市查处非法营运车辆2025辆次（主城区查处非法营运车辆1212辆次），现场及投诉查处出租汽车违规运营942起（主城区查处810起）。

新冠肺炎疫情防控 2020年，按照中共达州市委、市政府决策部署，由达州市交通运输局牵头会同海关、民航、铁路、公安等部门，建立“铁、公、水、航”立体大交通应对新型冠状病毒肺炎疫情联防联控机制，坚决落实疫情防控“八项举措”和“七不出站”要求，率先推广应用疫情检测“一检多认”App，及时推行公交、出租“一车一码”，斩断输入链、扩散链，打赢新冠肺炎疫情防控交通阻击战。复工复运后，认真落实“三不一优先”通行政策，有序开展“春风行动”，在全市推行“公路+”出行模式，以“点对点、门对门”方式开行直达专车1363车次，安全运输农民工112.6万人。进入常态化防控阶段后，不断完善防控机制和应急措施，持续巩固外防输入、内防反弹交通“防控墙”。

（本栏目供稿单位：达州市交通运输局）

广安市交通

GUANG'AN SHI JIAOTONG

2020年广安市交通运输能力概况

公路交通运输			
通车里程	总里程（公里）		14590.73
	其中	高速公路	404.7
		一级公路	156.51
		二级公路	506.14
		三级公路	384.985
		四级公路	13013.415
		等外公路	124.98
公路密度	按国土面积计算：每百平方公里230.36公里		
	按人口计算：每万人31.72公里		
通达程度	通公路的乡镇109个，占乡镇100%		
	通公路的村1366个，占村100%		
客运站	总数（个）		57
	其中	一级站	4
		二级站	2
		三级站	1
		四级及以下站	50
营运车辆	总数（辆）	9119	
	其中	客车1061辆28101座	
		货车8058辆106008.4吨	
公路运量	客运	客运量（万人次）	2419.944
		旅客周转量（万人公里）	48851.853
	货运	货运量（万吨）	3284.698
		货物周转量（万吨公里）	282150.156
内河航运运输			
通航里程	总里程（公里）		224.32
	其中	三级航道	70.9
		四级航道	119.8
		五级航道	19
		六级航道	
		七级航道	14.62
港口（码头）	总数（个）		82
	吞吐量	旅客吞吐量（万人次）	
		货物吞吐量（万吨）	192.8
水路运量	客运	客运量（万人次）	22.2245
		旅客周转量（万人公里）	212.3501
	货运	货运量（万吨）	712.3684
		货物周转量（万吨公里）	34103.23
营运船舶	总数（艘）	337	
	其中	客船31艘3684座	
		货船306艘83670吨	
城市公交运输			
营运车辆	477辆		
公交线路	65条		
公交站	1102个		
运量	0.73亿人次		

交通运输概况 2020年，国道85线公路银昆高速公路广安市境内段邓小平故里互通及连接线主体工程完工，广（安）邻（水）快速通道公路华蓥山隧道及引道工程、国道350线枣山至武胜公路改建工程等项目加快建设，邻水县高滩至渝北区茨竹快速通道公路等5个项目进度有序，前（锋）枣（山）公路彭家至港口段等4个项目全力冲刺。广安市过境高速公路东环线及渝广高速公路支线先期建设段于12月25日通车。通过交通运输部普通国省干线公路路面使用性能检测，（PQI）指标超省定目标。新（改）建农村公路674.2公里，其中窄路加宽项目完成344.3公里，逐步消除3.5米以下农村公路。完成“交通+旅游”各项任务。农村公路优良中等路率达省定目标，六个县（市、区）全部建立“路长制”。武胜县、广安区创建为省“四好农村路”示范县，高水平承办全省“四好农村路”高质量发展体系现场会。

2020年7月，省道203线广安区至恒升段建成投入使用

吴德权　张国盛　摄

提前一年实现建制村通硬化路、通客车“双通”目标，全市乡（镇）和建制村通客车率达100%，完成省定目标。高质量打造“金通工程”试点广安样板并在全省现场会作经验交流；“春风行动”受到中央电视台、人民网等主流媒体报道，被评为全省成效显著单位。探索形成驾驶培训改革“广安经验”在全省推广，落实汽车维修I/M制度，全市建成汽车维修M站16家。率先开通广安至重庆江北机场和邻水县至重庆学校、医院、商圈的定制客运专线，以及率先开行防城港至广安直达冷链班列和率先实现市区主城区巡游出租汽车全部国有化经营；规范提升8个码头得到省交通运输厅肯定。

加快广安市过境高速公路西环线、国道42线沪蓉高速公路南充至川渝界扩容工程前期工作，广安前锋至达州渠县快速通道公路纳入国道规划；推动渝广毗邻区县签订“1+7”《共建成渝地区双城经济圈交通一体化融合发展先行示范区战略合作协议》，推动省交通运输厅和广安市《共建交通强市战略合作协议》签订。

交通运输项目 2020年，全市公路水路建设投资超40亿元，累计到位交通运输部和省级补助资金6.42亿元，成功争取发行广邻、广武收费公路专项债3.87亿元。成渝地区双城经济圈交通一体化融合发展先行示范区建设纳入《交通强省实施意见》。3个高速公路项目、6个省际干线公路互联互通项目纳入《成渝地区双城经济圈交通一体化发展三年行动方案（2020—2022）》。国道42线沪蓉高速公路广安市境内段扩容、广安市过境高速公路西环线、武胜至潼南高速公路等项目纳入省高速公路网调整规划。

广安市过境高速公路东环线及渝广高速支线广安段工程 2020年，广安市过境高速公路东环线及渝广高速公路支线前锋互通至重庆段工程建设，全长81.38公里，广安境内段长69.65公里，项目概算投资70.20亿元；2020年完成投资13.85亿元，K25+260米至K68+890米路段路基、桥梁、路面、机电、交安、绿化工程完成95%，房建、连接线项目工程完成90%；主线K0+000米至K25+260米路段路基工程完成95%，桥梁工程完成80%，路面工程完成前期准备工作，房建工程完成5%，控制性工程渠江特大桥引桥和主桥下部构造完成100%，桥梁上部构造完成50%。其中K0+000米—K23+200米缓建段土石方完成94%，软基处理完成99%，涵洞完成97%，桩基完成100%，墩柱完成99%，梁板预制完成69%，梁板安装完成58%。K23+200米—K68+890米路段于12月25日建成通车。

2020年12月25日，广安过境高速公路东环线及渝广高速公路支线前锋至小沔段建成通车 吴德权 康建林 摄

2020年5月，前锋区建成投入使用的西环线公路 吴德权 摄

国道350线广安枣山至武胜段改建工程 2020年，国道350线广安枣山至武胜段改建工程建设完成投资22327.33万元，项目工程全长45.1公里，路面宽23米，完成土地报征，勘测定界资料、功能分区数据整理，社保资金测算，建设用地请示文件及一书四方案上报，监理招标确定，林业用地取得批复；各区（县）开展签署补偿安置协议工作，征地拆迁丈量、统计工作完成；武家河中桥、朱家河中桥、毛沟中桥、武蓬一号中桥、佛寿岩大桥先期开工建设，基础部分完成50%，公路路基土石方工程、桥梁及涵洞完成总工程量的10%。

省道406线华蓥段新改建工程 2020年，省道406线广安华蓥市境内古桥至红岩乡联网路段是华蓥山旅游开发配套建设的旅游扶贫公路，该项目工程起于古桥街道东环线，途经兴隆村、李家沟煤矿区、丁家坪煤矿区，经红岩隧道，在红岩乡高顶村大屋基接原天石路，路线全长13.6公里，路基宽6.5米，项目总投资2.3亿元；该项目A标段2016年8月开工建设，至年底完成沥青下面层铺筑；B标段2017年9月开工建设，到年底全面完成隧道贯通、路基及路面工程。该项目建成后，从华蓥市城区到华蓥山石林景区里程将缩短15公里，并与天石旅游公路形成旅游环线，能进一步方便华蓥山石林、黑龙峡等大山深处的旅游开发，带动沿途群众旅游、农副产品等产业发展，对推动华蓥山旅游产业进一步发展起到积极作用。

广邻快速通道华蓥山隧道及引道工程 2020年，广安至邻水快速通道华蓥山隧道及引道工程建设完成投资2.13亿元，完成路基工程部分清表、土石方开挖、软基础换填、施工便道2.18公里、向阳山庄便道14米长钢栈桥一座、主线K15+280米盖板涵洞一座；完成宽20米、长9公里路基土石方工程和桥梁及涵洞总工程量的20%，全长6566米的隧道工程开工建设。

港前大道工程 2020年，港前大道工程属广安市前锋（货运站）至枣山（操场坝）干线公路工程，由小平大道公路和港前大道公路整合而成，是全省重点交通项目工程。全长52.92公里，采用一级公路标准建设，设计时速60公里，双向四车道，沥青混凝土路面，路基宽23米，预算总投资26.19亿元。除建成的小平大道枣山至彭家段和港前大道广安经济技术开发区境内段、前锋货运站段等16.79公里外，待建路段全长36.13公里（含广安大龙渠江特大桥、前锋自行建设路段3.32公里），预算投资20.03亿元（其中前锋区段投资7.36亿元、广安经济技术开发区及华蓥市境内段投资7.54亿元、广安区境内段投资5.13亿元），预计总工期27个月；于2016年开工建设，2020年1月竣工通车。

广安前锋至枣山干线公路 2020年，广安前锋（货运站）至枣山（操场坝）干线公路建设，完成投资5011.28万元；建成总长32公里，宽23米的港前大道和小平大道公路全面竣工通车；其中，渠江大龙大桥下部结构全部完成；上部结构开展桥梁0＃、1＃施工，下部结构完成75%，上部结构10＃墩主梁0＃块完成55%；港前大道公路绿化工程招投标工作开展，小平大道公路路基完成94%，桥梁完成87%，绿化和天桥稳步实施，涵洞完成90%。

罗渡渠江大桥及引道改建工程 2020年，省道208线广安罗渡渠江大桥项目工程建设，起于渠江北岸国道85线银昆高速公路巴广渝段罗渡连接线，经荆家院子、罗渡场镇，在富流滩电站大坝下游约730米处跨渠江，止于渠江南岸岳池县罗渡镇瓦窑沟村，与省道208线顺接。路线全长3.75公里。其中，大桥全长745延米、宽20米，兼顾城市交通和人行需求，设计汽车荷载等级为公路Ⅰ级，洪水频率1/100，通航等级Ⅲ级，抗震设防烈度Ⅵ度，采用（105+170+90）米预应力混凝土连续刚构+（65+120+120+65）米预应力混凝土连续刚构及连续梁；两端引道长3.00公里，采用设计时速60公里、路基宽8.5米的二级公路技术标准建设。项目工程总投资2.57亿元，由广安交通投资建设集团有限责任公司建设，于2016年12月21日开工建设。2020年，完成投资6484万元，桥梁工程下部结构全面完成，上部结构完成桥梁0＃及1＃施工，引道工程路基完成83%，涵洞工程完成75%，绿化及环境保护工程完成80%，桥梁桩基完成总工程量的93.3%，桥梁承台完成总工程量的88%，桥梁墩身完成90%；桥梁上部梁段完成总工程量的5%。

运输服务提质增效 2020年，广安市交通运输部门研究成渝地区双城经济圈运输一体化协同发展机制，探索促进两地运输服务一体化高质量发展措施，成功开通邻水县至重庆市渝北区茨竹跨省际公交线路，助推成渝双城经济发展。牵头开展广安市主城区城市公交延伸至华蓥市线路方案、站点风貌等各项工作，进一步推动广安“一主两辅三副”城市交通新格局，改善两地公共交通服务体系，方便两地群众交流出行。全市优化主城区公交线路5条，进一步推动全域公交化，群众出行体验提档升级。

按照市委、市政府关于发展互联网租赁自行车相关要求，在统筹考虑主城区人口现状、城市特点、停放设施资源等因素的基础上，会同公安交警、城管、住建、自然规划等部门，认真组织研判并扎实开展各项前期工作，至年底主城区有序投放共享单车3000余辆，进一步优化主城区交通出行结构，完善城市区域绿色、低碳出行服务体系。

新冠肺炎疫情防控 2020年，广安市交通运输系统始终绷紧疫情防控之弦，织密织牢外防输入、内防反弹网络，成立新冠肺炎疫情防控工作领导小组，全力以赴抓紧抓实抓细常态化疫情防控各项工作。疫情出现以来，全市交通运输领域因时因势抓好“外防输入”，认真落实客运场站、交通运输工具等各类疫情分区分级防控指南要求，督促各地各单位严格落实通风消毒、人员防护、体温检测等各项举措，同时成立疫情防控督导组，局班子成员分成7个督导组，分片区对各区（市、县）交通运输系统开展督导督查。全市交通运输系统大力开展“战疫情·送温暖·交通在行动”活动，170名党员自愿捐款1.73万元，支持新冠肺炎疫情防控工作。开展“点对点、一站式”直达运输服务，发出“春风行动”专车1139趟次，运送民工2.4万人次。市本级三分之二干部职工组成6个工作小组，下沉基层200余人次，深入180多个点位摸排解决问题100余个。

完成“金通工程”试点 2020年，广安市交通运输部门贯彻落实脱贫攻坚和乡村振兴决策部署，按照省、市关于乡村客运“金通工程”试点工作安排，开展乡（镇）和建制村通客车工作。截至6月，全市2683个建制村（撤乡设镇后1429个）实现100%通客车，“金通工程”试点工作全面完成。同时，市县两级将乡（镇）和建制村通客车工作纳入政府绩效考核体系，建立乡（镇）和建制村通客车长效机制，推动农村客运持续发展，确保乡村客运“开得通，留得住”。

2020年7月2日，武胜县“金通工程”乡村客运整装待发　　吴德权　摄

交通运输安全生产 2020年，广安市交通运输系统立足坚守安全红线底线，强化应急管理，狠抓安全生产责任落实，推进清单制建设，建立健全安全生产风险管控和隐患排查治理体系，进一步深化交通应急救援建设，持续整治交通运输领域突出问题，有效防范和遏制重特大生产安全事故发生，确保全市交通运输安全生产形势持续稳定。组织全市交通运输系统召开安全生产（应急）专题会或以会代训56次，举办安全生产（应急）专题讲座16次，教育培训人员达3000余人次；组织观看安全生产警示教育片112场次，参加人员2800余人次；制作宣传展板（栏）220余块（期），发放各类宣传单（册、物）15000余张（件），悬挂横幅标语102幅，发送短信4000余条，微博QQ微信等平台推送信息11000余条，接受群众咨询达600余人次。

交通应急管理 2020年，广安市分别成立交通运输道路保通保畅抢修应急队伍9支，水上应急救援队伍6支，道路运输（运输保障）应急抢险队伍1支。并成立各级安全应急指导组，深入一线督促指导全市安全应急工作达200余次。全市交通运输系统各行业结合自身特点，分别举办道路保通保畅应急抢修演练7次，水上应急救援演练9次，道路运输（运输保障）应急集结演练1次；指导运输企业举办反恐怖应急演练6次，举办防火灭火、意外事故等应急救援演练20余次。参加安全应急演练单位达35家，参与应急演练人员达1500余人次、车辆76辆次、船舶13艘次，各种机具器材若干。2020年9月，广安市人民政府和省交通运输厅在广安区渠江邓家码头联合举办水上救援应急演练；省政府分管副省长、省交通运输厅、省应急管理厅等省级相关部门、各市（州）交通运输主管部门相关负责人分别到场观摩。

2020年9月24日，四川省水上交通应急暨凉滩闸坝险情处置省市联合演练活动在广安市渠江邓家码头演练模拟船舶起火开展险情处置灭火救援现场　　吴德权　摄

年内，广安市交通运输部门对接市经信、财政等部门，将市级交通运输应急二期项目工程建设资金纳入年度信息化项目预算。完成交通运输应急二期项目工程中高品质视频会商系统、应急指挥大厅及机房部署，主机、备份、通信、网络安全系统和交通事件视频智能分析系统、移动应急通信终端等相关系统安装，完成投资600余万元，投资完成占比40%。

交通环境保护 2020年，广安市交通运输做到生态环境工作早安排，污染防治措施早落实，排查环保问题早整治，全面部署交通运输行业生态环境保护和污染防治攻坚战工作。有序推进节能减排、河湖长制、洁净水行动、打赢蓝天保卫战、水污染防治、土壤污染防治等工作，完成年度生态环保工作目标任务。全市8个列为取缔的非法码头全面取缔并完成复绿工作；8个列为暂停使用和提档升级的码头全部完成提档升级改造工作，其中6个码头取得相关手续。行业环保问题大排查大整治、汽车维修企业VOCs治理专项检查、重污染天气应对等专项活动，督促运管、海事、公路、质监等行业机构对汽车维修行业、非法码头、在建交通项目开展系列整治活动，检查维修企业90余家次、码头100余个次、在建重点建设项目70个次。新能源新技术稳步推广，优化汽车能源消费结构，利用政策杠杆引导LNG和CNG汽车推广应用，提高清洁汽车比重，全市运营公交车444辆，其中纯电动公交车258辆，插电式混合动力公交车86辆，CNG公交车17辆，LNG公交车83辆；推进汽车维修I/M制度建设，至年底全市建成M站16家，并实现与省上联网运行。在水上运输中，推进船舶油水分离器安装工作，先后对排查出的46艘污染船舶加装油气回收装置。强化减排，完善车船码头环保设施，督促相关企业对现有176辆油罐车全部加装油气回收装置，在油罐车进入市场时强化准入关，坚决杜绝未加装油气回收装置的油罐车进入全市道路运输市场；督促各区（市、县）海事部门在客渡码头上及时添置更新垃圾桶、废油水回收桶，在船舶、码头张贴“严禁向河中倾倒垃圾”等告示牌500余张。

交通运输行业治理 2020年，广安市交通运输系统有效推进法治机构建设，行业治理进一步规范。提高政治站位，主要领导带头学法讲法述法，严格依法决策，不断强化对交通运输行政权力制约监督；认真开展推进依法治市约谈问题整改，严格规范程序，强化交通运输依法行政，持续深化交通运输“放管服”改革；开展规范性文件清理，推进交通运输综合行政执法改革；加强行政执法与刑事司法有机衔接，重视出庭应诉工作；健全完善制度，强化执法队伍建设和管理，健全和完善各项管理制度；强化教育培训，提升业务水平，进一步加强“四基四化”建设，开展交通行政执法监督检查；坚持问题导向，纵深推进扫黑除恶专项斗争；坚持主动作为，开展信用体系建设工作，创新法治宣传，营造浓厚法治氛围。全市交通运输系统44项行政审批事项纳入“最多跑一次”管理，对市级交通运输系统行政权力进行清理，清理出市级交通运输部门行政权力303项，其中，行政许可36项，行政处罚216项，行政征收1项（暂停），行政强制13项，行政确认1项，行政裁决1项，行政检查15项，其他行政权力20项。局机关行政权力14项，其中，行政许可3项，行政处罚8项，行政检查3项，全年未发生行政应诉案件。组织3名新进执法人员参加执法人员培训，组织全系统311名执法人员参加换证线上培训，先后组织80余名执法人员参加换证线下培训。推动执法信息化建设，将全市490名交通综合、路政、运政、航务（海事）执法人员证件信息、身份信息、编制等资料录入行政执法综合管理信息系统，并进行动态管理；对符合年审的423名执法人员证件进行年审，对退休及不再从事执法岗位的67名执法人员执法证件进行注销，确保信息及时有效。结合“扫黑除恶专项斗争大排查、大整治、大督查”“走基层、解难题、抓落实”“生态环保大排查大整治”等活动，多形式进行监督检查20余次。持续整治交通运输驾驶培训市场、道路非法营运、客运违规经营、出租汽车、货运车辆冲闯超限检测站、公路建筑控制区内修建房屋处理不及时、公益性渡船过渡难、水上运输救生衣两个100%执行不到位、扰乱交通工程项目建设环境等九大行业乱象，有效净化交通运输行业环境。印发信用体系建设工作方案，开展好交通运输信用体系建设工作，做好交通运输行政许可、行政处罚、从业企业和从业人员信用信息归集。落实“谁执法谁普法”责任制，做好“法律七进”常规普法工作，悬挂各类法治宣传横幅标语180余幅，张贴海报100余份，发放交通运输法律法规等宣传单2.7万份。全年查处超限运输车辆6652辆次，超限车辆比例降至1.69%。打击非法营运车辆612辆，查处违法违规行为849辆。开展岗位廉政风险排查防控，细化防控措施20余条，全市交通运输行业系统政风行风进一步提升。

“12328”交通运输服务 2020年，广安市“12328”交通运输服务监督电话受理投诉、咨询、建议等业务7368件，限时办结率95.34%，回访满意率97.23%。其中，投诉举报类业务1282件，占业务总量的17.4%；信息咨询类业务6064件，占业务总量的82.3%；意见建议类业务22件，占业务总量的0.3%。全年受理总量及投诉类业务、咨询类业务、建议类业务环比分别增长-4.92%、-28.50%、7.98%、-77.31%。其中，受理城市客运类投诉、咨询3906件，占业务总量的53.02%；城市公交汽车投诉、咨询电话业务受理486件，占城市客运业务总量的12.5%；出租汽车投诉、咨询电话业务受理3399件，占城市客运业务总量的84.6%。城市客运其他类投诉、咨询电话业务受理114件，占城市客运业务总量的2.9%。道路运输类投诉、咨询1334件，占业务总量的18.1%。汽车客运站投诉、咨询电话业务受理221件，占道路运输业务总量的16.6%。农村客运投诉、咨询电话业务受理245件，占道路运输业务总量的18.4%。道路客运投诉、咨询电话业务受理261件，占道路运输业务总量的19.6%。道路货物运输咨询电话业务受理115件，占道路运输总量的8.6%。机动车驾驶员培训投诉、咨询电话业务受理327件，占道路运输业务总量的24.5%。机动车维修投诉、咨询电话业务受理91件，占道路运输业务总量的6.8%。道路运输其他类咨询业务54件，占道路运输业务总量的4.0%。公路管理类投诉、咨询160件，占业务总量的2.17%。水路运输咨询3件，占业务总量的0.04%。转办高速公路咨询1428件，占业务受理总量的19.38%。

（本栏目供稿单位：广安市交通运输局）

巴中市交通

BAZHONG SHI JIAOTONG

2020年巴中市交通运输能力概况

公路交通运输			
通车里程	总里程（公里）		25116.592
	其中	高速公路	393.8
		一级公路	65.88
		二级公路	922.217
		三级公路	402.998
		四级公路	23068.627
		等外公路	263.07
公路密度	按国土面积计算：每百平方公里204.2公里		
	按人口计算：每万人92.7公里		
通达程度	通公路的乡镇187个，占乡镇100%%		
	通公路的村2228个，占村100%		
客运站	总数（个）		59
	其中	一级站	3
		二级站	9
		三级站	10
		四级及以下站	37
营运车辆	总数（辆）	10067	
	其中	客车3267辆39041座	
		货车6800辆188652.57吨	
公路运量	客运	客运量（万人次）	1362.38
		旅客周转量（万人公里）	108995.46
	货运	货运量（万吨）	3893.11
内河航运运输			
通航里程	总里程（公里）	676.41	
	其中	三级航道	0
		四级航道	0
		五级航道	0
		六级航道	0
		七级航道	194.16
港口（码头）	总数（个）		45
	吞吐量	旅客吞吐量（万人次）	34.4387
		货物吞吐量（万吨）	0
水路运量	客运	客运量（万人次）	34.4387
		旅客周转量（万人公里）	131.0788
	货运	货运量（万吨）	0
		货物周转量（万吨公里）	0
营运船舶	总数（艘）	73	
	其中	客船73艘1885座	
		货船0艘0吨	
城市公交运输			
营运车辆	448辆		
公交线路	29条		
公交站	352个		
运量	0.5783亿人次		

交通运输概况 2020年，巴中市交通项目高效建设。巴中至万源高速公路全线建成通车，境内通车高速达6条393.8公里；苍溪至巴中高速公路加快推进；镇巴（陕西）至广安高速公路王坪至通江段在全省创造完成招商时间最短、建设推进最快的新纪录，进入省交通运输厅重点项目考核“红榜”。米仓大道全线加快建设，完成投资16.5亿元；巴城南环线、恩阳城区外环线、省道304线通江至洗脚溪段等7个普通国省干线公路升级改造项目160公里建成通车；国道245线恩阳区段、省道203线长胜至洪口段、省道302线涪阳至木门段等9个普通省道项目444公里加快实施；诺水大道、国道245线巴州区段、国道244线国道347线国道542线巴城过境公路等5个项目170公里实现开工建设。完成县乡道改造169.2公里、村道窄路基加宽292.1公里，建成建制村联网路740.1公里、村内通组路2171.1公里，完工渡改公路桥3座、独立桥梁8座。平昌县板青路获评“全国十大最美农村路”。巴州区成

2020年，巴万高速公路清江枢纽互通　　巴中市交通运输局　供图

功创建“四好农村路”省级示范县。乡镇和建制村通客车率100%，通江客运中心站建成投运，平昌金宝客运枢纽站开工建设，承接汉巴南高铁的综合客运枢纽站前期工作加快推进。

（李艳梅）

交通固定资产投资 2020年，巴中市交通投资高速增长。全年争取到位中央、省交通专项补助资金28.7亿元，其中，中央、省无偿资金15.91亿元（比上年增长40%），地方收费公路专项债券资金12.79亿元。完成公路水路交通建设投资124.04亿元，为目标任务98.3亿元的126.2%。其中，高速公路完成投资45.43亿元，为目标任务34亿元的133.6%，比上年增长66.2%；国省干线公路完成投资50.79亿元，为目标任务43亿元的118.1%，增长45.5%；农村公路完成投资27.25亿元（含养护4.2亿元），为目标任务20.8亿元的131%；站场及水运专项完成投资0.57亿元，为目标任务0.5亿元的114%。

2020年，平昌县三十二梁景区道路　　巴中市交通运输局　供图

（李艳梅）

交通项目储备 2020年，巴中市交通建设项目谋划高点起步。南江经苍溪至盐亭、通江经宣汉至开州高速公路形成初步路线研究方案，南江至通江至万源高速公路完成路线方案研究，仪陇至平昌高速公路有望纳入省高网。米仓大道、王坪红军烈士陵园交通专项改善提升工程项目纳入交通强国试点，打造“交通+旅游”“交通+文化”融合新名片试点项目。25个交通建设项目760公里纳入《川陕革命根据地红军烈士陵园交通专项改善实施方案（2020—2022）》。新增普通省道6条512公里，8596公里县乡道纳入《四川省农村公路网布局规划》，编制完成《巴中市综合交通运输“十四五”发展规划》初稿。

（李艳梅）

巴城南环线通车 2020年5月13日9时，巴城南环线正式通车。这是继2014年7月北环线建成通车、2015年2月西环线建成通车后的又一环线建成通车。该项目起点与市经开区规划纵1路相接，止于巴州区燕飞村互通，与西环线相接，线路长15.2公里，按双向四车道一级公路标准建设，设计时速60公里，项目总投资14.36亿元，于2016年4月26日正式开工建设。巴城西、北、南三条环线全部建成通车，对于拉大城市框架，缓解城市交通拥堵，提升城市品位具有意义。

（廖顺凌）

诺水大道开工 2020年6月30日9时30分，省道204线诺（水河）华（蓥）公路通江县城至诺水河段新建工程——诺水大道举行开工仪式。该项目为《四川省普通省道网布局规划（2014—2030）》和四川省普通干线公路“十三五”建设项目清单内的建设项目，列入川陕革命老区振兴发展和《通江建设“川陕革命根据地核心区、红军烈士纪念地、党的初心使命教育基地、红色旅游目的地”》项目清单，是巴中市北向出川的三大主通道之一，是2020年省级重点（新开工）建设项目和市级挂牌推进项目。

项目全长52.8公里，起于通江县环城北路与既有省道204线交叉口处，路线沿小通江河谷由南向北布设，分别途经涪阳镇、新场镇、青峪镇、板桥口镇、诺水河镇，止于诺水河镇沙茅坡附近，设连接线7处，枢纽互通立交1处，接在建诺水河至光雾山一级公路（米仓大道），全线设桥梁123座，隧道4座，桥隧总长占路线长度的53.7%。项目总投资59.58亿元，建设工期5年。采用四车道一级公路技术标准，设计时速60公里，整体式路基宽21.5米，分离式路基宽10.75米，全线采用沥青砼路面。项目建成后对完善革命老区路网布局，改善区域交通条件，促进区域经济社会发展和实现通江县人民稳步增收具有重大意义。

（李艳梅）

镇广高速公路王坪至通江段完成联合评估 2020年2月25日，镇广高速公路王坪至通江段工程可行性研究报告评估视频会议召开，设成都会场和巴中会场。省交通运输厅、省公路设计院公司、省交通设计院公司，巴中市人民政府、市发展改革委、市交通运输局及通江县人民政府等单位相关人员参加会议。会上，巴中市交通运输局对项目背景和前期工作推进情况做介绍，省交通设计院公司对工程可行性报告进行汇报说明，评估专家、地方政府和部门对路线方案基本同意，同时提出意见和建议。省交通运输厅指出，在各方共同努力下，项目前期工作按照时间节点有力有序推进，取得阶段性进展；要求，工程可行性研究报告编制单位根据会上意见修改完善报告并提交。同时强调，各方要协同联动、共克时艰，凝聚强大合力，加快推进文物、水产等前期专题，按时高质量完成各项前期工作。

（袁　铭）

镇广高速公路采取BOT模式建设　2020年6月1日，经省政府同意，镇巴（川陕界）至广安高速公路项目将采取“建设—运营—移交”（BOT）模式建设，授权巴中市人民政府牵头，会同达州市、广安市人民政府，严格按照相关法律、法规和《四川省高速公路“建设—运营—移交”项目管理办法》《基础设施和公用事业特许经营管理办法》等规定，依法组织投资人招标工作，严格执行招标工作程序，通过公开招标方式选择项目投资人。

（李艳梅）

公路养护　2020年，巴中市公路管护力度不断加强。出台《巴中市农村公路“路长制”实施方案》，完成普通国省干线公路养护工程项目306公里，整治农村公路“畅返不畅”破损路面134.5公里，实施农村公路安防工程1001公里，完成水毁路段恢复11公里，整治隐患桥梁242座、公路隧道10座、公路连续长陡下坡5段。全市普通国省干线公路路面使用性能指数（PQI）持续保持在90以上，通过交通运输部检测评价，被省交通运输厅通报为“十三五”国省干线公路迎部评特殊贡献市。

（李艳梅）

客货运输保障　2020年，巴中市客货运输保障不断提升。以“四统一”为着力点，全面推进“金通工程”，农村出行更加便捷。开通平昌至达州和成都、巴中至成都和通江定制客运线路。全面优化春运服务，市交通运输局获“2020年全省道路水路春运工作先进单位”称号。

城市公交更加便民。推动“一城三区”城市客运一体化发展，新增巡游车经营权50个，新增网约车平台公司2家，优化调整巴城公交线路9条，开通社区公交1条，公共交通出行分担率达23%，主城区人口密集地公交线网实现全覆盖。妥善处置到期巡游车经营权324个，开通公交车微信支付，实现巡游出租车二维码小票电子打印，公交便民明显增强。

货运水平稳步提升。加强与农业、供销、烟草、邮政快递等部门合作，鼓励采用“统一配送、集中配送、共同配送”模式，走运邮、运农结合道路，打通农村物流“最后一公里”。出台加快货运物流业转型升级促进高质量发展“八条措施”及实施细则，新增和回引4.5吨以上货运车辆836辆，完成目标任务139%。公路货物周转量37.88亿吨公里，比上年增长3.9%。

（李艳梅）

交通安全监管　2020年，巴中市交通运输行业安全生产形势保持稳定，市交通运输局被省安委会表彰为“2019年‘安全生产月’活动先进单位”。坚守安全红线和底线，围绕安全责任落实，强化“清单制”管理，深化“平安交通”等系列专项行动，检查运输企业、车站、码头、施工建设项目676个次，排查整治隐患和问题178起。开展森林防灭火道路专项整治，编制完成《巴中市森林防灭火专项整治工作整改任务清单》，建成林区林场通场部硬化路、通林下经济节点公路33.55公里。

工程质量稳步提升。组建攻坚团队，实行交通重点项目领导挂联制度，打造交通品质工程。开展在建项目质量安全综合检查16次、专项检查42次，督促整改问题140个。扎实开展工程质量抽检，原材料、路基、桥隧、路面工程及交安设施合格率超98%。巴陕高速公路米仓山隧道先后获四川“天府杯”金奖和国家优质工程奖。

（李艳梅）

2020年，巴中市桥亭镇凤凰村村民聚居点道路　巴中市交通运输局　供图

交通应急管理 2020年，巴中市全面完工交通运输运行监测与应急指挥（二期）系统工程，建成普通国道视频监控点110个，安装车载视频外场终端29套、可变情板1套。实现“两客一危”重点车辆全覆盖动态监控，监控入网率100%。开展安全施工先进装备技术应用专项行动，义阳大桥、文胜隧道、春在隧道等项目采用远程视频监控系统、智能门禁系统和人员实时定位系统，安全质量进一步保障。与平昌县人民政府开展水上救援应急演练，应急救援能力进一步提升。

（李艳梅）

交通法治建设 2020年，巴中市齐抓共建法治交通。制定《巴中市交通运输重大行政决策管理办法》，认真落实法律顾问制度，开展合法性审查，行政决策更加依法科学。稳妥推进交通运输综合行政执法改革，成立“一支队三中心”，做好编制调整和人员转属。全面推行权力清单和责任清单制度，清理行政事项244项，行政执法持续规范。依法公示行政许可、行政处罚信息460条，协助开好巴中“交通在线”频道，广泛接受监督制约。路政执法常态开展，加强路产保护和治超力度，查处损坏侵占公路路产案件124件，清除违法占用公路及公路用地53处，拆除非公路标牌3012幅，查处超限运输车辆852辆次，车辆超限率控制在1%以内。

（李艳梅）

扫黑除恶专项治理 2020年，巴中市扫黑除恶纵深推进。以扫黑除恶治乱为抓手，一体推进“破网、打伞”，攻坚整治城乡客运市场乱象，全市查处运输企业违法违规经营行为45起、客货运车辆违规经营行为417起，查处“黑车”750辆次，注销网约车平台公司3家，撤销网约车从业资格证6个，公开曝光非法营运驾驶员29人，移交法院非法营运案件400件，强制执行602件（含2020年前移交案件），刑事、行政拘留3人。市交通运输局被省扫黑办表彰为“2019年度扫黑除恶专项斗争先进单位”。

（李艳梅）

交通环境保护 2020年，巴中市持续开展交通环境保护治理，绿色交通深入人心。加大新能源汽车推广应用力度，全市新增新能源公交车30辆、出租车33辆，新增清洁能源出租车200辆。三级以上客运站实现联网售票，危货运输100%使用电子运单，全市一、二类汽修服务企业危险废物规范处置率达100%。排查整治渡口（码头）、船舶污染问题93个。中央、省督察反馈交通环保问题全面完成整改，建立完善长效治理制度机制。

（李艳梅）

交通政务服务 2020年，巴中市交通运输政务服务日益优化。着力建设“全国一流、全省领先”营商环境，深化“马上办、网上办、就近办、一次办”改革，行政审批要件、时限、环节平均减少30%、50%、60%，90%实现全程网办，100%实现“最多跑一次”。持续开展延时服务、节假日预约服务、特殊群体代办服务、“绿色通道”服务，便民举措提质增效。“12345（12328）”监督电话高效运行，限时办结率97.98%，群众满意率99.39%以上，市交通运输局被表彰为全省“12328”服务电话先进集体。

（李艳梅）

新冠肺炎疫情防控 2020年，巴中市交通运输系统全力防疫抗疫。严防死守狠抓前期。市交通运输部门全员复岗复工，按照“一断三不断”“三不一优先”“八项举措”要求，暂停省际班线34条、市际班线61条，保留市级班线3条。设置普通国省干线公路检测点26个，对辖区服务区、车站、码头严格实施病毒消杀、体温测量、车辆人员管控等措施。对在营公交、出租汽车坚持每日必消毒、每班必通风。逗硬执行“七不出站”规定，所有客运车辆、船舶司乘人员全程佩戴口罩。全市未发生新冠疫情通过交通运输工具传播。保运保畅助力复工。疫情中期，常态开展路面巡查和养护，拆除违法和不规范设置交通卡点22处，全力保障公路畅通。按照“一摸排、二对接、三检测、四疏运”方式，落实九条措施，实行“一车一方案”，“春风行动”累计开行省际、市际车辆2700班次，运送返岗民工5.66万人，被省交通运输厅标表彰为先进单位。以“预约响应为主、班线运输为辅、应急运输兜底”，因地制宜分类施策，满足农村群众出行需求。同时，加强城市客流量监测，动态调整公交、出租运力，全面保障市民出行。常态防控杜绝反弹。后疫情期，持续落实“八项举措”“五项规定”“首站负责制”“三个100%”等规定，加强重点区域和人员信息排查登记，刚性落实“健康码”“行程码”查验。定期组织冷链物流一线人员全员核酸检测，对运输车辆一趟次一消毒，坚决执行“三不承运”规定，强化单证查验和信息登记。修订完善秋冬季疫情防控应急预案，全方位开展“疫情防控应急演练月”活动，储备足量防疫物资，加强应急值班值守，严防疫情反弹。

（李艳梅）

雅安市交通

YAAN SHI JIAOTONG

2020年雅安市交通运输能力概况

公路交通运输			
通车里程	总里程（公里）		6747
	其中	高速公路	341
		一级公路	35
		二级公路	607
		三级公路	375
		四级公路	5059
		等外公路	330
公路密度	按国土面积计算：每百平方公里44.98公里		
	按人口计算：每万人43.89公里		
通达程度	通公路的乡镇137个，占乡镇100%		
	通公路的村1004个，占村100%		
客运站	总数（个）		468
	其中	一级站	2
		二级站	3
		三级站	5
		四级及以下站	458
营运车辆	总数（辆）	14025	
	其中	客车1105辆20083座	
		货车12920辆190343吨	
公路运量	客运	客运量（万人次）	1138.6
		旅客周转量（万人公里）	41494
	货运	货运量（万吨）	5030.1
		货物周转量（万吨公里）	612756
内河航运运输			
通航里程	总里程（公里）		351
	其中	三级航道	
		四级航道	
		五级航道	72
		六级航道	
		七级航道	279
港口（码头）	总数（个）		23
	吞吐量	旅客吞吐量（万人次）	15.0243
		货物吞吐量（万吨）	
水路运量	客运	客运量（万人次）	15.2354
		旅客周转量（万人公里）	91.4124
	货运	货运量（万吨）	
		货物周转量（万吨公里）	
营运船舶	总数（艘）	12	
	其中	客船8艘352座	
		货船 艘 吨	
城市公交运输			
营运车辆	298辆		
公交线路	32条		
公交站	1210个		
运量	0.23亿人次		

交通建设概况 2020年，雅安境内建成成雅、雅西、雅乐、邛名、雅康5条高速公路，计341公里，全省排名第7位，占比5%；在建峨汉高速公路，里程35公里；在建泸石高速公路，里程36公里。荥峨高速公路工程可行性研究及勘察设计开标，工程可行性研究报告编制加速推进。全市通车里程6747公里，其中高速公路341公里，国道5条630公里，省道10条609公里，农村公路4905公里，专用公路262公里，公路密度每百平方公里44.98公里、每万人43.89公里；二级以上公路里程982公里，占比14.6%，全省排名第2位，其中国省干线中二级以上公路里程613公里，占比49%。

2020年11月9日，国道108线荥经段秋色景观 韩 毅 摄

交通固定资产投资 2020年雅安市完成交通固定资产投资58亿元，为目标任务的118.37%；其中市本级完成14.59亿元，为目标任务的100.6%。高速公路完成投资21亿元，为目标任务的117%。国省干线完成投资27亿元，为目标任务的113%。农村公路及其他专项完成投资10亿元，为目标任务130%。名山客运枢纽站累计完成投资5335万元。

国道549线石棉境内段改建工程 该项目为交通运输部“十三五”规划项目。路线起点位于广元村雅西高速桥下与国道108线相接，终点位于白水河电站与九龙县交界，路线全长39.26公里(含断链69.46米)，路基宽8.5～7.5米，采用二级和三级公路技术标准（特殊路段适当降低标准），资金来源为上级补助及地方自筹，项目预算总投资45263.08万元，其中建筑安装工程费34924.71万元。该项目于2020年11月开工，截至年底，国道549线石棉境内段改建工程一标段完成项目部驻地、拌合站、工地实验室建设，完成部分施工便道等临时工程，二标、三标准备送审财政评审；完成投资2100万元。

峨汉高速公路 峨汉高速公路是四川省规划的高速公路网中东西横线汉源至自贡的一段，是雅安南向出川的重要通道，连接攀西辐射川南。路线全长123公里，总投资206.75亿元。雅安汉源境内长34.29公里，投资61.28亿元。主要控制点：峨眉山、峨边、金口河、乌斯河、万工、富泉，汉源。项目于2017年11月开工建设，计划2022年11月建成。截至2020年底，峨汉高速公路完成年度投资13.96亿元，路基工程完成90%，桥涵工程完成70%，隧道工程完成73%。

泸石高速公路 项目全长96.9公里，估算总投资约160.73亿元，其中石棉境内长36公里，估算投资约65亿元。重要节点：泸定县咱里镇、伞岗坪枢纽互通、泸定南互通、冷碛互通、海螺沟互通、田湾河互通、安顺互通、大杉树枢纽互通。项目于2020年6月开工建设，预计2024年6月建成。截至年底，泸石高速公路完成年度投资7.06亿元，为年度计划的117.6%，全面开展全线隧道、重要涉水桥梁施工。

成雅快速通道（雅安段）新建 成雅快速通道起于雅安市名山区与成都市蒲江县交界处观音阁，经名山区茅河、红星、解放、车岭、前进、永兴、雨城区草坝、大兴、南郊，止于对岩镇，新建里程50.14公里（不含南外环线利用段10.49公里）。该项目采用PPP模式由中建股份有限公司投资建设、运营维护，建设期2.5年，运营维护期12年。项目估算投资34.69亿元。该项目于2017年11月开工，截至2020年底，成雅快速通道项目完成年度投资7.17亿元，全线路基贯通，大部分路基工程进入拟交验阶段，路面结构水稳底基层完成2.7公里，水津关青衣江特大桥左幅连续梁合龙，三座隧道均贯通。

2020年6月22日，成雅快速通道水井湾隧道右洞贯通

雅安市交通运输 供图

雨名快速通道 项目起于雨城区雅州大道与爱国路平交口，利用原路至金鸡关隧道口，将金鸡关隧道进行开挖以明线方式通行，于清泉寺隧道口附近上跨成雅高速公路，经罗家山、原山墅北侧、丁家坝至龙奠桥，与国道318线平交并止于名山区城西火烧桥。路线全长5.88公里。项目估算投资13亿元，于2018年12月开工建设，建

2020年2月1日，建设中的雨名快速通道项目 韩 毅 摄

设工期2.5年。截至2020年底，雨名快速通道项目完成年度投资3亿元，金鸡关挖方、抗滑桩、隧道拆除及回填全部完成；金鸡关段右幅完成水稳底基层施工；三座桥梁下部结构完成施工，丁家坝大桥完成梁片架设；收费站、机电工程及名山服务区启动建设。

雅安东互通综合提升改造 项目主线起于成雅高速公路与雅乐高速公路交叉的水碾坝枢纽西南侧0.6公里范围，止于成雅高速公路基整幅点，主线改造范围主要是金鸡关互通范围的分离式路基段，改造长度2.06公里；金鸡关互通起于雨名快速通道，原金鸡关隧道洞口附近，互通匝道布线均下穿雨名快速通道，上跨成雅高速公路主线并接于成雅高速公路改造段，新建金鸡关互通匝道总长1.92公里。项目估算投资2.2亿元，于2020年3月开工建设，截至年底，完成年度投资1.1亿元，成雅高速公路保通便道建成通车，主线及匝道路基填挖方基本完成，主线右幅建成通车，桥梁工程下部结构基本完成，梁板全部预制完成，并架设70%。

多营青衣江大桥 多营青衣江大桥项目，又名搭沟漩码头渡改桥工程；项目起于国道318线多营绕城与玉屏街平交口，下穿雅康高速公路，与国道108线平交并止于108线。该项目路线全长1.61公里，全宽24.50米。其中，青衣江大桥590.75米，多营岸连接线671米，对岩岸连接线351米。项目估算投资1.8亿元，于2017年11月开工，截至2020年底，完成所有桩基、墩柱、引桥梁板浇筑；完成主桥左、右幅合龙；完成全线（除主桥右幅）沥青下面层铺筑；完成主桥左幅人行道护栏、面板安装。

草坝青衣江大桥 草坝青衣江大桥，又名茶地坎渡改桥；项目是雅安“十三五”交通发展规划重点项目，也是雅安市2020年重点项目。起于草坝镇年代路与兴业路交叉处，途径河岗村，跨青衣江至对岸徐山村，止于大兴至和龙连接线。桥梁全长1.27公里，桥宽24.5米，双向四车道。项目估算投资3亿元。2019年11月开工，计划2021年11月完工。截至2020年底，完成年度投资1.5亿元；完成第一联现浇箱梁；后引桥桩基完成8根；主桥完成全部桩基、承台、墩身浇筑，上部连续梁施工展开。

省道104线草坝至姚桥段改建 项目起于省道104线与草坝市政道路龙洲路交叉口处，沿青衣江而上，途经大垭口、顶峰村、梯子岩，止于姚桥镇省道104线与东外环路平交处，路线全长6.19公里，一级公路技术标准，设计时速60公里，路基宽25.5米，估算投资4.15亿元。该项目于2019年12月开工，计划2021年12月完工。截至2020年底，省道104线草坝至姚桥段新（改）建项目完成年度投资2亿元，桥梁桩基全部完成，下部构造基本完成；梁板架设完成120片，挡防工程完成6.33万立方米。

农村公路建设 2020年，眉山完成新（改）建农村公路276公里，为目标任务的138%，完成桥梁建设5座，完成投资6.6亿元，为目标任务的165%。CZ铁路四川段配套公路（国道318线雅安市境内多营至二郎山段）建设桥梁检测加固工程完成项目工程可行性研究报告并批复完成，同步完成项目施工图设计；新建铁路CZ线雅安至林芝段施工道路改建农村公路（雅安境）完成项目工程可行性研究报告，项目施工图设计同步编制完成，市政府与CZ铁路有限公司签订项目代建协议书。

“两通”工程 2020年，雅安市完成66个建制村通客车任务，分别是：雨城区6个，名山区2个，天全县25个，芦山县3个，宝兴县9个，荥经县6个，汉源县6个，石棉县9个。提前完成29个具备通客车条件建制村通客车任务，通过窄路加宽、增设安防设施和会车道后，完成37个暂不具备通客车条件的建制村通客车的目标任务。全市1004个（撤乡并镇前）建制村中，有989个建制村通客车，通车率98.5%。

2020年10月21日，草坝青衣江大桥施工现场　　韩毅 摄

完成“金通工程”试点 2020年，雅安市名山区完成乡村客运“金通工程”试点县建设工作，114辆农村客运车辆车身外观统一，农村客运标志统一；205名农客驾驶员

全部完成换装，着统一工装、工牌上岗；安装村级招呼站牌155个；新开通通村线路23条。

水路建设管理 2020年，雅安完成市级（含雨城区）水上交通安全监测巡航救助一体化建设专项工程土建部分官网招标。启动项目信息化部分清单编制工作。芦山县完成信息化部分安装工作。雅安市无水港建设项目（一期）完成年度投资1亿元，场平工程全面完成；完成辅道碎石垫层及水稳层铺筑；完成港务大楼一、二层施工，开展第三层施工。全年完成4家水路运输企业的核查工作，完成客渡运量91.41万人次，未发生水上交通安全事故。全年检查162次，出动人员648人次，检查船舶324艘次。

铁路运输 2020年，成雅铁路火车最高每日往返28对，运行时间最快缩短至54分钟，发车间隔缩短至9分钟，实现成雅动车公交化运行。雅安站年发送旅客65.75万人次，到达66.63人次，旅客全年到发量超过132万人次。汉源乌斯河火车站年发送旅客24770人，到达旅客29101人，发送货物14103车、90.11万吨，到达2378车。

公路运输 2020年，雅安市完成客运量1138.6万人，旅客周转量41949万人公里，货运量5030.1万吨，货物周转量612756万吨公里，客运量、旅客周转量、货运量比上年分别下降34.42%、30.7%、5.55%，货物周转量比上年增长5.22%。春运期间，发班6.39万个班次（其中加班136个班次），安全运送旅客67.31万人次（不含出租车、公交车），与上年同比下降54.57%。春运期间，开展车辆消毒1.25万辆/次，开展运输站场消毒44205平方米，体温监测1.8万人/次，播放宣传视频7.8万次，张贴宣传画报及横幅34个，投入一线干部职工410人，应急储备车辆客车115辆，货车214辆。

新开通12路公交车（无水港物流分拨中心—草坝客运站）。互联互通发卡量累计57464张，共有公交线路12条，实现互联互通线路12条。雨城区众程公司经营8路公交15辆公交车按1:1.5的比例置换成23辆出租汽车，将众程公司公交经营权收归国有。开展道路运输行业质量信誉考评，全市5家道路旅客运输企业均评为AAA级；对7家从事危险货物运输企业进行2019年度质量信誉考核、复核，其中3家评为AAA级、4家评为AA级，4家车辆技术维修企业评为AAA级。8942辆重点营运车辆纳入市重点营运车辆卫星定位动态监控中心进行监控，车辆入网率100%，其中729辆“两客一危”运输车辆推行加装和使用主动安全智能防控系统装置。

“春风行动” 2020年，在新冠肺炎疫情防控背景下，雅安市扎实开展“春风行动”，开行农民工返岗专车86趟次分赴全国各地，累计运送1481名农民工安全返岗。其中，省际30趟次，运送563人；市际33趟次，运送531人；雅安市内23趟次，运送387人。3月17日，组织四川省首批进入湖北省农民工乘坐“春风行动”专车返岗，也是湖北省首批大规模外省农民工返岗，受到《人民日报》等20多家媒体关注。

公路养护管理 2020年，雅安市完成大中修项目166.65公里，其中大修工程92公里、中修工程65.8公里、预防性养护工程8.86公里，完成投资2.6亿元。完成泥巴山停车区、青衣江源停车区、五道拐停车区、草坝服务区的建设和流沙河机养中心、石棉县大冲养护站、芦山县思延机养中心、天全县罗代养护站的维修整治工作。完成2019年“8·22”水毁整治项目、雅安市国省干线公路命名编号调整工程（国道）各项建设工作。完成国道351线（芦山至夹金山垭口段）水毁整治项目、国道432线水毁整治项目、省道308线芦山至宝兴段水毁整治项目、青鼻山公园（一期）陇西河桥梁工程。2020年度，雅安市国省干线PQI值为92.02，超目标任务2.02。开展督查、巡查、检查220余人次，车辆120余辆次，机具100余台次，排查出地质灾害隐患点59处，建立台账，并采取警示、巡查、值守预警等相应措施。组建1支防灾减灾抢险保通应急保障大队和8支防灾减灾抢险保通应急保障分队并开展应急演练。完成北外环路青鼻山隧道衬砌应急

2020年7月17日，2020年雅安市交通系统综合应急救助演练　韩　毅　摄

处治工程。

全年全市公路巡查率95%以上，发生各种侵占、损坏公路路产和公路设施案件947起，查处947起，查处率100%。清障排障429起。

公路质量监督 2020年，雅安市交通运输部门对全市范围内高速公路、国省干线新（改）建工程进行100%全覆盖质量安全监督，全年监督在建工程25个，全市交通在建工程未发生较大生产安全事故，未发生重大质量事故，工程质量通病发生率稳中有降，工程质量处于受控状态。

安全生产管理 2020年，雅安市交通运输行业安全生产态势总体平稳，全年未发生较大及以上生产安全事故。全年市本级组织检查组72个，检查企业322家（次），发现并整改问题376项，整改率为100%，完成全年安全生产目标任务。

道路运输行业管理 2020年，雅安市有道路客运业户33户，其中，从事班车客运和包车客运7户，农村客运3户；从事出租、公交企业23户。道路货物运输企业334户，其中，普通货运327户，货物专用运输0户，危险货物运输企业7户。驾驶培训学校25所，实际使用教练车470辆，教练员552人。维修企业794家。有客运站61个，其中一级客运站2个、二级客运站3个、三级客运站5个、农村客运站51个；全市开通客运线路168条，其中跨省客运线路2条，跨市（州）客运线路71条，跨县客运线路17条，县内线路（农村客运）78条；有客运车辆1141辆，其中，班线客运298辆，农村客运786辆，包车客运（旅游）41辆，景区内车辆16辆，出租汽车567辆，公交车298辆；营运货车12473辆；农村客运通乡（镇）137个，通达率100%，具备条件的989个建制村均实现通客车，具备通客车条件的建制村通达率 100%；道路运输从业人员51281人。动员406名交通运输行业党员干部组成16支突击队，监测排查800多万人次，实现无旅客“带病”离站。推行“一检多认”“一检通认”，全市43个交通续建项目在2个月内实现全面复工达产，在省内领先复工。

交通执法专项治理 2020年，雅安市开展交通执法专项治理。开展“打非治违”专项治理，市交通运输综合行政执法支队出动执法人员14448人次，检查车辆4428辆次，查获非法违法经营车辆85辆，其中“黑车”80辆。查处未持有有效包车客运标志进行经营5起、违规驾校3所。全市超限超载治理投入执法人员11900人次，检查货运车辆154722辆次，查处违法超限车辆1412辆次，卸载超限车辆1331辆次，卸载吨位49930吨，发出违法超限运输车辆抄告430份，违法超限运输比例0.91%。开展超限超载专项整治，重点打击“百吨王”等恶性超限违法行为，处罚“百吨王”车辆39辆。

交通环境污染防治 2020年，雅安市新增及更新公交车70辆，全部为新能源公交车。至年底，全市有新能源公交车158辆，占比53.38%。全市建立机动车排放污染治理维修企业（M站）38家，其中雨城区14家、名山区8家、荥经县3家、汉源县4家、石棉县5家、天全县2家、芦山县2家。完成中央、省级生态环保督察生态环境问题整改。

全面实施机动车排放检验与维护（I/M）制度，完成对全市具有机动车排放检验机构（I站）区县的全覆盖，治理维修企业（M站）与机动车排放检验机构（I站）完成系统联网，实现对大气污染物排放超标车辆的“检验、维修、复检”闭环管理。截至年底，全市M站治理合格尾气排放超标车辆1703辆。强化汽车维修电子健康档案系统建设，全市安装汽车维修电子健康档案系统204家，其中，一类维修企业16家，二类维修企业182家，三类综合小修6家，全面完成一、二类汽车维修企业系统建设与数据对接工作，覆盖率100%。全市维修企业升级改造喷烤漆房151个，推广使用水性漆20户。

驾驶培训管理 2020年，雅安市驾培机构培训初学学员17106人，完成1356人客货运、危险品运输从业资格培训和2335人次从业资格考试；通过全省一体化政务服务平台核发、换发从业资格证近9670个。全市道路运输驾驶员继续教育注册学员计7989人，结业人数6172人。全市25所驾培机构均安装使用计时培训系统，推行“计时收费、先培后付”模式，覆盖率100%；全市实际使用教练车470辆，计时车载终端设备安装率100%，教练员553人。

开展驾培市场监管突出问题专项整治。2020年，全市交通运输系统完成收受驾培机构红包礼金、参与驾培机构经营、接受驾培机构吃请等违法违规情况自查工作，逐一梳理汇总2013年1月1日以来“96515”电话、“12328”电话、信访部门、北纬网等收到的驾培市场线索及处理情况330件，对全市25家驾培机构信息进行公示。组成检查组，在驾校培训现场发放问卷调查表110余份，与150名学员进行座谈，查阅336辆教练车档案、298名教练员档案、15所驾培机构每月教育培训记录。

（本栏目供稿单位：雅安市交通运输局）

眉山市交通

MEISHAN SHI JIAOTONG

2020年眉山市交通运输能力概况

公路交通运输			
通车里程	总里程（公里）		8622.3
	其中	高速公路	457.6
		一级公路	393.8
		二级公路	465.8
		三级公路	391.0
		四级公路	6286.0
		等外公路	628.1
公路密度	按国土面积计算：每百平方公里120.9公里		
	按人口计算：每万人25.19公里		
通达程度	通公路的乡镇72个，占乡镇100%		
	通公路的村1272个，占村100%		
客运站	总数（个）		891
	其中	一级站	1
		二级站	6
		三级站	2
		四级及以下站	882
营运车辆	总数（辆）		22898
	其中	客车1418辆32862座	
		货车21480辆238369吨	
公路运量	客运	客运量（万人次）	1650
		旅客周转量（万人公里）	74241
	货运	货运量（万吨）	8463
		货物周转量（万吨公里）	677879
内河航运运输			
通航里程	总里程（公里）		280
	其中	三级航道	
		四级航道	
		五级航道	
		六级航道	78.7
		七级航道	11.02
港口（码头）	总数（个）		34
	吞吐量	旅客吞吐量（万人次）	15.1
		货物吞吐量（万吨）	
水路运量	客运	客运量（万人次）	12.0
		旅客周转量（万人公里）	159
	货运	货运量（万吨）	
		货物周转量（万吨公里）	
营运船舶	总数（艘）		157
	其中	客船122艘2782座	
		货船35艘3563吨	
城市公交运输			
营运车辆	926辆		
公交线路	74条		
公交站	1020个		
运量	人次0.810亿		

“十三五”交通概况 从2016年以来，眉山市持续实施“千亿交通大会战”，交通建设投资持续高位运行，实现投资大增长。2016—2020年，综合交通投资分别完成116亿元、137亿元、148亿元、153亿元、158亿元。全市“十三五”综合交通建设完成投资超700亿元，比“十二五”增长50%以上，交通建设投资连年占全市固定资产投资10%以上。“十三五”期间，眉山高速公路完成新建3条159.5公里（简蒲高速公路、仁沐新高速公路仁寿段、成宜高速公路仁寿段）、完成扩容改造1条28公里（成乐高速公路扩容改造眉山互通至青龙段），全市高速公路通车里程458公里，较“十二五”期末增加159公里，高速公路网密度达每百平方公里6.4公里，是全省的3.5倍以上。实现县县通高速公路，其中仁寿县通高速公路5条。快速公路大发展，全市完成一级快速路7条145.5公里，太和大道、工业大道夹江界至青龙段、滨江大道东坡区至彭祖新城段、岷东大道青神县城以北段、洪雅至峨眉山旅游快速通道起点至柳江段、天府仁寿大道成黑快速通道至城区段、岷黑快速通道等一批六车道、八车道快速道路陆续建成，多条快速路与成都实现无缝对接，形成内通外畅、互联互通的快速路网体系。农村公路大提档，全市累计投入30亿元，完成新（改）建农村公路2130公里，农村公路从路面完好程度到技术标准都有很大提高，基本消除了烂路。在助力乡村振兴、脱贫攻方面，2017年完成全市316个贫困村302公里村道建设，提前一年完成脱贫攻坚交通任务。岷江航电大提速，全市同时新开工3座岷江航电（汤坝、尖子山、虎渡溪），岷江航电进入建设高峰期。至2020年底，汤坝航

眉山丹棱县奔康大道廖金段　　丹棱县交通运输局　供图

电完成主体工程，即将蓄水发电。轨道交通大谋划，成昆铁路复线建成通车，连汪燕铁路稳步推进。同时，抢抓成眉交通同城化机遇，谋划成眉市域铁路S5线、S5天府支线、S13线、成都外环铁路等一批轨道交通项目，基本实现县县规划布局轨道交通。

交通运输规划　2020年，眉山市交通运输规划取得实质进展。形成"十四五"综合交通运输发展规划纲要、"十四五"综合交通规划前课题调研报告，梳理"十四五"综合交通运输发展规划重点项目，12月，眉山市"十四五"综合交通运输发展规划初步成果形成。全市交通基础设施国土空间控制规划"1+1+3"文本报告初步成果形成。推进农村公路网规划编制工作，实施完成全市农村公路规划方案；年内，经省交通运输厅审定，确认全市农村公路共8602公里，其中县道2412公里、乡道3280公里、村道2911公里。编制交通运输服务专项规划，总结全市"十三五"抢抓成眉同城化发展战略机遇，梳理"十四五"交通运输服务完善运输场站布局、客运服务升级、货运降本增效、安全应急保障等，形成"十四五"交通运输服务专项规划初稿。

成眉交通同城化发展规划。在省同城办统筹下，眉山市交通运输局加强与成都交通运输局规划协同，实现规划同网、共绘蓝图，轨道线路、高速公路、快速通道成眉间规划建设"7高、8轨、16快"31个综合交通大通道。两市共同争取将市域铁路S5线纳入《成都都市圈发展规划》和《成德眉资同城化综合交通发展专项规划（2020—2025）》，积极配合省发展改革委向国家发展改革委汇报，力争国家发展改革委尽快印发《成渝地区双城经济圈多层次轨道交通规划》。2020年7月27日，成眉两市签订《关于市域铁路S5线共建共管协议》，共同与省铁投集团签订《关于成都外环铁路共建共管框架合作协议》，加速成眉两市间轨道交通建设。2020年12月31日，成都至宜宾高速公路仁寿段建成通车。北上"六横九纵"城际快速路建成通车2条（剑南岷东大道、天府大道），加快推进10条城际快速路（天邛快速—环天府新区快速、丹蒲快速、梓州大道南延线、锦江大道、仁简快速、金简黄快速、工业大道、滨江大道、益州大道南延线、通江大道），开展前期研究工作3条城际快速路（彭邛快速、东蒲快速、彭蒲快速）。东进"一横五连"城际快速路加快建设2条（仁简快速、金简黄快速），开展前期研究工作4条城际快速路（眉州大道东西延线、眉资快速路、仁寿至资中快速、天府大道南延线）。成眉动车"公交化"迈出一大步，眉山东站列次大幅增加，按照第四季度列车运行图，成眉间动车开行列车数量达80列次/日，比年初的57列次/日增加23列次/日（增幅达40.4%），经停成都南站列次达23列次/日，比年初的12列次/日增加11列次/日（增加近1倍）。成眉跨市公交线路优化完善，在2018年开通"视高—兴隆湖"T50跨市公交的基础上，于2020年1月10日新开通"彭山—黄龙溪"S101线、S102线，"彭山—新津"SK4三条跨市公交线路。

相关链接

"7高、8轨、16快"："7高"指成雅高速公路、成都经济区环线高速公路、成乐高速公路、成自泸赤高速公路、成宜高速公路、彭峨高速公路、天府新区经眉山至乐山高速公路。"8轨"指成昆铁路、成贵高铁、川藏铁路、成都城际外环线铁路、成眉市域铁路S5线天府机场支线、成眉市域铁路S5线（含仁寿支线）、成眉市域铁路S13线、成昆高铁。"16快"指工业大道、剑南岷东大道、天府大道、滨江大道、天邛快速+环天府新区快速、丹蒲快速、金简仁快速、金简黄快速、彭邛快速、东蒲快速、彭蒲快速、锦江大道、梓州大道南延线、益州大道南延线、通江大道、眉资快速路（成渝高速至成宜高速公路联络线）。

交通项目资金争取　2020年，眉山市交通运输项目资金争取成效显著。经积极争取，将原未入省网规划的在建项目天府大道眉山段、环城公路南环线、环天府新区快速通道、红星路南延线、仁简快速通道、洪雅七里坪连接线、洪雅东岳至夹江公路7条路158公里快速公路，通过规划调整全部纳入补助项目范围；按照相关补助政策，国省干线可争取补助资金额度达12亿元，2020年年度到位资金32487万元。

至年底，向上争取到位项目部省补助资金累计68534.61万元，包括：村道危桥改造车购税资金138万元，县乡道危桥改造车购税资金76万元，普通国省道交通工程与附属设施车购税资金300万元，普通国省干线服务区建设车购税资金20万元，国省道提档升级省补资金47663万元，国省干线公路养护工程省补资金1550万元，水上交通安全监测巡航救助一体化建设省补资金42万元，水路交通“厕所革命”省补资金1.2万元，农村客运省补资金400万元，渡改公路桥建设省补资金3988万元，幸福美丽乡村示范路省补资金7922万元，最美竹林风景线竹产业公路省补资金3665万元，通乡通村硬化路“畅返不畅”整治资金202.4万元，船舶和港口污染防治突出问题整治资金10.29万元，农村客运村级招呼站牌“通返不通”整治资金243.72万元，公路灾毁应急抢修保通资金900万元，农村公路路网完善工程665.6万元，农村公路灾后恢复重建工程247.4万元，内河水运灾后恢复重建工程500万元。

交通基础设施建设 2020年，眉山市综合交通建设完成投资158.8亿元。全年新开工一级公路4条75公里（梓州大道南延线、益州大道南延线、仁简快速通道、天府大道二峨山段），二级公路1条27.7公里（省道307线夹江界至东岳段），独立大桥1座（彭山岷江大桥）；建成高速公路一条56公里（成宜高速公路仁寿段），一级公路2条30.7公里（太和大道、工业大道东坡区南段），二级公路1条23.7公里（国道351线富加至资阳段），独立大桥1座（青神岷江二桥）；续建铁路1条30公里（连汪燕铁路仁寿段），高速公路1条27公里（成乐高速公路扩容眉山互通至乐山界），一级公路6条183公里（天府大道眉山段、眉山绕城公路南环线、环天府新区快速通道、红星路南延线仁寿段、洪雅至峨眉山旅游快速通道、丹棱至蒲江快速路），二级公路2条44.6公里（瓦屋山旅游快速通道袁坪至瓦屋山镇段、丹棱至名山路），航电项目3个（汤坝、尖子山、虎渡溪航电枢纽）。年内，根据省交通运输厅交通脱贫攻坚工作安排，省市联动，对眉山所有乡（镇）、村的通路、通车情况进行现场查看。7月初，全市204段、161公里“畅返不畅”完成整改，203个村“通返不通”完成整改。

9月，洪雅平乐通用机场通过军方军民航空域协同会、机场场址研究技术咨询会、民航西南地区管理局选址报告评审会，场址报批工作取得阶段性突破。按专家评审组意见修改完善选址报告相关材料，提交专家进一步审定。

眉山美丽乡村生态旅游环线 丹棱县交通运输局 供图

成宜高速公路建成通车 成都至宜宾高速公路起于成都经济区环线高速公路，对接成都天府国际机场高速公路南线，经成都、眉山、内江、自贡、宜宾，止于乐宜高速公路中峰寺，是成都至宜宾最快捷的通道，也是通往云南南向重要高速公路大通道，路线全长157公里，全线采用双向六车道标准建设，设计时速120公里，路基宽34.5米，沥青混凝土路面。其中眉山（仁寿）境内长56公里，投资估算72.3亿元。2016年12月，成都、眉山、内江、自贡、宜宾五市政府与四川省铁路产业投资集团有限责任公司签订《成都至宜宾高速公路合作共建投资协议》。2017年3月工程可行性报告经省发展改革委批复，3月15日在宜宾市召开项目开工动员大会，11月20日仁寿县政府启动征地拆迁工作，12月施工单位进场开展驻地建设。2018年6月22日全线开工，由广东省交通规划设计研究院股份有限公司和招商局重庆交通科研设计院有限公司设计，四川省公路工程咨询监理事务所有限责任公司监理，四川川交路桥有限责任公司、中建路桥集团有限公司等施工。2020年12月建成，12月31日开通运营，标志着全省高速公路通车运营里程突破8000公里。2020年完成投资27.06亿元，累计完成投资66.67亿元。

成乐高速公路扩容项目眉山段建设 国道0512线成都至乐山高速公路扩容工程位于四川省成都市、眉山市和乐山市境内，是连接成都双流机场与三市的重要快速通道，分为主线和乐山城区过境复线两部分，总长141.29公里，总投资估算231亿元，新建、扩建段均为双向八车道，路宽分别为42米和41米，设计时速120公里和100公里，沥青混凝土路面。项目主线划分为成都三环路川藏立交至彭山青龙场段新建复线和青龙场至乐山段原路加宽两段，主线起点位于成都市三环路川藏立交，止于乐山张徐坝互通，在张徐坝互通顺接乐宜高速公路并与乐雅高速公路形成十字交叉，里程129.93公里。乐山城区过境复线起于棉竹北枢纽互通跨青衣江大桥西侧桥台，顺接乐自高速公路乐山城区连接线，止于冷山枢纽互通，与乐雅高速公路十字交叉，顺接乐雅高速公路峨眉连接线，里程11.36公里。项目全线工程可行性研究报告于2017年5月16日获省发展改革委核准批复，分三期进行建设，眉山市境内长60公里，估算投资60亿元。一期工程青龙场至眉山互通试验段长28公里，于2019年11月27日建成通车。二期工程眉山互通至乐山交界段长31.5公里，其中主线26.5公里，青神互通连接线5公里，基本沿主路加宽改造（4改8）。2019年6月开工建设，由省公路设计院公司设计，四川交投建设工程股份有限公司施工，四川省亚通工程咨询有限公司监理，路基、桥涵及互通施工有序进行。三期工程青龙场枢纽互通至二绕段眉山境内4.1公里双向八车道新建高架桥段，2020年10月开工建设，由省公路设计院公司设计，中交第四公路工程有限公司施工，重庆交通管理咨询有限公司监理，至年底，进场道路清表和场站建设有序推进。2020年，眉山段（含青神连接线）完成投资6.78亿元，累计完成投资39.53亿元。

太和大道建设通车 太和大道起于东坡区东坡大道与科工园三路交叉处，经简蒲高速公路眉山互通，止于彭山区彭祖大道南段与凤鸣大道交叉口，全长9.66公里，一级城市主干道，同步建设地下综合管廊，路幅宽80米，双向八车道，设计时速60公里，沥青混凝土路面，总投资16亿元。项目划分为2个土建标段，1个地下综合管廊标段9.7公里（东坡区7.84公里，彭山区1.86公里），1个绿化亮化标段。业主为眉山市恒信交通投资建设有限公司，由中国市政工程西南设计研究总院有限公司设计，四川精正建设管理咨询有限公司、成都衡泰工程管理有限责任公司等单位监理。2016年8月10日开工建设土建一标段2.5公里，重庆建工第一市政工程有限责任公司中标承建。2016年10月8日开工建设土建二标段7.2公里，陕西建工第六建设集团有限公司中标承建。2017年5月开工建设综合管廊标段，四川欧鹏建筑工程公司牵头与四川华西安装工程有限公司组成投标联合体中标承建。2018年11月开工建设绿化标段，博大环境有限公司中标承建。2020年9月，全线建成通车，完成投资2亿元，累计完成投资16.32亿元。

工业大道国道351线至夹江界段建成通车 工业大道国道351线至夹江界（工业大道东坡区南段）段起于国道351线，连接工业大道国道351线至彭山界段，经白马镇、象耳镇、修文镇、崇仁镇，止于夹江县界，全长21公里，一级公路技术标准，沥青混凝土路面，总投资13.7亿元，由东坡区投资建设。其中国道351线至眉山环城公路南环线段长4.5公里，路基宽30米，双向六车道，设计时速60公里；南环线至夹江界段长16.5公里，路基宽23米，双向四车道，设计时速60公里。2018年8月开工建设，由省交通设计研究院公司设计，四川亚通公路监理所监理，黑龙江省龙建路桥第四工程有限公司和江西省宏发路桥建筑工程有限公司施工，2020年10月建成通车，完成投资3亿元，累计完成投资13.7亿元。

眉山工业大道东坡区南段　　古良驹　摄

国道351线富加至资阳段建成通车 国道315线富加至资阳段起于仁寿县富加镇，与县道富顺路（富加至禾加公路）相交，止于仁寿县与资阳市交界处分水村（甘古井）衔接既有省道106线，道路全长23.90公里，总投资5.77亿元，二级公路标准，设计速度60公里，路基宽

12米，沥青混凝土路面，仁寿县投资建设。2017年9月开工建设，由中国中铁二院工程集团有限责任公司设计，河北德鑫工程监理咨询有限公司监理，浙江八咏公路工程有限公司施工。2020年12月建成通车，完成投资0.6亿元，累计完成投资5.8亿元。

青神岷江二桥建成通车 青神岷江二桥新建工程全长1295米（引道366.5米，桥梁928.5米），宽度30.5米，桥梁主桥为80+140+80米预应力砼连续梁桥，主梁为变高度箱形梁，下部结构桥墩采用空心墩，一级公路技术标准，沥青混凝土路面，设计时速60公里，总投资5.2亿元。2017年10月开工建设，由省公路设计研究院公司设计，四川合石工程咨询监理有限公司监理，国诚集团有限公司建设。2020年9月建成通车，完成投资8600万元，累计完成投资5.2亿元。

2020年9月22日，眉山青神岷江二桥（蚕丛大桥）建成通车　古良驹　摄

彭山锦绣大道建成通车 彭山锦绣大道起于迎宾大道交叉口，止于西南应急储备中心，道路全长680米，二级公路技术标准，设计时速50公里，路基宽40米（含市政配套），其中车行道28.5米，单侧绿化带2米，人行道3.75米，沥青混凝土路面。2019年5月开工建设，由省公路设计研究院公司设计，河南晟源路桥工程管理有限公司监理，四川中澈检测技术有限公司施工，2020年6月建成通车，完成投资3000万元，累计完成投资4000万元。

天府大道眉山段建设 天府大道眉山段起于天府大道与成黑旅游通道平交口，经眉山天府新区、仁寿县、东坡区、岷东新区，止于工业大道，路线全长35公里，估算总投资87.57亿元。采用一级公路标准建设，兼顾城市道路功能，路基宽80米，机动车道设计时速80公里，辅道设计时速40公里，双向十二车道（八个机动车道+四个非机动车道），沥青混凝土路面。项目划分为两段建设，其中：天府大道眉山段17.71公里，于2019年3月27日开工建设，采用PPP模式建设，由眉山天环基础设施项目开发有限责任公司组织实施，省交通设计研究院公司设计，四川公路工程咨询监理有限公司监理，四川路航建设工程责任有限公司施工，至2020年底，路基、桥涵、路面施工有序开展，2020年完成投资11亿元，累计完成投资16亿元；天府大道眉山城区段16.7公里，工程可行性研究报告修编等前期工作有序进行。

大峨眉国际旅游西环线建设 大峨眉国际旅游西环线起于国道351线，经洪雅洪川、止戈、东岳、花溪、柳江、高庙镇，止于与峨眉山市及洪雅县交界处零公里，全长64.2公里（主线56公里，4条连接线8.2公里），主线采用一级公路技术标准，双向四车道，沥青混凝土路面，总投资41.3亿元，由洪雅县投资建设。全线分四段设计，起点至柳江段34公里，其中起点段8.364公里，路基宽22.5米，设计时速60公里；城区C1段3.4公里，路基宽55米，设计时速80公里；止戈五龙祠至柳江段22.3公里，路幅宽26米，设计时速80公里；柳江至终点段21.8公里，设计时速60公里，路幅宽21.5米。项目由省公路设计研究院公司和中铁二院工程集团有限公司设计。2013年8月开工建设止戈五龙祠至柳江段22.3公里，其中核工业西南建设集团有限公司承建五龙祠至东岳连接线段8.7公里，四川瑞通工程建设有限公司承建东岳连接线至柳江段13.6公里，成都久久公路工程监理有限公司监理，2016年9月建成通车。2016年8月开工建设西环线洪雅城区段3.4公里，由中国五冶集团有限公司中标承建，四川省众信建设工程监理有限公司监理，2017年12月建成通车。2016年8月开工建设柳江至七里坪段22.3公里，由中铁十六局集团有限公司中标承建，四川省亚通公路工程监理所监理，至2020年底，路面铺设进展顺利。2017年10月开工建设起点段，由中国五冶集团有限公司承建，北京华路捷公路工程技术咨询有限公司监理，2020年12月建成通车。2020年完成投资4.6亿元，累计完成投资38.3亿元。

2020年，大峨眉国际旅游西环线柳江至峨眉山零公里终点段具备半幅通车条件　蹇玮杰　摄

环天府新区快速通道建设 眉山环天府新区快速通道（国道245线至国道213线连接线）起于彭山区青龙镇工业大道，经仁寿视高镇、文宫镇，止于仁寿县观寺镇接三岔湖旅游环线，全长48.65公里，采用PPP模式建设，一级公路技术标准，设计时速80公里，沥青混凝土路面，估算总投资55.86亿元。其中青龙（起点）至视高段25.86公里，路基宽38.5～57米，双向六车道，配套市政设施；视高至三岔湖段（终点）22.79公里，路基宽度5.5米，双向四车道。按照统一规划、统一标准，属地管理、分步实施原则，由彭山区和仁寿县负责投资建设。项目由上海市政工程设计研究总院（集团）有限公司设计，上海浦桥工程建设有限公司和成都市蓉咨建设监理有限公司监理，上海建工集团股份有限公司施工。2017年9月，开工建设仁寿县境内隧道工程试验段，2018年1月开工建设彭山区境内桥梁试验段，截至2020年底，路基、桥涵、隧道、路面施工有序开展，完成投资25.51亿元，累计完成投资44.8亿元。

洪雅至瓦屋山旅游快速通道建设 眉山洪雅至瓦屋山旅游快速通道起于洪雅县柳江镇郭山村，接大峨眉国际旅游西环线二标段2K30+360桩号处，经王关、双溪村、瓦屋山镇、沙湾村，止于瓦屋山国家森林公园，全长37.54公里，总投资19.55亿元，沥青混凝土路面，二级公路技术标准，采用PPP模式建设。其中袁坪至瓦屋山镇段21.52公里，路基宽12米，设计时速60公里，投资10.74亿元；瓦屋山场镇至金花桥段15.72公里，K0+000—K8+000（瓦屋山镇至富坪段）路基宽12米，设计时速60公里，K8+000—K15+720（富坪至终点段）路基宽8.5米，设计时速40公里，投资10.7亿元。2017年12月5日开工建设，袁坪至瓦屋山段由江西省交通设计研究院有限责任公司设计，四川省天府兴通建设工程项目管理有限公司监理，四川公路桥梁建设集团有限公司施工，至2020年底，路基、桥涵工程施工有序进行，完成投资3.3亿元，累计完成投资7.46亿元。

红星路南延线建设 红星路南延线途经仁寿县高家、观寺、中岗、向家、龙桥、鸭池、城堰、北斗、中农、河口、禾加、禄加、宝飞、双堡、识经、天峨等16个乡（镇），道路全长67公里，总投资42亿元，由仁寿县负责投资建设。主线按照一级公路标准建设，沥青混凝土路面，设计时速80公里；支线按照二级公路标准建设，沥青混凝土路面，设计时速60公里。2018年5月开工建设，由中国华西工程设计建设有限公司设计，成都市久久公路工程监理有限公司、河北德鑫工程监理咨询有限公司等监理，江西省宏发路桥建设有限公司、蓝海建设集团有限公司等施工。2020年进行路面及附属工程施工，完成投资9.6亿元，累计完成投资38亿元。

锦江大道建设 江回路改造（锦江大道）新建公路工程，分为南、北两段。南段起于彭山区江口街道，与现状府江大桥引桥段平交，沿府河东侧向北布设，途经江口街道、锦江镇，终点与规划中法农业科技园锦江大道市政段起点顺接；北段起点与规划中法农业科技园锦江大道市政段终点顺接，止于眉山天府新区与成都市双流区交界，与现状籍黄路顺接。线路全长5.03公里，采用施工总承包模式建设，二级公路技术标准，设计时速40公里，双向四车道，沥青混凝土路面，估算总投资53650.32万元。眉山天府新区管委会负责投资建设，上海市政工程设计研究总院（集团）有限公司设计，四川合石工程管理有限公司监理，中建城开环境建设有限公司施工。2020年12月开工建设，完成投资1158万元。

眉山环城公路南环线建设 眉山环城公路南环线（国道351线绕城）工程起于东坡区工业大道南段，止于岷东大道，路线由西至东，先后与工业大道、成乐高速公路、成昆铁路、成绵乐客专、国道245线（原省道103线）、顺江大道、崇礼中路（在建）、岷东大道交叉，同时在岷江一桥下游约5公里处跨岷江，路线全长14.39公里，一级公路技术标准，设计时速80公里，配套市政设施，双向六车道，标准路幅宽60米，项目控制性工程为跨岷江的岷江特大桥、跨成昆铁路（含成昆铁路复线）大桥。项目划分为东、西两段实施，东段起于国道245线，止于岷东大道，长7.5公里，2019年3月27日开工建设，由中国华西工程设计建设有限公司设计，四川公路工程咨询监理有限公司监理，四川公路桥梁建设集团有限公司建设，至2020年底，实施全线控制性工程岷江三号特大桥水中基础、路基桥梁、涵洞等工程施工。西段起于工业大道，止于国道245线、长6.9公里，2020年9月启动征地拆迁。2020年完成投资5亿元，累计完成投资9亿元。

成乐高速公路青神连接线建设 青神连接线是成乐高速公路扩容项目配套工程，是青神县东西向的快速通道，起于新规划的青神（观金）互通，向东连接锦绣大道，全长4.5公里，路基宽25.5米，双向六车道，设计时速100公里，沥青混凝土路面，青神（观金）互通按四进五出标准设计，总投资约25亿元。2019年5月16日开工建设，由成乐高速公路公司投资建设，省公路设计研

2020年，建设中的成乐高速公路扩容项目青神连接线　古良驹　摄

州建工集团有限公司施工，2020年完成投资3亿元，累计完成投资3.56亿元。

究院公司设计，四川交投建设工程股份有限公司建设，四川亚通工程咨询有限公司监理。2020年开展路基、桥涵施工。

丹蒲快速路建设　省道401线丹蒲快速路是丹棱县向北融入成都，对接成新蒲快速通道的交通主动脉，丹棱段全长14.9公里，总投资11亿元，采用PPP模式建设，一级公路技术标准，路基宽24.5米，设计时速60公里，双向四车道，沥青混凝土路面，配套建设10米绿化带、3米绿道、2个驿站、1个特色农产品售卖长廊。2018年3月开工建设，由中国华西工程设计建设有限公司设计，新疆昆仑工程监理有限责任公司监理，贵州建工集团有限公司施工，2020年完成投资2.77亿元，累计完成投资3.45亿元。

七里坪连接线建设　洪雅七里坪连接线起点位于西环线2K45+830处，与西环线平面交叉，路线沿山腰顺势而下，止点K4+280，全长4.48公里，路基宽10米，路面为沥青混凝土路面，全线采用二级公路技术标准，设计时速40公里，总投资3.4亿元。2020年6月开工建设，由中交基础设施养护集团有限公司设计，河南交院工程技术有限公司监理，四川衡源工程技术有限公司、中天交通建设投资集团有限公司施工。2020年进行桥涵施工，完成投资0.53亿元。

丹名路建设　省道104线丹棱至名山路是丹棱县对接雅安市名山区的一条要道。丹棱段全长23.1公里，按二级公路技术标准改（扩）建，总投资6亿元，采用PPP模式建设，沥青混凝土路面。县城至幸福古村段路基宽15米，双向四车道，其余路段路基宽10米，双向两车道。县城至梅湾湖景区配套建设10米绿化带、3米绿道、2个观景平台。2018年3月开工建设，由中国华西工程设计建设有限公司设计，新疆昆仑工程监理有限责任公司监理，贵

天府仁寿大道二峨山段开工建设　天府仁寿大道二峨山段项目起于简蒲高速公路仁寿黑龙滩立交附近，接天府仁寿大道清水至三绕段，与在建的天府仁寿大道大化至城区段在团灯坝位置顺接，全长12.46公里（其中，隧道2座总长2637米，采用四洞单向通行隧道）。项目采用一级公路技术标准，双向八车道，沥青混凝土路面，设计时速80公里，路基宽45.5米和80米，总投资25.85亿元。2020年5月开工建设，由中国华西工程设计建设有限公司设计，北京中交安通工程技术咨询有限公司监理，中铁二十三局集团有限公司施工。2020年进行征地拆迁及清表工作，完成投资4亿元。

仁简快速通道开工建设　仁寿至简阳快速通道（省道307线县城至简阳界）起于仁寿县城规划区内龙滩大道，途经珠嘉、方家、龙马，穿空港经济开发区，至简阳界，线路全长26公里，全线按一级公路标准建设，双向六车道（配套市政设施）路基宽48米，沥青混凝土路面，设计时速80公里，项目总投资37.98亿元。2020年5月开工建设，由上海市政工程设计研究总院（集团）有限公司设计，北京华路捷公路工程技术咨询有限公司监理，中铁二十三局集团有限公司施工。2020年进行征地拆迁及清表工作，完成投资4亿元。

省道307线洪雅县夹江界至东岳镇段开工建设　路线起于夹江县与洪雅县交界处河口大桥北岸桥头，与县道145线峨洪路顺接，经三宝镇、将军乡、止戈镇、东岳镇，止于东岳镇县道151线洪瓦路与县道171线雅东路交界处，与县道171线雅东路顺接，主线全长27.7公里，其中改建段15.7公里、完全利用段12公里，改建段拟采用二级公路技术标准建设，双向两车道，沥青混凝土路面，设计时速40公里，路基宽8.5米，总投资1.03亿元。2020年10月开工建设，由中交远洲交通科技集团有限公司设计，四川合石工程管理有限公司监理，新疆北新路桥集团股份有限公司施工。2020年进行涵洞、水沟及水稳层施工，完成投资0.1亿元。

彭山岷江大桥开工建设 彭山岷江大桥建设（拆除重建）工程起于迎宾大道与国道245线交叉口长寿牌坊平交处，止于岷江东岸规划环湖路交叉口，路线全长2106.597米，其中桥梁长2座556.7米，引道及改造连接线长1549.897米。主桥采用三塔斜拉桥，上部孔跨布置结构采用37.5+39+55+120+120+55+39+35米整联连续预应力混凝土箱梁，设计时速60公里，跨岷江桥梁宽度30.5～32.5米（含桥塔结构区），二级公路技术标准，迎宾大道路基宽40米，滨江大道一段路基宽30米，滨江路路基宽20米，环湖路路基宽26米，沥青混凝土路面。2020年5月开工建设，由彭山区投资建设，林同棪国际工程咨询（中国）有限公司设计，成都衡泰工程管理有限责任公司监理，四川公路桥梁建设集团有限公司施工。2020年进行路基、桥涵施工，完成投资4200万元。

梓州大道南延线开工建设 梓州大道南延线（省道424线大林至仁寿段）全长17.28公里（含连接线长度），路基标准宽度为48米，采用新建“双向六车道+双向两车道辅道”一级公路标准，设计时速80公里，沥青混凝土路面，其中与红星路南延线仁寿共线段采用新建双向八车道标准，路基宽40.5米。全线共设置桥梁3座，天桥5座，涵洞及通道46道，穿龙泉山脉隧道1处，互通立交1处。2020年10月开工建设，由华设设计集团股份有限公司设计，四川省天府新通建设工程项目管理有限公司监理，中国二冶集团有限公司施工，2020年完成投资1.4亿元。

益州大道南延线开工建设 益州大道南延线起于成都市益州大道规划终点处（成都天府新区与眉山天府新区交界处），途经视高街道、成都第三绕城高速公路、天府大道眉山段，终点位于黑龙滩附近与天府大道眉山段相交处，路线全长16.25公里，全线采用一级公路（兼顾城市道路功能）技术标准，双向六车道，主路设计时速80公里，辅路设计时速40公里，路基宽60米，沥青混凝土路面。2020年10月开工建设，由中交第一公路勘察设计研究院有限公司设计，成都久久工程项目管理有限公司监理，中交第二航务工程局有限公司（牵头单位）、中交第三航务工程局有限公司（成员单位）施工，年内进行路基、桥涵、隧道施工，完成投资4.8亿元。

“四好农村路”示范创建 2020年，眉山市按照部省“四好农村路”建设工作部署，不断加大示范创建力度。丹棱县成功创建为第四批省级“四好农村路”示范县，全年新创建“四好农村路”示范乡（镇）13个、示范村38个，全市累计创建“四好农村路”示范乡（镇）24个、示范村95个，四好农村路示范路保有量超过600公里。年内，交通运输部“行在乡村，游在路上”脱贫攻坚自驾主题宣传活动四川站启动仪式在丹棱县举行，主题宣传活动全面展示眉山市特别是丹棱县农村建设成绩，农村公路建设对地方产业、旅游所产生的影响，对当地百姓的生产、生活所带来的巨大变化。

2020年，眉山丹棱县农村公路美景　　丹棱县交通运输局　供图

连汪燕铁路仁寿段建设 连汪燕铁路是国家铁路网的组成部分，全长93.4公里（含连界站接轨2.37公里）。其中仁寿段长约30公里，总投资18.5亿元，占地101.17公顷，途经仁寿县识经镇、汪洋镇、天峨镇、涂家乡、四公镇、松峰乡等6个乡（镇）22个建制村，是仁寿县重点交通“5322”重要格局的第一条铁路，也是仁寿县向西南发展、向西南出境的重点基础设施项目。国家Ⅱ级单线铁路，设计时速120公里，限制坡度6‰，最小曲线半径一般为1200米，困难条件下800米。仁寿境内设识经、尖山（预留）、汪洋3个车站。2015年10月29日开工建设，由四川连乐铁路建设有限责任公司负责投资建设，中铁二院工程集团有限责任公司设计，北京铁城建设监理有限责任公司监理，四川省铁路建设有限公司施工。2020年加快道路路基、桥涵和隧道工程建设，完成投资2.47亿元，累计完成投资15.67亿元。

S5线规划建设 成眉市域铁路S5线主线起于成都天府新区红莲村南站，止于眉山中心城区，仁寿支线起于南天府公园站，止于仁寿县城，总长82.1公里，总投资约240亿元，设计时速160公里。其中成都境内19.4公里，投资约71亿元；眉山主线段31.3公里，投资86亿元；仁寿支线31.4公里，投资83亿元。主线后期按需开展二期延伸至中心城区金罗马音乐广场，二期线路长5.6公里，投资21.88亿元。2020年7月27日，成都、眉山两市签订《关于市域铁路S5线共建共管协议》，初步纳入上位规划《成渝地区双城经济圈多层次轨道交通规划》，年内开展工程可行性研究报告编制、项目公司组建等工作。

汤坝航电枢纽工程建设 岷江汤坝航电枢纽工程位于眉山市东坡区境内，是规划调整后岷江中游六级航电规划自上而下开发的第二个梯级，2009年获省发展改革委、省交通运输厅、省水利厅审查批准。2016年纳入《四川省高等级航道达标升级2016—2020年专项工程方案》，2017年5月纳入《四川省公路水路交通运输“十三五”发展规划》《四川省“十三五”内河水运发展规划》，2019年10月纳入《成都至乐山段航运发展规划》，是四川省“十三五”省重点开工建设项目。由眉山岷江水电开发有限公司开发建设，以通航为主，发电为辅，兼顾防洪、灌溉、供水、流域综合开发，按照四级航道标准设计，坝址位于眉山市主城区岷江一桥下游1.7公里处，水库正常蓄水位414.80米，电站装机容量6.9万千瓦，多年平均发电量2.83亿千瓦时，船闸按Ⅳ级航道通行2×500吨级船队进行设计，渠化航道13.8公里，工程概算总投资21.06亿元。2017年2月20日取得移民安置规划大纲批复，9月29日取得移民安置规划报告批复，5月9日取得水资源论证报告和取水申请批复，11月20日取得初步设计批复，12月11日取得项目环评批复，项目35项前期专题报告全部完成并取得批复。2017年12月开工建设，由四川省水利水电勘测设计研究院、省交通设计研究院公司设计，四川一沙兴蓉建设工程有限公司、四川东昇岷泰建设工程有限公司施工，四川大桥水电咨询监理有限责任公司、成都交大工程建设集团有限公司监理。2020年完成大坝主体工程施工、防洪堤施工、船闸土建部分施工等，完成投资5.45亿元，累计完成投资23.26亿元。

尖子山航电枢纽工程开工建设 尖子山航电枢纽工程位于眉山市彭山区境内，是规划调整后岷江中游六级航电规划自上而下开发的第一个梯级，2009年获省发展改革委、省交通运输厅、省水利厅审查批准建设。2016年纳入《四川省高等级航道达标升级2016—2020年专项工程方案》，2017年5月纳入《四川省公路水路交通运输“十三五”发展规划》《四川省“十三五”内河水运发展规划》，2019年10月纳入《成都至乐山段航运发展规划》，是四川省“十三五”省重点开工建设项目。由广西亚王水电股份公司开发，以通航为主，发电为辅，兼顾防洪、灌溉、供水、流域综合开发，按照四级航道标准设计，坝址位于彭山主城区岷江一桥下游5.7公里处，水库正常蓄水位426米，电站装机容量6.9万千瓦，多年平均发电量2.8亿千瓦时，船闸按Ⅳ级航道通行2×500吨级船队进行设计，渠化航道14.9公里，工程概算总投资16.89亿元。前期共有32个专题报告全部取得批复。2019年10月8日开工建设，由四川省岷源水利水电工程设计有限公司、省交通设计研究院公司设计，成都水利水电建设有限责任公司施工，湖南水利水电工程监理承包总公司、四川省水运工程监理事务所有限公司监理。2020年完成五孔冲沙闸水下部分施工，船闸上引航道、厂房和船闸混凝土施工完成35%，完成投资3.6亿元，累计完成投资5.25亿元。

2020年，眉山岷江汤坝航电枢纽主体工程完工　　殷　勇　摄

虎渡溪航电枢纽工程建设 岷江虎渡溪航电枢纽工程位于眉山市青神县境内，是规划调整后岷江中游六级航电规划自上而下开发的第四个梯级。2009年获省发展改革委、省交通运输厅、省水利厅审查批准建设，2016年纳入《四川省高等级航道达标升级2016—2020年专项工程方案》，2017年5月纳入《四川省公路水路交通运输“十三五”发展规划》《四川省“十三五”内河水运发展规划》，2019年10月纳入《成都至乐山段航运发展规

划》，是四川省“十三五”期省重点开工建设项目。由湖南省水利水电勘察研究设计总院、四川省水利水电勘察设计研究院设计，青神虎渡溪航电开发有限公司开发，以通航为主，发电为辅，兼顾防洪、灌溉、供水、流域综合开发，按照四级航道标准设计，坝址位于眉山市青神县主城区岷江一桥下游3.5公里处，水库正常蓄水位391米，电站装机容量6.3万千瓦，多年平均发电量2.04亿千瓦时，船闸按Ⅳ级航道通行2×500吨级船队进行设计，渠化航道13.4公里，工程总投资14.25亿元。2018年1月16日，在青神县白果乡举行开工仪式，2019年项目前期共23个专题报告全部取得批复，2020年10月开展一枯围堰主体工程、营房基地、施工道路、砂石系统、混凝土拌合场等施工，完成投资4.18亿元，累计完成投资5.8亿元。

公路养护管理 2020年，眉山市加强公路养护管理，坚持每月对市域1183公里国省干线、旅游专线、桥梁隧道专项巡查，排查整治公路安全隐患，查处违规占用公路、公路建控区内乱搭乱建、违规接道、损坏公路及其附属设施等违法违规行为。全年完成国省干线养护工程84公里，其中大修3公里、中修35公里、预防性养护46公里，国省干线公路路面使用性能指数（PQI）92.98，处于优等水平。狠抓公路养护水平提升，打造国道213线养护管理示范公路70.695公里，全线路况水平达优，通行能力、安全水平、服务品质进一步提升，公路实现“畅、安、舒、美”，完成交通运输部“国评”迎检任务。持续做好桥隧养护管理，对公路危桥实施挂牌督办，存量危桥全部启动整治改造，完工10座，深入开展二峨山隧道、瓦屋山大坝左岸交通道提质升级专项行动，桥隧养护管理质量和安全运营保障水平持续提升。

推动农村公路“路长制”工作由部门工作向政府工作转变，各县（区）全面推行农村公路路长制，东坡区、彭山区、仁寿县、洪雅县、丹棱县、青神县和眉山天府新区相继出台辖区《农村公路路长制实施方案》，基本建立起县、乡、村三级路长体系。

公路水路运输 2020年，眉山市完成公路客运量1650万人次、旅客周转量74241万人公里，货运量8463万吨、货物周转量677879万吨公里，客货运输总周转量685304万吨公里，比上年增长4.89%，全省排名6位。城市公共交通运营里程2409万公里，客运总量4305万人次，水路客运量12万人次，旅客周转量159万人公里，完成春运、国庆等重点时段运输和节会运输保障任务。春运期间，全市日均投放营运车辆3237辆，其中：班线客运1575辆，出租汽车922辆，网约车711辆，公交车740辆，船舶149艘，受新型冠状病毒感染肺炎疫情的严重影响，旅客出行量成断崖式下降，全市春运期间累计安全运送旅客181.53万人次，比上年下降96.3%。

普速铁路沿线安全环境整治 2020年，按照省政府《四川省普速铁路沿线安全环境专项整治工作方案》、眉山市人民政府安全生产委员会《关于印发眉山市安全生产专项整治三年行动计划的通知》以及《2020年全市铁路沿线外部环境安全专项整治行动工作方案》要求，眉山市交通运输局克服无补助资金、时间紧、问题多等困难，自筹经费、整治为先，牵头完成市境内沿线138个普速铁路安全隐患问题治理和销号工作，比省定完成目标109个多完成29个，完成率127%，比省定时限提前2个月完成任务，是全省第一批次完成任务的市（州）。同步完成境内112个高速铁路“回头看”整治销号工作。

成眉动车公交化运营 2020年，成贵高铁经过4次运行图调整（分别为2020年一季度、二季度、三季度、四季度），同时，眉山市购置（租赁）的1组CRH6A-A新型公交化动车组“天府号”正式投运，经停眉山东站列车对数从2019年末的28.5对增加到40对，按每天运营16小时计算，平均12分钟就有一列动车停靠眉山东站，日最大客流量突破2万人次。

“天府号”动车开行 2020年9月29日，成都平原城市群铁路公交化新型动车组投运仪式在成都东站举行，眉山市购置（租赁）的1组时速200公里CRH6A-A新型公交化动车组“天府号”正式投运，由中国铁路成都局集团统一调度。租赁费用10年约为9151万元，其中动车造价约6600万元。“天府号”动车组投运后，对进一步提高成都平原城市群铁路公交化运营服务水平有促进作用。

“金通工程” 2020年，眉山市交通运输部门制发《眉山市乡村客运“金通工程”全域试点工作实施方案》，按期完成126个乡（镇）、1052个建制村通客车任务和乡村客运“金通工程”建设工作。提升服务质量，规范落实“四统一”，统一车辆车身标识569辆，统一制作驾驶员工牌工装1004套，统一乡村招呼站（牌）964个，统一使用“12328”交通运输监督服务平台对驾驶员和车辆集中监管。加强资金保障，实现持续发展，制发《眉山市乡村客运可持续发展省级补助资金管理办法》，会同市财政部门积极落实市级财政配套政策，眉山市2019年、2020年农村客运可持续发展省级补助800万元和“金通工程”补助360万元全部拨付到位。

“春风行动”开行农民工广东专列 2020年2月，眉山市交通运输局率先在全省开展农民工返岗“春风行动”，在确保疫情防控措施到位、不留死角前提下，采取分级负责、部门联动，集中调度各类专列、班车、包车和小型乘用车运送5745名农民工陆续返岗，3月2日开行高铁专列，运送800名农民工到达广东，实现“出门进车门，下车进厂门”。2月底，获悉仁寿县有800名农民工需集中出行前往广东汕尾市参与技能培训上岗信息，市交通运输局立即组织专班进行研究，迅速制定行动方案。明确由仁寿县交通运输局负责，联合县人社局确定出行人员信息，确认出行需求，明确出行时间；由仁寿县交通运输局负责协调，4天内完成所有出行人员的体检、健康证明申领；由仁寿县交通运输局负责，组织农村客运定时上门接出行人员，组织大巴统一将人员送至眉山东站，同步做好车辆和随车人员的疫情防控工作；由仁寿县人社局负责，联系对方企业，派出专车将农民工送抵工厂；由市综交办负责，立即与成都市铁路局协商，创造一切条件，将出行人员从眉山东站直接送抵汕尾。2月26日，所有人员信息锁定，转运车辆和驾驶员一切就绪。2月27日，经反复协商，成都铁路局公司同意单独调配一列高铁，不中转、不停车直接将农民工送至汕尾，2月28日，所有农民工体检全部完成、健康证明全部开具到位。3月2日凌晨，几十辆农村客运车辆前往29个乡（镇）接农民工，早上7点将农民工全部送抵仁寿汽车联运站，20余辆大巴车统一将农民工再次送抵眉山东站，早上8点20分，800名农民工通过眉山东站专用快速通道直接进站，坐上前往广东汕尾的高铁专列。列车到达汕尾车站由40辆专车将农民工送至厂区，真正实现“出门进车门，下车进厂门”。

交通运输安全 2020年，眉山市交通运输局坚持“安全第一、预防为主、综合治理”方针，结合交通工作实际，狠抓行业安全监管，开展隐患排查治理，落实“一岗双责”，健全制度，完善安全生产责任机制，严格“三把关一监督”。全市交通运输安全生产工作形势持续稳定向好，水上交通实现连续23年保持无事故、无经济损失、无死亡人数“三为零”的目标，成功应对并处置岷江“8·12”、青衣江“8·18”特大洪水造成砂石船舶失控漂移险情，道路运输没有发生负源头管理责任事故，公路管理、养护和在建工程项目以及各单位内保安全没有发生人员伤亡事故。

安全隐患排查整治。开展为期4个月的地质灾害和防汛安全隐患集中排查整治工作，在汛期先后开展6轮地质灾害隐患排查整治，对排查出的285处公路地质灾害隐患点安排专人进行监测，并在附近储备有抢险机具，公路部门加强日常巡查，做到随垮随抢。对34座普通公路危桥实施挂牌督办，实施完工10座。对8处黄色水上安全风险点和25处蓝色水上安全风险点落实海事人员加强日常监管，确保水上交通运输安全。全年市本级排查安全隐患308处全部整改完成。

城市公交建设 2020年，眉山市交通运输局根据《眉山市创建公交都市实施方案》，创建主题为“以互联网+智能公交为抓手，通过公交文化构建眉山‘千载诗书城’的城市名片”，预算总投资57909万元（其中市本级34709万元），主要任务包括5类重点项目（公交政策规划编制759万元、公交场站建设24900万元、公交车辆购置22900万元、公交专用道建设3750万元、智能公共交通建设5600万元）。公交政策规划编制包括10项子任务（含5项规划编制、3项政策制定、1项年度工作报告及1项评估验收报告），完成5项规划及3项政策编制并通过中期专家评审，完成2项年度工作报告（2018、2019年度），完成投资532万元。公交场站建设完成投资479万元，主要是规划设计等前期费用。公交车辆购置完成投资4234万元，包括51辆新能源公交车购置及38辆新能源公交车充电桩建设。

2020年，眉山城市公交13路东坡文明号上线运营，“三苏文化”走进车厢　陈燕利　摄

至年底，眉山市展通公交公司累计采购新能源公交车236辆，其中纯电动公交车160辆，气电混动76辆，新能源公交车占总车辆的比重达47.4%。其间投放86辆新能源纯电动公交车，先后开通11条公交线路，其中彭山区6条、眉山天府新区5条。

公路工程质量监管 2020年，眉山市纳入质量安全监督范围的续建、新建重点公路建设项目24个，项目总投资392亿元，建设总里程528公里。其中高速公路2条，建设里程114公里，占比21.6%；一级公路12条，建设里程279.7公里，占比52.97%；二级及以下公路10个，建设里程134.3公里，占比25.43%。隧道11个，特大桥6座；续建水运工程项目2个。为确保全市交通建设工程项目质量安全管理平稳运行，落实专职质监人员，职责分工明确，以“品质工程”“平安工地”为主要抓手，严格按照有关法律和政策规定，对全市交通建设工程质量安全进行有效监督，未发生安全生产责任事故，安全状况良好。结合在建项目实际情况，全年对全市在建项目先后组织开展春节前后复工安全生产及疫情防控检查、红线行动、汛期安全检查、安全生产专项整治三年行动、环保检查、特种设备安全整治等专项检查和日常巡查，出动111个检查工作组、356人次，发现一般隐患127处，下发抽查意见通知书20份、停工整改通知书2份，整治一般隐患127处，确保发现的安全问题实现闭环管理。

执法支队对执法监督的工程项目进行全覆盖质量安全行政检查81次，出动人员287人次，发现安全隐患58处，发出限期整改通知书11份。在执法监督工作中，执法支队严格执法监督程序，定期或不定期开展全市交通建设工程质量安全检查，每次检查都按工程项目随机、检查人员随机的“双随机”抽查方式，抽查工程施工资料，及时纠正执法监督检查、巡查中发现的各种影响结构安全及使用功能等方面的质量问题，同时根据各项目各标段的工程实际情况采用随机的方式合理确定工程实体质量及原材料构配件抽捡。“双随机”抽查方式做到执法检查内容和抽查对象全覆盖，委托试验检测单位开展工程实体质量及原材料构配件抽捡专项检查2次，发现2起违反工程质量安全案件，处理工程质量投诉2起。完成岷东大道东坡区永寿至青神中岩寺建设工程（青神段）一期等4个工程建设项目交工验收，完成岷东大道眉（山）彭（山）段1个工程建设项目竣工验收，交竣工一次性验收合格率100%。

造价监督管理 2020年，眉山市交通运输局强化工程建设造价监督管理，参与成都至乐山高速公路扩容建设项目眉山段造价监督工作，开展4次监督检查，收集材价信息600余条，发布材价信息12期。对23个交通建设项目进行造价审查，其中7个概算审查项目，送审金额760467万元，审减金额28211万元，审减率3.7%；8个预算审查项目，送审金额76951万元，审减金额2518万元，审减率3.5%；8个设计变更审查项目，送审金额19697万元，审减685万元，审减率3.5%。在概预算审查项目中10个国省干线项目送审金额716728万元，审减22942万元。完成环天府新区快速通道项目材料价格询价工作，以现场询价为主、网上询价为辅，公开独立询价材料109种，为项目建设提供更合理、更准确的投资概算、预算。

交通综合执法 2020年，眉山交通运输系统落实行政执法“三项制度”，印发《关于贯彻执行〈全面落实行政执法公示制度行政执法全过程记录制度重大行政执法决定法制审核制度〉相关要求的通知》，落实政务公开制度和行政执法全过程记录制度，实现一线执法人员人均一台执法记录仪，完善法制审核机制。全年全市办理行政处罚案件641件，行政强制案件2532件，重大案件21件，144家企业被列入违反交通运输法律法规失信名单，“一案一审、一案一查”案件审查率100%。全市12个超限检测站继续坚持交警、路政联合执法“一站式”查处和24小时不间断检测、卸载工作机制，全年检测货车179.8万辆次，联合查处率100%，查处超限车辆2327辆次，卸载超限货物6.4万吨，超限率控制在0.5%以内，超额完成省定超限率控制在2%以内的目标任务。

查处违法违规车辆500辆次，其中非法经营183辆次，查处打着“网约车”“顺风车”开行班线车辆20辆，处理喊客拉客人员18人；检查重点货运源头单位272家次，约谈重点货运源头企业负责人13人次，处罚重点货运源头企业29家。

“打非治违”专项行动 2020年，眉山市交通运输局持续开展“打非治违”专项行动，不断规范道路运输市场经营秩序，强力推进道路运输安全综合整治，化解道路运输领域安全风险。全年出动执法人员2.54万人次，检查车辆4.28万辆次，查处非法营运车辆502辆。开展道路旅客运输非法营运和客运站“喊客、拉客”专项整治，查处非法营运车辆121辆，严厉打击眉山东站及全市客运站周边长期盘踞“喊客、揽客、组客”人员，净化客运站周边环境。全市对营运车辆驾驶员从业资格证进行记分1376人次，813人次被列入“重点监控名单”，7人被列入“禁止进入黑名单”退出运输市场。紧扣安全开展执法检查，全面夯实道路运输安全管理基础，全市运政执法机构充分利用各种营运车辆、驾驶员监管平台，加强“两客一危”车辆和12吨以上重型货车联网监控动态监管，“两客一危”车辆GPS安装率和在线率均达到100%，12吨以上重型货车GPS安装率和在线率均达95%以上。对厅运管局通报的117辆次“两客一危”违规报警车辆全部核查处理到位。

超限超载治理 2020年，眉山市交通运输局注重治超工作源头监管，按照《四川省道路货运源头管理办法》，认真落实“政府主导、行业主管部门监管，交通运输、公安联合巡查”工作机制，进一步推进源头治超规范化，严格执行“一超四罚”制度，继续将水务、国土部门批准的砂石料场全部纳入区（县）政府公布的重点货运源头单位，全面落实砂石行业主管部门在治超工作中行业监管责任，全面落实运政部门牵头驻点或巡查监管的工作机制。坚持对违法超限运输联合惩戒，组织开展对全市80家重点货运源头企业的超限运输专项整治，约谈重点货运源头企业负责人13人次，处罚19家超限装载的货运源头企业。全市12个超限检测站实行24小时不间断检测、卸载工作制，实行交警、路政联合执法“一站式”查处工作机制，通过固定检测与流动检查相结合，强化路面管控，对超限车辆全部实行由交警部门对其罚款、记分，路政部门卸载后放行办法，超限车辆联合查处率100%。全年检测货车179.8万辆次，查处超限车辆2327辆次，卸载超限货物6.4万吨，超限率控制在0.5%以内，超额完成省定超限率控制在2%以内的目标任务。11月9日，交通运输部“十三五”干线公路养护管理能力评价组实地核查，对源头治超工作给予充分肯定。

交通信息化建设 2020年，眉山市实施“互联网+交通”战略，推进“智慧交通”建设，建成四川省交通运行监测与交通应急指挥系统项目二期工程建成，完成移动OA办公和视频会议系统建设。眉山市作为第三批次建设市（州），经省发展改革委批准立项，省交通运输厅批复设计，应急二期工程包括眉山建设部分（市本级统筹5个非试点区县项目建设）和试点县洪雅建设部分。工程概算总投资2122.73万元，其中省级财政投资799.08万元，市、区（县）地方财政投资1048.62万元。地方投资按市、区（县）财政分级自筹，市本级财政投资472.42万元，试点县（洪雅县）投资408.16万元，非试点区（县）（东坡区、彭山区、仁寿县、青神县）投资108.04万元，企业投资295.03万元。眉山市工程主要有建设完善交通运行监测和应急指挥应用系统，建设交通数据中心，建设通信调度系统，建设网络和安全系统，建设应急指挥中心、机房和配套工程，建设联网监控监测管理平台和外场监测监控，信息发布终端。工程实际总投资1299.34万元。按眉山建设部分和洪雅建设部分两个标段进行建设，其中：眉山建设部分总投资1145.99万元，包括省级投资419.8万元，市本级投资299.05万元，非试点区（县）投资132.11万元，企业投资295.03万元。洪雅建设部分总投资153.35万元，包括省级投资108.2万元，县财政投资45.15万元（洪雅县指挥中心内场建设由县智慧旅客平台统筹建设，未纳入建设内容）。市交通运输局统筹非试点区（县）招标建设，财评招标控制价850.96万元。2019年3月完成项目招标工作，四川省眉山新世纪科技发展有限公司以809.085万元中标承建，首盛建设集团有限公司监理。应急指挥系统建设完成8项工程。建成市本级及试点县洪雅县应急指挥大厅、机房及配套设施。建成市（县）两级视频会议系统，并接入部、省级视频会议系统，实现部、省、市、县高品质视频会商。建成65个外场固定视频监控终端、15套车载移动视频监控终端、3套船载移动视频监控终端。建成联通省、市、县三级的通信指挥调度平台系统。整合接入市辖区内16处150余路视频资源（包括客运场站、渡口码头、超限检测站等）。整合接入市辖区内高速公路400余路视频资源（包括隧道、路面、收费站、服务区等）。完成眉山市华为大数据中心网络构架，完成眉山市交通运行监测与应急指挥系统云资源配置。完成眉山市交通运输局无人机配置。眉山建设部分2019年5月开工建设，2020年5月完成市本级建设，2020年9月完成省级投资部分硬件标段验收，2020年12月完成市（县）视频会议系统建设。洪雅建设部分2020年9月开工建设，2020年12月完成项目建设。截至2020年12月，完成投资788.231万元。

新冠肺炎疫情防控 2020年1月新冠肺炎疫情爆发初期，眉山交通运输系统全面设置疫情防控检测点位，坚持“边界防控、全域设点，横向到边、纵向到底”原则，在全市范围高速路口、车站、码头、边界线设置76个卡点位布防，农村公路自主设置331个检测点，全市驻点防控人员日均达1800余人，切实织密交通运输防控网。进入复工复产阶段后，公路疫情防控卡点逐步全部取消，保留高铁站、火车站、客运站等重要客运枢纽设置疫情防控检查点，严格执行境外人员、高风险地区人员通过高铁、长途客运等方式入眉的初筛检查要求，发现发热人员立即移送医务人员做进一步排查。截至2020年12月31日，消毒车辆200万余辆次，体温检测1599万余人次，发现体温异常并移送观察103人。

（本栏目供稿单位：眉山市交通运输局）

资阳市交通

ZIYANG SHI JIAOTONG

2020年资阳市交通运输能力概况

公路交通运输			
通车里程	总里程（公里）		12526.838
	其中	高速公路	380.03
		一级公路	36.599
		二级公路	397.541
		三级公路	229.522
		四级公路	11329.421
		等外公路	153.725
公路密度	按国土面积计算：每百平方公里211公里		
	按人口计算：每万人34公里		
通达程度	通公路的乡镇116个，占乡镇100%		
	通公路的村1988个，占村100%		
客运站	总数（个）		9
	其中	一级站	1
		二级站	5
		三级站	1
		四级及以下站	2
营运车辆	总数（辆）	6600	
	其中	客车1184辆29219座	
		货车5416辆69110吨	
公路运量	客运	客运量（万人次）	1537
		旅客周转量（万人公里）	75888
	货运	货运量（万吨）	2585
		货物周转量（万吨公里）	288217
内河航运运输			
通航里程	总里程（公里）		351
	其中	三级航道	
		四级航道	
		五级航道	
		六级航道	
		七级航道	74
港口（码头）	总数（个）		1
	吞吐量	旅客吞吐量（万人次）	0
		货物吞吐量（万吨）	1819
水路运量	客运	客运量（万人次）	0
		旅客周转量（万人公里）	0
	货运	货运量（万吨）	272
		货物周转量（万吨公里）	1800
营运船舶	总数（艘）	75	
	其中	客船8艘133座	
		货船67艘8299吨	
城市公交运输			
营运车辆	325辆		
公交线路	37条		
公交站	892个		
运量	0.26558亿人次		

交通运输概况 2020年，资阳市交通运输局以《交通强国建设纲要》为总揽，抢抓成渝地区双城经济圈建设、成德眉资同城化发展等重大战略机遇，坚持稳中求进工作总基调，凝心聚力、奋发作为，沉着应对新冠肺炎疫情，精心谋划“十四五”工作开局，奋力推进交通重点项目建设，持续关注交通脱贫攻坚民生改善，不断提升运输服务能力，着力维护行业总体稳定，保持全市交通运输行业平稳有序发展。完成交通固定资产投资70.2亿元，完成全年固定资产投资70亿元目标；公路运输总周转量完成288217万吨公里，比上年增长3.86%，完成市政府下达的全年增速目标（1%）；水路运输总周转量完成1800万吨公里，比上年增长0.25%，完成市政府全年冲刺目标；邮政业务总量8.39亿元，比上年增长17.6%。

交通发展规划 2020年，资阳市政府印发《建设成都东部枢纽行动计划》，梳理安排包括高速公路、轨道交通、普通公路以及各类枢纽建设项目67个，总投资1776亿元，计划在2020—2035年分四个时间段逐步实施。启动《资阳市“十四五”综合交通运输规划》编制并形成初稿。争取综合交通项目进入上位规划，先后牵头、参与、配合完成《成德眉资“三区三带”空间规划》《成德眉资同城化发展暨成都都市圈建设三年行动计划》《成德眉资同城化发展暨成都都市圈建设2020年度重点工作任务》《成都都市圈发展总体思路》《成德眉资同城化发展暨成都都市圈建设重大骨干支撑性工程项目》《成德眉资同城化暨成都都市圈交通基础设施互联互通项目三年建设计划（2020—2022）》《成德眉资同城化综合交通发展专项规划（2020—2025）》等一系列规划编制。

重大交通基础设施建设 2020年，成资渝高速公路项目建成通车；资中（经安岳）至铜梁高速公路项目工程可行性报告基本通过专家评审，启动项目招商工作；成资大道、成资临空大道加快建设，部分路段实现通车；紫微大道完成项目工程可行性报告、初步设计，完成便道施工，完成投资1100万元；东西城市轴线东延线资简段完成项目工程可行性报告、初步设计及批复，开展施工图设计；成渝高速公路至成宜高速公路联络线、东西城市轴线东延线乐简段、乐金快速通道、成渝高铁资阳北综合交通枢纽等项目前期工作有序推进；农村公路品质提升行动首批7个项目开工67.1公里。

2020年12月30日，成资渝高速公路项目举行通车仪式 资阳市交通运输局 供图

成渝双城经济圈建设 2020年，资阳市交通运输局推进成资“主动脉”建设，成资渝高速公路建成通车，推进成资大道、成资临空大道等重点项目，成都东西城市轴线东延线（资简段、乐简段）、成渝高速公路至成宜高速公路联络线等项目前期工作加快推动，资简产业大道（老君至成都第三绕城高速公路杨家互通立交）、迎接至空港新城快速通道纳入资阳、简阳两市国土空间规划。推进成资、渝资区域“毛细血管”建设，实施农村公路品质提升方案，编制农村公路项目63个，构建承东启西交通路网，推动成渝腹地农村公路规模由“线”成“网”；签订《成资同城化交通“断头路”等建设项目合作协议》《成德眉资打通同城化城际“断头路”行动计划》，6条断头路开工4条，助力成渝地区双城经济圈建设。资阳市交投与成都城投能源集团正式签订《“绿色资阳”发展战略合作协议》，双方共同出资在资阳注册成立项目公司，在零碳交通体系建设、充换电基础设施建设等方面开展全面务实合作。天府通卡在成德眉资四市实现公共交通“一卡通刷、优惠共享”，全市公共交通达到京津冀、广佛和长三角公共交通互通互惠同等水平，整体工作走在全国县级行政单位同城化前列；安岳县拟于年底开通至重庆跨省公交。选派1名长期从事规划工作的人员和2名重点项目推进业务骨干到省同城办、省交通运输厅工作，及时领会传达省交通运输厅、成德眉资同城化发展和成渝地区双城经济圈建设新思路、新规划，对全市交通行业各项规划进行动态调整，确保工作与全省战略部署同频同调。

2020年2月19日，成资渝高速公路项目在全省范围内率先实现复工 资阳市交通运输局 供图

普通公路管养 2020年，资阳市交通运输系统围绕交通部“十三五”全国干线公路养护管理评价工作及省交通运输厅下达的2020年度普通国省干线公路养护管理目标任务，开展国省干线公路养护工程，争取省级补助资金2657万元、市级配套150万元用于国省干线养护工程。考虑到县（区）财政压力，市级再次争取到一次性应急补助1917万元拨付各县（区），完成“十三五”国省道迎部评工作。完成2020年普通国省干线43座桥梁定期检查及部分桥梁基础冲刷检查和14座三类病桥整治、国道公路网命

名编号调整和安岳机养中心（含乐至停车区、“厕所革命”项目）建设工作。坚持“预防为主、防治结合”方针，督促各县（区）养护管理单位科学制定公路年度、季度、月度养护计划和日常养护经费预算，运用公路养护巡查收集系统，国省干线规范化、精细化管养不断加强。

交通运输脱贫攻坚 2020年，资阳市全面完成全市116个乡（镇）交通运输脱贫攻坚任务、1988个建制村100%通硬化路和100%通客车目标任务。以“四好农村路”创建、“两通”为载体，督促各县（区）加强组织、加大投入、制定方案、压实责任、强化问题整改，完成村道窄路加宽工程380.6公里，为全年目标任务（808.6公里）47%；完成贫困村通组硬化路52公里，为全年目标任务100%。农村公路生命安全防护工程（100公里）全面完成。全域纳入“金通工程”试点，投入资金300余万元，发展预约响应式客运247辆，完成2307个招呼牌建设和信息采集；争取农村客运市场培育补助资金70万元；督导各县（区）建立农村客运补贴机制，对新投放农村客运车辆GPS监控安装费补助3000元/辆、车辆购置费补助500～30000元/辆、保险补贴70%等，助力农村客运可持续发展。

2020年8月29日，资阳市农村公路品质提升三年行动首批项目开工仪式在乐至举行　　资阳市交通运输局　供图

运输服务保障 2020年，资阳市交通运输局提升公共服务能力。累计发行“天府通·成资通卡”公交卡128587张，刷卡乘车数量930.8万人次，持续落实系列刷卡乘车优惠政策。加强公交智能调度系统管理信息化监控能力，不断强化驾驶员安全、文明、优质服务意识，纠正违规行为，提升服务水平，投诉率比上年下降60%。《资阳市中心城区常规公交发展规划（2018—2035）》（修编稿）通过专家评审并原则同意。持续提升出租汽车服务水平。全力维护稳定，与企业一起扎实开展维稳工作，督促企业切实履行维护社会稳定主体责任。持续整治巡游出租汽车乱象、整治车容车貌、规范驾驶员经营行为，努力提升服务水平，处理拒载、议价、不打表、甩客、顶班等出租车违规运营行为400余起。完成《资阳市网络预约出租汽车经营服务管理实施细则（试行）》修订工作，新增许可网约平台3家。规范城区共享单车管理。由市交通运输局牵头，联合公安、城市管理行政执法、市场监督管理等11部门（单位）出台《资阳市中心城区共享单车管理办法（暂行）》，针对共享单车市场准入管理，建立联合会审备案机制，促进资阳中心城区共享单车有序发展，倡导绿色低碳出行。加强驾驶员培训管理。核发客运从业资格证327本，货运资格证1058本，危险品驾驶员资格证74本，危险品押运员资格证135本，巡游出租汽车驾驶员证186本，网络预约出租汽车驾驶员证118本；强力推进计时培训系统使用，驾驶培训监管服务平台上新报名学员195名，产生电子教学数据102条；主动引导城区驾校开展整合联营，规范城区驾培机构训练用场地，新建成综合类三级驾校过渡场地1处。编制完成《资阳港总体规划》，6月30日以市政府办公室名义印发实施《关于印发资阳港总体规划的通知》，指导和促进资阳港口建设发展，依法开展港口经营行政管理，合理利用和保护资阳市港口岸线资源。

新冠肺炎疫情防控 2020年，资阳市交通运输系统自四川省启动突发公共卫生事件一级应急响应后，全面建立“1+8”联防联控运行机制（“1”即市交通运输局疫情联防联控领导小组办公室，“8”即道路运输工作组、水路运输工作组、公路卡口工作组、工程建设防控工作组、寄递物流防控工作组、宣传引导及保障工作组、机关防控工作组），落实交通防疫“八项举措”（设置隔离室，做好交通场所防控工作；明确应急流程，做好交通工具防控工作；强化重点监管，做好疫情联防联控工作；落实通风消毒，做好行业卫生防疫工作；开展宣传培训，做好防疫教育工作；实施动态监控，严防客车擅自进出高危地区；开展专项督查，构建群防群治工作格局；加强值班值守，做好信息报送工作）和营运车辆“七不出站”（超员客车不出站、安全例行检查不合格客车不出站、驾驶员资质不符合要求不出站、客车证件不齐不出站、出站登记表未签字不出站、乘客未系安全带不出站、未佩戴口罩不出站）措施，严格按照《重点公共场所、公共交通工具防控指南》要求，在全市交通运输企业、车辆（船舶）、场站实施常态化疫情防控，全面落实交通防疫政策，坚决确保通风消毒、体温检测、佩戴口罩“三个100%”。落实从疫情严重国家返资人员场站申报登记等交通防控工作，扎实开展道路运输检查、水路运输检查、公路卡口管控、工程建设防控、寄递物流防控等工作。组织农民工“点对点”返岗“春风行动”333班次、安全有序运送7810人，市级重点交通建设项目于2月中旬在全省范围内率先实现复工，为全市疫情防控工作作出交通贡献。

2020年2月10日，资阳市农民平安返岗返乡“春风行动”首班车从安岳出发前往广东省深圳市。图为农民工乘坐“春风行动”车辆返回工作岗位 资阳市交通运输局 供图

行业安全维稳 2020年，资阳市交通运输局推进交通运输行业扫黑除恶专项斗争和乱象整治工作，对“七大乱象”开展专项整治，组织开展地下班线、驾驶培训、道路货运、工程拆建、出租汽车、客运服务、冲闯超限检测站等乱象整治工作，调查办理问题线索36条，查处非法经营车辆50辆次、取缔非法驾校招生培训点3处、查处超限车辆490辆；联合相关部门集中整治高铁北站和汽车客运中心“两大乱点”，运行秩序根本好转，并代表省、市接受中央督导“回头看”检查，迎接省政协调研督查。始终坚持“安全第一、预防为主、综合治理”方针，加强组织领导，强化“红线意识”和“底线思维”，按照“党政同责、一岗双责、齐抓共管、失职追责”和“管行业必须管安全、管业务必须管安全、管生产经营必须管安全”要求，开展冬季安全生产工作、客运安全生产集中整治行动，做好汛期安全生产工作、隐患排查整治工作，夯实安全生产工作基础，抓好全市交通运输安全生产工作，确保全市交通运输安全生产工作持续向好发展。推进“三无”船舶专项整治，印发《资阳市“三无”船舶专项整治工作方案》，全年全市摸排船舶2847艘，其中，有证船舶2064艘，无证船舶783艘，吊离上岸无证船舶15艘，拆解无证船舶3艘。办理人大代表建议4件、政协委员提案14件；办理信访件48件；“12328”电话受理5614件，办结5475件，有效维护交通运输行业和谐稳定发展。成安渝高速公路项目协商结算等后期处置工作按照“依法合规、尊重历史、充分沟通、求同存异、整体谋划”总体思路积极推进，总体态势积极平稳。

（本栏目供稿单位：资阳市交通运输局）

阿坝藏族羌族自治州交通

ABA ZANGZU QIANGZU ZIZHIZHOU JIAOTONG

2020年阿坝州交通运输能力概况

公路交通运输			
通车里程	总里程（公里）		15402.09
	其中	高速公路	220.2
		一级公路	4.3
		二级公路	1688.13
		三级公路	1175.6
		四级公路	11715.26
		等外公路	598.6
公路密度	按国土面积计算：每百平方公里18.72公里		
	按人口计算：每万人173.01公里		
通达程度	通公路的乡镇219个，占乡镇100%		
	通公路的村1352个，占村100%		
客运站	总数（个）		240
	其中	一级站	0
		二级站	10
		三级站	9
		四级及以下站	221
营运车辆	总数（辆）	11536	
	其中	客车3888辆89328座	
		货车7648辆78912吨	
公路运量	客运	客运量（万人次）	606.36
		旅客周转量（万人公里）	91158.5
	货运	货运量（万吨）	2317.49
		货物周转量（万吨公里）	400832.35
内河航运运输			
通航里程	总里程（公里）		
	其中	三级航道	
		四级航道	
		五级航道	
		六级航道	
		七级航道	
港口（码头）	总数（个）		6
	吞吐量	旅客吞吐量（万人次）	0.4
		货物吞吐量（万吨）	
水路运量	客运	客运量（万人次）	0.4
		旅客周转量（万人公里）	
	货运	货运量（万吨）	
		货物周转量（万吨公里）	
营运船舶	总数（艘）	5	
	其中	客船5艘60座	
		货船 艘 吨	
城市公交运输			
营运车辆	161辆		
公交线路	67条		
公交站	1159个		
运量	572.54万人次		

注：航道等级未评定。

交通运输概况 2020年，阿坝州推进续建项目26个，包括成兰铁路建设项目1个，都江堰至四姑娘山山地轨道交通扶贫项目1个，汶马高速公路、九绵高速公路（阿坝州境内）、久马高速公路建设项目3个，绵茂公路（茂县段）蓝家岩隧道、省道446线黑水县扎窝至红岩段恢复重建工程、省道450线理县至小金公路工程等21个国省干线提升改造项目。新开工项目9个，即国道317线友谊隧道至映秀段公路改建工程、省道217线安曲镇至马尔康界改（扩）建工程提升改造项目2个，国道213线映秀至茂县段灾毁整治工程、国道317线汶川至理县米亚罗三脚坝段灾毁整治工程等7个“8·20”灾后重建项目。加快实施

汶马高速公路航拍照　　阿坝州交通运输局　供图

“畅返不畅”专项整治，建成里程188.8公里，超额完成年度目标任务160公里的18%。完成旅游路、资源路、产业路建设，建成里程182.1公里，超额完成年度目标任务90公里的102%。全州道路运输站场年度完成投资3565万元，新建成20个招呼站、原址重建汶川县三江乡（镇）客运站，新开工建设松潘黄胜关枢纽站。

3月，西宁至成都铁路启动建设，该项目是阿坝州“三纵两横”大通道中的铁路纵向大通道，建成后将与成兰铁路形成沟通全国大西北和大西南地区的重要大动脉。

5月，阿坝州启动农村公路网县道规划编制工作，结合全州实际，制订《阿坝州农村公路网规划工作方案》，并委托四川公路工程咨询监理有限公司编制《阿坝藏族羌族自治州农村公路网县道规划》。

交通固定资产投资 2020年，阿坝州完成交通建设投资186.8亿元，超额完成年度目标的6.7%。其中，铁路完成投资15.8亿元，超额完成年度目标15亿元的5.3%；轨道交通完成投资6亿元；公路建设完成投资160亿元（高速公路完成投资77亿元、国省干线公路完成投资73亿元、

国道350线四姑娘山过境段金峰大桥架梁 阿坝州交通运输局 供图

农村公路完成投资10亿元），超额完成年度目标125.9亿元的27%；大中修及站点建设完成投资4.8亿元，超额完成年度目标4.4亿元的9%。

汶马高速公路全线通行 2020年12月31日，汶川至马尔康高速公路全线正式通车，四川所有市（州）政府所在地实现高速公路通达。汶马高速公路全长172公里，起于汶川县城以南，与映汶高速公路相接，止于马尔康市城区以东，主线设置桥梁52公里/121座（特大桥11座）、隧道96公里/32座（特长隧道12座），桥隧比86.5%，批

2020年，汶马高速公路航拍照 阿坝州交通运输局 供图

复总工期6年。项目于2015年实质性开工建设，概算总投资约287亿元，全线采用双向四车道高速公路标准，设计时速80公里。项目建成通车后，从成都绕城高速公路出发，约3个小时到达阿坝州州府马尔康市，较建成前用时缩短近一半。

石大关隧道贯通 2020年9月6日，国道213线茂县石大关隧道实现顺利贯通。石大关隧道是国道213线茂县境内进入九寨沟、黄龙等重点景区的必经之路，按双车道二级公路标准建设，设计时速40公里，全长1.78公里。施工建设历时424天，在全体参建队伍的不懈努力下顺利实现隧道贯通。

“四好农村路”示范创建 2020年，阿坝州制定《阿坝州创建少数民族地区“四好农村路”实施方案》，建立跟踪督导、目标考核、投入保障、以奖代补等工作机制，明确创建目标。结合农村人居环境整治，坚持路域环境治理与村容村貌改变同步实施，持续推进“路田分家”“路宅分家”，打造“畅、安、舒、美”出行环境。

2020年，作为“四好农村路”示范路的阿坝州壤塘县上南天路 阿坝州交通运输局 供图

道路客运 2020年，阿坝州完成客运量606.36万人次，旅客周转量91158.50万人公里，受疫情影响，客运量和旅客周转量比上年分别下降47.97%和43.24%。完成2020年道路春运工作任务，投入客运车辆13294辆次；发送旅客10111班次，其中，普通包车3397趟次，旅游包车209趟次；总客运量615.09万人次，未发生道路运输责任事故和重大服务质量投诉。指导相关企业完善定制客运班线试点方案，水磨至都江堰定制客运班线顺利开行。5月，组织对客运企业开展2019年度质量信誉考核工作。州内发行公交一卡通2000余张，与成都天府通合作实现手机二维码、支付宝刷卡功能。

农村客运建设 2020年4月，阿坝州紧盯交通扶贫脱贫攻坚"两通"兜底目标，瞄准弱项和短板，会同省交通运输厅、部定点扶贫联络组，组成省州县联合督战组共33人，采取"一对一"施策、"点对点"督战，开展13县（市）全覆盖"两通"工作现场挂牌督战，实现100%乡（镇）、建制村通硬化路、通客运，完成"两通"兜底任务。同时会同州委政法委等10个州级联系单位，先后2次在若尔盖县开展脱贫攻坚全覆盖督导工作。

建制村通客车工作。编制印发《阿坝州公路运输管理处关于进一步提升完善建制村通客车工作的指导意见》，开展建制村通客车"回头看"和自查自纠，制定《2020年建制村通客车工作督导方案》，在实地督导过程中，帮助各县（市）找问题、补差距、增措施，实现全州225个乡（镇）、1377个建制村全部通客车。

完成"金通工程"试点。完成小金、黑水、壤塘金通工程试点任务，实现乡村客运标识、招呼站（牌）、车辆标识、从业人员标识"四统一"。完成汶川、理县、茂县等十县（市）第二批金通工程试点县实施方案申报并完成"四统一"建设，实现乡村客运"金通工程"建设全覆盖。

2020年，壤塘县农村客运运行场景　　阿坝州交通运输局　供图

货运管理 2020年，阿坝州货运量2317.49万吨，比上年下降7.41%；货物周转量400832.35万吨公里，上升3.82%。一方面是围绕车型结构调整，加快"黄标车"、老旧车辆淘汰，引导运输业户购置安全、节能车辆，开展引导企业走规模化、专业化、信息化道路等工作，全州货运业户服务模式和质量有较大的提升。另一方面是加大危险品运输管理，全州5家危险运输企业102辆危险品运输车辆全部安装电子运单终端，车辆使用率达100%，2020年异常运单率0.37%，远低于3%的控制目标。

"四好农村路"示范路农村客运招呼站　　阿坝州交通运输局　供图

道路运输市场专项整治 2020年，阿坝州交通运输部门开展道路运输市场专项整治。结合"扫黑除恶"工作，开展"打非治违"专项整治工作，及时通报工作开展情况，收集工作开展信息。对该项工作开展过程中出现的问题及时予以指导、纠正，确保运输市场的健康、稳定。全州道路运输"打非治违"开展以来，各县（市）道路运输执法部门、检查卡点进一步加大对非法违法营运车辆的查

处力度，自9月起再次组织开展为期一月的道路运输“打非治违”和旅游客运综合整治专项行动。全州出动执法人员4678人次、执法车辆1216辆次，检查各类车辆59220辆次，发现涉嫌违法违规车辆297辆次，处理270辆次，处罚金94.6万元。

道路运输安全管理 2020年，阿坝州以“三关一监督”为重点，强化源头安全监管。依托信息化手段，利用好卫星定位系统、主动安全智能防控系统、包车系统、二级维护电子合格证（电子健康档案）、异动报警系统，将“两客一危”（班线客运、旅游客运、危险品运输）企业始终作为监管重点，提升安全工作质量，实现安全工作闭环管理。始终保持高压势态，对明查暗访发现的问题，从严从重处理，并通过短信平台群发所有营运驾驶员，对企业自查发现的问题从轻从宽处理，鼓励企业主动发现隐患并清理。全年未发生较大以上道路运输安全事故，道路运输安全生产形势继续稳定向好。

公路工程质量监督 2020年，阿坝州公路工程质量稳步提升，有效推进品质工程建设。全年受理质量监督45项，监督公路建设1500余公里，采取综合督查、开展专项活动等方式强化现场施工质量管控，通过政府财政资金97万元，采购第三方检测机构进行原材料、工程实体专项检测等措施，提供质量监管技术支撑；发现问题，及时制发抽查意见通知书，督促建设单位、监理单位书面确认整改完成。加强参建企业信用建设，规范企业从业行为，及时完成信用交通系统关于监理、检测单位及合同人员信用评价工作。并依申请完成公路工程《交工检测核验意见》《竣工鉴定报告》44份，合格率100%。

公路工程造价管理 2020年，阿坝州开展公路建设项目新（改）建工程、灾后重建项目、景区公路、电站还建路等概算、施工图预算、变更审查工作，审查43项，送审金额总投资530349.69万元，核定金额521857.58万元，核减金额8492.11万元，核减率为1.6%；招投标文件的备案及控价审查，完成工程项目招标文件审查备案工作198项，有效控制工程建设投资，提高资金使用率。

6月和12月，阿坝州公路工程造价管理站分别对全州3个高速公路、43个重点工程建设项目和农村公路项目进行综合督查，重点对建设项目进行工程造价的监督检查，主要对相关单位公路工程造价管理法律法规、规章、制度以及工程造价依据的执行情况，各阶段造价文件编制、审查、审批、备案以及对批复的落实情况，建设单位工程造价管理台账和计量支付，设计变更原因及费用变更情况等方面进行监督检查，针对发现的问题提出整改意见，统一下发整改文件，要求限期整改并回复。

“十三五”公路养护管理评价 2020年10月17—19日，“十三五”全国干线公路养护管理评价工作组对阿坝州国省干线相关路段进行检测。工作组利用多功能路况检测车检测全州国省干线公路335.61公里，其中必检路线163.86公里、途经路线171.75公里，主要为国道213线、国道248线、国道347线、国道544线，涉及茂县、松潘、红原、阿坝、九寨沟5个县。

“十三五”全国干线公路养护管理评价工作组对阿坝州国省干线进行路况检测　　秦玥嘉　摄

交通运输应急管理 2020年，阿坝州实现13个县（市）视频会议系统建设全覆盖；完成66个外场视频监控点位建设工作；协助省交通运输厅配合会议视频设备设施的巡检和信息更新工作；先后7次派出无人机前往高位滑坡、严重水毁路段开展灾情查勘，为交通运输系统抢险救灾指挥部提供灾情资料。

7月12日，阿坝州公路管理局在汶川县举行2020年公路养护和应急抢险机械设备发放仪式。通过多渠道筹集资金，科学配置适用于高原作业的机械设备，淘汰落后技术、工艺和生产方式，着力加强养护能力建设，解决全州公路养护机械化薄弱环节装备"短板"，促进公路养护从劳动密集型向技术密集型的转变，标志着阿坝州公路养护向机械化发展。

绿色低碳出行推广　2020年，阿坝州指导各县（市）开展新能源公交车推广运用，九寨沟县、茂县各更新投放6辆新能源公交车。组织开展绿色出行宣传月活动。完成93辆客运车辆、700余辆货运车辆淘汰更新。联合环境保护部门建立I/M制度，建成9家M站，实施节能车型目录管理。

路域环境整治　2020年，阿坝州公路管理局按照《中华人民共和国公路法》《公路安全保护条例》等相关法律规定，全面推进公路标识、标牌、标语清理整治工作，全年修复路面坑凼69501平方米、路基缺口7处，清理塌方209040立方米、泥石流169883立方米、涵洞2475道、边沟3379.60公里，修整边坡231.20公里，增补公路边沟盖板2110张，修复波型护栏、缆索护栏1980米，修补清理被动网25处，刷漆桥栏杆10100米。同时，为加快建设全州国省干线公路及旅游节点标识牌，打造安全、规范、美观的行车环境，阿坝州投入资金2676万元建设7条国道、1条省道公路标志标牌，新增更换各类标志标牌2696块，里程碑2074块，百米桩19206块。

2020年，农村公路公益性日常养护　　阿坝州交通运输局　供图

出租车运营管理　2020年，阿坝州组织各县（市）贯彻学习新修订的《四川省出租汽车服务质量信誉考核办法》，完成2019年度出租汽车服务质量信誉考核工作。继续做好出租汽车行业维稳工作，每日上报出租汽车行业稳定情况。指导相关县（市）开展出租汽车行业深化改革试点工作，建立巡游出租汽车运价调整工作机制。

维修和车辆技术管理　2020年，阿坝州在48家二类以上维修企业推行汽车二级维护信息化管理系统，二级维护电子合格单使用情况实行"季度通报制"，发放二级维护电子合格证6290份。客运车辆、危货运输车辆和总重12吨以上货运车辆全面实施车辆技术电子档案，完成"两客一危"电子档案建设2239辆，其他车辆278辆。5家汽车综合检测机构全部安装使用汽车综合性能检测信息化管理系统，检测车辆9163辆。

新冠肺炎疫情防控　2020年，阿坝州交通运输局牵头开展交通运输组疫情防控工作，召开8次专题会和5次调度视频会，组织4轮全州性督查，实现坚决阻断病毒传播渠道，保障公路交通网络不断、应急运输绿色通道不断、必要的群众生产生活物资运输通道不断的"一断三不断"目标。局党组带头抓、局长一线抓，及时成立党员先锋突击队，冲锋战斗在前。疫情初期果断停运各类班线和旅游包车，最大程度降低疫情传播风险。自2月24日起，停运车辆陆续恢复运行。强化群防群控，第一时间在交通运输公共场所开展疫情防控宣传，引导群众积极配合交通检测措施，取得良好效果。"12328"交通运输服务监督电话24小时在线，为群众出行提供交通运输信息，畅通投诉渠道，当好民声"连心桥"。压实川西公司都汶管理处、汶马公司、州公路局主体责任，确保都汶高速公路、汶马高速公路和国省干道畅通。全力保障绿色通道畅通，及时将绿通政策和相关要求传达至基层，保证运送医患人员和防疫应急物资车辆、运送病毒样本车辆、运送鲜活农产品车辆优先检疫、优先放行。创新开展农民工返岗"春风行动"，累计开行"春风行动"专车95辆，运送返岗农民工1736人。

（本栏目供稿单位：阿坝州交通运输局）

甘孜藏族自治州交通

GANZI ZANGZU ZIZHIZHOU JIAOTONG

2020年甘孜州交通运输能力概况

公路交通运输			
通车里程	总里程（公里）		32908.683
	其中	高速公路	45.45
		一级公路	2.8
		二级公路	618.760
		三级公路	3618.757
		四级公路	27857.884
		等外公路	765.032
公路密度	按国土面积计算：每百平方公里21.94公里		
	按人口计算：每万人299.99公里		
通达程度	通公路的乡镇323个，占乡镇100%		
	通公路的村2736个，占村100%		
客运站	总数（个）		327
	其中	一级站	0
		二级站	2
		三级站	23
		四级及以下站	302
营运车辆	总数（辆）	4751	
	其中	客车1603辆38877座	
		货车3148辆50033吨	
公路运量	客运	客运量（万人次）	533.435
		旅客周转量（万人公里）	115985.783
	货运	货运量（万吨）	1472.975
		货物周转量（万吨公里）	198483.089
内河航运运输			
通航里程	总里程（公里）		3
	其中	三级航道	
		四级航道	
		五级航道	
		六级航道	
		七级航道	
港口（码头）	总数（个）		2
	吞吐量	旅客吞吐量（万人次）	1.7
		货物吞吐量（万吨）	
水路运量	客运	客运量（万人次）	1.7
		旅客周转量（万人公里）	5.1
	货运	货运量（万吨）	
		货物周转量（万吨公里）	
营运船舶	总数（艘）		
	其中	客船5艘163座	
		货船0艘0吨	
城市公交运输			
营运车辆	284辆		
公交线路	64条		
公交站	585个		
运量	909亿人次		

交通运输概况 2020年甘孜州交通投资高位运行，完成全社会交通固定资产投资116.6亿元，实现连续8年交通投资年均超100亿元。完成省道460线乡城然乌乡至大雪山垭口、雅康高速公路泸定互通连接线二期工程等7个项目开工建设，新开工项目完成投资3.76亿元。推进国道4218线康定过境高速公路等26个续建重点项目建设，完成投资102.14亿元，建成路面779.4公里。按照“党政同责、一岗双责、齐抓共管、失职追责”和“三个必须”总体要求，制定“1+4”安全生产责任清单，开展安全生产专项整治三年行动，全年行业安全生产形势总体平稳。

甘孜州康定瓦泽至九龙段道路　　甘孜州交通运输局　供图

交通基础设施建设 2020年，甘孜州交通重点项目完成投资102.14亿元，为目标任务96.25亿元的106.1%。国道549线九龙县城至稻城公路工程可行性研究及工程可行性要件办理有序推进，省道434线康定榆林经磨西至猫子坪二级公路（含雅加埂隧道）项目设计单位进场开展工作。新开工省道460线乡城然乌乡至大雪山垭口（云南界）段、国道215线岗白路白格堰塞湖灾后恢复重建工程、雅康高速公路泸定互通连接线二期工程、省道460线巴塘县波密乡经乡城定波乡至正斗乡、国道318线苏洼龙电站恢复重建金沙江大桥工程（计划外新开工）等5个项目；省道469线九龙烟袋至子耳段施工招标工作顺利完成，施工单位进场；省道314线新龙经皮察至白玉阿察段初设获批复；计划外国道4218线康新高速公路榆林互通至国道318线/省道434线干线公路连接线开展施工招标。国道4218线康新高速PPP项目“两评一案”实施方案报审。

2020年，国道318线折多山段夜景　　甘孜州交通运输局　供图

高速公路建设 2020年，甘孜州开工建设泸定至石棉高速公路（全长96.5公里，甘孜境约60公里），加快推进国道4218线康定过境高速公路建设（全长17.88公里），完成年度投资16.07亿元。加快推进国道4218线雅安至叶城高速公路康定至新都桥段（全长79.2公里）前期工作，工程可行性研究报告通过交通运输部审查并出具资金安排意见，主线工程安排车购税交通专项建设资金按照62.02亿元控制，用于政府资本金注入、建设期投资补助。

国省干线大中修 实施国省干线大中修500公里、预防性养护60余公里，完成投资4.7亿元。国道318线泸定县泸桥镇白日坝至康定市炉城镇海船石段大修工程完成产值10379万元，为总投资的100%。国道350线八美至然哥村段公路大修工程完成产值7476万元，占总投资的97%。国道215线德格县龚垭乡新村至德格县岗托段公路大修工程、国道317线德格县城至岗托段灾毁恢复重建工程完成产值3991万元，为总投资的100%。国道317线甘孜县南多乡至德格县柯洛洞乡独木岭村神仙沟段大中修工程、国道215线柯洛洞乡柯洛洞村至德格隧道出口段大中修工程，完成产值6614万元，为总投资的100%。

省道216线、217线理亚路兔儿山段　　甘孜州交通运输局　供图

CZ铁路配套公路建设 2020年，甘孜州加快推进CZ铁路配套国省干线项目前期工作，积雪路段增设停车场工程、桥梁检测加固工程工程可行性研究报告通过省交通运输厅审查并出具意见，3条干线整治工程可行性研究报交通运输部审查待出具意见。配套农村公路涉及“一桥一隧”的3个辅助便道项目12.9公里与主体工程开工建

设，余下雅江、理塘、巴塘、白玉等4县配套农村公路工程可行性研究报告获批复。

完成交通脱贫攻坚“两通”目标 2020年，甘孜州投资9.6亿元，完成旅游路产业路及乡（镇）、建制村“畅返不畅”整治、灾毁恢复等662公里，实现所有乡（镇）和建制村通硬化路。提前3个月完成具备条件的乡（镇）、建制村100%通客车，在全省通客车质量交叉检查中获评98分，高质量实现交通扶贫“两通”目标。

公路养护 2020年，甘孜州交通运输部门加强养护站点建设，实施公路养护服务区设施提升项目27个，完工14个，在建3个，10个项目前期工作展开；机械化养护建设有序推进，加快推进公路养护转型、管理升级、服务提质建设步伐，投入1312万元，新购置26台机械车辆和设备，基本实现机械化作业100%。扎实推进路域环境整治，加强沿线环境综合治理和公路绿化，开展联合执法106次，发放“爱绿护绿”宣传手册5000余份，完成公路绿化25.6公里（新植11.5公里、补植14.1公里）；提升隧道安全运行能力，投入1346万元，整治隧道3座，处置隧道安全隐患10处，确保隧道安全运营。

工程质量监督管理 2020年，甘孜州交通运输工程质量监督管理部门加大对30个在建项目的监管，监督里程2200公里。开展综合检查、巡查和专项检查72次，检查施工、监理、合同段90个，实体抽检142748点（组），监督检查覆盖率100%，对发现问题点对点督促整改，工程质量总体可控。完成51个项目造价审查，送审金额计75.18亿元，审查金额74.23亿元，审减0.67亿元，审减率0.84%。

“放管服”改革 2020年，甘孜州交通运输系统深化“放管服”改革，优化营商环境，依法规范审批行为，推进“双随机一公开”监管全流程整合，推行“互联网+政务服务”，规范服务流程，提升网上业务办件能力，除工程项目外，依申请行使的行政许可、行政确认等事项办结时限由法定20日压缩至8日，为企业及群众办事提供方便。受理办件11456件，办结率100%。指导各县（市）做好下放许可事项的承接及后续监管，确保行政审批项目“放得下、管得住、接得好”。

2020年，建成的甘孜县泥柯乡木底村道路　　甘孜州交通运输局　供图

交通执法专项治理 2020年，甘孜州聚焦交通运输行业领域乱点乱象，严厉整治道路运输领域“黑车”“地下班线”问题，查处违规车辆1062辆，查处非法营运车辆615辆；开展运输驾培市场监管突出问题专项整治，有效治理道路运输驾培市场违法违规经营行为。加大路巡路查力度，受理路政案件1252件，查处损害公路及附属设施、清障排障等1212件，结案1160件，路政案件查处率96.8%，结案率95.7%；加大国省干线“双超”治理工作，检测货运车辆7.5万辆，查处超限超载329辆，卸载1105吨，超限率控制在0.44%以内。

“平安交通”建设 2020年，甘孜州交通运输部门制定行业监管责任清单，厘清工作职责，落实监管责任。开展安全生产专项整治三年行动，以道路运输“两客一危”、交通项目建设特长隧道、特大桥等为重点持续开展安全生产大检查和隐患排查治理，整治隧道3座，处置隧道安全隐患10处；新建农村公路生命安全防护工程1125公里，实施危（病）桥改造2955延米/45座、建成2242延米/35座。奋力抗击丹巴“6·17”山洪泥石流、九龙县“11·23”雪洼龙山体高位滑坡灾害，第一时间抢通灾区道路，并持续做好道路保通和灾后恢复重建工作。完成全州交通信息化应急二期建设，加强交通流量监测预警，及时发布、传递路况、气象信息，与公安、交警等紧密联动，开展安全生产专项行动，确保行业安全生产形势总体平稳。

（本栏目供稿单位：甘孜州交通运输局）

凉山彝族自治州交通

LIANGSHAN YIZU ZIZHIZHOU JIAOTONG

2020年凉山州交通运输能力概况

公路交通运输			
通车里程	总里程（公里）		28915.27
	其中	高速公路	217.578
		一级公路	42.983
		二级公路	1144.287
		三级公路	1529.97
		四级公路	24501.036
		等外公路	1479.424
公路密度	按国土面积计算：每百平方公里47.95公里		
	按人口计算：每万人54.45公里		
通达程度	通公路的乡镇541个，占乡镇100%		
	通公路的3736个，占村100%		
客运站	总数（个）		3673
	其中	一级站	2
		二级站	12
		三级站	13
		四级及以下站	3646
营运车辆	总数（辆）		30315
	其中	客车3682辆52819座	
		货车26633辆253975.8吨	
公路运量	客运	客运量（万人次）	4263
		旅客周转量（万人公里）	246921
	货运	货运量（万吨）	9938
		货物周转量（万吨公里）	901243
内河航运运输			
通航里程	总里程（公里）		860.91
	其中	三级航道	
		四级航道	
		五级航道	156.05
		六级航道	164.83
		七级航道	76.83
港口（码头）	总数（个）		61
	吞吐量	旅客吞吐量（万人次）	39.84
		货物吞吐量（万吨）	40.25
水路运量	客运	客运量（万人次）	97.74
		旅客周转量（万人公里）	1732.07
	货运	货运量（万吨）	49.18
		货物周转量（万吨公里）	3369
营运船舶	总数（艘）		283
	其中	客船262艘3067座	
		货船21艘3695吨	
城市公交运输			
营运车辆	802辆		
公交线路	134条		
公交站	个		
运量	0.5亿人次		

“十三五”交通运输概况 “十三五”期间，凉山州累计完成交通基础设施建设投资491.4亿元，比“十二五”期间的160亿元增长207%。全州公路总里程2.89万公里，其中三级及以上公路2600公里。全州在建和建成高速公路里程达991公里。全州普通国道由1条391公里发展为8条2700公里，实现县（市）全覆盖；省道由8条1775公里发展为14条2600公里；累计新（改）建普通国省干线1449公里，实现每个县到西昌（州府所在地）都有高等级公路连通，且对外有两个高等级公路出口；全州普通国省干线公路占公路总里程比例由2012年的9.7%提升到16%，国省干线中三级以上公路占比55.7%。全州所有乡（镇）和建制村实现“100%通硬化路、100%通客车”目标。金沙江雷波港区新建5个千吨级泊位，港口通过能力达200万吨。新增三级及以上航道252.5公里，总通航里程达860.91公里。新（改）建8个县级客运站，新建乡（镇）及港湾站176个，新建2968个村级招呼站牌。全州道路路面使用性能指数（PQI）平均值89.3。全州累计完成公路旅客周转量169.1亿人公里、货物周转量6144.84亿吨公里，分别较“十二五”期间减少12.8%、增长1912.5%；完成水路旅客周转量8581万人公里、货物周转量15238万吨公里，分别较“十二五”期间增长210%、75%。全州开通省际、市际、县际、县内客运班线779条。全州高速公路ETC车道覆盖率100%，公路联网售票服务三级以上客运站覆盖率90%以上，完成1333辆“两危一客”车辆的卫星定位装置安装、升级，实现重点车辆卫星导航定位装置100%覆盖。全州危险品货物运输车辆实现全程GPS定位监控。累计投放新能源公交车、出

租车741辆。建成10000余平方米的“西昌战备物资储备库”，组建17支共845人的道路抢通保通应急保障队伍，建成公路生命安全防护工程3255公里。未发生较大及以上安全生产责任事故。

交通规划编制 2020年，凉山州完成综合交通“十四五”规划及“交通+旅游”融合发展子规划初稿编制。完成凉山州普通国省干线公路国土空间控制规划专题报告文稿编制。农村公路网规划县、乡道规划成果基本确定。《凉山州公路路长制工作方案（试行）》正式出台。配合编制《凉山州森林草原防灭火基础设施建设专项整治实施方案》。

交通固定资产投资 2020年，凉山州交通运输系统深入实施第三轮“凉推”方案，决战决胜交通脱贫攻坚，全年完成固定资产总投资163.98亿元，为省下达年度目标145亿元的113.1%。其中，高速公路118.4亿元、国省干线18.8亿元、农村公路16.2亿元、养护及其他专项工程10.6亿元。

交通基础设施建设 2020年，乐西、德会、沿江高速公路实现开工建设，西昭高速公路实现控制性工程开工，西香、西宁、禄会高速公路招商工作加快推进，攀盐、金口河至西昌（金西）、昭觉至普格、石棉至甘洛、九龙至盐源、会东至会泽高速公路前期工作加快推进。建成国道227线巴亨垭口至桃巴段改建工程、国道348线盐源县卡坝桥至云南宁蒗界段、省道463线亚丁至云南三江口段、国道348线美姑县马边界至雷波县段4个项目，国道245线会理通安至皎平渡、国道227线黄泥梁子大桥、国道348线磨盘山隧道至大金河段、国道365线布拖县城至金阳热柯觉乡段、国道353线鲁昆山隧道5个项目取得交通运输部全额建安费补助资金安排意见。顺利通过交通运输部“十三五”普通干线公路评价。完成库区重点便民交通码头项目招投标工作。

全州新（改）建农村公路1036.3公里，整治完成“畅返不畅”破损路面1000余公里，“四好农村路”示范县申报工作取得成效，会东县“四好农村路”示范县成功公示，交通脱贫攻坚建设成果有效巩固。全州541个乡（镇）和具备条件的3734个建制村实现100%通客车目标，并顺利通过交通运输部脱贫攻坚“两通”验收。涉及脱贫攻坚任务的国省干线路段完成阶段性目标任务。州交通运输系统筹集资金125万完成双联帮扶村瓦古村通村公路维修、养护，提升瓦古村脱贫质量。

高速公路建设 截至2020年，全州有11条高速公路15个项目纳入国、省高速网规划（凉山境内里程1600公里，计划总投资3188亿元）。其中，国高网项目4个，包括京昆高速公路泸黄段、宜攀（沿江）高速公路、西昭高速公路、西香高速公路；省高网项目11个，包括峨汉高速公路（甘洛段）、乐西高速公路马边至昭觉段、德昌至会理、西昌至宁南、盐源至攀枝花、会理至云南禄劝、会东至云南会泽、石棉至甘洛、昭觉至普格、九龙至盐源、金口河至西昌（金西）高速公路。至年底，京昆高速公路泸黄段完成改（扩）建，5个项目加快建设（其中峨汉高速公路甘洛段有序推进，乐西、德会高速公路实现全面开工，沿江高速公路开工建设，西昭高速公路将实现控制性工程开工），3个项目加快招商（其中西香高速公路加快办理规划选址及用地预审，西宁高速加快用地预审组卷，禄会高速进行工程可行性研究报告修编），6个项目加快前期（其中攀盐高速公路进行工程可行性研究报告编制，金口河至西昌（金西）高速公路完成工程可行性报告初步编制，昭觉至普格高速公路完成国土空间控制规划研究，石棉至甘洛、九龙至盐源、会东至会泽高速公路均启动前期工作）。

国道5线京昆高速公路泸黄段项目交工 2020年1月3日，京昆高速公路泸黄路加宽改造工程项目交工。该项目全长69.8公里，估算总投资38.5亿元，建设总工期3年。项目全线由两部分构成：其中2016年3月开工的泸沽至漫水湾试验段（长度约11公里），采用路基宽24.5米、双向四车道高速公路标准；2017年10月开工的漫水湾互通至终点段（长度约59公里），采取原路加宽为双向六车道进行扩建，路基宽33米。全线采用沥青混凝土路面，设计时速80公里。全线有泸沽、漫水湾、礼州、西宁、西昌、马道、西木互通7处，西昌卫星基地专用通道1处，西昌服务区1处。全线路基土石方623.5万立方米，主线桥梁166座（其中小桥126座、中桥28座、大桥12座）。

西昭高速公路开工 2020年12月8日，西昭高速公路实现控制性工程开工建设。该项目起于春江（起点接金沙江大桥四川岸）宜攀高速公路；路线沿宜攀高速公路前进16.68公里，于芦稿设枢纽互通脱离宜攀高速公路；之后顺洛尼布特河谷展布，在派来镇附近设金阳隧道（约11公里）穿马鞍山，在新寞出金阳隧道，途经地洛、委只洛、塘且，沿西溪河两岸北行；在昭觉县城附近设T型枢纽互通与乐西高速公路相连。路线向西与国道348线（或国道245线）同走廊，经四开乡、洒拉地波乡，在拢恩以打村附近设贡觉高山隧道（约13公里）穿越贡觉高山；为实现洒拉地坡台地至安宁河谷的高差过渡，采用两组回头展线、经东河及其支流马几依嘎河谷地带迂回展线，沿西昌城市规划北外围，自东向西，路线止点设小庙枢纽立交与西攀高速公路相接。全长182.36公里，实际建设里程为166.15公里。全线采用四车道高速公路技术标准建设，设计时速80公里，路基宽25.5米，桥隧比73.36%，概算总投资314.17亿元，批复工期5年。

国产首台大直径敞开式TBM再制造下线 2020年7月12日，乐西高速公路大凉山1号隧道工程国产大直径敞开式TBM再制造下线，标志着乐西高速大凉山1号隧道平导洞TBM掘进施工前期工作准备就绪，即将开始TBM辅助施工。这是国内首台大直径敞开式TBM的再制造，也是国内首台应用于高速公路辅助施工的TBM。该台TBM开挖直径7.93米，整机长度176米，总装机功率达5200千瓦。曾用于吉林中部引松供水工程，并创造最高1209.8米、最高日进尺86.5米、平均进尺660米的掘进记录。

乐西高速公路是首条深入大小凉山腹地、落实精准扶贫政策的高速公路，单公里概算造价近2.2亿元，具有工程规模大、桥隧比例高、地质地形复杂、进场通道差等特点，桥隧比达83.15%，为当前省内桥隧比最高的高速公路项目，重难点为“两隧”“两桥”“一区段”。大凉山1号隧道是该条高速公路的控制性工程之一，也是全省乃至西南地区在建和已通车最长高速公路隧道，同时面临地质条件复杂、隧道距离长、埋深大、围岩偏软等多重考验。经过多方研究论证，最终确定采用TBM平导+主洞钻爆法施工方案，可提高建管效率，降低安全风险，同时将填补国内高速公路利用TBM施工工艺辅助隧道施工空白。乐西高速公路建成通车后，将成为连接大小凉山彝区的重要交通干线，结束雷波、美姑、昭觉三县“不通高速公路”历史，对促进区域经济发展，助力当地脱贫攻坚具有重要意义。

国省干线建设 2020年，凉山州国省干线加快项目招标，完成国道356线金阳丙底至土沟段工程、国道348线磨盘山隧道至盐源县金河大桥段改造工程、省道218线喜德县洛哈镇至西昌丁字坡段改建工程SJ标段等6个项目的勘察设计招标工作；完成省道464线普格段、省道217线甘洛县城至阿嘎（美姑界）段改建工程2个项目的监理招标工作；完成国道348线盐源小高山隧道等4个项目代建单位的招标工作。

推进项目勘察设计，省道464线布拖县城至冯家坪段取得初步设计批复；省道218线喜德县洛哈镇至西昌丁字坡段、国道356线金阳丙底至土沟段、国道245线会理通安至皎平渡（云南界）段、省道469线木里县园坝子至乔瓦镇段初步设计报批；省道309线隆昌至越西公路（美姑境）、国道348线磨盘山隧道至盐源县金河大桥段改造工程、国道227线盐源县黄泥梁子大桥完成初步设计咨询审查；省道464线德昌乐跃经普格至布拖公路普格段、省道309线团结桥至普雄镇段、省道217线美姑依所解至牛牛坝段、省道218线喜德县洛哈镇至西昌丁字坡段4个项目完成施工图设计咨询审查。国道245线会理通安至皎平渡段、国道356线金阳丙底至土沟段、省道469线木里县园坝子至乔瓦镇段施工图设计成果基本完成。

加快13个项目建设，建成国道227线杨柳桥至米易界段（盐米路）、国道348线盐源县卡坝桥至云南宁蒗界段、省道463线亚丁至云南三江口段计3个项目；完成省道219线德米路1合同段、国道245线（原省道208线）中马路（越西县境段）Ⅲ合同段、省道212线西宁路C合同段、国道348线盐宁路二合同段、瓦吉木训练场战术训练道路（交竣工一起进行）、省道216线李子坪至棉桠（B1、B2、B3、LM合同段）段、省道103线戳豁觉至美姑大桥段改建工程（A、B、C、D、F）合同段计14个标段的交工验收；完成瓦吉木训练场战术训练道路项目的竣工验收。

国道227线杨柳桥至米易段建成 2020年，国道227线盐源杨柳桥至黄泥梁子（米易界）段工程项目完工。该项目起点位于凉山州盐源县城东16公里的双河乡杨柳桥附近接国道348线（原307线，起点桩号K0+000），经双河乡、树河镇、甘塘乡，止于盐源县与攀枝花市米易县交界处雅砻江边的甘塘乡黄泥梁子（K58+620.12），全长58.62公里。该项目采用三级公路技术标准，设计时速30公里，路基宽7.5米，预算总投资4.997亿元。项目2017年开工建设。

国道348线盐源卡坝桥至云南宁蒗界段改建工程完工 2020年，国道348线盐源卡坝桥至云南宁蒗界段公路改建工程项目完工。该项目起于距离盐源县盐塘乡8公里的卡坝桥（与新建省道221线平交），沿得力沟经地来角村、磨房沟村，止于在盐源县与云南宁蒗县交界处大华山南坡（K16+225.21），路线全长16.22公里。该项目采用二级公路技术标准，设计时速40公里，路基宽8.5米，预算总投资2.28亿元，2017年开工建设。

省道463线亚丁至云南三江口段建成 2020年，省道463线亚丁至云南三江口段项目包含主线（不含金沙江大桥）和连接线项目完工。该项目路线全长57.63公里，其中：主线（K线）起于木里县与稻城交界处（甘凉界）益地电站大坝附近（K0+000），沿东义河向南布设，在东义河于水洛河汇流处以平交方式与在建的叉河大桥相交后，路线沿水洛河右岸布设，在三江口附近脱离河道，沿金沙江左侧山坡布线止于四川坪子（K50+500），长50.68米；连接线（L线）起于肯着村，沿龙达河而上，沿现有通村公路布设，经俄亚大村，至俄亚乡政府所在地，路线长6.95公里。该项目采用三级公路技术标准，设计时速30公里，路基宽7.5米，预算总投资4.56亿元，项目2017年开工建设。

交通脱贫攻坚“两通”任务完成 2020年6月30日，随着乡村客运“金通工程”车辆驶入布拖县阿布洛哈村，标志着凉山州提前完成“所有乡（镇）和建制村通硬化路，所有乡（镇）和具备条件的建制村通客车”的脱贫攻坚兜底任务。自2013年以来，凉山累计新（改）建农村公路2.1万多公里，新增加217个乡（镇）通油路和2897个建制村通硬化路，乡（镇）和建制村通硬化路率分别提升35个百分点和77个百分点；新增200个乡（镇）、2147个建制村通客车，乡（镇）和建制村通客车率分别提升33个百分点和58个百分点。建成19个县级客运站、294个乡（镇）综合运输服务站、1728个村级招呼站（牌），实现每个县都有功能完善的县级客运站，具备建设条件的乡（镇）、建制村分别建有综合运输服务站、招呼站（牌）；实施危桥改造和渡口改桥61座，溜索改桥7座，结束凉山的“溜索时代”。

会东县农村公路建设 2020年底，会东县创建第四批“四好农村路”省级示范县完成公示，即将成为凉山州第二个创建成功的“四好农村路”省级示范县。截至2020年，会东县有普通公路2472.7公里。其中，国道82.9公里，省道179.3公里，县道455.3公里，乡道1062公里，村道693.2公里，全县实现“两通”。2017年，会东县在全州实行“路长制”全覆盖，完善公路沿线环境治理和公路养护管理体系，规范道路交通通行秩序。会东县在全县启动交通运输综合行政执法体制改革取得良好效果。1月，整合公路路政、道路运政、水路运政、航道行政、港口行政、地方海事行政、工程质量监督管理等执法职责，以会东县交通运输局名义统一执法。按照工程建设“三同时”要求，自2017年通村公路建设时，同步实施123公里生命安全防护工程，359公里村道波形护栏施工。全县19个乡镇（街道）成立农村公路建设管理领导小组，并出台相应农村公路管养制度，挂牌成立农村公路交管站，全面实现“乡（镇）有所、街道有站、村（社区）有员”的目标。全县317个建制村均在各乡镇（街道）牵头下成立农村公路养护管理领导小组模式的村级路长制。全县开通农村客运班线33条、客运站点267个。以县为中心的县、乡、村三级农村物流服务体系加快建设，全县有物流企业11家、快递网点26个。

运输服务管理 2020年，受新冠肺炎疫情影响，凉山州完成公路客运量4263万人次，公路旅客周转量246921万人公里；公路货运量9938万吨，公路货物周转量901243万吨公里。完成水路客运量97.74万人次，水路旅客周转量1732.07万人公里；完成水路货运量49.18万吨，水路货物周转量3369万吨公里。

完成“所有乡（镇）、所有具备条件建制村”通客车任务。完成西昌枢纽站立项，建成村级招呼站牌991个。成功在西昌市、昭觉县、布拖县、越西县进行“金通工程”创建试点。完成4个事业单位更名及职能职责调整，撤销2个未分类事业单位，成立1个公益一类事业单位。完成20个项目竣工决算财务审计，将所有参建单位均纳入信用评价考核，对2019年以来招标的所有建设项目招投标工作进行全覆盖核查。受理行政审批事项19246件，现场办结率、按时办结率均为100%。“12328”电话中心受理业务历史性突破1.1万件，连续两年评为全省“12328”电话先进集体，创新开设《脱贫攻坚·凉山交通战报》，累计通过门户网站和微信公众号累计发布各类信息2250条。

水运航道建设管理 2020年，凉山完成雅砻江二滩库尾航道维护整治工程主体施工；完成凉山州水上交通安全监管系统工程项目主体设备安装以及供电联网配套工程的设计变更。完成州航务海事发展中心20米海巡艇采购以及二滩库区（凉山段）2020年度漂浮物清理。完成水运安全环保标牌采购、雷波海事工作船采购以及高坝库区标准化船型研究项目招标；取得金沙江溪洛渡至水富航道建设工程（四川段）用地预审与选址意见书等4个工程可行性前置要件批复，并完成环境影响评价等3个开工前置要件编制工作；完成凉山州库区重点便民交通码头（渡口）建设工程前期开工要件，取得木里县跑马坪渡口项目工程可行性、专题要件及施工图设计批复。拆除取缔非法码头5个，完成规范提升5个。推进长江流域重点水域禁捕退捕，全年收缴销毁各类捕捞网具300余副，拆除网箱200余口，增殖放流鱼苗500公斤，依法扣押渔船6艘、退捕渔船8艘、销毁渔用“三无”船艇180余艘。

交通安全应急 2020年，凉山州交通运输选取5家道路、水路运输企业开展清单制管理试点，并在全行业推行安全生产清单制管理。制订《凉山州公路水路行业安全生产专项整治三年行动计划方案》。完成国道348线经久转运站至金河段隧道（磨盘山、煤炭沟）病害整治工程（一期）。开展项目质量督查77次、下发整改通知60份。全年查处道路交通违法违规案件1911起，清除非交通标志标牌4049处，综合查处率100%；查处超限车辆1493辆，超限率为2%。全年全州交通运输系统未发生因源头管理而造成的较大及以上安全生产责任事故。在“3·30”西昌经久乡森林火灾中，抽调51辆应急运输车辆，将1400余名群众有序安全转移，运送消防人员和应急民兵22辆次600余人次。协调攀枝花市运输部门调用1辆危险品运输车辆对马道镇石油液化气储配站进行液化石油气转运。交通运行监测与应急指挥系统（二期）工程基本完成建设。

“9·20”断道抢通保通 2020年9月20日12时，国道5线京昆高速公路雅西段西昌至成都方向K2084处（栗子坪至石棉路段）发生山体垮塌，导致姚河坝大桥被砸断，雅西高速公路和国道108线双向交通中断，造成凉山州北向公路交通通行压力增大。为尽快抢通保通，甘洛、越西、喜德等三县境内国省干线大中修工程暂时停工，施工单位就近迅速填补坑凼、协调公安交警进行部分路段和部分车辆管控；同时，在保障地方道路畅通情况下，提出6条绕行线路方案供社会车辆出行选择。顺利度过20日至23日的最大保通需求时段后，道路保通保畅压力逐步减小。凉山州交通运输部门对全州道路损毁情况进行再研究再梳理再摸底，并加大对各县（市）水毁灾毁修复工作督导。

工程质量监督管理 2020年，凉山州交通工程质量监管部门监督高速公路及国省干线项目29个，总里程1967.60公里。州级层面全年开展各类检查77次，其中，随机抽查12次，备案核查11次，专项督查23次，交竣工检测17次，质量核查4次，其他检查10次，综合检查18次。下发整改意见及通知60余份。全年无质量问题投诉。

新冠肺炎疫情防控 2020年，凉山州交通运输系统坚持新冠肺炎疫情防控“不松手”。严格落实疫情防控“八项举措”、公路保畅“七条措施”、恢复运输“六条要求”。从四方面加强疫情防控。一是调整防控方案，暂停全州各汽车客运站所有省际客运班线和客运包车；公共交通工具（长途汽车、公交车、出租车等）所有司机和乘客必须佩戴口罩，乘客须自觉接受检查，公共交通工具须每日一消毒、每一车（船）次一消毒、每一班次一通风。二是畅通信息渠道。严格执行每日15:00前疫情“零报告制度”和防控工作信息日报机制，建立每日工作会商机制，构建统一指挥、运行高效的工作体系；发挥门户网站、微信公众号、州内主流媒体等作用，客观发布疫情防控信息，及时回应群众关切。三是强化督导落实。印制《新型冠状病毒感染的肺炎防护指南》（公共交通篇），采取运输企业自主防控与联防联控检疫监测、暗访抽查相结合方式，督促全州交通运输系统落实全省交通运输行业防控疫情“八项措施”，以及客运车辆疫情防控期间“三不进站、七不出站”规定。印发《合理设置联防联控检疫点的通知》，明确各检疫点应开辟应急物资运输“绿色通道”，农村公路检疫点设置应遵循“方便监测、便于通行”原则，国省干线检疫点设置可由毗邻县市共同协商，原则上县域内每条国省干线检疫点设置不得超过2处，且不得阻断交通，并对未经批准擅自设卡拦截、断路阻断交通等违法行为，依法予以处置，全力确保“三不一优先”“一断三不断”（“三不一优先”指保障疫情防控物资和人员运输不停车、不检查、不收费，优先通行；“一断三不断”指阻断病毒传播渠道，公路交通网络不能断，应急运输绿色通道不能断，必要的群众生产生活物资运输通道不能断）等要求落到实处。四是建立工作预案。建立《凉山州交通运输局处置新型冠状病毒感染肺炎疫情应急预案》，细化明确工作职责，规范应急应对流程，完善应急处置措施。

累计投入一线职工37.4万人（次）参与新冠肺炎疫情防控，开展旅客体温检测近1000万人（次）。在疫情防控形势严峻的2月10日至3月20日期间，组织527趟（次）“春风行动”专车，将1.3万名农民工安全有序运送至务工目的地。在全省率先取消除高速公路出入口、进州通道和有病例县通道外的所有公路体温检测点。规范防疫交通检疫点设置运行和优化交通运输疫情防控工作助推经济社会发展两项工作经验在全省推广。州交通运输局获“四川省抗击新冠肺炎疫情先进集体”称号。

（本栏目供稿单位：凉山州交通运输局）

荣誉榜

RONGYU BANG

先进名录

XIANJIN MINGLU

中华全国总工会表彰的2020年全国劳动模范

（四川交通部门）

其美多吉（藏族） 中国邮政集团公司四川省甘孜县分公司邮运驾驶组组长，高级工

卢　伟 四川公路桥梁建设集团有限公司总工程师，教授级高级工程师

（厅史志总编室）

2020年人力资源社会保障部、交通运输部表彰的全国交通运输系统先进集体劳动模范和先进工作者

（四川交通部门）

全国交通运输系统先进集体

四川省交通运输厅建设管理处

四川省交通运输厅高速公路管理局（高速公路交通执法总队）

自贡市公交集团有限责任公司宇星公司

泸州市交通运输局

遂宁市交通运输局

宜宾市交通运输局

雅安市名山区交通运输局

四川雅康高速公路有限责任公司雅安代表处

阿坝州公路管理局九寨沟管理分局

甘孜州交通运输局

全国交通运输系统劳动模范

范碧琨（女） 四川省公路规划勘察设计研究院有限公司教授级高级工程师

朱树林 四川兴蜀公路建设发展有限责任公司项目指挥长

郭泳铄（女） 成都公交集团运兴巴士有限公司快速公交车队党支30部书记、队长

沈映雪（女） 四川成渝高速公路股份有限公司成雅分公司蒲江服务区负责人

李　凯 四川高路交通信息工程有限公司网络信息部经理

赵　宏（彝族） 攀枝花公交客运总公司汽车综合修理厂班长

熊建军 泸州市公共交通集团有限公司职工

徐国挺 四川路桥华东建设有限责任公司赤水河大桥项目经理

刘　源 四川省德阳市中江县运输集团公司党总支副书记

胡　伟 绵阳路桥建设有限责任公司机械操作员

赵泽发 广元市路桥工程总公司党支部书记、经理

蒋光宁 四川省内江市公交集团党委书记、总裁

田秀利（女） 乐山公共交通有限公司公交K1线线路长

胡常辉 广安市广泰公共交通有限责任公司驾驶员

尹　麒（藏族） 甘孜州康定新川藏运业集团有限公司董事长、党委书记

全国交通运输系统先进工作者

黄　丽（女）　四川省交通运输厅交通史志总编室总编辑
任启东（羌族）　四川省交通运输厅公路局农村公路建设管理处副处长
赖永秀（女）　四川省自贡市地方海事局科长
鲁仲军　攀枝花市公路养护管理总段机械工程站科员
杨店超　宜宾市公路局高县公路养护段罗场养护站站长
李　友（藏族）　甘孜藏族自治州公路工程质量监督局局长

（省交通运输工会）

2020年交通运输部命名的2018—2019年度全国交通运输行业精神文明建设先进集体

（四川交通部门）

全国交通运输行业文明单位

泸州市道路运输管理局
四川省公路工程咨询监理公司
南充市航务管理局
甘孜州公路建设服务中心
四川省交通管理学校

全国交通运输行业文明示范窗口

自贡市公交集团有限责任公司
四川成德绵高速公路开发有限公司绵竹收费站
四川省政务中心交通窗口
阿坝州公路管理局九寨沟公路管理分局
四川省交通运输厅高速公路交通执法第六支队六大队

（厅史志总编室）

2020年交通运输部表彰的全国交通运输系统抗击新冠肺炎疫情先进个人和先进集体

（四川交通部门）

先进个人

孔　骑　四川南充汽车运输（集团）有限公司客车驾驶员
赵国成　成都市蓉城出租汽车有限公司出租车驾驶员
蒲春生　四川省巴蜀危险品运输有限公司驾驶员
卢思吉　四川泸州港务有限责任公司生产作业部调度室调度员
赵小龙　绵阳市公共交通集团有限责任公司营运调度中心主任
巫鹏飞　四川成德南高速公路有限责任公司金堂服务区主任、金堂管理处路产管护与安全科主管
雷　磊　四川省交通运输厅运输管理处处长

先进集体

四川省汽车运输自贡集团有限公司
四川省交通运输厅高速公路交通执法第三支队第一大队
四川省交通运输厅道路运输管理局

（厅史志总编室）

交通运输部、中华全国总工会表彰的2020年感动交通十大年度人物

（四川交通部门）

吉克罗批　韵达快递四川省乐山市马边县网点快递员

赵　静　四川路桥盛通（一分）公司凉山片区负责人

（厅史志总编室）

2020年四川省人民政府表彰的四川省第八届劳动模范
（交通部门）

四川省第八届劳动模范

吉克罗批（彝族）　乐山洪诚韵达快递服务有限责任公司马边分公司快递员

（厅史志总编室）

四川省抗击新冠肺炎疫情先进个人和先进集体
（交通部门）

先进个人

李　志　成都市交通运输局综合行政执法总队三级主任科员
卢　毅　成都市口岸与物流办公室口岸服务处处长
刘大权　成都公交集团东星巴士有限公司驾驶员
张华德　成都市汽车运输（集团）公司董事长、总经理、党委书记，高级会计师
陈林河　广元市交通运输局副局长
翟廷永　旺苍县交通运输局公路路政管理所所长
杨　骥　乐山市交通运输局运管科科长
刘永红　南充市交通运输局办公室主任
范鹏飞　兴文县交通运输局综合行政执法大队工作人员
肖　渠　达州市交通运输局运输管理科科长
高　涛　万源市交通运输局党组成员、副局长
何开国　南江县交通运输局党委书记、局长
聂　韬　荥经县公路运输管理所所长
周玉贵　阿坝州交通运输局运输管理科科长
李　建　甘孜州公路运输管理处副处长
熊美玲（女）　布拖县交通运输综合行政执法大队工作人员
汤晓明　交通运输厅高速公路交通执法第二支队十四大队副大队长、二级主任科员
李晓芬（女）　交通运输厅道路运输管理局客运处副处长、一级主任科员
曹驰宇　交通运输厅道路运输管理局副局长

先进集体

攀枝花市交通运输局党委　　泸州市公共交通集团有限公司
绵阳市交通运输局　　广元火车站应对新型冠状病毒感染肺炎疫情防控卡点临时党支部
遂宁市交通运输局　　内江市公交集团党委
宜宾市交通运输局　　阿坝州公路运输管理处
凉山州交通运输局　　交通运输厅高速公路管理局（执法总队）党支部
中国铁路成都局集团有限公司成都车站党委　　成都双流国际机场股份有限公司党委
四川路桥建设集团股份有限公司

（省交通运输工会）

2020年四川省总工会授予的2020年度四川省五一巾帼标兵岗

（交通部门）

四川省五一巾帼标兵

强　薇　省交通运输厅高速公路交通执法第五支队二大队大队长、一级主任科员

（省交通运输工会）

2020年度全国“安康杯”竞赛安全文化宣传活动及全国“安康杯”职工安全健康意识与应急技能知识普及竞赛活动先进示范单位、先进单位和先进个人

（四川交通部门）

先进示范单位

四川省交通运输工会

先进单位

四川省凉山州会理县公路养护事业发展中心

德阳市交通运输局

四川嘉陵江凤仪航电开发有限公司

成都华川公路建设集团有限公司

先进个人

敬川平　四川省交通运输工会

周有熠　会理县公路养护事业发展中心

谢应文　成都华川公路建设集团有限公司

陈　宇　四川绵九高速公路有限责任公司

李　鹃　四川嘉陵江凤仪航电开发有限公司

（省交通运输工会）

2020年度全国“安康杯”职工安全健康意识与应急技能知识普及竞赛活动最佳组织单位、优秀组织单位和优秀个人

（四川交通部门）

最佳组织单位

四川绵九高速公路有限责任公司

优秀组织单位

四川成渝高速公路股份有限公司成渝分公司

优秀个人

王莉媛　四川省交通运输工会

李晓斌　四川成渝高速公路股份有限公司成渝分公司

曾光明　四川绵九高速公路有限责任公司

张雅娜　四川川西高速公路有限责任公司工会

（省交通运输工会）

优秀专家

YOUXIU ZHUNJIA

2020年度享受国务院政府特殊津贴人员名单

（四川交通部门）

王永莲　四川交通职业技术学院
李玉文　四川省公路规划勘察设计研究院有限公司

2020年度四川省学术和技术带头人名单

（交通部门）

林国进　四川省公路规划勘察设计研究院有限公司
李玉文　四川省公路规划勘察设计研究院有限公司

2020年度四川省学术和技术带头人后备人选名单

（交通部门）

田志宇　四川省公路规划勘察设计研究院有限公司
刘天翔　四川省公路规划勘察设计研究院有限公司
李顺超　四川省交通勘察设计研究院有限公司
吴宏伊　四川省公路规划勘察设计研究院有限公司
周仁强　四川省公路规划勘察设计研究院有限公司
赵　虎　四川省公路规划勘察设计研究院有限公司
蒋建军　四川省公路规划勘察设计研究院有限公司
韩先科　四川省交通运输发展战略和规划科学研究院

2020年度四川省工程勘察设计大师名单

（交通部门）

马洪生　四川省交通运输公路规划勘察设计研究院有限公司
张　蓉　四川省交通运输公路规划勘察设计研究院有限公司
范碧琨　四川省交通运输公路规划勘察设计研究院有限公司
林国进　四川省交通运输公路规划勘察设计研究院有限公司

2020年度交通运输部交通运输青年科技英才名单

（四川交通部门）

孙才志　四川省公路规划勘察设计研究院有限公司
袁　松　四川省交通勘察设计研究院有限公司

2020年度四川省青年科技奖名单

（交通部门）

孙才志　四川省公路规划勘察设计研究院有限公司
李　胜　四川交通职业技术学院

2020年度四川省专家评议（审）委员会成员名单

（交通部门）

王永莲　四川交通职业技术学院
周永江　四川省公路规划勘察设计研究院有限公司
牟廷敏　四川省公路规划勘察设计研究院有限公司

人物选介

RENWU XUANJIE

雷　磊

省交通运输厅运输管理处 处长

新冠肺炎疫情发生后，时任省交通运输厅运输管理处处长的雷磊临危受命，担任四川省新冠肺炎疫情防控应急指挥部交通运输组联络员和四川省交通运输厅新冠肺炎疫情防控指挥部办公室主任。“疫情就是命令，防控就是责任”，他时刻不敢忘记。从2020年1月20日起，雷磊开始进入自己的“高速路段”。一直到6月初，他每天工作15个小时，没有周末和假期，连春节都不例外。在与疫情赛跑的路上，他从未放慢速度，一心扑在疫情防控之上。

没有硝烟的战场，成为砥砺初心使命的检阅场。在他的岗位上，雷磊充分发挥统筹协调、服务保障和参谋助手作用。一是组织建立起完善省应急指挥部交通运输组工作机制，强化交通、铁路、民航、海关、大数据中心、交投、铁投、机场集团等成员单位之间的信息共享、行动协同，推动“铁公水航”大交通立体联防联控网络“横向到边”和省、市、县交通运输先进个人部门纵向联动“纵向到底”机制高效有序运转。截至2020年6月，共牵头承办工作会议30余次，办理各类来文445件，核发文件176份。二是与省应急指挥部疫情防控组、农业农村组、生活物资保障组等工作组密切配合，充分发挥交通运输“先行官”“大动脉”作用，多次为西藏自治区重要生活物资运输、中石油西南油气田重要勘探开采设备运输、农业小春生产重要农用物资运输等重要运输任务进行调度协调，确保物流货运畅通无阻，有力支撑工农业复工复产复耕、生活物资稳产保供，服务经济社会发展大局，相关工作获得中办国办调研组充分肯定。三是牵头起草《四川省交通运输行业做好新型冠状病毒感染的肺炎疫情防控工作应急处置预案》《关于进一步做好保障客货运输畅通恢复正常交通运输秩序工作的通知》等重要文件数十份，有力指导行业统筹推进疫情防控和交通运输保障各项工作“两手抓，两不误”以及交通建设项目率先复工复产。参与创造了疫情防控“八项举措”、道路客运“七不出站”“四个100%”、高速公路“一检通认”、农民工返岗“春风行动”等全国叫得响的先进经验做法，得到交通运输部杨传堂书记、李小鹏部长，省委彭清华书记、省政府尹力省长等领导多次批示及高度肯定。

经历过无数的孤独，忍受着难熬的岁月，协调四方资源，着眼全局抗疫。雷磊毫无怨言地在坚守着自己的岗位，默默承担着重如千钧的担子，2020年10月被评为全国交通运输系统抗击新冠肺炎疫情先进个人。

赵　静

四川路桥盛通（一分）公司凉山片区负责人

2019年6月，布拖县将全国最后一条通村公路阿布洛哈通村公路交由四川路桥盛通（一分）公司组织施工。阿布洛哈在彝语里面意思是“人迹罕至的地方”，这里三面环山，一面临崖，几乎与世隔绝。村民出行需沿陡峭山路步行3个多小时才能到达对外通道，是最后一个具备条件但还未通上硬化水泥路的建制村。这条通村公路长3.8公里，其中1.5公里左右处于悬崖绝壁上。进村公路要穿过V字形的大峡谷，受地形所限，没有施工作业条件，现代化施工设备无法进场，有劲使不上。而且由于山体地质复杂，容易产生塌方。项目原规划是沿山腰建一条C形隧道，直达对岸，常常是隧道一天推进了5米，第二天到施工现场一看，又有塌方，需要排险再爆破。然而施工工期仅半年，时间紧、任务重、难度大。在这种情况下，赵静带领项目全体职工日夜蹲守在施工现场，努力克服重重困难，与相关业务部门勘探、考察，不断调整施工方案。2019年11月，受地形地质限制，这条路最后一公里通村公路难以掘进，赵静大胆提出采用直升机调运设备至标尾，采用多点掘进的方式保证项目顺利施工。2019年12月中旬，出于施工作业、后期通行安全考虑，原设计C形隧道施工变更为全隧道施工。为确保阿布洛哈通村公路12月底顺利建成通车，短短10多天时间，赵静科学组织、精心安排，采用修建峡谷摆渡车方案保障通行，最终在2019年12月底前实现了阿布洛哈村公路建成通车的建设目标，标志着四川省提前一年完成交通脱贫的兜底性目标。

2020年是全面打赢脱贫攻坚战收官之年，突如其来的新冠肺炎疫情，为脱贫攻坚的决战带来了空前的挑战。面对紧迫的建设任务目标，赵静带领项目全体职工勇担重任，毫不退缩，冲锋在抗疫一线，在抓好疫情防控的同时，第一时间吹响项目复工复产“冲锋号”。由于2号隧道长670米，石质坚硬，掘进缓慢，从2020年2月26日起，赵静便组织现场施工人员实行24小时工作制，节日不放、假日不休，全力攻坚。在修筑公路的同时，赵静还负责阿布洛哈村建设住房、活动室的任务，在前期材料进场困难的情况下，赵静科学组织施工生产，通过缆车运输材料，在3个多月时间里高质量完成了33栋住房和1栋活动室的建设任务，并于6月30日顺利交房。赵静带领一线员工用实际行动诠释着“攻坚克难、甘于奉献、勇于胜利”的新时代路桥精神，也彰显了四川路桥这支“交通铁军”的责任与担当。

耐得住寂寞，已是难能可贵；经得起考验，更显人才本色。进入四川路桥18年来，赵静始终坚守着一个信念：对待工作脚踏实地、真抓实干，对同事真情实感、富有爱心，对社会真诚奉献、不计名利。他用自己的实际行动诠释了“路桥人”的精神风貌。

吉克罗批

韵达快递四川省乐山市马边县网点快递员

吉克罗批是彝族同胞心中的“快递天使”。四季更迭，风霜雨雪，每天53公里的崎岖山路，他带着乡亲们的包裹，走了近5年。作为一名普通的快递员，他调侃自己这些年虽没发财，倒是“吉克罗批”这个名字，被山里的乡亲们所熟悉。马边彝族自治县位于四川盆地西南边缘小凉山山区，三河口乡距离马边县城53公里，仅有一条简易的公路相通，当地人常把这里形象地比喻为“四川的西藏”。吉克罗批主要负责三河口乡的韵达快递包裹寄送服务，目前平均每天配送50至60个包裹，来回一趟3个多小时。每天早上7点，他从家中出发，下班到家时已是晚上8点过。“几年前刚开始工作那会儿，三河口的路没有现在这么好，开车送货至少4个多小时，倒不如骑摩托车方便。”吉克罗批回忆说，那时的工作量其实不算多，每天配送的包裹只有7至8个，大部分时间都花在了上山、下山的过程中。

2018年5月，大雨来袭，通往三河口乡路段的山体突然发生滑坡，致使马边县至三河口乡交通完全中断，县公司原本计划申请暂停该乡的快递业务，但吉克罗批却提出申请，要自己想办法解决三河口乡快件的派送问题。“那些包裹对乡亲们来说非常重要，有些是网购的课本，没有这新课本，学校师生就无法正常上课；有些是给刚满月的孩子买的衣物和必备品，为人父母，我非常能体会他们焦急的心情。”吉克罗批说。乡亲们在等待，吉克罗批只身驾驶面包车来到塌方的路段决定步行送货。他背上货箱，装着大大小小的包裹绕山前行。期间，他必须趟过一条小河，路程变远了，送货时间也比原先增加了近一个半小时。吉克罗批肩挑背扛，一干就是20多天，有人问他：“这样值吗？”他腼腆地回答道：“这是我们对大家的承诺。”

吉克罗批耐心细致和热情周到的服务，赢得了当地百姓的信赖和好评，他所负责的三河口乡的快递业务量也大幅增长。“他为人踏实肯干，快递行业工作确实辛苦，但他一直在坚持。”吉克罗批所在快递公司的负责人如此评价。在他的带领下，片区的几个服务点打造了具有彝区特色的快递服务，让快递融入了彝族同胞的日常生活，让山里的土特产品插上翅膀飞向了远方。居住在城市的彝族姑娘阿芝说，是吉克罗批带着阿嬷的爱和家里的味道，穿过三河口乡“难于上青天”的山路，将饱含爱的包裹送出大山；山里的孩子们说，吉克罗批是满足他们好奇心的“信鸽先生”，是他穿越大山，带来厚厚的书本和精美的文具。由于工作努力，吉克罗批被交通运输部评选为“2020年感动交通十大年度人物”。

卢　伟

四川公路桥梁建设集团有限公司总工程师，教授级高级工程师

卢伟从业20年来，扎根基层，满怀热忱地奋战于交通基础设施建设一线，以执着破解技术难关，用创新铸就“超级工程”，从一名普通的技术干部成长为全国知名桥梁专家。通过在桥梁建设一线艰苦卓绝的攻关探索，形成了大批科研成果，全国和省部级科研奖项6项、发明专利4项、实用新型专利5项，其作为主创人员参与的《跨海特大跨径钢箱梁悬索桥关键技术研究及工程示范》研究被列为国家科技支撑计划课题。同时，充分发挥模范带头作用，带领团队让“欧洲桥中国造”在世界舞台上大放异彩，于“一带一路”建设的大写意中描绘了“中国建造”精谨细腻的工笔画。入选“四川省杰出青年技术创新带头人”“四川省突出贡献专家”“四川省学术和技术带头人后备人选”“全国年度十大桥梁人物”，先后荣获国家级、四川省级科技进步奖。先后参与了宜宾中坝金沙江大桥、巫山县巫峡长江大桥、宜宾长江大桥、舟山大陆连岛工程西堠门大桥、南溪长江大桥、挪威哈罗格兰德跨海大桥、贝特斯塔大桥等多座特大桥的建设。曾获“四川省杰出青年技术创新带头人”“四川省有突出贡献专家”“第七届中国公路百名优秀工程师”等荣誉。其中，西堠门大桥是跨度（1650米）居中国第一、世界第二的钢箱梁悬索桥，被国内专家评为中国从桥梁大国向桥梁强国迈进的标志性工程之一，这也是地处内陆的四川省企业首次独立完成跨海悬索桥的建设。卢伟任该项目副经理兼总工程师，全面负责施工技术管理。他主持修建的挪威哈罗格兰德跨海大桥是中国企业首次在发达国家建造大跨径桥梁，被交通运输部誉为“中国建造”走出去的典范。卢伟带领技术强队，克服极昼、极夜、严寒大风等恶劣气候条件，以及语言、标准、管理障碍等诸多困难，优质高效建造与极光相伴的跨海大桥，在北极圈内铸就新地标，得到了挪威各界好评。

迈峻岭险滩，跨江河峡湾，以高尖技术、严苛标准链接国家与国家，用科技创新、人文交流联通中国与世界，以卢伟为代表的“川军”越洋出海，打造“中国奇迹”，把不自量当作力量。芦苇一草虽弱，成片便是芦苇荡；卢伟一人虽微，成团出海铸就中国铁军。

赵国成

成都市蓉城出租汽车有限公司出租车驾驶员

赵国成是一名普通党员，却是成都出租车行业的名人，也是不少成都市民都知道的“明星的哥”。在赵国成看来，一名合格的出租车驾驶员，在本地乘客面前，代表公司形象；在外地乘客面前，代表着城市形象；在国外乘客面前，代表的是国家形象，所以一定要有责任心。城市这么大，能坐上他的车，也是一份机缘，他得让大伙感受到，咱们成都“的哥”的责任心，所以，服务好每一个乘客意义非凡。这样的理念成就了一个从业30年无投诉的“明星的哥”，30年坚持做一名安全行车的驾驶员、优质规范的服务员、行业稳定的维护员、旅游城市的导游员和城市文明的传播者。他热爱着这份职业，先后获得“全国出租汽车行业文明驾驶员”“成都市十佳的士明星”“成都市劳动模范”等荣誉称号。

2020年，新冠肺炎疫情来袭，成都市在疫情初期停运了部分公共交通，以切断病毒传播途径。为保障城市客运运力，赵国成坚持营运服务工作，并主动参与公司和行业开展的出租车每日消毒、清洗车辆和复工复产工作中，对驾驶员测试体温、发放口罩、运送防疫物资，发放疫情防控宣传单等。当公司要给他付费用时，他说：“公司和我们一样都没有休息，都在为抗击病毒出力，我做这点小事是应该的。”在疫情防控特殊时期，赵国成加入了行业协会抗击疫情临时党支部，以一名党员的身份积极投入到为的哥的姐和乘客群众服务的队伍中，积极参与出租行业对疫情期间防控物资运送，凡参与抗击新冠肺炎的医务工作者他都免费接送，义务置身于成都双流国际机场、成都东客站，对出租车消毒，为驾驶员发放口罩，帮助乘客搬运行李物品，并为武汉疫情防控捐款。与此同时，赵国成还义务担任四川省交通广播台“的哥指路”节目的特约主持人和蓉城公司职工宣讲员，向广大出租车驾驶员宣讲如何在疫情期间既保护好自身安全，又为乘客提供优质服务。通过自己的亲身体会，用幽默诙谐的语言与的哥的姐沟通，分享营运中的苦与乐，影响和带动着周围的驾驶员。在疫情防控的艰难时期，政府部门曾提倡居家防护。但对于盲人这个特殊群体，出行不方便，买菜困难。赵国成便积极组织车队驾驶员开展志愿者服务，持续帮扶、看望多位盲人市民，送去急需的口罩、消毒液、水果、蔬菜及生活用品，并宣传疫情防控知识，让他们从身心上感受到社会的温暖和关爱。在连续参加疫情防控志愿服务的200多天里，赵国成同志免费接送医护工作者及老、弱、病、残、孕人士等700多车次；为中考高考学生提供服务20余次；为营运车辆消毒超过2000辆次、发放口罩2500人次；在机场、火车站等站点秩序维护50余次，帮扶逾800位乘客；帮扶、看望盲人市民80余位，为盲人送急需的口罩、消毒液、水果、蔬菜及生活用品累计850件次。他用言行展现出租车行业的精神风貌，他用责任与担当体现出一名共产党员的先锋模范带头作用。2020年10月被评为全国交通运输系统抗击新冠肺炎疫情先进个人。

卢思吉

四川泸州港务有限责任公司生产作业部调度室调度员

泸州港务公司生产作业部调度室卢思吉是一名老党员了，他阳光乐观，事不嫌烦、事不避难，脸上总是洋溢着灿烂的笑容，大家都亲切地称呼他“大师兄”。

自新冠肺炎疫情爆发以来，泸州港作为四川对外开放的重要水路港口，严格按照交通运输部“一断三不断”要求，把打赢疫情防控阻击战作为重要政治任务，全力保障疫情防控与港口生产经营有序推进。卢思吉按照公司党委部署安排，主动当好战“疫”的先锋骨干，没有半点犹豫和退缩，始终坚守在防疫一线和生产一线，带头奋战在24小时轮班值守工作中。卢思吉强化调度职责，及时掌握第一手疫情信息，准确记录到达泸州港船舶人员数量、到港时间、装载货物品名。始发和经停湖北、武汉的船舶是他排查的重点对象，每当有此类船舶准备靠港，卢思吉都会提前向泸州市航务管理局、泸州海关、龙马潭区疾控中心、罗汉街道办事处、泸州市第二人民医院的负责人进行预报，船舶来港时在当日12点前进行确报，保证疫区船舶到港时所有人员提前到场，靠港之后立即进行消毒处理，确保装卸的时效性。消毒环节和程序是切断病毒传播途径的重要手段，卢思吉对这项工作可谓做得“细致入微”。卸船前，设置专用通道对人员进行检测，严禁船上人员登岸，对每条船舶开展全船消毒、体温检测、建立台账登记。喷淋消毒时，统一调动港口生产要素，制订堆场计划和船舶计划，并及时、准确地发送指令，安排和调配作业机械设备，转运疫区的集装箱依次通过港口自动喷淋设施进行喷淋消毒，不漏掉一个集装箱。

2020年1月24日以来，卢思吉累计报送76次，涉及从湖北省抵港船舶18艘、船员207人，未发现确诊病例或疑似病例。截至9月25日，在疫情防控期间，他和班组成员安全、高效调度组织60193辆次集卡车的进出作业。港口中转356条船舶、50378标箱和10300车（火车）的装卸。在卢思吉和班组成员的奋力拼搏下，港口经受住了“防疫情、保畅通”的双重考验，为水上交通抗疫交出了一份满意的答卷。2020年10月，卢思吉被评为全国交通运输系统抗击新冠肺炎疫情先进个人。

汤晓明

厅高速公路交通执法第二支队十四大队副大队长

如果说汤晓明的第一次人生是从出生那天算起的话，他的第二次人生就应该从2008年5月12日14时28分开始算起。那天，汤晓明像往常一样在北川县稽征所上班，隔壁传来曲山镇小学孩子们的朗朗读书声。刚走到办公楼一楼楼梯间，突然天旋地转、山崩地裂，人们的惊叫声和哭声一片，汤晓明也被办公大楼垮塌下来的建筑物击中，瞬间失去了意识。醒来的汤晓明发现自己被一块厚厚的水泥板压住了双腿，无力挣扎，在巨大的废墟与无边的黑夜中，痛苦、饥饿、孤独……无助与绝望的情绪吞噬着他。忽然透过废墟的缝隙，汤晓明抬头看见了夜空里的星光——那多像8岁女儿清澈明媚的眼睛！“活着见女儿”成了他最坚定的信念。记不清多少个白天和黑夜之后，疲惫不堪的汤晓明听见废墟上传来了声音，透过废墟空隙他看到了绿色的军装、红色的消防服和白色的医护服，更看到了他们胸前都戴着“金色的党徽”。那一刻，汤晓明知道自己得救了，也是那一刻他下定决心，一定要加入中国共产党，用余生服务人民、报答党恩。经过五个多小时的紧急救援，汤晓明从废墟中被抢救出来，先后在绵阳市中心医院、重庆市大坪医院等地进行治疗，多次抢救后汤晓明与死神擦肩而过，却永远地失去了右腿。截肢手术后，妻子带着女儿在医院看望他，年幼的女儿尚不知病床上的父亲究竟经历了什么，在孩子天真烂漫的笑容面前，他和妻子不约而同忍住了眼泪。当妻子带着女儿离开病房后，汤晓明再也抑制不住汹涌的眼泪，躺在病床上嚎啕大哭。那眼泪是劫后余生的幸福，是伤痛折磨的痛苦，更是重获新生的感恩。

身体上的痛苦尚且可以克服，在巨大的创伤和废墟中重建自我、重建精神家园却远比想象中困难。当年幼的女儿说“爸爸抱抱”，他再也无法和以前一样给到一个大山般温暖的肩膀；也记不清多少次摔倒在突如其来的磅礴大雨中，一身泥泞，狼狈不堪。汤晓明的自尊在倾盆大雨和人们异样的眼光中被击得粉碎。有时会从梦中惊醒，梦境里被巨大的废墟与无边的黑夜笼罩着，先是孩子们的笑声，然后是哭声，最后死一片沉寂。然而在身体与精神的一遍遍蹂躏下，汤晓明的信念却更加坚定。“既然活着，就要好好活着，活的更精彩、更有意义”。他像孩童学步一样学会重新走路，学会了像朋友一样与假肢相处；无数次跌倒与站起来后，汤晓明克服伤病困扰，与年轻同志一道严格履职尽责、热情服务群众，把汗水挥洒在高速公路一线。

不畏艰难险阻，守护群众生命安全。2020年1月26日，汤晓明轮休在家，晚上新闻联播报道了新冠肺炎疫情的相关消息。长期在一线工作的经验告诉他：这是一件大事，交通运输系统肯定有重大部署，随即要求归队执行任务。简单安排家里后，28日一大早，汤晓明赶到大队，与同事们一道奔波在各个防疫监测点位。在形势最严峻的那一个月里，汤晓明日均巡查近300公里，深入辖区五个收费站、两对服务区开展疫情防控检查、政策宣传等工作，依托“一路四方”机制与地方卫生、公安、交通等部门共同筑起了稳如磐石的疫情防控坚固阵地。由于工作强度过大，汤晓明的假肢结合处多次错位，截肢处磨起了层层血泡，有一次差点瘫倒在服务区洗漱台，同事们要把汤晓明扛回去休息，汤晓明坚决拒绝了。像一个健全人一样守卫群众安全，这是汤晓明的职责，也是汤晓明的骄傲，更是汤晓明的尊严。

走好群众路线，解决群众现实困难。2020年2月的一天，一辆河北籍货车满载土豆前往四川宜宾，从成巴高速公路义兴站下站加油后，进站称重超出了进站标准600公斤，无法通行高速公路，地方道路通行条件和效率不高，疫情期间很可能长期滞留四川。驾驶员望着满车的土豆又焦急又无奈，货车滞留在收费站不肯离去。收到收费站报警后，汤晓明等立即赶到了现场。看到站在寒风中无助又焦急的驾驶员，汤晓明想，让他找车转运成本太高了，如果想办法帮忙处理了这600公斤土豆，驾驶员或许就能尽早返回家乡。想到这，汤晓明给熟识的一些单位和朋友打了10多个电话，也问清了土豆的市场价格，软磨硬泡，每家分一些，最后买下了这超载的600公斤土豆。看着驾驶员挥手驾车进站上高速，汤晓明觉得身穿这身蓝装格外骄傲。

坚持公平正义，守护国家法律尊严。2020年3月，在一次打击非法营运联合检查中，汤晓明带队在服务区对一辆涉嫌非法营运车辆驾驶员及乘客依法调查取证时，遭到驾驶员的威胁和阻挠。面对这种情况，汤晓明没有一丝畏惧，坚持不放车辆逃离，在拉扯推搡中，他们将汤晓明摔倒在地，假肢从裤腿中露了出来，在场的所有人都愣住了。在同事们的帮助下，汤晓明艰难地站了起来，平静地对他们说：“死亡我都不怕，你们的威胁吓不到我！妨碍正常执法，一样会严肃处理！”驾驶员被震住了，随行人员也被震住了，他们立即表示愿意配合大队调查处理，并当面向汤晓明赔礼道歉。也是在这一时刻，汤晓明更加深刻地体会到一名党员在正义面前应有的坚持，一名执法人员在法律面前应有的坚守。

赓续红色血脉，把红色江山守护好、发展好、传承好。建党一百周年，学党史、守初心、践使命，传承红色基因，不忘来时路，切实为人民群众服好务。2021年9月，汤晓明带领大队党员在盐亭县九龙镇开展“汤晓明为群众办实事”实践活动，有群众反映该镇骑龙村存在高速公路噪音污染问题。了解问题线索后，他立即前往该村进一步核实有关情况。经核实，九龙镇骑龙村8组部分村民房屋距离汤晓明大队辖区S2成巴高速（成德南段）K165较近，最近处直线距离仅56米，确实存在噪音污染的情况。“群众有需求，党员有落实”，汤晓明等迅速制定整改方案并在2021年10月初开展声屏障施工。

脚下的泥土、额头的汗水、心中的真情，汇聚成群众一张张满意的笑脸，作为一名共产党员和交通运输人，汤晓明得到上级领导和人民群众的高度认可；先后获得省交通运输厅优秀共产党员、四川省抗击新冠肺炎疫情先进个人等系列荣誉。这是党对汤晓明的肯定，也是他主动报答党恩的生动实践。

附录

FULU

2021

四川交通年鉴

工作报告

GONGZUO BAOGAO

“十三五”交通脱贫攻坚工作总结

厅交通运输精准扶贫脱贫攻坚领导小组办公室

一、基本情况

“十三五”以来，省交通运输厅党组坚持把交通脱贫攻坚作为最大的政治责任、最大的民生工程、最大的发展机遇，强化责任担当，树立先行意识，坚决贯彻落实中央和中共四川省委扶贫决策部署，始终把交通脱贫攻坚作为“头等大事”，将新增项目、资金、举措重点向贫困地区优先保障，坚持做到责任落实、政策落实、措施落实。经过努力，乡（镇）和建制村通硬化路通客车等2个交通脱贫攻坚兜底目标任务提前半年完成，为全省打赢脱贫攻坚战奠定了坚实的交通支撑保障。

一是高速公路加速畅达。新建成雅安至康定等贫困地区高速公路1086公里，累计新增8个贫困县通高速公路，彻底结束三州州府不通高速公路的历史。内地所有贫困县（市、区）实现建成和在建高速公路全覆盖。二是国省干线织密成网。新（改）建普通国省干线公路6716公里，全面实现市（州）到县通二级（基本实现三州三级）公路，基本实现每个县对外有两个及以上二级（三州三级）通道。三是农村公路通村畅乡。新（改）建农村公路7万公里，新增181个乡（镇）和6844个建制村通硬化路，2019年底提前一年完成“乡乡通油路、村村通硬化路”任务。四是客车进村快递到家。新增337个乡（镇）和12300个建制村通客车，实现具备条件的乡（镇）100%通客车、具备条件的建制村100%通客车。全省县、乡、村三级快递网点覆盖率分别达100%、93%和84%，农村物流服务网络基本形成。

同时，根据省委统一安排，省交通运输厅先后定点帮扶乐山市金口河区和沐川县，参与帮扶凉山州越西县，配合交通运输部定点帮扶阿坝州小金、壤塘、黑水县和甘孜州色达县。省交通运输厅先后成立28个帮扶工作组参与定点扶贫和驻村帮扶工作，选派93名干部到贫困地区挂职开展智力人才帮扶，涌现出了将生命献给脱贫路的优秀扶贫干部李志强等先进典型。省交通运输厅牵头帮扶的沐川县被省委省政府表扬为摘帽工作先进县，金口河区于2018年底脱贫摘帽，越西县于2020年底脱贫摘帽；交通运输部结对帮扶的阿坝州壤塘、小金、黑水和甘孜州色达等四县脱贫攻坚工作取得显著成效，全部实现脱贫摘帽。省交通运输厅连续多年被表扬为定点扶贫先进单位和全省脱贫攻坚“五个一”帮扶先进集体。

二、主要措施

（一）提高政治站位，履行主体责任

一是坚决贯彻落实中央脱贫攻坚决策部署和省委省政府工作安排。省交通运输厅始终坚持把脱贫攻坚摆在厅中心工作的首要位置，2016年以来先后召开厅党组会研究15次，厅领导例会研究10次，及时传达学习贯彻习近平总书记扶贫开发重要思想和对四川工作重要指示精神，以及党中央、国务院和省委、省政府扶贫脱贫攻坚重要会议、文件精神，推动广大干部切实把思想和行动统一到党中央关于脱贫攻坚的部署要求上来，全力以赴做好脱贫攻坚工作。尤其是2020年打响交通脱贫攻坚收官战以来，3月厅党组在西昌组织召开全省交通脱贫攻坚工作会，高规格部署研究交通脱贫攻坚督战工作，厅领导既挂帅又出征，带队赴一线开展调研20余次，帮助地方协调解决问题200余项，确保全面完成“两通”兜底目标任务。

二是着力完善脱贫攻坚工作机制。推动省政府建立

交通联席会议制度，建立“政府主导、部门协同”的交通脱贫攻坚工作机制，及时研究解决脱贫攻坚推进中的资金、土地、环保等相关问题。建立省市联动工作机制，每年签订交通运输工作目标责任书，将任务层层分解下达。推动省委省政府将交通脱贫攻坚作为对市县党政领导班子脱贫攻坚考核内容，省政府将交通脱贫攻坚纳入民生工程重点督办，着力强化交通脱贫攻坚工作保障。省交通运输厅将交通脱贫攻坚工作分解到处室（直属单位）、到市（州）、到项目；严格履行一岗双责、做到脱贫攻坚工作与其他业务工作一起部署、一起落实、一起考核，切实压实工作责任。坚持“以人民为中心”发展理念，把群众满意度作为检验交通脱贫攻坚成效最重要标准。

三是着力强化监督检查。省交通运输厅制定了《交通脱贫攻坚督导工作方案》，建立“厅领导带队，片区负责，市县联动”的督导工作机制，以甘孜、凉山、阿坝等深度贫困地区、年度计划摘帽贫困县、部定点帮扶县以及退出贫困村为重点，实行日常督导、专项督导和蹲点督导相结合的“组合拳”模式，对重点扶贫项目每周掌握信息报送、每月有情况通报，督导检查发现问题分类处理，督促各地及时开展整改，每月跟踪整改进度，直至整改落实到位。同时，对标目标任务，加强自我“体检”，开展交通扶贫工作专项巡察，主动查找问题、分析原因、整改完善。

四是着力加大宣传力度。大力宣传习近平总书记关于扶贫工作的一系列重要论述和精准扶贫精准脱贫方略，大力宣传交通脱贫攻坚各项重大举措，深入宣传交通脱贫攻坚工作开展以来全取得重大成就，坚定打赢交通脱贫攻坚战的信心和决心。同时，积极争取中央、地方新闻主流媒体聚焦报道全省交通脱贫攻坚进展情况，形成社会支持交通脱贫攻坚的良好舆论氛围。仅2020年以来，《人民日报》先后10次报道四川交通工作（其中头版头条2次），中央电视台《新闻联播》3次报道，《中国交通报》头版20次报道；从省内主流媒体看，《四川日报》头版20余次报道，《四川新闻》先后播报50余次。

（二）聚焦交通先行，狠抓工作落实

一是科学编制工作方案。按照中央和省委省政府脱贫攻坚工作部署，聚焦涉藏地区、彝区、秦巴山区和乌蒙山等四大集中连片特困地区88个贫困县，研究制定2016—2020年四川省基础设施建设扶贫专项方案，规划总投资2450亿元，约占全省同期交通建设规划总投资（5000亿元）的一半。同时，针对区域发展差异，按照省委省政府工作安排，制定实施《甘孜藏族自治州2016—2018年公路交通建设推进方案》《大小凉山地区2016—2018年公路水路交通建设推进方案》《南充市2016—2018年公路水路交通建设推进方案》《甘孜藏族自治州2019—2020年公路交通建设推进方案》《凉山州2019—2020年公路水路交通建设推进方案》《四川省交通运输精准扶贫脱贫攻坚三年行动方案（2018—2020）》等10余项扶贫规划或专项方案，系统谋划贫困地区交通脱贫攻坚建设发展任务。同时，严格执行交通运输部车购税资金管理办法等相关规定，积极贯彻资金计划向贫困地区特别是深度贫困地区重点倾斜要求，对纳入项目库内符合条件的项目及时下达部省建设计划，实现年度脱贫摘帽贫困县和退出贫困村通硬化路资金计划于当年一季度全覆盖。部分项目如通村硬化路以及涉藏地区国省干线公路项目在中央资金到位前，利用省级补助资金预先安排，支持项目先期启动建设。

二是积极争取中央政策支持。交通运输部与省政府签订了《四川省人民政府、交通运输部落实〈中共中央国务院关于打赢脱贫攻坚战的决定〉加快贫困地区、革命老区、民族地区交通运输发展的共建协议》，持续加大对全省贫困地区计划安排、技术培训、行业指导等方面的支持力度，并全面提高了贫困地区交通建设补助标准，有力保障交通脱贫攻坚全面开花、纵深发展。如对涉藏地区国高网项目按项目建安费50%安排补助，普通国道按全额建安费支持建设，大幅度提高农村公路补助标准。2016年以来，共争取到位中央车购税资金1008.1亿元，其中846.2亿元用于贫困地区交通建设，占补助资金总额的83.9%，为全省交通脱贫攻坚顺利推进提供了有力的资金保障。

三是全力强化省级要素保障。推动省人大出台《四川省农村公路条例》，将交通脱贫攻坚工作纳入法制保障。推动省委省政府出台关于促进农村公路建管养运协调发展、推进建制村联网路建设、“四好农村路”示范县评定等系列文件，着力强化交通脱贫攻坚制度保障。积极协调省扶贫开发局、省铁路机场办等部门，联合印发《进一步明确交通脱贫攻坚“两通”工作标准的通知》《统筹做好铁路建设和巩固交通脱贫成果有关工作的通知》。主动加强与省财政厅工作对接，建立健全交通脱贫攻坚公共财政投入保障机制。推动省政府建立500亿元的交通基金，重点向贫困地区倾斜，着力强化交通脱贫攻坚资金保障。采取PPP融资、PSL贷款、整合涉农资金、发动企业和个人捐资等方式，积极拓宽资金筹措渠道。积极争取在省委省政府制定的《关于进一步加快推进深度贫困县脱贫攻坚的意见中》明确特殊支持政策，对深度贫困地区规划待建的普通省道按照700万元/公里给予补助，对通乡通村破损路面整治分别按照30万

元/公里、20万元/公里给予补助，对农村客运每年每州给予2500万元的专项补贴，对农村公路安防建设安排到位部省70亿元，对实现100%乡（镇）和建制村通硬化路的县（市、区），每县一次性给予1000万元资金奖励。2016年以来，省级财政投入交通建设资金达685.6亿元，其中近70%的资金投向贫困地区。

四是强力实施交通挂牌督战。制定交通脱贫攻坚督战工作方案及手册，开展督战人员专业培训，3月下旬起由厅领导班子成员牵头，抽调101名业务骨干组建5个督战工作组（11个督战小组），聚焦“两通”兜底目标、部省交通扶贫任务、行业作风治理等重点，对全省4251个乡（镇）、4.6万个建制村开展“回头看”大排查、大整治、大提升。建立省、州、县三级联动整改机制，对排查发现的“畅返不畅”“通返不通”等突出问题，立行立改，补齐短板、提升质量。截至2020年6月底，督战发现的问题基本整改到位，为确保高质量通过国家脱贫攻坚普查验收奠定了基础。特别针对凉山交通脱贫攻坚硬骨头，在西昌设前线工作组，成立临时党支部，省交通运输厅党组书记、厅长罗佳明和省交通运输厅班子8名同志“分县包干”11个深度贫困县，其中2名省交通运输厅领导现场轮流驻守，抽调50余名专业技术骨干驻守凉山、蹲点帮扶、蹲点督战，仅用12天时间对凉山州11个深度贫困县的“两通”情况进行了实地全覆盖核查，全面锁定“两通”和重点国省干线项目建设整治任务，为问题整改预留充足时间。同步建立“即时通、每周碰、半月谈、月小结”的省、州、县三级联动机制，定期召开协调会，建立问题台账，实行销号管理，共同推动任务落实。

（三）落实精准要求，确保建设成效

一是细化目标分解，及时下达计划。每年年初，省交通运输厅积极与扶贫等相关部门沟通衔接，明确年度脱贫目标。通过政府购买服务的方式，组织第三方机构会同各市（州）、县（市、区）对全省未通畅乡（镇）和建制村、破损乡村公路、危（病）桥等开展全覆盖核查，准确锁定建设任务。以县为单位分解下达目标任务，并逐项目细化建设方案。2020年初，厅再次对部、省明确的交通脱贫攻坚剩余任务全面梳理，构建形成“1+5+1”工作体系（即：1个交通脱贫攻坚目标任务及项目清单；交通基础设施、深度贫困县、大小凉山彝区建设、定点帮扶和通客车等5个扶贫专项方案；1个交通脱贫攻坚督战方案），将总投资600亿元的2400个交通扶贫项目一一分解落实到市县、落实到具体项目、细化到具体措施，通过“发点球”形式函告市（州）党委政府，压实责任、凝聚合力。

二是规范项目管理，加快建设进度。印发《四川省农村公路建设管理办法（试行）》，从制度上进一步规范农村公路建设，以项目为单位建立清单，形成工作台账，明确项目立项、设计、开工、完工等时间节点、责任单位和责任人，挂图作战，打表计时，推进交通扶贫项目落地落实。严格执行招投标法等法律法规，认真落实招投标制度、项目法人负责制、工程建设监理制、农村公路建设“七公开”等制度，规范项目申报、实施、备案等工作，规范建设项目内业资料完善及档案管理，推动项目管理规范化、施工标准化，确保实施效果。针对三州民族地区建设管理力量薄弱的实际情况，鼓励采用项目代建制、建养一体化、打捆招标等方式，引进施工能力强、专业化程度高、信誉良好的大型国有施工企业参与建设，提高建设管理规范化水平，全力加快推进交通脱贫攻坚项目建设。

三是严格质量监管，确保建设成效。印发《四川省农村公路质量提升专项行动方案》《四川省农村公路质量监督办法（试行）》，督促指导县区健全项目建设质量管理体系和农村公路质量监督体系，全面落实参建单位质量管理责任，严格执行建设质量缺陷责任期制度、质量保证金制度和质量责任追究制度；严把设计、原材料、过程监督和验收等重要关口。积极开展中标候选人评定机制创新试点，严格加强参建单位审查，建立农村公路重点建设项目信用评价机制，压紧压实参建单位责任。鼓励技术力量薄弱的地区聘请第三方机构参与农村公路建设质量监管，广泛发动沿线群众参与农村公路建设和质量监督，积极构建“群专结合”的农村公路建设质量监管模式。省交通运输厅通过购买服务委托第三方机构对全省交通脱贫攻坚通乡通村硬化路项目开展质量监督抽检，形成质量监管高压态势。2017年以来，委托第三方机构对1572个、1.1万公里农村公路项目进行质量抽检，同时组织省内检测机构对500余个农村公路项目开展免费帮扶检测，并将相关情况通报当地交通运输部门。立足贫困地区优越的自然生态资源，会同旅游部门大力推进“交通+旅游”融合发展，安排专项资金支持九黄机场至红原机场、国道318线康定至雅江段、熊猫大道等一批示范试点项目建设，大力发展高原乡村旅游精品线路，有力促进旅游增收脱贫。积极发展涉藏地区彝区特色农产品冷链物流配送，推动“交通+特色产业”扶贫。

四是强化资金监管，提高使用效益。按照《四川省交通建设计划管理办法》《关于进一步加强扶贫资金监督检查确保精准扶贫政策落实到位的意见》等文件要求，从顶层设计上进一步落实资金管理责任，切实加强

交通脱贫攻坚项目库建设，规范项目遴选机制和决策程序，明确资金使用和管理要求，保证资金精准投放、精准使用。建立健全常态化监管机制，积极加强交通扶贫资金过程管理，加大部省补助资金行业审计调查力度，确保资金规范使用，减少资金沉淀。2016年以来，省交通运输厅按照交通运输部关于车购税沉淀资金清理工作安排，采取加快项目前期工作、建设进度和计量支付，积极协调财政部门及时拨付资金，对部分因外部条件改变已不具备实施条件的项目进行计划调整等方式，集中开展车购税沉淀资金专项清理工作，加快车购税沉淀资金使用拨付力度。每年通过聘请第三方机构先后对16个市（州）开展部省补助资金使用情况检查，防止扶贫资金被挤占、挪用；同时会同相关部门开展重点项目绩效评价，促进资金规范有效使用。特别是2018年以来，省交通运输厅组织开展全省部省补助交通扶贫资金专项审计调查，先后对脱贫攻坚任务重、扶贫资金量大的18个县（区）开展专项审计（审计调查），对扶贫项目资金申请、拨付、使用、管理进行全过程审计，对审计发现的问题建立整改台账，做到问题一对一、点对点，狠抓整改落实，对重点问题进行跟踪督办。同时开展后续审计，重点关注审计发现问题的整改情况和审计建议的落实情况，促进全省交通运输行业进一步完善扶贫资金管理机制，规范扶贫项目及资金管理，提高扶贫资金使用绩效。

（四）坚持问题导向，强化整改落实

一是抓好省委巡视整改工作。全面落实《关于省委第五巡视组对交通运输厅党组开展扶贫领域专项巡视反馈问题整改工作方案》，以点带面、举一反三，狠抓巡视问题整改，着力解决好工作机制不完善、监督责任不到位、统筹协调不够以及项目资金管理等问题，切实做好巡视整改“后半篇文章”，确保件件有着落、事事有回音。省委扶贫专项巡视反馈的10个方面问题，省交通运输厅细化分解为129项具体措施，有明确整改时限要求的有84项全部整改到位，长期坚持的有45项有序推进。同时，把中央巡视和交通运输部督导、内部检查等发现的问题同步纳入管理台账，同步推进整改，以整改促作风转变和工作提质增效。特别是中央巡视组在巡视中发现，凉山州美姑县沿用原有模式，对10个通村公路项目采用“一事一议”规避招标等问题，省交通运输厅及时下发督办整改通知挂牌督办，紧盯凉山州和美姑县制定整改工作方案，组建工作组赴美姑县督促落实整改措施，委托第三方机构对这10个通村公路建设项目开展质量抽检。目前，美姑县已对10个通村公路建设项目业主进行了行政处罚，并印发《关于进一步规范通村公路建设管理的通知》，严格执行《招投标法》等法律法规，避免类似问题再次发生。同时，省交通运输厅在全省范围内举一反三，全面开展自查自纠，发现问题限期整改。

二是开展乡村公路专项清理。为持续巩固脱贫攻坚成果，防范化解脱贫领域风险，2019年省交通运输厅按照工作安排，组织对2017年以来立项的乡村公路项目审计、审批、建设进度、建设质量管理和资金管理等方面进行专项清理。结合交通脱贫攻坚指导调研工作，成立五大片区、9个专项工作小组，对21个市（州）、161个县实现全覆盖，派员重点对任务比较重的深度贫困地区项目情况进行现场复核，共清理17484个乡村公路项目，涉及总投资341.3亿元，并将相关情况及时通报地方，督促整改。2020年，再次印发通知开展“回头看”，全力确保发现问题按期整改完成。

（五）加强统筹协调，认真做好定点扶贫工作

一是真帮实扶。按照省委组织部安排部署，省交通运输厅党组高度重视扶贫干部挂职工作，紧紧围绕脱贫攻坚总体部署和交通运输中心工作，2016年以来，先后选派了104名干部到基层挂职锻炼。先后选派33名干部到对口定点扶贫地区挂职，其中：专职扶贫副书记4名，驻村第一书记和驻村工作队队员29名。选派专业技术较强的专家人才到民族地区等开展挂职服务。先后选派45名专业技术人才到民族地区等挂职服务，其中：援藏援彝干部16名，凉山州综合帮扶工作队队员16名，九寨沟、宜宾珙县、长宁地震灾区专业帮扶干部11名，专业类挂职2名。选派干部到其他市（州）贫困县（区）挂职帮扶。先后选派24名干部到遂宁、广元等13个市19个县（区）工作，服务贫困地区脱贫攻坚和交通精准扶贫。印发《结对帮扶凉山州及定点扶贫县农村公路工作方案》，组织“四好农村路”示范县对28个县开展结对帮扶，全力指导各地规范有序推进农村公路发展。总体来看，各挂职干部主动融入、积极作为，为推进当地脱贫攻坚、交通运输跨越发展等作出了突出贡献，得到当地党委、政府和广大干部群众的充分肯定。省交通运输厅被省委省政府表彰为“‘五个一’帮扶力量先进帮扶单位”“定点扶贫先进省直部门”，被省脱贫攻坚领导小组表彰为“定点扶贫工作先进单位”，厅人事教育处被省委组织部表彰为“四川省对口援藏工作先进集体”。1名扶贫干部因公殉职，被追授“四川省人民满意的公务员”荣誉称号，1名扶贫副书记被省委省政府表彰为全省一线优秀扶贫干部，1名第一书记被省委表彰为优秀共产党员，1名第一书记被省直机关工委评为优秀共产党员，

2名驻村工作队队员被省委省政府表彰为全省优秀驻村工作队队员，1名援藏援彝干部被表彰为四川省脱贫攻坚先进个人，7名同志被省委组织部表彰为“四川省对口援藏工作先进个人”。

二是加强人才扶持。将贫困地区交通扶贫与干部人才培养紧密结合，持续加大干部挂职、教育培训、智力扶贫等工作的推进力度。加强基层交通干部锻炼交流，2016年以来累计接收贫困地区18名干部到厅及厅直单位顶岗锻炼。强化规划引领，印发《关于做好2019—2023年交通运输干部教育培训工作的实施意见》，推动成立“四好农村路”培训基地，针对对口支援、牵头联系、重点支持等交通扶贫地区，采取“请出来”和“送进去”的方式，以专题培训、送教上门、远程网络培训等形式，对贫困地区交通运输管理干部、专业技术人员等开展业务培训。建立健全长效机制，将脱贫攻坚培训项目纳入年度教育培训计划，分级分类开展常态化培训。积极向交通运输部申请并举办了“四川省绿色交通发展培训班（送教上门）”“四川精准扶贫培训班”“四川阿坝地区‘四好农村路’专项培训班”“四川阿坝地区‘四好农村路’专题培训班（名师送教）”等交通运输部专项扶贫培训项目。积极参与省委组织部2019年度深度贫困地区干部教育培训重点帮扶项目，主办“凉山大讲堂——交通扶贫项目建设与质量管控”2期课程，培训凉山州、县（市）交通部门干部、分管县领导、有脱贫攻坚任务的乡（镇）领导班子成员以及贫困村第一书记、驻村工作队队员、村“两委”班子成员等约15000人。组织举办“定点帮扶暨脱贫攻坚工作培训班”“交通运输部对口帮扶县送教上门农村公路专项培训班”“四川省交通运输系统综合帮扶凉山州脱贫攻坚工作队培训”“深度贫困地区农村公路管理技术培训”等各类脱贫攻坚培训班50余期，投入经费超300万元，累计培训5000余人次。选派扶贫干部及扶贫地区干部参加交通运输部、省交通运输厅教育培训项目，累计提供培训名额超120个。组织各市（州）交通运输局、部、厅定点扶贫县，厅直有关单位及厅机关相关处室371人次参加交通运输部网络培训，进一步增强脱贫攻坚政治自觉、思想自觉和行动自觉。开展精准扶贫技能扶持，持续开展面向贫困地区的挖掘机、乘务、电子商务等免费技能培训。2016年以来，厅累计举办17期精准扶贫工程机械操作培训班，培训阿坝州、凉山州、甘孜州及金口河区、沐川县等地区贫困村建档立卡贫困户361人次，为参训学员提供技能培训、技能鉴定、职业资格证申办和就业推荐。同时，积极吸纳符合条件的建档立卡户劳动力参与农村公路建设、养护等工作，激发内生动力，鼓励自力更生，为贫困地区培养了一批懂建设、会养护、留得住的本土人才。在厅举办的处级干部读书班、年轻干部铸魂培养专题培训班中安排扶贫干部经验交流，在定点帮扶暨脱贫攻坚专项培训中安排新时代扶贫理论与实践、扶贫干部身心健康与压力管理、脱贫攻坚问题整改工作要求及“三农”课题培训等课程，进一步强化政策宣讲解读。开展智力扶贫工作。主动对接省专家人才服务中心，开展“四川省专家服务团精准扶贫走进阿坝活动”，对黑水等四县开展专家精准扶贫智力咨询服务，组织专家团队200人次，分赴黑水、小金、壤塘、色达四县指导四县解决技术攻关、问题化解、人才培养、产业培训等方面的突出问题。

三是创新帮扶举措。省交通运输厅每年安排省级财政交通专项资金2000万元配套支持交通运输部结对扶贫县交通建设。制定促进扶贫产品销售得11项工作举措，举办扶贫产品展销活动，组织交通运输部和省交通运输厅定点帮扶的7个县（区）代表参展并推介销售扶贫产品，着力通过展销活动畅通购销渠道，建立省交通运输厅直各单位（部门）与帮扶县的长期协作机制，强化消费扶贫保障，直接购买扶贫产品金额达6736.5万元。不断创新交通特色扶贫，积极推行“以购代帮”帮扶政策，在38条高速公路74对141处服务区开设交通扶贫产品售卖区或专柜，扶贫产品上架面积共约1600平方米，辐射带动全省近70个贫困县扶贫产品销售，不完全统计共上架扶贫产品近1600余种。大力开展电子商务营销，省交通运输厅积极协调中国农业银行四川省分行，在“中国农业银行·扶贫商城”开设“四川交通运输厅扶贫产品销售专区”，利用电商平台帮助销售部、省交通运输厅定点扶贫县（区）农副产品，进一步为扶贫产品销售畅通渠道。截至2020年6月线上入驻商户达29家，线上销售额达170万余元。创办并编印《交通扶贫动态》，推进定点帮扶贫困县（区）年度帮扶方案落实。

（六）强化作风建设，严格执纪问责

一是强化作风建设。高度重视交通扶贫领域作风建设，及时印发交通扶贫领域腐败和作风问题专项治理工作方案和“脱贫攻坚纪律作风保障年”活动工作方案，重点治理责任落实不到位、资金管理不规范、工作作风不扎实等五方面问题，对全省开展扶贫领域作风问题专项治理、力戒形式主义切实减轻基层负担、集中力量抓好脱贫攻坚等要求进行了重申明确。据初步统计，2016年5月以来，仅省交通运输厅领导就开展调研、督导、研究、慰问等脱贫攻坚相关活动155项次。特别是奋战在一线的干部，任务重、压力大，省交通运输厅先后下派的

100余名干部，为让贫困群众尽快脱贫致富，很多扶贫干部付出了汗水、泪水，牺牲了家庭、生活，王川（生前任乐山市公路局局长）、李志强（厅公路局下派马边干部）等7名交通系统的同志甚至将宝贵的生命献在了扶贫路上。

二是开展转作风集中整治。结合“不忘初心、牢记使命”主题教育，持续推进为期6个月的交通运输系统形式主义、官僚主义问题集中整治行动。进一步加强与贫困地区的沟通衔接，主动对接地方需求，倾听基层群众诉求，因地制宜、精准施策，提高群众满意度，增强群众获得感。完成扶贫领域文件表册、留痕事项、督查检查考核事项清理工作，切实减轻基层负担。编制《定点扶贫工作手册》，推行“帮扶工作一本台账，工作记录一条信息，数据统计一套表格”，归并“同类项”，减少重复工作，进一步方便基层开展工作。组织市（州）、县（市、区）政府对“两通”基础数据开展全面核查，并将核查结果向社会进行公示，主动接受社会监督。特别是对不具备通客车条件的36个乡（镇）、671个建制村，一一列明具体原因，最大程度争取群众理解。

三是强化执纪问责。省交通运输厅党组将预防扶贫领域腐败作为党风廉政建设的重中之重，多次在省交通运输厅党组会、交通运输工作会议、党风廉政建设工作会议、政风行风建设推进会等场合反复敲打强调，警钟长鸣。在《2018年四川省交通运输厅党风廉政建设和反腐败工作主要任务分工表》中专门列出3项预防扶贫领域腐败的重要任务。按照省纪委工作要求，驻省交通运输厅纪检监察组加强对中央纪委国家监委驻交通运输部纪检监察组要求的对交通运输部审计调查发现小金、黑水、壤塘、色达四县管理和使用中央投资交通扶贫资金存在问题整改的督促，省交通运输厅加强对甘孜、阿坝州交通主管部门整改情况进行跟踪，将其同步纳入每月农村公路建设重点督导内容并及时报送整改情况。重点聚焦项目规划、资金使用等关键环节，进一步完善工作机制，从根本上、源头上堵塞“漏洞”。特别是紧盯重要部门、关键岗位，加强经常性和日常化监督，不定期提醒谈话。加强与省纪委信访室、党政室、案管室等相关部门的沟通衔接，发挥好与各个市（州）纪委监委以及派驻交通纪检监察组的协调对接，建立线索共享和移送机制，及时掌握交通扶贫领域发现的违规违纪问题线索，并按照受理权限，依法依规严肃查处，2016年以来，向地方纪委监委移送信访举报和问题线索17件。对执纪审查和典型案例进行层层通报。向厅直系统县处级以上干部发放《忏悔实录》读本并要求撰写读后感言，完成《忏悔实录》发放及心得体会收集471份。组织省交通运输厅机关、省交通运输厅直单位观看警示教育片《公路上的“坍塌”》，覆盖全体党员干部职工，形成“不敢腐、不能腐、不想腐”的浓厚氛围。

三、存在的主要问题

（一）交通脱贫攻坚成果还需巩固

一是距离高质量脱贫还有差距。虽然提前一年完成全省所有乡（镇）和建制村通硬化路的目标，但贫困地区尤其是深度贫困地区交通脱贫攻坚基础仍然十分薄弱，这些地区均为高寒高海拔地区，地形地质条件极其复杂，公路互联互通能力弱，公路等级普遍较低，抗灾能力差，安全保障能力弱，如位于深度贫困地区尚未通达三级公路的得荣、乡城两县国省干线主通道还在改造建设。虽然提前3个月完成了乡（镇）和建制村通客车目标任务，但大多数乡（镇）和建制村通客车仅停留在“有”这个基础层面，离“好”“优”和新时期老百姓对美好出行向往还有较大的差距，需要加快实施农村客运“金通工程”。二是扶贫大通道覆盖广度深度不够。经过努力，目前全省普通国道二级以上公路占65%，普通省道三级以上公路仅占45%，国省干线等级公路比例偏低；高速公路大通道严重不足，88个贫困县仅有41个县有建成高速公路覆盖，三州48个县中仅8个县（市）有高速公路连通，对高质量实现脱贫攻坚和推动乡村振兴发展支撑还不强。

（二）农村公路发展还需加力

虽然近年来全省农村公路实现了跨越式发展，但围绕服务乡村振兴战略，全省特别是贫困地区农村公路还存在以下短板和薄弱环节。一是农村公路发展不足。全省农村公路路网结构不完善，保障能力不强，通村联网路、产业路（资源路、旅游路）建设等需求还十分旺盛；区域发展不平衡，三州地区农村公路技术等级多为四级和等外公路，农村公路区域发展不平衡。二是农村公路管理养护较薄弱。全省地形地质条件复杂、自然灾害频发，管养压力大，养护机械设备陈旧落后，管养能力不足；养护技术标准体系不健全，养护程序不规范，工作机制仍不健全。三是农村运输发展仍滞后。农村客运、物流发展水平不高，客运资源配置不合理，农村客运“开不起、留不住”；部分农村地区物流体系不健全，农村客货运输线路数量多，覆盖面广，运输安全监管压力大。四是要素保障难度大。近年来，虽然国家和省持续加大农村公路发展资金投入，但农村公路发展底子薄、总量大，群众需求强烈，加之全省各地县（市、区）财力薄弱，导致农村公路发展公共财政保障机制尚未建立，资金筹集难、缺口大。

（三）跟踪监管力度还需加大

交通扶贫项目大多为农村公路项目，点多、面广、线长，大部分农村公路单个项目体量较小，投资规模不大，难以吸引大型企业参与项目建设，中标的大多为小型施工单位，专业技术水平低、大型施工设备投入少，建设进度难免出现推进滞后的情况。由于缺乏科学化、精细化的跟踪监管措施，省交通运输厅仅能通过按月逐级上报的投资统计数据和少量现场督导抽查进行跟踪检查，手段单一，加之贫困地区交通运输部门技术管理力量薄弱，项目监管难度十分大。

四、下一步努力方向

（一）提高认识，坚定政治站位

进一步强化久久为功意识。认真学习贯彻习近平总书记关于“要防止和克服厌战情绪和松口气、歇歇脚想法，发扬一鼓作气精神，将脱贫攻坚战进行到底”的重要指示精神，进一步坚定政治站位，牢固树立大局意识，强化持久战意识，确保全面按期完成交通脱贫攻坚剩余任务，坚决打赢交通脱贫攻坚收官战。

（二）巩固成果，提升脱贫成效

抢抓促投资稳增长政策机遇，加快推进九绵、马久、西昭等高速公路扶贫大通道建设，全力推动高速公路向深度贫困腹地延伸。加快推进国省干线提档升级，确保至2020年底普通国道二级及以上比重达65%，普通省道三级及以上比重达50%。高标准开展农村公路网规划编制工作，加快构建“通达村组、覆盖均等、标准适宜”的农村公路网络。高水平启动第四批“四好农村路”省级示范县创建，推动全域示范市创建。持续推进“金通工程”示范创建，全力打造乡村客运服务“四川品牌”。

（三）强化监督，抓实作风建设

将交通扶贫领域作风建设纳入交通重点项目督导、党建和党风廉政建设工作考核、政风行风建设等重点工作一并检查考核。对扶贫领域作风建设发现的问题严查快处，形成震慑。加大整改督促力度，坚持对账销号，严格执行省交通运输厅内部审计结果颜色管理制度。切实加强交通扶贫领域监督执纪问责，坚决整治交通扶贫领域腐败和作风问题，全面传递严的信息和压力，为打赢脱贫攻坚战提供坚强纪律和作风保障。

（该总结成稿于2020年7月，统计数据以省交通运输厅主管业务部门提供的统计资料为准。略作编辑，辑录于此，仅供参考。）

巩固拓展脱贫攻坚成果　全面推进乡村振兴

罗佳明

四川是全国交通脱贫任务最重的省份之一。2013年来，四川交通坚持以习近平总书记关于脱贫攻坚的重要论述为指导，坚持将交通脱贫作为最大的政治责任、最大的民生工程和最大的发展机遇，坚持项目、资金、工作、举措“四个优先”，8年累计完成交通脱贫投资6600亿元，新改建贫困地区公路12.6万公里，新增346个乡（镇）和1.65万个建制村通硬化路，226个乡（镇）和1万个建制村通客车，贫困地区交通面貌发生了翻天覆地变化。2020年6月30日，全国最后一个不通公路的村——凉山州阿布洛哈村顺利开通乡村客车，全省“两通”兜底任务圆满完成。

回顾这8年，交通运输部始终关心关怀、大力支持，杨传堂书记、李小鹏部长先后12次到四川脱贫攻坚一线督导调研，部累计选派7批次30人到四川最艰苦、最边远的阿坝州和色达、壤塘、小金、黑水4个县挂职帮扶，1名部挂职干部荣获“全国脱贫攻坚先进个人”称号，部定点扶贫联络组荣获“四川省脱贫攻坚先进集体”称号，2人荣获全省先进个人。省委省政府高度重视、强力推动，省委书记省长先后30余次对交通扶贫工作作出指示批示，将交通建设扶贫放在全省22个扶贫专项之首强力推进，省级财政安排627亿元资金支持交通扶贫项目建设。在部省的坚强领导和各兄弟省（市）关心支持下，四川交通运输系统感恩奋进、砥砺前行，将省交通运输厅党组会开到凉山脱贫攻坚一线，蹲点调研解决问题；厅领导带领135名技术骨干，对全省4251个乡、4.5万个村实施全覆盖挂牌督战，累计行程达60万公里，确保了交通脱贫攻坚成色。

金通的笑脸——2020年5月以来，四川省启动乡村客运“金通工程”并逐步覆盖全省范围内县市区。图为10月10日，海拔3800米的甘孜州色达县亚龙乡下邱果村小学生乘坐乡村客车上学，脸上洋溢着幸福的笑容

丁 杨 摄

脱贫攻坚，交通先行。乡村振兴，交通更要走在前列。“十四五”时期，四川交通将深入贯彻交通强国建设战略部署和本次会议精神，奋力推动乡村振兴战略实施。

一是着力“进村入户”，完善乡村路网。贯彻落实习近平总书记关于“交通建设项目要尽量向进村入户倾斜”重要指示精神，实施较大人口规模自然村（组）通硬化路3.3万公里，力争2025年30户以上自然村（组）通硬化路比例达到70%（2021年建成9000公里）。围绕支持服务乡村振兴，建成产业路旅游路6000公里，实现具备条件的县级及以上产业园区、3A级以上景区和省级以上风景名胜区、旅游度假区通四级双车道及以上公路（2021年建成900公里）。着力保障人民群众安全出行，实施农村公路路侧护栏3万公里，基本消除村道公路危险路段安全隐患（2021年建成5000公里），推进桥梁“消危”行动，全面消除农村公路现存四五类危（病）桥。

二是加大财政投入，深化管养改革。省政府出台实施意见，将农村公路管养纳入对市（州）目标考核，省级财政每年安排专项资金5亿元用于日常养护。创新资金安排方式，围绕路况评价、市县资金到位、“路长制”等重点，开展管养绩效评估，根据评估结果实行“以奖代补”。抓实部确定的成都市、江安县等7个管养体制改革试点工作，力争形成“四川经验”在全国推广。积极探索农村公路资产开发利用新模式，分片区选择10个县开展农村公路确权试点。探索将交通运输领域部分管理权限下放乡镇实施，推动管理下沉、责任夯实、效能提升。

三是提质乡村运输，打造“金通工程”。省级财政每年安排2亿元支持“金通工程”建设，以车身外观、招呼站（牌）、乡村客运标识、从业人员管理“四个统一”为切入点，推动年底前实现县级“金通工程”全覆盖。拓展“金通工程”内涵，开发推广交邮结合车型，打造“金通工程·天府交邮通”品牌，推动交通和邮政快递、商贸物流融合发展。积极争取将“金通工程”纳入交通强国建设试点，培育创建一批“金通工程”样板县，打造乡村运输“四川品牌”。

四是川渝携手共建，强化示范引领。协同重庆市共建成渝地区双城经济圈“四好农村路”示范区，打造跨区域融合发展样板。率先以省政府名义印发“四好农村路”示范市评定办法，省级财政分别给予国家示范县、省级示范县、省级示范市2000万元、1000万元、2500万元奖励，力争“十四五”末省级示范县、示范市比例分别达到70%和50%，积极争创全国示范县、示范市。

四川交通将抢抓机遇，乘势而上，奋力推动四川交通各项工作大发展、大进步，为交通强国建设大局作出四川应有贡献！

（本文为2021年4月21日省交通运输厅厅长罗佳明在交通运输部召开的交通运输脱贫攻坚总结暨巩固拓展脱贫攻坚成果全面推进乡村振兴电视电话会议上的发言，略作编辑，标题为编者所加）

政策法规选编

ZHENGCE FAGUI XUANBIAN

道路旅客运输及客运站管理规定

道路旅客运输及客运站管理规定

（中华人民共和国交通运输部令2020年第17号）

第一章　总　则

第一条　为规范道路旅客运输及道路旅客运输站经营活动，维护道路旅客运输市场秩序，保障道路旅客运输安全，保护旅客和经营者的合法权益，依据《中华人民共和国道路运输条例》及有关法律、行政法规的规定，制定本规定。

第二条　从事道路旅客运输（以下简称道路客运）经营以及道路旅客运输站（以下简称客运站）经营的，应当遵守本规定。

第三条　本规定所称道路客运经营，是指使用客车运送旅客、为社会公众提供服务、具有商业性质的道路客运活动，包括班车（加班车）客运、包车客运、旅游客运。

（一）班车客运是指客车在城乡道路上按照固定的线路、时间、站点、班次运行的一种客运方式。加班车客运是班车客运的一种补充形式，是在客运班车不能满足需要或者无法正常运营时，临时增加或者调配客车按客运班车的线路、站点运行的方式。

（二）包车客运是指以运送团体旅客为目的，将客车包租给用户安排使用，提供驾驶劳务，按照约定的起始地、目的地和路线行驶，由包车用户统一支付费用的一种客运方式。

（三）旅游客运是指以运送旅游观光的旅客为目的，在旅游景区内运营或者其线路至少有一端在旅游景区（点）的一种客运方式。

本规定所称客运站经营，是指以站场设施为依托，为道路客运经营者和旅客提供有关运输服务的经营活动。

第四条　道路客运和客运站管理应当坚持以人为本、安全第一的宗旨，遵循公平、公正、公开、便民的原则，打破地区封锁和垄断，促进道路运输市场的统一、开放、竞争、有序，满足广大人民群众的美好出行需求。

道路客运及客运站经营者应当依法经营，诚实信用，公平竞争，优质服务。

鼓励道路客运和客运站相关行业协会加强行业自律。

第五条　国家实行道路客运企业质量信誉考核制度，鼓励道路客运经营者实行规模化、集约化、公司化经营，禁止挂靠经营。

第六条　交通运输部主管全国道路客运及客运站管理工作。

县级以上地方人民政府交通运输主管部门负责组织领导本行政区域的道路客运及客运站管理工作。

县级以上道路运输管理机构负责具体实施道路客运及客运站管理工作。

第七条　道路客运应当与铁路、水路、民航等其他运输方式协调发展、有效衔接，与信息技术、旅游、邮政等关联产业融合发展。

农村道路客运具有公益属性。国家推进城乡道路客运服务一体化，提升公共服务均等化水平。

第二章　经营许可

第八条　班车客运的线路按照经营区域分为以下四种类型：

一类客运班线：跨省级行政区域（毗邻县之间除外）的客运班线。

二类客运班线：在省级行政区域内，跨设区的市级行政区域（毗邻县之间除外）的客运班线。

三类客运班线：在设区的市级行政区域内，跨县级行政区域（毗邻县之间除外）的客运班线。

四类客运班线：县级行政区域内的客运班线或者毗邻县之间的客运班线。

本规定所称毗邻县，包括相互毗邻的县、旗、县级市、下辖乡镇的区。

第九条 包车客运按照经营区域分为省际包车客运和省内包车客运。

省级人民政府交通运输主管部门可以根据实际需要，将省内包车客运分为市际包车客运、县际包车客运和县内包车客运并实行分类管理。

包车客运经营者可以向下兼容包车客运业务。

第十条 旅游客运按照营运方式分为定线旅游客运和非定线旅游客运。

定线旅游客运按照班车客运管理，非定线旅游客运按照包车客运管理。

第十一条 申请从事道路客运经营的，应当具备下列条件：

（一）有与其经营业务相适应并经检测合格的客车：

1.客车技术要求应当符合《道路运输车辆技术管理规定》有关规定。

2.客车类型等级要求：

从事一类、二类客运班线和包车客运的客车，其类型等级应当达到中级以上。

3.客车数量要求：

（1）经营一类客运班线的班车客运经营者应当自有营运客车100辆以上，其中高级客车30辆以上；或者自有高级营运客车40辆以上；

（2）经营二类客运班线的班车客运经营者应当自有营运客车50辆以上，其中中高级客车15辆以上；或者自有高级营运客车20辆以上；

（3）经营三类客运班线的班车客运经营者应当自有营运客车10辆以上；

（4）经营四类客运班线的班车客运经营者应当自有营运客车1辆以上；

（5）经营省际包车客运的经营者，应当自有中高级营运客车20辆以上；

（6）经营省内包车客运的经营者，应当自有营运客车10辆以上。

（二）从事客运经营的驾驶员，应当符合《道路运输从业人员管理规定》有关规定。

（三）有健全的安全生产管理制度，包括安全生产操作规程、安全生产责任制、安全生产监督检查、驾驶员和车辆安全生产管理的制度。

申请从事道路客运班线经营，还应当有明确的线路和站点方案。

第十二条 申请从事道路客运经营的，应当依法向市场监督管理部门办理有关登记手续后，按照下列规定提出申请：

（一）从事一类、二类、三类客运班线经营或者包车客运经营的，向所在地设区的市级道路运输管理机构提出申请；

（二）从事四类客运班线经营的，向所在地县级道路运输管理机构提出申请。

在直辖市申请从事道路客运经营的，应当向直辖市人民政府确定的道路运输管理机构提出申请。

省级人民政府交通运输主管部门对省内包车客运实行分类管理的，对从事市际包车客运、县际包车客运经营的，向所在地设区的市级道路运输管理机构提出申请；对从事县内包车客运经营的，向所在地县级道路运输管理机构提出申请。

第十三条 申请从事道路客运经营的，应当提供下列材料：

（一）《道路旅客运输经营申请表》；

（二）企业法定代表人或者个体经营者身份证件，经办人的身份证件和委托书；

（三）安全生产管理制度文本；

（四）拟投入车辆和聘用驾驶员承诺，包括客车数量、类型等级、技术等级，聘用的驾驶员具备从业资格。

申请道路客运班线经营的，还应当提供下列材料：

（一）《道路旅客运输班线经营申请表》；

（二）承诺在投入运营前，与起讫地客运站和中途停靠地客运站签订进站协议（农村道路客运班线在乡村一端无客运站的，不作此端的进站承诺）；

（三）运输服务质量承诺书。

第十四条 已获得相应道路客运班线经营许可的经营者，申请新增客运班线时，应当按照本规定第十二条的规定进行申请，并提供第十三条第一款第（四）项、第二款规定的材料以及经办人的身份证件和委托书。

第十五条　申请从事客运站经营的，应当具备下列条件：

（一）客运站经验收合格；

（二）有与业务量相适应的专业人员和管理人员；

（三）有相应的设备、设施；

（四）有健全的业务操作规程和安全管理制度，包括服务规范、安全生产操作规程、车辆发车前例检、安全生产责任制，以及国家规定的危险物品及其他禁止携带的物品（以下统称违禁物品）查堵、人员和车辆进出站安全管理等安全生产监督检查的制度。

第十六条　申请从事客运站经营的，应当依法向市场监督管理部门办理有关登记手续后，向所在地县级道路运输管理机构提出申请。

第十七条　申请从事客运站经营的，应当提供下列材料：

（一）《道路旅客运输站经营申请表》；

（二）企业法定代表人或者个体经营者身份证件，经办人的身份证件和委托书；

（三）承诺已具备本规定第十五条规定的条件。

第十八条　县级以上道路运输管理机构应当定期向社会公布本行政区域内的客运运力投放、客运线路布局、主要客流流向和流量等情况。

道路运输管理机构在审查客运申请时，应当考虑客运市场的供求状况、普遍服务和方便群众等因素；在审查营运线路长度在800公里以上的客运班线申请时，还应当进行安全风险评估。

第十九条　道路运输管理机构应当按照《中华人民共和国道路运输条例》和《交通行政许可实施程序规定》以及本规定规范的程序实施道路客运经营、道路客运班线经营和客运站经营的行政许可。

第二十条　道路运输管理机构对道路客运经营申请、道路客运班线经营申请予以受理的，应当通过部门间信息共享、内部核查等方式获取营业执照、申请人已取得的其他道路客运经营许可、现有车辆等信息，并自受理之日起20日内作出许可或者不予许可的决定。

道路运输管理机构对符合法定条件的道路客运经营申请作出准予行政许可决定的，应当出具《道路客运经营行政许可决定书》，明确经营主体、经营范围、车辆数量及要求等许可事项，在作出准予行政许可决定之日起10日内向被许可人发放《道路运输经营许可证》，并告知被许可人所在地道路运输管理机构。

道路运输管理机构对符合法定条件的道路客运班线经营申请作出准予行政许可决定的，还应当出具《道路客运班线经营行政许可决定书》，明确起讫地、中途停靠地客运站点、日发班次下限、车辆数量及要求、经营期限等许可事项，并告知班线起讫地同级道路运输管理机构；对成立线路公司的道路客运班线或者农村道路客运班线，中途停靠地客运站点可以由其经营者自行决定，并告知原许可机关。

属于一类、二类客运班线的，许可机关应当将《道路客运班线经营行政许可决定书》抄告中途停靠地同级道路运输管理机构。

第二十一条　客运站经营许可实行告知承诺制。申请人承诺具备经营许可条件并提交本规定第十七条规定的相关材料的，道路运输管理机构应当经形式审查后当场作出许可或者不予许可的决定。作出准予行政许可决定的，应当出具《道路旅客运输站经营行政许可决定书》，明确经营主体、客运站名称、站场地址、站场级别和经营范围等许可事项，并在10日内向被许可人发放《道路运输经营许可证》。

第二十二条　道路运输管理机构对不符合法定条件的申请作出不予行政许可决定的，应当向申请人出具《不予交通行政许可决定书》，并说明理由。

第二十三条　受理一类、二类客运班线和四类中的毗邻县间客运班线经营申请的，道路运输管理机构应当在受理申请后7日内征求中途停靠地和目的地同级道路运输管理机构意见；同级道路运输管理机构应当在收到之日起10日内反馈，不予同意的，应当依法注明理由，逾期不予答复的，视为同意。

相关道路运输管理机构对设区的市内毗邻县间客运班线经营申请持不同意见且协商不成的，由受理申请的道路运输管理机构报设区的市级道路运输管理机构决定，并书面通知申请人。相关道路运输管理机构对省际、市际毗邻县间客运班线经营申请持不同意见且协商不成的，由受理申请的道路运输管理机构报设区的市级道路运输管理机构协商，仍协商不成的，报省级道路运输管理机构（协商）决定，并书面通知申请人。相关道路运输管理机构对一类、二类客运班线经营申请持不同意见且协商不成的，由受理申请的道路运输管理机构报省级道路运输管理机构（协商）决定，并书面通知申请人。

上级道路运输管理机构作出的决定应当书面通知受理申请的道路运输管理机构，由受理申请的道路运输管理机构为申请人办理有关手续。

因客运班线经营期限届满，班车客运经营者重新提出申请的，受理申请的道路运输管理机构不需向中途停靠地和目的地道路运输管理机构再次征求意见。

第二十四条　班车客运经营者应当持进站协议向原许可机关备案起讫地客运站点、途经路线。营运线路长度在800公里以上的客运班线还应当备案车辆号牌。道路运输管理机构应当按照该客运班线车辆数量同时配发班车客运标志牌和《道路客运班线经营信息表》。

第二十五条　客运经营者应当按照确定的时间落实拟投入车辆和聘用驾驶员等承诺。道路运输管理机构核实后，应当为投入运输的客车配发《道路运输证》，注明经营范围。营运线路长度在800公里以上的客运班线还应当注明客运班线和班车客运标志牌编号等信息。

第二十六条　因拟从事不同类型客运经营需向不同层级道路运输管理机构申请的，应当由相应层级的道路运输管理机构许可，由最高一级道路运输管理机构核发《道路运输经营许可证》，并注明各级道路运输管理机构许可的经营范围，下级道路运输管理机构不再核发。下级道路运输管理机构已向被许可人发放《道路运输经营许可证》的，上级道路运输管理机构应当予以换发。

第二十七条　道路客运经营者设立子公司的，应当按照规定向设立地道路运输管理机构申请经营许可；设立分公司的，应当向设立地道路运输管理机构备案。

第二十八条　客运班线经营许可可以通过服务质量招投标的方式实施，并签订经营服务协议。申请人数量达不到招投标要求的，道路运输管理机构应当按照许可条件择优确定客运经营者。

相关道路运输管理机构协商确定通过服务质量招投标方式，实施跨省客运班线经营许可的，可以采取联合招标、各自分别招标等方式进行。一方不实行招投标的，不影响另外一方进行招投标。

道路客运班线经营服务质量招投标管理办法另行制定。

第二十九条　在道路客运班线经营许可过程中，任何单位和个人不得以对等投放运力等不正当理由拒绝、阻挠实施客运班线经营许可。

第三十条　客运经营者、客运站经营者需要变更许可事项，应当向原许可机关提出申请，按本章有关规定办理。班车客运经营者变更起讫地客运站点、途经路线的，应当重新备案。

客运班线的经营主体、起讫地和日发班次下限变更和客运站经营主体、站址变更应当按照重新许可办理。

客运班线许可事项或者备案事项发生变更的，道路运输管理机构应当换发《道路客运班线经营信息表》。

客运经营者和客运站经营者在取得全部经营许可证件后无正当理由超过180日不投入运营，或者运营后连续180日以上停运的，视为自动终止经营。

第三十一条　客运班线的经营期限由其许可机关按照《中华人民共和国道路运输条例》的有关规定确定。

第三十二条　客运班线经营者在经营期限内暂停、终止班线经营的，应当提前30日告知原许可机关。经营期限届满，客运班线经营者应当按照本规定第十二条重新提出申请。许可机关应当依据本章有关规定作出许可或者不予许可的决定。予以许可的，重新办理有关手续。

客运经营者终止经营，应当在终止经营后10日内，将相关的《道路运输经营许可证》和《道路运输证》、客运标志牌交回原发放机关。

第三十三条　客运站经营者终止经营的，应当提前30日告知原许可机关和进站经营者。原许可机关发现关闭客运站可能对社会公众利益造成重大影响的，应当采取措施对进站车辆进行分流，并在终止经营前15日向社会公告。客运站经营者应当在终止经营后10日内将《道路运输经营许可证》交回原发放机关。

第三章　客运经营管理

第三十四条　客运经营者应当按照道路运输管理机构决定的许可事项从事客运经营活动，不得转让、出租道路运输经营许可证件。

第三十五条　道路客运班线属于国家所有的公共资源。班车客运经营者取得经营许可后，应当向公众提供连续运输服务，不得擅自暂停、终止或者转让班线运输。

第三十六条　在重大活动、节假日、春运期间、旅游旺季等特殊时段或者发生突发事件，客运经营者不能满足运力需求的，道路运输管理机构可以临时调用车辆技术等级不低于二级的营运客车和社会非营运客车开行包车或者加班车。非营运客车凭县级以上道路运输管理机构开具的证明运行。

第三十七条　客运班车应当按照许可的起讫地、日发班次下限和备案的途经路线运行，在起讫地客运站点和中途停靠地客运站点（以下统称配客站点）上下旅客。

客运班车不得在规定的配客站点外上客或者沿途揽客，无正当理由不得改变途经路线。客运班车在遵守道路交通安全、城市管理相关法规的前提下，可以在起讫地、中途停靠地所在的城市市区、县城城区沿途下客。

重大活动期间，客运班车应当按照相关道路运输管理机构指定的配客站点上下旅客。

第三十八条　一类、二类客运班线的经营者或者其委托的售票单位、配客站点，应当实行实名售票和实名查验（以下统称实名制管理），免票儿童除外。其他客运班线及客运站实行实名制管理的范围，由省级人民政府交通运输主管部门确定。

实行实名制管理的，购票人购票时应当提供有效身份证件原件，并由售票人在客票上记载旅客的身份信息。通过网络、电话等方式实名购票的，购票人应当提供有效的身份证件信息，并在取票时提供有效身份证件原件。

旅客遗失客票的，经核实其身份信息后，售票人应当免费为其补办客票。

第三十九条　客运经营者不得强迫旅客乘车，不得将旅客交给他人运输，不得甩客，不得敲诈旅客，不得使用低于规定的类型等级营运客车承运，不得阻碍其他经营者的正常经营活动。

第四十条　严禁营运客车超载运行，在载客人数已满的情况下，允许再搭乘不超过核定载客人数10%的免票儿童。

第四十一条　客车不得违反规定载货。客运站经营者受理客运班车行李舱载货运输业务的，应当对托运人有效身份信息进行登记，并对托运物品进行安全检查或者开封验视，不得受理有关法律法规禁止运送、可能危及运输安全和托运人拒绝安全检查的托运物品。

客运班车行李舱装载托运物品时，应当不超过行李舱内径尺寸、不大于客车允许最大总质量与整备质量和核定载客质量之差，并合理均衡配重；对于容易在舱内滚动、滑动的物品应当采取有效的固定措施。

第四十二条　客运经营者应当遵守有关运价规定，使用规定的票证，不得乱涨价、恶意压价、乱收费。

第四十三条　客运经营者应当在客运车辆外部的适当位置喷印企业名称或者标识，在车厢内醒目位置公示驾驶员姓名和从业资格证号、交通运输服务监督电话、票价和里程表。

第四十四条　客运经营者应当为旅客提供良好的乘车环境，确保车辆设备、设施齐全有效，保持车辆清洁、卫生，并采取必要的措施防止在运输过程中发生侵害旅客人身、财产安全的违法行为。

客运经营者应当按照有关规定在发车前进行旅客系固安全带等安全事项告知，运输过程中发生侵害旅客人身、财产安全的治安违法行为时，应当及时向公安机关报告并配合公安机关处理治安违法行为。

客运经营者不得在客运车辆上从事播放淫秽录像等不健康的活动，不得传播、使用破坏社会安定、危害国家安全、煽动民族分裂等非法出版物。

第四十五条　鼓励客运经营者使用配置下置行李舱的客车从事道路客运。没有下置行李舱或者行李舱容积不能满足需要的客车，可以在车厢内设立专门的行李堆放区，但行李堆放区和座位区必须隔离，并采取相应的安全措施。严禁行李堆放区载客。

第四十六条　客运经营者应当为旅客投保承运人责任险。

第四十七条　客运经营者应当加强车辆技术管理，建立客运车辆技术状况检查制度，加强对从业人员的安全、职业道德教育和业务知识、操作规程培训，并采取有效措施，防止驾驶员连续驾驶时间超过4个小时。

客运车辆驾驶员应当遵守道路运输法规和道路运输驾驶员操作规程，安全驾驶，文明服务。

第四十八条　客运经营者应当制定突发事件应急预案。应急预案应当包括报告程序、应急指挥、应急车辆和设备的储备以及处置措施等内容。

发生突发事件时，客运经营者应当服从县级以上人民政府或者有关部门的统一调度、指挥。

第四十九条　客运经营者应当建立和完善各类台账和档案，并按照要求及时报送有关资料和信息。

第五十条　旅客应当持有效客票乘车，配合行李物品安全检查，按照规定使用安全带，遵守乘车秩序，文明礼貌；不得携带违禁物品乘车，不得干扰驾驶员安全驾驶。

实行实名制管理的客运班线及客运站，旅客还应当持有本人有效身份证件原件，配合工作人员查验。旅客乘车前，客运站经营者应当对客票记载的身份信息与旅客及其有效身份证件原件（以下简称票、人、证）进行一致性核对并记录有关信息。

对旅客拒不配合行李物品安全检查或者坚持携带违禁物品、乘坐实名制管理的客运班线拒不提供本人有效身份证件原件或者票、人、证不一致的，班车客运经营者和客运站经营者不得允许其乘车。

第五十一条　实行实名制管理的班车客运经营者及客运站经营者应当配备必要的设施设备，并加强实名制管理相关人员的培训和相关系统及设施设备的管理，确保符合国家相关法律法规规定。

第五十二条　班车客运经营者及客运站经营者对实行实名制管理所登记采集的旅客身份信息及乘车信息，除应当依公安机关的要求向其如实提供外，应当予以保密。对旅客身份信息及乘车信息自采集之日起保存期限不得少于1年，涉及视频图像信息的，自采集之日起保存期限不得少于90日。

第五十三条　班车客运经营者或者其委托的售票单位、配客站点应当针对客流高峰、恶劣天气及设备系统故障、重大活动等特殊情况下实名制管理的特点，制定有效的应急预案。

第五十四条　客运车辆驾驶员应当随车携带《道路运输证》、从业资格证等有关证件，在规定位置放置客运标志牌。

第五十五条　有下列情形之一的，客运车辆可以凭临时班车客运标志牌运行：

（一）在特殊时段或者发生突发事件，客运经营者不能满足运力需求，使用其他客运经营者的客车开行加班车的；

（二）因车辆故障、维护等原因，需要调用其他客运经营者的客车接驳或者顶班的；

（三）班车客运标志牌正在制作或者不慎灭失，等待领取的。

第五十六条　凭临时班车客运标志牌运营的客车应当按正班车的线路和站点运行。属于加班或者顶班的，还应当持有始发站签章并注明事由的当班行车路单；班车客运标志牌正在制作或者灭失的，还应当持有该条班线的《道路客运班线经营信息表》或者《道路客运班线经营行政许可决定书》的复印件。

第五十七条　客运包车应当凭车籍所在地道路运输管理机构配发的包车客运标志牌，按照约定的时间、起始地、目的地和线路运行，并持有包车合同，不得招揽包车合同外的旅客乘车。

客运包车除执行道路运输管理机构下达的紧急包车任务外，其线路一端应当在车籍所在的设区的市，单个运次不超过15日。

第五十八条　省际临时班车客运标志牌、省际包车客运标志牌由设区的市级道路运输管理机构按照交通运输部的统一式样印制，交由当地县级以上道路运输管理机构向客运经营者配发。省际临时班车客运标志牌和省际包车客运标志牌在一个运次所需的时间内有效。因班车客运标志牌正在制作或者灭失而使用的省际临时班车客运标志牌，有效期不得超过30日。

从事省际包车客运的企业应当按照交通运输部的统一要求，通过运政管理信息系统向车籍地道路运输管理机构备案。

省内临时班车客运标志牌、省内包车客运标志牌式样及管理要求由各省级人民政府交通运输主管部门自行规定。

第四章　班车客运定制服务

第五十九条　国家鼓励开展班车客运定制服务（以下简称定制客运）。

前款所称定制客运，是指已经取得道路客运班线经营许可的经营者依托电子商务平台发布道路客运班线起讫地等信息、开展线上售票，按照旅客需求灵活确定发车时间、上下旅客地点并提供运输服务的班车客运运营方式。

第六十条　开展定制客运的营运客车（以下简称定制客运车辆）核定载客人数应当在7人及以上。

第六十一条　提供定制客运网络信息服务的电子商务平台（以下简称网络平台），应当依照国家有关法规办理市场主体登记、互联网信息服务许可或者备案等有关手续。

第六十二条　网络平台应当建立班车客运经营者、驾驶员、车辆档案，并确保班车客运经营者已取得相应的道路客运班线经营许可，驾驶员具备相应的机动车驾驶证和从业资格并受班车客运经营者合法聘用，车辆具备有效的《道路运输证》、按规定投保承运人责任险。

第六十三条　班车客运经营者开展定制客运的，应当向原许可机关备案，并提供以下材料：

（一）《班车客运定制服务信息表》；

（二）与网络平台签订的合作协议或者相关证明。

网络平台由班车客运经营者自营的，免于提交前款第（二）项材料。

《班车客运定制服务信息表》记载信息发生变更的，班车客运经营者应当重新备案。

第六十四条　班车客运经营者应当在定制客运车辆

随车携带的班车客运标志牌显著位置粘贴“定制客运”标识。

第六十五条　班车客运经营者可以自行决定定制客运日发班次。

定制客运车辆在遵守道路交通安全、城市管理相关法规的前提下，可以在道路客运班线起讫地、中途停靠地的城市市区、县城城区按乘客需求停靠。

网络平台不得超出班车客运经营者的许可范围开展定制客运服务。

第六十六条　班车客运经营者应当为定制客运车辆随车配备便携式安检设备，并由驾驶员或者其他工作人员对旅客行李物品进行安全检查。

第六十七条　网络平台应当提前向旅客提供班车客运经营者、联系方式、车辆品牌、号牌等车辆信息以及乘车地点、时间，并确保发布的提供服务的经营者、车辆和驾驶员与实际提供服务的经营者、车辆和驾驶员一致。

实行实名制管理的客运班线开展定制客运的，班车客运经营者和网络平台应当落实实名制管理相关要求。网络平台应当采取安全保护措施，妥善保存采集的个人信息和生成的业务数据，保存期限应当不少于3年，并不得用于定制客运以外的业务。

网络平台应当按照道路运输管理机构的要求，如实提供其接入的经营者、车辆、驾驶员信息和相关业务数据。

第六十八条　网络平台发现车辆存在超速、驾驶员疲劳驾驶、未按照规定的线路行驶等违法违规行为的，应当及时通报班车客运经营者。班车客运经营者应当及时纠正。

网络平台使用不符合规定的经营者、车辆或者驾驶员开展定制客运，造成旅客合法权益受到侵害的，应当依法承担相应的责任。

第五章　客运站经营

第六十九条　客运站经营者应当按照道路运输管理机构决定的许可事项从事客运站经营活动，不得转让、出租客运站经营许可证件，不得改变客运站基本用途和服务功能。

客运站经营者应当维护好各种设施、设备，保持其正常使用。

第七十条　客运站经营者和进站发车的客运经营者应当依法自愿签订服务合同，双方按照合同的规定履行各自的权利和义务。

第七十一条　客运站经营者应当依法加强安全管理，完善安全生产条件，健全和落实安全生产责任制。

客运站经营者应当对出站客车进行安全检查，采取措施防止违禁物品进站上车，按照车辆核定载客限额售票，严禁超载车辆或者未经安全检查的车辆出站，保证安全生产。

第七十二条　客运站经营者应当将客运线路、班次等基础信息接入省域道路客运联网售票系统。

鼓励客运站经营者为旅客提供网络售票、自助终端售票等多元化售票服务。鼓励电子客票在道路客运行业的推广应用。

第七十三条　鼓励客运站经营者在客运站所在城市市区、县城城区的客运班线主要途经地点设立停靠点，提供售检票、行李物品安全检查和营运客车停靠服务。

客运站经营者设立停靠点的，应当向原许可机关备案，并在停靠点显著位置公示客运站《道路运输经营许可证》等信息。

第七十四条　客运站经营者应当禁止无证经营的车辆进站从事经营活动，无正当理由不得拒绝合法客运车辆进站经营。

客运站经营者应当坚持公平、公正原则，合理安排发车时间，公平售票。

客运经营者在发车时间安排上发生纠纷，客运站经营者协调无效时，由当地县级以上道路运输管理机构裁定。

第七十五条　客运站经营者应当公布进站客车的类型等级、运输线路、配客站点、班次、发车时间、票价等信息，调度车辆进站发车，疏导旅客，维持秩序。

第七十六条　进站客运经营者应当在发车30分钟前备齐相关证件进站并按时发车；进站客运经营者因故不能发班的，应当提前1日告知客运站经营者，双方要协商调度车辆顶班。

对无故停班达7日以上的进站班车，客运站经营者应当报告当地道路运输管理机构。

第七十七条　客运站经营者应当设置旅客购票、候车、乘车指示、行李寄存和托运、公共卫生等服务设施，按照有关规定为军人、消防救援人员等提供优先购票乘车服务，并建立老幼病残孕等特殊旅客服务保障制度，向旅客提供安全、便捷、优质的服务，加强宣传，保持站场卫生、清洁。

客运站经营者在不改变客运站基本服务功能的前提下，可以根据客流变化和市场需要，拓展旅游集散、邮政、物流等服务功能。

客运站经营者从事前款经营活动的，应当遵守相应的法律、行政法规的规定。

第七十八条　客运站经营者应当严格执行价格管理规定，在经营场所公示收费项目和标准，严禁乱收费。

第七十九条　客运站经营者应当按照规定的业务操作规程装卸、储存、保管行包。

第八十条　客运站经营者应当制定突发事件应急预案。应急预案应当包括报告程序、应急指挥、应急设备的储备以及处置措施等内容。

第八十一条　客运站经营者应当建立和完善各类台账和档案，并按照要求报送有关信息。

第六章　监督检查

第八十二条　县级以上道路运输管理机构应当加强对道路客运和客运站经营活动的监督检查。

县级以上道路运输管理机构工作人员应当严格按照法定职责权限和程序，原则上采取随机抽取检查对象、随机选派执法检查人员的方式进行监督检查，监督检查结果应当及时向社会公布。

第八十三条　县级以上道路运输管理机构应当每年对客运车辆进行一次审验。审验内容包括：

（一）车辆违法违章记录；

（二）车辆技术等级评定情况；

（三）车辆类型等级评定情况；

（四）按照规定安装、使用符合标准的具有行驶记录功能的卫星定位装置情况；

（五）客运经营者为客运车辆投保承运人责任险情况。

审验符合要求的，道路运输管理机构在《道路运输证》中注明；不符合要求的，应当责令限期改正或者办理变更手续。

第八十四条　道路运输管理机构及其工作人员应当重点在客运站、旅客集散地对道路客运、客运站经营活动实施监督检查。此外，根据管理需要，可以在公路路口实施监督检查，但不得随意拦截正常行驶的道路运输车辆，不得双向拦截车辆进行检查。

第八十五条　道路运输管理机构的工作人员实施监督检查时，应当有2名以上人员参加，并向当事人出示合法有效的交通运输行政执法证件。

第八十六条　道路运输管理机构的工作人员可以向被检查单位和个人了解情况，查阅和复制有关材料，但应当保守被调查单位和个人的商业秘密。

被监督检查的单位和个人应当接受道路运输管理机构及其工作人员依法实施的监督检查，如实提供有关资料或者说明情况。

第八十七条　道路运输管理机构的工作人员在实施道路运输监督检查过程中，发现客运车辆有超载行为的，应当立即予以制止，移交相关部门处理，并采取相应措施安排旅客改乘。

第八十八条　县级以上道路运输管理机构应当对客运经营者拟投入车辆和聘用驾驶员承诺、进站承诺履行情况开展检查。

客运经营者未按照许可要求落实拟投入车辆承诺或者聘用驾驶员承诺的，原许可机关可以依法撤销相应的行政许可决定；班车客运经营者未按照许可要求提供进站协议的，原许可机关应当责令限期整改，拒不整改的，可以依法撤销相应的行政许可决定。

原许可机关应当在客运站经营者获得经营许可60日内，对其告知承诺情况进行核查。客运站经营者应当按照要求提供相关证明材料。客运站经营者承诺内容与实际情况不符的，原许可机关应当责令限期整改；拒不整改或者整改后仍达不到要求的，原许可机关可以依法撤销相应的行政许可决定。

第八十九条　客运经营者在许可的道路运输管理机构管辖区域外违法从事经营活动的，违法行为发生地的道路运输管理机构应当依法将当事人的违法事实、处罚结果记录到《道路运输证》上，并抄告作出道路客运经营许可的道路运输管理机构。

第九十条　县级以上道路运输管理机构作出行政处罚决定后，客运经营者拒不履行的，作出行政处罚决定的道路运输管理机构可以将其拒不履行行政处罚决定的事实抄告违法车辆车籍所在地道路运输管理机构，作为能否通过车辆年度审验和决定质量信誉考核结果的重要依据。

第九十一条　道路运输管理机构的工作人员在实施道路运输监督检查过程中，对没有合法有效《道路运输证》又无法当场提供其他有效证明的客运车辆可以予以暂扣，并出具《道路运输车辆暂扣凭证》，对暂扣车辆应当妥善保管，不得使用，不得收取或者变相收取保管费用。

违法当事人应当在暂扣凭证规定的时间内到指定地点接受处理。逾期不接受处理的，道路运输管理机构可以依法作出处罚决定，并将处罚决定书送达当事人。当事人无正当理由逾期不履行处罚决定的，道路运输管理机构可以申请人民法院强制执行。

第九十二条　道路运输管理机构应当在道路运政管理信息系统中如实记录道路客运经营者、客运站经营者、网络平台、从业人员的违法行为信息，并按照有关规定将违法行为纳入有关信用信息共享平台。

第七章　法律责任

第九十三条　违反本规定，有下列行为之一的，由县级以上道路运输管理机构责令停止经营；有违法所得的，没收违法所得，处违法所得2倍以上10倍以下的罚款；没有违法所得或者违法所得不足2万元的，处3万元以上10万元以下的罚款；构成犯罪的，依法追究刑事责任：

（一）未取得道路客运经营许可，擅自从事道路客运经营的；

（二）未取得道路客运班线经营许可，擅自从事班车客运经营的；

（三）使用失效、伪造、变造、被注销等无效的道路客运许可证件从事道路客运经营的；

（四）超越许可事项，从事道路客运经营的。

第九十四条　违反本规定，有下列行为之一的，由县级以上道路运输管理机构责令停止经营；有违法所得的，没收违法所得，处违法所得2倍以上10倍以下的罚款；没有违法所得或者违法所得不足1万元的，处2万元以上5万元以下的罚款；构成犯罪的，依法追究刑事责任：

（一）未取得客运站经营许可，擅自从事客运站经营的；

（二）使用失效、伪造、变造、被注销等无效的客运站许可证件从事客运站经营的；

（三）超越许可事项，从事客运站经营的。

第九十五条　违反本规定，客运经营者、客运站经营者非法转让、出租道路运输经营许可证件的，由县级以上道路运输管理机构责令停止违法行为，收缴有关证件，处2000元以上1万元以下的罚款；有违法所得的，没收违法所得。

第九十六条　违反本规定，客运经营者有下列行为之一的，由县级以上道路运输管理机构责令限期投保；拒不投保的，由原许可机关吊销相应许可：

（一）未为旅客投保承运人责任险的；

（二）未按照最低投保限额投保的；

（三）投保的承运人责任险已过期，未继续投保的。

第九十七条　违反本规定，客运经营者使用未持合法有效《道路运输证》的车辆参加客运经营的，或者聘用不具备从业资格的驾驶员参加客运经营的，由县级以上道路运输管理机构责令改正，处3000元以上1万元以下的罚款。

违反本规定，客运经营者不按照规定随车携带《道路运输证》的，由县级以上道路运输管理机构责令改正，处警告或者20元以上200元以下的罚款。

第九十八条　违反本规定，客运经营者或者其委托的售票单位、客运站经营者不按规定使用道路运输业专用票证或者转让、倒卖、伪造道路运输业专用票证的，由县级以上道路运输管理机构责令改正，处1000元以上3000元以下的罚款。

第九十九条　一类、二类客运班线的经营者或者其委托的售票单位、客运站经营者未按照规定对旅客身份进行查验，或者对身份不明、拒绝提供身份信息的旅客提供服务的，由县级以上道路运输管理机构处10万元以上50万元以下的罚款，并对其直接负责的主管人员和其他直接责任人员处10万元以下的罚款；情节严重的，由县级以上道路运输管理机构责令其停止从事相关道路旅客运输或者客运站经营业务；造成严重后果的，由原许可机关吊销有关道路旅客运输或者客运站经营许可证件。

第一百条　违反本规定，客运经营者有下列情形之一的，由县级以上道路运输管理机构责令改正，处1000元以上3000元以下的罚款：

（一）客运班车不按照批准的配客站点停靠或者不按照规定的线路、日发班次下限行驶的；

（二）加班车、顶班车、接驳车无正当理由不按照规定的线路、站点运行的；

（三）以欺骗、暴力等手段招揽旅客的；

（四）擅自将旅客移交他人运输的；

（五）在旅客运输途中擅自变更运输车辆的；

（六）未报告原许可机关，擅自终止道路客运经营的；

（七）客运包车未持有效的包车客运标志牌进行经营的，不按照包车客运标志牌载明的事项运行的，线路两端均不在车籍所在地的，招揽包车合同以外的旅客乘车的；

（八）开展定制客运未按照规定备案的；

（九）未按照规定在发车前对旅客进行安全事项告知的。

违反前款第（一）至（六）项规定，情节严重的，由原许可机关吊销相应许可。

第一百零一条 违反本规定，客运经营者、客运站经营者存在重大运输安全隐患等情形，导致不具备安全生产条件，经停产停业整顿仍不具备安全生产条件的，由县级以上道路运输管理机构依法吊销相应许可。

第一百零二条 违反本规定，客运站经营者有下列情形之一的，由县级以上道路运输管理机构责令改正，处1万元以上3万元以下的罚款：

（一）允许无经营证件的车辆进站从事经营活动的；

（二）允许超载车辆出站的；

（三）允许未经安全检查或者安全检查不合格的车辆发车的；

（四）无正当理由拒绝客运车辆进站从事经营活动的；

（五）设立的停靠点未按照规定备案的。

第一百零三条 违反本规定，客运站经营者有下列情形之一的，由县级以上道路运输管理机构责令改正；拒不改正的，处3000元的罚款；有违法所得的，没收违法所得：

（一）擅自改变客运站的用途和服务功能的；

（二）不公布运输线路、配客站点、班次、发车时间、票价的。

第一百零四条 违反本规定，网络平台有下列情形之一的，由县级以上道路运输管理机构责令改正，处3000元以上1万元以下的罚款：

（一）发布的提供服务班车客运经营者与实际提供服务班车客运经营者不一致的；

（二）发布的提供服务车辆与实际提供服务车辆不一致的；

（三）发布的提供服务驾驶员与实际提供服务驾驶员不一致的；

（四）超出班车客运经营者许可范围开展定制客运的。

网络平台接入或者使用不符合规定的班车客运经营者、车辆或者驾驶员开展定制客运的，由县级以上道路运输管理机构责令改正，处1万元以上3万元以下的罚款。

第八章 附 则

第一百零五条 本规定所称农村道路客运，是指县级行政区域内或者毗邻县间，起讫地至少有一端在乡村且主要服务于农村居民的旅客运输。

第一百零六条 出租汽车客运、城市公共汽车客运管理根据国家有关规定执行。

第一百零七条 客运经营者从事国际道路旅客运输经营活动，除遵守本规定外，有关从业条件等特殊要求还应当适用交通运输部制定的《国际道路运输管理规定》。

第一百零八条 道路运输管理机构依照本规定发放的道路运输经营许可证件和《道路运输证》，可以收取工本费。工本费的具体收费标准由省、自治区、直辖市人民政府财政、价格主管部门会同同级交通运输主管部门核定。

第一百零九条 已完成承担行政职能的事业单位改革的，由交通运输主管部门承担本规定中道路运输管理机构的相关行政管理职能；已完成综合行政执法改革的，由交通运输综合执法机构承担道路运输行政执法职能。

第一百一十条 本规定自2020年9月1日起施行。2005年7月12日以交通部令2005年第10号公布的《道路旅客运输及客运站管理规定》、2008年7月23日以交通运输部令2008年第10号公布的《关于修改〈道路旅客运输及客运站管理规定〉的决定》、2009年4月20日以交通运输部令2009年第4号公布的《关于修改〈道路旅客运输及客运站管理规定〉的决定》、2012年3月14日以交通运输部令2012年第2号公布的《关于修改〈道路旅客运输及客运站管理规定〉的决定》、2012年12月11日以交通运输部令2012年第8号公布的《关于修改〈道路旅客运输及客运站管理规定〉的决定》、2016年4月11日以交通运输部令2016年第34号公布的《关于修改〈道路旅客运输及客运站管理规定〉的决定》、2016年12月6日以交通运输部令2016年第82号公布的《关于修改〈道路旅客运输及客运站管理规定〉的决定》同时废止。

（本栏目撰稿人：张清垚）

统计资料
TONGJI ZILIAO

2020年全省交通运输厅固定资产投资表

单位：元

指 标		代 码	数 量	指 标	代 码	数 量
计划总投资		01	124824732.7	本年新增固定资产	41	4286913.3
其中：中央投资		02	12775077.3	本年资金来源合计	42	20376027.3
自开始建设至本年底	累计完成投资	03	57635519.3	上年末结余资金	43	4378322.6
	建筑工程	04	44108049.7	其中：国家预算内	44	86687.4
	安装工程	05	239272.0	部专项资金	45	79991.3
	设备工器具购置	06	200071.9	本年资金来源小计	46	15997704.7
	其他	07	13088125.7	国家预算	47	2888428.5
	累计新增固定资产	08	14202614.7	中央预算资金	48	61959.8
本年计划投资		09	15932154.1	中央国债	49	
其中：中央投资		10	3551856.0	地方预算资金	50	2535468.4
本年完成投资		11	19183684.3	燃油税返还	51	2400.0
1. 按交通行业分				通行费	52	
水上运输业		12	391304.8	地方政府债券	53	291000.3
航道		13	375059.8	部专项资金	54	2820239.3
内河航道		14	375059.8	车购税	55	2778239.3
沿海港口出海航道		15		港建费	56	42000.0
港口		16	16245.0	国内贷款	57	4802493.4
内河港口		17	16245.0	其中：中央专项建设基金	58	60000.0
沿海港口		18		利用外资	59	
水上运输部门		19		企事业单位自筹资金	60	3002953.9
公路运输业		20	18600870.0	交通发展基金	61	62.0
公路线路基础设施		21	18388829.0	其他资金来源	62	2483527.6
其中：国家高速公路		22	2914045.0			
地方高速公路		23	7530930.7			
公路场站基础设施		24	212041.0			
公路运输业其他		25				
支持系统		26	64630.5			
其中：海事、救助、打捞		27	9516.5			
交通部门其他		28				
综合交通		29	126879.0			
2. 按建设性质分						
新建		30	14084510.4			
扩建		31	413424.0			
改建和技术改造		32	4292976.3			
单纯建造生活设施		33				
迁建		34	4550.0			
恢复		35	388223.6			
单纯购置		36				
3. 按构成分						
建筑工程		37	15873086.7			
安装工程		38	45648.6			
设备工器具购置		39	85178.4			
其它		40	3179770.6			

（厅建管处）

2020年全省国家高速路线表

路线编号	路线名称	起点			止点			当前布设起点桩号	主要控制点
		桩号	经度	纬度	桩号	经度	纬度		
G42	沪蓉高速	1626	107.249	30.265	1982.366	104.135	30.675	1626	广安、南充、遂宁、成都
G4202	成都绕城高速	0	104.108	30.787	85	104.108	30.787	0	成都
G4216	蓉丽高速	0	104.108	30.568	723.09	101.396	26.561	0	成都、仁寿、沐川、金阳、会东、攀枝花
G4217	蓉昌高速	0	103.944	30.752	747	98.773	31.479	0	成都、都江堰、汶川、马尔康、炉霍、德格
G5	京昆高速	1464	106.108	32.724	2501.915	101.796	26.136	1464	广元、绵阳、成都、雅安、西昌、攀枝花
G5012	恩广高速	168	108.020	31.067	481.109	105.803	32.320	168	达州、巴中、广元
G5515	张南高速	456	107.456	30.788	598.101	106.233	30.770	456	大竹、营山、南充
G65	包茂高速	1190.8	108.108	32.267	1495.814	106.841	30.049	1190.8	达州
G75	兰海高速	537.241	105.409	32.754	877.087	106.306	30.239	537.241	广元、南充
G76	厦蓉高速	1723.932	105.488	27.773	2144.402	104.119	30.640	1723.932	泸州、隆昌、内江、成都
G85	银昆高速	798	106.948	32.706	1107.289	106.595	30.293	798	巴中、南充、广安
G85	银昆高速	1340	105.439	29.396	1528.479	104.413	28.601	1340	内江、宜宾
G93	成渝环线高速	0	104.167	30.758	311.232	105.715	30.257	0	成都、绵阳、遂宁
G93	成渝环线高速	509.888	106.014	28.955	1062.894	104.167	30.758	509.888	合江、泸州、宜宾、乐山、雅安、成都
G0512	成乐高速	0	104.008	30.644	131.648	103.703	29.565	0	彭山、眉山、乐山
G0511	德都高速	0	104.430	31.221	91	103.629	30.935	0	德阳、什邡、彭州、都江堰
G0611	张汶高速	754	102.647	34.098	1136	103.558	31.456	754	若尔盖、松潘、汶川
G0615	德马高速	721.19	101.471	33.235	945.19	102.640	31.807	0	马尔康
G4218	雅叶高速	0	103.113	29.977	613	99.014	29.710	0	雅安、天全、泸定、康定、理塘、巴塘
G5013	渝蓉高速	80.717	105.561	29.742	255.256	104.199	30.652	80.717	安岳、成都
G7611	都香高速	563.8	103.212	27.541	985.8	100.706	27.769	0	金阳、西昌
G8513	平绵高速	545	104.359	33.114	786.000	104.756	31.600	0	九寨沟、平武、绵阳
G8515	广泸高速	0	106.651	30.439	57.595	106.306	30.239	0	广安、武胜
G8515	广泸高速	245	105.506	29.289	287.37	105.501	28.946	0	泸州
G4215	蓉遵高速	0	104.108	30.568	296.721	105.718	28.595	0	成都、仁寿、自贡、泸州

（厅规划处）

2020年全省普通国道路线表

路线编号	路线名称	顺序号	起点			止点			当前布设起点桩号	主要控制点
			桩号	经度	纬度	桩号	经度	纬度		
G108	北京—昆明	5	1817.51	106.103074	32.722937	3086.406	101.794218	26.137457	1831.51	广元、剑阁、梓潼、绵阳、罗江、德阳、广汉、成都、蒲江、名山、雅安、荥经、汉源、石棉、冕宁、西昌、德昌、会理
G210	满都拉至防城港	3	1715.571	108.018178	32.199297	2101.467	106.732978	30.029717	1385	万源、达州、大竹、邻水
G212	兰州—龙邦	2	695.15	105.45103	32.750955	1144.768	106.136987	30.316233	704.15	广元、苍溪、阆中、南部、西充、南充
G213	策克至磨憨	5	1685.874	102.64611	34.118923	2580.69	103.858372	28.670504	433.307	若尔盖、松潘、茂县、汶川、都江堰、郫县、成都、仁寿、井研、犍为、沐川
G215	马鬃山-宁洱	3	1998.7	97.35672814	32.892415	2892.413	99.389025	28.171857	0	德格、白玉、巴塘、得荣
G227	张掖至孟连	3	1203.829	101.111353	32.672123	2672.636	101.794218	26.137457	0	壤塘、炉霍、甘孜、新龙、理塘、稻城、木里、盐源、米易、盐边、攀枝花
G244	乌海—江津	6	1130.09	106.858782	32.726562	1587.326	106.669465	30.152455	0	南江、巴中、蓬安、岳池、华蓥
G245	巴中至金平	1	0	106.7755589	31.8542271	1417.532	102.3841113	26.29839063	0	巴中、南部、盐亭、三台、中江、金堂、新都、成都、新津、彭山、眉山、青神、夹江、峨眉山、峨边、金口河、甘洛、越西、昭觉、西昌、德昌、会理
G246	遂宁-麻栗坡	1	0	105.6068013	30.56805297	57.998	105.689232	30.25942	0	遂宁
G246	遂宁-麻栗坡	3	238.397	105.724345	29.16311	506.964	104.5095	27.882529	0	泸州、江安、长宁、珙县、高县、筠连
G247	景泰至昭通	2	855.504	104.35306	33.08578	1674.985	104.427648	28.623516	0	九寨沟、平武、江油、安县、绵阳、三台、射洪、遂宁、安岳、资中、威远、宜宾
G248	兰州—马关	2	502.97	103.178478	34.079184	1901.724	102.890197	26.964558	0	若尔盖、红原、马尔康、金川、丹巴、九龙、冕宁、西昌、普格、宁南、巧家、东川、寻甸
G317	成都至噶尔	1	0	103.9876007	30.77921208	911.05	98.587887	31.629065	0	成都、郫县、都江堰、汶川、理县、马尔康、炉霍、甘孜、德格

续表

路线编号	路线名称	顺序号	起点			止点			当前布设起点桩号	主要控制点
			桩号	经度	纬度	桩号	经度	纬度		
G318	上海—聂拉木	7	2002.2	107.441662	30.775	3320.407	99.009797	29.769627	1986.2	大竹、渠县、南充、蓬溪、遂宁、安居、乐至、简阳、成都、崇州、大邑、邛崃、名山、雅安、天全、泸定、康定、雅江、理塘、巴塘
G319	高雄至成都	5	2682.128	105.681825	30.049313	2871.31	104.1634646	30.57837878	2525.424	安岳、乐至、简阳、成都
G321	广州—成都	6	1663.456	105.777497	27.722688	2181.124	104.1084805	30.5705019	1624	叙永、泸州、泸县、隆昌、内江、资中、资阳、简阳、成都
G345	启东至那曲	6	2597.625	103.178478	34.079184	2666.673	102.64611	34.118923	0	若尔盖县
G345	启东至那曲	8	2671.275	102.638043	34.092863	2704.815	102.399108	34.020398	0	若尔盖县
G345	启东至那曲	11	3280.873	98.737329	33.441663	3477.834	97.498173	33.13998	0	石渠县
G347	南京—德令哈	5	1877.099	108.408205	32.073352	3027.819	101.472643	33.22606	0	万源、通江、巴中、阆中、梓潼、江油、北川、茂县、黑水、阿坝
G348	武汉—大理	3	1537.689	105.420305	29.332117	2436.416	101.017417	27.347319	0	隆昌、富顺、自贡、荣县、乐山、沙湾、马边、美姑、昭觉、西昌、盐源
G350	利川—炉霍	3	279.342	107.230267	30.234968	1347.919	100.6726772	31.39673793	0	邻水、广安、武胜、遂宁、大英、中江、德阳、什邡、彭州、都江堰、小金、丹巴、八美、道孚、炉霍
G351	台州至小金	5	2636.565	105.681825	30.049313	3185.222	102.6483082	30.96190101	0	安岳、乐至、资阳、仁寿、眉山、丹棱、洪雅、雅安、芦山、宝兴、小金（达维）
G352	张家界—巧家	3	996.279	106.031048	28.137637	1125.535	105.24226	27.868622	0	古蔺
G353	宁德至福贡	7	2309.728	106.010354	28.957313	3363.98	101.39283	26.590634	0	合江、泸州、南溪、宜宾、屏山、雷波、金阳、会东、会理、盐边、攀枝花
G356	湄洲—西昌	6	2698.547	103.201058	27.52933	2990.036	102.2578095	27.85985784	0	布拖、西昌
G542	广元至万州	1	0	105.7614358	32.41620195	451.986	108.022132	31.070408	0	广元、旺苍、巴中、平昌、达州、开江
G543	青川—平武	1	0	105.4674691	32.67752253	126.728	104.8280342	32.21066699	0	青川（沙州）、平武（南坝）
G544	九寨沟至川主寺	1	0	104.2547678	33.1724761	139.592	103.6164029	32.7805062	0	九寨沟、川主寺
G545	茂县—德阳	1	0	103.8535438	31.70667765	113.191	104.350336	31.16564744	0	茂县、绵竹、德阳
G546	纳溪至习水	1	0	105.3737647	28.77725644	56.905	105.688102	28.591365	0	纳溪
G546	纳溪至习水	3	150.704	106.031048	28.137637	165.179	106.164619	28.154957	0	习水
G547	宜宾—兴文	1	0	104.644704	28.75795016	139.133	105.3847452	28.25489301	0	宜宾、长宁、兴文
G548	班玛至色达	2	72.968	100.539418	32.584272	217.614	100.7268177	31.8717901	0	色达（翁达）
G549	石棉—得荣	1	0	102.3584372	29.23791117	659.748	99.28591	28.71631238	0	石棉、九龙、稻城、乡城、得荣
G550	越西至冕宁	1	0	102.5665395	28.48265817	81.387	102.1916541	28.29227958	0	越西（斯基）、喜德、冕宁（泸沽）

（厅规划处）

2020年全省公路里程汇总表（分市州统计）

单位：公里

行政区划	行政等级	合计	按技术等级分						
			等 级 公 路						等外公路
			小计	高速	一级	二级	三级	四级	
四川省	合计	394371.062	379260.392	8140.339	4251.953	17044.734	15418.406	334404.96	15110.67
	国道	22678.224	22542.764	5219.883	2047.584	9449.942	4345.573	1479.782	135.46
	省道	24318.186	23710.855	2848.194	1106.888	4669.628	4994.602	10091.543	607.331
	县道	61915.39	59961.539	72.262	752.537	2163.399	4392.82	52580.521	1953.851
	乡道	103531.066	97947.944		87.47	295.357	984.081	96581.036	5583.122
	专用公路								
	村道	181928.196	175097.29		257.474	466.408	701.33	173672.078	6830.906
成都市	合计	29628.649	29580.324	1178.999	1281.465	1990.04	1812.852	23316.968	48.325
	国道	1339.756	1339.756	490.493	443.545	339.663	46.284	19.771	
	省道	1790.542	1790.542	662.454	286.743	499.284	204.97	137.091	
	县道	3315.603	3315.603	26.052	390.006	796.6	809.191	1293.754	
	乡道	7128.3	7125.419		37.136	151.732	461.021	6475.53	2.881
	专用公路								
	村道	16054.448	16009.004		124.035	202.761	291.386	15390.822	45.444
自贡市	合计	9446.004	9180.907	276.717	161.457	187.787	338.444	8216.502	265.097
	国道	277.257	277.257	115.639	95.637	65.981			
	省道	693.402	693.402	161.078	38.672	72.791	157.315	263.546	
	县道	1676.117	1640.766		17.753	31.024	163.379	1428.61	35.351
	乡道	2422.59	2216.915		7.539	7.339	7.835	2194.202	205.675
	专用公路								
	村道	4376.638	4352.567		1.856	10.652	9.915	4330.144	24.071
攀枝花市	合计	5307.749	4555.614	233.688	43.624	265.483	197.772	3815.047	752.135
	国道	556.007	556.007	195.388	17.253	137.299	117.093	88.974	
	省道	603.345	516.398	38.3	15.26	77.371	35.782	349.685	86.947
	县道	1301.305	1180.681		11.111	49.316	30.595	1089.659	120.624
	乡道	1172.95	1016.948			1.497	2.333	1013.118	156.002
	专用公路								
	村道	1674.142	1285.58				11.969	1273.611	388.562
泸州市	合计	19697.797	18518.628	496.955	167.268	785.649	261.427	16807.329	1179.169
	国道	1060.865	1038.666	408.755	128.414	389.563		111.934	22.199
	省道	898.12	838.067	76.856	7.534	287.59	71.501	394.586	60.053
	县道	4231.441	4021.591	11.344	31.32	103.458	177.07	3698.399	209.85
	乡道	6307.663	5678.684			0.303	3.544	5674.837	628.979
	专用公路								
	村道	7199.708	6941.62			4.735	9.312	6927.573	258.088

续表1

行政区划	行政等级	合计	按技术等级分						
			等级公路						等外公路
			小计	高速	一级	二级	三级	四级	
德阳市	合计	10260.86	10022.788	269.52	455.745	593.328	685.279	8018.916	238.072
	国道	439.627	439.627	98.681	159.827	170.132	10.987		
	省道	767.993	766.932	170.839	191.159	156.77	102.8	145.364	1.061
	县道	1669.429	1645.899		87.487	202.423	397.9	958.089	23.53
	乡道	3150.622	2972.713		7.204	25.726	82.171	2857.612	177.909
	专用公路								
	村道	4233.189	4197.617		10.068	38.277	91.421	4057.851	35.572
绵阳市	合计	23639.062	21256.237	412.274	443.092	902.251	1111.632	18386.988	2382.825
	国道	959.349	959.349	188.921	237.742	488.941	38.853	4.892	0
	省道	1643.004	1590.815	223.353	167.012	212.664	490.182	497.604	52.189
	县道	4208.053	4082.567		12.711	110.75	497.093	3462.013	125.486
	乡道	5780.729	5050.291			30.137	42.298	4977.856	730.438
	专用公路								
	村道	11047.927	9573.215		25.627	59.759	43.206	9444.623	1474.712
广元市	合计	23020.517	19833.778	391.087	107.084	1020.868	324.5	17990.239	3186.739
	国道	1055.874	1055.874	371.631	95.838	588.405			
	省道	1349.281	1228.511	19.456	6.055	311.993	154.015	736.992	120.77
	县道	4278.571	3812.198		4.261	101.471	127.008	3579.458	466.373
	乡道	5642.548	4396.264			1.122	15.48	4379.662	1246.284
	专用公路								
	村道	10694.243	9340.931		0.93	17.877	27.997	9294.127	1353.312
遂宁市	合计	13741.696	13466.289	358.503	141.262	264.987	533.391	12168.146	275.407
	国道	524.092	524.092	187.294	130.287	194.53	11.981		
	省道	673.842	673.842	169.909	5.871	39.285	209.91	248.867	
	县道	1566.664	1493.447	1.3	2.616	25.546	266.464	1197.521	73.217
	乡道	3279.366	3187.55		0.855	5.296	35.392	3146.007	91.816
	专用公路								
	村道	7697.732	7587.358		1.633	0.33	9.644	7575.751	110.374
内江市	合计	12969.828	12543.746	310.106	140.883	458.786	395.241	11238.73	426.082
	国道	462.712	462.712	202.594	55.667	204.451			
	省道	636.658	635.092	106.795	36.951	148.565	193.134	149.647	1.566
	县道	2257.433	2195.134	0.717	35.053	75.953	174.378	1909.033	62.299
	乡道	2733.993	2567.684		2.531	6.387	8.15	2550.616	166.309
	专用公路								
	村道	6879.032	6683.124		10.681	23.43	19.579	6629.434	195.908
乐山市	合计	16059.373	15934.195	382.305	310.335	800.488	608.72	13832.347	125.178
	国道	830.852	830.852	257.311	112.227	377.903	75.513	7.898	
	省道	806.676	806.676	123.561	129.89	258.84	86.575	207.81	
	县道	2330.49	2294.1	1.433	6.992	132.347	359.024	1794.304	36.39
	乡道	3307.286	3227.114		2.15	13.97	51.245	3159.749	80.172
	专用公路								
	村道	8784.069	8775.453		59.076	17.428	36.363	8662.586	8.616

续表2

行政区划	行政等级	合计	按技术等级分						
			等级公路						等外公路
			小计	高速	一级	二级	三级	四级	
南充市	合计	30514.291	30395.733	573.229	224.657	1175.021	380.402	28042.424	118.558
	国道	1054.315	1054.315	352.818	156.464	523.002	19.32	2.711	
	省道	1359.189	1359.189	200.467	57.288	634.337	83.509	383.588	
	县道	4409.666	4404.953	19.944	10.905	16.691	229.895	4127.518	4.713
	乡道	6469.926	6398.6				33.518	6365.082	71.326
	专用公路								
	村道	17221.195	17178.676			0.991	14.16	17163.525	42.519
眉山市	合计	8442.537	7814.446	459.732	256.133	421.676	390.992	6285.913	628.091
	国道	527.072	527.072	215.707	93.317	181.1	27.504	9.444	
	省道	933.275	932.757	244.025	68.971	96.343	122.766	400.652	0.518
	县道	2256.858	2105.182		82.672	126.556	186.167	1709.787	151.676
	乡道	2997.946	2547.446		4.221	6.807	45.837	2490.581	450.5
	专用公路								
	村道	1727.386	1701.989		6.952	10.87	8.718	1675.449	25.397
宜宾市	合计	25086.311	24030.307	357.323	71.069	891.748	336.758	22373.409	1056.004
	国道	804.559	804.559	178.053		465.532	53.418	107.556	
	省道	1439.406	1435.962	176.954	33.313	294.509	155.751	775.435	3.444
	县道	3595.447	3554.45	2.316	19.239	106.812	63.383	3362.7	40.997
	乡道	5846.018	5635.829		18.517	14.503	37.686	5565.123	210.189
	专用公路								
	村道	13400.881	12599.507			10.392	26.52	12562.595	801.374
广安市	合计	14599.478	14474.498	413.448	156.51	506.14	384.985	13013.415	124.98
	国道	747.841	747.841	323.8	114.773	295.114	14.154		
	省道	562.131	562.131	80.737	21.676	145.978	149.797	163.943	
	县道	2099.601	2073.479	8.911	17.968	45.356	190.909	1810.335	26.122
	乡道	2943.795	2890.688		0.724		9.07	2880.894	53.107
	专用公路								
	村道	8246.11	8200.359		1.369	19.692	21.055	8158.243	45.751
达州市	合计	28784.177	28275.215	486.061	85.126	1242.283	345.363	26116.382	508.962
	国道	1108.671	1108.671	423.59	58.17	618.122		8.789	
	省道	1613.455	1613.455	62.471	8.579	555.135	128.755	858.515	
	县道	4915.48	4755.982		5.069	59.4	172.637	4518.876	159.498
	乡道	7901.571	7596.698		4.537	5.302	27.284	7559.575	304.873
	专用公路								
	村道	13245	13200.409		8.771	4.324	16.687	13170.627	44.591
雅安市	合计	8206.399	7676.872	341.986	53.682	655.043	353.392	6272.769	529.527
	国道	955.915	955.915	325.941	26.918	440.499	99.923	62.634	
	省道	625.529	564.758	15.8	12.19	171.58	154.583	210.605	60.771
	县道	1729.026	1651.864	0.245	14.574	31.93	55.894	1549.221	77.162
	乡道	2407.15	2176.096			10.692	33.916	2131.488	231.054
	专用公路								
	村道	2488.779	2328.239			0.342	9.076	2318.821	160.54

续表3

行政区划	行政等级	合计	按技术等级分						
			等级公路						等外公路
			小计	高速	一级	二级	三级	四级	
巴中市	合计	25056.948	24793.878	334.156	65.88	922.217	402.998	23068.627	263.07
	国道	856.754	856.754	263.007	64.028	459.375	34.635	35.709	
	省道	1288.765	1288.765	71.149	1.852	414.342	88.272	713.15	
	县道	2986.925	2984.205			28.787	221.831	2733.587	2.72
	乡道	5456.383	5447.316			3.647	31.37	5412.299	9.067
	专用公路								
	村道	14468.121	14216.838			16.066	26.89	14173.882	251.283
资阳市	合计	12526.838	12373.113	380.03	36.599	397.541	229.522	11329.421	153.725
	国道	434.865	434.865	136.04	16.308	268.918	13.599		
	省道	641.873	641.873	243.99	13.815	81.044	81.735	221.289	
	县道	1546.011	1530.159			35.453	128.67	1366.036	15.852
	乡道	2943.269	2900.122			7.507		2892.615	43.147
	专用公路								
	村道	6960.82	6866.094		6.476	4.619	5.518	6849.481	94.726
阿坝藏族羌族自治州	合计	15558.587	14954.319	221.192	4.299	1800.351	1176.009	11752.468	604.268
	国道	2417.201	2417.201	221.192	4.299	1574.235	397.533	219.942	0
	省道	1830.987	1744.31			138.163	691.195	914.952	86.677
	县道	2583.11	2540.521			70.307	39.275	2430.939	42.589
	乡道	4317.292	4237.37			2.199	47.594	4187.577	79.922
	专用公路								
	村道	4409.997	4014.917			15.447	0.412	3999.058	395.08
甘孜藏族自治州	合计	32908.683	32143.651	45.45	2.8	618.76	3618.757	27857.884	765.032
	国道	3521.737	3466.471	45.45		589.561	2442.7	388.76	55.266
	省道	2268.235	2246.468			29.199	1153.17	1064.099	21.767
	县道	3823.416	3797.846		2.8		21.63	3773.416	25.57
	乡道	9383.812	9286.077				1.257	9284.82	97.735
	专用公路								
	村道	13911.483	13346.789					13346.789	564.694
凉山彝族自治州	合计	28915.278	27435.854	217.578	42.983	1144.287	1529.97	24501.036	1479.424
	国道	2742.903	2684.908	217.578	36.87	1077.616	942.076	410.768	57.995
	省道	1892.478	1780.91		4.057	43.845	478.885	1254.123	111.568
	县道	5134.744	4880.912			13.219	80.427	4787.266	253.832
	乡道	11937.857	11392.12		2.056	1.191	7.08	11381.793	545.737
	专用公路								
	村道	7207.296	6697.004			8.416	21.502	6667.086	510.292

续表4

行政区划	行政等级	按路面类型分					可绿化里程	已绿化里程	养护里程
		有铺装路面（高级）			简易铺装路面（次高级）	未铺装路面（中级、低级、无路面）			
		合计	沥青混凝土	水泥混凝土					
四川省	合计	360240.45	61249.888	298990.562	5770.466	28360.146	319741.635	218170.074	379496.984
	国道	22141.533	20719.576	1421.957	119.602	417.089	17205.916	15704.116	22678.224
	省道	21346.728	13811.512	7535.216	1355.342	1616.116	21312.046	17346.875	24318.186
	县道	56736.963	16150.817	40586.146	1744.689	3433.738	53175.387	39220.906	61912.744
	乡道	94405.938	5775.328	88630.61	1125.076	8000.052	85329.782	54093.879	100343.102
	专用公路								
	村道	165609.288	4792.655	160816.633	1425.757	14893.151	142718.504	91804.298	170244.728
成都市	合计	29341.898	7993.008	21348.89	201.435	85.316	24804.227	21473.604	29628.649
	国道	1339.756	1254.304	85.452			1183.735	1177.047	1339.756
	省道	1790.542	1491.535	299.007			1580.856	1564.178	1790.542
	县道	3308.306	1873.327	1434.979	2.221	5.076	3073.489	2843.265	3315.603
	乡道	7049.485	1744.599	5304.886	64.84	13.975	6091.916	5146.424	7128.3
	专用公路								
	村道	15853.809	1629.243	14224.566	134.374	66.265	12874.231	10742.69	16054.448
自贡市	合计	8147.299	1419.546	6727.753	918.624	380.081	6203.21	4547.415	9275.318
	国道	277.257	277.257				258.629	251.262	277.257
	省道	634.812	490.3	144.512		58.59	642.112	546.147	693.402
	县道	1508.29	445.899	1062.391	93.87	73.957	1381.159	1060.506	1676.117
	乡道	2014.388	108.548	1905.84	194.022	214.18	1650.728	1115.73	2394.47
	专用公路								
	村道	3712.552	97.542	3615.01	630.732	33.354	2270.582	1573.77	4234.072
攀枝花市	合计	4561.281	858.041	3703.24	63.206	683.262	2435.615	1627.714	5196.315
	国道	556.007	485.966	70.041			436.611	410.4	556.007
	省道	483.013	238.058	244.955	10.974	109.358	383.688	296.847	603.345
	县道	1117.856	96.434	1021.422	43.096	140.353	602.503	394.655	1301.305
	乡道	997.559	19.263	978.296	7.064	168.327	537.512	344.251	1168.283
	专用公路								
	村道	1406.846	18.32	1388.526	2.072	265.224	475.301	181.561	1567.375
泸州市	合计	16918.722	2003.063	14915.659	7.051	2772.024	14244.609	9875.503	16590.653
	国道	1030.851	864.617	166.234		30.014	912.816	868.405	1060.865
	省道	829.068	321.308	507.76		69.052	761.013	651.374	898.12
	县道	3881.612	630.037	3251.575		349.829	3884.975	2837.492	4231.441
	乡道	4531.62	120.812	4410.808	7.051	1768.992	5407.708	3030.995	6260.363
	专用公路								
	村道	6645.571	66.289	6579.282		554.137	3278.097	2487.237	4139.864
德阳市	合计	9936.557	1803.329	8133.228	42.438	281.865	9221.524	7297.22	10167.36
	国道	434.491	411.629	22.862	5.136		413.046	391.399	439.627
	省道	766.932	559.198	207.734		1.061	694.616	634.605	767.993
	县道	1603.253	538.984	1064.269	17.056	49.12	1557.116	1214.963	1669.429
	乡道	3015.585	192.429	2823.156	9.426	125.611	2847.04	2279.912	3118.039
	专用公路								
	村道	4116.296	101.089	4015.207	10.82	106.073	3709.706	2776.341	4172.272

续表5

行政区划	行政等级	按路面类型分					可绿化里程	已绿化里程	养护里程
		有铺装路面（高级）			简易铺装路面（次高级）	未铺装路面（中级、低级、无路面）			
		合计	沥青混凝土	水泥混凝土					
绵阳市	合计	21462.625	2004.286	19458.339	249.25	1927.187	17214.913	12173.354	22131.434
	国道	959.349	777.283	182.066			847.401	753.234	959.349
	省道	1565.823	675.776	890.047	2.331	74.85	1476.971	1327.465	1643.004
	县道	3963.426	444.368	3519.058	96.572	148.055	2997.012	2269.007	4208.053
	乡道	5355.177	24.895	5330.282	55.161	370.391	4161.815	2642.213	5473.24
	专用公路								
	村道	9618.85	81.964	9536.886	95.186	1333.891	7731.714	5181.435	9847.788
广元市	合计	18276.804	3000.25	15276.554	899.109	3844.604	19730.013	7915.687	20674.196
	国道	1055.874	1026.399	29.475			783.049	707.739	1055.874
	省道	1009.901	669.752	340.149	170.038	169.342	1240.567	901.029	1349.281
	县道	3036.379	1080.032	1956.347	408.438	833.754	3942.324	2376.011	4278.571
	乡道	4112.871	90.376	4022.495	155.742	1373.935	5105.792	1690.075	5276.101
	专用公路								
	村道	9061.779	133.691	8928.088	164.891	1467.573	8658.281	2240.833	8714.369
遂宁市	合计	13519.743	1385.415	12134.328	70.36	151.593	12262.716	10360.323	13638.908
	国道	523.901	494.675	29.226	0.191		478.766	468.639	524.092
	省道	642.017	282.508	359.509	31.825		631.302	558.218	673.842
	县道	1483.619	456.412	1027.207	33.251	49.794	1304.957	999.932	1566.664
	乡道	3235.118	113.296	3121.822	5.093	39.155	2966.157	2056.85	3260.704
	专用公路								
	村道	7635.088	38.524	7596.564		62.644	6881.534	6276.684	7613.606
内江市	合计	11333.606	1524.7	9808.906	164.446	1471.776	10147.196	6069.03	12969.828
	国道	462.712	450.43	12.282			435.469	421.12	462.712
	省道	616.339	384.47	231.869		20.319	597.007	543.734	636.658
	县道	2036.491	567.975	1468.516	87.247	133.695	2006.188	1620.327	2257.433
	乡道	2355.863	44.244	2311.619	46.238	331.892	2449.011	1839.266	2733.993
	专用公路								
	村道	5862.201	77.581	5784.62	30.961	985.87	4659.521	1644.583	6879.032
乐山市	合计	15962.116	2448.582	13513.534	3.013	94.244	12005.354	8303.673	15352.02
	国道	830.852	775.451	55.401			667.779	635.256	830.852
	省道	806.676	627.541	179.135			666.583	561.919	806.676
	县道	2298.338	772.234	1526.104		32.152	1883.954	1408.761	2330.49
	乡道	3248.861	107.915	3140.946	1.178	57.247	2196.989	1294.398	3230.475
	专用公路								
	村道	8777.389	165.441	8611.948	1.835	4.845	6590.049	4403.339	8153.527
南充市	合计	29624.36	2986.392	26637.968	536.065	353.866	24350.585	21918.59	29012.595
	国道	1054.315	981.765	72.55			849.639	814.531	1054.315
	省道	1222.675	909.567	313.108	136.514		1186.445	1018.364	1359.189
	县道	4154.207	770.236	3383.971	235.675	19.784	3819.956	3439.331	4409.666
	乡道	6299.549	136.993	6162.556	105.395	64.982	5087.679	4662.178	6121.635
	专用公路								
	村道	16893.614	187.831	16705.783	58.481	269.1	13406.866	11984.186	16067.79

续表6

行政区划	行政等级	按路面类型分					可绿化里程	已绿化里程	养护里程
		有铺装路面（高级）			简易铺装路面（次高级）	未铺装路面（中级、低级、无路面）			
		合计	沥青混凝土	水泥混凝土					
眉山市	合计	8146.107	1585.104	6561.003	120.762	175.668	7483.11	5030.985	8100.333
	国道	527.072	490.747	36.325			482.708	447.226	527.072
	省道	905.796	455.296	450.5	27.479		871.991	699.341	933.275
	县道	2184.286	562.018	1622.268	53.37	19.202	2030.967	1714.81	2256.858
	乡道	2834.421	56.704	2777.717	34.119	129.406	2597.289	1523.41	2770.39
	专用公路								
	村道	1694.532	20.339	1674.193	5.794	27.06	1500.155	646.198	1612.738
宜宾市	合计	22856.353	1708.917	21147.436	199.885	2030.073	22926.026	12797.033	24868.101
	国道	797.231	688.295	108.936		7.328	621.436	582.638	804.559
	省道	1422.078	539.685	882.393		17.328	1331.504	1037.505	1439.406
	县道	3458.387	303.816	3154.571	9.227	127.833	3292.807	1794.367	3595.447
	乡道	5449.743	121.441	5328.302	62.019	334.256	5312.229	2398.996	5731.518
	专用公路								
	村道	11728.914	55.68	11673.234	128.639	1543.328	12368.05	6983.527	13297.171
广安市	合计	13672.699	1756.023	11916.676	219.311	707.468	12154.02	7693.095	14083.307
	国道	747.841	744.471	3.37			610.642	609.8	747.841
	省道	481.142	277.313	203.829	75.356	5.633	498.707	418.488	562.131
	县道	1955.538	360.581	1594.957	46.5	97.563	1759.623	1061.336	2099.601
	乡道	2812.177	162.637	2649.54	25.74	105.878	2548.33	1118.84	2927.517
	专用公路								
	村道	7676.001	211.021	7464.98	71.715	498.394	6736.718	4484.631	7746.217
达州市	合计	27995.978	3188.341	24807.637	145.396	642.803	23111.154	13376.6	28701.785
	国道	1108.671	1099.882	8.789			846.291	795.48	1108.671
	省道	1512.624	898	614.624	62.989	37.842	1456.003	1169.021	1613.455
	县道	4628.526	917.059	3711.467	66.328	220.626	4127.41	3186.234	4915.48
	乡道	7550.828	188.854	7361.974	11.45	339.293	6649.333	4532.696	7867.192
	专用公路								
	村道	13195.329	84.546	13110.783	4.629	45.042	10032.117	3693.169	13196.987
雅安市	合计	7714.574	1822.74	5891.834	37.042	454.783	5983.914	4768.798	8103.371
	国道	955.915	749.997	205.918			665.092	608.982	955.915
	省道	564.758	337.002	227.756		60.771	516.169	418.385	625.529
	县道	1602.608	459.352	1143.256	22.473	103.945	1267.542	1075.75	1729.026
	乡道	2192.799	196.647	1996.152		214.351	1607.599	1184.673	2363.241
	专用公路								
	村道	2398.494	79.742	2318.752	14.569	75.716	1927.512	1481.008	2429.66

续表7

行政区划	行政等级	按路面类型分					可绿化里程	已绿化里程	养护里程
		有铺装路面（高级）			简易铺装路面（次高级）	未铺装路面（中级、低级、无路面）			
		合计	沥青混凝土	水泥混凝土					
巴中市	合计	22724.611	2628.574	20096.037	87.881	2244.456	23893.735	15194.212	24929.836
	国道	848.276	815.972	32.304	8.478		604.383	565.777	856.754
	省道	1165.036	689.271	475.765	66.456	57.273	1153.9	943.177	1288.765
	县道	2959.051	644.123	2314.928	3.217	24.657	2709.875	1911.88	2986.925
	乡道	5225.559	146.38	5079.179	9.117	221.707	5252.682	3550.34	5444.545
	专用公路								
	村道	12526.689	332.828	12193.861	0.613	1940.819	14172.895	8223.038	14352.847
资阳市	合计	12278.972	1185.941	11093.031	53.249	194.617	11634.381	8593.651	12487.947
	国道	434.865	399.314	35.551			390.509	379.403	434.865
	省道	619.808	446.313	173.495	22.065		581.497	545.154	641.873
	县道	1511.75	290.07	1221.68	18.409	15.852	1437.234	1079.983	1546.011
	乡道	2897.214	21.83	2875.384	1.794	44.261	2780.376	2045.324	2909.345
	专用公路								
	村道	6815.335	28.414	6786.921	10.981	134.504	6444.765	4543.787	6955.853
阿坝藏族羌族自治州	合计	13739.312	5056.702	8682.61	185.183	1634.092	12341.834	7794.797	14418.992
	国道	2381.284	2368.018	13.266	35.917		1329.247	1073.216	2417.201
	省道	1506.494	1221.767	284.727	147.953	176.54	1607.739	990.949	1830.987
	县道	2314.942	992.168	1322.774		268.168	2282.691	1666.327	2583.11
	乡道	3968.533	335.298	3633.235		348.759	3697.346	1850.962	3786.548
	专用公路								
	村道	3568.059	139.451	3428.608	1.313	840.625	3424.811	2213.343	3801.146
甘孜藏族自治州	合计	27804.79	8577.737	19227.053	198.864	4905.029	28680.689	21775.395	31892.696
	国道	3215.895	3177.443	38.452	2.879	302.963	2470.901	2292.65	3521.737
	省道	1722.014	1478.052	243.962	97.135	449.086	1724.092	1334.043	2268.235
	县道	3427.929	1776.707	1651.222	80.151	315.336	3448.851	2646.167	3823.416
	乡道	8738.118	1023.793	7714.325	13.775	631.919	8712.338	6428.372	9167.834
	专用公路								
	村道	10700.834	1121.742	9579.092	4.924	3205.725	12324.507	9074.163	13111.474
凉山彝族自治州	合计	24222.043	6313.197	17908.846	1367.896	3325.339	18912.81	9583.395	27273.34
	国道	2599.118	2385.661	213.457	67.001	76.784	1917.767	1449.912	2742.903
	省道	1079.18	818.8	260.38	504.227	309.071	1709.284	1186.932	1892.478
	县道	4302.169	2168.985	2133.184	427.588	404.987	4364.754	2619.802	5132.098
	乡道	10520.47	818.374	9702.096	315.852	1101.535	7669.913	3357.974	11209.369
	专用公路								
	村道	5721.106	121.377	5599.729	53.228	1432.962	3251.092	968.775	6296.492

2020年全省公路里程年底达到数（按技术等级分）

单位：公里

项目	总计	等级公路				
		合计	高速公路			
			小计	四车道	六车道	八车道及以上
一、上年年底达到数	337094.898	318092.006	7523.207	6512.444	965.718	45.045
国道	22547.92	22354.493	5175.434	4706.208	441.381	27.845
其中：国家高速公路	5173.046	5173.046	5173.046	4703.82	441.381	27.845
省道	23695.711	23041.737	2275.511	1746.949	511.362	17.2
县道	22583.579	22105.02	72.262	59.287	12.975	
乡道	49688.473	47163.524				
专用公路	4375.9	2557.863				
村道	214203.315	200869.369				
二、本年新建数	2325.491	2325.491	617.132	244.969	327.706	44.457
国道	209.914	209.914	44.449	44.449		
其中：国家高速公路	44.449	44.449	44.449	44.449		
省道	653.567	653.567	572.683	200.52	327.706	44.457
县道	203.982	203.982				
乡道	129.514	129.514				
专用公路						
村道	1128.514	1128.514				
三、本年改建变更数	54950.673	58842.895				
国道	-79.61	-21.643				
其中：国家高速公路						
省道	-31.092	15.551				
县道	39127.829	37652.537				
乡道	53713.079	50654.906				
专用公路	-4375.9	-2557.863				
村道	-33403.633	-26900.593				
四、本年年底达到数	394371.062	379260.392	8140.339	6757.413	1293.424	89.502
国道	22678.224	22542.764	5219.883	4750.657	441.381	27.845
其中：国家高速公路	5217.495	5217.495	5217.495	4748.269	441.381	27.845
省道	24318.186	23710.855	2848.194	1947.469	839.068	61.657
县道	61915.39	59961.539	72.262	59.287	12.975	
乡道	103531.066	97947.944				
专用公路						
村道	181928.196	175097.29				

续表

项 目	等级公路					等外公路
	一级	二级	一幅高速	三级	四级	
一、上年年底达到数	4309.967	16651.999		14653.234	274953.599	19002.892
国道	1990.337	9334.692		4236.351	1617.679	193.427
其中：国家高速公路						
省道	1047.452	4271.107		4258.188	11189.479	653.974
县道	520.894	1554.697		3630.184	16326.983	478.559
乡道	331.959	791.439		1501.063	44539.063	2524.949
专用公路	22.633	88.57		155.579	2291.081	1818.037
村道	396.692	611.494		871.869	198989.314	13333.946
二、本年新建数	69.578	27.905		282.341	1328.535	
国道	8.288	3.543		153.634		
其中：国家高速公路						
省道	21.391	2.882		56.611		
县道	39.899	21.48		45.016	97.587	
乡道				24.915	104.599	
专用公路						
村道				2.165	1126.349	
三、本年改建变更数	–127.592	364.83		482.831	58122.826	–3892.222
国道	48.959	111.707		–44.412	–137.897	–57.967
其中：国家高速公路						
省道	38.045	395.639		679.803	–1097.936	–46.643
县道	191.744	587.222		717.62	36155.951	1475.292
乡道	–244.489	–496.082		–541.897	51937.374	3058.173
专用公路	–22.633	–88.57		–155.579	–2291.081	–1818.037
村道	–139.218	–145.086		–172.704	–26443.585	–6503.04
四、本年年底达到数	4251.953	17044.734		15418.406	334404.96	15110.67
国道	2047.584	9449.942		4345.573	1479.782	135.46
其中：国家高速公路						
省道	1106.888	4669.628		4994.602	10091.543	607.331
县道	752.537	2163.399		4392.82	52580.521	1953.851
乡道	87.47	295.357		984.081	96581.036	5583.122
专用公路						
村道	257.474	466.408		701.33	173672.078	6830.906

（厅规划处）

2020年全省公路里程年底达到数（按路面类型分）

单位：公里

项目	总计	有铺装路面（高级）		
		合计	沥青混凝土	水泥混凝土
一、上年年底达到数	337094.898	299211.33	56765.09	242446.24
国道	22547.92	21846.059	20248.123	1597.936
其中：国家高速公路	5173.046	5173.046	5135.417	37.629
省道	23695.711	20186.707	12216.693	7970.014
县道	22583.579	19672.789	7157.997	12514.792
乡道	49688.473	43629.082	11030.466	32598.616
专用公路	4375.9	1792.72	463.014	1329.706
村道	214203.315	192083.973	5648.797	186435.176
二、本年新建数	2325.491	2325.491	1101.889	1223.602
国道	209.914	209.914	209.914	
其中：国家高速公路	44.449	44.449	44.449	
省道	653.567	653.567	653.567	
县道	203.982	203.982	160.744	43.238
乡道	129.514	129.514	58.103	71.411
专用公路				
村道	1128.514	1128.514	19.561	1108.953
三、本年改建变更数	54950.673	58703.629	3382.909	55320.72
国道	-79.61	85.56	261.539	-175.979
其中：国家高速公路			18.234	-18.234
省道	-31.092	506.454	941.252	-434.798
县道	39127.829	36860.192	8832.076	28028.116
乡道	53713.079	50647.342	-5313.241	55960.583
专用公路	-4375.9	-1792.72	-463.014	-1329.706
村道	-33403.633	-27603.199	-875.703	-26727.496
四、本年年底达到数	394371.062	360240.45	61249.888	298990.562
国道	22678.224	22141.533	20719.576	1421.957
其中：国家高速公路	5217.495	5217.495	5198.1	19.395
省道	24318.186	21346.728	13811.512	7535.216
县道	61915.39	56736.963	16150.817	40586.146
乡道	103531.066	94405.938	5775.328	88630.61
专用公路				
村道	181928.196	165609.288	4792.655	160816.633

续表

项　目	简易铺装路面（次高级）	未铺装路面（中级、低级、无路面）	可绿化里程		养护里程
				已绿化里程	
一、上年年底达到数	7804.07	30079.498	283895.63	171176.151	326999.909
国 道	156.065	545.796	17792.055	16019.984	22547.92
其中：国家高速公路			3697.969	3697.969	5173.046
省 道	1597.897	1911.107	21335.333	16740.416	23695.711
县 道	1552.626	1358.164	21130.202	16310.567	22583.579
乡 道	1769.974	4289.417	45532.854	29397.185	48901.611
专用公路	141.911	2441.269	3834.611	1850.228	4182.229
村 道	2585.597	19533.745	174270.575	90857.771	205088.859
二、本年新建数			1805.314	1413.731	2321.183
国 道			87.152	76.773	209.914
其中：国家高速公路			10.833	10.833	44.449
省 道			518.088	441.561	653.567
县 道			183.173	158.379	203.982
乡 道			114.705	61.716	128.974
专用公路					
村 道			902.196	675.302	1124.746
三、本年改建变更数	−2033.604	−1719.352	34040.691	45580.192	50175.892
国 道	−36.463	−128.707	−673.291	−392.641	−79.61
其中：国家高速公路			−178.172	−181.755	
省 道	−242.555	−294.991	−541.375	164.898	−31.092
县 道	192.063	2075.574	31862.012	22751.96	39125.183
乡 道	−644.898	3710.635	39682.223	24634.978	51312.517
专用公路	−141.911	−2441.269	−3834.611	−1850.228	−4182.229
村 道	−1159.84	−4640.594	−32454.267	271.225	−35968.877
四、本年年底达到数	5770.466	28360.146	319741.635	218170.074	379496.984
国 道	119.602	417.089	17205.916	15704.116	22678.224
其中：国家高速公路			3530.63	3527.047	5217.495
省 道	1355.342	1616.116	21312.046	17346.875	24318.186
县 道	1744.689	3433.738	53175.387	39220.906	61912.744
乡 道	1125.076	8000.052	85329.782	54093.879	100343.102
专用公路					
村 道	1425.757	14893.151	142718.504	91804.298	170244.728

（厅规划处）

2020年全省公路桥梁年底到达数（按使用年限分）

项　目	总　计			
			四五类桥	
	座	延米	座	延米
一、上年年底达到数	43715	3231585.53	1037	42754.72
国道	11250	1771599.91	55	5098.8
其中：国家高速公路	6270	1439588.87		
省道	7095	717911.87	104	4842.88
县道	4394	174026.6	117	4644.5
乡道	6611	201161.11	207	9297.6
专用公路	356	9358.5	1	110.8
村道	14009	357527.54	553	18760.14
二、本年新建数	986	287776.74		
国道	134	35421.37		
其中：国家高速公路	69	29025.87		
省道	732	234632.06		
县道	56	13758.21		
乡道	38	2297.35		
专用公路				
村道	26	1667.75		
三、本年改建变更数	265	52908.85	-45	-618.86
国道	63	34353.69	-7	276.23
其中：国家高速公路	79	29430.16		
省道	60	14390.41	-8	271.54
县道	4301	131886.63	141	5981.94
乡道	1966	26059.56	119	1195.05
专用公路	-356	-9358.5	-1	-110.8
村道	-5769	-144422.94	-289	-8232.82
四、本年年底达到数	44966	3572271.12	992	42135.86
国道	11447	1841374.97	48	5375.03
其中：国家高速公路	6418	1498044.9		
省道	7887	966934.34	96	5114.42
县道	8751	319671.44	258	10626.44
乡道	8615	229518.02	326	10492.65
专用公路				
村道	8266	214772.35	264	10527.32

续表

项 目	按建筑材料和使用性质分					
	永久性		半永久性		临时性	
	座	延米	座	延米	座	延米
一、上年年底达到数	42635	3202347.62	856	24495.91	224	4742
国 道	11212	1769774.71	27	1479.2	11	346
其中：国家高速公路	6270	1439588.87				
省 道	7028	716585.53	27	905.74	40	420.6
县 道	4367	173305	24	578	3	143.6
乡 道	6442	197391.67	128	3174.94	41	594.5
专用公路	340	9029	11	249.5	5	80
村 道	13246	336261.71	639	18108.53	124	3157.3
二、本年新建数	984	287733.74	2	43		
国 道	134	35421.37				
其中：国家高速公路	69	29025.87				
省 道	732	234632.06				
县 道	55	13735.21	1	23		
乡 道	38	2297.35				
专用公路						
村 道	25	1647.75	1	20		
三、本年改建变更数	301	53054.95	–22	72.4	–14	–218.5
国 道	63	34373.69		–20		
其中：国家高速公路	79	29430.16				
省 道	60	14390.41				
县 道	4154	127927.74	113	3365.59	34	593.3
乡 道	1693	17605.32	246	7701.74	27	752.5
专用公路	–340	–9029	–11	–249.5	–5	–80
村 道	–5329	–132213.21	–370	–10725.43	–70	–1484.3
四、本年年底达到数	43920	3543136.31	836	24611.31	210	4523.5
国 道	11409	1839569.77	27	1459.2	11	346
其中：国家高速公路	6418	1498044.9				
省 道	7820	965608	27	905.74	40	420.6
县 道	8576	314967.95	138	3966.59	37	736.9
乡 道	8173	217294.34	374	10876.68	68	1347
专用公路						
村 道	7942	205696.25	270	7403.1	54	1673

（厅规划处）

2020年全省公路桥梁、渡口年底达到数(按跨径分)

项　目	总　计				按 跨 径 分	
			互通式立交桥		特大桥	
	座	延米	座	延米	座	延米
一、上年年底达到数	43715	3231585.53	547	104931.53	303	454735.34
国 道	11250	1771599.91	347	58724.67	216	333958.13
其中：国家高速公路	6270	1439588.87	340	57804.67	191	317910.25
省 道	7095	717911.87	196	45917.77	76	110749.03
县 道	4394	174026.6	4	289.09	7	8307.3
乡 道	6611	201161.11			4	1720.88
专用公路	356	9358.5				
村 道	14009	357527.54				
二、本年新建数	986	287776.74	51	16146.66	34	66850.13
国 道	134	35421.37	5	3979	6	10146.4
其中：国家高速公路	69	29025.87	5	3979	5	9908.2
省 道	732	234632.06	44	9092.36	24	49025.83
县 道	56	13758.21	2	3075.3	4	7677.9
乡 道	38	2297.35				
专用公路						
村 道	26	1667.75				
三、本年改建变更数	265	52908.85	5	973.06	6	8271.6
国 道	63	34353.69	5	973.06	6	6775.52
其中：国家高速公路	79	29430.16	4	853.06	7	6989.52
省 道	60	14390.41	1	56.06	2	2168
县 道	4301	131886.63	−1	−56.06	1	617.96
乡 道	1966	26059.56			−4	−1720.88
专用公路	−356	−9358.5				
村 道	−5769	−144422.94			1	431
四、本年年底达到数	44966	3572271.12	603	122051.25	343	529857.07
国 道	11447	1841374.97	357	63676.73	228	350880.05
其中：国家高速公路	6418	1498044.9	349	62636.73	203	334807.97
省 道	7887	966934.34	241	55066.19	102	161942.86
县 道	8751	319671.44	5	3308.33	12	16603.16
乡 道	8615	229518.02				
专用公路						
村 道	8266	214772.35			1	431

续表

项　目	按跨径分						渡口	
	大桥		中桥		小桥			机动渡口
	座	延米	座	延米	座	延米	处	处
一、上年年底达到数	7387	1792258.96	9862	520874.45	26163	463716.78	139	85
国道	4351	1182680.49	3053	181516.7	3630	73444.59	1	1
其中：国家高速公路	3453	997536.24	1593	103437.9	1033	20704.48		
省道	1836	440715.24	1927	103451.03	3256	62996.57	7	6
县道	309	56193.14	978	49995.78	3100	59530.38	7	5
乡道	361	49400.03	1302	63390.9	4944	86649.3	36	19
专用公路	25	2456.5	76	2968.6	255	3933.4	8	6
村道	505	60813.56	2526	119551.44	10978	177162.54	80	48
二、本年新建数	652	204162.59	242	15431.26	58	1332.76	1	
国道	69	22468.31	38	2345.16	21	461.5		
其中：国家高速公路	54	18375.21	10	742.46				
省道	555	175765.39	148	9732.1	5	108.74		
县道	21	4813.83	17	915.08	14	351.4		
乡道	6	787.06	21	1251.21	11	259.08		
专用公路								
村道	1	328	18	1187.71	7	152.04	1	
三、本年改建变更数	99	36752.48	42	4996.94	118	2887.83	−58	−31
国道	77	26797.23	40	2210.65	−60	−1429.71	0	0
其中：国家高速公路	58	22290.95	17	214.19	−3	−64.5		
省道	48	11085.42	20	1445.67	−10	−308.68		
县道	231	31671.76	891	43546.63	3178	56050.28	8	6
乡道	2	−6716.63	234	10158.27	1734	24338.8	−10	−2
专用公路	−25	−2456.5	−76	−2968.6	−255	−3933.4	−8	−6
村道	−234	−23628.8	−1067	−49395.68	−4469	−71829.46	−48	−29
四、本年年底达到数	8138	2033174.03	10146	541302.65	26339	467937.37	82	54
国道	4497	1231946.03	3131	186072.51	3591	72476.38	1	1
其中：国家高速公路	3565	1038202.4	1620	104394.55	1030	20639.98	0	
省道	2439	627566.05	2095	114628.8	3251	62796.63	7	6
县道	561	92678.73	1886	94457.49	6292	115932.06	15	11
乡道	369	43470.46	1557	74800.38	6689	111247.18	26	17
专用公路								
村道	272	37512.76	1477	71343.47	6516	105485.12	33	19

（厅规划处）

2020年全省公路隧道年底达到数

项　目	总　计		按隧道长度分类	
			特长隧道	
	道	延米	道	延米
一、上年年底达到数	1402	1744409.52	139	652792.57
国 道	992	1358540.1	114	553776.57
其中：国家高速公路	718	1086116.06	99	485249.57
省 道	296	311974.5	19	72396
县 道	34	26511.42	1	4895
乡 道	34	28563.5	4	18650
专用公路	6	3459		
村 道	40	15361	1	3075
二、本年新建数	81	166173.2	12	80667
国 道	22	37706	2	27232
其中：国家高速公路	16	34819	2	27232
省 道	55	124464.2	10	53435
县 道	2	2493		
乡 道				
专用公路				
村 道	2	1510		
三、本年改建变更数	19	57794.7	5	20260
国 道	8	24575.12	3	10955
其中：国家高速公路	8	18148	2	6060
省 道	8	19063	3	14200
县 道	19	6644.08		-1795
乡 道	-8	-2110.5	-1	-3100
专用公路	-6	-3459		
村 道	-2	13082		
四、本年年底达到数	1502	1968377.42	156	753719.57
国 道	1022	1420821.22	119	591963.57
其中：国家高速公路	742	1139083.06	103	518541.57
省 道	359	455501.7	32	140031
县 道	55	35648.5	1	3100
乡 道	26	26453	3	15550
专用公路				
村 道	40	29953	1	3075

续表

项　目	按隧道长度分类					
	长隧道		中隧道		短隧道	
	道	延米	道	延米	道	延米
一、上年年底达到数	406	718361.24	310	222850.27	547	150405.44
国 道	308	552696.22	207	148656.77	363	103410.54
其中：国家高速公路	232	414918.49	157	112197.27	230	73750.73
省 道	80	140413.6	91	65264	106	33900.9
县 道	10	14129.42	4	3047	19	4440
乡 道	2	3035	1	903.5	27	5975
专用公路	2	2659			4	800
村 道	4	5428	7	4979	28	1879
二、本年新建数	33	67215.2	17	11754	19	6537
国 道	2	2838	4	3080	14	4556
其中：国家高速公路	2	2838	2	1736	10	3013
省 道	29	61149.2	13	8674	3	1206
县 道	1	2068			1	425
乡 道						
专用公路						
村 道	1	1160			1	350
三、本年改建变更数	17	34529.58	5	3938	−8	−932.88
国 道	6	11706	2	2267	−3	−352.88
其中：国家高速公路	6	10469	2	1785	−2	−166
省 道	1	2894	2	1416	2	553
县 道	3	4611.58	1	552.5	15	3275
乡 道	1	1758	6	3993.5	−14	−4762
专用公路	−2	−2659	0	0	−4	−800
村 道	8	16219	−6	−4291	−4	1154
四、本年年底达到数	456	820106.02	332	238542.27	558	156009.56
国 道	316	567240.22	213	154003.77	374	107613.66
其中：国家高速公路	240	428225.49	161	115718.27	238	76597.73
省 道	110	204456.8	106	75354	111	35659.9
县 道	14	20809	5	3599.5	35	8140
乡 道	3	4793	7	4897	13	1213
专用公路						
村 道	13	22807	1	688	25	3383

（厅规划处）

2020年全省公路灾毁损失和抢通情况统计表

项目			计量单位	灾毁数量			
				合计		国省干线	
损失情况	路基		立方米/公里	24872942.200	5055.753	649138.200	239.457
损失情况	路面	沥青路面	平方米/公里	3030890.020	1674.758	834582.020	721.594
损失情况	路面	水泥路面	平方米/公里	8633065.010	4410.064	235701.010	135.784
损失情况	路面	砂石路面	平方米/公里	314262.000	141.568	1875.000	1.750
损失情况	桥梁	全毁	延米/座	9250.000	430.000	330.000	23.000
损失情况	桥梁	局部毁	延米/座	18661.160	1404.000	954.160	312.000
损失情况	隧道		延米/道	10206.000	10.000	6201.000	7.000
损失情况	涵洞		道	4516.000		1988.000	
损失情况	防护工程	护坡	立方米/处	1369200.000	5074.000	91015.000	1390.000
损失情况	防护工程	驳岸、挡墙	立方米/处	2839843.000	33300.000	192761.000	381.000
损失情况	坍 塌 方		立方米/处	15434846.630	80097.000	2648281.630	15420.000
损失情况	公路中断		处/条	16163.000	4436.000	1420.000	352.000
损失情况	其它灾毁损失		万元				
损失情况	损失合计		万元				
抢通情况	已抢通公路		处/条	16163.000	4436.000	1420.000	352.000
抢通情况	已投入机械		台班	131608.000	0.000	61904.000	0.000
抢通情况	已投入资金		万元				

续表

灾毁数量				涉及金额（万元）			
水毁数量						水毁（万元）	
合计		国省干线		合计	国省干线	合计	国省干线
24472481.200	4917.880	600933.200	191.167	252356.370	22625.600	232117.770	22625.600
2794513.020	1564.638	778367.020	684.394	76733.460	29840.810	73757.290	29840.810
8486260.010	4321.828	190701.010	88.799	181396.490	3594.980	170034.050	3594.980
272912.000	129.418	1875.000	1.750	3562.490	52.000	3152.490	52.000
9151.000	423.000	330.000	23.000	35582.380	180.000	35027.480	180.000
17895.060	1096.000	272.060	9.000	63414.790	2813.400	62281.150	2813.400
9606.000	9.000	5601.000	6.000	4743.500	120.000	4743.500	120.000
3102.000		724.000		8712.310	1460.730	8643.590	1460.730
1292952.000	4936.000	20167.000	1256.000	77199.150	16764.930	75059.150	16764.930
2755960.000	33164.000	137725.000	378.000	152087.900		144729.160	
14622456.630	79773.000	2629555.630	15358.000	82255.902	42865.602	81200.992	42865.602
15253.000	4148.000	662.000	116.000		0.000		0.000
				35339.216	4854.486	28546.216	4854.486
				973383.958	125172.538	919292.838	125172.538
15253.000	4148.000	662.000	116.000				
13015.000	0.000	13015.000					
				152325.856	15162.526	15162.526	15162.526

（厅规划处）

2020年全省各市（州）出租汽车综合表

地区名称	出租汽车								
	营运车数（辆）							出租汽车经营业户数（户）	客运量（万人次）
	合计	汽油车	乙醇汽油车	天然气车	双燃料车	纯电动车	其他燃料车		
四川	45214	5290	0	150	33549	6225	0	912	140981
成都	16233	150	0	0	10917	5166	0	123	27642
自贡	1448	0	0	0	1448	0	0	22	3499
攀枝花	1570	1487	0	0	83	0	0	12	5879
泸州	2056	115	0	0	1691	250	0	24	11487
德阳	1448	0	0	0	1448	0	0	28	4776
绵阳	3135	0	0	0	3135	0	0	153	9599
广元	978	40	0	0	932	6	0	19	3661
遂宁	1251	0	0	0	1235	16	0	16	6795
内江	1505	0	0	0	1505	0	0	131	5821
乐山	1581	75	0	100	1394	12	0	24	5965
南充	2286	0	0	0	2232	54	0	33	9781
眉山	981	0	0	50	931	0	0	12	4234
宜宾	1721	0	0	0	1721	0	0	18	7511
广安	1009	0	0	0	761	248	0	11	3326
达州	2129	74	0	0	2004	51	0	24	10541
雅安	547	126	0	0	419	2	0	12	2690
巴中	1223	193	0	0	1026	4	0	16	5768
资阳	667	0	0	0	667	0	0	18	3034
阿坝	911	911	0	0	0	0	0	15	1974
甘孜	902	861	0	0	0	41	0	176	1223
凉山	1633	1258	0	0	0	375	0	25	5777

（厅规划处）

2020年全省各市（州）城市客运综合情况表

地区名称	公共汽车运营车数（辆）									标准运营车数（标台）	公共汽电车经营业户数	公共汽车客运量（万人次）	轨道交通经营业户数	轨道交通客运量（万人次）
	合计	汽油车	柴油车	天然气车	双燃料车	无轨电车	纯电动客车	混合动力车	其他					
四川	33576	188	3461	16133	332	0	10740	2532	190	38977	253	291,249	1	121962
成都	16628	0	608	9873	92	0	5467	418	170	19904	38	119,415	1	121962
自贡	1004	0	27	486	0	0	191	300	0	1219	6	19,354		
攀枝花	809	0	573	20	0	0	168	48	0	891	3	8,735		
泸州	1981	0	265	765	0	0	590	361	0	2270	11	20,679		
德阳	815	0	0	325	0	0	440	50	0	932	7	4,739		
绵阳	1687	1	37	1041	0	0	235	373	0	1980	12	13,580		
广元	634	33	52	466	0	0	73	10	0	723	9	5,374		
遂宁	515	0	0	276	16	0	213	10	0	586	5	6,738		
内江	890	0	16	399	0	0	318	157	0	1025	8	10,846		
乐山	1063	69	75	419	68	0	365	47	20	1122	15	9,976		
南充	1495	0	178	524	156	0	487	150	0	1740	12	12,942		
眉山	836	0	28	418	0	0	308	82	0	877	10	5,402		
宜宾	1247	0	154	207	0	0	618	268	0	1473	13	14,886		
广安	477	0	80	91	0	0	272	34	0	576	11	4,509		
达州	804	0	72	380	0	0	164	188	0	908	8	13,084		
雅安	296	10	60	90	0	0	136	0	0	315	11	2,686		
巴中	495	0	151	147	0	0	194	3	0	544	4	7,372		
资阳	340	25	31	206	0	0	78	0	0	363	7	2,441		
阿坝	574	38	527	0	0	0	9	0	0	528	17	742		
甘孜	236	12	146	0	0	0	78	0	0	211	19	909		
凉山	750	0	381	0	0	0	336	33	0	791	27	6,839		

（厅规划处）

2020年全省农村公路客运情况表

地区名称	客运通达情况				农村客运站数量	农村客运线路数量	农村客运线路平均日发班次
	乡镇总数	通客运的乡镇	建制村总数	通客运的建制村			
	个	个	个	个	个	条	班次/日
四川省	4251	4251	45501	45464	38315	8389	85892
成都	253	253	2653	2653	150	390	6921
自贡	96	96	1071	1071	1391	304	2628
攀枝花	44	44	348	348	394	74	5108
泸州	121	121	1335	1335	1617	467	5723
德阳	119	119	1412	1412	981	174	2000
广元	230	230	2396	2396	123	505	2641
遂宁	105	105	1891	1891	1727	212	2073
内江	107	107	1609	1609	1247	472	5787
乐山	211	211	1987	1987	442	267	3524
绵阳	271	271	3245	3245	3580	825	5826
达州	307	307	2754	2754	2932	559	4580
雅安	137	137	1004	989	458	81	2277
眉山	126	126	1052	1052	43	263	2625
南充	393	393	5192	5192	5588	785	5129
宜宾	172	172	2813	2813	4403	685	7574
广安	171	171	2683	2683	1868	282	2341
巴中	187	187	2228	2228	2676	622	7993
资阳	116	116	1988	1988	492	289	1698
阿坝	221	221	1358	1358	1520	320	1492
甘孜	323	323	2736	2726	3036	194	594
凉山	541	541	3746	3734	3647	619	7358

（厅规划处）

2020年全省公路运输持证上岗从业人员数表

计量单位：人

地区名称	持证上岗从业人员数合计	公路旅客运输	客运驾驶员	公路货物运输	公路货物运输驾驶员	危险货物运输驾驶员	危险货物运输押运员	危险货物运输装卸管理员	站（场）经营	机动车维修经营	技术负责人	质量检验员	汽车综合性能检测	机动车驾驶员培训	汽车租赁
四川省	1043401	156722	122241	677998	623915	25179	23018	2461	12376	146037	12987	13493	3816	44151	1096
成都	263192	22821	17011	165040	145577	5345	3842	1218	1325	57752	3597	3725	747	14843	568
自贡	20915	2532	1835	17808	16603	452	445	21	385	0	0	0	107	0	0
攀枝花	26773	1583	1565	21133	20522	443	543	31	22	3796	932	618	155	84	0
泸州	40078	5639	4101	22411	21262	984	978	84	981	8309	493	674	178	2480	25
德阳	30172	3015	2110	17922	15661	1629	1459	12	261	6959	991	796	265	1750	0
广元	25190	4628	4216	16312	15604	489	337	8	647	2380	154	399	190	1014	19
遂宁	34310	9011	8811	18501	17469	553	479	0	107	5606	716	733	100	985	0
内江	32859	8217	3093	18525	17005	456	450	181	527	3855	406	255	122	1357	0
乐山	58834	5995	2309	42397	37919	3239	4353	125	472	8258	472	605	107	1581	12
绵阳	37777	5889	4371	25612	24628	608	524	0	538	3976	528	573	304	1458	0
达州	55058	7287	4488	37015	35472	996	1112	232	975	7011	762	809	193	2305	272
雅安	29760	1619	1517	25293	24670	450	397	1	112	2165	150	421	148	410	5
眉山	44200	2375	1574	33850	30356	1842	1627	25	435	5360	432	531	342	1838	0
南充	78929	12875	9919	55379	54045	1712	1312	22	1482	5677	516	707	115	3095	10
宜宾	80946	26492	25815	43905	37814	3224	2836	31	531	5513	266	661	240	4265	0
广安	26597	4344	3001	18315	14211	1068	958	335	880	1713	177	190	110	1235	0
巴中	51514	9777	8340	33590	33175	395	181	20	1531	4770	1014	584	80	1368	176
资阳	15866	2928	1912	8106	7834	109	73	62	252	3343	87	122	109	1018	6
阿坝	26068	5242	3534	16645	15281	130	130	0	373	2452	323	254	58	1025	0
甘孜	21255	8347	8347	12908	12143	397	315	53	0	0	0	0	0	0	0
凉山	43314	6106	4372	27331	26664	658	667	0	540	7142	971	836	146	2040	3

（厅规划处）

2020年四川省交通运输安全事故地域统计表

地区	道路运输		水上交通		建设施工	
	事故数（起）	死亡人数（人）	事故数（起）	死亡人数（人）	事故数（起）	死亡人数（人）
成都市	49	55	0	0	2	2
泸州市	15	19	0	0	1	1
德阳市	6	7	0	0	0	0
南充市	6	7	0	0	2	2
达州市	6	6	0	0	0	0
眉山市	5	8	0	0	0	0
乐山市	5	5	0	0	0	0
遂宁市	3	8	0	0	0	0
广安市	3	3	0	0	0	0
攀枝花市	3	3	0	0	0	0
广元市	2	2	1	1	0	0
凉山州	2	2	0	0	0	0
绵阳市	2	2	0	0	1	2
雅安市	2	2	0	0	0	0
自贡市	2	2	0	0	0	0
宜宾市	1	4	0	0	0	0
内江市	1	2	0	0	0	0
巴中市	1	2	0	0	0	0
阿坝州	1	1	0	0	0	0
甘孜州	1	1	0	0	0	0
资阳市	0	0	0	0	0	0
合计	116	141	1	1	6	7

（厅安监处）

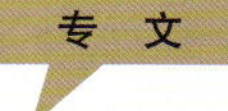
专 文

2020年度全省交通运输经济运行分析

2020年，面对突如其来的新冠肺炎疫情，全省交通运输系统坚定以习近平新时代中国特色社会主义思想为指导，全面落实中共中央和四川省委、省政府决策部署，取得交通运输疫情防控阶段性胜利，完成交通脱贫攻坚和“十三五”规划，行业经济运行实现“V”型反弹、总体趋于正常，投资超额完成，货运基本回归往年增长水平，客运向新的均衡状态恢复，各项重点经济工作高效推进，为做好“六稳”工作、落实“六保”任务提供坚强的交通运输保障。

交通运输经济运行呈现以下基本态势及特点：

（一）行业投资保持高位，超额完成年度目标

公路水路全年完成固定资产投资1918亿元、比上年增长6.3%，为交通运输部年度目标1380亿元的139.0%。分季度看，一季度比上年下降25.8%，二、三季度增速实现由负转正比上年分别增长27.8%、40.4%，四季度受冬季封冻期影响，比上年下降13.1%。分月份看，自5月起交通固定资产投资扭转比上年下降的局面，7—11月增速实现两位数快速增长。

图1 2019、2020年分季度投资情况

分结构情况如下：①高速公路完成投资1044.5亿元，比上年增长16.8%，高于全国平均增速1.5个百分点。高速公路是投资增长的主要动力，对固定资产投资贡献率达54.5%。②普通国省干线公路完成投资570.2亿元，比上年增

长8.0%，高于全国平均增速1.5个百分点。其中，续建项目完成投资481.2亿元，占84.4%，新开工项目完成投资89亿元，占15.6%。③农村公路完成投资196.9亿元，比上年下降20.2%。其中，续建项目完成投资91.7亿元，占46.5%；新开工项目完成投资105.3亿元，占53.5%。④内河水运完成投资52.6亿元，比上年下降1.8%。⑤站点建设完成投资22.1亿元，比下年下降33.7%。养护及其他专项完成投资31.7亿元，比上年下降35.7%。其中，专项固定资产完成投资26.2亿元，智慧交通完成投资5.5亿元。

全省交通建设投资情况表

类别	年度目标（亿元）	完成投资（亿元）	完成进度（%）	比上年增速（%）
总　计	1700	1918	112.8	6.3
高速公路	1000	1044.5	104.5	16.8
国省干线	470	570.2	121.3	8.0
农村公路	106.5	196.9	184.9	−20.2
内河水运	38	52.6	138.6	−1.8
站点建设	21	22.1	105.4	−33.7
养护及其他专项	64.5	31.7	49.2	−35.7

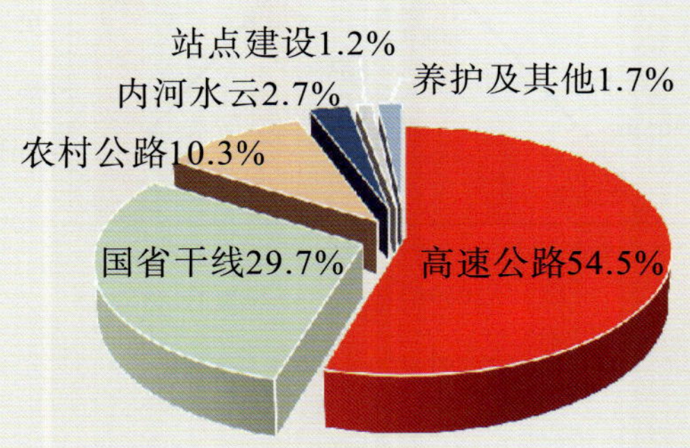

图2　2020年交通项目分类投资贡献率

（二）旅客运输逐步恢复，疫情影响仍在持续

①旅客周转量降幅收窄。全年全社会完成旅客周转量1203亿人公里，比上年下降38.3%，自下半年开始降幅持续收窄，一、二、三、四季度比上年分别下降48.4%、51.7%、29.4%和21.0%。分方式看，铁路、公路旅客周转量均恢复至上年同期60%以上，占全社会旅客周转量的比重分别为21.1%、24.1%，比上年分别提升0.5个和1.6个百分点；民航旅客周转量恢复至59.4%，占比54.7%，比上年下降2.1个百分点；水路旅客周转量恢复至57.2%，占比基本持平。

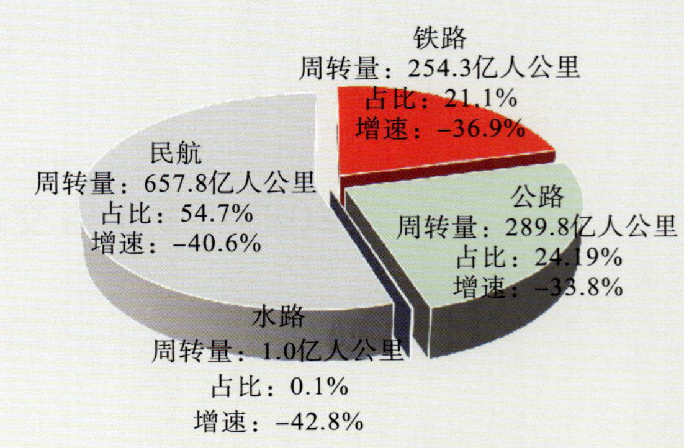

图3　2020年全省各种运输方式旅客周转量占比情况

②城市客运恢复速度趋缓。成都市全年完成公共交通客运量24.3亿人，比上年下降22.5%，自4月开始降幅逐月收窄，但收窄幅度趋于缓和，其中公交、轨道、巡游出租客运量分别比上年下降33.0%、12.9%和15.3%。

③公路水路营业性客运量逐季收窄。全年公路水路完成营业性客运量4.6亿人，比上年下降37.8%，其中一、二、三、四季度分别比上年下降53.5%、46.1%、33.6%和13.4%，客运量持续恢复，降幅逐季收窄。分结构看，公路完成营业性客运量4.5亿人，比上年下降37.5%，其中四季度降幅较三季度收窄20.8个百分点；水路完成营业性客运量954万

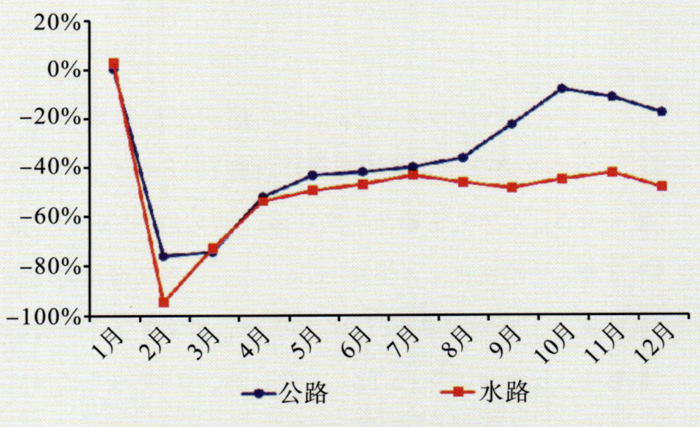

图4　2020年全省公路水路营业性客运量增速变化

人，比上年下降50.6%，其中四季度降幅较三季度收窄0.9个百分点。

④私家车等个性化出行持续增长。个性化出行连续10个月保持增长。全年高速公路中小型客车（私家车为主）流量为20796辆/日，比上年上升2.1%，其中一、二、三、四季度增速分别为-21.2%、14.9%、6.8%和9.8%。

（三）货运生产加快恢复，基本补齐疫情缺口

①全社会货物周转量逐月加快。全年全社会完成货物周转量2733亿吨公里，比上年增长6.2%，增速连续5个月实现正增长且逐月加快。分方式看，铁路、公路、民航货物周转量实现正增长，占全社会货物周转量的比重分别为29.7%、59.2%和0.5%，其中铁路占比比上年提升1.4个百分点，公路和民航占比基本持平。水路货物周转量已恢复95.5%，占比10.7%，比上年下降1.2个百分点。

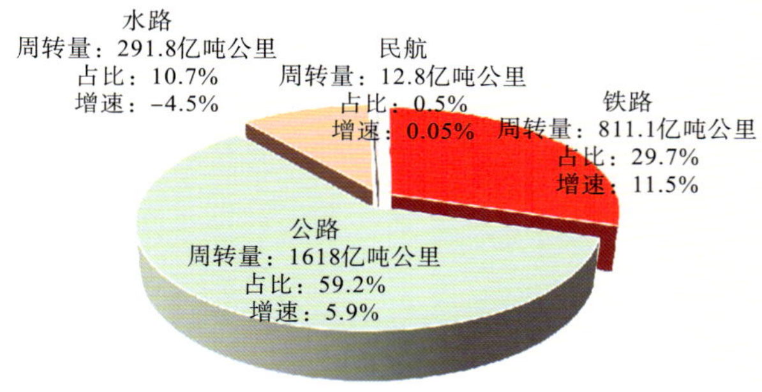

图5 2020年全省各种运输方式货物周转量占比情况

②公路水路货运基本恢复。全年公路水路完成货运量16.4亿吨，比上年下降3.2%，其中一、二、三、四季度增速分别为-17.6%、-10.1%、-1.3%和10.8%，疫情造成的缺口已基本补齐。分结构看，公路完成货运量15.8亿吨，比上年下降3.1%，其中四季度增长11.1%，比三季度加快12.1个百分点。水路完成货运量6527万吨，比上年下降5.4%，其中四季度增长4.4%，比三季度加快14.2个百分点。完成港口货物吞吐量1360万吨、集装箱吞吐量27.4万标箱，比上年分别下降28.8%和37.4%。

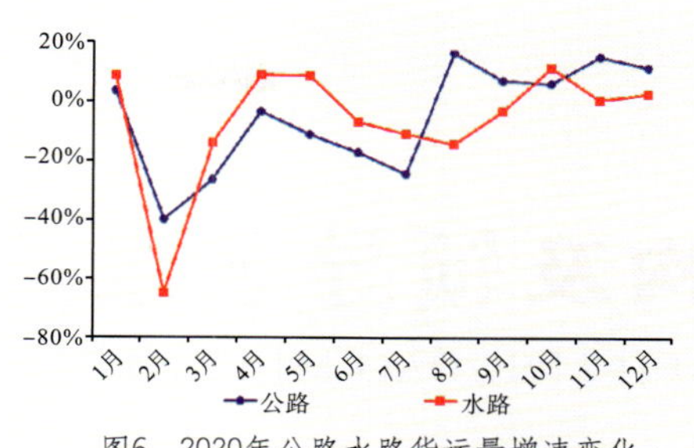

图6 2020年公路水路货运量增速变化

（四）路网运行畅通有序，高速公路和普通公路差异明显

公路交通调查数据显示，受收费公路免收车辆通行费政策影响，高速公路拥挤度为0.76，比上年提升43.4%，其中国家高速公路、省级高速公路拥挤度比上年分别提升48.3%和2.3%。普通公路拥挤度为0.48，比上年下降5.9%，其中普通国道、省拥挤度较上年分别下降6.0%和5.5%。高速公路稍有拥堵，普通公路运行顺畅。

近90%交通量流向高速公路。高速公路日均交通量为4.2万pcu（标准车当量数），比上年上升4.6%国家高速公路、省级高速公路比上年分别上升4.9%和0.1%。普通公路日均交通量为6534pcu/日，比上年下降3.6%，其中普通国道、省道比上年分别下降1.7%和11.6%。高速公路承担全省大部分交通量，近90%车辆开往高速公路。其中重庆、陕西和贵州方向车流量超80%。出入川主要通道的日均车流量为30.1万pcu/日，其中客车、货车占比分别为56.7%和43.3%。重庆、贵州和陕西方向车流量位列出入川车流量前三位，三个方向车流量占比达85.7%，其中重庆方向车流量最多，日均交通量达17.0万pcu/日，占比达56.5%。

（五）安全形势总体稳定，事故和死亡人数双下降

全年公路水路行业发生安全事故123起、死亡153人（上年172起、208人），比上年下降28.5%、26.4%。其中，道路运输行车事故116起，死亡141人，比上年分别下降25.6%、24.6%；水上交通事故1起、死亡1人；交通建设事故6起、死亡11人，比上年下降62.5%、47.6%。公路管理领域未发生事故。发生较大事故5起、死亡20人（上年8起、24人），比上年分别下降37.5%、16.7%。

（王世龙）

机构及领导名录

JIGOU JI LINGDAO MINGLU

2020年四川省交通运输厅厅领导名录

党组书记、厅长 罗佳明
（2020年1月任厅长）

党组副书记、副厅长、一级巡视员 张　琪
（2020年4月晋升一级巡视员）

党组成员、副厅长 宁　坚

党组成员、副厅长 朱学雷

党组成员、副厅长 张　勇

副厅长（兼），省邮政管理局党组书记、局长、一级巡视员
徐文葛

省纪委监委驻厅纪检监察组组长、党组成员 杜世相
（2020年6月免职）

省纪委监委驻厅纪检监察组组长、党组成员 杨　晖
（2020年10月任职）

党组成员、总工程师、一级巡视员 陈乐生
（2020年10月退休）

党组成员、机关党委书记 胡洪波

安全总监 王　波

党组成员、总工程师 王茂奎
（2020年9月任党组成员，2020年10月任总工程师，免厅综合规划处处长职务、一级调研员职级）

总规划师（2020年8月增设） 寇小兵
（2020年12月任职，免二级巡视员职级）

省交通战备办公室主任 刘洁梅

二级巡视员 蒲继生

二级巡视员 但　伦

二级巡视员、财务处处长 陈亚莉

（厅人教处）

2020年四川省交通运输厅内设机构及领导名录

厅办公室（精神文明建设办公室）

主任、一级调研员屈 洪　斌

副主任 丁　杨

副主任 黄朱林

副主任 陈超超
（2020年7月任职）

厅政策法规处（2020.01增挂综合执法监督处牌子）

处长、一级调研员 罗　廷
（2020年11月晋升一级调研员）

副处长、二级调研员 孙秋明

厅综合规划处

处长、一级调研员 王茂奎
（2020年10月免职）

处长 胡厚池
（2020年10月任职，免厅公路局副局长职务）

副处长 全应红

副处长 张　静
（2020年7月任职，免四级调研员职级）

副处长 苏林军
（2020年7月任职，免厅质监局副局长职务）

厅财务处
处长、二级巡视员 陈亚莉
（2020年11月晋升二级巡视员）
副处长 刘 烽
副处长 丁 敏

厅人事教育处
处长、一级调研员 冯书明
副处长 李闻闻
副处长 周 芳

厅建设管理处
处长、一级调研员 曾 宇
（2020年11月免职）
副处长、二级调研员 马海燕
副处长 赵 刚

厅公路管理处
处长 蒋 军
（2020年10月免职）
处长（兼任） 许 磊
（2020年10月兼任）
副处长 翟艺阳

厅行政审批处
处长、一级调研员 吴 波
副处长、二级调研员 潘玉华

厅运输管理处（出租车行业指导办公室）
处长 雷 磊
副处长、二级调研员 黄静兰
（2020年11月免职）
副处长 唐 科
副处长 宋薇平
（2020年11月任职，免四级调研员职级）

厅安全监督处（应急办公室）
处长、一级调研员 朱 江
（2020年11月晋升一级调研员）
副处长、二级调研员 周 翔
（2020年11月晋升二级调研员，免厅安全监督处副处长职务）

副处长 陈泓冰
（2020年11月任职，免四级调研员职级）

厅航务海事处（2020.04设立）
处长（兼任） 刘孝明
（2020年4月兼任）
副处长（挂职） 陶文科
（2020年8月挂任）

厅审计处
处长、一级调研员 周翠琼
（2020年11月晋升一级调研员）

厅科技和信息化处
处长、一级调研员 柏吉琼
（2020年11月晋升一级调研员）
副处长、二级调研员 钟映梅

厅外经外事处
处长、一级调研员 颜晓平
（2020年11月晋升一级调研员）

厅公安处（2020.04撤销）
处长、一级调研员 何志远
（2020年4月免职）
副处长 刘翔宇
（2020年4月免职）

厅信访处
处长、一级调研员 何志远
（2020.04任职，免厅公安处处长职务）
副处长、二级调研员 李天洲
（2020年11月免职）
副处长 刘翔宇
（2020年4月任职，免厅公安处副处长职务）

厅离退休人员工作处
处长、一级调研员 李宏琳

厅机关党委（机关纪委）
专职副书记（正处级）、机关纪委书记、一级调研员 蒲朝勇
（2020年11月晋升一级调研员）
副书记（副处级） 廖迎春

省交通战备办公室

副主任（正处级）、一级调研员 王子开

副主任（保留正处级）、一级调研员 李欣荣

省纪委监委驻厅纪检监察组

副组长、一级调研员 张贤翠

副组长 张仁良

（2020年8月任职）

综合处处长、三级调研员 刘 芳

（厅人教处）

2020年四川省交通运输厅直属单位领导名录

省交通运输工会

主席 唐蓉华

（2020年7月任职）

副主席 敬川平

四川省交通运输厅公路局

党委书记、局长（副厅级） 许 磊

（2020年6月任副厅级）

党委副书记、副局长（正处级）、一级调研员 李武强

副局长（正处级）、一级调研员 钱育锋

副局长（正处级） 胡 旭

副局长（正处级） 胡厚池

（2020年10月免职）

副局长（正处级） 蒋 军

（2020年10月任职，免厅公路管理处处长职务）

纪委书记（正处级）、工会主席 刘 芳

（2020年2月任正处级，免二级调研员职级）

总工程师（副处级） 李 林

（2020年7月任职，免厅公路局工程管理处处长职务）

四川省交通运输厅航务管理局（四川省地方海事局、四川省船舶检验局）

党委书记、局长、二级巡视员 刘孝明

（2020年11月免厅航务局二级巡视员职级）

副局长、纪委书记（正处级），交通执法第一支队督办 任胜平

（2020年11月晋升二级巡视员，2020年12月免厅航务局副局长、纪委书记职务，套转督办职级）

副局长（保留正处级待遇） 肖体育

（2020年12月免职）

副局长 陈春梅

副局长 万 军

（2020年7月任职，免四级调研员职级）

监督长、二级调研员 张晓川

四川省交通运输厅道路运输管理局

党委书记、局长（副厅级） 彭 涛

（2020年6月任副厅级）

党委副书记、副局长（正处级）、一级调研员 刘 剑

党委副书记、纪委书记 （正处级）、一级调研员 左思英

副局长（正处级） 曹驰宇

副局长（副处级） 胡 松

（2020年2月任职，免厅运管局政策法规处处长职务）

安全总监（正处级） 周继斌

副局长（挂职） 杨鸣亮

（2020年5月挂职）

四川省交通运输综合行政执法总队（四川省交通运输厅高速公路管理局）（2020.01在原厅高管局<交通执法总队>基础上整合成立，保留厅高管局牌子，交通执法第一至七支队成建制调整为其下设机构）

党委书记、总队长（局长）、督办 刘孝明

（2020年11月任职，2020年12月套转督办职级）

副总队长（副局长）（保留正处级）、党委副书记、二级高级主办 邓 洪

（2020年11月任职， 2020年12月套转二级高级主办职级）

副总队长（副局长）（正处级）、工会主席、一级高级主办 张 钧

（2020年11月任职，2020年12月套转一级高级主办职级）

副总队长（副局长）、纪委书记（保留正处级）、一级高级主办 黄 健

（2020年11月任职，2020年12月套转一级高级主办职级）

总工程师、二级高级主办　张　敏
（2020年11月任职，2020年12月套转二级高级主办职级）

四川省交通运输厅高速公路交通执法第一支队

党委书记、支队长　吴　晨
（2020年7月任职，免第四支队副支队长、党委副书记、工会主席职务、二级调研员职级）
副支队长、党委副书记　冉　卫
（2020年11月任职，免厅运管局安全副总监职务）
副支队长、纪委书记、二级高级督办　赵　刚
（2020年12月套转二级高级主办职级）
副支队长、党委副书记、工会主席、二级调研员　聂红峰
（2020年7月免职）
副支队长、三级高级主办　罗　勇
（2020年12月套转三级高级主办职级）

四川省交通运输厅高速公路交通执法第二支队

党委书记、支队长、一级高级主办　吕　军
（2020年12月套转一级高级主办职级）
副支队长、纪委书记、一级高级主办　李俊国
（2020年12月套转一级高级主办职级）
副支队长、二级高级主办　王　庆
（2020年12月套转二级高级主办职级）
副支队长、党委副书记、工会主席、三级高级主办　颜　敏
（2020年12月套转三级高级主办职级）

四川省交通运输厅高速公路交通执法第三支队

党委书记、支队长、一级高级主办　李宏军
（2020年12月套转一级高级主办职级）
副支队长、纪委书记、工会主席、二级高级主办　陈　岗
（2020年12月套转二级高级主办职级）
副支队长、党委副书记、二级高级主办　何清华
（2020年12月套转二级高级主办职级）
副支队长、三级高级主办　杨森林
（2020年12月套转三级高级主办职级）

四川省交通运输厅高速公路交通执法第四支队

党委书记、支队长　聂红峰
（2020年7月任职，免第一支队副支队长、党委副书记、工会主席职务、二级调研员职级）
副支队长、党委副书记、工会主席、二级调研员　吴　晨
（2020年7月免职）
副支队长、纪委书记　余　良
副支队长　韦　勇
（2020年11月任职，免厅运管局驾驶员培训管理处处长职务）
副支队长　唐　娟
副支队长（挂职）　华尔丹
（2020年5月挂职）

四川省交通运输厅高速公路交通执法第五支队

党委书记、支队长、督办　龚文春
（2020年12月套转督办职级）
副支队长、党委副书记、二级高级主办　姜学宏
（2020年12月套转二级高级主办职级）
副支队长、纪委书记、一级高级主办　杨建刚
（2020年12月套转一级高级主办职级）
副支队长　李　方

四川省交通运输厅高速公路交通执法第六支队

党委书记、支队长、一级高级主办　胡　刚
（2020年12月套转一级高级主办职级）
副支队长、党委副书记、工会主席、三级高级主办　吉后马布
（2020年12月套转三级高级主办职级）
副支队长、纪委书记、三级高级主办　董　清
（2020年12月套转三级高级主办职级）
副支队长　高洪贵

四川省交通运输厅高速公路交通执法第七支队

党委书记、支队长、督办　李威明
（2020年11月晋升二级巡视员，2020年12月套转督办职级）
副支队长、纪委书记、工会主席、二级高级主办　刘　坚
（2020年12月套转二级高级主办职级）
副支队长、三级高级主办　寇　伟
（2020年12月套转三级高级主办职级）
副支队长、党委副书记、三级高级主办　曾衍家
（2020年12月套转三级高级主办职级）

四川交通职业技术学院

党委书记　王东平
院长、党委副书记　蒋永林
副院长　彭　谦
党委副书记、纪委书记　徐　林
副院长　李　红
（2020年4月任职，免交通管理学校党委书记职务）
副院长　权　全

副院长 鞠敬
副院长 李玉文
（2020年4月免职）
副院长 刘玉荣
副院长 杨甲奇

四川省交通运输厅工程质量监督局

党委书记、局长、一级调研员 梁正钦
（2020年10月晋升一级调研员）
副局长 苏林军
（2020年7月免职）
副局长、纪委书记、工会主席 高艳龙
副局长 邹南
副局长 包杰
（2020年9月任职，免四级调研员职级）

四川省交通运输发展战略和规划科学研究院

院长 陈斌
副院长 罗强
（2020年4月免职）
副院长 康子庄
副院长 周志彬
副院长 韩先科
副院长（挂职） 刘昱岗

四川省公路规划勘察设计院研究院有限公司

董事长、党委书记 罗玉宏
总经理、副董事长、党委副书记 柯勇
党委副书记、纪委书记、监事 姜洪武
董事、副总经理 蒋自强
董事、副总经理 余强
董事、副总经理 蒋劲松
副总经理 何恩怀
（2020年2月任职）
总工程师 牟廷敏
工会主席 杨芳

四川省交通勘察设计院研究院有限公司

董事长、党委书记 刘四昌
总经理、副董事长、党委副书记 王屹
董事、党委副书记任 康秀
董事、副总经理 杨小宁
纪委书记、监事、工会主席 李可
副总经理 李杰
副总经理 郝岭
总工程师 朱明
（2020年9月任职）

四川省交通管理学校

党委书记 李红
（2020年4月免职）
党委书记 鞠友才
（2020年11月任职，免交通管理学校校长、党委副书记职务）
校长、党委副书记 范双成
（2020年11月任职，免厅后勤中心党委书记、主任职务）
副校长 赵明
（2020年11月免职，保留六级管理岗位）
副校长 瞿勇
纪委书记、工会主席 王志荣
副校长 杨鹰
（2020年11月任职，免交通职业技术学院宣传统战部部长职务）
副校长 付传龙

四川交通运输职业学校（四川交通技师学院）

校长（院长）、党委副书记 王永莲
（2020年4月免职）
校长（院长）、党委书记 曾祥亮
（2020年12月任校长<院长>）
副校长（副院长）、纪委书记、工会主席 周萍
副校长（副院长） 龚文安
副校长（副院长） 刘新江

四川省交通运输厅高速公路监控结算中心、四川智能交通系统管理有限责任公司

结算中心主任、党委书记，智能公司董事长、党委书记 易术
（2020年12月任智能公司董事长、党委书记，免智能公司总经理职务）
结算中心副主任、纪委书记，智能公司党委副书记、纪委书记 李晓春
（2020年12月任智能公司党委副书记、纪委书记）
监控结算中心副主任、工会主席 李世洪

四川省交通运输厅交通建设工程造价管理站

站长 谭举鸿
副站长 张德
副站长 王茜茜
（2020年9月任职）

四川公路工程咨询监理有限公司

党委书记、董事长 吉随旺
总经理、党委副书记、副董事长 陈 谋
董事、党委副书记 卢夏琼
纪委书记、监事 穆树林
副总经理 盛兴富
（2020年10月免职）
副总经理 李 博
（2020年9月任职）

四川省大件公路管理处

党总支书记、处长 谢能剑
副处长 何 伟
（2020年4月免职，保留六级管理岗位）
副处长 余 波

四川省交通宣传中心

主任 吴 丹
副主任 徐 航

四川省交通运输厅信息中心

副主任（主持工作） 王卓伟
副主任 许长枫

四川省路网监测与应急处置中心

副主任、工会主席 马华卫
副主任任 吉 剑

四川省公路交通应急装备物资储备中心

党委书记、主任 王雪飞
副主任 罗 强
（2020年4月任职，免交科院副院长职务）
副主任、党委副书记 刘 健
副主任、纪委书记 毛 林
副主任 袁顺山

四川省交通运输厅交通史志总编室

总编辑 黄 丽
副总编辑 岑 松

四川省交通运输厅机关后勤服务中心

党委书记、主任 范双成
（2020年11月免职）
党委书记、主任 王武平
（2020年11月任职，免厅公路局二级调研员职级）
副主任 周德树
副主任 陈 斌
副主任、纪委书记 李建荣

四川交通运输职业资格中心

主任 李 明
副主任 何天茂

四川兴蜀公路建设发展有限责任公司

董事长、党委书记、总经理 袁 泉
纪委书记、监事会主席 李崇明
董事、副总经理 唐元华
董事、副总经理 刘 臻
董事、副总经理 潘 华
董事、总工程师 樊增彬

四川省智慧交通科技有限责任公司

副总经理 刘晓东
副总经理 戴 元

四川省交通运输厅公路局医院

党委书记 隆泽均

四川省公路职工疗养院

院长 张炳文

（厅人教处）

2020年四川省市（州）交通运输局领导名录

成都市交通运输局

党组书记、局长（一级巡视员） 王翼刚
党组副书记、副局长 任　务
（2020年4月调出）
党组成员、副局长 易传斌
党组成员、副局长 金大中
党组成员、市纪委监委派驻局纪检监察组组长 郭海涛
市邮政管理局党组书记、局长兼任市交通运输局副局长 陈　敬
党组成员、副局长 田贵文
（2020年10月到大运会任职）
党组成员、副局长 聂　斌
党组成员、副局长 王清宇
（2020年10月任职）
机关党委书记 王　晖
（2020年4月任职）
二级巡视员 王　宏
市管干部 肖　生
（2020年10月到大运会任职）

自贡市交通运输局

党组书记、局长 冯永志
党组成员、副局长 王　平
党组成员、副局长 王行富
（2020年12月免职）
党组成员、副局长 李慎康
党组成员、市纪委监委驻市交通运输局纪检监察组组长 蒲友明
党组成员、机关党委书记 魏旭春
党组成员、总工程师 张代江
（2020年10月免职）
党组成员、市公路管理局局长 高建军
党组成员、副局长、市邮政管理局长 梁　桢
安全总监 肖　茂
总工程师 李平友
（2020年10月任职）

攀枝花市交通运输局

党委书记、局长 曾　科
党委委员、副书记 朱　斌
党委委员、副局长 付朴忠
（2020年3月免职）
党委委员、副局长 温　洮
党委委员、市纪委监委驻局纪检监察组组长 尹锡军
党委委员、副局长 刘彦锋
党委委员、总工程师 陈盛火
（2020年3月任职）
党委委员、副局长 于建局（挂职）
（2020年10月免职）

泸州市交通运输局

党组书记、局长 沈昭平
党组副书记、市公路局党委书记、局长 曾兴宇
（2020年9月任职）
党组成员、副局长 刘体文
副局长 陆曹蓉
党组成员、副局长 李　智
（2020年3月任职）
党组成员、市纪委监委派驻纪检监察组组长 杨玲兰
党组成员、总工程师 王顺蓉
党组成员、副局长（兼任），市邮政管理局局长 王艳飞
（2020年9月任职）
机关党委书记 徐　伟
（2020年3月任职）
安全总监 谭　镔
（2020年4月任职）
党组成员、机关党委书记 肖云贵
（2020年3月免职）

德阳市交通运输局

党委书记、局长 廖立新
党委委员、副局长 李　明
党委委员、副局长 杨庆富
党委委员、副局长 李　争
党委委员、机关党委书记 陈　林
驻局纪检监察组组长、党委委员 金　春
党委委员、安全总监 杨清文
总工程师 林照明

绵阳市交通运输局

局党委书记、局长 寇子胜
局党委委员、副局长 王明庚
局党委委员、副局长（兼） 景 炜
局党委委员、市纪委驻局纪检组组长 姜 文
局党委委员、副局长 康孝先
局党委委员、安全总监 何 俊
局党委委员、机关党委书记 张 玲
局总工程师 何家荣

广元市交通运输局

党组书记、局长 王定彪
（2020年11月党组书记任职、12月局长任职）
党组书记、局长 田刚富
（2020年11月党组书记离职、12月局长离职）
党组成员、副局长 吴文斌
党组成员、副局长、市邮政管理局局长 李茂泉
党组成员、副局长 陈林河
党组成员、直属机关党委书记 马 军
党组成员、副局长 张立安
党组成员、市交战办主任 夏长万
（2020年6月离职）
党组成员、副局长 杨映刚
（2020年6月离职）
党组成员、副局长 罗云杰
（挂职，2020年5月离职）
总工程师 郭金桥
安全总监 冯传斌
（2020年2月任职）
市交通工会主席 白 燕
（2020年6月任职）

遂宁市交通运输局

党组书记、局长 唐 统
党组成员、市公路局局长 袁仕平
党组成员、机关党委书记 余礼军
党组成员、副局长 肖 伟
党组成员、副局长 黄火平
党组成员、副局长 王 勇
（2020年3月任职）
党组成员、总工程师 张 扬
（2020年2月任职）
安全总监 谢春容
（2020年2月调出）
安全总监 刘永志
（2020年2月任职）

内江市交通运输局

局党委书记、局长 陈代兵
局党委委员、副局长 刘 波
局党委委员、副局长 王 亮
局党委委员、副局长 朱 鹏
局党委委员、市路政支队长 肖忠祥
（2020年9月28日免职局党委委员；10月21日免职市路政支队长）
局党委委员、总工程师 徐洪友
局党委委员、机关党委书记 龙 岗
局党委委员、市交通建设服务中心主任 严 波
（2020年11月6日任局党委委员；11月23日任市交建中心主任职务）

乐山市交通运输局

局党组书记、局长 何金文
（2020年1月免去党组书记职务、2月免去局长职务）
局党组书记、局长 徐岳泉
（2020年1月任党组书记，2月任党组书记、局长）
局党组成员、副局长 吴礼刚
局党组成员、副局长 罗文智
局党组成员、副局长 涂泽江
局党组成员、机关党委书记 宋剑如
局党组成员、驻局纪检监察组组长 范明亮
局党组成员、副局长 廖琪斌
（2020年11月任职）

南充市交通运输局

党委书记、局长 杨积义
党委委员、副局长 黄 伟
（2020年1月—10月任职）
党委委员、副局长，市邮政管理局局长 罗通明
党委委员、副局长 张世民
党委委员、副局长 王熊骅
（2020年1月—4月任职）
党委委员、副局长 徐小斌
（2020年11月任职）
党委委员、副局长 马七林
（2020年4月任职）
党委委员、安全总监 杨淮森
（2020年1月—10月任职）
党委委员、纪检监察组组长 甘雨鑫（女）
党委委员、机关党委书记 范雪峰
（2020年1月—11月任职）
党委委员、总工程师 蒋 勇
（2020年3月任职）
党委委员、安全总监 凡 兵
（2020年11月任职）

党委委员、市公路管理局局长 苏彬

宜宾市交通运输局

党委书记、局长 刘晓
党委副书记 李果伟
副局长 李兴岷
党委委员、纪检组长 常军
党委委员、市邮政管理局局长 赖勇
党委委员、机关党委书记 许振健
党委委员、副局长 陈坚
党委委员、总工程师 王建平
党委委员、副局长 吕明

达州市交通运输局

党组书记、局长 翟朝晖
党组成员、副局长 刘巨明（2020年4月调入）
党组成员、副局长 岳万刚（2020年4月免职，转任非领导职务）
党组成员、副局长 荆林
党组成员、副局长 彭铸（2020年11月调出）
党组成员、市公路管理局局长 蒋波（2020年3月免去副局长职务，任职市公路管理局局长）
党组成员、副局长 杜俊（2019年1月下派挂职一年，2020年1月结束下派）
党组成员、副局长，达州空铁产业园区管委会主任 孙玉明（2020年6月调入）
党组成员、市运管处处长 曾俊
党组成员、机关党委书记 万玉霞（2020年7月调出）
党组成员、机关党委书记 张建军（2020年7月免去市交战办主任职务，任职党组成员、机关党委书记）
党组成员、交通工会主席 蒋雷（2020年5月免职，转任非领导职务）
局总工程师 冷中海（2020年11月调出）
局安全总监 薛奉荣

广安市交通运输局

党组书记、局长 葛勇
党组成员、副局长 李兴华
党组成员、副局长 郑永锋
党组成员、总工程师 杨航
党组成员、机关党委书记 程财军
党组成员、副局长 王国明
党组成员、市公路管理处处长 刘伟
党组成员、市公路运输管理处处长 柳维波
党组成员、市航务（海事）管理局局长 黄光军

巴中市交通运输局

局党委书记、局长 李本勇
局党委书记、局长 黄俊霖（2020年3月任职）
局党委委员、副局长 杨述兰
局党委委员、副局长 魏巍（2020年4月任职）
局党委委员、副局长 王湘云（2020年2月任职）
局党委委员、副局长 张杰
局党委委员、市运管局局长 李勇
党委委员、总工程师 吴林益
党委委员、驻局纪检组组长 蔡前斌（2020年9月任职）

雅安市交通运输局

局党组书记、局长 余云峰
局党组成员、副局长 王翔（2020年2月止）
副局长 龙兴
局党组成员、副局长 叶其林
局党组成员、副局长 赵飞勇（2020年12月止）
局党组成员、副局长 张华（2020年5月起）
局党组成员、机关党委书记 文平（2020年2月止）
局党组成员、机关党委书记 李红英（女）（2020年2月起）
局党组成员、市纪委监委驻局纪检监察组组长 苏红（女）
总工程师 裴廷伟
安全总监 张华（2020年5月止）
安全总监 施尚宏（2020年5月起）

眉山市交通运输局

局党组书记、局长 范纯文（2020年10月任局长）
局党组副书记、副局长 韩杰（2020年10月离任）

局党组成员、副局长 汪文毅
局党组成员、市交通建设中心主任 车德明
（2020年4月任市交通建设中心主任）
局党组成员、副局长 郑绍飞
（2020年11月任职）
局党组成员、副局长 曾 涛
（2020年10月任职）
局党组成员、总工程师 何永列
局党组成员、市纪委监委派驻市交通运输局纪检监察组组长 文万红
（2020年5月离任）
局党组成员、市纪委监委派驻市交通运输局纪检监察组组长 赵 敏
（2020年5月任职）
局党组成员、机关党委书记 杨 军
局党组成员、副局长 刘 帅
局党组成员、副局长 邱 鹏
（2020年11月离任）
副局长 彭俊文
（2020年8月离任）

资阳市交通运输局

局党委书记、局长，交战办主任 曾洪光
局党委委员、副局长 施 毅
局党委委员、副局长（市邮政管理局党组书记、局长） 周向阳
副局长 郑 勇
局党委委员、副局长 魏鲲
局党委委员、机关党委书记 宋晓星
局党委委员、总工程师 张祖德
局党委委员、副局长 张学问
市交战办专职副主任 王永良

阿坝州交通运输局

党组书记、局长 龚 明
党组成员、副局长、州公路管理局党委书记、局长 益 英
党组成员、州纪委监委驻州交通运输局纪检组组长 杨培辉
党组成员、副局长 李 斌
党组成员、副局长、总工程师 詹永康
（2020年7月21日免职）
党组成员、副局长 向泉明
（2020年7月13日任命）
机关党委书记 刘显辉
（2020年6月29日免机关党委书记）
党组成员、安全总监 尹 忠
党组成员、州交通战备办公室专职主任 杨太平
党组成员、副局长 樊增彬
党组成员、州公路运输管理处处长、州交通运输综合行政执法支队支队长 马兴明
（2020年11月2日任州交通运输综合行政执法支队支队长）
州地方海事局局长 胥 斌
（2020年11月2日免职）

甘孜州交通运输局

党委书记、局长 王 强
党委委员、公路管理局局长 赵景红
（2020年10月调离）
党委委员、纪检监察组组长 卫 东
党委委员、副局长 康秀英
党委委员、副局长 肖星义
党委委员、副局长 张 斌
党委委员 孙忠元
党委委员、安全总监 高宝寿
党委委员、机关党委书记 张文淼
党委委员、政治部主任 曲 西
党委委员、副局长 陈紫云
（援藏）
总工程师 刘军儒

凉山州交通运输局

局党组书记 周大海
局长 龚 平
州纪委派驻纪检组组长、党组成员 李 琳
局党组成员、交战办主任 雷 鸣
州公路局局长 林 芳
（2020年8月任州公路养护事业发展中心主任）
局党组成员、副局长 杨腾斌
局党组成员、副局长 杨华俊
局党组成员、副局长（挂职） 张炳文
局党组成员、安全总监 阿木古合
局党组成员、机关党委书记 虞卫东
副局长、州邮政局局长 邵建洲
总工程师 陈兵文
行业工会工委主任 伙补尔曲
（各市〈州〉交通运输局）

常用缩略语注释

治理公路“三乱”：乱设站卡、乱罚款、乱收费。

运输管理“三把关，一监督”：严把运输经营者市场准入关，严把营运车辆技术关，严把驾驶员资格关；强化源头管理，完善动态监督。

汽车客运站管理“三不进站，五不出站”：易燃、易爆、易腐蚀物品不进站，无关人员不进站，无关车辆不进站；行驶证、驾驶证、从业资格证、道路运输证、客运线路标志牌、超长客运派车通知单不全或不符合规定的，报班车辆安检不合格的，驾驶员酒后和不按规定配备驾驶员的，车辆超载、超高的，天气恶劣不宜行车等情况不能出站。

超长客运管理“五统一”：建立超长客运管理中心、客运站、代办点三级售票网络，将车票代售网点建到每一个乡镇，实行统一售票；实行政府指导价，统一超长客运票价；根据售票情况，统一运力调度；对客车线路牌收发、运行费用报销、单车服务质量实施统一管理；实行单车趟次结算、按座位系数结算的分配方式，统一营收分配。

严禁旅客携带“三品”：易燃品、易爆品、危险品。

安全管理“一岗双责”：主要负责人对安全工作负总责，其他副职领导既对各自分管的业务和部门负责，又对分管业务范围内的安全生产工作负责。

行政审批管理“两集中，两到位”：部门的行政审批职能向一个内设机构相对集中，该内设机构向政务服务中心集中；部门将行业审批权向政务服务中心窗口授权到位，行政审批事项在政务服务中心办理到位。

四江六港：四江即长江、岷江、嘉陵江、渠江，六港即宜宾港、泸州港、乐山港、广元港、南充港、广安港。

两客一危：指从事旅游的包车、三类以上班线客车和运输危险化学品、烟花爆竹、民用爆炸物品的道路专用车辆。两客是指单次运营里程超过800公里的客运车辆和高速公路客运车辆；一危是指危险品运输车辆。

交通行政执法形象“四统一”：统一执法标识标志、统一执法证件、统一执法服装、统一执法场所外观。

农村公路建设项目“七公开”：①建设计划。省（区、市）、市（地、州、盟）、县（市、区）、乡镇、村农村公路建设计划按层级公开。②补助政策。公开农村公路建设资金补助政策，包括县、乡、村道及危桥改造、安保工程等的补助标准和资金。③招投标。符合招标条件的农村公路建设项目，应公开建设规模、技术标准、招标方式、标段划分、评标方法、中标结果、监督机构等。④施工管理。公开工程概况、施工许可（以年度计划替代施工许可的小型项目除外）、参建单位（建设单位、设计、施工、监理等）、岗位职责、质量安全控制、进度计划、主要原材料等信息。⑤质量监管。公开质量管理单位或监督机构、主要职责、质监负责人、联系方式、检查内容及方法、检查结果等。聘请村民监督员的，相关信息也同时公开。⑥资金使用。公开建设资金筹措、资金来源、资金到位、拨付情况等。⑦工程验收。公开工程验收方式、评定结果、竣（交）工验收鉴定书等。

三严三实：指严以修身、严以用权、严以律己，谋事要实、创业要实、做人要实。严以修身，就是要加强党性修养，坚定理想信念，提升道德境界，追求高尚情操，自觉远离低级趣味，自觉抵制歪风邪气。严以用权，就是要坚持用权为民，按三严三实规则、按制度行使权力，把权力关进制度的笼子里，任何时候都不搞特权、不以权谋私。严以律己，就是要心存敬畏、手握戒尺，慎独慎微、勤于自省，遵守党纪国法，做到为政清廉。谋事要实，就是要从实际出发谋划事业和工作，使点子、政策、方案符合实际情况、符合客观规律、符合科学精神，不好高骛远，不脱离实际。创业要实，就是要脚踏实地、真抓实干，敢于担当责任，勇于直面矛盾，善于解决问题，努力创造经得起实践、人民、历史检验的实绩。做人要实，就是要对党、对组织、对人民、对同志忠诚老实，做老实人、说老实话、干老实事，襟怀坦白，公道正派。要发扬钉钉子精神，保持力度、保持韧劲，善始善终、善作善成，不断取得作风建设新成效。

党员干部六项承诺：坚定信念、对党忠诚，坚决维护党章权威；牢记宗旨、为民服务，切实践行群众路线；坚持原则、秉公执纪，依纪依法严惩腐败；艰苦奋斗、实事求是，大力弘扬优良作风；改革创新、敢于担当，始终保持昂扬锐气；清正廉洁、严于律己，自觉接受人民监督。

三基三化：基层执法队伍的职业化建设、基层执法站所的标准化建设、基础管理制度的规范化建设，全面推进交通运输依法行政。

六打六治：打击矿山企业无证开采、超越批准的矿区范围采矿行为，整治图纸造假、图实不符问题；打击破坏损害油气管道行为，整治管道周边乱建乱挖乱钻问题；打击危化品非法运输行为，整治无证经营、充装、运输，非法改装、认证，违法挂靠、外包，违规装载等问题；打击无资质施工行为，整治层层转包、违法分包问题；打击客车客船非法营运行为，整治无证经营、超范围经营、挂靠经营及超速、超员、疲劳驾驶和长途客车夜间违规行驶等问题；打击"三合一""多合一"场所违法生产经营行为，整治违规住人、消防设施缺失损坏、安全出口疏散通道堵塞封闭等问题。

一带一路："丝绸之路经济带"和"21世纪海上丝绸之路"的简称。它将充分依靠中国与有关国家既有的双多边机制，借助既有的、行之有效的区域合作平台。"一带一路"战略是目前中国最高的国家级顶层战略。

四川省道路旅客运输安全生产"六严禁"：严禁营运客车超速行驶，严禁营运客车超员运行，严禁营运客车驾驶员疲劳驾驶，严禁不按规定时间运行，严禁站外揽客、私拉乱跑，严禁故意损毁、屏蔽GPS监控系统。

六不发航：证照不齐不发航、超载不发航、船况不良不发航、停航封渡不发航、气候不良不发航、乘客不穿救生衣不发航。

监督执纪的"四种形态"：指党内关系要正常化，批评和自我批评要经常开展，让咬耳扯袖、红脸出汗成为常态；党纪轻处分和组织处理要成为大多数；对严重违纪的重处分、作出重大职务调整应当是少数；而严重违纪涉嫌违法立案审查的只能是极极少数。

法律七进：法律进机关、进学校、进乡村、进社区、进寺庙、进企业、进单位。

PPP：指政府和社会资本合资，是公共基础设施建设中一种项目融资模式。

三大发展战略：实施多点多极支撑发展战略，构建全省竞相发展新格局；实施"两化"互动、城乡统筹发展战略，形成"四化"同步发展新态势；实施创新驱动发展战略，增强转型发展、跨越提升新动力。

放管服："放"即简政放权，降低准入门槛；"管"即公正监管，促进公平竞争；"服"即高效服务，营造便利环境。

"四好农村路"：是中共中央总书记、国家主席、中国共产党中央军事委员会主席习近平于2014年3月4日提出的。习近平指出"要求农村公路建设要因地制宜、以人为本，与优化村镇布局、农村经济发展和广大农民安全便捷出行相适应，要进一步把农村公路建好、管好、护好、运营好，逐步消除制约农村发展的交通瓶颈，为广大农民脱贫致富奔小康提供更好的保障。"

寄递物流"三个100%"：100%做到先验视，后封箱。100%寄递物流实名制。100%通过X光机安检制度。

"四个一律"：对非法生产经营建设和经停产整顿仍未达到要求的，一律关闭取缔；对非法违法生产经营建设的有关单位和责任人，一律按规定上限予以经济处罚；对存在违法生产经营建设行为的单位，一律责令停产整顿，并严格落实监管措施；对触犯法律的有关单位和人员，一律依法严格追究法律责任。

一干多支，五区协同："一干多支"发展战略，是中共四川省委对站在新起点的四川作出的重要谋划，是促使四川走在西部全面开发开放前列的重要举措。做强"主干"，支持成都加快建设全面体现新发展理念的国家中心城市。发展"多支"，打造各具特色的区域经济板块，推动环成都经济圈、川南经济区、川东北经济区、攀西经济区竞相发展；大力促进"五区协同"发展，推动成都平原经济区、川南经济区、川东北经济区、攀西经济区、川西北生态示范区协同发展，推动成都与环成都经济圈协同发展，构建四川"一干多支、五区协同"区域发展新格局。

"四个意识"：政治意识、大局意识、核心意识、看齐意识。

"四个自信"：中国特色社会主义道路自信、理论自信、制度自信、文化自信。

"两个维护"：坚决维护习近平总书记党中央的核心、全党的核心地位，坚决维护党中央权威和集中统一领导。

"四向拓展，全域开放"：突出南向，重点对接国家中新合作机制、粤港澳大湾区、北部湾经济区，深化与南亚、东南亚等合作。提升东向，重点依托长江经济带，承接东部沿海地区和美日韩等发达国家先进生产力，加强与京津冀、长三角、中原经济区、华中经济区合作。深化西向，重点释放中欧班列（蓉欧快铁）、"空中丝绸之路"等泛欧泛亚通道能力，推进对欧高端合作。扩大北向，重点服务国家外交战略，主动参与中俄蒙经济走廊建设。同时，加强与周边省（区、市）合作，深化与扶贫协作、对口支援省份的全面合作。

"两检合一"：车辆年检（安全技术检验）和年审（综合性能检测）依法合并。

（厅史志总编室）

索引

SUOYIN

一、本索引按汉语拼音字母顺序排列。内文中包含的表格、内文插图、专文、资料在其款目后括号内分别注明“表”“图”“专”“资”，彩色插页标识注明“插”。

二、索引款目后的数字表示内容所在的页码，数字后的字母（a、b）表示栏别（即版面的左、右栏）。

A

B

C

D 

E

F

G 

H 

I

J

K

L

N

P

Q

R

S

W

X

Y

Z